4판

조직
행동
이론

저자 소개

이인석
서강대학교 경영학사
George Washington University, MBA, 경영학석사
Cornell University, Ph.D., 경영학박사
서강대학교 경영학과 교수

4판
조직행동이론

4판 1쇄 발행 2024년 9월 10일

지은이 이인석
펴낸이 류원식
펴낸곳 교문사

편집팀장 성혜진 | **디자인** 신나리 | **본문편집** 우은영

주소 10881, 경기도 파주시 문발로 116
대표전화 031-955-6111 | **팩스** 031-955-0955
홈페이지 www.gyomoon.com | **이메일** genie@gyomoon.com
등록번호 1968.10.28 제406-2006-000035호

ISBN 978-89-363-2600-5(93320)
정가 33,000원

4 판

조직 행동 이론

ORGANIZATIONAL BEHAVIOR

이 인 석

교문사

머리말

나는 강의시간에 교과서를 지정하여 사용하지 않았다. 그 대신 내가 만든 강의노트를 썼다. 물론 훌륭한 조직행동 교과서가 없어서 그런 것은 아니다. 어떤 주제에 대한 여러 가지 이론을 소개하고 토론하며 비판한 뒤에 개인적인 견해를 덧붙이는 방식으로 수업을 하니 한 권의 교과서를 사용할 수 없었기 때문이다. 나는 이를 통해 학생들이 창의적으로 사고하고 적극적으로 수업에 참여하였으면 하는 바람이 있었다. 그러나 학생들에게는 어려움이 있었던 것 같다. 부디 이 책을 통해 나의 바람과 학생들의 필요가 채워졌으면 한다.

어떤 계기가 인생의 전환점이 되는 경우가 있다. 학창시절 사표가 되었던 여러 스승이 계셨기에 나는 교직에 대한 의지와 희망을 품을 수 있었다. 출간도 계기가 있었다. 오히려 힘들었던 3년간 고난의 시간은 난삽한 강의노트를 보면서 부족하고 모자라던 내용을 보충하고 정리할 기회가 되었기 때문이다.

이에 내 인생의 어려운 시기에 기꺼이 무거운 짐을 함께 나누어 지었던 서강의 세 분 교수님께 깊은 감사의 말씀을 드린다. 그리고 이 책의 기초가 되는 데 도움을 준 조직행동 연구의 여러 연구자에게 감사드린다.

2024년 8월 노고산 성지가 보이는 연구실에서

이인석

차례

2장

조직행동 연구의 틀

3장
지 각

4장

의사결정

5장
학습과 태도

6장
성 격

7장
동기부여이론

8장
동기부여와 직무설계

9장

집단과 집단역학

10장

리더십

11장
조직구조

12장
권 력

13장
갈등과 갈등관리

14장
조직문화와 국가문화

1장

조직행동의 이해

I 조직행동이론의 의미와 연구 대상

조직행동이론은 조직 내 인간의 행동과 인간 행동의 주체가 되는 조직에 대해 연구하는 학문 영역이다. 따라서 조직행동이론의 연구대상은 조직과 조직 내 인간의 행동이라고 할 수 있다. 이러한 조직 내 인간의 행동은 개인행동과 집단행동이 있으며, **표 1.1**과 같은 연구 주제가 있다.

표 1.1 조직행동 연구의 대상과 연구 주제

연구 대상	연구 주제
개인행동	성격, 지각, 태도, 동기부여, 학습
집단행동	집단과 집단역학, 리더십, 갈등관리, 커뮤니케이션, 권력과 정치
조직	조직구조, 조직문화, 의사결정, 직무설계, 혁신

II 조직에 대한 정의

조직행동의 연구 대상으로서 조직의 의미는 그 속에 있는 인간과 관계를 통해 이해할 수 있다. 첫째, 현대 사회에서 인간과 조직의 불가분한 관련성이다. 즉, 우리가 태어나고 죽을 때 가게 되는 병원이 있으며, 교육 활동을 위한 학교, 생계를 위한 직장, 신앙생활을 위한 교회와 사찰, 공공서비스를 위한 정부기관 등이 바로 조직행동에서 다루고 연구하는 조직에 해당한다. 둘째, 개인이 혼자서는 할 수 없는 여러 가지 활동을 집단을 통해 수행할 수 있다. 마찬가지로 집단이 수행할 수 없는 기능은 조직을 통해 가능하다. 즉, 한계를 넘어설 수 있는 것이 조직이라고 할 수 있다. 따라서 조직은 개인능력의 한계를 넘어서 목표를 달성할 수 있는 기능을 한다. 특히 이는 조직과 인간의 기능적 관계를 의미한다고 할 수 있다(임창희, 2013).

이러한 인간과 관계를 통해 본 조직에 대한 몇 가지 정의는 다음과 같다.

① 조직은 공동의 목표를 가진 사회적 단일체이다.
② 조직은 체계화된 인간관계로 이루어진 구조이다.
③ 조직은 책임, 기능, 역할이 분담된 합리적 협력활동 기구이다.
④ 조직은 개인의 상호 관련 행위가 모여서 이루어진 개방체계(open system)이다.

이처럼 조직에 대한 다양한 정의와 이해를 종합하면, 조직이란 사람들이 모여 상호작용을 하면서 공동의 목표를 추구하는 집합체라고 할 수 있다.

III 조직행동 연구의 특징

학문으로서 조직행동은 종합학문, 실천학문, 인간 존중의 학문이라고 하는 세 가지 특징을 갖고 있다. 물론 이러한 특징은 다른 학문 영역에서도 찾아볼 수 있는요소들이지만, 세 가지 요소를 모두 갖추고 있다는 것이 조직행동 연구가 갖고 있는 특징이자 의미라고 할 수 있다.

1. 종합학문으로서 조직행동

조직행동은 연구 범위와 내용, 체계에서 다양한 학문 영역에서 이루어진 연구 결과를 기반으로 하고 있다. 이는 조직행동 연구의 수준을 높이는 데 공헌하고 있으며, 향후 조직행동 연구를 위한 주제가 더욱 확대된다는 것을 의미한다. **그림 1.1**은 종합학문으로서 조직행동의 특징을 나타내고 있다.

그림 1.1 종합학문으로서의 조직행동

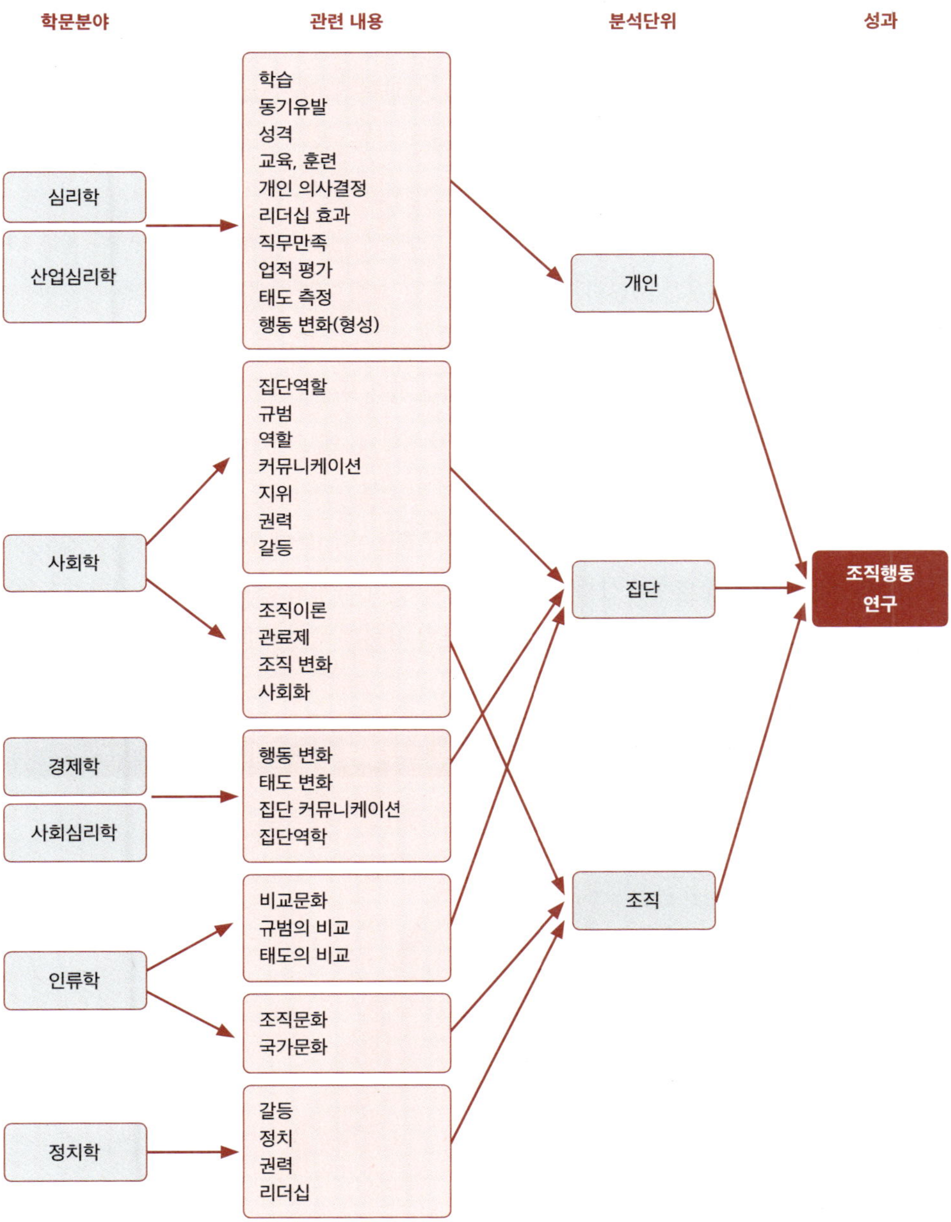

2. 실천학문으로서 조직행동

조직행동 연구는 관리자를 비롯하여 조직 내 모든 구성원에게 경영관리 측면에서 성과 창출을 위한 토대를 제공해 준다. 물론 조직 내 위계에 따라 그 중요성이나 활용도 측면에서 차이가 있을 수 있지만, 조직행동의 연구 주제들은 조직 성과를 위한 이론적 근거가 된다. **그림 1.2**는 조직 위계에 따라 관련성이 큰 주제를 보여 주고 있다.

조직행동 연구에서도 조직성과(목표) 달성을 위한 생산성과 유효성을 강조한다(**참고 1.1** 참조). 하지만 목표는 대부분 사람과 관련되어 있다. 구체적으로 창의성, 고객만족, 직무만족, 조직시민행동, 기업의 사회적 책임, 직무몰입, 동기부여 등이 있다.

이러한 목표달성을 위한 과정에서 생산성과 유효성은 구분되는 개념이지만 서로 영향을 미치며, 경우에 따라서는 서로 충돌하는 상황도 발생한다. 예컨대, 구조조정을 통한 수익성 증가는 구성원들의 직무만족이나 조직시민행동의 감소로 이어질 수 있다. 또한 높은 임금과 후생복지를 통해 만족한 근로자가 반드시 높은 업무효율성을 보여 주지는 않는다. 이에 대해서는 조직행동의 연구 방법에서 상세히 살펴볼 것이다. 따라서 조직행동 연구는 이러한 두 가지 요소의 균형과 발전의 가능성을 높임으로써 조직 성과를 제고하고자 하는 실천적 의미를

그림 1.2 조직행동 연구 주제와 조직 위계 간 관련성

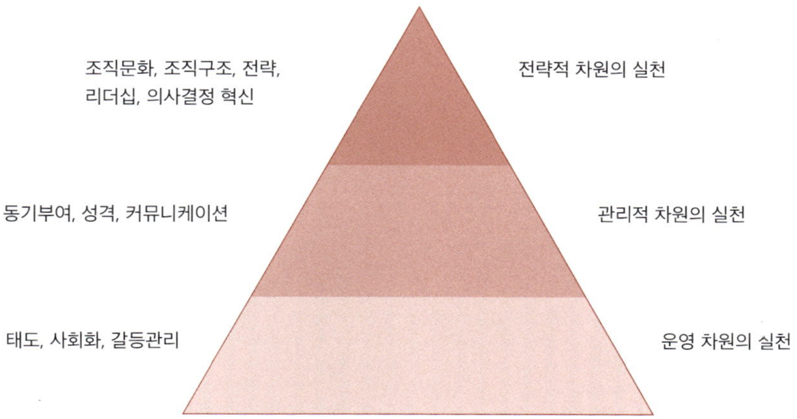

갖는다. **표 1.2**는 조직행동의 분석 수준과 결과 요인을 요약한 것이다.

표 1.2 조직행동의 분석 수준과 결과 요인

구분	분석 수준	결과요인(연구주제)
독립변수 (원인)	개인 차원	학습, 태도, 성격, 지각, 동기부여
	집단 차원	집단역학, 규범, 지위, 역할, 갈등, 리더십, 권력과 정치
	조직 차원	조직구조, 조직설계, 직무설계, 커뮤니케이션, 의사결정
종속변수 (결과)	조직 성과	원가절감, 수익성, 주가, 배당금, 생산성, 직무만족, 동기부여, 이직률, 노사관계, 고객만족, 조직시민행동, 기업의 사회적 책임, 직무몰입, 조직개발, 혁신과 창의성

참고 1.1 생산성, 효율성, 유효성(효과)

생산성(productivity)과 효율성(efficiency)은 투입과 산출의 비교를 통해 측정할 수 있다. 그에 비해 유효성(effectiveness) 혹은 효과는 계획 대비 목표의 달성 정도를 통해 측정된다.

넓은 의미에서 생산성과 효율성은 같은 의미로 사용되기도 하지만 두 개념은 다음과 같이 구분된다. 생산성은 산출에 초점을 두고 있는데, 동일한 투입 대비 보다 많은 산출을 얻는 것이 목적이다(achieving more using the same). 예컨대, 20명의 콜센터 직원이 하루에 1,400건의 고객응대에서 생산성 향상을 통해 하루에 2,000건의 고객응대를 하는 경우를 들 수 있다. 그에 비해 효율성은 투입에 초점을 두고 있다. 즉, 동일한 산출을 보다 적은 투입을 통해 달성하는 것이다(achieving the same using less). 예를 들어, 하루 1,400건의 고객응대를 더 적은 인원 혹은 더 짧은 하루 6시간 근무를 통해서, 혹은 더 적은 장비를 통해 수행하는 것이다. 생산성이 산출물의 양과 관련되어 있다면, 효율성은 투입물의 질과 관련이 있다.

한편 유효성은 조직의 목표(성과)에 해당하는 매출액, 수익률, 시장점유율 등의 달성 정도를 의미한다. 유효성은 생산성이나 효율성과 다음과 같이 비교할 수 있다. 2022년 기준으로 현대자동차 울산공장은 시간당 45대의 자동차를 생산하였고, 미국 현대자동차 앨라배마 공장은 시간당 68대를 생산한다(이는 공장의 설비, 생산차종, 생산방식 등을 고려하지 않은 단순비교이다). 따라서 미국 현대자동차 공장의 생산성 혹은 효율성이 훨씬 높다고 할 수 있다. 하지만 수익률, 시장점유율 등의 목표달성률에서는 반대이다. 같은 해 국내 자동차 시장에서 현대자동차는 90%의 시장점유율을 나타내고 있지만, 미국에서는 10%를 조금 웃돌았다(물론 몇 개 안 되는 국내 완성차 시장과 전 세계 자동차 회사가 경쟁하는 미국 시장과 비교는 무리일 수 있다).

따라서 생산성, 효율성, 유효성은 구분되는 개념이지만, 상호 관련성이 있으며 조직 성과를 위해 모두 중요하다.

3. 인간 존중의 학문으로서 조직행동

조직행동 연구는 인간 존중이라는 또 다른 중요한 의미를 갖는다. 예컨대, 먼저 동기부여에 관한 연구를 통해서, 인간이 물질적 보상, 즉 화폐적 동기에 따라 움직인다는 전제하에 이루어진 여러 가지 경영관리 방침이나 정책에 대한 수정을 하게 하였다. 그리하여 비물직적인 보상, 즉 인간의 감정이나 심리적 요소를 중요한 주제로 다룸으로써 정신적으로나 육체적으로 건강하게 일할 수 있는 조직을 만들 수 있게 되었다.

또한 성격이나 지각에 대한 논의는 조직 안에서 개인이 서로 다르게 느끼고 행동하는 원인에 대한 설명이 가능하도록 해 줌으로써 인간관계와 상호관계의 발전에 도움이 된다. 이를 통해 보다 행복한 조직으로 발전할 수 있게 되었다. 이러한 인간 본성에 대한 이해와 자아실현, 근로생활의 질적 향상 등에 관한 논의는 조직행동 연구가 추구하는 중요한 목표이자 가치라고 할 수 있다.

IV 조직행동 연구의 범위

앞서 조직행동은 종합학문이라는 특징과 실천학문이라는 요소를 갖고 있다고 하였다. 그러한 특징은 조직행동 연구를 광범위한 영역에까지 확장시켜 주며, 이론적으로는 더욱 깊게 탐구할 수 있도록 한다. **그림 1.3**은 조직행동 연구의 범위를 보여 주고 있다.

인적 자원 관리는 조직행동 연구의 여러 이론을 개별 기업 차원의 인사관리 과정에 활용한다. 예컨대, 동기부여이론은 인사관리 과정 가운데 보상설계에 활용된다. 성격이론은 모집과 선발에 있어서 중요한 도구를 개발하기 위해 사용된다. 그에 비해 노사관계에서는 산업사회에서 하나의 위상인 노동자라고 하는 주체를 활용하기 위한 방안에 관해서 논의한다. 따라서 같은 보상이라고 하는 주제이지만, 인적자원관리에서 임금 형태에 관한 논의가 중요한 주제라면 임금이 물가 등 경제에 미치는 영향 등은 노사관계에 해당하는 주제가 된다. 조직이론은 환경과 조직 관계, 조직문화에 관한 논의 등 거시적 관점에서 조직을 이해한다.

그림 1.3 조직행동 연구의 범위

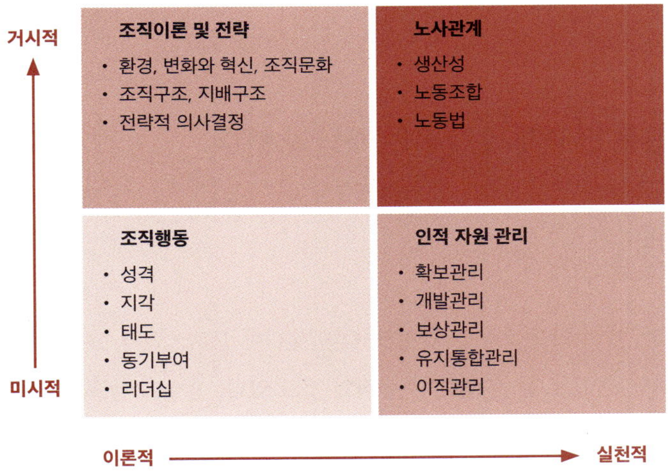

V 조직행동 연구 방법

1. 조직행동이론과 과학법칙

조직행동은 인간과 인간의 집합체인 조직을 대상으로 연구하는 학문이다. 그리하여 연구결과를 논리 정연하게 일반화하여 명제의 형태로 나타낸다. 이것을 조직행동이론이라고 한다. 이러한 이론은 '물은 섭씨 100도에서 끓는다'는 것과 같은 과학법칙과 달리 비판과 도전의 가능성이 항상 존재한다[물론 우리가 알고 있는 과학법칙(normal science)도 비판과 도전을 받지 않는 것은 아니다. 특히 일상적인 과학법칙의 변화를 일컬어 패러다임의 변화라고 한다](토마스 쿤, 2008). 무엇보다 그 이유는 인간을 대상으로 연구를 수행하기 때문에 비롯되는 연구 방법상 한계 때문이기도 하지만, 인간은 개인이 처한 환경과 상황에 따라 달리 행동하거나, 실제로 시시각각 변화한다는 속성을 갖고 있기 때문에다. 따라서 조직행동 연구를 통해 이끌어낸 여러가지 이론은 현재 학계와 현장에서 일반적으로 수용되고 있는 내용이기는 하지만, 언제나 후속연구와 실험을 통해 수정, 보완, 도전, 부정될 수 있는 가능성을 갖고 있다. 오히려 그렇기 때문에 조직행동에 관한 연구의 범위와 깊이는 무한하다고 할 수 있다.

2. 조직행동 연구에서 다루는 개념과 변수

1) 구성개념

조직행동 연구에서 다루게 되는 주제에 관해 생각해 보자. 그 가운데는 우리가 관찰할 수 있는 것도 있지만, 눈으로 볼 수 없는 추상적인 것도 있다. 실제로 이를 연구하고 이론화하기 위해서는 유무형의 내용을 구체화해야 한다. 즉, 과학적 이론이나 설명을 위해 이해할 수 있는 형태로 어떤 개념을 만들 필요가 있다. 예를 들어서 '직무만족'이라고 하는것이 무엇인지를 일반적으로 이해할 수 있는 표현을 통해 정의함으로써 직무만족 효과에 대한 연구가 가능하다. 이를 통해 직무만족에 대한 개별적 연구뿐만 아니라 후속연구, 현장의 활용 등을 위한 토대를 제공한다.

조직행동 연구에서 다루게 되는 구성개념으로는 동기부여, 직무만족, 조직몰입, 공정성, 조직시민행동, 동일화 등이 있다.

참고 1.2 구성타당성

구성개념과 관련하여 그것이 특정 개념을 얼마만큼 잘 설명하고 있는지는 매우 중요할 것이다. 따라서 구성타당성(construct validity)이란 연구나 조사 설계에서 분석 방법, 결과, 모집단, 상황 등에 대한 이론적 구성요소들이 성공적으로 개념화된 정도를 말한다. 즉, 인터뷰나 설문, 테스트 등이 관련된 이론의 구성(theoretical construct) 또는 가설과 얼마나 부합하는가 하는 것을 의미한다. 따라서 구성타당성은 특정 조사나 연구, 테스트(평가)가 무엇을 측정하는지를 설명하기 위한 것으로, 연구 목적을 위해 수단이 얼마만큼 잘 설계되어 있는지를 나타낸다.

---

2) 변 수

조직행동 연구에서 변수란 앞서 논의한 여러 가지 '개념' 가운데 측정할 수 있는 개념을 의미한다. 따라서 측정할 수 있기 위해서는 분명한 의미(범주)를 갖고 있으면서 또한 숫자로 나타낼 수 있어야 한다. 즉, 계량화가 필요하다. 예컨대, 성별이란 개념은 분명한 범주를 갖고 있으며, 또한 남자는 1, 여자는 2로 표시할 수 있으므로 조직행동 연구에서 변수로 사용할 수 있다. 마찬가지로 직무만족이라는 개념은 그 내용을 구체화하여 범주화할 수 있고, 그것은 매우 불만족에서부터 매우 만족에 이르기까지 5점 척도 혹은 7점 척도로 표시할 수 있는 변수이다.

3) 변수 간 관계의 분석

조직행동 연구에서는 변수 간 관계를 통해 이론을 설명할 수 있다. 변수 간 관계는 상관관계와 인과관계로 나눌 수 있다.

(1) 상관관계

변수들 사이에서 서로 관계는 있으나, 어떤 것이 원인이고 어떤 것이 결과인지 알 수 없을 때 이를 상관관계라고 한다. 이때 변수 간 관계를 설명할 때, '정(+)의 상관관계 혹은 부(-)의 상관관계가 있다'고 표현한다. 예컨대 직무만족과 생산성의 관계를 생각해 보자. 둘 사이에 상관관계가 있다고 가정할 때, 직무만족 수준이 높을수록 생산성이 높다고 말할 수도 있지만, 높은 생산성이 직무만족을 가져다준다는 설명도 가능하다. 조직행동에서 변수 간 상관관계는 **그림 1.4**와 같이 나타낸다(직무만족과 생산성의 관계에 대해서는 제5장 p. 186 참조).

그림 1.4 직무만족과 생산성 간 상관관계

그림 1.5 직무만족과 생산성 간 인과관계

(2) 인과관계

변수들 사이에서 원인과 결과의 관계를 갖는 것을 인과관계라고 한다. 이때 원인에 해당하는 변수를 독립변수, 결과에 해당하는 변수가 종속변수이다. 따라서 독립변수와 종속변수 간 관계를 설명할 때, '영향을 준다 혹은 영향을 미친다'라고 표현한다. 예컨대, 직무만족이 생산성을 높인다고 할 때, 직무만족과 생산성은 인과관계에 있다고 할 수 있다(**그림 1.5** 참조).

변수 간 인과관계가 이루어지기 위해서는 먼저 상관관계가 존재해야 하며, 독립변수가 종속변수에 비해 시간적으로 선행해야 하고, 결과를 설명할 수 있는 다른 변수가 존재하지 않아야 한다. 따라서 그러한 관점에서 본다면, 사회과학에서 인과관계를 찾아 내는 것은 실제로는 불가능한 일이라고 할 수 있다. 따라서 실제로는 결과에 영향을 줄 수 있는 다른 변수들에 대한 통제를 가함으로써 제한적이나마 인과관계 분석의 효과를 얻고 있다.

(3) 매개변수와 조절변수

매개변수는 독립변수와 종속변수 사이에 존재하는 변수이다. 이는 원인과 결과 사이에서 결과를 이끌어 내는 이유를 설명해 주는 '개념'이라고 할 수 있다. 조직행동 연구에서 매개변수의 효과(존재) 때문에 독립변수와 종속변수 간 관계가 성립하게 된다. 따라서 매개변수가 존재하지 않는 경우 독립변수와 종속변수 간 관계는 존재하지 않는다. 예컨대, 일반적으로 직무스트레스와 생산성 간의 관계는 서로 독립적이므로 어떤 관련성을 발견하지 못하였다고 가정해 보자. 연구를 통해 직무스트레스는 직무만족에 부적 영향을 주고, 부적 직무만족은 생산성에 부적 영향을 주는 것으로 밝혀졌다. 그리하여 직무만족이란 매개변수를 통해 직무스트레스와 생산성 간 관계를 설명할 수 있게 되는 것이다. **그림 1.6**은 매개변수의 효과를 설명하고 있다.

그에 비해 조절변수는 변수들 간 관계에 영향을 주는 변수를 의미한다. 즉, 두 변수 간 관계

그림 1.6 매개변수의 효과

가 제3의 변수의 조건(정도와 상황)에 따라 달라지는 효과를 나타내는 변수라고 할 수 있다. **그림 1.7**은 조절변수의 효과를 나타낸다.

예컨대, 조직 구성원들이 의사결정 과정에 참여하는 종류와 방법에는 여러 가지가 있다. 구성원들의 참여가 미약할 때는 직무만족이 생산성에 미치는 영향이 그리 크지 않지만, 구성원들이 다양한 형태의 참여활동을 빈번하게 하는 조직에서는 직무만족과 생산성 간 관계는 크게 나타날 것이다.

그림 1.7 조절변수의 효과

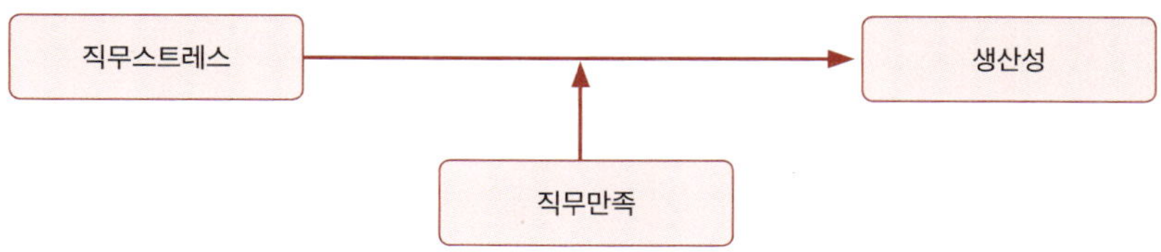

3. 가설과 이론

앞서 논의한 변수들 간의 관계를 고려하여 다음과 같은 연구 설계가 가능하다.

그림 1.8에서 A와 D는 상관관계, B와 D는 인과관계, C는 A와 D의 관계에서 매개변수의 기능을 하며, B와 D의 관계에서는 조절변수의 역할을 한다. 조직행동 연구에서는 이러한 관계를 선행연구나 논리적 추론 혹은 경험을 토대로 설정하며, 이를 가설이라고 한다. 이 같은 가설을 다양한 방법을 통해 검증하고, 또한 후속연구를 통해 지지된다면 이론이라고 할 수 있다.

그림 1.8 연구 설계와 가설

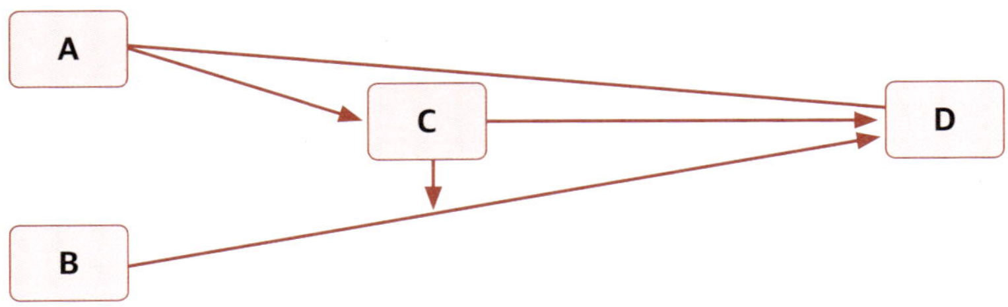

4. 가설검증 방법

가설검증을 위해서는 다양한 방법이 있다. 따라서 연구목적에 부합하는 적절한 방법을 선택하는 것이 중요하다고 할 수 있다. 한편 사용하는 방법에 공통적으로 적용되는 것으로 타당성과 신뢰성이라고 하는 개념이 있다.

1) 타당성과 신뢰성

가설검증을 위해 측정하는 변수와 관련해 볼 때, 타당성이란 '무엇'에 해당하는 것이고, 신뢰성은 '어떻게'에 해당한다고 할 수 있다. 즉, 연구목적인 가설검증을 위해서 '어떤 변수를 측정할 것인가'는 타당성과 관련된 문제이고, '변수를 어떻게 측정할 것인가'는 신뢰성의 문제라고 할 수 있다. 물론 둘 다 중요하지만, 타당성이 신뢰성보다 더욱 중요한 이유는 연구목적과 직결되어 있기 때문일 것이다.

따라서 타당성은 목적을 위한 수단의 선택과 관련되어 있다면, 신뢰성은 목적을 위한 수단의 운용과 관련되어 있다고 설명할 수 있다. 예컨대, 기업이 신입사원을 선발하는 궁극적인 목적은 '우리 회사에 들어와서 일을 잘하는 사람을 뽑는 것'이다. 따라서 선발도구를 설계할 때 포함해야 할 항목으로 대학성적을 포함시킨다고 가정해 보자. 이때 대학 성적과 업무성과 간 상관관계 분석을 통해 대학성적이 좋은 사람일수록 업무성과가 높았다면, 그 회사의 선발도구는 타당성이 있다고 할 수 있을 것이다(물론 우리는 그렇지 않은 경우가 더 많음을 알고 있다).

그에 비해 신뢰성은 인사고과의 예를 통해 이해할 수 있다. 업무성과 항목 가운데 정성적 평가 항목(예컨대, 리더십이나 직무태도)은 평가자의 주관적 요소가 많은 영향을 주게 된다. 이때 자신의 상사 한 사람에 의한 평가보다 차상급자를 포함하여, 동료와 부하직원, 그리고 고객평가까지 포함한다면 평가의 신뢰성, 즉 정확성이 높은 고과 결과를 얻을 수 있을 것이다.

2) 실험실 실험과 현장 실험

실험실 실험과 현장 실험은 실험 참여자들을 무작위로 실험 조건하에 할당하므로 독립변수와 종속변수 간 인과관계를 분명히 검증할 수 있다. 즉, 두 변수 간 관계에 영향을 줄 수 있는 다른 요인을 통제할 수 있기 때문이다. 그러나 정교한 실험 설계를 통한 연구 결과라 할지라도 현실 적용의 여부는 또 다른 문제라고 할 수 있다. 따라서 변수의 특성상 조작이 불가능하거나 큰 비용 때문에 준실험적 방법(quasi-experimentation)이 사용된다. 구체적으로, 여러 시점에서 변수값을 구하여 그 추이를 분석하는 시계열 분석 방법이나, 실험집단과 통제집단의 무작위 선택이 아닌 일정기준에 따라 선택하는 방법을 사용한다.

3) 설문조사 방법

모집단으로부터 체계적으로 추출된 표본을 대상으로 설문지, 면접, 전화인터뷰, 이메일, 웹기반 설문 등을 통해 변수에 대한 자료를 수집한다. 설문지 방법과 면접을 동시에 사용하는 경우는 여러 가지 장점이 있다. 즉, 응답자의 심층을 알 수 있는 자료 획득이 가능하며, 설문지 답변 내용분석 결과에서 나타나는 의외의 결과에 대한 설명도 가능하다.

4) 사례연구 방법

사례연구는 하나 혹은 여러 개의 조직을 대상으로 정성적으로 분석하는 방법이다. 하지만 변수들 간 관계를 실증적으로 검증하는 목적에는 부적합하다. 따라서 실증분석 전후에 현장정보의 획득이나 결과의 해석에 도움을 얻기 위해 활용하는 경우가 많다. 실무에서는 사례연구가 많이 활용되는데, 이는 다른 회사의 사례를 통해 경영의사결정이나 문제 해결에 도움을 얻고자 하는 목적일 것이다. 하지만 사례연구의 결과를 일반화하는 것은 경계해야 한다.

5. 조직 유효성

앞서 조직행동 연구의 결과변수(종속변수)로 조직 유효성(효과)에 관해 논의하였다. 이를 좀 더 상세히 살펴보도록 하자.

1) 조직 유효성의 개념

조직 유효성이란 조직의 목표를 달성하는 정도를 의미한다. 즉, 조직이 얼마나 잘하고 있는지를 나타내는 개념으로서 조직의 성과를 평가하는 하나의 기준이다. 이러한 조직 유효성은 조직이 얼마만큼 성공했는지를 나타내는 척도이며 여러 가지 기준을 통해 평가할 수 있다. 따라서 무엇을 기준으로 할 것인지에 따라 전체 조직뿐 아니라 단위부서의 가치판단에 중요한 영향을 준다.

2) 조직 유효성에 대한 기준

(1) 목표 접근법

조직 유효성을 조직목표에 대한 인식 혹은 조직목표의 달성 정도를 통해 평가하는 것이다.

이것은 조직 구성원들이 조직을 협동체계로 이해하고 목표를 중심으로 힘을 합쳐 노력함으로써 달성할 수 있다.

따라서 조직의 추상적인 목표가 아닌 운영 목표를 중심으로 수익률, 성장률, 시장점유율 등의 지표를 통해 측정한다. 이러한 접근은 쉽게 측정할 수 있다는 장점이 있지만, 부문별로 상이한 목표가 존재하는 경우 목표 간 상충의 문제가 있을 수 있다.

(2) 자원기준 접근법

투입요소를 기반으로 자원의 획득, 결합, 관리능력의 평가를 통해 조직 유효성을 평가한다. 예컨대, 희소자원을 획득할 수 있는 협상지위, 의사결정자의 환경 인식능력, 자원관리능력 등을 통해 조직 유효성을 파악한다. 비영리조직처럼 산출요소가 없거나 내부 효율성의 측정이 어려운 상황에서 우리가 얼마만큼 자원을 갖고 있는가 하는 것이 유효성을 판단하는 데 유용하다. 하지만 분석에서 자원의 가치 변화를 반영하는 것이 쉽지 않다는 한계가 있다.

(3) 내부 프로세스 및 외부적응 접근법

조직의 내부 건전성(안정과 유지)과 외부 환경의 적응을 통해 평가한다.

예컨대, 조직은 내부적으로 구성원 간 상호작용, 기업문화, 직무만족, 동기부여, 리더십, 직무성과 등의 요소를 통해 적절한 의사결정, 변화의 수용, 갈등관리를 추구한다. 또한 조직은 기술혁신, 자원의 흐름, 정보의 변화, 법률적 · 정치적 환경 등의 외부적 요소에 적응해 나간다. 따라서 이때 조직 유효성을 위해 직무만족, 조직몰입, 조직문화, 구성원 간 상호작용, 의사결정 과정, 조직분위기 등이 중요한 측정지표가 된다.

이 접근법을 실제로 조직행동의 지표를 반영한다는 점과 자원의 효율적 활용과 내부 기능의 조화를 함께 고려할 수 있다는 장점이 있다. 하지만 측정지표의 계량화가 쉽지 않고 평가가 주관적이란 한계가 있다.

3) 조직 유효성 통합모델

앞서 논의한 조직 유효성에 관한 세 가지 기준을 두 가지 차원, 즉 조직역량의 집중방향과 조직구조상 특징에 따라 결합한 것이다. 이를 통해 유효성을 증대하기 위한 해당 조직의 접근 방식을 이해할 수 있다(Qunin과 O'Neill, 1993).

(1) 통합모델의 두 가지 차원

① 조직역량의 집중방향

조직이 유효성을 추구함에 있어서 조직의 역량을 내부에 집중하느냐, 외부에 집중하느냐 하는 것을 의미한다. 때문에 내부에 두는 경우 구성원들의 행복과 만족에 집중하는 것이며, 외부에 두는 경우 환경에 대한 조직 스스로의 경쟁력, 즉 재무건전성, 주가총액 등을 의미한다.

② 조직구조상 특징

여기에는 조직구조의 안정성과 조직구조의 유연성이 있다. 안전성을 강조하는 경우 조직의 효율성과 수직적 통제를 중요하게 생각할 것이다. 그에 비해 유연성을 강조하게 되면 학습과 변화가 중요한 동기로서 활성화될 것이다.

(2) 통합모델에 관한 논의

조직 유효성의 통합모델은 유효성을 전체적 관점에서 파악함으로써 조직 안에서는 경영

그림 1.9 조직 유효성 통합모델

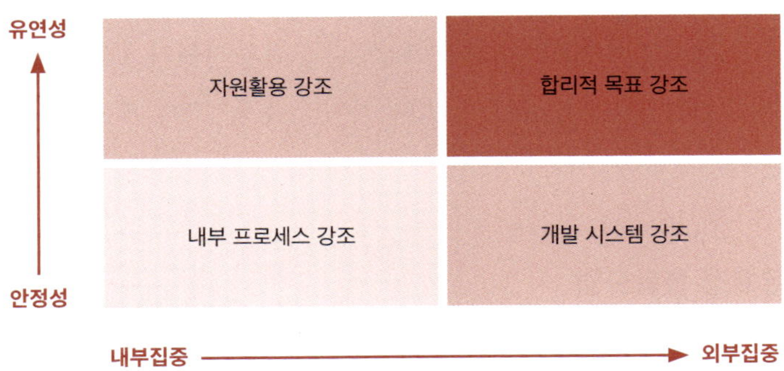

자뿐만 아니라 구성원들의 가치와 직간접 이해 당사자들이 추구하는 가치가 병존하고 있음을 이해하고 실천하도록 해 준다.

① 자원활용 강조(내부집중－구조의 유연성)

인적 · 물적 자원의 활용도 제고에 노력을 기울이고 발탁인사, 변화와 혁신을 통한 경쟁력 제고 노력을 한다.

② 내부 프로세스 강조(내부집중－구조의 안정성)

조직의 안정적 유지가 핵심 목표이다. 이를 위해 효과적인 커뮤니케이션 시스템과 의사결정 시스템이 중요하다. 따라서 이는 내부과정 접근법과 유사하다. 인적 자원에 대해서는 교육훈련, 경력개발, 동기부여, 집단응집성이 강조된다.

③ 개발 시스템 강조(외부집중－구조 안정성)

핵심 목표는 지속적 성장과 자원의 안정적 획득이다. 따라서 이를 위해 신제품 개발과 효율, 시장점유율, 투자유치를 위한 긍정적 외부 평가가 필요하다. 자원의 획득과 성장을 위해서 외부환경과 긍정적이고 새로운 관계를 설정한다는 측면은 자원기준 접근법과 유사하다.

④ 합리적 목표 강조(외부집중－조직 유연성)

성장률과 수익률이 핵심 목표가 된다. 따라서 성장 전략과 도전적 목표 설정이 중요하며, 목표 접근법과 유사하다. 외부영입, 구조조정, M&A이 빈번하다.

이러한 조직 유효성 통합모델 분석은 특정 조직의 조직행동 방향을 예측할 수 있는 중요한 도구가 될 수 있다.

2장

조직행동 연구의 틀

I 고전적 관리론

II 인간관계론

III 현대 조직이론

조직행동연구는 조직과 인간을 어떠한 관점에서 바라보는가에서 출발한다. 스코트는 조직이 외부 환경에 개방되어 있는가 아니면 폐쇄적인가 하는 관점에서, 인간이 합리적(이성적)인가 아니면 자연적(사회적)인가라는 관점을 통해 네 가지로 분류하였다(Scott, 2003). 지금부터는 이러한 분류에 따라 대표적인 이론들을 소개하고자 한다.

첫째는 폐쇄-합리적 관점이다. 관리의 궁극적인 목적은 사람을 효과적으로 다루는 것인데, 인간에 대한 이해는 합리적이고 이성적으로 판단하고 행동하는 존재라는 것이다. 이때 조직은 외부 환경과 교류 없이 내부 요소들 간 최적화를 통한 과학적, 기계적 접근을 함으로써 효율성을 최대로 하기 위한 방안에 대한 연구가 이루어졌다. 여기에 해당하는 조직행동이론으로는 테일러의 과학적 관리, 패욜의 산업 및 일반관리론, 베버의 관료제이론 등을 들 수 있다.

둘째는 폐쇄-지연적 관점이다. 이는 과학적, 기계적 접근에 대한 반성으로서, 인간 중심의 관리에 대한 중요성을 인식하게 해주었다. 즉 조직 내 인간은 합리성만을 추구하는 존재가 아니라 자유의지와 감정을 갖고 있는 자연적이고 사회적인 존재라는 것이다. 따라서 이후 경영관리에 있어서 이러한 인간적 요소에 대한 논의가 중요한 주제로 등장하게 된다. 그러나 인

표 2.1 스코트의 분류

개방적(open) ← 조직에 대한 관점 → 폐쇄적(closed)	자연적(natural)	합리적(rational)
폐쇄적(closed)	• 메이요의 인관관계론 • 맥그리거의 XY이론 • 버나드의 조직이론 • 폴레트의 행동과학이론 • 셀즈니크의 제도주의이론	• 테일러의 과학적 관리 • 패욜의 산업 및 일반관리론 • 베버의 관료제이론 • 뮌스터버그의 산업심리학 • 사이먼의 조직행동
개방적(open)	• 센게의 학습조직 • 마치의 의사결정의 쓰레기통 모델 • 로렌즈의 카오스이론	• 시스템이론 • 구조적 상황이론(우드워드, 톰슨, 트라이스트)

자연적(natural) ← 인간에 대한 관점 → 합리적(rational)

출처 : W. R. Scott, *Organizations: Rational, Natural,and Open Systems*, Emglewood Cliffs, 5th ed., NY, Prentice-Haill, pp.41-48.

간적 요소의 현장 적용에 대한 방법상 한계와 인간 본성에 대한 철학의 부재 등과 같은 더욱 근본적인 문제에 대한 해결방안을 조직 외부 환경에서 모색하려는 노력과 병행되지 못했다는 한계가 있다. 대표적인 이론으로서 메이요의 인간관계론과 맥그리거의 XY이론, 버나드의 조직이론, 폴레트의 행동과학이론 등을 들 수 있다.

셋째는 개방-합리적 관점이다. 이러한 관점은 조직의 목적 달성을 위해 조직을 둘러싸고 있는 외부 환경요소(정치, 경제, 사회, 문화, 기술 등)에 초점을 두고 전개되고 있다. 따라서 조직이라는 유기체의 생존 원천을 조직 내부 요소 간의 적합성 관계에서 조직의 외부 환경에서 찾고자 한다. 즉, 조직에 대한 시스템적 사고가 그 바탕에 있는데, 조직을 유기체로 간주함으로써 조직환경에 대한 효과적인 적응을 강조하는 것이 핵심이다. 하지만 조직과 환경을 지나치게 실물적으로 파악함으로써, 상대적으로 그 속에 있는 인간에 대한 논의가 제한적으로 이루어져 개방-합리적 위치에 놓이게 되었다. 또한 조직의 전략적 선택의 중요성을 간과하게 되는 결과로 나타나기도 한다. 여기에 해당하는 이론으로는 시스템이론, 구조적 상황이론의 범주에 드는 여러 이론들을 들 수 있다.

넷째는 개방-자연적 관점이다. 이는 조직 외부 환경의 중요성을 인식하면서 또한 구성원들의 비합리적 행동과 동기를강조한다. 즉 조직의 합리적인 목표달성보다는생존을 중시하고 공식이나 규칙, 이론만으로는 설명할 수 없는 조직의 비합리성, 구성원의 직관과 동기 등을 다루고 있다. 대표적인 이론으로는 사이먼의 제한된 합리성, 센게의 학습조직, 마치의 의사결정의 쓰레기통 모델, 로렌즈의 카오스이론이 있다.

I 고전적 관리론

1. 과학적 관리

과학적 관리의 아버지로서 테일러(F. W. Taylor, 1856~1915)가 있다. 테일러가 과학적 관

리를 주장하게 된 것은, 산업혁명 이후 늘어나는 저임금의 미숙련 노동인력을 효과적으로 관리하여 생산성을 높일 수 있는 방안에 대한 관심에서 비롯한다. 따라서 테일러의 과학적 관리는 생산성을 최적화하기 위한 관리 노력이라고 할 수 있다(Taylor, 1911).

테일러는 1875년 미드베일 철강회사의 직공으로 시작하여, 경력을 쌓아 작업반장, 기사 등 여러 부문에서 일하였다. 이후 베들레햄 철강회사의 사장에 이르게 된다. 테일러는 1900년 파리 엑스포에 출품한 특수강으로 금상을 받았다. 또한 5만 번이 넘는 실험 결과를 집대성하여, 『과학적 관리론(1911)』과 『공장관리(1913)』 등 5권의 저서가 있다.

테일러의 주장

1) 관리의 목적은 노사 간 최대번영이다

테일러는 최대번영을 넓은 의미로 해석하고 있다. 먼저 기업 소유자에게 높은 수익을 가져다주는 것뿐만 아니라, 기업의 각 부분을 최대한 발전시키고, 기업의 번영을 영속적인 것으로 만드는 것이다. 마찬가지로 종업원의 최대번영이란 같은 직무의 다른 사람들보다 높은 임금을 받는 것뿐만 아니라, 각자가 최대한 능률적으로 일할 수 있는 상태로 발전하고, 개발된 역량에 부합되는 일을 맡아 볼 수 있도록 하는 것이다. 특히 이러한 것이 높은 임금보다 더욱 중요하다고 하였다.

2) 노사 간 이해는 일치한다

테일러는 과학적 관리의 토대로서 노사 간 이해는 일치한다는 신념을 갖고 있었다. 즉, 노사의 진정한 이해는 동일한데, 그 이유는 종업원의 번영을 동반하지 않는 경우 사용자의 번영이 오래 지속될 수 없기 때문이다. 또한 사용자의 번영을 동반하지 않으면서 종업원의 번영이 계속되는 것도 아니다. 따라서 종업원들에게는 그들이 가장 원하는 높은 임금을, 사용자에게는 그들이 원하는 가장 낮은 인건비를 동시에 실현하는 것은 분명히 가능한 일이다.

3) 최대의 번영은 높은 능률에 의해 실현된다

테일러는 기업 안에서 개인이 최대번영을 얻고자 한다면 먼저 최대한의 능률을 올려야 할 필요가 있다고 하였다. 이를 위해 매일 최대생산을 해야 함은 명백하다. 따라서 노사가 함께 최대한 번영을 누리기 위해서는 생산과정에서 인간의 노력, 자원, 기계, 공장의 형태 등에 필요한 자본비용을 최소한으로 관리할 필요가 있다는 것이다. 즉, 종업원과 기계가 최대의 생산력을 발휘하고, 종업원 개개인과 각각의 기계가 최대한의 생산성을 얻지 못하면 최대의 번영을 달성할 수 없다. 이는 경쟁기업 간, 지역 간, 국가 간에 동일하게 작용하는 기본요건으로, 이처럼 종업원에게 높은 임금을 지불할 수 있는 조건은 동일하다. 즉, 최대의 생산성은 노사 간 최대의 번영을 가져다 준다.

4) 태업의 문제

한편 테일러는 노사 간 최대번영을 달성하는 데 가장 큰 걸림돌은 당시 선진국들이 당면하고 있던 태업의 문제라고 하였다. 휴일에 야구시합을 할 때는 전력을 다해 이기려고 노력하던 종업원들이 다음 날 출근해서는 가능한 한 일을 하려 하지 않고, 오히려 전력을 다해 일을 적게 하려고 한다는 것이다. 그리하여 당연히 할 수 있는 분량보다 훨씬 적은 양의 일만 하게 된다. 만약 온힘을 다해 하루 동안 할 수 있는 최대생산량을 보이게 되면 동료로부터 심한 비난을 받게 된다. 이때의 비난은 휴일의 야구시합에서 전력을 다해 경기에 임하지 않음으로써 동료들로부터 받게 되는 질책에 비한다면 비교할 수 없을 정도의 큰 부담으로 작용한다고 하였다.

이처럼 고의로 일을 태만하게 하여 일일 작업량에 이르지 못하도록 하는 태업은 미국과 영국 등 당시 선진국의 거의 모든 생산공장에서 나타난 공통된 현상이며 생산공장뿐 아니라 건축 현장에서도 빈번하게 일어나고 있었다. 테일러는 태업의 원인으로 다음의 두 가지를 꼽고 있다.

(1) 태업의 원인

태업에는 두 가지 종류가 있다. 먼저 자연적 태업은 편안함과 고통을 피하고자 하는 인간의 본능에서 비롯되는 것이다. 그에 비해 조직적 태업은 타인과의 관계를 바탕으로 상호 배려를 목적으로 이루어진다. 테일러는 특히 당시의 이러한 조직적 태업 문제의 심각성을 인식하고 그 원인을 다음과 같이 밝히고 있다.

① 근로자들의 잘못된 생각

거의 모든 직종에서 근로자들은 최선을 다해서 보다 많은 일을 하게 되면 오히려 자신들에게 불이익이 된다고 믿고 있다. 즉, 자신이 최대한 속도를 내어 일을 하게 되면, 다수의 타인들의 실업을 초래하게 되므로 결국 특정 직무 수행자들에게 매우 부당한 일을 하는 셈이 된다고 생각하고 있다는 것이다. 하지만 테일러는 새로운 생산기계의 발명과 공정의 개선이 이루어짐에 따라 해당 직종의 노동자들의 생산성이 향상되는데, 이는 원가를 감소시킴으로써 더 많은 고용을 창출하는 원동력이 되지, 실업을 발생시키는 경우는 없다고 설명한다.

그러나 과거 농사를 짓던 경험에서 비롯된 근로자들의 생각은 쉽게 바뀌지 않았다. 그리하여 근로자들은 이 같은 잘못된 생각으로 일부러 일을 지연시켜 생산량을 제한하였다. 더구나 대부분의 노조는 작업량 제한 규정이라는 것을 통해 더욱 조직적으로 태업을 조장하였다.

한편 테일러는 당시에 비판을 받고 있던 과도한 노동에 대한 문제점에 대해서 진지하게 고민하는 사람 가운데 한 사람임을 천명하면서, 그보다 더욱 심각한 문제는 적은 임금으로 고통받고 있는 근로자들이라며 그에 대한 책임을 강조하고 있다. 즉, 과도한 노동을 통해 고통받고 있는 사람이 1명이라면, 일부러 느리게 일하는 사람은 100명이라는 것이다. 따라서 생산공장의 직장(職長)이나 관리자들은 누구보다 태업에서 비롯되는 문제들에 대해 잘 알고 있기에, 근로자들과 일반 대중에게 조직적 태업에 관한 잘못된 생각을 타파하기 위한 선봉에 서야 한다고 주장하였다.

② 사용자들의 잘못된 관리 방법

테일러는 태업의 또 다른 원인으로 사용자들이 여러 가지 과업의 완성을 위해 소요되는 시간을 알지 못하는 것을 꼽고 있다. 그 결과 근로자들은 스스로의 이익을 지키기 위해서 태업을 한다는 것이다. 몇 사람이 모여서 같은 일을 하도록 하면서, 하루 임금으로 일정액을 지불하는 시간급 아래서는 일반적으로 편안하고 싶어 하는 자연적 태업이 일어난다. 이대 과업 성적이 좋은 근로자는 점차적으로 일하는 속도를 늦추어 과업 성적이 나쁜 근로자의 과업 능률에 근접하게 된다. 자신보다 훨씬 일을 덜하면서 같은 임금을 받는 동료를 보면서, 그 사람 이상으로 일하고 싶은 사람은 없기 때문이다.

문제는 사용자들이 어떤 방법으로 하루 작업량을 결정하는가 하는 것이다. 대부분의 경우 사용자들 스스로의 경험에 근거하거나, 근로자들의 작업을 막연히 관찰해서 결정하기도 하였으며, 작업에 소요된 시간 기록 가운데 가장 빠른 것을 표준시간으로 정하는 것이 일반적이었다. 따라서 근로자들의 입장에서는 지금까지의 작업 기록 이상으로 일을 하지 않도록 하는 것이 이익이 된다고 생각하게 된다. 그리하여 새로 사람이 들어오면 이러한 것부터 가르친다. 왜냐하면 만약 열심히 일해서 새로운 기록을 만들게 되면, 자신은 일시적으로 임금이 상승되겠지만 다른 사람들이 피해를 입게 된다. 따라서 새로 들어오는 사람들이나 열심히 일하고자 하는 사람들은 다른 근로자들로부터 여러 형태의 압력을 받아서 새로운 기록을 만들지 못하게 된다. 그리하여 조직적 태업이 고착화되는 것이다.

(2) 과학적 관리를 위한 요소

테일러는 근로자들의 잘못된 생각과 관리자들의 잘못된 관리 방법에서 비롯된 태업을 해결하기 위해서 과학이라는 용어를 사용하고 있다. 테일러는 스스로의 이론이 산업사회에서 일반적으로 실시될 것이라고 확신한다고 하였지만, '과학적'이란 개념을 당시의 '주먹구구식'의 상대적인 개념으로 국한해서 사용하였다. 따라서 과학적 관리가 과학이론처럼 시대와 장소를 불문하고 변함없이 적용할 수 있는 것이 아님을 분명히 밝히고 있다. 즉, 모든 문제를 해결할 수 있는 만능약은 있을 수 없으며, 특정 관리 방법이나 수단을 통해 근로자와 사용자의 번영을 영속적으로 가져다 줄 수 없음을 자신의 논문에서 여러 차례 언급하고 있다. 여기서 테일러의 탁월함과 통찰력을 발견할 수 있다.

① 시간 및 동작연구

테일러는 과학적 관리를 실시하기 위한 첫 번째 요소로서 시간 및 동작연구를 들고 있다. 그 순서는 다음과 같다.

- 연구하고자 하는 특정 작업의 숙련공을 10~15명 선발한다. 이들은 서로 다른 여러 회사 혹은 다른 지역 출신이면 좋다.
- 연구 대상 작업의 수행 시 활용하는 기본적인 동작과 사용하고 있는 도구를 면밀히 연구한다.
- 이때 각각의 기본동작을 수행하는 데 소요되는 시간을 스톱워치로 측정한다. 개별 동작을 수행할 때 가장 빠른 방법과 도구를 연구한다.
- 잘못된 동작, 느린 동작, 불필요한 동작을 모두 제거한다.
- 가장 빠르고 올바른 동작을 밝혀내고 또한 개발한 가장 좋은 도구와 결합하여 하나의 체계로 구성한다.

시간 및 동작연구는 가장 빠르고 올바른 동작을 하나의 체계로 연결함으로써 이것을 공장 내 교사의 역할을 담당하는 기능별 직장(職長)에게 먼저 가르친다. 그리하여 이것이 공장 내 모든 작업자에게 학습을 통해 일반화되도록 하였다.

실제로 테일러는 선철(銑鐵) 운반 실험을 통해 시간 및 동작연구의 효과를 입증할 수 있었는데, 당시 실험에 참여했던 숙련공은 하루의 운반량을 17톤에서 41톤으로 끌어올릴 수 있었다.

② 공구의 표준화

당시 작업자들은 스스로의 판단에 따라 효율적 업무를 위한 도구 선택을 하고 있었다. 그 결과 같은 목적을 위해 사용되는 도구라 할지라도 형태나 기능에서 여러 가지가 혼재해 있었다. 테일러는 삽 작업에 관한 연구를 통해서 석탄이나 철광석을 뜰 때에는 서로 다른 모양의 삽을 사용해야 한다는 것을 발견하였다. 또한 작업대상과 무관하게 한 번 삽질하는 무게가 21파운드(9.5킬로그램)일 때 작업자의 피로도나 작업능률 측면에서 가장 효과적임을 발견하였다.

따라서 임의로 만들어 쓰던 여러 가지 도구를 상세히 조사하여 특정 공구를 사용해서 낼 수 있는 속도에 대한 시간 연구를 실시하였다. 그리하여 장점만을 취하여 해당 작업에 대한 표준도구를 만들었다. 그 결과 작업을 신속하고 편안하게 할 수 있게 되었다.

③ 과업관리와 차별성과급

테일러는 과업관리가 과학적 관리의 핵심 요소임을 강조한다. 학교에서 학생들에게 확실하게 과제를 부여하지 않고, 할 수 있는 만큼 열심히 공부를 하라고 한다면 대부분의 보통 학생들은 거의 발전하지 않는다. 따라서 교사는 매일매일 확실히 과제를 선정하여 부여함으로써 학생들이 순차적으로 진보해 간다고 주장하였다.

테일러는 이처럼 보통의 노동자들에게 매일 일정한 과업을 정밀 계산하여 부여함으로써 정해진 시간 내에 하도록 해야 한다고 하였다. 이때 이러한 과업이 근로자에게 정확히 하루의 작업량이 될 수 있다면, 근로자 자신과 사용자 모두가 만족하는 결과가 된다. 근로자는 확실한 과업량(표준)이 부여됨으로써 자신의 업무 진척 상황을 알 수 있게 되고, 과업이 완료됨에 따라 만족감을 얻기 때문이다.

한편 테일러는 다른 근로자들에 비해 지속적으로, 더욱 열심히 일한 사람들에 대한 임금 인상을 주장했다. 또한 임금 인상이 일시적인 것이 아니라 영속적인 점이란 것을 확인해 주기 위해, 테일러는 차별성과급제도를 제안하였다. 즉, 근로자들에게 매일의 과업을 정밀 계산해서 부여해야 할 뿐만 아니라, 정해진 시간 내에 마친 사람에 대해서 인센티브를 지불하는 것이다. 이를 통해 근로자로 하여금 특정 과업에 대해서 최고 성과를 낳도록 할 뿐 아니라, 특정 직무에서 계속해서 발전하면서 일할 수 있는 기회가 된다.

④ 기능별 직장제도

테일러는 작업부서별로 시행되던 기존의 단독 직장제(職長制) 대신에, 기능별로 8명의 직장을 두는 것을 제안하였다. 이들이 근로자들에게 전문적인 교사의 역할을 수행하도록 한다. 즉, 항상 공장 안에서 머무르면서 근로자들을 돌보고 지휘하는데, 이들은 스스로 갖고 있는 지식과 숙련을 통해 필요시 실제로 시범을 보여 줌으로써 작업을 가장 빠르고 올바르게 하는 방법을 가르쳐 주었다.

기능별 직장들은 기본지식 담당자, 검사 담당자, 작업준비 담당자, 속도 담당자, 유지보수 담당자, 시간 담당자, 배치 담당자, 훈련 담당자 등으로서 근로자들에게 교육과 시범을 함께 제공해 주는 사람들이다.

(3) 과학적 관리의 의미와 효과

지금까지 살펴본 내용을 토대로 하여 본 테일러의 과학적 관리의 의미는 다섯 가지로 정리할 수 있다.

① 과학을 추구한다

테일러의 과학적 관리는 당시 산업현장의 주먹구구식, 비효율성, 비합리성 등의 부정적 관리에 과학이라는 의미를 부여하였다. 즉 계량화, 효율성, 합리성이라고 하는 가치를 통해 경영관리를 객관화, 일반화, 과학화하였다. 테일러의 과학적 관리는 간트(H. Gant), 길브레스(F. Gilbreth), 에머슨(H. Emerson) 등에 의해서 이론적으로 심화되고, 포드(H. Ford)에 의해 실천적으로 전개 되었다. 그리하여 현대의 산업공학과 경영공학으로 이어졌다.

② 노사 간 화합을 추구한다

테일러의 과학적 관리는 근로자와 사용자가 상호 간 책임과 의무에 대해 갖고 있던 태도를 근본적으로 바꾸는 것이다. 즉, 노사 간 새로운 의무에 대한 역할분담이 명확해짐으로써 기존의 관리 방식에서 결코 발생할 수 없었던 우호와 협력관계가 이루어진다. 예컨대, 과학적 관리를 통해 생산량이 증가함에 따라 고임금과 저노무비는 모두에게 번영을 가져다 주는 요인이 된다. 또한 기능적 직장제도를 통해 근로자들은 더욱 많은 일선 관리자, 즉 직장들과 접촉할 수 있는 기회가 주어졌으며, 이들과 커뮤니케이션한다는 것은 곧 조직(사용자)과 더욱 빈번하게 커뮤니케이션하는 것과 같다. 이를 통해 근로자들의 의견을 청취하여, 경영관리에 반영할 수 있는 기회가 증대하므로, 조직 내 민주주의와 협력을 증진시킬 수 있다는 것이다.

③ 최대의 생산성과 조직적 태업을 방지한다

테일러는 과학적 관리가 일반화되면, 모든 산업부문에 있어서 생산성은 배가 될 것이라고 하였다. 그 결과 생필품과 사치품의 생산도 함께 증가하며 근로자들은 노동시간을 단축할 수 있게 된다. 또한 근로자들의 문화, 교육, 여가의 기회가 늘어나게 된다. 이처럼 세계가 생산성의 증가에 따른 이익을 공유하게 되면, 앞서 언급하였듯이 노사 간 이해의 일치로 인해 노사 간 분쟁이 사라지게 되며, 조직적 태업에 대한 필요성을 갖지 못하게 된다.

④ 근로자들의 발전과 번영을 가져다 준다

테일러는 전문화의 원리가 갖는 장점을 강조한다. 특정 분야에서 계속해서 노력하게 되면, 각자 자신의 특수임무, 즉 전문분야에서 최고의 권위자가 됨으로써 높은 임금과 지위를 인정받을 수 있다는 것이다.

⑤ 공정성을 추구한다

이는 보상의 공정성이란 측면에서, 열심히 일한 만큼 적절히 보상함으로써 달성할 수 있는 중요한 가치이다.

(4) 과학적 관리에 대한 비판과 변론

이러한 비판은 물론 당시에도 제기되었으며, 현대적 의미에서 재해석한 부분도 포함한다.

① 생각과 사상의 몰인간화 이론이다

과학적 관리는 인간을 기계 취급한다는 비판을 받았다. 예컨대, 과학적 관리하에서 작업을 하면서, 스스로 다른 방식을 생각하거나, 달리 생각한 방식대로 작업을 하려고 하면, 반드시 누군가가 간섭을 하거나, 대신해서 일을 해버리는 경우가 발생한다. 이에 대해 근로자들을 마치 프로그램화된 기계처럼 취급한다는 비판에 당면하게 된다. 또한 차별성과급제도를 통해 작업자를 효율적으로 움직이는 기계 수준으로 전락시켰다는 것이다. 이러한 비판에 따라 테일러는 의회 청문회에 불려가게 되었다.

테일러는 의회 청문회의 답변에서 근로자들은 작업 시, 새로운 지식의 결정체라고 할 수 있는 표준작업 방식과 표준도구를 제공받는데, 이것 때문에 시야가 좁아지는 것이 아니라고 말하였다. 오히려 낡고 쓸모없는 방식을 좀 더 새롭게 하고자 시간과 노력을 투입할 필요 없이 작업을 신속하고 올바르게 해 준다는 것이다. 그리하여 그 과정에서 기능적 직장과 빈번한 커뮤니케이션을 통해 창의적이되, 스스로 연구를 할 수 있는 기회를 갖게 된다고 반박하였다. 이는 작업 사이클이 짧은 업무일수록 창의적 아이디어나 개선을 위한 학습이 더욱 빈번하게 일어난다는 오늘날의 연구 결과와 부합한다.

② 노동자들의 창의력을 저해한다

당시 금전적 보상인 성과급에만 사람들의 관심이 집중하도록 설계된 과학적 관리에 대해서 이러한 비판이 제기되었다. 즉, 근로자들이 새로운 작업 방식을 연구하거나 도구를 개발하기 위한 창의성의 발휘 기회를 제한한다는 것이다. 테일러는 이에 대해서 과학적 관리에서는 근로자들이 일상적 직업에서 사용하는 도구나 작업 방식을 임의로 변경하는 것이 결코 용납될 수 없다고 전제한다. 그러나 과학적 관리가 지속적으로 실시되기 위해서는 작업 방식이나 도구 활용과 관련하여 근로자들의 개선 방법이나 새로운 제안을 필히 장려해야 한다. 근로자들이 제안한 방안에 대해서는 내용을 분석하고, 필요하다면 실험을 통해 과거의 표준과 비교 분석하여 효과를 분명히 밝혀야 한다. 그 결과 새로운 제안이 더 낫다면 이것을 새로운 표준으로서 전체 공장에 실시해야 하며, 그것을 제안한 근로자의 공로를 인정하여 금전적 보상을 해야 한다고 하였다. 오늘날 관점에서 본다면 오히려 과학적 관리는 근로자들의 창의성을 촉진하는 힘을 갖는다고 할 수 있다.

③ 노동력 착취이론이다

테일러는 노동자들의 교육훈련을 통해서 '내부노동시장의 육성과 활성화'를 강조하고 있다. 이것이 기능적 직장 제도가 필요한 이유이다. 하지만 이것이 실제로는 경쟁을 유발함으로써 노동자 간 수평적 유대를 약화시키는 결과가 된다는 비판이 있다. 또한 교육훈련을 통한 고도의 분업은 노동자들의 숙련도가 제고된다는 장점이 있으나, 그것이 오히려 노동시장에서 입지를 좁히는 결과라는 비판이 제기된다. 왜냐하면 과도한 분업을 통한 고도의 전문화는 특정 직무(혹은 직장)에 예속됨으로써 다른 직무(혹은 다른 직장)로의 전환을 어렵게 한다.

그리하여 임금체계나 고용관계에 있어서 사용자에게만 유리한 결과가 될 수 있다. 즉, 오늘날 전문성의 강조는 자본의 논리에 힘입은 바가 크다. 따라서 덜 전문화가 되기 위한 다기능공화는 이러한 문제에 대한 해결대안이라고 할 수 있다.

④ 조직 내 조정과 통제 비용이 증대하였다

이는 분업이 확대 실시됨에 따라 조직 내 구성원 간 사회적 상호작용의 감소에서 비롯되는 비용 발생을 의미한다. 과학적 관리는 개인주의적 고용관계에 근거하여 과업을 관리하고, 직업을 설계하는 방식으로 이루어진다. 하지만 실제 작업 상황에서는 작업 동료 간 사회적 유대가 중요하게 작용하고, 실제로 이를 통해 업무 효율성과 심리적 안정을 얻을 수 있다. 하지만 그것이 상호 경쟁적인 차별성과급 때문에 불가능해진다는 것이다. 이는 현대 기업 조직이 갖는 대표적인 문제로서, 이를 위해 직무 재설계가 요구된다.

참고 2.1 맥도날드 햄버거와 과학적 관리

맥도날드의 성공은 테일러의 과학적 관리 원칙에 충실했기 때문이다.

① 효율성(efficiedcy) : 패스트푸드로서 햄버거는 효율성 측면에서 단연 최고이다. 한 입 베어 무는 순간 시장기는 금방 가시게 된다.
② 계량화(quantification) : 햄버거를 만드는 작업과 주문을 받고 음식을 내주거나 포장하는 과정, 계산을 하는 과정은 철저한 시간과 동작 연구를 통해 표준화되어 있다. 또한 모든 햄버거의 패티 무게와 빵의 크기는 표준화되어 있다. 따라서 맥도날드에서 파는 제품은 결코 고품질, 고급음식이 아니다.
③ 예측성(predictability) : 맥도날드 햄버거와 프렌치프라이의 맛은 언제 어디서나 예측 가능하다. 서울, 제주, 도쿄, 뉴욕, 모스크바, 베이징, 파리에서 맥도날드 햄버거의 맛과 프렌치프라이의 냄새는 똑같다. 또한 햄버거 주문에서 수령까지 걸리는 시간은 5분을 넘지 않는다.
④ 통제성(control) : 생산 과정은 최대한 기계화를 통해 인력을 절감한다. 따라서 품질 관리를 철저히 할 수 있게 된다. 업무분장이 매우 명확하고 구체화되어 있기 때문에 책임이 분명하고 통제가 쉽다.

이러한 맥도날드 경영원칙(Mc. Donaldization)은 대규모 할인매장, 패키지 여행상품, SAT나 GMAT 시험, 홀리데이인과 같은 모텔 체인 등에서도 적용된다(Ritzer, 2007).

---

2. 산업 및 일반관리론

고전적 관리론의 또 다른 거인은 산업 및 일반관리론(general and industrial administration)을 제시한 앙리 패욜(H. Fayol, 1841~1925)이다.

프랑스의 광산회사 경영자였던 패욜은 관리자들이 하는 행동에 대해 관심을 갖고 연구하였다. 이를 근거로 그는 기업 운영을 위한 여섯 가지 기능을 제시하였다. **표 2.2**는 패욜이 제시한 여섯 가지 기능을 보여 주고 있다. 그 가운데 경영관리 기능을 여타 기능과 다른 차원으로 규정하고, 경영관리를 위한 5요소를 밝혔다(Fayol, 1916).

표 2.2 패욜이 제시한 여섯 가지 기업 운영을 위한 기능

구분	내용
기술적 기능	생산, 제조, 가공 활동
상업적 기능	구매, 판매, 교환 활동
재무 기능	자본의 조달과 관리 활동
안전의 기능	재산 보호와 인원 확보 활동
회계 기능	재산목록, 대차대조표, 원가 계산, 통계 등
경영관리 기능	가장 중요한 기능, **계획, 조직, 지위, 조정, 통제**하는 활동

1) 경영관리의 5요소

고전적 관리론과 경영학 전반에서 이룩한 패욜의 공헌은 경영지식의 체계를 수립했다는 것이다. 패욜은 경영이란 무엇인가? 관리자는 어떻게 해야 하는가?라고 하는 경영학을 공부하는 사람이면 제일 먼저 갖게 되는 핵심적이고 기본적인 물음에 대한 명확한 답을 제공해 주었다. 따라서 패욜의 경영관리 5요소는 '경영이란 무엇인가?'에 대한 대답이라고 할 수 있다. **그림 2.1**은 패욜의 기업 운영을 위한 기능과 경영관리의 5요소를 결합한 것을 보여 준다.

그림 2.1 기업 운영 기능과 경영관리 5요소의 결합 모델

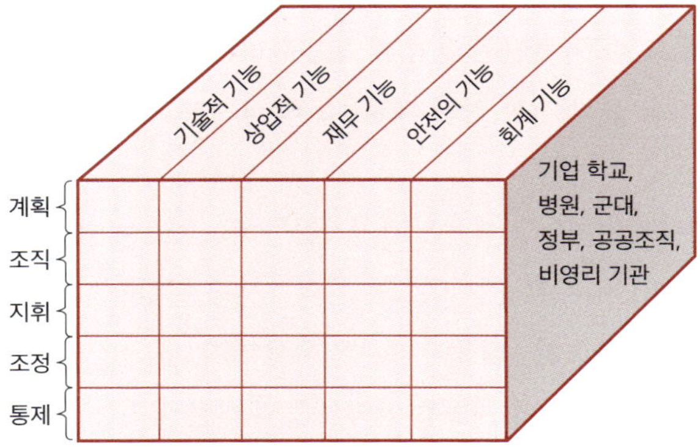

(1) 계 획

패욜은 경영이란 미래를 예측할 수 있어야 하며, 계획은 앞으로 일어날 일을 미리 결정하는 것이라고 하였다. 따라서 이러한 계획이 경영관리 가운데 가장 중요하고 어려운 요소이다. 패욜은 좋은 계획을 위해서는 다음과 같은 네 가지 조건을 갖추어야 한다고 주장한다.

① 패욜의 좋은 계획을 위한 조건

- **통일성** 계획은 한 번에 한 가지씩만 실행해야 한다. 한꺼번에 여러 가지 계획을 실행하게 되면 필연적으로 혼란이 발생한다. 하지만 한 가지 계획을 몇 개로 나누어서 실행하는 것은 가능하다. 이때 나누어진 계획의 연계성이 중요하다.
- **지속성** 계획은 지향하는 목표를 향해 지속성을 가져야 한다. 이를 위해서 계획의 실행은 순차적으로 이루어져야 하며, 중간에 단절이 없어야 한다.
- **유연성** 계획은 사고의 전환이나 상황의 변화에 따라 적절히 조정할 수 있다.
- **정확성** 계획은 가능한 정확성을 추구해야 한다.

② 계획의 효과

계획을 통해 자원을 효율적으로 활용할 수 있고, 가장 좋은 방법을 선택하여 목표를 달성

할 수 있다. 계획을 통해 시간낭비를 줄일 수 있고, 실수를 예방하며, 불필요하게 목표를 변경하는 일을 방지할 수 있다. 또한 계획은 직원들의 능력을 제고하는 데 도움이 된다.

(2) 조 직

패욜은 조직의 구성요소와 인사관리 활동을 통틀어서 조직화라고 하였다. 조직화의 기본 내용은 계급서열과 업무분장이며, 이를 위해서 다음의 16가지가 요구된다.

- 활동계획은 숙고하여 수립하고, 계획대로 실행한다.
- 조직의 목표와 자원, 시장의 요구가 상충하지 않도록 한다.
- 한 사람의 능력 있고 강한 리더를 선발한다.
- 개별활동과 협력활동을 적절히 배합한다.
- 정책 결정은 명확하고 투명해야 한다.
- 인력의 배치는 효율성의 원칙에 따라야 한다.
- 직위와 권한을 명확히 한다.
- 창의성과 책임감을 강조한다.
- 성과에 따른 적절한 보상을 실행한다.
- 과실과 나태에 대해서는 징계한다.
- 규율을 준수해야 한다.
- 개인의 이익이 조직의 이익에 종속되어야 한다.
- 통일된 지휘체계가 확립되고 유지되어야 한다.
- 물질적 질서(정리정돈)와 사회적 질서(위계서열)를 유지한다.
- 통제활동은 전면적으로 이루어져야 한다.
- 관료주의, 형식주의, 불필요한 규정 등을 지양한다.

(3) 지 휘

지휘(혹은 명령)는 구성원들이 주어진 역할을 수행할 수 있도록 하는 것이며, 목적은 회사의 이익을 위해 최선의 성과를 내기 위한 것이다. 따라서 지휘와 명령을 하는 리더는 뛰어난 능력을 갖추어야 한다. 다음은 리더에게 요구되는 능력과 행동이다.

- **구성원들을 잘 이해해야 한다.** 리더는 구성원들의 능력, 신뢰성에 대해 잘 알고 있어야 한다. 그리하여 개인에 대한 성과기대나 역할부여가 가능하다.
- **직무능력이 부족한 사람은 도태시킨다.** 자신의 직무를 완수하지 못하는 사람을 내보내지 않는다면, 어떤 이유건 업무를 제대로 하지 못한 사람에 대해 상을 주는 것과 같다. 하지만 직원을 도태시키는 것은 결코 쉬운 일이 아니다. 충돌과 저항 없이 자연스럽게 도태시키기 위해서는 리더의 능력이 요구된다. 따라서 리더는 높은 도덕성과 용기, 결단력을 갖추어야 한다.
- **회사와 직원 간 계약을 잘 이해해야 한다.** 회사는 계약을 통해 직원과 관계를 설정하였으므로, 계약의 실행은 직원들 앞에서는 회사의 이익을 대변해야 하고, 경영진 앞에서는 직원의 이익을 대변해야 한다. 이를 위해서 계약 내용을 명확하고 정확하게 이해하고 있어야 한다.
- **모범이 되어야 한다.** 태도와 행동에서 모범이 되면, 구성원들의 행동 또한 따라 오게 된다. 또한 이로 인해 충성심과 주도성, 조직에 대한 열정까지 이끌어 낸다.
- **정기적으로 조직을 점검한다.** 정기적으로 회사 전반에 관해 점검할 수 있는 규정이 있어야 하며, 이것을 제도화해야 한다.
- **회의와 보고를 충분히 활용한다.** 이를 통해 정보가 조직 내부에서 훌륭한 자원이 될 수 있도록 한다.
- **사소한 업무에 시간을 낭비하지 않는다.** 리더는 중요한 일에 대해 관심을 두고, 일상적인 것과 거리를 두어야 한다.
- **분위기를 활용한다.** 적절한 분위기와 타이밍을 적극 활용하여 신바람, 단결, 적극성, 창의성, 충성심 등을 이끌어 내야 한다. 예컨대, 직원의 능력에 맞추어 최대한 권한과 업무를 부여함으로써 창의성과 동기부여를 이룩할 수 있고, 작은 실수를 포용함으로써 충성심을 제고한다.

(4) 조 정

패욜은 업무와 구성원들의 행동이 적정 수준을 유지하도록 하는 활동을 '조정'이라고 하였다.

- 업무 수행 시 부서 간 작업 속도와 수준을 맞춤으로써 기업 내 모든 업무가 질서 있고 확실하게 진행된다.
- 업무 수행이 수평적으로, 수직적으로 관련된 부서끼리 해당 업무 내용과 상호 간 협조에 대해서 명확히 이해해야 한다.
- 앞서 계획의 유연성에서 제시하였듯이, 관련 부서 간 계획은 상황의 변화에 따라 조정될 수 있다.

(5) 통 제

통제란 계획과 수행 상황, 계획과 수행 결과를 비교하는 것이다. 통제의 목적은 실패를 방지하고 잘못을 교정하는 것과 수행 결과를 평가하는 것이다. 효과적인 통제를 위해서는 정해진 시간과 순서에 맞추어 즉시 시행해야 하며, 신상필벌의 원칙을 지켜야 한다. 또한 통제권한을 명확히 하는 것이 필요하다.

2) 일반관리원칙 14가지

패욜의 14가지 일반관리원칙(principle of management)은 '관리자는 어떻게 해야 하는가?'에 대한 답에 해당한다.

패욜의 연구는 조직 전반적인 차원에서 효율성을 추구했다는 측면에서 테일러의 연구와 차이를 보여 준다. 앞서 논의한 것처럼 테일러는 일선 작업현장의 관리자와 근로자 개인의 효율성 제고에 집중하였기 때문이다. 이러한 차이는 두 사람의 경력상 출발점이 다르기 때문이라고 할 수 있다.

테일러는 일선 작업현장의 가장 아래에서부터 일을 시작하였는데, 그리하여 이론적 전개는 하부 조직의 운영과 생산관리를 통한 미시적 접근이다. 하지만 광산산업대학을 졸업한 패욜은 광산 엔지니어로서 경력을 시작하였고, 짧은 기간에 기술자에서 관리자, 관리자에서 경영자로 경력 상승을 하였다. 따라서 출발부터 조직의 중간관리자로 시작하였기에 패욜의 이론은 조직 차원의 경영과 관리를 다룬 거시적 접근으로 전개되었다.

또한, 실천에서도 차이를 보여 주고 있는데, 테일러는 자신의 이론을 현장에서 실제로 적용 가능한 기능과 시스템을 통해 실천하려 하였다. 그에 비해 패욜은 관리자들의 경영교육을 위한 전반적인 구조와 틀을 형성하려고 했다. 따라서 경영관리능력도 기술처럼 먼저 교육기관에서 교육을 통해 학습한 후에 현장에 적용해야 한다고 주장하였다.

하지만 테일러의 과학적 관리와 마찬가지로, 패욜 또한 공식적인 조직구조와 기능에 관한

표 2.3 패욜이 제시한 14가지 일반관리원칙

원칙	내용
① 분업의 원칙(division of labor)	기업의 모든 활동은 각자에게 분담되어야 한다.
② 권한과 책임의 원칙(authority and responsibility)	책임을 부여하면 권한도 함께 주어야 한다.
③ 규율의 원칙(discipline)	규정과 작업방식이 사전에 명시되어야 하며, 구성원들은 이를 준수해야 한다.
④ 명령일원화의 원칙(unity of command)	한 사람의 상사로부터 명령을 받아야 한다.
⑤ 지휘 통일의 원칙(unity of direction)	동일 목적의 필수 활동에 대해서는 한 명의 책임자와 하나의 계획만 있어야 한다.
⑥ 조직이익 우선의 원칙(subordination of individual togeneral interest)	개인의 목표는 부서의 목표에 부합되어야 하며, 부서의 목표는 조직 전체의 목표와 일치해야 한다.
⑦ 보상의 원칙(remuneration)	성과에 따라 공정하게 보상해야 한다.
⑧ 집권화의 원칙(centralization)	권력은 조직 상부에 집중되어야 한다.
⑨ 권한계층 구조의 원칙(scalar chain)	명령과 보고를 위한 계층구조가 있어야 한다.
⑩ 질서의 원칙(order)	구성원 간 권한, 지휘, 명령, 복종의 질서가 있어야 한다.
⑪ 공정성의 원칙(equity)	경영자는 부하 직원을 공정하게 다루어야 한다.
⑫ 인사안정의 원칙(stability of tenure of personnel)	직무에 익숙하기 전에는 이동시키거나 해고해서는 안 되며, 이직률이 높아서도 안 된다.
⑬ 주도성의 원칙(initiative)	구성원들은 일할 때 수동적이 아닌, 주도성을 갖고 노력할 수 있어야 한다.
⑭ 단체정신의 원칙(esprit de corps)	구성원들은 단체정신으로 무장하여 단결해야 한다.

출처 : General & Industrial Administration, 1916, H. Fayol, republished by Wren, Bedeian & Breeze, 2002.

특성을 미리 규정해 두고, 그에 부합되는 구성원들의 능력과 행동을 요구했다는 측면에서 공통점이 있다. 이는 패욜의 이론이 과학적 혹은 기계적 접근이라는 고전적 관리론의 범주에 속하는 이유가 되었다.

참고 2.2 110년 전 패욜이 제시한 원칙

⑪ 공정의 원칙

왜 정의(justice)가 아니라 공정성(equity)인가? 정의란 규약(convention)을 실현하는 것이다. 그런데 그러한 규약은 예상되는 모든 일을 포함하는 것이 불가능하다. 따라서 해석이 필요하고, 불충분한 경우 보완이 필요하다.

조직구성원들이 자발적으로 최선을 다해 자신의 직무를 수행하도록 하기 위해서 규약만으로 충분한가? 마찬가지로 아닐 것이다. 마치 부모가 그러하듯이 온정으로, 진정으로 사람답게 대해 주어야 한다(paternalism).

공정성은 정의에 온정을 더하는 것에서 출발한다. 그렇다고 공정성이 단호함과 온정성을 배제하는 것은 아니다. 마치 부모님이 그러하듯 상당한 누군가의 지혜와 경험, 친절과 배려를 포함한다. 즉, 단호함과 온정이 동시에 조화하는 것이다.

공정성에 대한 욕구, 평등에 대한 요구는 사람이 사람을 대할 때 기본이 되는 중요한 기대이며 바람이다. 이러한 욕구에 대한 최대의 만족을 위해서는 어떠한 원칙도 무시되거나 간과되어서는 안 된다는 전제 아래, 진정으로 전체의 이익을 위한 일이 무엇인가를 고민해야 한다. 다시 말해서 계층의 어느 곳에서건 공정함의 분위기를 인식할 수 있게 해주어야 한다.

⑭ 단체정신의 원칙

뭉치면 힘이 생긴다. 단결하기 위해서 필요한 것은 명령 통일의 원칙이다. 동시에 단결을 위해 피해야 할 것은 다음의 두 가지이다.

첫째, 분할 지배(divide and rule)를 하지 말아야 한다. 구성원들을 함부로 분할시키는 행위를 해서는 안 된다. 적의 힘을 약화시키는 목적으로는 유용하지만, 자기 군대를 분산시키는 것은 중대한 잘못이다. 관리 능력이 불충분하거나 오해에서 비롯하는 경우 혹은 개인적 이익 때문에 그렇게 한다. 구성원들의 노력을 통합, 조장하는 데 힘을 쏟아야 한다.

둘째, 문서화된 의사전달을 남용하지 말아야 한다. 문서보다는 구두로 의사소통해야 한다. 대화로 해결할 수 있고 갈등이나 문제를 문서를 통해 직면할 때 오히려 상황이 악화될 수 있다. 구두로 해야 신속, 명확, 조화의 효과를 얻을 수 있다. 이웃에 있는 부서에까지 문서를 통한 의사전달을 하고 있는데, 이것은 조직을 해롭게 하는 일이다. 일이 지체되고, 복잡해지며, 동질감을 저해하기 때문이다. 구두로 할 수 있는 의사전달을 문서로 하는 것은 금지하는 방안을 만들어야 한다.

단결을 위해서는 노동조합이 중요하다. 응집력이 부족하고 유대관계도 미미한 일개 개인을 관리자나 이용자와 대등한 입장에 설 수 있도록 해주기 때문이다.

---

3. 산업심리학의 등장

테일러에 의한 과학적 관리와 같은 시기에, 심리학 이론을 산업현장에 적용하기 위한 노력이 이루어졌다. 독일 출신의 심리학자 뮌스터버그(H. Münsterburg, 1863~1916)는 미국으로 건너와 심리학 이론을 바탕으로 업무 설계와 인력 선발에 적용함으로써 산업심리학이라는 새로운 영역을 개척하였다.

뮌스터버그는 심리학을 독립된 과학으로 확립함으로써 실험심리학의 아버지라고 불리는 분트와 함께 연구하면서 심리학 이론들을 경영학 영역에 도입할 수 있는 기초를 쌓았다. 뮌스터버그는 자신의 연구 과정을 통해 경영관리의 심리학적 접근의 필요성을 강조하면서, 그러한 성과를 통해 더욱 많은 산업 효율성을 이끌어 낼 수 있다고 주장하였다.

그가 제시한 이론과 관점은 기본적으로 테일러의 과학적 관리를 심리학으로 보완한 것이라고 할 수 있다. 뮌스터버그는 심리학과 산업의 효율성에 관해서 다음과 같이 서술하고 있다. "근로자의 심리적 적응과 조건을 개선하면 작업의 능률을 높일 수 있다. 이것은 사용자와 근로자 모두에게 이익이 된다. 특히 근로자들은 작업시간을 단축하면서 더 높은 임금을 받게 되어 생활 수준이 향상된다." '심리적'이라는 말만 제외하면, 테일러와 같은 생각을 하고 있음을 알 수 있다. 뮌스터버그의 연구는 다음과 같은 주제에 집중하였다.

첫째, 개별 근로자의 자질과 심리적 특성을 어떻게 파악할 수 있는가?

둘째, 근로자들의 자질과 심리적 특성에 따라 가장 적합한 직무배치를 하기 위한 방법은 어떤 것이 있는가?

셋째, 근로자들의 동기와 적극적인 의지는 어떠한 심리적 조건하에서 최대한 발휘할 수 있는가?

넷째, 어떠한 심리적 조건하에서 만족할 만한 생산량을 얻을 수 있는가?

다섯째, 어떻게 하면 작업자들의 욕구와 이상을 심리적으로 나타낼 수 있는가?

이러한 주제를 통해 뮌스터버그가 추구하고자 했던 목표를 구체화하면 다음과 같다.

- **가장 적합한 사람** 이를 위해 개별 직무에서 요구되는 근로자들의 자질을 연구하고, 각자의 심리적 특성을 구분하고 평가한다. 이러한 심리적 실험 방법은 선발뿐만 아니라 이후에 직무교육, 업무할당 등을 위한 실질적인 기술로 활용하였다.
- **가장 적합한 작업 방식** 이것은 개별 구성원들로부터 가장 많은 생산량을 이끌어 낼 수 있는 심리적 조건을 연구하는 것이다. 뮌스터버그는 교육과 훈련이 직업능률을 높일 수 있는 가장 효율적인 방법이라고 하였다. 그는 테일러와 마찬가지로 물리적 요인과 사회적 요인 또한 작업능률에 중요한 영향을 주는 요소임을 발견하였다. 특히 작업을 하는 동안 적절한 심리적 조건을 충족하는 것이 중요하다.
- **가장 이상적인 효과** 이것은 인간의 욕구와 필요가 기업의 이익에 영향을 미치는 필연성과 관련이 있다. 따라서 기업이 계속해서 존속하고 발전하려면 기업은 인간의 욕구와 필요(즉, 시장의 욕구)에 대한 연구 또한 지속적으로 해야 한다고 하였다.

뮌스터버그의 연구는 다양한 집단을 대상으로 이루어졌는데, 그 가운데 보스턴 고가 전철 기관사들에 대한 연구가 있다. 당시 사고가 빈번했던 고가 전철에서 전차를 안전하게 운전하기 위한 기관사의 자질에 관한 연구가 이루어졌다. 이를 위해 체계적인 조사와 전차 운전과 관련한 각종 모의실험이 진행되었다. 그리하여 귀납과 추론을 통해 기관사가 갖추어야 할 자질과 기능을 규명하였고, 감당해야 할 심리적 조건을 찾아낼 수 있었다. 이후 그의 연구 결과는 직업선택이나 작업 방식의 개선, 합리적인 작업조건의 설계를 위해 다양하게 활용되었다.

뮌스터버그의 연구와 과학적 관리는 다음과 같은 점에서 공통점을 갖는다.

- 개별 구성원에 중점을 두고 연구가 이루어졌다.
- 효율을 강조했다.
- 과학적인 방법을 사용하여 성과를 달성하였다.

하지만 테일러가 작업조건이나 도구 등의 방식을 통해 효율성을 추구한 것에 비해 뮌스터버그는 인간의 심리적 과정을 통해 효율성을 추구했다는 측면에서 표면상 차이를 보여 주고 있다. 하지만 둘 다 추구하는 목표의 중심에는 효율성이라는 조직의 목표를 두고 있으며, 서

참고 2.3 뮌스터버그의 실험

뮌스터버그는 작업장에서 근로자들의 피로에 관해 연구하던 중, 신체적 요인뿐만 아니라 심리적 요인 또한 중요하다는 것을 알게 되었다. 그는 생산 공장에서 이루어진 실험을 통해 일일 생산량과 주간 생산량의 변화에 일정한 패턴이 있음을 발견하게 되었다.

① 일일 생산량의 경우, 오전 9시에서 10시 사이 생산량이 가장 높다. 이후 점심시간에 이를 때까지 생산량이 하락하다가 식사 후에 다시 상승한다. 그러나 이때의 최고치는 오전 9시에서 10시에 이르지 못한다. 이후 오후 퇴근하기 전까지의 생산량은 점차 하락하는 것으로 나타났다.
② 주간 생산량의 경우, 월요일의 생산량은 보통이었다가 화요일과 수요일은 가장 높은 생산량을 나타냈다. 이후 점차 떨어지다가 토요일의 생산량은 최하에 이르게 된다.

일일 생산량의 변화는 신체적 피로 때문이라는 설명이 가능하다. 하지만 주간 생산량의 변화는 그 이유로 설명이 되지 않는다. 따라서 그에 대한 가능한 설명이 심리적 요소인 것이다. 이러한 연구는 산업심리학이라는 새로운 학문 영역의 탄생을 위한 출발점이 되었다.

출처 : M. Hale, Human Science and Social Order, Hugo Münsterberg and the Origins of Applied Psychology, Temple University Press, 1980, pp. 63-69.

로 다른 수단을 활용했을 뿐 인간을 중심으로 한 수단 개발이나 기회 추구 노력은 보이지 않는다. 초기 산업심리학 연구 또한 고전적 관리론의 범주에 포함되는 이유가 여기에 있다.

4. 관료제 이론

독일의 사회학자 막스 베버(M. Weber, 1864~1920)는 조직의 이상적 형태로서 관료제를 제시하였다. 베버는 기업조직뿐 아니라 정부기관, 군대조직 등 다양한 조직에서 비효율성을 방지하는 효과적인 방법으로 관료제를 들고 있다. 베버에 의한 관료제의 특징 가운데 중요한 것을 요약하면 다음과 같다(Weber, 1930).

- **분업을 통한 과업의 전문화** 베버의 분업의 의미는 애덤 스미스의 노동효율을 위한 분업에서 사회구조적 관점으로 발전한 것이다. 베버의 관료제는 전문기술에 기반을 둔 분업으로, 이것은 전통적인 계층사회의 특전을 해소하는 기능을 한다. 즉, 베버의 분업체계에서 인간은 능력의 차이가 있을 뿐 신분이나 사회적 차이는 존재하지 않는다. 따라서 구성원들의 선발을 위해서는 반드시 자격시험 방식을 채택해야 한다고 주장한다. 전문적인 능력에 의해 선발된 관료에게는 상응하는 지위에서 비롯되는 명확한 권한과 책임이 부여된다. 이러한 권한과 책임은 법률적 제도로서 조직에 자리 잡게 되며, 그렇게 구성된 조직은 관료들의 전문성에 따른 분업 방식을 통해 효율성을 높일 수 있다. 그 결과 더욱 많은 부를 창출하게 되고, 이러한 합리성을 추구하는 새로운 조직 형태는 자본주의 사회 전체를 효율적으로 만드는 원동력이 된다는 것이다.
- **권한관계와 위계제도** 베버의 관료제에서 위계는 권한의 크기, 즉 명령복종 관계에 의해 피라미드형으로 이루어진다. 이러한 위계제도는 과거 전통사회의 사회적 신분에 의한 위계와 분명히 다른 것이다. 즉, 관료제에서 서열은 권한의 정도에 따라 순서가 정해진다. 이때 권한은 전문기술과 지식을 기반으로 한다.
- **문서에 의한 규칙과 규정** 이상적인 관료제 조직은 구성원의 모집 선발에서부터 부서의 구성과 운영, 권한과 책임 등 조직 내 모든 요소를 법률과 제도로 명확히 규정해야 한다. 이러한 규정은 어떠한 방식을 통하건 모든 구성원이 수용한 것이므로 합리적이고 이성적이라는 특징을 갖는다. 조직의 모든 구성원은 규칙과 규정에 따라 업무를 처리해야 하며, 누구도 예외가 인정되지 않는다. 사소한 것일지라도 문서화된 규정에 따라 이루어져야 한다. 다시 말해서 인간에 의한 지배는 철저히 배제되어야 한다. 그리하여 기업조직 또한 본질적으로 행정조직처럼 규정을 집행하는 수단이며, 개인적 감정이나 정치가 개입되어서는 안 된다는 논리가 적용된다.
- **비개인화** 관료제의 특징인 합리성의 또 다른 이름이 비개인화이다. 관료제하에서 개인은 상사의 지시와 명령을 받는데, 이때 그것을 수용하는 것은 문서화된 규정에 의한 것이다. 즉, 상대의 개인적 특질이나 사회적 신분, 인간관계 때문에 복종하는 것이 아니다. 관료제의 중요한 특징은 인간의 감정이나 변덕에 의해 영향을 받지 않고, 기계와 같은 도구적 순응을 요구한다는 것이다.

앞에서 베버의 관료제 이상형은 조직의 효율성을 극대화한다는 측면에서 개별 기업조직의 관리뿐만 아니라 정치적 · 경제적 사회구조 전반에 적용할 수 있는 관리제도라고 하였다. 하지만 관료제 이상형이 제시하는 조직 개념의 핵심은 인간적 요소를 철저히 배제한 것으로서, 인간을 조직과 수단적 관계로 이해함을 전제로 하고 있다. 이러한 측면에서 베버의 관료제 이론이 고전적 관리론의 범주에 포함된다. 관료제 이상형에 대한 논의는 이후 제11장 조직구조에서 상세히 다룬다.

II 인간관계론

1. 호손 실험의 배경

1920년대 미국 산업현장의 특징적 현상은 테일러의 과학적 관리의 실천을 통한 생산성 향상 노력이었다. 이를 위해 다양한 방법을 통한 후속 연구가 이루어졌다. 그 가운데 메이요(E. Mayo), 뢰슬리스버거(F. Roethlisberger), 딕슨(W. Dickson) 등에 의해 이루어진 호손 실험(1924~1932)을 대표적으로 꼽을 수 있다. 호손 실험은 AT&T의 자회사인 웨스턴 일렉트릭(Western Electric)의 호손 공장에서 이루어진 실험연구이다.

이 실험의 목적은 테일러리즘(taylorism)의 확대 적용을 위한 이론적 근거를 마련하기 위한 것이었다. 하지만 실험 결과는 연구진의 예상과 달랐다. 따라서 호손 실험의 의미는 그와 같은 의외의 실험 결과를 정리한 것이다. 역설적으로 과학적 관리의 후속연구인 호손 실험의 결과가 이후 인간관계론의 발전 계기가 되었다.

호손 실험을 이끈 메이요는 오스트레일리아에서 태어났다. 대학에서 철학과 심리학을 공부하고, 이후 영국에서 정신의학을 공부하였다. 메이요는 철학과 심리학, 의학을 결합한 임상진단 방법을 연구할 수 있는 바탕을 갖게 된다. 이후 제1차 세계대전 참전 상이용사들의 치료과정에서 심리 치료를 병행함으로써 빠른 회복 효과를 얻게 되었다. 이러한 정신과 임상 경험은 경영학 연구에서 메이요가 독특한 접근 방법을 사용하게 되는 기반이 되었다.

메이요의 연구는 주로 현장 연구를 통해 이루어졌는데, 이는 의사들의 임상실험과 임상진

참고 2.4 필라델피아 방직공장의 실험

당시 메이요의 명성을 높여 준 실험으로 필라델피아 방직공장에서 실시한 실험이 있다. 이 회사의 평균 이직률은 6%였는데, 이직률이 25%에 이르는 부서가 있었다. 메이요는 작업장의 상황을 관찰하기 시작하였다. 이 회사 사장은 정직하고 성실한 사람이었고, 직원들 또한 특별한 문제를 보이지 않았다. 그렇지만 방적작업 부서만이 타 부서에 비해 높은 이직률을 보였던 것이다. 이 부서 작업자들의 근속기간은 평균 6개월에도 이르지 못하였다. 메이요가 개입하기 이전의 상황은 당근과 채찍을 이용한 전통적인 방법이 사용되고 있었다. 작업장의 엄격한 생산기준과 네 가지 보너스 제도가 있었지만 이직률 감소에는 아무런 효과가 없었다.

메이요가 보기에 외견상 이 부서의 작업조건과 관리 방법, 노동에 의한 피로도 등은 다른 부서와 별다른 차이가 없었다. 모두 주 5일 근무에 1일 10시간 근로, 하루에 45분씩 점심시간이 있었다. 하지만 꾸준한 관찰을 통해 문제점을 찾아냈다. 방적작업장의 작업자들은 30m에 이르는 방적기들 사이의 비좁은 통로를 오가며 작업을 수행하는데, 주로 하는 일은 끊어진 실을 방추에 연결하는 것이다. 이는 단순한 작업이기는 하지만 고도의 주의력을 요했다. 따라서 쉬지 않고 움직이면서, 같은 동작을 반복해서 실시하는 것이다. 또한 작업의 특성상 출근해서 퇴근할 때까지 혼자서 일해야 하며, 모든 신경을 집중해서 일해야 하므로 다른 사람과 대화할 틈이 없었다. 그리하여 근무를 시작한 지 얼마 되지 않아 작업자들은 허리와 팔꿈치, 종아리 등의 통증이 발생하였으며, 이런저런 질병 또한 그러한 통증으로 인한 것임이 밝혀졌다. 그 결과 방적작업 부서 근로자들은 퇴근 후에도 너무 힘들어 다른 여가 활동에 참여할 기력이 없었으며, 이렇게 몇 달을 일하다 보면, 몸과 신경이 온통 쇠약해진 상태로 회사를 그만두게 되는 것이었다.

그리하여 메이요는 근로자들의 사기 저하와 이직률이 작업의 피로도와 관련이 있다고 확신하게 되었다. 그는 근무시간 사이에 휴식시간을 두는 실험을 통해 오전과 오후에 각각 2번 10분간 휴식 시간을 제공하였다. 그 결과 근로자들의 생산성과 사기가 향상되었다. 이후 휴식시간의 길이와 빈도를 결정할 때 종업원을 참여시켰더니 더욱 큰 생산성과 사기 향상 효과를 보여 주었다. 이 부서에 대해서 1년 동안 실험을 진행하며 관찰한 결과, 이직률이 회사의 평균 수준으로 나타나게 되었다. 이러한 실험을 통해 메이요가 내린 결론은 휴식시간의 도입이라는 요인으로 작업자의 육체적, 정신적 피로도를 줄이게 되었고, 이것이 결국 이직률의 감소로 이어지게 되었다는 것이었다. 하지만 이러한 결론은 이후 호손 실험을 통해 수정되었다. 즉, 이직률의 감소는 휴식시간이라고 하는 물리적, 환경적요인 때문이 아니라, 오히려 심리적 안정감과 의사결정 과정의 참여와 같은 사회적, 사회심리적 요인에 기인한다고 수정한 것이다.

이처럼 필라델피아 방직공장의 실험으로 명성을 얻게 된 메이요는 호손 실험에 참여 요청을 받게 되었다.

출처 : K. Bruce, "Henry S. Dennison, Elton Mayo, and Human Relations Historigraphy," in: Management and Organization History, Harper, 2006, pp. 177-199.

단 방식과 유사한 것이다. 즉, 메이요가 경영학 문제를 다루는 방식은 마치 의사가 환자를 다루는 것과 비슷하다. 미국으로 이주한 메이요가 하버드대 교수로 있을 때 호손 실험에 참여하게 된다.

심리학자로서 메이요는 동시대 다른 학자들과 마찬가지로 학문적 관심은 휴식시간과 작업의 물리적 환경이 근로자들의 피로감, 사고율, 이직률에 영향을 미친다는 것을 밝히는 데 집중하였다. 개인적으로 테일러리즘의 효과를 깊이 신뢰하고 있던 메이요는 산업현장에서 테일러리즘을 확대 적용하기 위한 이론적 토대 개발을 위해 노력하였다. 앞서 지적하였듯이 이는 생산성 향상을 위한 노력의 일환이라고 할 수 있겠다.

2. 호손 실험 과정

호손 실험은 다음과 같은 네 가지 종류로 진행되었다. 실험 과정은 순차적으로 이루어진 것이 아니며, 조명실험 이후 동시에 이루어지기도 하였다(Mayo, 1949).

- 조명실험(illumination experiments, 1924~1927)
- 계전기조립실험(relay assembly tests, 1927~1932)
- 배전반제작실험(bank wiring observation tests, 1928~1930)
- 면접실험(interviewtests, 1931~1932)

3. 호손 실험의 내용

1) 조명실험

이 실험은 MIT의 전기공학 연구진의 주도로 이루어졌다. 실험은 작업장의 조도 변화에 따른 생산량의 차이를 측정하고자 하는 목적으로 이루어졌다. 실험은 조명이라고 하는 작업조건의 변화가 생산량에 영향을 줄 것이라는 가설에서 출발하였다. 실험을 위해, 조명의 변화라는 변수를 투입한 실험집단과, 변수의 투입 없이 단지 비교 관찰을 위한 통제집단을 사용하는 방법이 사용되었다. 이때 서로에게 영향을 주는 것을 방지하기 위해 따로 떨어진 건물에서 작업을 수행하도록 하였다.

실험집단의 경우, 작업장 조명의 밝기를 점차적으로 증가시켰다. 처음에는 생산량의 변화를 보이지 않다가, 조도의 상승에 따라 완만하게 생산량이 증가하였다. 그에 비해 통제집단의 경우에는 생산량이 처음부터 급격히 증가하는 모습을 보여 주었다. 실험의 다음 단계에서 실험집단의 작업장 조명을 점진적으로 낮추어 보았다. 작업자들은 앞서 실험 결과와 유사하게 처음에는 생산량의 변화를 보이지 않더니, 조도의 하강에 따라 오히려 생산량이 증가하는 모습을 나타내었다. 조도 변화가 주어지지 않는 통제집단 또한 앞 단계의 실험처럼 시간이 경과함에 따라 처음부터 생산량 증가를 보였다. 과학적 관리의 전제에 의하면, 작업조건과 생산량은 상관관계가 있으므로, 조명의 변화는 작업성과에 영향을 주어야 한다. 하지만 3년에 걸친 조명실험은 실패로 끝났다.

이러한 실험 결과를 두고 볼 때, 조명이라고 하는 물리적 환경이 생산성 향상에 주는 효과는 거의 없다고 할 수 있다. 그리하여 무엇인가 인간적인 요소(human factor)인 인간의 감정이나 사회성 등이 생산성 향상에 영향을 준 것으로 결론을 내리게 되었다. 이후 메이요에게 후속 실험을 맡기게 되었고 메이요는 실험 과정의 진행을 주도하게 된다.

2) 계전기 조립 실험

이 실험은 메이요와 뢰슬리스버거가 주도하였다. 메이요는 작업자들의 감정과 태도에 영향을 덜 주기 위한 방안으로 테스트룸, 즉 실험실을 고안하였다. 이는 넓은 공간에서 많은 사람이 함께 작업을 하였던 조명 실험과 달리 실험 대상을 격리하여 관찰 효과를 줄이기 위한 것으로, 인간적 변수가 실험에 영향을 덜 미치도록 하기 위함이었다. 실험기간 동안 작업조건의 변화를 주기 전에 연구진은 6명의 여성 작업자들과 실험에 관한 토의 과정을 거쳤다. 5년 동안의 실험에서 작업조건상 여러 가지 많은 변화가 이루어졌으며, 각각의 변수의 영향에 의한 작업성과를 면밀하게 기록하였다. 작업조건의 변화로는 휴식시간의 길이와 빈도, 한 주간

참고 2.5 계전기

계전기(relay)는 호손 공장의 가장 중요한 생산품으로서 기계식 전화교환장치에 사용되는 전자석 스위치(magnetic switch)이다. 계전기는 약한 전기신호를 증폭하는 기능을 한다. 이는 휴대전화 특허기술을 활용한 퀄컴(Qualcom)의 칩처럼 당시 통신기기의 핵심 기술이었다. 벨 시스템(Bell System)의 핵심 기능을 담당한 특허품으로 1918년 자동교환장치가 도입된 후, 장거리 통신사업의 활성화에 공헌하였다. 계전기는 단순, 반복 작업으로 생산되는 제품으로 주로 미숙련공들이 생산 작업에 참여했다. 1920년대 호손 공장에서는 75개 군 6,500여 종의 계전기를 생산했으며, 연간 700만 개의 계전기를 생산했다.

근무일수의 변화, 온도와 습도의 변화, 하루 근무시간의 변화 등의 요인이 투입되었다.

실험 과정을 통해 각각의 변화가 주어질 때마다 생산량은 어김없이 증가하였다. 한편, 실험의 다음 단계로 바뀐 작업조건을 하나씩 원래의 형태로 환원하였다. 그럼에도 불구하고 생산량은 계속해서 증가하였으며, 작업조건이 실험 이전과 동일한 상태에 이르렀을 때에는 실험에 참여한 여성 작업자들의 생산성은 최고에 도달하였다.

메이요는 생산량 증가에 대한 원인을 실험에 참여한 여성 작업자들에게 물어보았다. 생산성 향상의 원인으로 그들이 대답한 여섯 가지 요인을 우선순으로 정리하면 다음과 같다.

① 작은 작업집단으로 일하니까 좋았다.
② 관리감독의 형태가 달랐다.
③ 수입이 더 나았다.
④ 존중해 주는 분위기를 느꼈다.
⑤ 실험에 대해 스스로 흥미를 느꼈다.
⑥ 테스트룸에 회사 안팎의 관심이 집중되었다.

메이요는 여섯 가지 요인 가운데 특히 ④, ⑤, ⑥요인을 특정하여 이를 호손 효과라고 이름 붙였다.

이러한 계전기 조립 실험과 인터뷰를 통해 연구진이 내린 결론은 다음과 같다. 첫째, 실험적으로 사용된 여러 가지 변수를 생산성 향상의 원인으로 볼 수 없다. 둘째, 작업 환경과 작업

참고 2.6 호손 효과

호손 효과(hawthorne effect)란 어떤 효과 혹은 영향력을 알아보기 위해서 자신이 선택되었다고 인식하는 사람은 실제로 그 효과를 나타내 보이게 된다는 것이다. 즉, 계전기 조립 실험에 참여했던 작업자들은 자신이 실험 대상이 된 것을 의식하여 최선의 노력을 다해 작업에 임했다. 그들은 실험진이 원하는 효과가 다름 아닌 높은 생산성을 나타내는 것이라고 생각했기 때문이다.

호손 효과의 현대적 의미의 해석은 다음과 같다. 사회과학에서 자신이 설문이나 관찰의 대상이 된 것을 의식하여 진실하게 응답하지 않음으로써 이를 근거로 분석한 연구 결과에 영향을 주는 것을 의미한다. 따라서 그러한 결과를 통해 내린 결론은 사실을 오도할 가능성이 있음을 호손 효과라고 한다.

속도를 결정함에 있어 보다 많은 재량권과 자유가 주어졌고, 특히 의사결정 과정에 참여할 수 있는 기회를 가질 수 있었다. 그리하여 작업자들의 직무만족 수준이 높아졌고 그것이 생산성 향상으로 이어졌다는 것이다.

3) 배전반 실험

이 실험은 메이요와 뢰슬리스버거, 웨스턴 일렉트릭의 딕슨이 주도하였다. 실험의 목적은 근로자의 집단 협동과 인간관계가 생산성에 미치는 영향을 연구하기 위한 것이었다. 실험을 위해 14명의 남성 작업자들을 선발하여, 격리된 실험실에서 작업이 이루어졌다. 이들은 작업 특성상 서로 밀접하게 연관되어 업무를 수행하는 형태였다. 9명의 전선작업자가 3개 조로 나뉘어서 쇠막대 단자에 코일을 감는 작업을 하였고, 3명의 용접공이 납땜을 하였다. 그리고 나머지 2명은 이러한 전선 작업과 납땜 작업의 품질 검사를 담당하였다(이에 관한 자세한 내용은 제9장 **참고 9.2** 참조).

실험의 주요 내용은 임금 지급을 개인별 성과급이 아니라 집단 성과급으로 지급할 때 나타나는 조직의 사회성에 관한 연구라고 할 수 있다. 따라서 임금 지급은 14명의 총 생산량에 따라 균등 지급되었다. 따라서 개인의 작업량은 자신의 임금뿐만 니라 함께 일하는 동료의 임금에도 직접적인 영향을 주게 된다. 연구진은 이 과정에서 작업자들이 보여 주는 집단행동, 즉 협력과 조화, 경쟁과 동기부여 등을 알아보려고 했다. 이 실험은 계전기 조립 실험과 달리 비

참고 2.7 실험진의 추론

배전반 제작 실험에서 실험진들이 관찰한 내용을 토대로 다음과 같은 논의가 작업자들 사이에 오고갔음을 추론할 수 있다. 즉, 실험에 참여했던 작업자들은 그들이 원해서 실험 과정에 들어온 것은 아니었다. 하지만 과거 회사에서 실시한 여러 가지 실험 결과가 어떻게 활용되었는지를 두고 볼 때, 실험 결과를 토대로 이루어진 회사의 작업 기준은 항상 올라갔던 것이다. 즉, 시간 및 동작 연구와 작업조건의 변화를 통해, 생산성 향상을 위한 목적으로 이루어진 실험 결과는 작업자들에게 생산 기준의 지속적 상향 이동으로 나타났다. 이에 작업자들은 이번 기회에 회사의 정책에 자신들의 목소리가 반영될 수 있도록 무언가 행동을 취하기로 합의하였던 것이다. 그것은 다름 아닌 생산 기준의 하향 조정을 위한 생산량의 제한이었다. "하루 7,312회의 납땜 작업은 너무도 힘들고 어려운 작업량이다. 따라서 우리가 생각하는 기준에 맞추어 작업량을 조정해 보자. 하지만 회사 입장에서 보아 턱없이 낮은 작업 기준이 되어서도 안 될 것이다. 그렇다면 그것은 어느 정도가 적절할까?"

참고 2.8 배전반

배전반(bank)은 기계식 전화교환장치의 일부인 스위치 보드(switch board)를 말한다. 배전반의 내부에는 연결장치(mechanical selector)가 있는데, 그것이 배전반 내부를 상하좌우로 움직이면서 전화를 거는 사람과 받는 사람을 서로 연결해 주는 기능을 한다.

1개의 배전반에는 소형은 100개, 대형은 200개의 쇠막대 단자(terminal)가 있으며 용접공들은 이 단자에 납땜질로 전선을 연결하는 일을 하였다. 이를 위해서 하루 종일 꼿꼿이 서서 작업해야 하며, 전선이 좌우 균형을 맞추면서 늘어지도록 중심을 잡는 일이 중요했다. 높은 숙련도가 요구되는 작업이면서 단순하고 반복적이며, 납으로 인해 인체에 유해한 작업 상황이었으므로 근로자 입장에서는 가능하면 쉬엄쉬엄 숨을 돌리면서 일하고 싶은 유혹이 있는 작업이다.

실험적 상황에서 진행되었다. 즉 실험이 시작된 뒤 아무런 작업 상황의 변화를 주지 않았다. 그 결과 배전반 실험은 계전기 실험 결과와 전혀 다른 모습을 보였다. 생산성 향상은 이루어지지 않았으며, 오히려 작업자들의 생산량이 어떤 기준에 의해 통제되는 결과를 보인 것이다. 당시 호손 공장도 과학적 관리의 실천을 통해 하루 작업량을 면밀하게 계산하여 부과하였다. 그리하여 배전반 작업의 용접 작업 숙련공이 하루에 수행해야 하는 작업량은 7,312회의 납땜 작업으로서, 이는 하루 2.5개의 대형 배전반을 만들 수 있는 작업량이었다. 그런데 실험에 참

참고 2.9 비공식 집단(informal group)

- 조직 안에서 개인이나 공동의 관심사에 부응하여 형성되는 집단을 말한다.
- 따라서 신중히 설계된 조직 차원의 공식집단과 대비되고 구분된다.
- 조직 내 개인이 비공식 집단에 귀속하는 이유는 공통의 관심사, 사회적 측면, 우의 때문이다.
- 비공식 집단은 스스로의 규범과 역할이 있다. 따라서 비공식 집단이 중요한 이유는 조직의 효율성에 공헌 혹은 저해하는 역할을 하기 때문이다.

하지만 비공식 집단은 구성원 간 의사소통을 원활히 해 주고, 응집성을 높여 주며, 공식조직의 지배로부터 개인의 존엄성을 보호하는 긍정적인 역할을 한다. 따라서 비공식 집단과 공식 집단(조직)의 역학관계에서 갈등 발생의 가능성이 크고 광범위하다고 할 수 있다. 연구에서 비공식 집단의 규범이 강제되는 상황으로 밝혀진 것은 다음과 같다.

- 집단의 생존과 이익이 달려 있는 경우
- 집단 구성원들의 행동을 단일화 혹은 예측 가능한 것으로 만들기 위해
- 구성원 간 곤란한 문제 발생을 예방하기 위해
- 집단의 중심 가치관과 목표를 명확화하고, 특징적 성격을 드러내기 위해

여한 작업자들은 하루에 2개의 배전반을 만들 수 있을 만큼인 6,000~6,500번의 납땜 작업을 했다. 이렇게 회사가 정한 생산 기준에 도달하지 못하는 것은, 실험에 참가한 작업자들 내부의 비공식 집단의 기준 때문임을 관찰 결과 알게 되었다. 즉, 집단을 중심으로 결정된 행동규범이 공식적인 경영방침과 일치하지 않는 경우, 조직이 공식적으로 부여한 역할은 무시된다는 것을 발견하였다.

회사 기준에서 볼 때, 생산량을 제한한다는 행위는 과학적 관리에 의한 차별성과급이나 고용안정이라는 측면에서 분명히 불리하게 작용할 것이다. 그럼에도 불구하고 실험에 참여한 작업자들은 생산량을 자발적으로 제한하는 행동을 계속하였다.

그 이유는 비공식 조직이 정한 규범(기준량)에 어긋나는 행위를 하는 사람(초과 생산자와 생산기준 미달자)에 대한 집단의 압력 때문이었다. 즉, 따돌림과 같은 사회적 압력, 갑자기 팔을 한 대 때린다거나, 올가미를 씌워 곤경에 빠뜨리는 등의 직접적 압력이 가장 빈번하게 사용되는 방식이었다.

이러한 압력은 실제로 근로자에게 큰 영향을 줄 수 있었다. 즉, 과학적 연구를 통해 만들어진 경영관리 규칙보다 구성원들에게 영향력을 행사하는 더욱 효과적인 방법이었다. 특히 배전반 제조 작업의 경우, 과도한 작업량에 대한 반발이 비공식 집단의 영향력의 형태로 나타났다고 할 수 있다. 이러한 비공식 집단의 의미와 효과에 관해서는 제9장 집단과 집단역학에서 상세히 다루기로 한다.

4) 면접 실험

면접 실험은 호손 공장의 전체 직원 60,000명 가운데 21,000명을 대상으로 이루어졌다. 이를 통해 얻은 방대한 자료는 여러 가지 중요한 의미를 갖는다. 무엇보다 호손 실험의 다른 과정이 조직의 사회성에 관한 연구라면, 면접 실험은 조직의 심리적 측면의 대규모 연구라는 점에서 의미가 있다.

면접 실험의 목적은 근로자들이 자신의 직무와 작업환경, 감독자, 회사의 정책, 고충요소들에 대해서 어떻게 이해하고 있으며, 개선 방안에 대한 의견을 청취하는 형태로 이루어졌다. 즉, 근로자들이 직무와 직무 관련 요소들에 대해 갖고 있는 감정과 태도에 대한 분석이 연구의 목적이라고 할 수 있다.

하지만 실제로 면접에서는 회사 일뿐만 아니라 가정에서 일어나는 일을 비롯하여 여러 가지 사회 활동이나 신앙생활에 관해서도 이야기하였다. 앞서 **참고 2.10**의 면접 원칙에 충실한 연구진과의 대화에서 근로자들은 자신의 내면에 담고 있던 것을 숨김없이 털어놓았다. 그들은 자신과 관련된 모든 일과 하고 싶은 이야기를 솔직하게 해 주었던 것이다. 따라서 면접 실험을 통해 호손 연구는 또 다른 큰 성과를 거두게 된다. 즉, 이러한 호손 연구 과정의 면접 실험은 현대 조직에서 종업원의 고충처리뿐 아니라 작업환경의 개선, 직무내용의 변화, 관리자들의 교육훈련, 작업 관련 제반 활동(취업규칙, 산업안전)의 개발에 유용한 자료를 얻을 수 있는 방법임을 확인한 것이다.

호손 실험에서 면접 실험이 갖는 의미를 요약하면 다음과 같다.

첫째, 면접은 근로자에게 심리적 안정을 제공한다. 조직 안의 모든 구성원은 각자 개인적 사정이 있다. 그에 따른 문제가 또한 있기 마련인데, 결국 문제 해결은 자신의 몫이다. 이때 자

참고 2.10 메이요의 면접 실험 원칙

메이요는 면접 실험을 수행하면서 연구진들에게 면접 과정에서 다음과 같은 원칙을 지키도록 요구하였다. 이는 오늘날에도 우리에게 중요한 시사점을 제공한다.

첫째, 면접 대상에게 모든 것을 집중하라. 그리하여 상대방도 당신이 집중하고 있음을 명확하게 알 수 있도록 하라.
둘째, 상대방이 먼저 이야기하도록 하여 이야기를 듣도록 하라. 먼저 이야기할 필요가 없다. 특히 어떤 방향이나 결론을 유도하는 질문은 삼가라.
셋째, 면접 대상과 토론을 벌이거나 상대에게 아이디어를 내놓지 말라.
넷째, 상대방이 원하는 것과 원하지 않는 것이 무엇인지 분명하게 청취하라.
다섯째, 당신이 이해한 내용이 면접 대상의 생각과 일치하는지를 확인하라. 이때 상대방의 입장을 고려하여 사려 깊게 검증해야 한다.
여섯째, 상대방의 비밀이나 사생활을 침해해서는 안 된다.

신의 문제를 귀담아 들어 주는 사람이 있다면, 비록 그 사람이 그 문제를 해결해 줄 수 있는 것은 아니지만, 문제를 이야기하는 과정에서 심리적 부담을 줄일 수 있다. 누가 내 이야기를 듣고 이해해 주는 것만으로 걱정과 근심이 줄어드는 효과가 있는 것이다. 친한 친구가 있기에 그와 같은 효과를 우리가 한 번쯤 경험한 것과 같은 이치이다. 따라서 심리적 안정을 얻게 되면 문제해결을 위한 방법 또한 찾을 수 있게 된다.

둘째, 면접은 구성원 간 인간관계의 개선을 가져다 준다. 면접 과정을 통해 구성원 간 상하관계뿐 아니라 수평관계에서 상호 이해의 폭이 넓어지고 깊어지기 때문이다. 심리적 관점에서도 면접 후에 근로자끼리, 혹은 관리자와 사이에서 친밀감이 증가함을 느낄 수 있었다. 이것은 내면에 감추고 있던 일들을 드러냄으로써 평소에 갖고 있던 상대방에 대한 경계심이나 적대감이 줄어드는 효과 때문이다.

셋째, 면접은 조직과 구성원 간 협력 증대에 도움이 된다. 호손 실험에서 연구진은 면접내용에 대해 비공개 원칙을 강조했는데, 면접 과정에서 회사에 대한 불평불만이나 문제 제기로 인해 근로자들에게 불이익이 돌아가지 않도록 하기 위한 약속 때문이다. 하지만 다수의 근로자들이 이러한 비공개 원칙을 그리 중요하게 생각하지 않는다는 것을 발견하게 되었다. 오히려 회사 경영에 대한 자신의 견해를 드러 낼 수 있는 좋은 기회로 생각하여, 자신의 의견을 거리낌없이 토로하는 사람이 여럿 있었다. 어떤 사람은 회사가 생긴 이래 가장 잘한 일이 바로 이 면접 실험이라고까지 말했다. 즉, 근로자 스스로가 연구진의 중립을 깨뜨렸으며, 연구진은 회사 측을 대표하는 입장에 서게 된 것이다. 따라서 이러한 호손 실험 과정을 두고 볼 때, 다음과 같은 의미를 찾을 수 있다. 구성원들은 면접을 통해 이중적 귀속감을 경험하게 되는데, 하나는 근로자 집단의 구성원으로서 귀속감이고, 다른 하나는 회사의 일원으로서 귀속감이다. 회사의 입장에서는 이러한 면접 과정을 통해 어떻게 해야 구성원들과 진정한 협력관계를 이룩할 수 있는지를 학습하는 기회를 얻게 된다.

넷째, 면접은 관리자들의 리더십 교육을 위한 기회가 된다. 일반적으로 상하관계에 익숙한 관리자들이 면접에 참여함으로써 듣는 사람의 위치에 서게 된다. 들어 주는 관리자가 말하는 관리자보다 더욱 효과적이란 것은 변화와 혁신이 요구되는 현대 기업의 환경에서 중요한 깨달음이다. 리더십이란 상호주의적 관점에서 이루어질 때 효과적이기 때문이다.

다섯째, 면접을 통해 얻게 되는 정보는 기업경영에 중요한 자산이 된다. 효율적 경영은 단지 기술과 시스템만 갖고는 달성할 수 없는 목표이다. 따라서 그 과정에 구성원들의 협력과 조화가 필수적이다. 구성원들과 협력관계를 이끌어내기 위한 전제는 그들의 생각과 감정, 필요와 욕구를 제대로 파악하는 것에서 출발한다. 그러므로 면접 과정은 그러한 전제를 수립하기 위한 소중한 정보의 원천이 된다.

4. 호손 실험의 특징과 의미

지금까지의 논의를 통해 호손 실험의 특징을 정리하면 다음과 같다. 첫째, 조직행동의 예측에 기계적으로 접근하지 않았다. 따라서 작업 상황에서 항상 인간적인 요소가 드러날 때마다 이를 발견하고 분석할 수 있었다. 둘째, 작업장의 환경적 요인을 생산성과 관련하여 중요한 요소로 파악하였다. 셋째, 연구 과정을 통해 이후 조직행동 연구에서 실증분석을 촉발하는 계기가 되었다.

이러한 특징에 근거하여, 호손 실험에서 찾을 수 있는 의미는 다음과 같다.

- 조직의 인간화 현상
- 의사소통의 중요성
- 민주적 리더십
- 자생적 비공식집단의 존재와 중요성

1) 조직의 인간화 현상

경영관리 측면에서 가장 중요한 것은 좋은 작업조건이 아니라 올바른 작업조건이다. 이를 통해 작업자들로부터 잠재된 에너지와 생산적 협력을 얻을 수 있다. 특히 근로자의 태도가 올바른 작업조건을 결정짓는 가장 중요한 요소라고 할 수 있다.

이것은 호손 실험 전반에 걸쳐 나타난 현상을 설명하는 것으로서, 조직을 테일러가 전제했던 과학적이고 기계적인 요소의 결합체가 아니라 인간적인 요소로 이해하게 됨을 의미한다. 실험적으로 사용된 여러 가지 작업 상황의 변화가 좋은 작업조건을 위한 것이라면, 면접 과정을 통해 추구한 것은 올바른 작업조건을 위한 것이었다고 하겠다.

2) 의사소통의 중요성

근로자들의 개인적 상황에 따른 견해를 들어 주고 이해하는 것이 필요하며 중요하다. 앞서 면접 실험 과정에서 '지금까지 회사가 한 것 가운데 가장 잘한 것이 이러한 면접이다'라는 말은 긴 여운을 남긴다. 조직 내 개인은 '외로운 군중'이며, 자신의 이야기를 진심으로 귀담아 들어 주기를 갈망한다. 조직은 경제인들로 가득 차 있는 것이 아니라, 살아 있는 감정과 따뜻한 감성을 가진 인간으로 구성되어 있음을 알게 되었다. 조직은 심리적 · 정서적 반향을 통해 구성원들로부터 자발적인 협력과 조화를 이끌어 낼 수 있다. 따라서 조직은 심리적 집합체이다.

3) 비공식적 집단 개념의 중요성

호손 실험을 통해 비공식 집단과 생산성 간의 관계에 대해 이해하게 되었다. 즉 산업현장에서도 사회적 요소들이 생산성에 영향을 준다는 것을 실증적으로 보여 주었다. 따라서 조직은 사회적 집합체이다.

4) 과학적 관리를 위한 테일러의 전제가 잘못되었음을 입증

비공식적 조직은 스스로의 목표를 설정하고, 이를 구성원들이 따르도록 영향력을 행사한다. 구성원들은 공식목표와 규정에 우선하여 이를 따르게 된다. 이는 '인간은 스스로의 합리

참고 2.11

① **경제인 가설(economic man hypothesis)** : 인간은 일하기 싫어하고, 일 자체보다는 그에 따른 보상에 관심이 크다는 전제를 말한다. 즉, 경제적인 이윤 극대화를 추구하는 인간상을 의미한다. 따라서 노동생산성을 높이기 위해서는 관리 방법을 과학적·합리적으로 구성해야 한다. 차별성과급제도는 이러한 경제인 가설에 근거한 것이다. 동기부여에서 맥그리거의 XY이론에서 X형 인간이 여기에 해당한다. 경제인 가설을 기반으로 경제인 모델이 도출되며, 이것에 관해서는 제4장 의사결정에서 상세히 다룬다.

② **오합지졸 가설(rabble hypothesis)** : 인간은 자신의 생존과 이익을 지키기 위해 행동하는 군중이라는 고전경제학자 리카도의 가설이다. 따라서 산업조직은 이를 기반으로 구성원들을 관리하기 위한 경영관리계획을 수립하였다. 즉, 다른 사람을 배려하지 않고 개인적 이익을 위해 최선을 다할 수 있도록 함으로써 사회집단화할 수 없게 된다는 것이다.

③ **사회인 가설(social man hypothesis)** : 사회적 인간관에 근거한 것으로 경제인 가설과 대립되는 개념이다. 사회인 가설은 다음과 같은 전제로 이루어져 있다.

- 인간은 기본적으로 사회적 욕구에 의해 동기부여되며, 동료와의 관계를 통해 사회적 욕구를 충족하게 된다.
- 과학적·기계적인 직무설계를 통해 노동은 자체의 의미를 상실하는 종말의 시대를 맞게 되었다. 따라서 직무에서 의미를 찾기 위해서는 사회적 관계 속에서 노동의 가치를 확인하는 방법을 추구해야 한다.
- 조직 구성원은 경제적 자극이나 통제효과보다는 동료집단의 사회적 영향력에 더욱 민감하게 반응한다.
- 조직 구성원은 집단의 귀속감과 조직의 귀속감 정도에 따라 조직의 요구에 반응하게 된다.

적이고 이기심만을 추구한다'는 과학적 인간관을 보다 폭넓은 관점에서 반박한다.

5. 호손 실험에 대한 비판

호손 실험에 대한 비판은 실험 과정과 결론에 대한 것으로 다음과 같이 요약할 수 있다. 첫째, 조직 내 갈등을 간과하고 일방적으로 친경영자적 관점에서 연구가 이루어졌다. 조직에서 협동관계를 통한 조화가 가능하다는 메이요의 주장은 실험 과정에서 보인 민주적 리더십, 의사소통 강조 등에서 알 수 있다. 하지만 이는 자발적 협력 추구의 중요성이 강조된 반면, 사회적 갈등관계의 불가피성과 당위성을 간과한다. 메이요의 연구에 대한 비판적 견해에 따르면 근로자와 사용자는 본질적으로 갈등관계에 있다. 따라서 이들 사이에 자발적 협력을 통한 협력관계는 현실적으로 불가능한 과제이다. 따라서 산업조직에 대한 연구의 올바른 출발점은 갈등을 부정하거나 간과하기보다는 갈등을 수용하는 방안에 대한 모색이다.

이러한 관점에서 본다면, 노조의 역할과 기능의 중요성을 들 수 있다. 그럼에도 메이요는 자신의 연구에 있어서 노조와 단체협상이라는 주제에 관해서는 관심을 기울이지 않았다. 이는 호손 공장을 비롯하여 필라델피아 방직공장 등 메이요가 행한 연구는 모두 노조가 존재하지 않는 기업을 대상으로 이루어졌다는 데서 알 수 있다.

또한 이는 계전기조립 실험의 인터뷰 과정에서도 발견할수 있는데, 생산성 향상에 대한 여

참고 2.12

집단 내 갈등의 순기능에는 다음과 같은 것이 있다.

① 갈등의 대응 과정에서 새로운 지식과 정보가 출현하게 되므로 학습의 기회가 된다. 또한 문제해결에 자체적으로 도움이 된다.
② 갈등 상황에서 좋은 결정이 이루어졌을 때 집단이나 조직의 응집력이 제고된다.
③ 갈등 상황에 무관심한 사람은 드물기 때문에 구성원들의 참여 증진 효과가 있다.
④ 개인의 존엄성(ego) 보호 수단이 된다.

그림 2.2 계전기 조립 부서의 작업 모습

사진은 1925년의 호손 공장 내 계전기 조립 부서의 모습이다. 일렬로 죽 늘어선 작업대에서 군대처럼 일사불란하게 작업하고 있다. 이것이 당시 호손 공장 생산라인의 일반적인 모습이었다.

출처 : R. Gillospie, *Manufacturing Knowledge. AHistory of Hawthorne Experiments*, Cambridge University Press, 1991, p. 50.

그림 2.3 실험실의 계전기 조립 작업 모습

계전기 조립 실험을 위해 실험실에서 작업하고 있는 모습이다. 조립한 계전기는 앞의 구멍을 통해 박스에 담기며, 자동으로 숫자를 세는 장치가 만들어졌다. 이 사진은 1927년에 찍은 것으로, 5명의 여공과 1명의 감독자의 이름은 그림 2.4에 나와 있다.

출처 : R. Gillospie, *Manufacturing Knowledge. AHistory of Hawthorne Experiments*, Cambridge University Press, 1991, p. 52.

그림 2.4 계전기 조립 실험실 내 기록장치의 모습

계전기 조립 실험실 내 기록장치들의 모습이다. 오른쪽의 긴 테이프는 개별 작업자의 생산량을 기록하는 것이며, 왼쪽은 실험실 내 온도와 습도의 변화를 기록하는 장치이다.

출처 : R. Gillospie, *Manufacturing Knowledge. AHistory of Hawthorne Experiments*, Cambridge University Press, 1991, p. 54.

그림 2.5 실험실에서 작업한 여공들의 신상정보

Table 3. *Relay assembly test room workers*

Worker ID. no.	Name	Age on entering test room	Ethnicity	Date began at Western Electric
1A	Adeline Bogatowicz	18	Polish	Sept. 1925
2A	Irene Rybacki	19	Polish	July. 1923
3	Theresa Layman	15*	Polish	June. 1925
4	Wanda Blazejak	19	Polish	Oct. 1923
5	Anna Hang	28	Norwegian	Ma.r 1926
Layout	Beatrice Stedry	24	Bohemian	Dec. 1920
From 25 Jan. 1928				
1	Mary Volango	18	Polish	July. 1923
2	Jannie Sirchio	20	Italian	Feb. 1924

*Western Electric believed Theresa Layman to be 18.

계전기 조립실험에 참여한 여공들의 이름과 나이가 나와 있다. 취업하려고 나이를 속이고 들어온 여공이 실험참가자로 선발되어 있다. 실험 참가자들의 인종 분포를 보면 앵글로색슨은 한 명도 없다. 미국 이민의 역사가 오래지 않은 동유럽 출신, 북유럽과 이탈리아 출신이 한 명씩 있다. 물론 이름으로 보건대 유태인도 있을 것이다. 이는 메이요가 의도적으로 호손 효과를 유도한 측면이 있음을 짐작하게 한다.

출처 : R. Gillospie, *Manufacturing Knowledge. AHistory of Hawthorne Experiments*, Cambridge University Press, 1991, p. 55.

그림 2.6 배전반 납땜작업 모습

배전반 납땜작업은 전선이 좌우 균형을 맞추도록 하면서 하나씩 붙여야 하는 고도의 집중력이 요구되는 힘든 작업이었다.

출처 : R. Gillospie, *Manufacturing Knowledge. AHistoryof Hawthorne Experiments*, Cambridge University Press, 1991, p. 161.

성 작업자들의 응답내용의 해석에서도 나타난다. 즉, 메이요는 여성 작업자들이 생산성 향상 원인으로 꼽은 여섯 가지 요인 가운데 특히 ④, ⑤, ⑥요인을 꼽아서 이를 호손 효과라고 이름까지 붙였다. 하지만 작업자들이 생산성 향상에 더 큰 영향을 주며, 우선순위에 있는 ①, ②, ③요인에 대해서는 전혀 언급이 없다는 데 주목할 필요가 있다. 즉, 사회집단화할 수 있는 작은 작업집단, 종업원 중심의 관리감독, 보다 많은 수입 등의 요소는 노조주의, 다시 말해 노조의 목적과 정확히 부합한다.

둘째, 인간관계라는 명분하에 관리자의 권위가 숨겨져 있다. 메이요는 조직목표에 흥미를 더하도록 하는 선의적 영향력(benign influence)에 의해서 인간의 행복과 안정이 달성될 수 있다고 주장한다. 계전기 조립 실험에서 실험의 각 단계에서 활용된 개입변수들을 생각해 보라. 이는 선의적 영향력의 수단으로 사용된 것이다.

따라서 메이요의 견해에 따르면, 조직은 이미 주어진 것으로서 안정적이고 완전한 것임에 비해 인간은 불안정하고 미완성된 존재이므로 변화 대상이라는 논리가 성립된다. 따라서 경영정책상 오류가 발생할 가능성은 부정하며, 개인의 잘못 가능성은 항상 존재한다. 이는 관리자의 권위의식을 단적으로 드러낸 것이라 할 수 있다.

그 결과, 메이요가 사용한 방법은 조직 구성원의 정신적, 감정적 프로세스를 조종하여 조화로운 조직을 만들 수 있도록 사회적 통제를 강화하고 방법을 모색하는 것에 불과하다는 비판을 받고 있다.

셋째, 이념적 측면에서 근로자의 협력을 경영목표로 수용하는 것으로 이해한다는 점에서 비판을 받고 있다. 조직의 목표 달성을 위한 협력을 강조하면서 협력의 진정한 목표가 무엇인가 명확히 제시하지 못하고 있다.

메이요는 호손 실험 과정을 정리하면서 작업자의 능률(생산성)이 협력의 목표라고 설명하고 있다. 그러나 사회적 가치가 함께 논의되지 않은 능률에 큰 의미를 부여하는 것에는 한계가 있다. 그러한 점에서 테일러의 과학적 관리와 차이점이 모호해지는 상황에까지 이르게 된다.

넷째, 메이요가 비공식 집단이라는 개념을 처음으로 제시하면서 인간의 심리적 요소가 업무에 미치는 영향과 인간관계가 업무에 미치는 영향이 경영학 연구의 새로운 흐름으로 나타났다. 그리하여 메이요의 연구 이후 행동과학이 빠른 속도로 발전하게 되었고, 관련 분야의 연구 성과가 계속 나오게 된다. 이런 점에서 메이요의 공헌은 크다고 할 수 있다.

하지만 메이요는 앞서 언급하였듯이 인간의 심리와 사회적 연계성(인간관계)에 주목하여 비공식 집단을 연구하였고, 이 과정에서 비공식 집단과 공식 집단을 서로 갈등관계에 있는 대립하는 존재로 파악했다. 따라서 그러한 측면에서 비판의 여지를 갖는다. 즉, 메이요는 인간의 심리적 문제와 사회적 문제를 공식조직과 관련해서는 연구하지는 않았으며, 오히려 이 둘의 대립관계를 부각시키고자 했다는 점이다. 이러한 특징은 공식조직의 효율성을 높이고자 했던 연구 목적에 비추어 볼 때 필연적인 전개 방식이라고 할 수 있다. 하지만 만일 메이요의 연구를 전적으로 수용한다면 산업사회 시대에 등장한 수많은 종류의 사회적 조직이 대립과 갈등의 원천이라는 점으로 인해 모두 존립 기반을 잃게 될 것이다.

III 현대 조직이론

1. 버나드의 조직이론

현대 조직이론의 창시자인 버나드(C. Barnard, 1886~1961)는 미국의 대기업과 거대 공기업의 최고경영자 경험을 바탕으로 조직이론에 대한 새로운 접근방법을 제시하였다(Barnard, 1938).

1) 조직의 정의

버나드는 조직이란 목적을 달성하기 위해 2인 이상의 사람들의 노력과 활동으로 이루어진 협동시스템이라고 정의하였다. 버나드는 조직의 구성요소를 공동의 목표, 자발적인 협동, 구성원 간의 원활한 커뮤니케이션이라고 하였다. 그리하여 이러한 정의를 전제로 조직의 구성요소, 존속 조건 등을 밝힘으로써 모든 협동시스템에 적용할 수 있는 일반이론을 확립하고, 이를 위한 경영자의 역할과 기능을 밝혔다.

2) 개인에 대한 이해

한편 버나드는 조직 내 개인은 정신적 · 육체적 능력의 한계 아래 자유의지와 선택능력을 갖는 하나의 활동체라고 하였다.

3) 조직의 존속조건

따라서 조직이 계속해서 존재하기 위해서는 조직의 유효성(조직목표의 달성 정도)과 개인의 효율성(개인동기의 만족도)이 필요하다.

- 조직이 목적을 달성하고 존속하고 발전하기 위해서는 개인의 공헌의욕을 환기시킬 수

있는 유인(inducement)을 제공해야 한다.

- 조직을 존속시키기 위해서는 공헌과 유인의 균형을 유지해야 한다.

버나드는 개인에게 주어진 의사결정의 한계, 즉 선택권의 제약을 극복하기 위한 가장 효과적인 방법은 공동목표를 향한 구성원들의 자발적인 협력이라고 하였다.

버나드에 의하면 조직의 목표는 외재적이고 비개인화되어 있으며 객관적임에 비해, 조직 내 개인의 욕구는 내면화되어 있고 개인적이며 주관적이라는 상반된 특징을 갖고 있다. 따라서 개인의 동기와 조직의 목표는 일치해야 한다는 고전적 관리론의 가정과 기본전제는 잘못되었음을 지적한다. 버나드는 이러한 개인적 동기와 조직의 목표는 협동적인 노력체계인 조직을 지지하는 2개의 상반되지만 중요한 존립기반이므로, 개인의 잠재력이 조직의 목표 달성에 기여할 수 있도록 이 두 가지를 연계하는 방안이 필요하다고 하였다. 버나드는 이 과정에서 중요한 역할을 하는 것이 바로 커뮤니케이션이라고 하였다.

버나드는 관리자들이 갖고 있는 권한(authority)을 조직 안에서 커뮤니케이션을 하기 위한 하나의 수단으로 이해하고 있다. 즉, 권한은 커뮤니케이션의 특별한 종류 가운데 하나라는 것이다. 그리하여 커뮤니케이션 수단으로서 권한은 주관적인 측면과 객관적인 측면을 동시에 내포하고 있다고 설명한다. 지금부터 버나드가 이야기하고 있는 권한에 대해 살펴보도록 하자.

(1) 권한의 주관적 측면

권한이 조직 구성원의 행동을 규제할 수 있기 위해서는 조직 구성원에 의해서 정당한 것으로 수용되어야 한다. (즉, 누가 시켜서가 아니라 스스로가 주관적으로 받아들여야 한다는 것이다.) 이를 위해서 권한의 행사 과정(즉, 커뮤니케이션 과정)은 합법적이어야 하며, 권한행사의 내용(즉, 커뮤니케이션 내용)은 구성원들의 무관심권에 속해야 한다고 하였다.

① **합법적인 권한행사 과정** 권한의 행사가 합법적이기 위해서는 다음과 같은 요건을 충족해야 한다.

- 구성원들이 잘 이해할 수 있어야 한다.
- 조직목표에 어긋나지 않는다고 믿어야 한다.
- 개인적인 이익과 일치한다고 믿어야 한다.
- 정신적, 육체적으로 따를 수 있어야 한다.

② 권한행사의 내용과 무관심권 개인의 무관심권(indifferent zone)은 조직이 지시하거나 명령한 내용에 대해 아무런 관심(의심)을 갖지 않고 받아들이는 영역을 의미한다.

- 개인의 무관심권은 조직으로부터 기대하는 보상의 크기에 따라 확대되거나 축소된다.
- 과거 상당한 유인이나 보상을 경험한 구성원들은 지시나 명령의 수용 범위가 넓다. 반면에 그렇지 못한 사람은 수용범위가 제한적이다.

이러한 권한의 주관적 측면은 권한의 상향적 속성을 주장하는 근거로서, 관리자는 그들의 책임의 정도에 비례하여 조직으로부터 권한을 부여받는다는 고전적 개념(권한의 하향적 속성)을 정면에서 부정하고 있다.

(2) 권한의 객관적 측면

이것은 조직 안에서 경영자가 차지하는 위치, 즉 정보 교류의 중심 위치에서 발생하는 권한이다. 그리하여 정보 교류에서 상대적으로 우월한 위치에 있기 때문에 뛰어난 견해를 가진 것으로 보일 수 있다. 다시 말해서 이러한 권한은 커뮤니케이션의 속성에 기반을 둔 것이다. 이러한 객관적 권한은 상급자로부터 부여되며, 이것은 지위에 따른 권한이므로 개인의 능력과 무관하다. 한편 지시나 명령이 객관적인 권한을 얻기 위해서는 공식적인 커뮤니케이션 통로가 확립되어 있어야 한다. 즉, 지시와 보고 체계가 명확해야 하고, 커뮤니케이션이 원활하게 이루어지는 경우에 가능하다.

버나드는 조직이란 본질적으로 협동체계라고 주장하였다. 그 과정에서 개인의 동기와 선택을 중요시함으로써 고전적 조직이론의 일방주의적 접근과 대비되는 새로운 관점을 제시하였다.

버나드의 권한에 대한 체계적인 분석은 오늘날에도 중요한 의미를 갖는다. 산업화시대의 근로자들은 조직이 설정한 목표와 계획에 따라 실천만 하는 것을 업무의 기본 원칙으로 이해하고 따랐다. 하지만 오늘날은 정보혁명과 지식산업의 발전으로 조직 구성원들도 지식노동자로 변화하고 있다. 따라서 실제 업무에 있어서 자신의 상사보다, 혹은 다른 전문가보다 자신의 업무를 월등히 잘 이해할 수 있게 되었다. 그리하여, 조직은 인사관리에서 강력한 권한을 행사할 수는 있지만, 실제 업무는 지식근로자들의 선택과 판단에 더욱 의존하게 된다. 그 결과 경영자들의 역할은 나아가야 할 방향의 제시에 국한하게 된다. 이는 오늘날 조직에서 상호 간 협력의 필요성이 절실함을 의미하며, 그 수단으로서 커뮤니케이션의 중요성이 부각된다는 것이다.

이처럼 버나드는 권한이 상사에 의해 위에서 아래로 주어지는 것이 아니라 부하에 의해서 수용될 때 주어진다는 상향적 개념으로 파악함으로써 조직관리에 대한 포괄적 접근을 처음으로 시도했다. 이로써 앞서 언급하였듯이, 경영의 민주화라는 현대적 조직이론의 출발점이 되었다.

2. 폴레트의 행동과학이론

테일러와 같은 시기에 또한 경영학 발전에 큰 기여를 한 메리 파커 폴레트(M. P. Follett, 1868~1933)는 물리학에서 퀴리부인이 차지하는 위상과 유사하다. 따라서 경영학 발전에 있어 어떤 패러다임을 제시한 것은 아니지만, 당시와 오늘날 경영학 연구에 미친 영향력으로 인해 재조명받고 있다(Tonn, 2003).

1) 기업조직에 대한 폴레트의 관점

폴레트는 기업을 완전히 새로운 사회조직의 형태로 이해해야 한다고 주장한다. 기업은 단순한 경제조직이 아니며, 큰 영향력으로 인해 민주주의가 발전하기 위해서는 기업의 발전이 함께해야 한다는 것을 일찌감치 주장하였다.

이는 기업에 대한 연구는 사회 전체라는 틀 안에서 이루어져야 하며, 사회적 평등과 정의를 위해 기업의 영향력이 크게 작용해야 함을 강조한다. 따라서 조직 내부적으로는 권력과 리더십, 건설적인 갈등관계, 통합에 대한 새로운 관점의 연구 필요성이 제기된다.

2) 폴레트의 조직이론

조직이론에 관한 논의는 권한관계에 대한 논리적 근거가 분명해야 한다. 따라서 조직 내 행동 통합에 관한 이론 전개를 위해 권한에 대한 새로운 해석을 하였다.

폴레트는 '함께 누릴 수 있는 권한'으로서 독단적인 '통치하는 권력'을 대체해야 하며, '공동의 행위'로서 '동의'나 '강제'를 대신해야 한다고 주장한다. 이를 위해 명령의 탈인격화와 상황의 법칙을 주장한다.

실제로 폴레트는 조직에서는 결코 한 사람이 다른 사람에게 명령을 내려서는 안 되며, 두 사람 모두 처한 상황에 의해 명령을 수행해야 한다고 주장한다. 식당의 예를 들어 보자. 주방

참고 2.13 권한의 탈인격화

폴레트는 권한의 기초는 탈인격화에서 출발한다고 하였다. 왜냐하면 조직 안에서 이루어지는 독단적인 지시나 명령은 인간의 본성 가운데 가장 기본적인 요소(자존감과 감성)를 무시하는 것이기 때문이다. 그리하여 권한의 탈인격화를 실현하기 위해서는 지식(혹은 기술)이 기본적인 권한이 되어야 한다. 왜냐하면 개인이 복종해야 할 대상이 상사의 명령이 아니라 지식이나 기술이기 때문에 상사와 충돌하지 않게 된다. 따라서 사람들이 따르게 되는 것이 상황적 규칙(즉, 지식과 기술)에 의한 지배이지, 특정인에 의한 지배가 아니기 때문이다. 이를 위해 폴레트는 교육훈련의 필요성을 강조한다. 교육훈련을 통해 명령의 탈인격화를 강화할 수 있다. 예컨대, 보험 상품을 판매하는 경우를 생각해 보자. 어떤 사람은 자신의 판매 활동이 주어진 목표(명령)에 의해 이루어지는 것으로 생각하고, 어떤 사람은 자신이 받은 교육훈련에 따라 자신의 일을 수행하는 것이라고 여기는 것은 전혀 다르다. 같은 상황이라도 명령에 따르는 것일 뿐이라고 생각하는 것과 자신의 업무지식과 기술을 활용하고 있는 것으로 여기는 경우에 심리적, 감정적 효과는 다르다.

출처 : M. P. Follett, *Freedom and Coordination: Lectures in business organization(reprint in 1989)*, N. Y. Management Publications Trust Limited, 1949, pp. 61~68.

에서 일하는 요리사는 주문을 받고 음식을 나르는 웨이터보다 일반적으로 지위가 높다. 그러나 요리사는 손님으로부터 주문을 받은 웨이터의 명령에 따라 음식을 만들어야 한다. 요리사로서는 웨이터의 명령을 수용할 수밖에 없는 상황이 벌어진 것이다. 따라서 이 문제를 해결하기 위한 방법은 웨이터가 주문서를 집게에 끼워서 요리사가 보기 쉽도록 줄에 걸어 두는 것이다. 그러면 요리사는 웨이터의 명령을 받는 것이 아니라 집게에 끼워진 주문서의 명령을 받는 것이 된다. 즉, 상황으로부터 명령을 받게 된다. 따라서 권한은 개인으로부터 나오는 것이 아니라 상황, 즉 정당한 것으로 받아들일 수 있는 상황에서 나온다는 것이다. 이를 근거로 폴레트는 다음과 같이 말했다. "통치권을 완전하게 행사할 수 있는 대상은 오직 당신의 노예밖에 없다." 따라서 관리자들은 업무 수행의 권한을 구성원들과 공유해야 한다.

폴레트는 가능한 한 통치 권력을 줄이고 함께 누리는 권한을 증가시킴으로써 조직 안에서 좋은 인간관계를 창조할 수 있다고 하였다. 따라서 이를 위해서는 협력이 중요한데, 협력을 추구할 때 권력이 지식, 경험 등과 상호보완작용을 통해 함께 누릴 수 있는 권한으로 변화한다고 주장한다.

여기서 더 나아가 폴레트는 기업조직의 사회적 책임에 관한 논의까지 한다. 대기업은 지역사회가 모인 곳이다. 따라서 개인과 조직의 성장과 발전은 이 공동체가 스스로 결정할 능력을 최대한 발휘할 때 극대화된다. 이러한 조직과 권한에 관한 폴레트의 계몽적 접근을 통해 경영의 어머니라고 불리고 있다. 버나드의 권한 수용설은 이러한 폴레트의 통찰에 영향을 받았다.

한편, 폴레트는 개인의 성찰을 중요시하였으나 개인의 자유가 조직화된 관계를 통해서 얻을 수 있는 것이므로 조직과 별개로 이루어지는 것이 아니라고 하였다. 폴레트의 이론이 스코트의 분류에서 제2사분면에 위치하는 이유이다.

3. 사이먼의 의사결정론과 조직행동

앞서 막스 베버가 제시한 조직의 개념은 인간적인 요소를 철저히 배제한 것으로, 조직을 위해 인간을 도구화하였다. 그에 비해 아지리스(C. Argyris)는 미성숙 - 성숙이론에서 조직은 성숙한 개인의 발전을 방해하는 장애물이며, 개혁과 변화의 대상은 조직이라는 주장을 하였다(제6장 성격 참조).

사이먼(H. Simon, 1916~2001)은 이러한 두 가지 극단적인 이론 사이에서 균형을 이루면서 두 이론을 조화시킴으로써 새로운 조직이론을 제시하였다. 전반적으로 사이먼의 조직이론은 버나드의 생각과 맥락을 같이한다. 즉, 인간의 주체성을 강조하고 인간적 관점에서 조직을 이해하려고 하였다. 그리하여 인간과 조직을 유기적으로 통합하여 '인간중심의 경영'이라는 논리적 근거를 이끌어냈다.

사이먼은 기존의 조직에 대한 이해를 통해 조직구조를 연구하는 경우에는 많은 제약과 한계에 이를 수밖에 없음을 지적한다. 예컨대, 테일러리즘에서는 조직을 인간과 완전히 분리된 존재로 이해하며, 기구표나 조직도에 나오는 개념으로 인식한다. 즉, 어떤 형태의 조직구조가 더욱 효과적인가? 조직구조를 구성하는 요소 가운데 어떤 것이 더 중요한가? 하는 것과 같은 연구는 인간과 직접적으로 관련된 조직의 본질적 측면에서 벗어나, 조직에 관한 표면적 논의에 머물게 된다는 것이다.

실제로 조직구조가 중요한 이유는 그것이 조직 구성원들의 행동과 관련이 있기 때문이다. 예컨대 조직은 구성원들에게 많은 양의 정보를 제공함으로써 의사결정을 위한 근거를 제공한다. 즉 조직구조가 구성원들의 행동을 규정하는 것이 아니라, 구성원들이 조직으로부터 도움을 받아 행동을 결정할 수 있게 한다는 것이다. 따라서 조직은 구성원들의 의사결정을 위해 많은 양의 정보(기본 전제)를 제공할 뿐이며, 의사결정을 하는 존재가 아니다. 이러한 이유로 사이먼의 의사결정론을 조직행동론(organizational behavior)이라고 한다. 조직행동과 조직행동이론은 여기서 비롯한 명칭이다(Simon, 1957).

그러한 관점에서 사이먼이 주장하는 조직의 기능을 요약하면 다음과 같다.

첫째, 조직을 통해 개인이 얻을 수 있는 지식의 한계를 극복할 수 있다. 즉, 조직 구성원들은 분업화와 전문화를 통해 각자의 역할을 명확하게 수행할 수 있으며, 의사결정을 위한 많은 정보를 획득할 수 있다.

둘째, 조직 안에서 사람들의 행동패턴을 이해하고 예측함으로써 사전에 돌발 행동을 방지하고 행동을 관리할 수 있게 된다. 따라서 이러한 상황은 협력 관계를 형성해 준다. 왜냐하면 모든 구성원의 목표와 조직 목표를 일치시킬 수 있게 되며, 이것은 다른 사람들의 행동을 예측할 수 있기 때문에 가능하다.

셋째, 조직은 구성원들에게 공동의 목표를 제시함으로써 보편적 가치를 통해 협력할 수 있도록 해 준다. 따라서 구성원들은 분명하고 명확한 기준에 의해 일관된 의사결정을 할 수 있다(Simon, 1977).

사이먼은 이러한 통합적 접근을 통해 조직을 이해하려는 새로운 시도를 하였으며, 조직의 중요한 기능인 의사결정에 관한 연구를 전개함으로써 의사결정론의 아버지라는 이름을 얻었다(의사결정에 관해서는 제4장 참조).

4. 시스템이론

시스템이론은 생물학자 베르탈란피(Bertalanffy, 1933)의 생명체에 관한 전체성의 원리에서 출발하였다. 전체성의 원리는 생태계의 생명 현상을 설명할 때, 이론적으로 설명되지 않는 개별 현상에 대해, 전체적 이해를 통해서 부분의 이해를 시도하는 것이다. 예컨대, 진화하고 분화하는 생명현상을 설명하기 위해, 생태계를 외부와 지속적으로 관계를 주고받는 개방시스템으로 이해함으로써 설명이 가능하다.

이러한 이론을 경영학에 적용하여 일반 시스템이론(general system theory)으로 발전하게 되었다(Boulding, 1953).

1) 시스템의 개념과 속성

(1) 시스템의 개념

시스템이란 공동의 목표를 달성하기 위해 함께 기능하는 공동체를 의미한다. 모든 시스템은 목표, 구조, 기능이라는 요소로 구성되어 있다. 이러한 관점에서 본다면 크게는 국가, 사회, 공동체에서부터 학교, 병원, 기업 등도 시스템에 해당한다. 이들은 각각의 목적을 갖고 있으며, 구조를 통해 목적을 달성하기 위한 기능을 수행한다.

한편 하나의 시스템 속에서 구성원들은 하위 시스템을 통해 상호 연결된다. 이러한 긴밀한 연결을 통해 전체적으로 환경에 대응하는 구조를 갖추고 이를 대외적으로 표방하게 된다. 또한 구성원 간 관계를 유지하기 위해 하위 시스템 간 조화를 중요시하게 된다.

(2) 시스템의 속성

다음과 같이 시스템의 속성을 다섯 가지로 정리할 수 있다(Scott, 1981).

① **목표** 전체 시스템과 하위 시스템은 목표지향적 특성을 가지며, 목표는 서로 연관되어 있다.

② **전체성** 전체는 부분의 합보다 크며, 부분 간 요소와 기능들을 통합하고 조정함으로써 시스템(조직)의 유효성이 향상된다.

③ **개방성** 시스템의 유지, 성장, 발전은 외부 환경과 상호작용을 하면서 동태적인 균형을 유지해야 한다.

④ **상호 관련성** 시스템과 환경 요소 간, 시스템 내 부분 간 상호작용과 상호 의존성은 중요하며 필수적인 것이다.

⑤ **통제 메커니즘** 시스템이 환경과 내부적 요구에 적절하게 반응하여 안정과 균형을 이루기 위해서는 피드백을 통한 자기 통제 메커니즘이 중요하며, 이를 지속적으로 가동해야 한다.

2) 시스템의 분류

시스템은 속성상 폐쇄시스템과 개방시스템으로 나눌 수 있으며, 개방시스템은 기능에 의해 여러 가지로 구분할 수 있다.

(1) 폐쇄시스템과 개방시스템

자원의 유용성(availability)에 의한 구분으로서, 시스템의 자원이란 목표 달성을 위한 활동에 사용 가능한 모든 것을 의미한다. 따라서 인적 자원을 비롯한 여러 가지 물적 자원(예컨대 자본, 자연, 기술, 지식, 정보, 기회 등)이 여기에 해당한다.

① 폐쇄시스템

필요로 하는 모든 자원이 내재되어 있는 시스템이다. 따라서 환경으로부터 추가로 어떤 자원의 유입이 없다. 어떤 의미에서 폐쇄시스템은 둘러싸고 있는 환경이 없다고 할 수 있다. 또한 다른 시스템과 충돌하거나 상호작용하는 일도 없다. 따라서 자체완결형(self-contained) 시스템이라고 할 수 있다. 대표적인 접근이 테일러의 과학적 관리의 개념이다. 과학적 관리에서는 환경으로부터 새로운 자원의 유입 없이 시간과 동작 연구를 통한 직무의 전문화로 생산성을 향상시키고자 하였다. 따라서 이러한 테일러리즘에 근거한 관리는 제한된 자원을 가지고 차별성과급제도를 통해서 조직 내 변수들 간 관계에서 최적화를 이끌어 내기 위한 노력이라고 할 수 있다.

한편 폐쇄시스템이 실제로 존재하는지에 대해서는 논란의 여지가 있다. 왜냐하면 인간이 있는 곳은 어디건 환경이 반드시 있기 때문이다. 하지만 존재 여부를 떠나서 연구목적을 위해서는 폐쇄시스템이 유용한 개념이라고 할 수 있다. 예컨대 특정 질병에 대한 치료약을 개발하기 위한 과정에서 실시하는 무균실 실험은 폐쇄시스템으로 파악하고 연구한다. 또한 경영관리에 있어서도 어떤 결과의 예측에 있어 단기간의 개략적 파악을 위해서, 혹은 개념정립 차원에서 조직을 폐쇄시스템으로 파악하여 관련 변수들을 통제하고 분석하는 것이 이에 해당한다.

② 개방시스템

환경으로부터 자원을 받아들이며, 내부 프로세스를 통해 그것을 유용한 산출물로 전환하여 시스템을 둘러싼 환경으로 내보낸다. 이러한 과정을 계속하는 것이 개방시스템이다. 따라서 개방시스템은 당연히 외부 환경이 있으며, 환경과 상호작용을 한다.

또한 환경으로부터 자원을 얻기 때문에 자체재생적(self-renewing) 작용을 한다. 환경에 열려 있고 환경으로부터 언제나 자원의 유입을 받을 수 있기에 개방시스템이라고 한다. 현대 경영관리도 이러한 개방시스템적 관점에서 이해한다.

그림 2.7 개방시스템으로서 경영관리

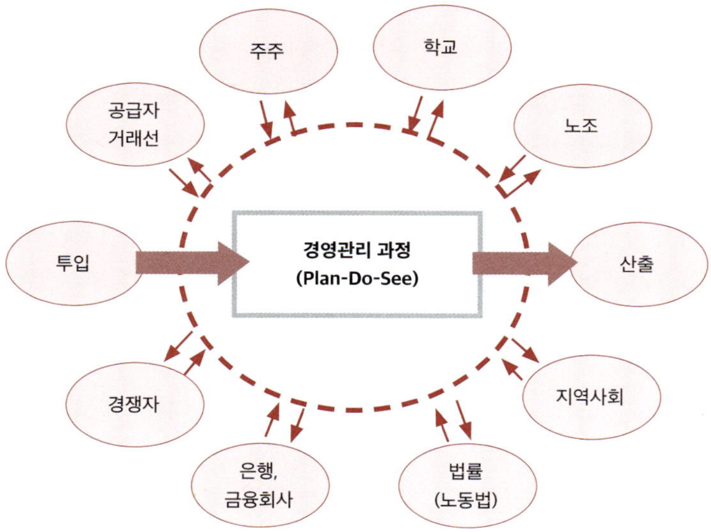

(2) 개방시스템의 기능상 분류

이러한 개방시스템은 다음과 같은 다섯 가지 하위 시스템으로 나누어 볼 수 있다. 하지만 이러한 구분은 앞서 시스템의 개념에 관한 설명에서 지적하였듯이 전체 시스템의 유효성을 증진하기 위한 부분별 노력을 이해하기 위한 것이다. 따라서 실제로 조직행동에서는 다섯 가지 하위 시스템을 통한 활동이 동시에 이루진다고 할 수 있다.

① **목표–가치적 시스템** 이는 조직이 환경으로부터 사회적, 문화적 목표와 가치를 받아들이고, 스스로가 사회의 하위 시스템 기능을 함으로써 시스템이 목표 달성에 기여한다. 이러한 접근은 특히 기업윤리, 기업의 사회적 책임, 기업시민행동 등의 논의로 연결된다.

② **사회–기술적 시스템** 조직이 사회적 시스템에 더하여 기술적 시스템에 의해서도 구성된다는 통찰을 바탕으로 기술과 사회구조상 관련성을 통해 조직 유효성을 달성한다. 즉 기술적 요구와 인간적 요구의 동시최적화(joint optimization)를 추구하면서, 환경적 요구에도 부합되는 작업집단이나 직무의 재설계에 관한 논의를 포함한다. 근로생활의

질(quality of work life, QWL)은 이러한 접근의 대표적 산물이다(제8장 직무설계 참조).

③ **사회-심리적 시스템** 미시적 차원의 접근으로서 시스템 내 개인의 행동, 동기, 지위, 역할, 사회적 관계, 집단역학 등의 논의로 발전하였다.

④ **구조적 시스템** 직무와 과업의 분화 그리고 이에 따른 조정 과정에서 요구되는 권한과 책임, 커뮤니케이션 등을 규정하고 개발하는 접근이다. 따라서 조직의 공식적, 비공식적 측면을 모두 연구하며, 전체 시스템 내에서 앞의 ②, ③의 연결기능을 수행한다.

⑤ **관리적 시스템** 구성원들의 업무 수행에 따른 목표설정 방법, 권한과 책임, 직무만족, 동기부여 등이 어떻게 운영되고 있는지를 위한 것이다. 리더십, 의사결정 등 조직 내 여러 가지 관리적 과정을 담당하는 시스템에 관한 접근이다.

3) 시스템이론의 의미와 평가

시스템이론은 조직과 외부 환경의 연관성을 통해 조직 유효성을 달성하기 위한 통찰을 제공한다는 점에서 중요한 의미를 갖는다. 특히 조직 내 여러 가지 복잡한 요인과 현상을 하위 시스템으로 구분함으로써 조직과 구성원들에 대한 이해를 돕는다. 하지만 조직이 처한 현실 문제를 해결하기에는 접근 방법이 추상적이다. 왜냐하면 시스템 자체를 가지고 개인의 행동과 가치관을 예측하기 위한 변수로 활용하는 데 어려움이 있기 때문이다. 이는 경영관리에서 당면하게 되는 인간적 측면을 이해하기에는 한계가 있다. 시스템이론이 스코트의 분류에서 제4분면에 위치하는 이유가 여기에 있다.

5. 구조적 상황이론

과학적 관리에 대한 현장 적용 실험에서 나타난 의외의 결과가 인간관계론을 탄생시킨 것처럼, 구조적 상황이론(structural contingency theory)의 탄생도 그와 유사하다. 1960년대에 등장한 상황이론의 연구목적은 이전까지 모든 상황에서 적용될 수 있는 최선의 관리원칙을 체계적으로 검증하는 것이었다. 즉, 테일러와 패욜에 이어 메이요의 인간관계론의 영향을 통해,

어떤 상황에서건 조직을 관리하고 조직화하는 최선의 방법이 존재하며, 이를 위한 보편적 법칙을 찾고자 하였다.

하지만 많은 노력에도 불구하고 보편적인 관리원칙이 존재한다는 어떠한 증거도 발견할 수 없었다. 지금 생각하면 당연한 귀결이라고 할 수 있겠지만, 그러한 노력 과정에서 얻은 결실이 상황이론의 탄생을 가져다 준 것이다.

따라서 상황이론은 환경을 포함한 상황적 요인과 조직 특성 간 적합성이 조직 유효성을 결정한다는 전제에서 출발하고 있다. 이를 위해 다양한 상황 요인에 따른 효율적인 조직 설계와 관련 이론을 전개하였다.

1) 이론적 특징

상황이론은 다음과 같은 특징을 갖고 있다.

- 상황요인과 조직특성의 적합성이 조직유효성에 영향을 주기 때문에, 연구에서는 조직의 상황적 능동성을 강조한다.
- 상황과 조직특성의 적합성으로 발생하는 객관적 결과인 조직 유효성을 중요시한다.
- 조직의 구조적 특성과 기능을 중요한 요인으로 파악하며, 분석 단위는 조직 전체이다.
- 사회현상에 관한 일반적 통찰을 강조하는 준거시적 접근이다.

2) 상황이론의 연구모델

그림 2.8 일반적인 상황이론 모델

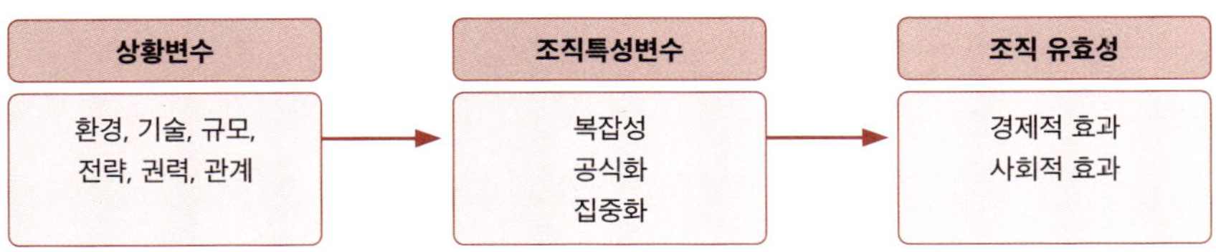

그림 2.8의 연구모델은 일반적인 상황이론의 전개 과정을 나타내고 있다. 상황변수는 조직의 내적, 외적 상황 요인을 의미하며, 조직의 통제 범위에 속하는 것도 있고, 그렇지 않은 것도 존재한다. 조직특성변수로는 복잡성, 공식화, 집중화가 있다. 이는 조직구조를 이루는 기본요소일 뿐 아니라 관리체계를 구성하는 요인으로 작용한다. 조직 유효성 변수는 경제적 효과뿐 아니라 구성원들의 정신적, 심리적 효과까지 포함한다.

3) 상황이론의 전개

(1) 환경과 조직구조

조직의 외부환경과 조직구조 간 적합성에 관한 연구는 다양한 조직을 대상으로 이루어졌으며, 그 가운데 중요한 것은 다음과 같다.

① 안정적인 환경에서는 기계적 조직구조가, 동태적 환경에서는 유기적 조직구조가 적합하다(Burns와 Stalker, 1961).

② 조직의 환경불확실성이 높을수록 조직의 하부 구조에서 분화가 촉진된다(Lorsch, 1981).

(2) 기술과 조직구조

기술과 조직구조 간 적합성에 관한 연구는 상황이론에서 차지하는 중요성뿐만 아니라 이후 조직행동연구에서도 중요한 의미를 갖는다.

① **우드워드(J. Woodward)** 생산기술 유형과 조직구조 특성 간의 직접적인 관계를 비교 분석하였다. 조직구조 특성과 관리 형태가 기업이 처한 작업 상황(생산기술체계)에 따라 차이가 있으며, 그것이 기업성과에 영향을 준다는 것을 발견하였다(이에 관해서는 제11장 조직구조 참조). 그리하여 이후 상황이론이 조직 설계나 직무 설계뿐 아니라 리더십 연구를 포함하여 경영학의 새로운 패러다임으로 등장하는 중요한 계기가 되었다(Woodward, 1965).

② **톰슨(J. Thomson)** 조직 내 기술을 장치형 기술(제조업의 대규모 생산기술), 중개형 기술(은행과 보험회사), 집약형 기술(종합병원, 연구소)로 분류하였다. 그리하여 조직은 스스로의 목적을 가장 능률적으로 달성하기 위한 핵심기술을 환경의 영향력으로부터 방어해야 한다는 것이다. 이를 위해 톰슨은 자신의 연구결과를 토대로 개발한 구체적인 전략을 제시하고 있다. 따라서 목표 달성을 위해 합리적인 내적 규범을 따르는 조직은 그러한 전략을 통해 환경 변화에 수동적으로 끌려가는 것이 아니라, 환경의 영향력을 벗어나고 통제할 수 있다고 설명한다(Thompson, 1967).

③ **트라이스트(E. Trist)** 기술적 요구와 인간적 요구의 최적화를 추구하면서 환경의 요구에도 부합되는 직무설계에 관해 연구하였다. 영국 탄광에서 채굴 방식의 변화가 광부들에게 미치는 사회적 · 심리적 영향에 관한 연구를 통해, 생산시스템의 변화는 기술 변화에만 그치는 것이 아니라 직무역할의 분화, 커뮤니케이션의 장애 등과 같은 사회적 결합이 파괴되는 것을 발견하게 된다. 즉, 신기술은 새로운 작업 방식과 사회적 관계의 재설정을 요구한다. 연구 결과를 통해, 기술 요인과 사회적 요인의 상호작용의 중요성을 제시하였다(Trist, 1981). 이에 관해서는 이후 직무설계 부분의 볼보 프로젝트를 통해 상세히 설명하겠다.

4) 상황이론의 의미와 과제

상황이론은 조직행동 연구의 범위를 거시적 차원으로 확대하는 계기를 제공하였다는 점에서 의미가 있다. 그리하여 경영자들로 하여금 특정 상황에 적용 가능한 대안적 행동을 해주며, 동시에 조직 차원의 문제 발생 시 부적합한 원천이 무엇인지 발견할 수 있는 정보를 제공해 준다.

하지만 그에 못지않은 비판과 한계가 존재하는 것도 사실이다. 예컨대, 연구 목적상 대상 기업의 여러 가지 특성을 지나치게 통제하게 됨에 따라 측정 기준의 타당성이 문제가 된다. 또한 이론이 복잡하여 실무에 적용하기 어렵다는 점은 향후 상황변수의 양적, 질적 차원의 확장과 체계화를 통해서 해결해야 할 과제라고 할 수 있다.

6. 센게의 학습조직

센게는 위계와 효율성을 강조하는 전통적인 조직의 모습과 대비되는 학습조직(learning organization)의 개념을 제시하였다. 이것은 스코트의 분류상 제3사분면에 속한다. 외부환경에 개방되어 있고, 구성원들에 대해서는 자기실현적 인간관을 전제로 하고 있다(Senge, 1990).

하지만 실제로는 외부 환경에 대한 논의보다는 내부적으로 구성원들의 사고방식과 상호작용 과정을 더욱 강조하고 있는데, 조직이란 구성원들이 어떻게 생각하고 서로 영향력을 행사하느냐에 의해 만들어지기 때문이다.

센게는 학습조직을 만들기 위한 다섯 가지 요인을 제시하고 있다.

① **개인 학습(personal mastery)** 구성원들은 직무와 관련한 개인의 역량(지식, 경험, 기술) 개발뿐만 아니라, 생애 전반에 관한 접근 방식을 학습하는 것이다. 즉 원하는 결과를 얻을 수 있는 방법에 관해서 지속적인 학습을 통해 성장하는 것이다. 따라서 조직은 구성원들이 선택한 목표를 향해 스스로를 개발할 수 있는 환경을 만들어 주어야 한다.

② **개방적 사고(mental models)** 세상과 인간에 대해 갖고 있는 이해와 전제가 스스로의 판단과 행동에 어떻게 영향을 주는가를 지속적으로 성찰하는 것이 중요하다. 이를 통해 새롭고 개방적인 사고 방식을 육성할 수 있기 때문이다.

③ **비전공유(shared vision)** 조직구성원들이 추구하는 바람직한 미래의 모습을 함께 만들어 나가는 것이다. 이를 위해서는 그 과정에서 공동의 바람이 자유롭게 표출될 수 있어야 하며, 목표에 공감하게 된다.

④ **팀 학습(team learning)** 개인 학습이 팀 학습으로 이어지기 위해서는 구성원 간 커뮤니케이션 활성화와 신뢰가 필요하다. 그리하여 함께 배우는 방법을 개발하는 것이 가능해지며, 이를 통해 개인의 한계를 극복할 수 있는 학습이 가능하다.

⑤ **시스템적 사고(systems thinking)** 학습조직의 중심 요소이다. 다른 네 가지 요인을 통합하는 능력을 제고하기 위한 능력을 의미한다. 따라서 시스템의 작동 원리와 시

그림 2.9 학습조직을 위한 다섯 가지 요인

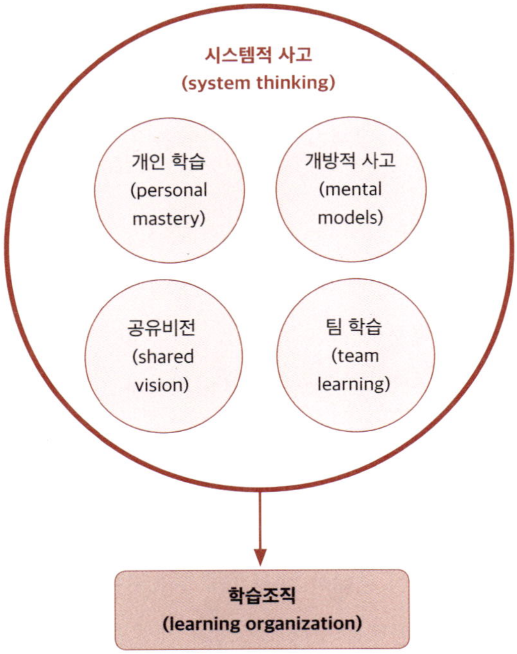

스템 간 관계를 결정하는 요인에 대한 이해를 통해 조직 내 시스템을 더욱 효과적으로 만들기 위한 교육과 훈련을 실시할 수 있다.

그림 2.9은 학습조직을 위한 다섯 가지 요인을 보여 주고 있다. 이러한 학습조직의 개념은 너무 거창해 보여서 실현 가능성에 대해서 의문을 가질 수 있다. 하지만 대전의 성심당 빵집이나 일본의 미라이 공업의 사례를 통해서 세계가 이야기하고 있는 학습조직을 위한 다섯 가지 요인과 학습조직의 실제 모습을 발견할 수 있다.

7. 의사결정의 쓰레기통 모델

마치(J. March)는 150개 대학의 총장을 대상으로 일주일의 스케줄을 10분 단위로 살펴보았다. 일과의 대부분(80~90퍼센트)이 다양한 사람을 만나고 여러 위원회에 참석하는 것이었다. 마치는 이때 중요한 의사결정이 어떻게 이루어지는가를 분석하였는데, 대학의 위원회 조직이 하는 의사결정을 조직화된 무질서(organized ananchy)라고 표현하였다. 즉, 조직화는 되어 있으나 체계적으로 구체화되지 못하고 합리적, 과학적, 논리적으로 파악할 수 없는 조직의 상황을 의미한다.

조직화된 무질서의 특징으로 다음의 세 가지를 들 수 있는데, 대학의 경쟁력 강화 위원회의 사례를 통해 설명해 보자.

첫째, 불분명한 목표(problematic preference). 대학의 사명과 목표가 모호하고, 분명하지 않으며, 추상적인 언어로 기술되어 있는데 교육 주체들마다 다르게 규정한다.

둘째, 불확실한 기술(unclear technology). 위원들마다 전공과 역량이 다르므로 상이한 접근방법과 기술을 사용하고 있지만, 어느 것이 효과적인지 알 수 없다.

셋째, 유동적인 참여(fluid participation). 위원 전원이 참석한 경우는 맨 처음 회의가 유일하다. 휴직이나 보직 변경으로 위원의 교체가 빈번하다.

이러한 대학 총장들의 사례는 정부기관의 장관이나 여타 기관장들의 의사결정 과정에도 그대로 적용될 수 있다는 것이다(Cohen 등, 1972).

의사결정의 '쓰레기통 모델(garbage can model)'이란 조직 안에서 이루어지는 의사결정 과정이 마치 온갖 쓰레기로 뒤섞여 있던 쓰레기통이 불시의 어느 순간에 비워지는 모습과 흡사해서 붙여진 이름이다. 의사결정 과정에서 평소에는 불필요하고 쓸모없는 소모적 논쟁이 계속되다가 어떤 순간에 무슨 사건이 발생한다든가, 시기상 필히 해결해야 할 시점이 되면 가득 찬 쓰레기통이 싹 비워지듯 문제가 한꺼번에 해결된다는 것이다. 따라서 전통적인 합리주의의 가치를 부정하고, 조직을 쓰레기통에 비유한 의사결정 모델을 제시함으로써 전통적인 의사결정이론과 큰 차이가 있다.

쓰레기통 모델에서는 조직을 여러 가지의 문제, 문제에 대한 해결방안, 다양한 참여자 등이 뒤섞여 있는 쓰레기통으로 가정한다. 의사결정도 정교한 분석과 객관적 평가 과정에 의한

참고 2.14 합리적 의사결정 모델

전통적인 의사결정이론에 따르면 조직의 합리적 의사결정 모델은 다음과 같은 과정으로 이루어진다(이에 대한 자세한 내용은 제4장 p. 136 참조).

① 문제를 정의한다.
② 의사결정 기준을 수립한다.
③ 수립된 의사결정 기준에 가중치를 부여한다.
④ 문제해결을 위한 대안을 도출한다.
⑤ 각 대안에 대해 기준에 따른 순위를 부여한다.
⑥ 최적대안을 선택한다.

산출물이 아니라, 여러 가지 상호 독립적인 요인의 흐름(streams) 속에서 드러나게 된 결과 혹은 해석이라고 본다. 이러한 이유에서 전통적 의사결정 모델을 규범적 모델이라고 한다면 쓰레기통 모델은 기술적 모델이라고 할 수 있다.

규범적 모델(normative model)은 의사결정 과정에서 모든 가능한 경우를 고려하여 확률 계산을 한다든가, 모든 가능한 대안을 분석한 다음 가장 효용가치가 큰 대안을 선택한다. 그러나 이러한 규범적 모델이 실제 의사결정 과정으로 구현되는가는 별개의 문제이다. 왜냐하면 필요한 정보가 불충분하게 주어지거나 주어진 정보의 일부만을 고려한다면, 사람들은 규범적 모델이 예상하는 것과 다른 선택을 할 수 있기 때문이다.

그에 비해 기술적 모델(descriptive model)은 의사결정 과정에서 실제로 사람들이 보여 주는 방식을 기술하는 모델을 의미한다. 따라서 기술적 모델은 실질적인 모델에 가깝고, 규범적 모델은 이론적인 모델에 가깝다고 하겠다.

다음은 쓰레기통 모델을 구성하는 네 가지 요인(streams)을 설명하고 있다.

① **문제 요인(problems stream)** 문제란 조직뿐만 아니라 외부 환경의 모든 관련 주체들이 관심을 갖는 대상을 말한다. 즉, 조직 안팎 사람들의 관심사인 것이다. 예컨대 업무수행 방식, 노사관계, 가정과 일의 균형, 직무만족, 직무 스트레스, 업무량 배분 방식, 이데올로기, 평판도 등이 모두 문제를 발생시키는 요인이 될 수 있다.

② **해결방안 요인(solutions stream)** 해결방안은 조직 내 누군가가 만들어낸 산출물이다. 해결방안은 당연히 문제에 대한 해답(answer)이면서, 더 나아가 적극적인 질문의 발견까지 포함해야 한다. 문제가 무엇인지를 명확히 규명하기 전까지는 해답을 찾을 수 없다는 평범한 진리가 있는 반면, 해결방안을 알기 전까지는 (조직의) 문제가 무엇인지를 알지 못하는 경우도 있다. 예컨대, 고객만족이 해답에 해당한다면 고객감동은 해결방안에 해당한다.

③ **참여자 요인(participants stream)** 참여자들은 문제를 중심으로 하여 조직 내부와 외부에서 지속적으로 등장하고 또한 퇴장한다. 마치 쓰레기통처럼 모든 출입구가 또한 출구가 된다. 문제 상황에서 누가 참여자로 들어오는가 하는 것은 주어진 문제와 새로 등장한 문제의 특성에 따라 달라진다. 한편 의사결정 참여자는 문제의 특성보다는 자신이 투자할 수 있는 시간적 요인에 의해 역동적으로 바뀐다.

④ **선택의 기회 요인(choice opportunities stream)** 선택의 기회 요인은 조직이 산출물로서 '어떤 의사결정 행동을 할 것'에 대한 기회(혹은 계기)를 말한다. 이러한 기회와 계기는 불시의 어느 순간에 발생하며, 어떤 조직이든 선택을 위한 기회를 결정하는 나름대로의 방법(쓰레기통이 가득 찰 때라든가 혹은 반만 찰 때)을 갖고 있다.

쓰레기통 모델은 이러한 네 가지 요인의 어떤 계기를 통해 서로 만나게 될 때 의사결정이

그림 2.10 의사결정의 쓰레기통 모델

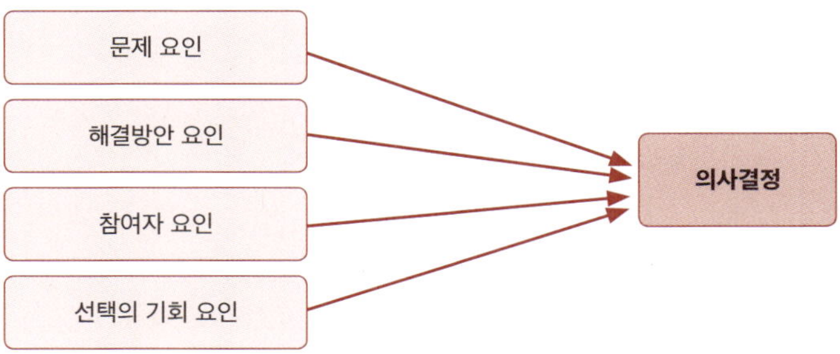

출처 : M. D. Choen, March, J. G., and Olsen, J. P. (1972). "Agarbage can model of organizational choice." *Administrative Science Quarterly*, 17(1) p. 13.

이루어진다. 즉, 합리성이 아닌 요행이나 우연에 의해 중요한 결정이 이루어진다. 또한 의사결정 참여자들의 정치적 동기와 같은 요인에 의해 영향을 받는다. 아울러 이기심과 맞물려 조직이나 사회의 시급한 문제보다 참여자 스스로에게 중요한 것이 먼저 채택되는 경향도 있다. 따라서, 문제가 너무 많은 상황에서는 미해결로 끝나기도 한다. 하지만 이는 반대로 구성원들에게 중요한 문제에 대해서는 더욱 많은 자원과 인력을 투입함으로써 해결 가능성이 높다는 것을 의미한다.

쓰레기통 모델은 사회의 신념, 가치체계가 바뀌거나 정치체제의 변화와 같은 혼란 상황에서 의사결정 과정을 설명할 때 유용하다. 이전에는 부정적 현상으로 여겼던 조직의 무질서 상태를 긍정적인 측면에서 분석하고, 이를 통해 기존 이론들이 간과한 영역을 다룸으로써, 의사결정이론의 기능과 범위를 넓혀 주었다. 하지만 당연한 지적이겠지만 모델의 구성이 경험적 사실에 의한 것이 아니라는 점에서 적용상 한계가 있다.

3장

지 각

I 지각의 이해

II 지각 선택화

III 지각 조직화

IV 사회적 지각

I 지각의 이해

1. 개 념

지각이란 개인이 접하게 되는 환경과 대상(객체)에 의미를 부여하기 위해 선택화, 조직화, 해석화하는 과정을 말한다. 따라서 개인은 지각을 통해 감각으로 받아들인 자료(data)를 걸러내고, 수정하며, 해석하여 정보화(information)한다.

인간의 지각 과정은 매우 복잡하기 때문에, 아무리 복잡한 컴퓨터의 정보처리장치라도 지각 과정에 비한다면 오히려 단순한 것에 불과하다. 지각을 설명하는 데는 관련 개념 간 비교를 통한 이해가 유용하다.

일반적으로 인간의 개인차는 사물을 인지하는 방법에서 비롯된다. 이러한 인지 과정은 상상, 지각, 사고, 감각이 있다. 인지 과정은 특정 상황과 그와 관련한 행위 사이에서 발생하는 것으로, 특히 조직행동에서는 지각을 연구 대상으로 하고 있다. 그에 비해 감각이란 인간의 오감을 말하는데 시각, 청각, 후각, 촉각, 미각 등의 오감은 내적, 외적 자극에 의해 발생하며, 물리적 작용에 의한 기본적 행위만을 유발하는 과정을 말한다.

우리가 조직 안에서 경험하게 되는 지각과 감각의 차이를 다음과 같이 비교할 수 있다.

① 구매부서 담당자는 생산부서 엔지니어가 좋은 부품이라고 말해준 것(감각)을 구매하는 것이 아니라, 자신이 생각하기에 가장 적절한 것을 구매한다(지각).

② 부하직원들의 행동은 그들의 상사로부터 들은 것에 근거한다(지각). 따라서 실제로 상사가 말한 것(감각)에 근거하지는 않는다.

③ 어떤 상사에 의해 훌륭한 직원이라고 칭찬받은 직원을(감각), 다른 상사는 형편없는 직원이라고 평가한다(지각).

④ 품질검사 담당자에 의해 합격품으로 판정받은 것이라도(감각), 소비자는 제품불량으로 받아들일 수 있다(지각).

2. 지각 연구의 중요성

조직행동 연구에서 지각이 중요한 주제로서 다루어지는 이유는 다음과 같다.

첫째, 사실 세계와 지각의 세계는 일치하지 않기 때문이다. 예컨대, CEO의 근태 관리에 관한 언급에 대해 사람들은 상이한 반응을 보일 수 있다. 실제로 우리나라 대기업 CEO가 연초 시무식에서 근태관리를 철저히 하자는 이야기를 한 적이 있다. 이를 듣고 총무 담당 이사는 다음 날부터 본사 정문과 후문에 직원을 배치하여 점심시간 시작 시간인 11시 45분 이전에 건물을 빠져나가는 직원을 적발하여 이름을 적어 오라고 하였다. 이때 근태 관리에 대해 총무 담당 이사가 갖고 있는 지각의 세계와 직원들이 갖고 있는 지각의 세계는 서로 다르며, CEO의 지적사항인 실제 세계와 또한 다르다. 이처럼 사실 세계와 다른 독특한 세계를 설명해 주는 인지 과정이 지각이다.

사실 세계와 지각의 세계 간 차이가 큰 경우 심각한 문제가 발생한다. 따라서 앞의 사례를 CEO의 입장에서 본다면 어떤 개념이나 관련 사항에 대한 올바른 이해가 필요하다고 느낄 것이다(CEO는 외형적인 근무 태도가 아니라 본질적인 측면의 근무태도를 의미하였다). 한편, 그러한 차이는 조직행동에서 의사결정의 질을 결정하는 중요한 요소가 된다. 사물이나 개념을 올바르게 파악해야만 그것을 제대로 적용하거나 운영할 수 있기 때문이다.

둘째, 인지적 일관성 효과 때문이다. 인지적 일관성은 인지부조화이론에 근거한다. 사람들은 지각, 태도, 행동 간 일치를 이루고자 하는 기제를 갖고 있다. 예컨대, 우리는 생각과 말, 행동 사이에 일치를 이루고자 하는 경향이 있다. 정도의 차이는 있지만 사람들에게 일반적으로 내재하고 있는 작용원리라고 할 수 있다. 따라서 지각 - 태도 - 행동 간 일치는 인간에게 내재한 일반적 기제로서, 이를 인지적 일관성이라고 한다(Festinger, 1957). 인지적 일관성의 효과는 마치 수학의 방정식처럼 현재 보여 주는 요인을 통해 미래의 요인을 이해하고 예측할 수 있게 해 준다. 즉, 현재의 지각을 통해 미래의 행동과 태도를 예측할 수 있으며, 현재의 행동과 태도를 통해 과거의 지각 상황을 유추할 수 있다. 이를 통해 인간행동에 대한 예측이 가능하며, 또한 태도변화, 행동변화의 방향에 대한 이해와 관리를 할 수 있는 정보의 원천이 된다.

이러한 두 가지 이유로 인해 조직행동에서 지각을 중요한 연구 주제로 다루고 있다.

3. 지각 모델

그림 3.1은 지각 과정을 설명하고 있다. 기본적으로 지각 과정은 자극에 대한 반응이다. 따라서 지각의 이해는 자극에 대한 반응을 이끌어내는 과정에서 중요한 영향을 주는 지각 선택화, 지각 조직화, 지각 해석화에 관한 것이라고 할 수 있다.

그림 3.1 지각 모델

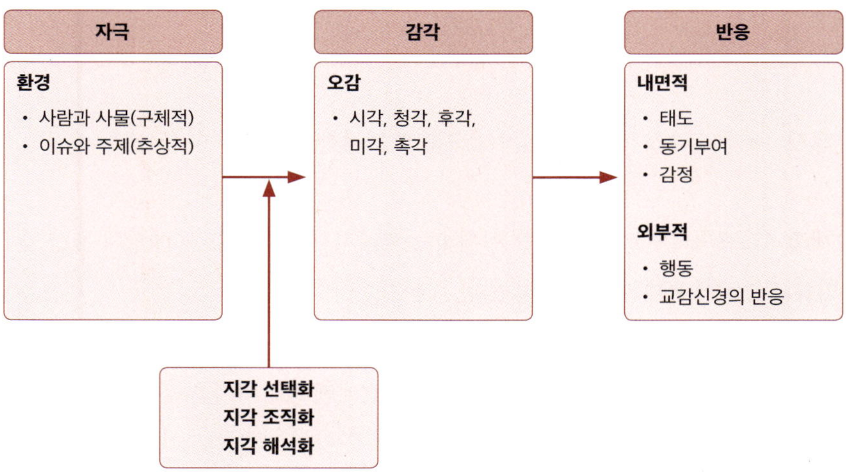

II 지각 선택화

지각 선택화는 환경이 주는 여러 가지 자극 가운데 일부만 받아들여서 반응을 하게 하는 지각 과정이다. 앞서 설명한 지각과 감각의 차이에서, 부하 직원들의 행동은 실제로 상사가 말한 것이 아니라, 자신이 상사로부터 들은 것에 근거한다는 이유에 해당한다.

1. 외부적 요인

지각선택에 영향을 주는 요소로는 세기, 크기, 대조, 반복, 움직임, 새로움과 친숙함 등이 있다.

① **세기** 이는 외부 자극으로서 세기가 강할수록 더욱 잘 지각하게 되는 원리를 의미한다. 예컨대, 형광색을 이용한 알림판이나 안전복을 들 수 있다. 또한 TV 상업광고는 정규 프로그램과 비교할 때 화면의 밝기나 음향을 더 크게 하는데, 이는 지각선택의 효과를 얻기 위해서이다.

② **크기** 세기와 마찬가지로 크기가 클수록 잘 지각한다는 원리이다.

③ **대조** 외부 자극으로서 배경(환경)에서 두드러지거나, 혹은 전혀 예상치 못한 외부자극은 주의를 집중하게 한다는 원리를 말한다.

대조의 원리와 함께 생각해 볼 수 있는 것으로 식역하의 자아(subliminal self)라는 개념이 있다. 일반적으로 잠재의식이라고 하는 것으로, 인간에게 지각되지 않은 채 활동하고 있는 정신세계를 의미한다. 지각이론의 범주에 들어가는 것은 아니지만, 인간이 의식할 수 있는 수준 이하로, 어떤 메시지를 보내어 인지하도록 한다는 점에서 관심을 갖게 한다.

예컨대, 농구경기를 녹화한 동영상 중간에 시원한 음료수를 마시는 사진 한 장을 삽입하여 보여 주고 사람들의 행동반응을 관찰한 실험이 있다. 이때 피실험자들의 감각은 이를 받아들이지 못하지만, 잠재의식 작용으로 인해 그 장면에서는 냉장고로 가서 마실 것을 꺼내거나, 셔츠의 단추를 푼다거나 하는 반응 행동을 나타내었다. 그래서 실제로 이를 이용해 상업광고를 설계한 경우가 많이 있었다. 하지만 그에 대한 효과에 관해서는 연구결과가 일관되지 않다.

현재는 이러한 잠재의식을 이용하여 사람들에게 구매를 유도하는 상업광고는 법으로 금

조직행동 읽을거리

송혜희 현수막을 위한 지각선택

"실종된 송혜희 좀 찾아주세요!"

누구나 한 번쯤 봤을 절절한 문구. '실종자 송혜희'를 찾는 현수막이 얼마 전 회사 근처 횡단보도에 걸렸다가 사라졌다. 혜희 씨는 1999년 2월 13일 경기 평택시에서 귀가 도중 실종돼, 오늘로 9,008일째 돌아오지 않았다. 당시 혜희 씨 나이 18세, 지금은 42세가 됐을 거다.

24년간 미제로 남은 이 사건은 가족 한 사람의 갑작스러운 부재가 일가족을 어떤 비극으로 몰아넣을 수 있는지 여실히 보여 주는 사례다. 어머니는 딸의 귀가를 기다리다 전단지를 품은 채 스스로 목숨을 끊었고, 가산을 정리한 아버지는 생업을 포기하고 딸을 찾아 전국을 돌고 있다. 우리가 가끔씩이나마 송혜희 현수막 · 전단지를 볼 수 있다는 건, 그 아버지가 아직 딸의 무사귀환에 대한 희망을 버리지 않았다는 반갑고도 슬픈 증거다. (하략)

출처 : 이영창, '뉴스룸에서: 송혜희와 정치인의 현수막', 한국일보. 2023.10.13.
https://www.hankookilbo.com/News/Read/A2023101212410005203?did=NA

지하고 있다. 조직에서 이러한 원리를 활용하여 상품 도난 방지, 작업장 안전사고 예방, 생산성 향상, 자긍심, 동기부여 효과를 얻기 위한 일은 가능하다.

다음은 백화점 진열대 한 귀퉁이 벽면에 보일 듯 말 듯 조그맣게 붙어 있는 경고문과, 공장 내 화장실 칸막이 안쪽의 어중간한 위치에 붙어 있는 스티커에 쓰여 있는 문구를 옮겨 놓은 것이다.

"Secunity Cameras in use."
"Slouch is ouch, life straight is great."
"I feel good about my job."
"My job is great."

CCTV 작동 중
잠깐의 실수가 영원한 흉터로 남습니다.
내가 회사다.
당신은 이 순간 중요한 일을 하고 있다.

그림 3.2 1980년대 미국의 치약 광고에 등장했던 잠재의식 활용사례

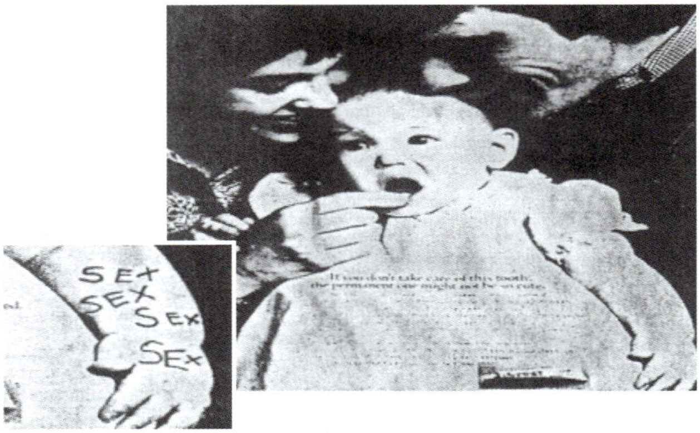

④ **반복** 외부자극으로서, 반복하는 경우 지각효과가 한 번에 비해서 크다는 원리에 근거한다. 특히 단순 반복작업의 경우, 반복해서 교육훈련을 실시해야 품질과 안전사고 예방 측면에서 효과가 나타난다고 한다.

⑤ **움직임** 컨베이어벨트 작업장의 근로자들은 움직이는 물체에 시선을 집중하게 된다. 따라서 상대적으로 정적인 상태의 객체인 깨끗한 벽면, 작업장에서 들려주는 클래식 음악소리, 에어컨, 선풍기 작동음은 지각하지 못하는 경향을 보인다. 점멸하는 네온사인 광고는 움직이는 것 같은 효과를 통해 지각 선택을 높인다.

⑥ **새로움과 친숙함** 직무순환은 익숙한 작업환경에서 새로운 것은 금방 지각한다는 원리를 이용한 것으로, 업무에 대한 집중력 향상에 효과가 있다. 따라서 작업자의 위치, 시간대, 작업내용을 변화시킴으로써 일에 대한 집중력이 높아진다. 반대로 커뮤니케이션 과정에서는 상대방에게 친숙한 용어나 관용구를 사용하게 되면 상대방으로 하여금 집중하게 함으로써 대화나 의미전달의 효과를 높일 수 있다.

참고 3.1 백남준의 사이다 광고

비디오아티스트 백남준이 국내 청량음료 광고를 디자인한 것이 있었다. 광고가 완성된 후 방영이 보름가량 늦추어졌는데, 당시 광고의 심의 과정에서 '잠재의식 광고'로 밝혀져 시정조치를 받았기 때문이다. 잠재의식 광고란 눈에 보이는 장면과 장면 사이에 눈으로는 인식할 수 없는 또다른 숨겨진 메시지를 포함하고 있는 광고를 말한다. 지금은 모두 디지털화되어 있지만 당시에는 아날로그 필름으로 구성된 녹화 과정에서 1초에 30프레임으로 구성되는 광고화면이 워낙 빨리 지나가기 때문에 1~2프레임을 다른 내용으로 바꿔 넣을 경우 눈에는 보이지 않지만 잠재의식은 이를 알아챌 수 있다는 대조의 원리에 근거한 것이다. 과거 미국에서 등장했던 잠재의식 광고는 누드사진이나 마약, 죽음을 상징하는 해골 등 자극적인 장면을 광고 속에 교묘히 끼워 넣었다. 이런 광고는 무의식적으로 그 제품에 대한 주의를 끌어 결국 구매욕구를 높이게 된다는 의도를 갖고 있었다.

현재 대부분의 국가에서 이 같은 잠재의식 광고가 소비자들의 이성적인 판단 대신 무의식 선택을 유도한다는 점을 들어 법으로 금지하고 있다. 그러나 실험 결과에 따르면 숨겨진 메시지를 잠재의식 속에서 인식할 수는 있지만, 그 영향이 구매행동으로까지 이어질 정도로 크지 않은 것으로 나타났다. 백남준의 광고에서는 사이다의 제품명과 사이다의 병 모양이 담긴 장면을 0.1초 동안 보여 줌으로써 문제가 되었다. 당시 광고심의위원회 측은 백남준의 작품세계가 무의식을 중요시한다는 점에 미루어 광고 장면을 한 프레임씩 확인하여 숨겨진 장면을 찾아내었다. 하지만 백남준이 의도적으로 잠재의식 광고를 만들었다기보다는, 평소 그가 다른 작품에서도 흔히 사용했던 기법 중 하나라는 광고기획사의 설명이다. 어쨌든 이 광고는 백남준의 동의를 얻어 문제가 된 부분을 모두 제거한 뒤 사이다 병을 분명히 볼 수 있는 형태의 광고로 만들어졌다.

2. 내부적 요인

인간의 복잡한 심리적 구조에 근거를 두고 발생하는 지각선택을 의미한다.

1) 학습과 경험

그림 3.3의 상자 안에 있는 영어 단어를 소리 내어 한번 읽어 보자. 4개 모두 정확하게 발음하였는가?

이는 학습이 우리에게 어떤 특정한 방식으로 지각하게 하는 효과가 있음을 보여 준다. 즉, 사람들은 자신이 그렇게 보고, 듣고, 냄새 맡게 되리라고 예측하는대로 사물을 지각하게 된다

그림 3.3 지각 선택 실험

M-A-C-I-N-T-O-S-H
M-A-C-D-O-N-A-L-D-S
M-A-C-B-E-T-H
M-A-C-H-I-N-E-R-Y

조직행동 읽을거리

사랑하는 학생 여러분, 존경하는 국민 여러분

클리셰라는 말이 있다. 인쇄의 연판(鉛版)을 뜻하는 불어인데, 거기서 연원하여 판에 박은 문구, 진부한 표현이나 생각을 가리키는 용어로 자리 잡았다. 시인은 이 클리셰, 상투어로부터 가장 먼 쪽에서 말을 찾고 생각의 길을 여는 사람들이다. 진부한 표현에 의존하는 순간, 현실의 생생함과 풍부함, 사실에 충실한 언어를 찾는 일은 중단된다. 상투어는 현실로부터 우리를 차단하면서 생각으로부터도 우리를 차단한다. 우리의 일상이 어느만큼 상투어에 의존할 수밖에 없는 측면은 그것대로 이해한다 하더라도, 그 상투어들의 울타리 바깥에서 생각과 말의 길을 찾는 노력을 아끼지 않아야 하는 것도 그 때문이리라. (하략)

출처 : 정홍수, '삶과 문화: 상투적인 것에 대하여', 한국일보. 2015.08.30.
https://www.hankookilbo.com/News/Read/201508101336546589

는 것이다.

지각 과정에서 이러한 일종의 환각작용은 흔히 발생한다. 왜냐하면 사람들은 객체(사물이나 사람)를 과거의 학습이나 경험의 결과를 통해서 지각하기 때문이다. 문제는 과거의 지각이 현재의 상황과 아무런 관련이 없음에도 불구하고 현재에 지각하는 대상을 과거의 학습이나 경험을 이용하여 지각한다는 데 있다.

커뮤니케이션 과정에 상투어를 자주 사용하는 사람을 볼 수 있다. 이로 인해 상대방에게 신뢰감의 저하를 줄 수 있다. 또한 말이 인간 행동을 이끈다는 것을 생각할 때 스스로의 사고 범위를 제한하는 효과도 있다. 조직행동에서 창의성을 위해서는 상투어 사용에서 벗어나는 노력이 필요하다.

2) 관찰자-행위자 효과

관찰자 - 행위자 효과(actor - observer effect)는 앞의 학습과 경험에 의한 지각 선택과 유사하나 그 효과는 더욱 크다. 예컨대, 우리는 타인의 행동을 보면서 그것을 '그 사람의 행동양식'으로 지각하고, 자신의 행동에 대해서는 '상황의 요구에 따른 신중한 선택적 대응'으로 지각한다. 즉, 스스로에게도 마찬가지의 행동특질이 존재하고 있다는 것을 알고는 있으나, 그것이 스스로의 행위를 항상 통제하고 있음을 깨닫지는 못한다는 것이다.

이러한 행위자 - 관찰자 효과의 원인은 시각적 위치(관점)의 차이에서 기인한다. 즉, 우리는 다른 사람의 행위는 볼 수 있지만(observer) 우리 자신의 행위(actor)는 보지 못하기 때문이다.

예를 들어 보면 쉽게 이해할 수 있다. 제품불량이 빈번한 이유에 대해서 일선 작업자들은 지원물자의 부족(인력, 부품 공급의 지연), 유별난 고객, 동료의 태만, 과도한 작업 일정 등으로 지각할 수 있을 것이다. 그러나 관리자들은 근로자들의 행동특성, 능력, 태도에 기인한 것으로 지각하는 경우를 생각할 수 있다. 따라서 작업자와 관리자들은 각자 상이한 후속조치를 취할 것이고, 그에 따른 조직 성과의 차이는 클 것이다.

또 다른 예로 자동차 운전을 하는 경우를 생각해 보자. 다른 사람이 운전하면서 끼어들기를 하는 것을 보면서, 공공의식 결여, 이기심 등에서 비롯된 습관화된 행동양식으로 지각한다. 하지만 자신이 운전 중 끼어들기를 하는 경우는 어떠한가? 도로구조 설계상, 안전운전을 위해서, 원활한 교통흐름을 위해서 등의 이유를 들면서 자신의 끼어들기는 상황에 적합한 행동으로 지각한다. 이러한 관찰자 - 행위자 효과를 극복하는 것은 쉽지 않다. 조직행동에서는 역할극(role playing), 행동모델법(behavior modeling) 등을 통해서 행위자와 관찰자의 위치를 바꾸어 행동함으로써 관점의 변화에 따른 행동 수정 방법을 제시한다. **참고 3.2**와 **참고 3.3**은

참고 3.2 역할극

역할극(role playing)은 상사의 역할, 부하의 역할 등을 통해서 문제 상황에서 상대방에게 적절하게 대응하는 연극을 말한다. 이때 연극에 등장하는 자신과 상대방(다수일 수도 있음)의 현재 심리상태가 어떠하다는 것을 서술 형태로 제공해 준다. 그런 다음 자신이 나름대로 시나리오를 구성하여 연기를 하는 것이다.

예컨대, 남자들이 등장하는 미인선발대회를 개최하는 역할극을 생각해 보자. 이를 통해 남자 관리자들로 하여금 여성 사원들과 정신적으로 위치를 교환한다. 연극에 등장하는 남자들은 한 사람만 빼고는 모두가 가슴에 루저(loser)라는 표식을 달고 사무실에서 일하는 상황을 연기함으로써, 여성 사원들에 대해 다른 관점에서 이해를 얻을 수 있을 것이다. 이 과정을 녹화하여 피드백해 준다. 그리하여, 어떠한 방향으로 행동을 전개하는 것이 더 나을지를 다른 시각에서 이해할 수 있게 해 준다(Dennis 등, 1985).

역할극과 행동모델법을 설명하고 있다.

3) 동기와 욕구

동기와 욕구 또한 지각 선택에 영향을 준다. 예컨대, 음식에 대한 욕구가 충족되지 못한 문화에서는 음식 냄새, 음식에 대한 언급, 전시나 광고가 사람들의 지각 선택에 미치는 영향이 클 것이다. 많은 비용을 지불해야 하는 큰 빌딩의 옥탑광고는 어떤 사회적 혹은 경제적 측면의 대표적 동기나 욕구를 충족시켜 주는 주제나 상품을 담고 있는 경우가 많다. 사례연구에서 큰 구내식당을 한 번 둘러보고 난 후 앉아 있는 사람들을 기억해 내는 실험을 실시하였다. 이때 관리계층에 비해 귀속욕구가 상대적으로 강하게 작용하는 사원 지위의 사람들이 여럿이 함께 앉아 있는 식탁의 구성원들을 잘 기억해 냈다. 그에 비해 소수가 앉아 있는 식탁의 상황은 상대적으로 잘 기억하지 못하였다. 그 이유는 상대적으로 많은 사람이 앉아 있는 곳이 개인에게 귀속욕구의 충족과 더욱 많은 정보의 원천이 되기 때문으로 설명된다(Beyer 등, 1997).

참고 3.3 행동모델법

행동모델법(behavioral modeling)은 역할극과 유사하며, 더욱 광범위하게 활용되고 있다. 하지만 역할극과 달리 미리 정해진 내용에 따라야 한다는 점이 다르다. 행동모델법은 인지적 일관성에 근거한다. 교육훈련으로서 행동모델법에 참여하는 사람들에게 모범이 될 수 있는 모델행동을 제시해 주고, 똑같이 따라 하도록 요구한다. 물론 이러한 모범 행동이 회사를 위해, 개인적 목표를 위해 왜 정당화될 수 있는지에 대해 사전에 충분한 논의와 설명, 동의가 전제되어야 한다. 예컨대 불량품을 갖고 항의하러 온 고객을 대응할 때 모범이 되는 모델행동을 제시하고 그것을 그대로 따라 하도록 한다. 이때 등장하는 모델이 보여 주는 모든 행동, 태도, 언행을 순서대로 똑같이 따라 하도록 한다. 이 부분이 역할극과 다른 점이라고 할 수 있다(Kenneth 와 Hultman, 1986).

행동모델의 사례 : 고객불만(내부고객, 외부고객)

① 고객의 불만에 대해서 방어적 태도를 피하고 인사한다.
② 불평과 불만에 대해서 마음을 열고 경청한다.
③ 불평내용에 대해서 완전히 이해했다는 것을 보여 주기 위해 경청한 내용을 반복해 준다.
④ 불평하는 사람의 견해를 인정하고 이해한다.
⑤ 자신의 입장이나 회사의 정책을 방어적 자세를 취하지 않고 설명한다.
⑥ 그 자리에서 해결하지 못하는 경우, 결과 보고를 위한 구체적인 시간, 장소를 정한다.
⑦ 공손하게 인사한다.

그리하여 동영상을 녹화해 다시 보여 주면서 모델 행동과 차이점에 대한 행동 수정을 통해 긍정적 강화 효과를 얻게 된다. 일반적인 교육의 진행이 '지각 → 태도 → 행동'의 순서로 이루어지는 것에 비해, 행동모델법은 그 순서가 '행동 → 태도 → 지각'으로 진행된다. 앞서 지적하였듯이 이는 인지적 일관성 효과를 이용한 것으로서, 일반적인 교육 과정에 비해, 소요 시간이 짧고 효과가 즉각적이란 이점이 있다.

4) 성 격

같은 자극도 개인의 성격에 따라 전혀 다르게 받아들일 수 있다. 예컨대, 반쯤 물이 담긴 컵을 보았을 때 부정적 감정 성향의 사람은 물이 반밖에 없다고 불평할 것이나, 긍정적 감정 성향의 사람은 물이 반이나 담겨 있다고 감사할 것이다.

III 지각 조직화

앞에서 살펴본 지각 선택은 개인의 주의를 끌어서 선택적으로 지각하도록 하는 내적, 외적 요인에 초점을 둔 원리임에 비해, 지각 조직화는 자극(데이터)을 받아들인 후에 지각 과정에서 일어나는 현상에 초점을 두고 있다. 지각조직화에는 집단지각, 지각불변성, 지각방어가 있다.

1. 집단지각

집단지각은 형태심리학(gestalt psychology)의 주장을 이론적 근거로 하고 있다. 따라서 인간의 지각 과정은 하나의 현상, 즉 전체를 통해 이루어진다는 관점이다. 자극 – 반응 과정의 개별적 요소 간 관계를 통해 이해하지 않는다.

따라서 종류나 숫자에 있어서, 여러 가지 자극을 인지할 수 있는 하나의 집단적 형태로 받아들이는 것이다. 이러한 집단지각에는 지각폐쇄, 지각근접성, 지각유사성 등이 있다.

1) 지각폐쇄

지각폐쇄(closure)란 지각 과정에서 감각을 통해 받아들인 요소들 가운데 불충분한 부분을 메우려고 하는 경향을 의미한다. 예컨대, 특정 사안에 관한 의사결정 과정에서 어떤 방식이건 일단 의사결정이 이루어지고 난 후의 상황을 생각해 보자. 구성원들은 마치 만장일치가 있었던 것처럼 지각한다. 실제로는 소수의견, 반대의견이 있었음에도 불구하고, 만장일치라고 하는 존재하지 않는 완전한 통일체로 지각한다.

이처럼 조직행동에서 구성원들은 실제로 존재하지 않는 전체를 마치 있는 것처럼 지각하거나, 실존하는 여러 부분을 합치하더라도 이룩될 수 없는 전체를 마치 있는 것처럼 지각하는 지각폐쇄 현상이 빈번하게 발생한다.

조직행동 읽을거리

지각을 가두는 말, 정상적인 가족

"주변 어른들이 입양한 아이는 크면 배신하고 떠날 거라고 제 부모님께 말하는 걸 들은 적이 있어요. 그래서 어릴 때는 배신하지 않는다는 걸 입증하겠다는 마음을 먹기도 했고, 착한 딸이 돼야 한다고 다짐한 적도 있죠."

공개입양 1세대로 자신을 소개한 최순영(23) 씨. 부모님에 대한 비꼼은 물론 칭찬까지도 자신을 향한 압박으로 느꼈다고 회상했다. 반대로 그 긴장감이 풀렸던 결정적 순간도 또렷이 기억한다. 계단에서 넘어져 머리에 피가 난 자신을 둘러업은 엄마가 지체 없이 병원으로 뛴 그 시간이다. 소아마비 감염 후유증으로 평생 뛰어 보지 못한 엄마를 달리게 한 힘은, 딸인 최씨 자신이었다. (하략)

출처 : 진달래, "36.5℃: '내 편'을 만드는 수많은 방법", 한국일보. 2023.07.04.
https://www.hankookilbo.com/News/Read/A2023070308080005158

2) 지각근접성

지리적으로 가까운 여러 가지 자극에 대해서는 마치 하나의 형태를 이루는 것으로 지각한다. 예컨대, 작업 과정에서 물리적으로 가까이서 같이 일하는 작업자들을 하나의 집단으로 지각하게 된다. 따라서 같은 공정에 있는 작업자들을 동일시하게 함으로써, 생산량이나 품질에 문제가 발생할 때 구성원(집단) 모두에게 문제가 있는 것으로 지각한다.

참고 3.4 [지각폐쇄의 사례 1] 지각하기 쉬운 형태로 지각하는 간결성의 원리

케임브리지대학의 연구 결과에 따르면, 한 단어 안에서 글자가 어떤 순서로 배열되어 있는가 하는 것은 중하요지 않고, 첫 번째와 마지막 글자가 올바른 위치에 있것는이 중하요다고 한다. 나머지 글들자는 완전히 엉진창망의 순서로 되어 있지을라도 당신은 아무 문없제이 이것을 읽을 수 있다. 왜하나면 인간의 두뇌는 모든 글자를 하나하나 읽것는 것이 아니라 단어 하나를 전체로 인식하기 때문이다.

참고 3.5 [지각폐쇄의 사례 2] 부족한 부분은 메우는 파이 원리

단수가격

요구르트 6,670원, 우리밀라면 7,470원, 삼겹살 100g에 8,890원. 슈퍼마켓에 붙어 있는 가격표이다. 블라우스 59,800원, 청바지 44,600원, 반바지 28,800원. 백화점의 의류가격표 또한 만 원 단위에서 몇백 원 빠져 있는 것을 쉽게 발견한다. 어려운 경제상황에 손님을 생각해서 슈퍼마켓이나 백화점에서 고민해서 붙인 가격일까?

하지만 이는 세계의 모든 상인들이 가격 설정에 활용하고 있는 단수가격(odds pricing, 끝자리가격) 전략이다. 목적은 두 가지이다. 첫째, 가격표 끝자리를 보면 이것저것 세밀하게 계산하여 정한 가격이라는 인상을 줌으로써 끝자리들이 모두 0으로 끝나는 가격에 비해 신뢰를 준다(세상에 '정직한 상인'이라는 말이 있단 말인가?). 둘째, 시각적으로 정보를 받아들이는 순서에서 볼 때, 한 단계 낮은 가격에서 출발하기에 훨씬 저렴하다는 느낌을 갖게 한다. 99,000원과 10만 원의 실제 차이는 1,000원에 불과하지만, 첫 번째 숫자만 두고 보면 1만 원의 차이로 느껴지는 착각을 일으키기 때문이다(그래, 싸구나!). 특히 사람들은 무엇을 구매하기 전에 얼마 이상은 사지 않겠다는 스스로의 가격저항선을 두고 있는데, 일반적으로 1만 원($10), 5만 원($50), 10만 원($100)과 같은 단위로 정하는 경향이 있다. 유통업체로서는 이러한 가격저항선을 극복하는 효과적인 방법이다. 단수가격은 실제로는 존재하지 않는 '정직하다, 싸다'라는 완전한 통일체로 지각하기 위한 과정에서 차이(gap)를 채워 주는 기능을 한다.

참고 3.6 미국 연방정부의 적극적 고용개선법과 지각유사성

미국 연방정부는 1964년에 제정된 민권법과 그에 따른 시행령, 그리고 법원의 판례에 근거하여 연방정부의 보조금을 수령하는 모든 사업체와 교육기관에 대해서 흑인들을 위한 '적극적 고용개선법(affirmative action)'을 위한 구체적인 프로그램을 요구하고 있다. 이러한 법적 요구가 구체화된 것이 취업과 대학 입학에 있어서 흑인 쿼터제이다. 이후 소수민족, 장애인, 여성에 이르기까지 법률 적용의 대상이 확대되었다. 이들은 '소수(minority)'라는 측면에서 공통점을 갖는다. 하지만 사회경제적으로 차지하는 위치나 비중은 확연히 다르다. 하지만 단지 소수라고 하는 지각 유사성 때문에 취업과 진학에 혜택을 받게 된다. 따라서 이러한 법률 때문에 역차별을 받는 백인 남성들의 불만이 커질 수 있다.

3) 지각유사성

서로 다른 여러 가지 자극이지만, 주는 자극의 유사성이 클수록 하나의 동일한 자극으로 지각한다. 이는 지각근접성과 유사하지만 사회적 영향은 더욱 크다. 미국 정부의 경우 차별금지정책을 예로 들 수 있으며, **참고 3.6**은 이를 설명하고 있다.

2. 지각불변성

변화하는 환경에서 객체에 대한 크기, 색상, 명암, 질감 등에 대해 고정적 · 안정적으로 갖고 있는 지각을 의미한다. 앞서 논의한 테일러의 과학적 관리에서 공구의 표준화를 생각해 보자. 작업 시 어떤 크기와 종류의 재료, 어떤 형태의 공구를 택해서 작업을 해야 하는지 고민하지 않고 척척 집어 들 수 있는 것은 객체에 대해 갖고 있는 지각불변성 효과 때문이다. 그 반대의 경우로서 경찰관의 지각훈련을 들 수 있다. 경찰관들은 변화하는 환경 속에서 사물을 명확하게 구분하는 지각훈련 과정을 정기적으로 수행한다고 한다. 군중이 운집한 상황에서 용의자가 갖고 있는 것이 도검인지, 우산인지, 총인지, 지팡이인지를 분명히 지각함으로써 시민의 생명과 안전을 지키기 위함일 것이다.

3. 지각방어

개인적으로 혹은 문화적으로 수용할 수 없거나 위협적인 자극에 대해 방어하는 기제를 의미한다. 따라서 노사관계, 상사와 부하 관계 등에서 문제 발생 시, 타협과 해결책을 이끌어 내기 위한 각자의 역할을 이해하는 데 도움이 된다. 지각방어에 관한 논의는 정신분석학의 방어기제(defense mechanism)에 근거하고 있다. 방어기제는 다음과 같은 것이 있으며, 실제로는 서로 관련되어 있다.

- **억압(repression)** 원하지 않는 생각이나 욕구, 감정 등을 의식으로부터 끌어내 무의식 속으로 눌러 넣는 과정을 말한다. 그리하여 자신을 불안하게 한 어떤 상황이나 위협적 충동, 상상, 기억 등이 의식되는 것을 막아준다.
- **반동 형성(reaction formation)** 이것은 드러나기 꺼려지는 무의식적 충동에 대해서, 그와 반대되는 생각이나 감정, 욕구 등을 의식 속에 고정시켜서 그에 따라 행동하게 하는 것이다. 예를 들어, 자신보다 먼저 승진한 입사동기의 승진 축하 모임에서, 자신이 갖고 있는 상실감이나 시기심에 대한 죄책감 때문에 승진한 입사동기를 지나치게 추켜세우는 경우를 들 수 있다. 이를 통해 다른 사람들과 자신에게 좋은 사람이라는 인상을 남기려 한다.
- **투사(projection)** 자신이 갖고 있는 바람직하지 않은 감정을 다른 사람에게로 옮겨 그 감정이 마치 외부로부터 오는 것으로 지각하는 것을 말한다. 예를 들어, 어떤 사람에 대한 자신의 미운 감정 때문에 발생할 수 있는 불상사가 우려될 때, 오히려 그 사람이 적대적인 생각을 갖고 있다고 전가하는 것이다.
- **퇴행(regression)** 개인이 성숙, 발전하는 과정에서 큰 갈등이나 위험을 경험한 경우에 발생한다. 그리하여 그동안 이룩한 발달의 일부를 상실하고, 심리적 상태가 과거의 낮은 발달단계로 후퇴하는 것을 말한다.
- **승화(sublimation)** 본능적 욕구를 비본능적인 통로를 통해 변형시켜 분출하는 것을 의미한다. 특히 이러한 승화란 본능적 욕구 에너지인 리비도(libido)가 자아와 초자아에게 보다 용납될 수 있는 목표를 위해 전환되는 것을 의미한다. 따라서 승화는 본능적 욕구를 최초의 목표나 대상으로부터 보다 사회적 가치를 지닌 것으로 옮겨 놓음으로써 억압의 필요성(혹은 갈등)을 제거하게 된다. 이러한 설명은 프로이트가 비성적이며 비갈등적인 개념을 통해 인간의 수많은 행동, 즉 일과 노동, 예술적 창조, 유머 등의 사회적 가치를 지닌 것을 설명하기 위한 가설에서 비롯된 것이다.
- **합리화(rationalization)** 불합리한 상황이나 태도, 생각, 행동을 정당화하기 위해 자기 기만적 이유를 만들어 내는 것을 말한다.

정신분석학 관점에서는 앞서 살펴본 여러 가지 방어기제들을 신경증적 구조에 포함시키고 있으나, 자신을 보호하고 방어하는 행위 그 자체는 병적인 것으로 간주하지 않는다. 따라서 마찬가지로 지각방어는 정도의 차이는 있으나 모든 인간에 내재하고 있다. 사람들은 성격상 위협이 되는 말에 대해서는 지각하지 못하게 된다. 즉, 장애가 발생한다. 따라서 자신을 비판하거나, 격앙된 목소리로 부르거나, 자신을 부를 때 호칭상 불일치가 일어날 때는 그러한 자극에 대해서 잘 지각하지 못하는 경우가 발생하는 것이다.

지각방어에 관한 사례연구에서 기존의 지식, 즉 학습내용이나 경험, 사회적 통념 등과 일치하지 않는 어떤 사실에 직면하는 경우, 실제로 이론처럼 **참고 3.9**에서 설명한 것과 같은 지각방어기제가 발생하는 것을 발견하였다.

지각방어에 관한 여러 연구 결과와 시사점을 살펴보면 다음과 같다. 첫째, 감정을 해치는 정보와 자극은 중립적이거나 무해한 정보에 비해서 인지상 높은 식역을 갖는다. 다시 말해서 이를 잘 지각하지 못한다는 의미로서, 그것은 동일한 객체(상황, 사물, 사람, 주제)에 대해서 관련 당사자와 그렇지 않은 사람이 전혀 다르게 지각하는 이유가 된다. 실제로 어떤 위험에 대한 경고와 관련하여, 그 위험에 의해서 가장 큰 영향을 받는 사람이 가장 나중에 해당 신호를 이해하는 경우가 많다.

둘째, 혼란을 야기하는 정보나 자극은 대체적 지각을 발생시킨다. 이러한 대체적 지각은 대부분의 경우 왜곡되어 있으므로, 혼란 유발 요인을 사실대로 혹은 정확히 인식하는 것이 어렵다.

예컨대, 어떤 CEO는 근로자들이 현재 직장생활에 만족하고 행복하다는 정보를 갖고 있다

참고 3.7 승화 1

일반적으로 '승화'라는 의미는 두 가지 원천을 갖고 있다. 화학에서 순수한 형태의 원 물질을 만들기 위해 열을 가해서 고체를 증류시키고, 그것을 다시 식혀서 재응축시키는 과정을 의미한다. 문학에서 승화는 분노, 절망, 슬픔 등의 감정을 용서, 의지, 종교 등의 사회적 가치를 갖는 행위로 옮겨 가는 것을 뜻한다. 따라서 사회적으로 가치 있는 행동이란 최초의 낮은(천박한) 본능적 욕구에서 보다 순수하고 장엄한 것으로 변화한 것을 말한다. 프로이트는 처음에는 승화를 본능적 욕구의 변화 현상으로 인식했으나, 이를 자아의 기능, 즉 자아방어의 특별한 형태로 해석하였다.

참고 3.8 승화 2

신제품 발표회 때마다 등장하는 여성 모델들을 생각해 보자. 일면 외모를 내세워 사람들의 이목을 끌어 보자는 천박한 전략으로 생각할 수 있다. 하지만 실제로는 이들 모델이 진열대나 부스에 있는 것은 더욱 치열한 상업적 의미를 담고 있음을 알게 된다. 즉, 이들은 자신들이 아니라 오히려 제품의 기술적 특성이나 신제품을 통한 사업기회 등에만 집중하라고 그 자리에 있는 것이다. 즉, 유혹하는 사람들이 아니라 승화를 시키기 위해 등장한 존재들이다.

출처 : 알랭드 보통, 정영목 역, 일의 기쁨과 슬픔, 도서출판이레, 2009, pp. 338-339.

참고 3.9 지각방어에 관한 사례연구

대학생들에게 공장 근로자들이 '지적인 사람들'이라는 구체적인 특징과 사례를 들어 설명했을 때, 대학생들은 여러 가지 방어기제를 보였다. 왜냐하면 이들은 기존의 지식과 일치하지 않는 사실을 접하게 되었기 때문이다.

- **부정** 일부는 즉각적으로 부정하였는데, 즉각적인 부정을 보인 대학생들은 한결같이 말한다. '생산직 근로자들에게 지적인 점이 있을 수 없다'고 말한다.
- **수정 및 왜곡** 이것은 연구에서 가장 다수가 사용하는 지각방어 형태로 나타났다. 지각상 상충을 '지적'이라고 하는 것의 범주를 수정하고 왜곡함으로써 방어(회피)한다. 예컨대, '아는 것이 많을 수도 있지. 하지만 회사(사회)에서 성공하기 위해서는 그러한 얄팍한 지식보다는 진짜 지식이 필요하지.' 등의 형태로 나타났다.
- **지각상 변화** 설명을 듣고 실제로 지각상 변화를 일으켰다고 대답한 대학생들도 일부 있었다. 하지만 그러한 변화도 대부분 다음과 같이 미묘한 형태로 나타났다. 예컨대, '그래, 공장 근로자들도 재치는 있네요. 그런 농담을 하는 것을 보니.' 등의 형태였다.
- **지각상 상충에 대한 인정 그러나 지각상 불변** 표면적으로는 명백히 지각상 상충이 있음을 인정하는 경우이다. 그러나 다음과 같이 대답한다. '그래, 듣고 보니 공장 근로자들 가운데 똑똑한 사람들도 있을 수 있겠네. 하지만 그것은 내가 알고 있는 것과는 달라. 대부분의 공장 근로자들은 그렇지 않으니까.'의 형태로 귀결한다.

사례를 통해 보듯, 갖고 있던 지식과 서로 상충하거나, 위협적이거나, 수용할 수 없는 상황에 대해서 사람들은 회피할 수 있는 여러 가지 방법을 가지고 있으며, 또한 '학습한다'고 할 수 있다. 조직행동에서 구성원들은 특정 상황에서 맹점(blind spot)을 갖고 있다. 다시 말해 보지 못하는 부분이 있거나, 특정 사실이나 상황을 지속적으로 잘못 해석하는 경우가 발생한다는 것을 의미한다.

고 생각해 보자. 이를 통해 직원들을 지각하는 틀을 형성할 것이다. 즉, 근로자들은 모두 회사에 충성하고, 애사심을 갖고 있으며, 긍지와 자부심이 클 것이라고 생각한다.

하지만 실제로 직원들은 불만족할 수 있다. 그래서 어느 날 파업을 위한 단체행동에 돌입한다면, CEO에게 혼란이 발생하는 상황이 될 것이다. CEO는 만족하고 행복한 직원들 다수가 동참한다는 것을 제대로 인식하지 못한다. 왜냐하면 노조의 선동에 의해 참여하는 것이라 인식하기 때문이다. 이러한 대체적 지각은 왜곡된 것으로, 원인 규명을 어렵게 한다. 이 경우 혼란 유발은 비록 높은 급여와 후생 복지를 제공하고 있으나 실제로 회사의 과도한 업무량과 지나친 실적주의 상황 때문에 불안한 상태이다.

셋째, 따라서 조직행동에서는 지각방어기제를 이해하고, 경우에 따라서는 이를 기꺼이 포기할 수 있는 노력이 필요하다.

IV 사회적 지각

사회적 지각은 실제로 타인을 어떻게 지각하느냐 하는 것으로, 조직행동에서 중요한 의미를 갖는다. 앞의 지각 조직화가 지각한 내용의 양적 변화에 해당한다면, 사회적 지각은 지각 내용의 해석과 관련되어 있다. 사회적 지각은 지각 내용의 질적 변화라고 할 수 있다.

1. 귀 인

귀인(attribution)은 타인의 행동 관찰을 통해 그 원인을 찾고 이를 바탕으로 그 사람을 평가하는 것을 말한다. 따라서 귀인 과정을 통해 행동을 이해하거나 행동에 영향을 주는 요인을 이끌어낼 수 있다. 이러한 귀인에는 두 가지 종류가 있다.

- **기질적 귀인(내적 귀인)** 이는 내부적 요인인 성격, 동기, 능력 등에서 타인의 행동에 대한 원인을 이해한다.

- **상황적귀인(외적 귀인)** 외부적 요인인 도구, 장비, 사회적 영향, 상황 등에서 타인의 행동에 대한 원인을 찾는다.

귀인이론은 조직행동에서 작업동기부여, 업적평가, 리더십 행동에 중요한 영향을 미친다. 예컨대, 생산성(성과) 향상이 직원의 노력과 능력에 귀인한다고 지각하는 경우와 새로운 공정과 기술 도입, 설비 확충 때문이라고 귀인하는 경우에 후속 조치나 노력의 방향은 확연히 다를 것이다. 따라서 귀인오류에 의한 문제가 발생할 여지가 상존한다.

조직행동에서 귀인이론이 갖는 의미는, 유사하거나 동일한 행동이라고 할지라도 같은 원인으로 지각하지 않는다는 것이다. 즉, 어떤 행동에 대해 판단하는 것은 행위 당시에 처한 상황이 어떠한지에 따라 달리 지각함을 뜻한다.

1) 기본 귀인오류

기본 귀인오류(fundamental attribution error)는 가장 빈번한 귀인효과 혹은 귀인오류이다. 이는 타인의 행동에 대해 귀인하는 경우, 그 사람의 기질적 특성이나 성격을 통해 설명하고 이해하려는 경향을 의미한다. 즉, 타인의 행동에 대해 추론하는 경우에 그렇게 행동할 수밖에 없는 상황이라고 생각하기보다 원래 그런 사람이라고 생각하는 것이다. 지각 선택의 내부적 요인인 관찰자 - 행위자 효과와 관련되어 있다.

2) 공변이론

켈리(H. Kelly)는 기본 귀인오류의 개념을 확장하여 더욱 포괄적인 귀인모델을 제시하였다(Kelley와 Michela, 1986). 켈리의 공변모델(covariance model)에 의하면 사람들은 특정 행위를 여러 번 관찰한 후, 그 행동과 함께 변화하는 요인들을 고려하여 외적 귀인을 할지, 내적 귀인을 할지를 판단한다는 것이다. 이때 관찰 과정에서 일관성, 합일성, 특이성의 세 가지 차원에 대한 정보를 얻는다.

① 일관성

일관성(consistency)은 행위자가 시간의 변화와 무관하게 특정 상황에서 항상 동일한 행동을 하는 경향을 뜻한다. 예컨대, 출퇴근 시 항상 같은 시간에 기다렸다가 버스를 타고 출퇴근을 한다면 일관성이 높다고 할 수 있다. 그에 비해 출퇴근 시 버스 타는 시간이 일정치 않다면 일관성이 낮다고 하겠다. 일반적으로 일관성이 높은 정보는 내적 귀인(예컨대, 그 시간에 같이 타는 여학생을 좋아한다), 일관성이 낮은 정보는 외적 귀인을 한다.

② 합일성

합일성(consensus)이란 특정 행동이 많은 사람들에게 동일하게 나타나는 것을 의미한다. 앞에서 설명한 일관성이 시간과 관련된 개념이라면, 합일성은 사람에 관련된 것이다. 예컨대, 많은 사람들이 출퇴근 시간에 같은 위치에서 기다렸다가 특정 칸의 차량에 탑승한다면 합일성이 높다고 할 수 있다. 그에 비해 그렇게 하는 사람이 적다면 합일성은 낮다. 연구결과에 의하면 합일성이 높으면 외적 귀인(예컨대, 전철을 갈아탈 때 이동거리가 가장 짧은 위치)을, 합일성이 낮으면 내적 귀인을 하였다.

③ 특이성

특이성(distinctiveness)은 특정 행위가 기존의 행위와 다른 정도를 의미한다. 앞서 설명한 출퇴근 시간에 같은 위치에서 기다렸다가 전철을 타는 행동이 버스를 탄다거나, 승강기를 탈 때, 식당에서 식사를 할 때도 똑같이 발생한다면 특이성이 높다고 할 수 있다. 반면 유독 전철을 탈 때만 그렇게 한다면 특이성이 낮다고 할 수 있다. 특이성이 높으면 내적 귀인(예컨대, 참 독특한 사람이다. 혹시 강박증이 아닐까?)을, 특이성이 낮으면 외적 귀인을 하였다.

2. 고정관념

고정관념(stereotype)이란 타인을 그가 속한 계층이나 범주에 넣고 지각하는 경향을 의미한다. 이러한 고정관념은 지각대상(객체)에 대해 우호적이냐 혹은 비우호적이냐를 단정할 수는 없다. 특히 고정관념은 인간의 편견을 분석하기 위해 연구하기도 한다.

고정관념을 갖게 하는 집단은 관리자, 상사, 노조 간부(노조원), 외국인 노동자, 남성, 여성, 사무직, 생산직, 전문가집단 등 매우 다양하다. 이러한 범주에 속한 사람들이 갖는 특성이 어떠한지에 대해 어느 정도 공통점을 발견할 수 있다. 하지만 일반적으로 수용되는 그러한 특성과 실제 개인의 특성은 다른 경우가 더 많을 것이다.

고정관념에 대한 연구 결과, 개인차가 크다는 것을 발견하였다. 또한 특정 집단이 공통적, 포괄적으로 특정 객체에 대해 고정관념을 갖고 있음도 밝혀졌다.

평가와 관련한 임상실험에서 관리자 집단이 특정인에 대한 태도(정직성, 성실성, 근면성) 평가에서 그 사람이 중간 관리자라고 알려 주었을 때 신뢰도 점수는 74점이었다. 이후 평가대상이 관리자가 아니라 노조 간부로 정정되었을 때 같은 집단이 실시한 태도 평가 점수는 50점으로 내려갔다(Cain과 Little, 2008).

3. 후광효과

후광효과(halo effect)는 한 개인이 갖고 있는 특성에 근거하여 그 사람을 지각하는 것을 의미한다. 즉, 한 가지 혹은 몇 가지 특성을 통해 그 사람 전체를 지각함으로써 발생하는 지각오류이다.

후광효과는 업적평가 시에 흔히 발생한다. 특히 종합평가나 정성평가에서 어떤 일반적 특성에 해당하는 지적 능력, 외모, 호감도, 친절한 행동 등에 근거하여 그 사람의 전체를 판단하거나 평가점수를 부여함으로써 오류가 발생한다.

실제 여러 연구에서 후광효과가 인사고과에서 평가의 신뢰도를 떨어뜨리는 문제점으로 나타났다. 후광효과를 일으키는 상황요인으로 밝혀진 것은 다음과 같다.

① 지각되는 특성이 행동양식으로 잘 표출되지 않을 때(예컨대, 호감이 간다, 아는 것이 많다 등)

② 평가자, 즉 지각하는 사람이 대상의 그러한 특성을 자주 접하지 못할 때. 따라서 어쩌다

마주친 특성은 더욱 강하게 인식된다.

③ 특성이 윤리적, 도덕적 측면과 관련되어 있을 때(예컨대, 교통법규를 잘 지킨다, 이성관계가 복잡하다 등)

같은 맥락에서 역후광효과(reverse halo effect)를 생각해 볼 수 있다. 즉, 하나의 좋지 못한 특성이나 태도가 전체 태도 혹은 평가를 거꾸로 망치게 되는 경우가 조직행동에서 발생하는 것을 말한다.

문제는 후광효과의 의미와 조직행동의 결과, 상황에 관한 많은 연구가 있음에도 그것을 완전히 제거하는 것이 어렵다는 점이다. 따라서 후광효과나 고정관념 같은 사회적 지각상 오류를 줄이기 위한 노력이 필요하다.

4. 자성적 예언

그리스 신화에 등장하는 키프로스의 왕이자 뛰어난 조각가 피그말리온은 자기가 이상형으로 여기는 여인상을 상아로 조각하여 이를 사랑하게 되었다. 여신 아프로디테가 간절한 바람에 부응하여 조각상에 생명을 불어 넣어 주었다는 데서 자성적 예언(self - fulfilling prophecy, labeling theory, rosenthal effect)이 유래한다. 따라서 특정 개인이나 집단에 대한 기대가 그 사람의 행동 결과로 나타나는 현상을 자성적 예언 혹은 피그말리온 효과(pygmalion effect)라고 한다.

자성적 예언의 모델은 다음과 같다. 상사가 부하에 대해 높은 기대를 갖고, 보다 좋은 리더십을 발휘하게 된다. 그에 따라 부하들은 여러 가지 자극(기대, 칭찬, 관심)을 받음으로써 스스로에 대해 기대를 갖게 되며, 이것이 강화작용을 하게 된다. 그리하여 보다 높은 동기유발로 이어짐으로써 좋은 성과를 얻게 된다. 상사는 그 결과에 대해 또다시 더욱 높은 기대를 가짐으로써 이같은 선순환관계는 지속된다.

이때 상사가 갖고 있던 기대가 부하의 행위로 표출되어, 상사와 부하는 공히 자성적 예언의 효과를 얻는다.

그림 3.4 자성적 예언 모델

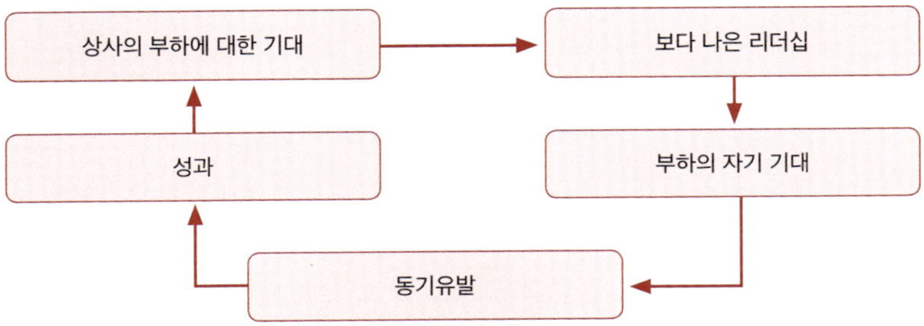

출처 : Eden, D.(1984), "Self - fulfilling prophesy as a management tool: Harnessing Pygmalion," *Academy of Management Review*, vol. 8, no. 2, 1984, p. 70.

자성적 예언과 관련한 다음과 같은 사례연구가 있다. 105명의 해병대 사관후보생 훈련캠프에서 15주의 훈련이 예정되어 있었다. 105명의 후보생들이 도착하기 4일 전에 4명의 훈련 담당교관에게 다음과 같은 정보를 주었다. 35명씩 세 그룹으로 나뉜 후보생들 가운데 A그룹은 초급 장교로서 자질이 뛰어난 학생들로 이루어진 그룹이며, B그룹은 자질 측면에서 그저 그런 학생들이고, C그룹은 자질이 떨어지는 사람들로 이루어진 그룹이라는 것이다. 하지만 실제로 세 그룹은 무작위로 나뉘었으며, 세 그룹 모두 여러 방면에서 비슷한 능력과 자질을 갖춘 사람들이었다. 15주 동안의 훈련기간 중 A그룹에 대한 평가는 사격, 유격훈련, 정훈시험, 지휘관으로서 리더십과 태도 등 모든 측면에서 다른 두 집단에 비해 월등히 높았다. 평가는 훈련캠프에 참여한 전체 교관에 의해 이루어졌다. A그룹에 속한 훈련생들은 교관으로부터 받은 여러 가지 자극, 즉 기대와 칭찬, 기회와 관심에 대한 강화작용의 효과를실제로 보여주었던 것이다.

참고 3.10 칭찬의 역효과

우리나라의 초중고생 학부모들은 자녀들에게 똑똑하다고 칭찬하는 것을 중요하게 생각한다. 부모로서 당연히 지적 능력에 대한 칭찬은 필요하지만, 문제는 지나치면 해가 될 수 있다. 왜냐하면 오히려 자녀의 발전 가능성을 가로막는 걸림돌이 되고, 좌절감이라는 부메랑이 되어 돌아올 수 있기 때문이다. 따라서 '열심히 노력했으니 훌륭하다'라고 하는 노력에 대한 칭찬을 하는 것이 좋다.

스탠퍼드대학의 드웩 교수가 뉴욕시 초등학생과 중학생을 대상으로 실시한 종단연구는 이를 보여 주는 사례이다. 퍼즐 맞추기 게임을 실시한 후, 한 집단에게는 '정말 똑똑하구나'라고 칭찬하고, 다른 집단에게는 '정말 열심히 노력했구나'라고 칭찬하였다. 같은 평가를 반복해서 시행하면서, 이후 3년 동안 이 두 집단 학생들의 학습능력과 태도를 추적하여 비교 분석하였다. 그 결과 다음과 같은 사실을 발견하게 되었다.

똑똑하다는 지적 능력에 대한 '과도한 칭찬'을 받은 학생들의 가장 큰 관심은 현상유지이다. 따라서 그들이 보여 주는 특징은 다음과 같았다.

① 상대적으로 노력의 중요성에 대해서는 간과한다. 왜냐하면 중요한 것은 결과라고 생각하기 때문이다.
② 더 어려운 문제를 해결하는 것에는 소극적이다. 따라서 도전과 실패를 감수하려 하지 않았다. 왜냐하면 실패는 똑똑하지 않다는 것의 증거가 되기 때문이다.

그리하여 시간이 지날수록 학습능력이 떨어지게 되고, 실제로 시험 때 부정행위를 했거나 혹은 시도하려는 경험을 했다는 비율도 비교집단에 비해 상대적으로 높았다.

그에 비해 '노력에 대한 칭찬'은 전혀 다른 결과로 나타났다.

① 더 어려운 문제에 대한 도전을 두려워하지 않았다. 과정의 중요성을 인식하며, 이것이 학습을 증대시키기 때문이다. 그리하여 학업성적에 직접적인 영향을 주었다.
② 연구에서 처음에는 두 집단에게 매우 어려운 시험을 보도록 한 후, 다음에는 평이한 문제를 풀게 하는 2단계 실험을 진행하였다. 그 결과 똑똑하다는 칭찬을 받은 그룹의 성적은 평이한 문제풀이에서 오히려 20% 하락하였다. 그에 비해 노력에 대한 칭찬을 받은 그룹의 성적은 30%가 향상되었다. 한 번의 실수가 자신의 지적 능력이 부족하기 때문이라고 인식하지 않기 때문이다. 오히려 노력파라는 칭찬은 이들 학생에게 실패를 다루는 방법과 전략을 스스로 학습하게 해 주었다.

칭찬과 관련한 이러한 연구 결과는 고정모델과 성장모델의 구분으로 귀결된다. 즉, '너는 똑똑하다'는 칭찬은 지적 능력이 고정되어 있다는 자기예언적 효과를 준다. 그에 비해 '노력에 대한 칭찬'은 지적 능력이 성장할 수 있다는 의미를 강조한다. 부모의 입장에서는 당연히 성장모델이론의 효과에 주목해야 할 것이다. 따라서 성장모델을 수용한다면, 칭찬은 적절한 수준에서 하고 사람의 머리는 노력할수록 발달한다는 믿음과 확신을 갖도록 해야 한다. 이러한 연구 결과는 조직행동에서도 동료 간, 상사와 부하직원 간 관계에서 중요한 의미를 제공한다.

출처 : Mangels, J. A., B. Butterfield, J. Lamb, C. Good, and C. Dewek, "Why do beliefs about intelligence influence learning success?" *Social Cognitive and Affectives Neuroscience*, Vol. 1, 2006, pp. 75-86.

4장

의사결정

Ⅰ 합리적 의사결정

Ⅱ 제한된 합리성

Ⅲ 직관적 의사결정 모델

Ⅳ 휴리스틱 의사결정

Ⅴ 창의적 의사결정

Ⅵ 윤리적 의사결정

의사결정의 개념

조직행동에서 모든 개인은 둘 이상의 대안 가운데 바람직한 대안을 선택하는 의사결정을 한다. 계획은 대표적인 의사결정이다. 이러한 계획에는 하루 일과를 결정하는 것부터 기업의 사업 전략까지 다양하고 광범위하다. 따라서 의사결정의 방법과 과정에 대한 논의의 중요성이 크다.

어떻게 의사결정을 하는가, 즉 최종 의사결정 내용이 무엇인가는 지각과 태도에 기초를 두고 이루어진다. 따라서 의사결정은 '문제', 즉 자극에 대한 반응인 지각 과정을 거친다. 현재 상태와 바람직한 상태의 차이(gap)는 어떻게 행동하는 것이 좋은지를 탐색하도록 한다. 그러나 모든 문제가 처음부터 잘 정돈된 상태로 존재하는 것은 아니기 때문에, 문제의 존재 여부 인식에서부터 개인차가 존재한다.

한편 문제 인식이 이루어진 경우, 의사결정을 하기 위해서는 문제에 대한 정보가 필요하다. 또한 모든 문제는 획득한 정보에 대한 해석과 평가를 필요로 한다. 따라서 다양한 원천을 통해 정보를 수집하고, 걸러 내고, 선택하고, 해석하는 지각 과정을 통해 이루어진다.

논의를 위해 다음의 상황을 생각해 보자.

상황 1 나는 이번 학기에 졸업을 앞두고 있으며, 높은 학점 평균과 외국어 시험 점수를 갖추고 있다. 그런데 세 군데 회사로부터 같은 시간에 면접을 보러 오라는 연락을 받았다. 회사를 선택하기 위해 어떻게 해야 할 것인가?

상황 2 나는 증권회사의 대표이사이다. 인수합병을 통해 큰 규모의 다른 회사를 인수하게 되었다. 지점 통합에 따라 지점장 인원을 줄이게 되었다. 어떤 사람을 통합 지점의 장으로 결정할 것인가?

상황 3 나는 새로 설립된 전기차 회사의 사장이다. 초기 생산을 위해 모든 차종을 라인업할 수 있을 만큼 자원이 충분하지 않다. SUV, 중형 승용차, 픽업트럭 가운데 어떤 것을 먼저 생산해야 할 것인가?

앞의 세 가지 상황은 문제라고 하는 자극에 대해 설명하고 있다. 따라서 의사결정을 위해서는 문제가 포함하고 있는 정보, 즉 주요 요소들에 대한 판단이 필요하다. 판단을 위해서는 기준이 필요하며, 의사결정과 관련하여 다음과 같은 것이 있다.

I 합리적 의사결정

이론적으로 최선의 의사결정은 주어진 제약조건하에서 일관성 있게 가치를 극대화하는 의사결정일 것이다. 일반적으로 합리적 의사결정은 다음의 6단계로 구성된다(Harrison, 1999).

1. 합리적 의사결정 모델

① 문제를 정의한다

앞의 세 가지 상황은 문제에 대한 정의가 잘 기술되어 있다고 할 수 있다. 즉, 문제를 잘 정의하였다. 하지만 현실에서는 문제를 올바르게 인식하지 않은 채 해결하려 함으로써 엉뚱한 결과를 초래하기도 한다. 따라서 의사결정이 제대로 이루어지지 못하는 가장 큰 이유가 문제를 간과하거나 제대로 정의하지 못하기 때문이며, 이는 특히 지각 선택화와 관련이 있다.

② 의사결정기준을 수립한다

의사결정의 적절성을 판단할 수 있는 기준은 무엇이 되어야 하는지를 결정한다. 기준에 의사결정자의 이해관계, 가치관, 개인적 선호가 반영된다. 따라서 의사결정을 통해 달성해야 할 목표가 여러 가지가 될 수 있다. 앞의 자동차회사의 경우 시장, 환경, 성능, 가격, 디자인, 회사의 자부심과 이미지 등 의사결정과 관련이 있는 합리적인 기준을 모두 파악한다.

③ 수립된 의사결정기준에 가중치를 부여한다

이를 통해 의사결정에서 우선순위를 부여할 수 있다. 이때 개인별로 기준의 상대적 중요성이 다를 수 있다. 하지만 합리적인 사람이라면 기준별 상대적인 가치(중요성)를 잘 알 것이다. 가치는 금액, 점수 혹은 타당성 있는 어떠한 평점체계도 가능하다.

④ 문제해결을 위한 대안을 도출하는 단계이다

이 단계에서는 문제를 해결할 수 있는 여러 개의 대안을 찾아낸다. 이때 대안 평가는 하지 않으며, 가능한 한 여러 대안을 이끌어 내는 과정이다. 그런데 대안 도출 단계에 충분한 시간과 노력을 기울이지 않는 경우가 많다. 그리하여 효과적인 의사결정의 저해 요소로 작용하게 된다. 대안 도출을 중단하는 시점은 대안 탐색비용이 탐색을 통해 얻는 추가 정보의 가치를 넘어서는 때다.

⑤ 각 대안에 대해 기준에 따른 순위를 부여한다

도출된 대안을 비판적으로 분석하고 평가하는 단계이다. ②, ③단계를 통해 가중치가 부여된 평가 항목별로 대안의 장단점을 비교한다. 그리하여 각 대안이 목표를 얼마만큼 충족하는지를 평가하게 된다. 이러한 평가를 위해서는 미래에 발생할 사건에 대해 예측할 수 있어야 하므로, 이 단계가 가장 어렵다고 할 수 있다.

⑥ 최적대안을 선택한다

각 대안에 대해서 평가기준 달성도와 가중치를 곱한 값을 근거로 하여 가장 높은 점수의 대안을 선택한다.

2. 합리적 의사결정 모델의 전제

합리적 의사결정 모델은 의사결정자가 앞에 제시한 6단계를 완벽하게 수행하는 것을 의미한다. 그러한 6단계 수행을 가능하게 하는 전제 조건은 다음과 같다.

① **문제의 명확성** 문제가 분명하고, 모호하지 않아야 한다. 또한 의사결정을 내려야 하는 상황에 관해 완전한 정보를 갖고 있다.

② **선택대안에 대한 완전한 지식** 의사결정에 반영해야 하는 모든 기준을 확인할 수 있고, 모든 대안을 발견할 수 있다. 또한 대안의 실행을 통해 나타나는 결과에 대해서도 완벽하게 알고 있다.

③ **명확한 우선순위** 의사결정의 기준은 중요도에 따라 정확하게 가치를 부여할 수 있고, 그에 따라 명백히 대안의 순위를 결정할 수 있다.

④ **선호의 불변성** 특정 의사결정 기준은 변하지 않으며, 각 기준의 중요성 또한 시간이 경과해도 일정하다.

⑤ **시간과 비용의 무제한성** 대안 탐색이나 평가를 위해 소요되는 시간이나 비용의 제약이 없기 때문에, 합리적 의사결정자는 의사결정 기준과 대안에 관해 완전한 정보를 확보할 수 있다.

⑥ **최대의 가치 추구** 합리적 의사결정자는 가장 큰 가치를 가져다 주는 대안을 선택할 것이다.

II 제한된 합리성

현실적으로 완전한 합리성 모델이 제시하는 수준으로 문제를 개념화하고 해결하기엔 인간의 정보처리능력이 부족하다. 이처럼 인간의 인지능력이 제한되어 있다는 현실을 제한된 합리성(bounded rationality)이라고 한다(Simon, 1986).

개인은 제한된 합리성 아래서 의사결정을 할 수밖에 없기 때문에, 모든 복잡한 요인들을 다루려는 생각을 포기하고 문제의 핵심적 요소만 이끌어 내어 문제를 단순화한다. 즉, 인간은 어느 정도 제한 속에서 합리적으로 행동한다. 이에 관해서 다음과 같이 설명할 수 있다.

사람들은 복잡한 문제에 직면했을 때 쉽게 이해할 수 있는 수준으로 문제 상황을 단순화한다. 왜냐하면 인간의 정보처리능력, 즉 역량, 시간 자원 등은 제한되어 있기 때문에 최적의 의사결정을 위해 필요한 모든 정보를 취득하고 이해하는 것은 현실적으로 불가능하다. 따라서 충분하다고 생각하는 수준에서 만족할 만한 해결책을 선택하는 '적정의 원리'를 따르게 된다.

실제로 우리 주위에서 일상적으로 이루어지는 의사결정 과정을 생각해 보자. 제한된 합리성에 근거하고 있는가? 더 나아가서 중요한 의사결정도 마찬가지이다. 앞서 논의를 위해 제시된 세 가지 상황을 생각해 보자. 즉 대학입시, 주거지 선택, 배우자 선택의 경우도 여기에 해당된다고 하겠다.

사이먼은 이를 만족인 모델(satisficing model)로 이름 붙였는데, 합리적 모델이 추구하는 경제인 모델(economic man model)의 상대적 개념이라고 할 수 있다.

1. 제한된 합리성 모델

만족인 모델이 추구하는 제한된 합리성 모델은 다음과 같이 설명할 수 있다.

① 문제를 인식하면 기준과 대안에 대한 탐색이 시작된다

그러나 모든 기준과 대안을 나열하지 않는다. 의사결정을 위해 중요하다고 생각되는 몇 가지만 찾아낸다. 이때 기준은 쉽게 발견할 수 있고 자명한 것일 경우가 많다. 대부분이 이미 경험을 통해 확인된 익숙한 기준이다.

② 대안의 집합을 심의한다

즉, 모든 대안을 심의하지는 않는다는 것을 의미한다. 현실적으로 효과가 있을 것으로 기대되는 몇 가지를 택하여 차이점을 비교하는 방법을 사용한다. 따라서 익숙한 방식에 따라 대안을 심의하고 평가하며, 충분하다고 판단되는 대안을 선택하게 된다.

③ 첫 대안이 설정해둔 평가기준을 통과하면 탐색은 종료된다

따라서 최종 해결책은 최적대안이 아닐 수도 있으며, 그 결과가 받아들일 만한 수준이면 만족할 만한 대안이 된다.

2. 제한된 합리성의 특징

제한된 합리성 모델의 특징을 요약하면 다음과 같다.

① 대안을 검토하는 순서가 대안의 선택에 영향을 준다. 일반적으로 사람들은 분명하고 친숙한 대안부터 검토하기 시작한다. 따라서 현재 상태에 가장 근접한 대안부터 검토가 이루어지고, 먼저 검토되는 대안이 선택될 가능성이 커진다.

② 특별하고 창의적인 대안이 있어서, 실제로 문제 해결을 위해 보다 적합한 것이라고 가정해 보자. 그런데, 이러한 대안의 적합성을 평가하기 위해서는 많은 정보 탐색 노력이 요구되므로 현실 상황에서는 선택되지 않을 가능성이 크다(경우에 따라서는 이 과정에서 정보의 왜곡이 발생할 수도 있다).

③ 제한된 합리성 모델은 현실적이며 보다 일상적으로 이루어지는 의사결정 방법이므로, 명칭과 달리 의사결정에서 합리성의 개념을 더욱 폭넓게 정의했다는 의미를 갖는다.

3. 제한된 합리성의 개념 확대

제한된 합리성은 의사결정 연구에서 여러 관련 주장을 통합할 수 있는 개념으로 인정받고 있다. 또한 여러 연구를 통해 더욱 정교화되고 이론적으로 심화되었다(Kahneman, 2003).

한편 최근 연구에서 인간의 의사결정이 합리적이지 못한 이유를 다음과 같은 제한된 합리성 개념으로 설명할 수 있다.

첫째, 인간의 의지력이 제한적이기 때문이다. 따라서 미래에 발생할 일보다 현재를 더욱 중요하게 생각한다. 예컨대 현재의 동기와 장기적 이해가 서로 갈등을 일으키는 경우를 생각해 보라. 그 결과 은퇴 후를 대비한 저축보다는 현재의 소비를 택하게 된다. 둘째, 사람들의 이기심이 제한적이란 점이다. 즉, 경제학에서 가정하는 냉정하고 이기적인 경제행위자라는 가정과 달리, 사람들은 타인에게 돌아갈 결과에도 관심을 기울인다(**참고 4.1** 참조).

이러한 제한된 합리성 연구의 개념 확대는 의사결정에서 제한된 합리성의 일상적인 가치

참고 4.1 제한된 합리성의 사례

다음과 같은 실험을 대학생들을 대상으로 실시하였다. 100달러 지폐를 주면서 두 사람에게 다음의 두 가지 규칙에 따라 금액을 어떻게 나누어 가질지 합의하면, 그 돈을 가질 수 있다고 하였다. 첫 번째 규칙은 한 사람이 그 돈을 둘이서 어떻게 나눌지 결정하는 것이다. 두 번째는 그렇게 결정한 대로 동의하면 돈을 나누어 갖는다. 하지만 결정을 거부하는 경우에는 두 사람 모두 돈을 갖지 못한다. 실험에서 돈을 50달러씩 서로 나눠 갖자는 결정에서, 금액의 차이가 커질수록 결정을 거부하는 경우가 늘어남을 발견하였다.

이는 분명 최대한 부를 축적하고 싶어 한다는 인간의 욕구와 거리가 먼 행위이며, 경제적 합리성 개념에서도 벗어난다. 따라서 이를 통해 사람들은 비록 돈을 받지 못할지라도 불공정한 분배를 거부하며, 상대가 부당하게 큰 이득을 보는 것을 원치 않는다는 것을 알 수 있다.

출처 : D. Kahneman, "Maps of Bounded Rationality: Psychology for Behavioral Economics," *The American EconomicReview*, vol. 93, no. 5, 2003, pp. 1449-1475.

를 강조하게 되었다. 그리하여 제한된 합리성의 중요성은 사이먼을 포함하여 여러 학자들에 의해 이후 휴리스틱 의사결정으로 발전하고, 의사결정을 위한 또 다른 모델로 자리잡게 된다 (제한된 합리성과 관련성이 큰 의사결정 쓰레기통 모델에 관해서는 제2장 p. 99 참조).

III 직관적 의사결정 모델

직관적 의사결정은 축적된 경험에서 비롯되는 무의식적 과정이라고 할 수 있다. 예컨대, 체스의 고수들은 수많은 게임을 통해 축적된 경험 덕택에 게임의 진행 정도에 따라 대국 상황을 지각할 수 있게 된다. 실제로 이러한 지각 능력은 혼자서 수십 대의 컴퓨터와 대국을 하면서 몇 초 안에 다음 수를 두어야 하는 게임 상황에서도, 일대일 대국에서 집중할 때와 별 차이 없는 수준에서 게임을 진행한다고 한다. 이는 오랜 기간 동안 이루어진 학습과 경험의 내용이 상황과 결합하여 신속한 의사결정을 가능하게 해 주기 때문이다. 따라서 직관적인 의사결정은 제한된 정보를 갖고도 신속하게 의사결정을 내릴 수 있다고 할 수 있다. 그러나 이러한 직관적 의사결정이 합리적 분석을 배제한다는 의미는 아니다. 오히려 이 두 가지 요소는 상호 보완적이라고 할 수 있는데, 직관은 의사결정에 활용할 수 있는 매우 중요한 개인의 능력이기 때문이다.

산업화 시대에는 기업 의사결정을 위해 직관을 활용하는 것을 비합리적이며 비효과적이라고 인식하였다. 그러나 오늘날은 다르다. 실제로 전문가들뿐만 아니라 우리 일상에서도 의사결정의 합리적 분석이 지나치게 강조되었음을 인식하게 된 것이다. 경우에 따라서는 직관에 의존하는 것이 기업의 성공뿐 아니라 개인의 성공을 위한 의사결정의 수준을 제고한다는 것을 인정하게 되었다(Bunker와 Miller, 1999).

여러 연구를 통해 직관적 의사결정이 필요한 상황으로 다음과 같은 경우를 제시하고 있다(Dane와 Pratt, 2007; Brown, 2007).

① 불확실성의 수준이 매우 높을 때. 따라서 참고할 수 있는 이전 경험이나 사례가 없는 경우이다.
② 사실 관련 정보에 대한 접근이 제한되어 관련 요인에 대한 과학적 분석이나 예측이 어려울 때
③ 타당한 논거를 가진 다수의 대안이 존재하는 경우처럼 사실을 통해서도 분명하게 판단할 수 없을 경우에 역설적으로 직관적 의사결정이 필요하다.
④ 분석 자료가 무용할 때
⑤ 제한된 시간에 올바른 의사결정의 압력이 클 때

지금까지 살펴본 합리적 의사결정과 제한된 합리성, 직관적 의사결정을 통해 다음과 같은 공통점을 알 수 있다. 즉, 의사결정은 판단의 근거가 되는 대안에 관한 정보에 따라 이루어지며, 사람들은 가능한 한 합리적으로 결정하려고 노력한다는 것이다. 따라서 그러한 측면에서 세 가지 의사결정 모델은 다음과 같은 특징을 갖는다.

- 합리적 의사결정 모델은 정보획득을 위한 시간과 비용이 무제한이라면, 사람들은 합리적 근거를 바탕으로 의사결정을 한다.
- 제한된 합리성 모델에서는 시간과 비용이 어느 정도 소요되기 때문에 최적화가 아닌 만

족화 수준의 의사결정을 한다.

- 정보획득을 위한 시간과 비용이 너무 크기 때문에 합리적 대안을 발견하기 위한 상황이 아닌 경우에는 유사한 경험, 무의식적 판단인 직관에 의한 의사결정을 한다.

IV 휴리스틱 의사결정

이는 앞서 논의한 직관적 의사결정을 이론적으로 정교화한 것이라 할 수 있다. 휴리스틱(heuristic)은 그리스어 '발견하다(find)'가 어원이다. 따라서 불확실하고 복잡한 상황에서 직관적 판단, 경험과 상식에 근거한 추론, 구멍구구식 셈법 등을 사용하여 신속하게 문제 해결을 하는 편의적이고 발견적인 의사결정 방법을 의미한다.

참고 4.2에서 서술하고 있는 선발 방법은 합리적 의사결정이라는 측면에서 보면 문제가 있다. 5개 대학원 출신으로 대상을 제한하기로 한 휴리스틱은 대안 탐색에서 불완전성이 크기 때문이다. 즉, 최고의 적임자라도 10개 대학원 출신이 아닌 경우에는 후보에 오르지 못하게 된다. 하지만 이러한 휴리스틱에는 몇 가지 유리한 점이 있다. 최고의 인재가 배제될 수도 있겠지만, 몇 개 대학원에만 집중함으로써 예상되는 시간과 비용상 절약 효과가 제한적 탐색으로 인한 손실을 보상할 수 있기 때문이다. 또한 이러한 휴리스틱은 최소한 가장 나쁜 결정보다는 나은 결정을 제공할 가능성이 크다. 왜냐하면 휴리스틱을 사용한 의사결정은 가장 옳을 수도 있고, 부분적으로 옳을 수 있는 가능성이 상존하기 때문이다(Shah와 Oppenheimer, 2008).

이처럼 휴리스틱 의사결정은 경영자들에게 복잡한 문제를 다루는 데 사용할 수 있는 편리

참고 4.2

나는 국회의원 보궐선거에 출마하기로 결정하였다. 전문경영인으로서 성공한 사람이지만, 자신의 정치적 견해를 설득력 있는 연설문으로 작성하는 일에는 익숙하지 않다. 그래서 대학원에서 정치학을 전공한 사람을 한 사람 선발하여 연설문 작성 업무를 맡기기로 하였다. 이를 위해 10개 대학원 출신 정치학 전공자로 제한하여 적임자를 선발하기로 하였다.

한 수단이 된다. 하지만 휴리스틱을 사용할 때 발생하는 문제도 효과 못지 않게 크다. 근본적인 이유는 사람들은 자신이 휴리스틱을 사용하고 있음을 일반적으로 지각하지 못하기 때문이다. 그리하여 부적절한 상황에서 휴리스틱을 이용하고, 또한 잘못된 방법을 사용한다면 의사결정에 문제가 발생한다.

따라서 휴리스틱의 효용성 못지않게 휴리스틱의 잠재적인 역기능에 대한 이해가 필요하다. 그리하여 어떤 상황에서는 휴리스틱을 사용해서 의사결정을 할 수 있고, 반대로 휴리스틱을 사용하지 않는 것이 유리한 상황은 어떠한 것인지를 알 수 있다. 휴리스틱에 대한 논의를 위해 이러한 두 가지 측면, 즉 휴리스틱의 효과와 잠재적 역기능을 함께 고려하면서 논의를 전개해 본다.

1. 가용성 휴리스틱

휴리스틱의 가장 큰 특징은 이용 가능성(availability), 즉 가용성이다. 가용성 휴리스틱에는 다음과 같은 것이 있다.

1) 회상의 용이성에 의한 휴리스틱

사람들은 어떤 사건의 발생원인과 발생빈도를 평가함에 있어서 그 사건의 가용성, 즉 얼마나 쉽게 기억할 수 있는지가 판단의 근거가 된다(Tverskey와 Kahneman, 1982). 따라서 정서적으로 익숙한 것은 낯선 것보다 잘 기억할 수 있다. 왜냐하면 익숙한 것은 연상하기 쉽고, 구체적인 상황과 함께 남아 있어 회상하기 쉽기 때문이다.

표 4.1에 등장하는 기업명을 한 번 읽어 보고, 그 가운데 한국 기업이 더 많은지, 외국 기업이 더 많은지를 답해 보라. 만약 외국 기업이 더 많다고 대답한다면 휴리스틱에서 가용성을 사용하는 절대다수의 사람들에 속한다. 실제로는 한국 기업이 더 많다(또한 총자산규모도 한국 기업이 훨씬 더 크다). 대부분의 외국 기업은 영문으로 회사명과 로고를 사용하기 때문에 우리는 그것에 익숙하다. **표 4.1**에서 영어 이니셜을 사용해 기업명으로 하는 한국 기업이 있

표 4.1 회상의 용이성 실험을 위한 기업명

NH하나로마트	하나은행	뱅크 오브 아메리카
인텔	SK telecom	TESLA
삼성전자	마이크로소프트	Home Depot
GS	Walmant	신세계
KIA	POSCO DX	HSBC
LG CNS	KT	Google
BP	HYUNDAI	하이닉스

음에도, 지각폐쇄효과를 통해 외국 기업으로 인식하게 된다.

이러한 회상의 용이성 휴리스틱에는 생동감 있는 정보가 그렇지 못한 정보에 비해 의사결정에 주는 영향이 크다. 자극적인 정보는 기억에 남기 때문이다. 실제로 부품 부서의 구매 의사결정에서 외국 업체 가운데 하나를 선정해야 하는 경우가 있었다. 이름이 익숙한 회사의 제품을 선택하였는데, 나중에 발견한 사실은 그 회사가 아프리카 현지 공장에서 독극물 유출 문제로 지탄을 받았던 것 때문에 기억 속에 있어서 이름이 익숙했던 것이다.

인사고과에서 최근의 성과를 그 이전의 성과보다 더욱 두드러진 것으로 평가하는 경우라든가 긍정적이건 부정적이건 생동감 있는 행동에 대해서는 쉽게 기억으로 떠오르며, 발생빈도 또한 높은 것으로 지각하여 평가하게 된다.

또한 사람들이 재해보험에 가입할 가능성은 자연재해를 경험하기 전보다 경험한 직후가 훨씬 높은 것으로 나타났다. 미국 중부에서 자주 발생하는 토네이도의 위력을 경험한 사람들에게는 이러한 의사결정 행위에 대한 설명이 가능하다. 자신이 직접 경험했거나 주위 경험을 통해 토네이도를 겪었다는 생생한 기억은, 토네이도로 인해 또 다른 피해를 입을 가능성이 크다는 것을 인식하게 해 주기 때문이다. 하지만 미국 서부에서 지진이 일어난 후 재해보험의 가입 비율이 높아지는 것은 설명하지 못한다. 왜냐하면 한 번 지진이 일어난 후 같은 지역에서 지진이 발생할 가능성은 훨씬 낮기 때문이다. 그럼에도 불구하고 사람들의 보험 가입률 증가는 생동감 있는 정보에 의한 휴리스틱 때문일 것이다(Hardman과 Harries, 2002).

마찬가지로 시간급(고정급) 근로자의 경우, 급여 지급일을 전후로 2~3일이 가장 생산성이 높다(Staw, 1976). 이 또한 생동감 있는 정보(자극)에 의한 휴리스틱 때문이라고 할 수 있다. 이후 근속연수가 길어짐에 따라 그러한 특징이 줄어들게 되는데, 급여를 노력에 대한 보상으로 지각하던 것에서, 시간이 지남에 따라 당연히 받게 되는 권리로 인식하는 경향이 커지기 때문이다.

2) 사후판단 용이성에 의한 휴리스틱

초기 정보에 지나치게 고착됨으로써, 기억구조상 사실로 인식됨에 따라 이를 통해 예측한 가치를 의사결정 시 과대평가하는 것을 말한다. 따라서, 이후에 들어오는 정보에 따라 적절하게 의사결정하는 것을 방해한다. 그리하여, 처음에 접한 정보에 지나치게 의존하게 되고, 아이디어나 가격, 가치에 대한 첫인상은 이후에 들어오는 정보에 비해 더 크게 작용한다. 예컨대, 주유소는 반드시 서로 인접하여 자리하고 있음을 알 수 있다. 경우에 따라서 사거리에 모두 주유소가 들어서 있는 경우도 있다. 또한 먹자골목에 들어서면 서로 원조라는 간판을 내걸고 모여 있으며, 백화점의 고급 여성복 코너는 같은 층에 모여 있음을 생각해 보라. 그 이유는 손님들이 제품별로 혹은 상점별로 위치를 익히고, 그렇게 익힌 바에 따라 가격과 가치(경쟁, 품질, 맛, 신용 등)를 부여하기 때문이다. 따라서 손님들이 많이 찾아오도록 하려면, 상인들은 자신의 가게와 제품을 손님들이 쉽게 연상할 수 있는 곳에 위치시킬 필요가 있다. 그리하여 손님들은 가게가 모여 있는 그곳을 한 번이라도 방문(혹은 지나치는)하는 경우에는 이들 가게가 전달하고자 하는 가치를 마치 사실인 것처럼 인식하여 판단하는 효과를 얻는다.

2. 대표성 휴리스틱

사람들은 어떤 객체에 대해 판단할 때 이미 갖고 있는 고정관념이나 준거의 틀에 비추어 일치하는 특성을 그 대상에서 찾으려고 한다. 예컨대, 생물학자들은 새로 발견한 나비나 꽃이 어느 종에 속하는지 판단할 때 이러한 방법을 사용한다. 따라서 그 나비와 꽃은 주요 특성이 가장 유사한 종에 속하도록 분류한다. 신입사원을 선발할 때도 마찬가지다. 인터뷰하는 직원의 특징을 대표할 수 있는 집단의 성과가 그 직원의 선발에 결정요인으로 작용할 수 있다.

1) 기저율을 무시한 휴리스틱

기저율(base rate)이란 판단이나 의사결정에 필요한 사건의 상대적 빈도를 의미한다. 흔히 이러한 기저율을 무시하고 의사결정을 하기 때문에 잘못된 결과를 초래하는 경우가 많다. 퇴직 후 특별한 기술 없이 창업을 하는 경우 성공할 가능성은 매우 낮다. 그럼에도 불구하고 성공에 대한 기대와 각오는 지나치게 높은 데 비해 실패할 기저율을 고려하는 것은 꺼린다. 특히 실패의 기저율이 자신의 경우에는 해당하지 않을 것이라고 생각한다. 하지만 기저율을 무시한 의사결정 때문에 실패하는 사람이 많다.

2) 평균회귀 휴리스틱

평균회귀는 통계의 기본원리임에도 사람들은 이에 반하는 의사결정을 흔히 하게 된다. 이 또한 대표성 휴리스틱 작용 때문인데, 사람들은 과거의 결과를 통해서 미래를 예측할 수 있다고 생각한다. 그래서 승진의 의사결정을 위해서 이전 직무의 우수한 성과를 중요한 지표로 활용하고, 우수한 성과를 기대한다. 또한 전년도의 높은 매출액과 올해의 매출액 간에는 상관관계가 있다고 기대하고 굳게 믿기도 한다.

참고 4.3

카너먼과 트버스키의 연구에서 칭찬의 힘은 과소평가하고 처벌의 힘은 과대평가한 사례를 발견하였다. 이스라엘 공군의 비행훈련 교관들은 생도들이 부드럽게 착륙을 잘해서 칭찬해 주면 그다음 착륙은 좀 거칠어지고, 거칠게 착륙하여 야단을 치면 그다음 착륙에서는 잘한다고 생각한다. 그리하여 칭찬은 학습에 방해가 되고, 야단치는 것(처벌)이 학습에 도움이 된다고 주장하였다. 하지만 교관들이 내린 결과는 평균회귀 효과 때문일 것이다. 다시 말해서 칭찬이나 처벌은 실제로 비행기 착륙에 아무런 영향이 없다. 따라서 이들은 학습에 있어서 긍정적 강화보다 처벌에 의한 순응의 효과를 잘못 활용할 가능성이 크다.

출처 : 대니얼카너먼, 이진원 역, 생각에 관한 생각, 김영사, 2013, pp. 249-251.

3) 도박꾼의 오류 휴리스틱

노름판에서 연이어 열 번이나 돈을 잃은 사람이 이번에는 좋은 패가 들어올 것이라고 믿는 것이나, 아들을 넷 낳은 사람이 다섯 번째에는 딸을 출산할 가능성이 높다고 하는 것은 모두 우연에 대한 오해를 논리로 가정하여 의사결정한 것이라고 하겠다. 실제로 열한 번째에 좋은 패가 들어올 확률은 앞에 벌어졌던 열 번의 확률과 아무런 관련이 없으며, 다섯 번째에 딸을 낳을 확률은 이전에 아들을 낳은 사실과 아무런 관련이 없다. 그럼에도 불구하고 사람들은 무작위적 사건과 작위적 사건이 균형을 이룬다고 잘못 생각하는 경향이 있다. 즉 우연히 일어나는 사건에 대해서 필연을 기대하는 의사결정을 하는 것이다.

3. 확인 휴리스틱

1) 확인함정 휴리스틱

사람들은 자신의 믿음과 일치하는 정보를 접하게 되면 마음을 열고 기쁘게 이를 받아들인다. 따라서 의심해야 할 피치 못할 이유가 있지 않은 한 그러한 정보는 무비판적으로 수용한다. 그에 비해, 우리의 현재 믿음에 대해 도전하는 정보에 대해서는 무시하려는 경향이 있다. 이처럼 증거를 편향적으로 찾고 해석하는 확인함정 휴리스틱 현상은 정치적 견해에 따라 확연히 나타난다.

이러한 확인함정 휴리스틱 의사결정은 일상에서 흔히 발생한다(Schultz-Harlt 등, 2001). 어떤 사람을 선발하기로 한 경우, 어떤 대학원을 진학하려 할 때, 어떤 모델의 자동차를 구입하려 할 때 우리는 잠정적으로 결정해 두고, 최종 결정을 하기 전에 확신에 필요한 더 많은 정보를 찾으려고 노력하기 때문이다. 하지만 이 과정에서 부정적 정보를 수집하려는 노력이 더해진다면 최종 결정을 위한 보다 나은 통찰을 얻을 수 있을 것이다. 예컨대, 선발 과정에서 참고하는 추천서나 자기 소개서에는 긍정적인 정보만 포함되어 있을 것이다. 하지만 그 사람의 페이스북이나 인스타그램에 한 번 들어가 보라. 여러 가지 부정적이지만 중요한 정보를 얻을 수 있는 원천이 될 수 있다.

2) 기준점 효과 휴리스틱

기준점(anchoring) 효과는 불확실한 상황에서 어떤 기준점을 정하고, 그런 다음 단계별 조정을 통해 최종적인 의사결정을 하는 것이다. 이러한 휴리스틱은 배의 닻과 마찬가지로 닻에 연결된 줄의 길이 한도에서 움직이는 배와 같은 효과를 갖는다. 즉, 조정단계를 통해 이루어지는 최종 의사결정이 처음 설정한 기준치에 얽매여 충분한 조정을 할 수 없게 되는 결과로 나타난다.

이러한 기준점 효과는 앞서 사회적 지각에서 논의하였던 자성적 예언이나 피그말리온 효과에서 발견할 수 있다. 초등학교에서부터 교사들은 학생들을 능력에 따라 분류하는 경향이 있다. 그리하여 하위 집단에 속하는 학생들에게는 거의 기대를 하지 않으며, 상위 집단에 대해서는 높은 기대를 하는 경향이 있다. 이러한 기대는 실제로 학업성취도에 영향을 주었다. 이러한 관찰실험은 학생들을 여러 수준의 집단에 무작위로 분산시켜서 실시한 연구로서, 교사들은 학생들을 소속 집단에 따라 달리 평가함을 발견할 수 있었다(Natanovich와 Eden, 2008).

V　창의적 의사결정

합리적 의사결정에 더하여 새롭고 유용한 아이디어를 창출할 수 있는 창의성이 더해지는 경우, 의사결정의 질은 더욱 향상될 것이다.

1. 창의성의 선행요인

모든 사람은 의사결정을 해야 할 때 활용하게 되는 창의력을 갖고 있다. 하지만 실제로 창의력을 표출하기 위해서는 심리적 관습을 탈피하여 다양한 방식으로 사고하는 방법의 학습이 필요하다.

연구결과로 밝혀진 것으로 다음과 같은 것이있다.

① Big 5 성격 요인 가운데 '새로운 것에 대한 개방성' 수준이 높은 사람들이 더욱 창의적인 경향을 나타낸다고 한다.

② 지능과 창의성은 상관관계가 있다. 따라서 학교와 가정에서 지능개발을 위해 교육하는 것은 창의성을 높일 수 있는 결과로 이어질 수 있다.

③ 개인의 태도 가운데 독립성, 자신감, 위험감수, 내적 통제위치, 실패했을 때 좌절하지 않는 능력, 모호성을 견디는 능력 등은 창의성과 관련이 있다.

2. 창의적 의사결정 모델

창의성을 제고하기 위한 연구 결과를 통해 다음과 같은 창의적 의사결정 모델을 이끌어 낼 수 있다. 여기에는 다음의 세 가지 요소, 즉 전문성, 독특한 사고기술, 과업에 대한 내적 열정을 포함하고 있으며, 이들 요소가 심화될수록 창의성 및 창의적 의사결정 수준도 높아진다 (Amabile과 Kramer, 2011).

① 전문성

이는 모든 창의적 활동의 기초이다. 혁신에서 중심이 되는 사람은 기존의 패러다임과 무관한 사람들이 아니다. 즉, 기존의 패러다임에서 전문가로서 자신의 경력을 쌓아 온 사람들이다. 가장 혁신적인 기업의 창시자, 혹은 CEO들을 보라. 그들은 그 분야에서 전문성을 쌓았으며, 그러한 전문성을 바탕으로 혁신적인 제품, 기술, 아이디어, 그리고 경영혁신을 이룩했다.

따라서 대학 생활에서 각자 자신의 전공 분야에서 전문지식을 쌓아 가는 것이 창의성을 발휘하기 위한 전제가 되는 것이다. 잠재적 창의력 수준은 필요한 지식, 숙련, 능력에 따라 높아진다고 할 수 있다.

② 독특한 사고방식

독특한 사고방식의 범주에는 성격특성을 비롯하여 은유적 사고능력, 사물을 다른 시각에서 볼 수 있는 능력이 포함된다. 은유적 사고능력은 은유를 효과적으로 사용함으로써 어떤 아이디어를 다른 상황에 적용할 때 유용하다.

또한 창의성을 위해서는 사물을 색다른 시각으로 바라보도록 하는 훈련이 필요하다. 이를 통해 혁신적인 아이디어와 제품개발이 이루어지는 경우가 많다. 창의적 제품개발의 주역인 3M이 바로 그러하다. 3M은 연마제 재료인 강옥을 채광하기 위해 세운 회사였다. 그런데 많은 투자에도 채굴에 실패하자, 이를 포기하고 연마제인 사포(샌드페이퍼) 제조에 매진하게 된다. 그리고 이후 사포와 무관해 보이지만, 종이를 다른 용도로 사용한다는 측면에서 무관하지 않은 마스킹테이프로 사업영역을 확대하였다. 이후 스카치테이프를 발명하였다. 이처럼 3M의 제품혁신 과정을 살펴보면 관련 사업 영역에서 사물을 다른 시각에서 활용할 수 있는 방법을 사용하고 있음을 알 수 있다. 3M이 이룬 창의성의 절정은 포스트잇인데, '붙였지만 떨어지는 스카치테이프'인 포스트잇은 창의적 제품의 백미라고 할 수 있다.

③ 과업에 대한 내적 열정

이는 구체적으로 일에 흥미를 갖고, 참여적이며, 만족해하고, 도전적인 업무를 수행하려는 의지가 결합된 것이다. 따라서 이러한 요소들이 과업에 대한 내적 열정으로 발현됨으로써 창의성이 제고된다. 실제로 이러한 열정이 현장에서 창의적인 아이디어로 표출된 사례를 많이 발견할 수 있다. 일본에서 가장 일하고 싶어 하는 중소기업인 미라이공업은 구성원들의 내적 열정이 독창적인 제품 개발로 이어져 일본 제일의 중소기업이 된 회사이다.

한편, 내적 열정의 수준은 업무환경에 의해 영향을 받는다. 창의적인 사람은 자신의 업무에 깊이 몰입한다. 개인의 창의성을 촉진시키는 조직환경은 다음과 같다.

- 아이디어의 확산을 장려하는 문화
- 아이디어에 대한 공정하고 건설적인 평가
- 창의적 과업에 대한 인정과 보상
- 아이디어의 현실화에 필요한 충분한 물질적, 정보상 지원
- 작업 방법에 대한 자율권
- 효과적인 의사소통 능력을 갖춘 상사
- 신뢰하고 지원적인 작업집단

참고 4.4 **미라이공업의 채용정보**

취업 희망자 여러분에게 보내는 메시지

당사는 사원의 열정 키우기를 경영의 기본으로 삼고 있습니다. 하루의 대부분을 보내는 회사에서, 하나에서 열까지 규칙 등에 얽매여 꼼짝하지 못하면 사원들은 그런 회사를 위해 노력하고자 하는 마음이 생길 리가 없습니다. 그렇기 때문에 당사는 제거할 수 있는 제약은 가능한 한 제거하려고 생각하고 있습니다. 구체적으로 생산직에서도 복장을 자유롭게 했습니다.

하루의 근로시간은 7시간 15분, 연간 휴일 일수는 약 140일로, 일본에서는 휴일이 많기로 손꼽히는 회사입니다.

사실 개인의 능력은 천차만별입니다. 개개인의 능력에 차이가 있는 것은 어쩔 수 없는 일이지만, 당사는 각자가 갖고 있는 능력을 100% 발휘하여 모두가 힘을 합쳐 가는 것이 중요하다고 생각합니다.

사원은 긍정적 사고를 하는 것이 중요하다고 생각합니다.

아무 경험도 없는데 '혹시……?' 하고 걱정만 하는 부정적 사고는 절대 사양합니다. 먼저 실행하고, 그 후 만일 문제가 발생하면 그때 개선하는 사고방식이 회사 발전의 기본을 이룹니다.

당사는 무엇보다도 사원의 열정과 자주성을 존중합니다.

- 총무부장 마츠하라 마사미

출처 : 야마다아키오, 김현희 역, 야마다 사장, 샐러리맨의 천국을 만들다, 21세기북스, 2007, p. 17.

참고 4.5 미라이공업의 창의적 경영

1. 정년 : 70세(71세 생일 전날까지)
2. 근로시간 : 일일 7시간 15분(4시 45분 퇴근, 연간 노동시간 1,640시간)
3. 정규직 종신고용 : 직원 모두
4. 잔업, 휴일근무, 정리해고 : 없음
5. 휴가 : 연간 140일 + 개인 휴가
6. 육아휴직 : 3년(자녀가 3명이면 9년)
7. 여행 : 5년마다 전 직원 해외여행, 1년마다 국내여행(경비는 회사 부담)
8. 월급 : 동종업계보다 10% 높음
9. 제안제도 : 제안 1건당 무조건 5천 원(연간 9,000여 건)
10. 업무 : 자신의 할당 업무량은 스스로 결정
11. 보고, 상담, 연락 의무 : 없음(현장 직원이 직접 결정)
12. 작업복 : 생산직까지 자유 복장, 작업복 지급 대신 연 10만 원의 의복비 제공
13. 승진 : 철저한 연공서열(근속연수, 나이 순서로 자동 승진)
14. 본사에 보고하지 않고 지점 개설
15. 도매상 : 2차 도매상(3,000여 곳)과 직접 거래. 대규모 1차 도매상과 거래하지 않음

출처 : 야마다아키오, 김현희 역, 야마다 사장, 샐러리맨의 천국을 만들다, 21세기북스, 2007, p. 44-46.

VI 윤리적 의사결정

오늘날 의사결정에서 윤리에 관한 논의를 강조한다. 조직 내 개인이 윤 리적 의사결정을 할 때 사용하는 기본적인 틀로서는 공리주의적 기준, 기본권 관점, 정의적 관점이 있다. 역설적으로 들릴 수도 있지만, 윤리적 의사결정을 위한 기준이 여럿 있다는 것은 **제한된 윤리성**(bounded ethicality)에 관한 논의로 연결된다. 제한된 윤리성이란 자신이 선호하는 윤리적 기준과 다르게, 즉 윤리적으로 문제가 된다고 생각하는 행동에 가담하도록 하는 체계화된 심리 과정을 의미한다. 즉 의사결정에 있어서 다른 사람에게도 해롭고, 자신의 신념이나 선호와 또한 모순되는 결정을 내릴 때 이러한 제한된 윤리성이 작용한다. 그리하여 스스로도 비난할 행위에 가담하더라도 스스로를 보호해 줄 인지논리를 개발한다. 따라서 세 가지 윤리적 의사결

정기준 가운데 하나에 근거하여 행동함으로써 발생하는 개인적 손실(예컨대, 생산성 저하, 인권침해, 공정성 저하)에 비해, 그것에 따라 행동하지 않음으로 인해 발생하는 사회적 손실에 대해서는 책임감을 덜 느끼는 비합리적 선택, 즉 부작위 편향(omission bias)이 발생하게 된다.

① 공리주의적 기준

공리주의적 기준에 따르면 바람직한 의사결정은 그 결과와 산출물을 근거로 이루어진다. 공리주의에 의하면 어떤 행위는 행복을 증진시키는 경향을 가질 때 옳은 행위이고 반대의 경우는 그른 행위라는 것이다. 여기서 말하는 행복이란 행위자의 행위가 아니라, 행위의 영향을 받는 모든 사람의 행복이다.

따라서 공리주의의 목적이 최대 다수의 최대 행복이라는 점을 생각하면, 공리주의적 기준은 오늘날 대부분의 기업 의사결정을 지배하는 기준이라고 할 수 있다. 현대 기업이 추구하는 결과(산출물)인 효율성, 생산성, 이윤 등의 목표에 부합하는 윤리적 의사결정 기준이다.

② 기본권 관점

이것은 의사결정 시 개인의 자유와 인권을 존중해야 한다는 관점이다. 따라서 어떤 행동에 대해서 그 결과와 무관하게 옳은가, 아닌가를 판단하는 기준이 된다. 다시 말해서, 행위자의 동기를 바탕으로 행위의 옳고 그름을 판단한다. 따라서 의사결정 시 개인의 기본권, 예컨대 사생활 보호, 의사표현의 자유, 이의 제기권 등이 존중되고 보호되어야 한다. 이러한 기준에서 보다 조직의 비윤리적 행동이나 불법적인 관행을 언론이나 당국에 알리는 내부고발 행위는 의사표현의 자유라는 기본권 관점에서 정당화되고 보호되어야 한다.

③ 정의적 관점

이는 의사결정 시 규정과 절차를 공정하게 적용함으로써 비용과 혜택이 공평하게 분배되도록 하자는 공정성에 기반하고 있다. 전통적으로 노조는 정의적 관점을 선호한다. 예컨대, 성과의 차이가 존재할지라도 동일 직무에 대해서는 동일 임금이 지급되어야 하며, 객관적 기준이 될 수 있는 근속연수를 정리해고 시 중요한 결정요인으로 삼는 것이 정의롭고 공정하다고 인식한다.

이러한 세 가지 기준은 각각 장단점을 갖고 있다. 공리주의적 기준은 효율성과 생산성에 초점을 둔 것이기 때문에, 그 과정에서 개인의 기본권, 특히 조직 내 소수의 권리가 간과될 수 있다.

기본권을 강조하는 관점은 민주주의나 사생활보호 등의 가치에 부합되지만, 지나치게 규범적인 조직과 회사를 지향하게 되어 생산성과 효율성이 저해될 수 있다.

정의적 관점은 자신의 이익을 대변할 기회를 갖지 못하는 힘없는 사람들의 이익을 보호할 수 있다. 하지만 보상을 반대급부가 아니라 당연한 혜택으로 인식함으로써 동기부여, 혁신과 창의성, 생산성, 위험감수 등을 저해할 수 있다.

5장

학습과 태도

Ⅰ 학습

Ⅱ 태도

I 학습

학습의 개념

학습(learning)이란 경험의 결과를 통해 연속적인 행동 변화를 이끌어 내는 과정 이다. 따라서 학습은 조직행동의 다른 주제와 마찬가지로 하나의 중요한 개념이다. 학습이 개념화될 수 있는 근거는 학습에 의해 행동이 변화되기 때문인데, 학습상황에 들어가기 이전에 작동하던 행동과 학습 후에 나타난 행동을 비교함으로써 학습에 대한 추론이 가능하다.

조직행동에서 학습에 의한 변화는 성과 향상을 목적으로 하고 있다.

조직행동에서 학습의 중요성

모든 유기체는 생존에 필요한 여러 가지 본능적인 기제(mechanism)를 타고난다. 특히 인간은 동물에 비해 반사능력이나 감각 등과 같은 선천적 기제가 부족하고 제한적이다. 따라서 복잡한 환경 속에서 선천적인 행동을 수정해 가면서 새로운 반응을 획득해야 하는 학습의 필요성이 요구되었다. 즉, 학습할 수 있어야 생존할 수 있었기에 학습은 생존과 밀접한 관련이 있었다.

이러한 현상은 개인이 조직에 귀속하면서도 같은 과정으로 나타나게 된다. 즉, 조직의 내부요소 간 관계는 어떠하며, 외부환경과 어떻게 상호작용하고, 자신의 행위가 내부적 관계와 환경에서 어떠한 영향을 주고 받는지를 학습해야 한다.

그리하여 조직 내의 개인은 이러한 학습을 통해 미래를 예측할 수 있게 되며, 상황에 따라 스스로의 행동을 수정함으로써 환경에 더욱 적절하게 대응할 수 있게 된다.

학습이론

어떤 과정을 통해 학습이 이루어지는지를 설명하는 학습이론은 행동주의 심리학과 인지심리학적 접근으로 나누어 볼 수 있다.

1. 행동주의 심리학

행동주의 심리학은 자극과 반응 사이를 매개하는 내적 상태, 즉 심리적 상태를 무시하지 않는다. 하지만 인간에 관한 연구가 과학적으로 이루어지기 위해서는 관찰 가능한 외적 행동만을 엄격한 연구 대상으로 해야 한다는 주장을 하였다.

1) 자극-반응 행동주의

왓슨(J. Watson)은 파블로프의 연구를 이어서 발전시켰다. 따라서 정신적 과정보다는 관찰 가능한 행동에 초점을 맞춘 자극 - 반응 관계를 중요시하였다. 인간의 행동은 경험에 의해 형성된 자극에 대한 반응체계에 따른다는 전제에서 출발하였다. 어떤 행동을 학습하기 위해서는 그 사람의 자극 - 반응 체계를 이해한 뒤, 목표 반응(행동)을 유발할 수 있는 적절한 자극을 제공하면 가능하다는 것이다. 이를 통해 자극 일반화의 개념을 이끌어 낼 수 있다(Watson, 1930).

2) 효과의 법칙

효과의 법칙(law of effect)은 만족스러운 결과가 따르게 되는 행동은 반복되고, 불만족스러운 결과가 나타나는 행동은 반복되지 않는다는 것이다. 따라서 자극 - 반응 행동주의와 같은 맥락을 가지며, 결과에 대한 행동의 통제를 강조한다는 측면에서 강화이론이라고 한다(Thorndike, 1932).

3) 작동적 조건화

스키너(B. Skinner)는 자극 - 반응 행동주의와 강화이론을 결합하여 이론적으로 심화하였다(Skinner, 1957). 행동은 결과의 함수이며 행동에는 반사적 행동과 작동적 행동(operant behavior)이 있다고 주장한다. 반사적 행동은 자극에 대해 반사적으로 취하는 인간의 행동이다.

그에 비해 작동적 행동은 인간의 자발적 의지에 의한 행동으로, 원하는 결과를 얻기 위해 의식적으로 행하는 행동이다. 따라서 구성원과 조직이 원하는 결과를 얻기 위해서는 상황에 대처하면서 학습을 통해 강화되는 행동을 이끌어내는 것이 필요하다.

이러한 작동적 행동이 곧 조직행동이 추구하는 행동의 변화와 관련된 것이다. 이에 대해서는 강화이론에 근거한 행동 변화에서 상세히 설명하겠다.

2. 인지심리학

인지심리학의 중요한 주제인 사회적 학습(social learning)은 행동주의 심리학과 다른 차원에서 인간 행동을 설명하고 예측한다. 사회적 학습이란 환경과 인간의 인지가 상호작용을 통해 행동을 결정한다는 이론이다.

앞서 작동적 조건화에서는 단순히 환경의 자극과 행위의 결과에 의해서 행동이 결정(학습, 강화)된다고 주장한 데 비해, 사회적 학습이론은 인간의 인지적 과정과 정신적 과정이 환경에 대한 반응 형태를 결정한다는 것이다. 따라서 사회적 학습은 개인의 인지, 행동, 환경 간 상호 교류에 의해서 이루어지는 과정을 거치게 된다. 사회적 학습이 이루어지는 과정은 다음과 같다.

① 학습대상을 관찰하고 주의를 기울이는 단계
② 관찰한 행동을 기억해 내는 단계
③ 기억으로부터 재생하여 자신의 행동으로 옮기는 단계
④ 행동의 결과에 따라 행동이 강화되거나 중지되는 단계

3. 학습의 분류

지금까지 살펴본 학습이론에 근거할 때, 다음과 같이 학습을 크게 세 종류로 나누어 볼 수 있다.

그림 5.1 적응적 학습 모델

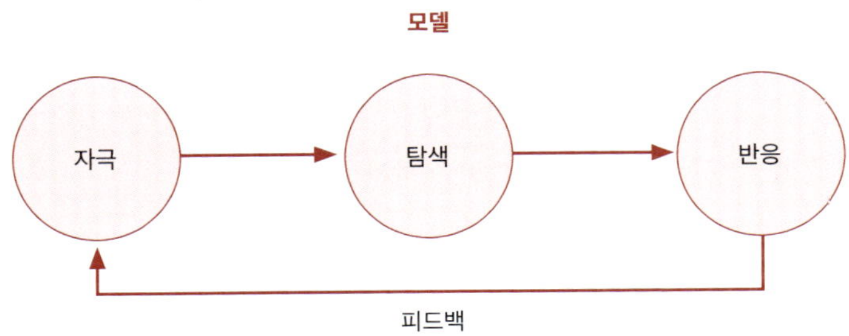

1) 적응적 학습

적응적 학습(adaptive learning)은 외부 자극에 대해 반응함으로써 변화를 이끌어 낸다. 행동주의 심리학의 학습이론에 해당하는 것이다. 학습 과정은 점진적으로 이루어지며 외부환경이 주는 자극과 압력을 줄이거나 제거하는 방법으로 학습이 이루어진다. 아지리스(Argyris)의 단선구조(single-loop) 학습이 이에 해당한다(Argyris와 Schon, 1978). 이러한 학습이 개인이나 조직의 효율성을 제고함에는 유용할 수 있으나, 개인의 삶이나 조직의 목표에 반드시 부합된다고 할 수는 없다.

표 5.1은 적응적 학습의 과정과 결과를 요약한 것이다.

표 5.1 적응적 학습의 과정과 결과

적응적 학습 과정	적응적 학습 결과
• 외부환경의 압력과 도전에 반응한다. • 자동적으로 이루어진다. 따라서 비계획적, 수동적, 무의식적, 본능적이다. • 시행착오를 반복한다. • 점진적인 변화와 개선이 이루어진다. • 현재 보유하고 있는 기술, 지식, 역량을 기반으로 한다. • 일상적인 반응행동과 해결을 위한 관행에 적응한다.	• 외부환경이 주는 압력을 줄이거나 제거한다. • 변화하는 환경에서 현재 상태를 유지한다. • 환경의 변화와 피드백에 반응해 운영 방법이나 조직구조 등의 변화를 제도화한다.

그림 5.2 생성적 학습 모델

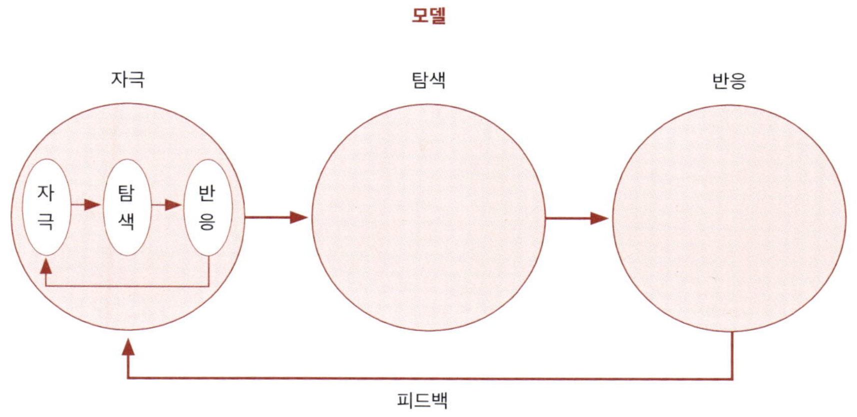

2) 생성적 학습

생성적 학습(generative learning)은 전향적 학습(proactive learning)이라고 할 수 있다. 새로운 기술과 지식의 습득뿐만 아니라 행동과 성과의 개선을 위해 필요한 상호작용의 패턴을 내부적으로 적극적으로 학습하고 적용하는 것이다. 인지주의 학습이론에 해당하며, 아지리스의 이중구조(double-loop) 학습이라고 할 수 있다(Argyris와 Schon, 1996).

생성적 학습을 하는 개인과 조직은 외부자극에 대한 반응학습뿐만 아니라 외부환경 변화를 전향적으로 미리 예측하여 새로운 대안을 탐색하고, 스스로에게 질문하고 답을 찾기 위한 노력을 하며, 따라서 새로운 관점에서 현실을 바라보며 자신이나 조직을 성찰한다. 따라서 이러한 형태의 학습은 성장의 잠재력을 축적할 수 있다.

그림 5.2는 생성적 학습을 모델로 나타낸 것이다.

3) 변혁적 학습

변혁적 학습(transformative learning)은 개인과 조직의 사명, 핵심 역량, 정체성 등을 변화시

그림 5.3 변혁적 학습 모델

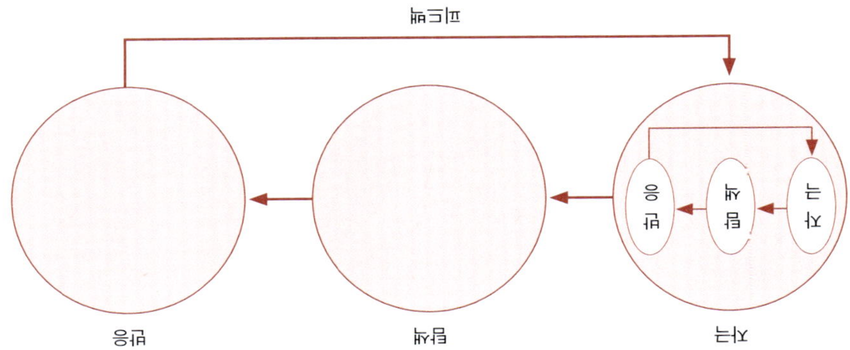

키거나 재창조하는 학습이다. 앞서 논의한 생성적 학습은 개인이나 조직이 갖고 있는 기존의 가치와 패러다임을 그대로 유지하면서 이루어진다. 그에 비해 변혁적 학습은 개인에게는 삶을 재정렬할 것을 요구하며, 성장을 위한 새로운 방향을 설정하게 하는 것이다. 그리고 조직에게는 혁신과 경영 패러다임의 변화를 요구한다. 이러한 변혁적 학습은 개인이나 조직에게 삶의 목적이나 전략, 정체성을 바꾸는 기능을 한다. 이는 구성주의 학습이론, 아지리스에 비유하자면 삼중구조(triple-loop) 학습이 해당한다. 스스로의 경험으로부터 지식과 의미를 구성하는 개인과 조직은 삶의 좌표를 새로이 하거나 조직의 사명과 비전을 새롭게 설정한다. 믿음, 태도, 가치관, 정서적 반응 등 삶이나 조직운영의 근본적 변화는 이러한 변혁적 학습의 결

표 5.2 변혁적 학습의 과정과 결과

변혁적 학습 과정	변혁적 학습 결과
• 현재의 질서와 상호작용 패턴을 포기한다. • 급진적으로 새로운 삶의 방식을 창조하고, 조직의 사명과 목표를 재정립한다. • 대화하고, 평가하며, 탐구하고, 성찰한다. • 실험을 통해 생각과 아이디어를 평가한다. • 결과에 근거해 새로운 행동방식을 채택한다. • 동시에 직관에 근거해 실천한다.	• 총체적으로 새로운 행동을 도입한다(예, 혁신). • 새로운 목표와 비전을 수립한다. • 새로운 시장을 창출한다. • 새로운 상품과 서비스를 개발한다.

참고 5.1 구성주의 학습이론

구성주의란 세상에 대한 인식을 삶의 주체가 스스로 구성한다는 철학적, 이론적 개념이다. 따라서 학습 관점에서는 객관적 사실로서 지식보다는 학습자 스스로에게 의미 있는 지식의 학습을 강조하는 것이라고 할 수 있다. 그렇게 본다면 넓은 의미에서 행동주의와 인지주의라는 객관주의적 흐름에서 벗어나, 새로운 방향을 제시하는 모든 학습이론을 포괄한다고 할 수 있다.

과라고 할 수 있다. **그림 5.3**은 변혁적 학습 모델을 보여 주며, 변혁적 학습 과정과 결과를 요약하면 **표 5.2**와 같다.

4. 학습의 강화이론과 행동 변화

강화이론에서는 행동 변화를 위한 긍정적 강화, 부정적 강화(회피학습), 소거, 처벌의 네 가지 방법을 제시하고 있다. 이때 긍정적 강화와 부정적 강화는 바람직한 행동을 증가시키기 위한 방법이며, 소거와 처벌은 바람직하지 못한 행동을 감소시키는 방법이다.

1) 긍정적 강화

긍정적 강화(positive reinforcement) 혹은 적극적 강화는 특정 상황에서 작동적 행위의 발생 가능성을 높이기 위해 사용하는 방법이다. 이를 위한 이론적 근거는 앞서 설명한 효과의 법칙에서 찾을 수 있다. 이때 행위자가 경험하게 되는 만족스러운 결과를 보상이라고 한다.

사용할 수 있는 강화 요인(enforcer)으로는 다음의 두 가지 종류가 있다.

- **무조건적 강화 요인 혹은 일차적 강화 요인** 생리적 요인
- **조건화된 강화요인 혹은 이차적 강화 요인** 승진, 칭찬, 인정, 보상

일차적 강화나 이차적 강화가 긍정적 강화의 결과로서 조직 구성원에게 보상의 효과를 갖게 되면 구성원의 업무 수행을 촉진시키기 위해 활용할 수 있다.

(1) 긍정적 강화의 필요성

구성원들의 업무 수행과 성과 향상을 위해 긍정적 강화를 유일한 대안으로 제시해야 한다는 주장이 많다. 즉, 구성원들의 행동 변화와 조절을 위해 회피학습이나 처벌을 통한 강화는 불필요하다는 주장이다.

① 일정 수준 이상의 행동을 유발하고, 이를 유지하기 위해 일반적으로 부정적 강화보다 긍정적 강화가 훨씬 효과적이다.

② 처벌을 통해 직무 수행에서 개선이 이루어지는 경우도 있지만 매우 드물며, 효과도 일시적이다. 더욱이 처벌은 바람직한 행동을 직접적으로 이끌어 내는 것이 아니라 나쁜 행동을 피하도록 함으로써 바람직한 행동을 간접적으로 나타나도록 하는 것이다. 간접적인 방법에서는 항상 부작용이 있기 마련이다.

③ 그에 비해 긍정적 강화는 바람직한 행동과 직접적으로 관련되어, 해야 할 행동에 초점을 두고 이루어진다. 따라서 바라는 행동을 직접 이끌어 내는 방법이므로, 결과지향적인 적극적인 방법이다.

④ 잘 설계된 긍정적 강화계획을 통해 개인의 성장과 발전, 자율성을 고취할 수 있지만, 처벌과 같은 방법을 조직에 적용하게 되면 구성원들의 미성숙한 행동을 야기하는 결과가

표 5.3 강화이론 적용 모델

구분	want	give
긍정적 강화	⊕	⊕
부정적 강화	⊖	⊖
소거	⊕	⊕
처벌	⊖	⊖
	⊕ : 원한다 ⊖ : 원치 않는다	⊕: 준다 ⊖: 주지 않는다

될 수 있다.

⑤ 많은 조직이 효율적으로 운영되지 못하는 것은 회피학습이나 처벌을 통한 행동 변화 노력 때문인 경우가 많다. 즉, 긍정적 강화를 적절하게 활용하지 못했기 때문이다. 특히 기업조직에 비해 정부, 교회, 비영리조직에서는 긍정적 강화를 위한 연계 방법의 활용 수준이 미흡하다. 그 결과 구성원들의 적극적, 생산적, 창조적인 행동을 강화하는 데 실패한다.

(2) 긍정적 강화 방법

강화를 위한 노력은 강화계획을 적절하게 설계하고 운영하는 것이다. 따라서 강화를 통한 학습효과, 즉 행동 변화의 효율성은 강화 요인이 어떤 것인지가 중요하기도 하지만, 강화계획에 의해서도 달라진다.

조직에서 보상을 위해 활용하는 긍정적 강화는 배열 방식에 따라 연속강화계획과 부분강화계획으로 구분할 수 있다(Yukl 등, 1975).

① 연속강화계획

바람직한 자발적 행위가 발생했을 때, 매번 그에 대해 보상해 주는 것으로, 성과급이 이에 해당한다. 이때 바람직한 행동의 발생빈도는 증가하지만, 강화요인이 제거되면 수행이 급속히 감소한다. 따라서 연속강화계획은 장기적으로 활용할 수 있는 방법으로는 효율적이지 못하다.

② 부분강화계획

바라던 행동을 하더라도 매번 연속적으로 보상해 주지 않고, 그 가운에 일부 행동에 대해서만 보상해 주는 방법이다. 혹은 행위와 보상 간에 시간적 차이를 두는 방법을 사용할 수도 있다.

바라고 있던 행동이 발생한다고 하더라도 매번 보상이 이루어지지 않으므로, 부분강화계획을 통한 학습의 속도는 느리다. 하지만 학습된 행동의 지속성은 연속강화계획보다 오래 계속된다. 즉, 부분강화로 학습된 행동은 더욱 강하게 지속되므로 소거에 대한 저항이 크다. 예컨대, 새로운 CEO가 선임되는 상황에서 발생하는 현 직무의 매몰비용이라든가, M&A 상황에서 구성원들이 경험하게 되는 조직문화의 변화를 들 수 있다.

이에 대한 논거는 다음과 같은 이유에서 찾아볼 수 있다. 구성원들이 학습한 규범, 가치관, 태도 등의 요소들은 다른 학습내용, 예컨대 직무 관련 지식이나 기술 등에 비해 변화에 대한 저항이 크다. 그 이유는 규범, 가치관, 태도 등에 관한 학습은 연속강화가 아니라 부분강화계획에 의해서 이루어졌다는 점에 주목하면 설명이 가능하다.

이러한 부분강화계획은 고정간격계획, 변동간격계획, 고정비율계획, 변동비율계획으로 구체화할 수 있다.

- **고정간격계획** 최초 강화가 이루어진 이후에 일정하게 정해진 시간이 경과함에 따라 다른 보상을 제공하는 것이다. 이때 정해진 시간 간격 사이에 바람직한 행동의 발생빈도는 보상에 고려되지 않는다. 시간급, 즉 시급, 주급, 월급과 같은 고정급이 여기에 해당한다. 이러한 고정간격계획에서는 조직이 요구하는 행동이 최소한으로 발생하는 경우나 많이 발생하는 경우에 동일하게 보상이 이루어지므로, 열심히 일하고자 하는 사람에게는 동기부여 효과가 적다.

  고정간격계획을 사용하는 경우, 대체로 강화가 이루어지고 나면 수행이 떨어진다. 그리하여 다음 강화가 주어질 무렵이 되면 최고의 수행 수준에 이르게 되면서, 이러한 두 강화 시점 사이에 바람직한 행동의 빈도가 점차 증가하는 현상으로 나타난다.
- **변동간격계획** 강화가 이루어지는 시간 간격을 제각기 달리하여 변화를 주는 방법이다. 예컨대, 조직에서 승진은 평균적으로 보아 3년에 한 번씩 이루어진다. 하지만 직급별로 차이가 크다.

  변동간격계획을 임금과 같은 직접보상을 위해 활용하는 것은 적절하지 못하지만, 칭찬이나 인정, 승진 등의 방법을 통해 활용할 수 있다. 행위자의 관점에서는 강화 요인(보상)이 예상하지 못한 때에 이루어지므로 높은 반응효과를 가져다 준다. 그 결과 더욱 안정되고 일관된 행동을 하게 된다.
- **고정비율계획** 바람직한 반응이 미리 정해 둔 기준(숫자나 빈도)에 이르렀을 때만 보상을 제공한다. 이때 정해 둔 숫자만큼 바람직한 행동이 나타나는 데 걸리는 시간은 고려

하지 않는다. 임금과 관련해 볼 때, 성과급 가운데 능률급(업적급)에 해당한다. 고정비율계획을 통해 얻을 수 있는 반응 수준은 고정간격계획이나 변동간격계획을 사용했을 때보다 높다.

- **변동비율계획** 보상이 주어지고 그다음 보상이 주어지는 사이에 보여 주어야 할 바람직한 반응횟수를 달리 발생하도록 하는 것이다. 하지만 평균적으로 볼 때, 바람직한 행동을 함으로써 보상을 받는 비율이 일정한 수준을 유지하도록 한다.

예를 들어서 15 : 1의 변동비율계획에 따라 수행하는 경우를 생각해 보자. 그리하여 어떤 경우에는 바람직한 행동이 10번 발생하면 보상을 받을 수 있지만, 어떤 때는 20번 이루어지고 나서 또 한 번의 보상을 받도록 하는 것이다. 따라서 평균으로 보면 바람직한 행동이 15번 발생했을 때 1번의 보상이 이루어지는 것이 된다.

임상실험 결과 여러 가지 강화계획 중 변동비율계획이 바람직한 행동을 지속시키는 데 가장 효과적인 방법으로 나타났다(Bandura, 1986). 하지만 현실적으로 이를 조직에서 적용하기에는 어려움이 있다. 따라서 다른 금전적 보상제도와 함께 변동 비율계획을 사용하는 방안을 생각해 볼 수 있다. 예컨대, 상여금을 연말에 한꺼번에 지급(고정 간격)함으로써 보상의 강화효과가 줄어드는 것을 감안한다면, 연간 지불하는 상여금 총액의 간격을 달리하여 부정기적으로 분할하여 지급하는 방안이 있다.

2) 부정적 강화

부정적 강화(negative reinforcement) 혹은 소극적 강화는 불유쾌하고 부정적인 결과를 제거해 줌으로써 바람직한 행동이 증가하도록 하는 것이다. 부정적 강화는 회피학습(avoidance learning)이라고도 하는데, 자신의 행동을 통해서 해로운 자극의 발생을 방지하거나 회피할 수 있는 행동을 증가시키기 때문이다. 따라서 부정적 강화와 회피학습은 긍정적 강화와 마찬가지로 바람직한 작동적 행동을 강화하기 위한 것이다.

이러한 회피학습의 예를 들어 보자. 직원들이 근무시간을 엄수하도록 하기 위해 지각이나 조퇴하는 사람이 있는지를 알아보려고 불시에 사무실을 방문하는 관리자를 생각해 볼 수 있다. 이때 관리자가 방문했을 때 자리를 비운 사람은 비난과 질책의 대상이 될 것이다. 따라서 비난과 질책이라고 하는 유해한 자극을 회피하기 위해서 사람들은 근무시간을 지키려고 노력하게 된다.

긍정적 강화와 비교해 볼 때 이러한 회피학습은 바람직한 행동을 개발하고 지속한다는 측면에서는 공통점을 갖는다. 하지만 앞서 지적하였듯이 긍정적 강화는 조직 환경으로부터 일정한 결과를 얻기 위해 업무 수행을 잘하려고 노력하는 것임에 비해, 회피학습은 일을 잘못했을 때 환경에서 오는 해로운 결과를 피하기 위해 열심히 노력한다는 차이가 있다.

3) 소 거

소거(extinction)는 바람직하지 않은 행동을 감소시키거나 중지하도록 하기 위해 제공하던 보상(긍정적 결과)을 제거하는 것을 의미한다. 예컨대, 지각을 자주 하는 직원에게 연장 근무 수당을 받을 수 있는 기회를 박탈함으로써 행동의 변화가 이루어지도록 하는 것이다.

이러한 소거를 통한 효과는 부작용이 적기 때문에 긍정적 강화와 함께 사용하면 효과적이다. 왜냐하면 구성원들은 자신이 바라는 보상을 얻을 수 있게 되고, 조직으로서는 바람직하지 않은 행동을 제거할 수 있기 때문이다.

4) 처 벌

처벌(punishment) 또한 소거와 마찬가지로 바람직하지 못한 행동의 중지나 발생빈도를 줄이기 위한 목적을 갖는다. 처벌이란 어떤 행동의 발생빈도를 감소시키는 혐오스럽거나 불쾌한 자극이라고 할 수 있다. 따라서 같은 목적을 위해 긍정적인 결과(보상)를 제거하는 소거와 구별된다.

처벌은 조직행동 관점에서 가장 비판을 받고 있는 행동변화 방법이다. 혐오자극을 사용하는 행동 통제법에 대한 비판적 견해의 핵심은 다음과 같다. 실제로 개인행동의 주된 결정 요인은 개인의 심리적 요소임에도 불구하고, 혐오자극을 사용할 때는 이러한 요인에 대한 논의가 무시된다는 점이다. 처벌을 통해 겉으로 드러난 어떤 행위에 대해서는 일시적으로 억제할 수 있지만, 인간의 내적 충동은 지속적으로 유지되기 때문에 다른 행동을 통해서 이러한 충동이 방출되도록 계속 압력으로 작용하게 된다.

따라서 처벌을 통한 행동통제는 비람직하지 않은 행동을 일시적으로 정지시키는 역할을 하는 것에 불과하다. 그뿐 아니라 이를 통해 또 다른 종류의 바람직하지 못한 행동의 원인을 제공할 수 있다는 것이다(Bandura, 1976).

II 태도

1. 태도의 이해

1) 태도의 개념

태도란 어떤 대상(사물이나 사상 혹은 사람)에 대한 지속적인 감정이나 행동이 독특한 방식으로 표출되는 것을 의미한다. 조직행동에서 태도는 행동이나 사람을 설명하기 위해 사용된다. 예컨대, 나는 그의 태도를 좋아하지 않는다(사람을 설명), 사람들의 근무태도가 나빠서 생산성이 떨어진다(행동을 설명).

2) 태도의 특징

태도는 복잡한 인지 과정으로 다음과 같은 특징을 갖고 있다.

첫째, 변화를 위한 행위가 이루어지기 전까지는 지속적으로 표출된다. 예컨대, 나는 야간 작업팀에서 근무하는 것을 좋아하지 않는다고 할 때, 내가 주간 작업팀으로 편입되면 직무스케줄에 대한 태도는 긍정적이 될 것이다. 따라서 주간 작업팀 편입이라는 변화가 있기 이전까지 나의 태도는 부정적이다.

둘째, 태도는 측정 가능하다. 태도는 매우 좋은 것에서부터 매우 나쁜 것에 이르기까지 일련의 선상에 위치하게 된다. 따라서 내가 한 달 내내 야간 작업팀에 근무하게 되는 경우, 직무

그림 5.4 태도 모델

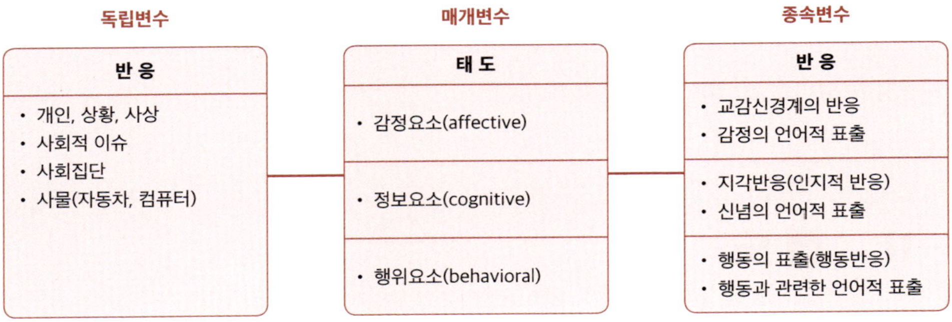

스케줄에 대한 나의 태도는 '매우 나쁜 것'이 될 것이다. 그에 비해 주간 작업팀에 편입되는 경우에는 직무스케줄에 대한 나의 태도는 '매우 좋은 것'이 될 것이다. 한편 한 달 중 절반은 주간 작업팀에서, 나머지 절반은 야간 작업팀에서 일하게 되었다면 직무스케줄에 대한 나의 태도는 '보통'이 될 것이다.

셋째, 태도는 믿음이나 감정과 관련된 대상을 지향한다. 태도는 믿음이나 감정과 관련된 객체를 얻기 위해 이끄는 기능을 한다. 따라서 이 경우, 주간 작업팀이 그 대상이 될 것이다.

3) 태도의 구성요소

태도를 구성하는 것으로 감정요소, 정보요소(인지요소), 행위요소가 있다.

- **감정요소** 객체와 대상에 대해서 개인이 갖고 있는 느낌이나 정서를 의미한다. 예컨대, 특정 객체나 대상에 대해 긍정적, 부정적 혹은 중립적 감정을 가질수 있다. 또한 추상적인 사상이나 사고와 관련해서는 찬성 혹은 반대의 정서를 가질 수 있을 것이다. 이러한 감정요소는 조직행동에서 직무만족과 가장 밀접한 관계를 갖고 있는 태도의 구성요소이다. 왜냐하면 스스로 혹은 타인에 의한 이러한 감정 요소의 표출이 직무 활동에 영향을 주기 때문이다. 예컨대, 우리가 자주 접하거나, 뉴스에 자주 등장하는 직업에 해당하

는 세무공무원, 소비자단체 연구원, 경찰, 소방공무원, 교사, 변호사의 경우에 그러한 특징이 두드러질 것이다.

- **정보요소(인지요소)** 객체나 대상에 관해서 개인이 갖고 있는 신념이나 정보를 의미한다. 이때 그 믿음이나 정보는 사실에 근거했는지 혹은 정확한지의 여부와 무관하다. 예컨대, 어떤 부서장은 대졸 신입사원의 경우에 기본적인 업무 파악을 위해 최소 6개월의 집중교육기간이 필요하다고 믿고 있다. 하지만 최근 대학 졸업생들은 인턴사원 등을 통해 업무적응기간이 훨씬 단축될 수 있다. 하지만 그 부서장이 갖고 있는 정보는 신입사원 훈련에 관해 갖고 있는 태도의 중요한 요소이며, 사실 여부와 무관하다.
- **행위요소** 객체나 대상을 위해 특정 행동을 하는 경향을 의미한다. 따라서 앞서 부서장은 신입사원들에 대해 계속해서 6개월의 집중교육을 실시할 것이다. 한편, 이러한 태도의 세 가지 요소 가운데 실제로 관찰할 수 있는 것은 행위요소뿐이다. 따라서 감정요소와 정보요소에 대해서는 나타난 행동을 통해서 추론할 수 있다. 즉, 6개월 동안의 신입사원 훈련을 시행하는 부서장의 행동을 보고, 그 부서장은 긴 교육기간이 신입사원에게 좋은 것이며(감정요소), 회사를 위해서도 필요한 것이라고 믿고 있다(정보요소)는 추론이 가능하다.

4) 태도와 관련한 상황 요인

일반적으로 사회적 환경이 구성원들의 감정을 형성하거나 감정에 영향을 주어 직무 관련 태도를 결정하는 정보를 제공한다. 최근 연구 결과는 성격상 특질이나 기질이 직무와 관련한 태도의 상황적 요인으로 작용하는 것으로 밝혀졌다. 그 가운데 특히 긍정적 감정상태나 부정적 감정상태가 개인의 직무태도에 중요한 요인으로 나타났다. 예컨대, 부정적 감정상태는 부정적 정서로 이어지는 성격, 기질을 나타내며, 따라서 신경성, 긴장감, 근심, 걱정, 고민으로 이어지는 경향이 잦다. 그 결과 자신과 상대방(주위 환경)에 대해 부정적 태도를 취하기 쉽다. 그에 비해 긍정적 감정상태는 정반대의 기질로서 전반적으로 우호적 감정을 가지며, 스스로를 낙관적으로 파악하고, 효율적인 인간관계로 나타난다. 그 결과 긍정적 태도를 취하게 된다는 것이다. 이러한 긍정적 감정상태와 부정적 감정상태는 직무만족과 직무스트레스의 이해에 도움이 된다. 이에 대한 논의는 이후 직무만족 부분에서 상세히 다루도록 하겠다.

5) 태도에 관한 연구

조직행동에서 중요하게 다루고 있는 주제로서 태도에 관한 연구는 두 가지 방향에서 접근하고 있다. 첫째, 일치성에 관한 주제이다. 개인의 신념, 태도, 행동 간 일치성이 존재한다는 것으로 태도의 기능과 관련이 있다. 둘째, 태도의 발달과 변화 과정, 변화 방법에 관한 주제가 있다. 이는 조직 내 구성원들의 행동 변화와 관련이 있다.

(1) 신념, 태도, 행동 간 일치성에 관한 주제

이러한 논의의 핵심은 우리가 갖고 있는 의견은 논리적으로 연결되며, 일관성을 갖고 있다는 것이다. 예컨대, 보수적인 태도를 가진 미국인들은 인종차별 금지법, 무기소지 규제 관련법 등을 강화하는 데 반대한다. 자신의 주장의 논거로서 개인적 자유의 중요성을 강조한다. 이처럼 표면적으로 개인의 다양한 태도가 항상 논리적으로 연관되지는 않더라도, 어떤 개인의 태도 가운데 한 가지를 알면 다른 태도를 추측할 수 있다. 다시 말해 태도가 엄격한 법칙에 의해서 조직화되지는 않으나, 개인은 일종의 심리적 논리를 갖고 있으며, 이를 따르게 된다는 것이다. 앞서 지각의 중요성 부분에서 논의한 인지적 일관성이 바로 이것이다.

① 인지적 일관성 이론

인지적 일관성 이론(cognitive consistency theory)의 기본전제는 개인의 신념, 태도, 행동이 일관되도록 노력한다는 것이다. 이를 통해서 자신이 합리적이고 일관성 있는 사람이라고 스스로와 남에게 인식시키고 보이려는 경향을 나타낸다. 따라서 비일관성의 발생은 그 자체로 자극제의 역할을 하며, 일관성이 이루어질 때까지 수정하고 변화시키고자 노력한다.

② 인지부조화이론

인지부조화이론(cognitive dissonance theory)은 태도와 행동 간 연결성을 설명하는 이론이다. 2개 이상의 태도 간 부조화가 있을 때, 또는 행동과 태도 간에 불일치가 있을 때 불안과 불편,

긴장과 불쾌감이 발생한다. 따라서 사람들은 이러한 불안을 감소시키려고 노력하게 된다(Festinger, 1957). 일반적으로 인지부조화를 감소시키려는 행동은 다음 세 가지 조절요인에 의해 영향을 받는다.

첫째, 부조화를 낳게 한 요소들의 중요성이다. 따라서 부조화를 일으킨 요소의 중요성의 정도에 따라 부조화를 줄이고자 하는 욕구의 강도가 달라질 것이다.

둘째, 부조화 요인에 미칠 수 있다고 생각하는 영향력의 정도이다. 그리하여 부조화를 야기한 요인에 대한 자신의 통제력의 크기에 따라 인지부조화를 감소시키기 위한 행동의 부담도 달라질 것이다.

셋째, 부조화에 수반된 보상이다. 부조화를 통해 얻은 보상이 클수록 부조화를 줄이려는 욕구가 줄어든다. 왜냐하면 보상으로 인해 부조화의 강도가 약해지기 때문이다.

이러한 조절 요인은 부조화를 지각하는 상황에서 그것을 해소하기 위해 노력하지 않는 이유를 설명해 준다. 예컨대, 뇌물을 받는 것은 옳지 않다는 것을 잘 알고 있지만, 많은 정치인과 공무원들은 자신은 괜찮겠지 하면서 뒷거래를 한다. 또한 음주운전이 얼마나 위험한지 잘 알고 있음에도, 이번은 괜찮겠지 하면서 운전대를 잡는 것 등의 행동은 위의 세 가지 요인에 의해 설명이 가능하다.

그렇다면 인지부조화를 경험한 개인은 이를 해소하기 위해 구체적으로 어떠한 행동을 하는지를 알아볼 필요가 있다. 예를 들어, 공해를 유발하는 기업체에서 일하고 있는 사람의 경우를 생각해 보자. 그는 대기오염을 유발한다는 행위가 옳지 않다는 것을 분명히 인식하고 있다. 따라서 행위와 태도 사이에 불일치, 즉 부조화를 경험할 것이다. 이때 인지부조화를 해소하기 위한 방법에는 다음 세 가지가 있다.

- **행동의 변화** 공해를 유발하는 행동을 멈춘다(작동 중지 혹은 퇴사).
- **감정의 변화** 오염이 그리 심각한 것이 아니라고 생각한다.
- **신념의 변화** 부조화 요인보다 더 큰 조화 요인을 제시한다(예컨대, 경제발전을 위해 이 정도의 오염은 필요한 것이다).

이와 같이 인지부조화이론은 조직 내 개인의 태도 변화와 행동 변화의 경향을 이해하고 예측하는 데 도움이 되므로 조직행동에서 유용한 이론이다.

(2) 태도의 기능

태도의 기능에 대한 이해는 조직 내 개인의 행동을 예측하는 데 활용할 수 있으므로 중요하다. 예컨대, 새로운 작업 방식의 도입에 따른 작업 변화에 관한 설문조사를 진행한 결과 근로자들의 불만이 높은 것으로 나타났다. 그런데 실제로 그 다음 주에 불량률과 결근이 늘어났다면, 새로운 작업 방식에 대해 근로자들이 부정적인 태도를 갖고 있다고 설명할 수 있다. 태도는 다음과 같은 기능을 갖고 있다.

① 적응기능

태도는 외부세계와 작업환경에의 적응을 도와주는 기능을 한다. 그 결과 환경에서 최대한의 보상을 얻을 수 있다. 반대로 비용이나 처벌은 최소화할 수 있다. 예컨대, 사람들은 자신과 비슷한 태도의 사람들과 쉽게 잘 지낼 수 있다. 왜냐하면 태도가 갖고 있는 정보요소, 감정요소, 행위요소 측면의 유사성 때문이다.

실제로 사회환경 속에서 자신과 진실로 중요한 관계라고 생각되는 사람들(예컨대 부모님, 남자친구, 여자친구, 직장상사 등)을 꼽아 보자. 그런데 그들은 자신과 비슷한 태도를 가진 사람일 경우가 많을 것이다. 이유는 일반적으로 자신의 태도를 중요하다고 여기는 그들의 태도와 조화시키고자 하는 경향 때문이다. 그 결과 사회적 상호관계 속에서 보상을 극대화할 수 있다. 이러한 근거에 기반하여 다시금 현재 상사와 부하관계에서, 친구 간, 부부 간, 동료 간, 사제 간, 남녀 간 관계에 태도이론을 적용해 보자. 실제로 태도가 환경에 잘 적응할 수 있도록 하는 기능을 하고 있는가?

② 자아방어의 기능

태도는 스스로의 모습을 방어하는 데 일조한다. 이는 자아가 분리되는 것을 막기 위한 지각반응을 생각해 보면 이해가 쉬울 것이다. 이러한 기능은 태도가 예측능력을 제공해 준다는 데 근거를 두고 있다. 특정 범주의 태도의 객체에 대해서, 사람들은 나름대로 독특한 방식으로 반응하는 레퍼토리를 갖고 있다. 즉, 어떠한 객체가 어떤 지각의 범주에 놓이거나 지각 분류되었을 때 사람들은 현재 갖고 있는 반응 레퍼토리를 작동하게 된다.

그렇게 함으로써 사람들로 하여금 이미 내린 어떤 의사결정을 재차 한다거나, 의사결정을 위해 원칙의 제1항부터 다시 검토해야 하는 노력과 수고를 덜어 준다. 그리하여 별로 하고 싶지 않은 의사결정이나 일, 하기 싫은 것으로부터 벗어날 수 있는 수단을 제공한다. 이를 통해 스스로의 모습을 방어하고 정당화할 수 있다.

예컨대, 새로 팀장으로 임명된 김차장의 결정사항에 대해 시시콜콜 따져 가며 문제점을 지적하는 팀원 박부장이 있다. 따라서 직위가 자신보다 낮은 후배에게 업무지시를 받아야 하는 상황이다. 박부장은 팀장인 김차장이 경험 부족으로 미숙한 결정을 할 수 있기 때문에, 팀이 올바른 방향으로 갈 수 있도록 필요할 때마다 문제 제기를 해야 한다고 생각한다. 하지만 실제로 팀장은 매우 유능하다. 따라서 박부장의 문제 제기는 타당하지 않을수도 있다. 박부장은 그와 같은 사실을 인정하지 않는다. 오히려 자신의 지적 사항이 제대로 반영되지 않는다고 팀장에게 비난의 강도를 높임으로써 자아를 방어한다. 그 결과 박부장은 김팀장에 대해 부정적 태도를 견지할 것이며, 그러한 태도는 박부장의 자아를 방어하고 자기 정당화를 하는 기능을 담당한다.

③ 가치표현의 기능

태도는 사람들의 가치관을 나타내는 데 사용된다. 즉, 자아연상을 명확하게 해 주고, 마음속으로 바라는 것에 근접할 수 있는 근거를 제공해 준다. 즉, 내부적인 문제를 표출함으로써 그와 같은 기능을 담당할 수 있게 된다. 예컨대, 힘이 세다거나 권력을 갖고 있는 대상에 대해 알 수 없는 공포에서 비롯된 거부감을 갖고 있는 청년이 있다. 이때 이 청년은 어린 시절 부모(특히 아버지)와 동일화 과정을 정상적으로 거치지 못한 경우일 가능성이 크다. 따라서 독재정권, 사회적 폭력, 범죄와 부조리 등에 대한 과도한 증오를 통해 내부적 갈등(복잡한 심리상태)을 표출함으로써 자신의 가치를 표면화한다. 그리하여 자신의 가치관을 드러내기 위한 필요 이상의 부정적 태도나 행동을 취하게 된다(동일화에 관해서는 제6장 성격 참조).

④ 학습의 기능

이는 태도가 자신의 외부 세계를 조직화하거나 이해할 수 있는 판단의 기준 혹은 판단의 근거를 제공하기 때문이다.

예컨대, 노동조합은 일반적으로 경영진에 대해서 부정적인 태도를 갖고 있다. 하지만 그와 같은 태도는 반드시 사실에 기반하지 않을 수 있다. 고정관념 때문일 수도 있기 때문이다. 새로 노조대표로 선출된 사람이 있다. 그 또한 경영진에 대해 부정적인 태도를 갖고 있으며, 그와 같은 태도가 경영진을 비롯한 외부세계를 이해함에 있어 하나의 기준이 되어 판단에 도움이 될 수 있다. 왜냐하면 노조 대표의 그러한 '부정적인 태도(기준)'로 인해 경영진의 말은 모두 거짓으로 여겨지며, 기회만 있으면 노동자들을 분열시키려는 의도가 있다고 생각할 것이기 때문이다(판단).

이때 사실에 대해 노조대표가 알고 있는 정보의 정확성과 무관하게, 객체(경영진)에 대한 노조대표의 그러한 태도의 표출은 상황(외부세계) 파악에 도움이 된다. 이때 경영진에 대한 그의 태도(부정적)가 옳았을 경우, 그것으로 노조대표는 경영진에 대한 이해가 이루어지게 된다. 만약 그렇지 않을 경우, 다른 사람을 통해 어떠한 형태로든 부정적 태도에 대한 피드백이 들어올 것이다. 따라서 경영진에 대해 부정적 태도를 표출함으로써 외부세계를 이해하기 위한 학습의 기회가 될 수 있었다.

(3) 태도를 변화시키기 위한 방법

조직 구성원들의 태도 변화는 가능한 것이며, 조직에서 중요한 관심사이다. 앞서 논의한 학습이론들은 이러한 태도변화를 위한 것이다. 예컨대, 근로자들이 자신이 부당하게 대우받고 있다고 생각하고 있다면, 경영진이 그 같은 부정적 태도를 변화시키기 위해 노력을 기울이는 일은 조직 유효성 측면에서 매우 중요할 것이다. 이때 태도 변화를 위한 방법이 학습과 관련되어 있다.

태도를 변화시키기 위해서는 태도를 구성하고 있는 세 가지 요소, 즉 감정요소, 정보요소, 행위요소를 통한 접근을 필요로 한다.

먼저 행동주의이론이다. 태도변화는 자극과 반응의 원리인 학습에 의해 가능하다. 즉 어떤 자극에 대한 반응(행동)을 보고 그것이 자신에게 유익하면 태도의 변화가 일어난다. 둘째로 장이론(field theory)이 있다. 개인이 소속집단에 들어감으로써 정보의 제공과 교환 과정을 통해 태도가 변화한다. 셋째, 인지부조화이론이다. 인지적 비일관성에 의한 부조화 발생 시

느끼게 되는 불편한 감정을 줄이거나 없애기 위한 노력 과정에서 태도변화가 일어난다는 것이다.

다음의 네 가지 방법은 그러한 이론적 근거에 기반하고 있다.

① 새로운 정보의 제공

새로운 정보를 제공함으로써 개인의 믿음과 신조에 변화가 생기게 된다. 따라서 그 과정에서 태도변화가 일어난다. 예컨대, 대학 때 반정부 시위에 빠짐없이 참여했던 사람이 있다. 그러나 졸업 후 사회생활을 하면서 퇴근길에 연일 계속되는 노동자 시위 때문에 교통 혼잡을 겪으면서, 시위 참가자들에 대해 부정적 태도를 나타내는 경우를 생각할 수 있 다. 이때 그 사람이 사회생활을 통해 접하게 되는 새로운 정보는 대학생 시절과 달리 포괄적인 내용일 것이다.

기업에서는 태도변화를 위해 더욱 구체적인 방법을 활용하고 있다. 회사의 후생복지정책에 대해 종업원들의 불만이 큰 상황을 생각해 보자. 회사는 관련 위원회에 종업원 대표를 참여시킴으로써 종업원들의 태도변화 가능성을 높인다. 즉, 복지정책에 관한 예산이 어떻게 결정되며, 위원회 활동이 얼마나 많은 시간과 노력을 투입해서 이루어지는지를 직접 경험할 수 있는 기회를 제공해 주는 것이다. 그 과정에서 회사가 보다 나은 후생복지정책을 위해 실제로 많이 노력하고 있음을 알게 된다면 태도변화가 일어나게 된다.

② 두려움과 공포심의 이용

공포심이 태도변화를 일으킨다는 연구는 일관된 결과를 보여 준다. 이때 중요한 요소는 공포의 크기이다. 두려움이나 공포의 정도가 미미하다면 사람들은 이를 무시하려는 경향을 보인다. 그 결과, 그러한 경고는 주의를 끌지 못한다.

따라서 적당한 수준의 두려움이나 공포를 발생하도록 하는 방법이 쓰일 경우, 사람들은 상황 판단을 하고 태도 변화를 일으킨다는 것이다. 지나친 공포의 경우 사람들은 전달하고자 하는 메시지에 대해 거부반응을 일으키게 된다. 왜냐하면 너무 위협적이거나 믿을 수 없기 때문이다. 예컨대, 어떤 금연광고에서 과도한 흡연으로 인해 폐암으로 죽어가는 사람이 등장한다. 그런데 이 광고는 실제로 효과가 거의 없는 것으로 드러났다. 왜냐하면 전달하고자 하는 내용이 너무 위협적이라 사람들이 그 광고의 시작을 알리는 배경음악이 들리면 채널을 다른 곳으로 돌려 버렸기 때문이다. 즉, 아예 보고 듣기를 거부한 것이다. 적당한 수준의 공포감을 일으키는 광고가 효과를 나타낸다(Nocera, 2006).

③ 불일치의 해소

태도와 행동 간 불일치의 해소를 통해 태도변화를 가져오는 것이다. 인지부조화 이론을 적용한 것이라 할 수 있다. 예컨대, 여러 군데 직장을 선택할 수 있는 기회가 주어져서 하나를 선택한 경우에 자신의 판단에 대해 종종 후회하는 경우가 있다. 이를 해결하기 위해 스스로 혹은 외부 영향력에 의해 불일치를 해소하기 위한 노력이 있을 수 있다. 의식 중에 혹은 무의식 중에 선택한 회사에서 직무 수행을 하면서 긍정적 감정을 가지려고 노력하고, 선택하지 않았던 다른 회사들에 대한 부정적 감정을 갖게 된다. 외부적으로도 자신이 선택하지 않았던 회사에 관한 부정적 소식이나 정보는 더욱 눈에 띄고, 자주 접하게 되는 상황이 도래한다. 그 결과 자신이 직장을 잘 선택했다고 결론 짓게 된다.

④ 동료의 역할

상황요인으로서 동료의 역할은 태도 변화에 많은 영향을 준다. 예컨대, 출장비를 과다청구하는 사람의 경우, 다른 사람들은 그렇게 하지 않는다는 것을 알게 되면 자신의 태도를 바꿀 것이다. 물론 이때 다른 사람들과 우호적 관계가 형성되어 있는 상황이며, 또한 동료들의 충고와 설득이 선행되어야 한다. 하지만 앞서 인지부조화와 관련한 조절변수에서 살펴보았듯이, 부조화를 통해 얻는 보상이 클수록 부조화를 줄이려는 욕구는 줄어든다. 따라서 부조화를 통해 매우 큰 보상을 얻을 수 있는 경우에는 태도 변화를 기대하기 어려울 것이다. 부정부패를 근절하기 어려운 이유가 이러한 데 있다.

2. 조직행동의 여러 가지 태도

조직행동과 관련한 태도에는 직무만족, 직무몰입, 조직몰입, 조직지원 인식, 종업원 몰입, 조직시민 행동 등이 있다. 그 가운데 연구가 가장 많이 이루어진 직무만족부터 살펴보자.

1) 직무만족

(1) 직무만족의 개념

개인이 직무에 대해 갖고 있는 태도로서, 직무내용이나 직무 관련 경험을 평가했을 때 발생하는 만족감 혹은 긍정적인 감정을 의미한다. 따라서 직무만족은 구성원들이 직무에서 중요하다고 여기는 것을 얼마만큼 잘 제공받는가에 따라 결정된다. 조직은 정신적 자산으로서 직무만족의 중요성 때문에 구성원들의 직무만족을 위해 노력한다.

(2) 직무만족의 특징

첫째, 직무만족은 직무 상황에 대한 감정적 반응이다. 따라서 볼 수는 없으나 추정할 수 있는 개념이다.

둘째, 직무만족은 결과가 얼마만큼 기대치에 도달하는지에 달려 있다. 따라서 직무만족은 측정할 수 있다.

셋째, 조직행동의 중요성 때문에 직무만족에 영향을 주는 요인에 관한 연구가 많이 이루어졌다. 연구에서 직무내용, 보상, 승진, 상사, 회사의 정책, 작업환경 등이 중요한 요인으로 다루어지고 있다.

(3) 직무만족의 영향 요인

조직 안에서 직무만족에 영향을 미치는 요인에 관한 연구결과를 살펴보면 다음과 같다(Riketta, 2008).

① 직무내용

직무의 내용이 개인에게 학습, 흥미, 자율성, 피드백, 발전과 성장의 기회, 책임감 등을 제공하는가이다. 대부분의 연구에서 그러한 직무는 구성원들의 직무만족과 상관관계가 큰 것으로 나타났다. 도전적인 직무로서, 권한과 책임의 동등성이 보장되는 직무는 특히 높은 직무만족을 나타내었다.

② 금전적 보상

급여와 직무만족 간 상관관계 또한 큰 것으로 나타났다. 왜냐하면 금전적 보상은 개인의 기본적인 욕구 충족을 위해서뿐만 아니라 상위욕구 충족을 위한 도구 역할을 하기 때문이다. 조직 구성원들에게 금전적 보상이 갖는 의미는 다음과 같다. 조직에 대한 자신의 공헌의 정도를 회사는 어떻게 보고 있는지를 나타낸 것으로 이해한다. 따라서 급여와 같은 직접 보상과 직무만족 간 상관관계가 높다. 이때 금전적 보상의 수준도 중요하지만 보상의 공정성이 직무만족에 영향을 주는 요인으로 밝혀졌다.

한편 대부분의 조직에서 금전적 보상 중 간접보상에 해당하는 후생복지는 전체 인건비에서 차지하는 비중은 적지 않다. 그럼에도 후생복지는 급여에 비해 직무만족과 상관관계가 낮다. 물론 이유는 여러 가지가 있겠지만, 무엇보다 구성원들이 제공받고 있는 후생복지의 종류와 숫자가 워낙 다양해서 실제로 얼마만큼의 후생복지를 제공받고 있는지를 제대로 지각하지 못하기 때문일 것이다. 또한 후생복지 가운데 무료 급식이나 휴양시설처럼 실제 가치로 정확하게 환산할 수 있는 성질의 것이 아닌 경우가 많기에 과소평가되기도 한다. 한편 후생복지와 직무만족 간 상관관계에 관한 연구에서 미국 기업이 한국 기업보다 훨씬 높게 나타났다. 그 이유는 우리나라에서는 후생복지를 당연히 받는 것으로 인식하고 있는 데 비해, 의료비가 비싼 미국에서는 회사가 어떤 후생복지를 제공하는가 하는 것이 직장 선택의 중요한 요소로 작용할 정도이기 때문이다.

③ 기회보상의 기회

기회보상에 해당하는 승진과 직무만족 간 상관관계는 보통 이상으로 나타났다. 이때 효과는 차별적으로 나타난다. 왜냐하면 승진이 여러 가지 원인과 형태로 이루어지기 때문이다. 예컨대, 연공에 의해 승진한 사람이 갖게 되는 직무만족도는 성과나 포상에 의해 승진한 사람에 비해 덜하다. 따라서 임원으로 승진하는 것이 다른 어떠한 형태의 승진보다 만족도가 높다는 것은 그러한 이유에서 설명이 가능하다.

④ 회사의 정책과 경영 관리

직무만족과 보통의 상관관계를 나타내었다. 조직 구성원들을 중심으로 하는 정책과 관리

일수록 만족도가 높았다. 예컨대, 일을 잘하고 있는지를 감독하는 차원이 아닌 장려 차원의 평가제도, 적절한 기술적 지원과 조언이 가능한 ERP 시스템, 사적인 영역까지 소통할 수 있는 커뮤니케이션 시스템 등이 이에 해당한다. 아울러 의사결정 과정에 대한 참여도 또한 직무만족에 영향을 주었다.

구성원들이 의사결정 과정에 참여하는 형태는 제안제도에서부터 종업원 지주제도(ESOP)와 산업민주주의(industrial democracy)에 이르기까지 종류나 수준에 있어 다양할 것이다. 하지만 직무와 관련된 의사결정 과정의 참여일수록 직무만족과 상관관계가 높게 나타났다.

⑤ 동 료

조직 내 동료와 직무만족 간 상관관계도 보통 이상의 수준으로 나타났다. 우호적이고 협조적인 동료와 함께 일하는 것은 직무만족의 원천이 될 것이다. 한편 연구에서 같은 연령에서 남성에 비해 여성들의 직무만족도가 낮게 나타났는데, 그것은 승진, 보상 등에 있어서 조직 내 고정관념 때문에 여러 가지 불이익을 경험했기 때문으로 이해된다.

⑥ 근무환경과 작업조건

일반적으로 작업조건이나 근무환경이 주는 효과도 보통 수준 이상으로 나타났다. 이는 출퇴근뿐만 아니라 쾌적한 환경이 업무 수행에 도움이 되기 때문일 것이다. 하지만 다른 연구에서는 근무환경이 극히 나쁘지 않은 이상, 직무만족에 별로 영향을 주지 못하는 것으로 나타난 경우도 있다. 왜냐하면 근무환경이 나쁘다고 불만족을 나타내는 경우에도, 실제로는 다른 이유 때문에 그렇게 지각하는 경우가 많기 때문이다.

(4) 직무만족의 측정

개인의 태도로서 직접 관찰할 수 없다는 특징을 갖고 있는 직무만족은 측정을 위해 스스로의 보고에 의존하게 된다.

① 우선순위법

우선순위법(rating scale)은 직무만족도 측정을 위해 가장 많이 쓰이며 다양한 도구가 개발되어 활용하고 있다.

- **MSQ(Minnesota Satisfaction Questionnaire)** 직무 상황에서 구성원 각자의 만족과 불만에 대한 구체적 예를 제시하여 평가하도록 한다. 예컨대 '혼자 남아서 일할 때가 있다', '상사가 사람을 다룰 때 공정하게 대한다', '내 능력을 발휘할 수 있는 기회가 있다' 등에 대해 5~7점 척도로 평가하도록 하는 것이다.
- **직무기술 척도법(Job Descriptive Index, JDI)** 이것은 MSQ에서처럼 직무 상황이 아닌, 직무의 실질적 관련 요소(업무내용이나 보상, 승진의 기회, 상사와 동료의 역할 등)에 대해 예/아니요로 평가한다. 예컨대, 현재 직무가 일상적이다(예/아니요), 현재 직무가 만족스럽다(예/아니요), 현재 직무가 마음에 든다(예/아니요), 현재 직무가 싫증난다(예/아니요) 등과 같은 내용에서 '예/아니요'를 답하도록 한다.
- **NSQ(Need Satisfaction Questionnaire)** 관리자들이 처하게 되는 문제나 상황에 초점을 두고 질문을 설계한 것으로, 관리자들의 직무만족도를 측정하는 데 유용하다. 예컨대, 현재의 관리업무가 자신의 발전을 위해 얼마만큼 유용한 기회를 제공하는가를 5~7점 척도로 평가하도록 한다.

이러한 우선순위법의 특징은 질문사항이 간단명료하여 응답자가 쉽게 이해할 수 있다는 점을 들 수 있다. 또한 질문내용이 일반적인 서술이므로 여러 조직에서 공통적으로 활용 가능하다. 특히 MSQ의 경우 광범위한 활용 가능성 때문에 응답자의 응답 내용을 다른 조직과 비교 가능하다. 혹은 같은 조직에서 시기를 달리하여 측정한 후 비교가 가능하다. 즉, 횡단연구와 종단연구에 모두 활용할 수 있다.

② 주요사건 기술법

허츠버그가 동기부여의 2요인 이론의 연구를 위해 개발한 것이다(제7장 동기부여 참조). 응답자들에게 자신의 직무 수행과 관련하여 특히 만족스러웠던 일과 특히 불만족스러웠던 일에 대해 기술하도록 한다. 주요사건들의 내용을 분석하여 여러 경우로 분류하고, 어떤 것이 긍정적 태도와 관련이 있고, 어떤 것이 부정적 태도와 관련 있는지 분석한다.

이러한 주요사건 기술법의 특징은 응답자로 하여금 무엇이든지 자신이 중요하다고 생각하고 있는 것을 서술할 수 있도록 함으로써 정형화되고 구조화된 질문의 범위를 벗어날 수 있다. 따라서 개인과 조직의 특징을 충분히 파악할 수 있는 이점이 있다.

하지만 분석을 위한 시간과 비용의 문제, 또한 응답한 사람과 그 내용을 분석하는 사람의 문제가 있을 수 있다. 예컨대, 분석하는 사람이 보고 좋아할 내용을 기술한다거나, 스스로를 드러내고자 하는 표현의 가능성이 상존한다.

③ 인터뷰법

직무태도에 관해 심층적으로 살펴볼 수 있는 방법이다. 즉 응답자나 질문자가 잘 이해하지 못하는 상황이나 내용에 대해 추가로 질문할 수 있다는 장점을 갖는다. 하지만 인터뷰를 통해 직무만족도를 측정하기 위해서는 시간과 비용의 문제가 크다. 또한 질문자의 편견, 질문자의 전문성, 그리고 인터뷰 설계 방법의 타당성 문제를 들 수 있는데, 구체적으로 응답내용의 가중치 부여라든가, 해석상 문제를 다룰 수 있어야 한다.

④ 행동경향 측정법

직무와 관련하여 발생하는 행동경향의 특성을 질문하여, 이를 통해 정보를 얻어 직무만족을 측정한다. 이는 직무몰입에 가까운 특성을 측정한다고 할 수 있다. 예컨대, 아침에 일어났을 때 출근하기가 싫은 경우가 있는가? 업무에 열중한 나머지 계속 일하려고 퇴근하기가 주저될 때가 있는가? 점심식사를 식사시간 이전에 하러 가고 싶은 경우가 있는가? 하던 업무를 중단하고 떠나기가 망설여지는 경우가 있는가?

이 방법은 응답자가 자기성찰을 해서 답해야 한다는 부담이 적으므로, 스스로 갖는 편견의 가능성이 줄어들 수 있다. 아울러 다른 방법에 비해 내면의 감정을 표현할 수 있는 기회가 된다는 특징을 들 수 있다. 하지만 조직에서 활용하기 위해서는 개발의 어려움과 타당성 문제가 있다.

(5) 직무만족과 조직성과

조직이나 사회 전반적인 측면에서 직무만족도가 높다는 것은 바람직한 현상이라고 할 수 있다. 그렇다면 직무만족의 결과가 조직행동과 어떻게 관련되어 나타나는지를 살펴볼 필요가 있다. 다음의 내용은 최근 연구 결과를 분석한 것이다(Harrison 등, 2006).

① 직무만족과 생산성

직무만족이 높은 사람이 그렇지 않은 사람에 비해 보다 나은 생산성과 성과를 보여 줄 것인지를 알아보기 위한 연구가 많이 이루어졌다. 하지만 일반적인 예측과 달리 실제로는 직무만족과 생산성 간 상관관계는 적은 것으로 나타났다. 다시 말해서 직무에 만족한 근로자가 반드시 생산성이 높은 사람은 아니라는 것이다.

② 직무만족과 이직

직무만족과 이직률은 부적인 상관관계가 있다. 연구에서 직무만족이 이직률을 낮추기 위해서는 효과적이지 못하지만, 낮은 이직률을 계속 유지하는 데는 도움이 되는 것으로 밝혀졌다.

또한 직무불만족이 클수록 이직률이 높아지는 것으로 나타났다. 직무만족과 이직 간 관계를 조절하는 요인으로는 근속기간, 전반적인 경제 상황, 이직 후 대안의 존재 여부 등이 있다. 예컨대, 경제가 전반적으로 호황일 경우 노동시장의 유동성이 커진다. 따라서 직무만족도가 높더라도 이직률도 높아지는 경향을 보인다. 반면 경제 상황이 나쁜 경우에는 직무불만족이 큰 사람도 이직하지 않고 현 직장에 체류하려 할 것이다. 한편 조직을 위해 적정 수준의 이직이 필요하다고 할 수 있다. 하지만 교육훈련 비용의 증가, 조직학습을 통한 핵심 가치의 지속적인 전달과 계승이라는 측면에서 조직을 위해서는 낮은 이직률이 바람직하다고 하겠다.

③ 직무만족과 결근

결근 또한 직무만족과 부적인 상관관계를 보여 주었으며, 이직보다 상관관계가 훨씬 크다. 여러 연구에서 높은 직무만족도가 반드시 낮은 결근율로 연결되는 것은 아니지만, 직무만족도가 낮은 경우에는 높은 결근율을 보이는 경우가 많았다.

④ 기타 조직행동 관련 효과

직무만족도가 큰 구성원들은 정신적, 육체적으로 건강하므로 직무 관련 새로운 과업을 신속하게 학습하게 된다. 또한 직무 관련 사고가 적으며, 조직시민행동을 더 많이 하는 것으로 나타났다(조직시민행동에 대한 설명은 뒷부분의 조직몰입에서 다룬다).

(6) 연령과 직무만족

연령과 직무만족도 간 관계는 일반적으로 포물선 형태를 나타낸다(**그림 5.5** 참조). 이러한 형태는 개인이 조직 안에서 경험하게 되는 경력단계와 유사한 형태를 보여 주고 있다. 즉, 경력발전에 있어서 차츰 윗단계로 올라가다 정점에 이른 후에 퇴조하는 시기를 맞게 된다. 직무만족 또한 이러한 형태를 나타낸다. 포물선이 하강하는 시기는 기대에 부합하지 못하는 직장생활, 기업 구조조정, 인수합병으로 인한 불안감 등으로 인해 오랫동안 근무하던 사람들로 하여금 불필요한 존재로 인식하게 되면서, 그 결과 회사에 대한 소속감이나 충성심을 상실하기 때문이다. 한편 입사 초기, 혹은 직장생활 초년기에 직무만족 수준이 낮은 것은 학생 시절과 전혀 다른 환경으로 인한 문화적 충격이나 그에 수반되는 좌절감 때문으로 나타났다.

그림 5.5 연령과 직무만족 간 관계

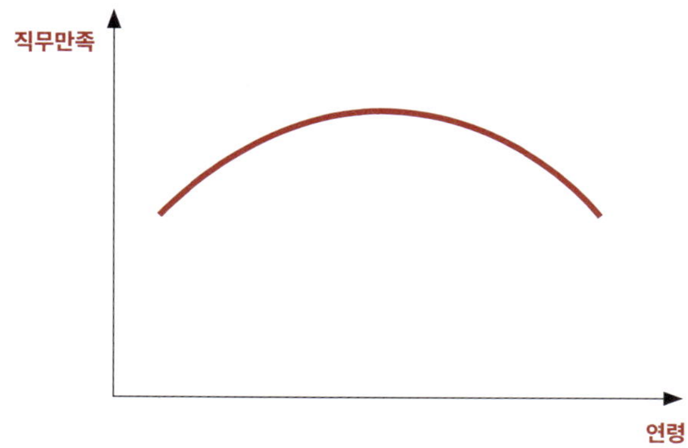

연령과 직무만족 간 관계의 종단연구

앞서 살펴본 것처럼, 직무만족 수준은 모든 직종에 걸쳐 퇴조하고 있다는 것이 일반적인 연구 결과라고 할 수 있다. 하지만 동일한 자료를 갖고 종단연구를 통해 나타난 것을 보면 직무만족 수준에서 별로 변화가 없다는 연구 결과가 있다(Brief 등, 1988).

즉, 동일한 대상을 수십 년간 추적 조사한 연구에서, 해당 기간 동안 직무만족에서 일정 수준을 계속 유지하고 있었다는 것이다. 다시 말해서 그 기간 동안 경제적 불황이나 호황, 자신이 일하던 조직의 특성이나 상황과 무관하게 일정한 만족도 수준을 유지했다는 의미이다.

이에 대해 어떠한 해석이 있을 수 있겠는가? 첫 번째 가능한 대답은 연구의 참여 대상자들은 그들의 직무에서 원하는 것을 모두 얻었기 때문이거나, 혹은 항상 얻지 못했기 때문이라고 할 수 있다. 하지만 그와 같은 대답은 설득력이 없다. 따라서 가능한 대답으로 생각해 볼 수 있는 것이 인지부조화이론이다. 이론에 근거해 볼 때, 조직의 구성원들은 직무상 불만족과 그와 같은 직무에 자신이 계속 머무른다는 현실이 갖는 부조화를 경험하게 되는 경우, 이러한 부조화를 해소하기 위해 어떠한 형태건 '불만족한다'라고 응답하지 않는 방법을 택한 것이 아닐까 하는 해석이다. 특히 그와 같은 해석에 대한 타당성의 근거로서 직장인들을 대상으로 한 연구에서, '현재 당신의 직업에 대해서, 기회가 되면 또다시 선택하겠는가?'라는 질문과 '자녀들에게도 현재 당신과 같은 직업을 선택하도록 하겠는가?'라는 질문에 대해 약 25% 정도만이 그렇다고 대답하였다. 이를 통해 보건대 오늘날 직장인들을 특정 연구에서 단순히 어떤 수치가 보여 주는 만큼 만족하고 있다고 이해하는 것이 별로 의미가 없음을 알 수 있다.

두 번째 가능한 대답은 성격과 관련하여 생각해 볼 수 있다. 직무만족이란 직무 내용이나 보상, 인간관계 등에 의해서 결정되는 것이 아니라 개인의 성격에 의해 결정된다는 것이다. 실제로 50년의 기간을 두고 이루어진 종단연구가 있다(George, 1990). 이 연구에서 50년간 일하면서 당연히 여러 회사를 거쳤을 것이며, 그에 따라 다양한 고용주, 서로 다른 직장동료를 접했을 것이다. 당연히 보상 수준도 달랐을 것이며 또한 직종이나 맡아 보는 직무도 다양했을 것이다. 그럼에도 만족도 수준에서 일관성을 나타낸다는 것은 직무 관련 여러 변수들로서, 앞에서 직무만족에 영향을 준다고 밝혀진 요인들이 실제로는 그리 중요하지 않을 수도 있다는 의미가 된다. 오히려 그러한 요인보다는 개인이 갖고 있는 삶에 대한 지향이 긍정적인가, 아니면 부정적인가에 따라 좌우된다는 것이다. 따라서 사춘기 때 형성되어 이후 지속적으로 나타나게 되는 성격특성이 직무만족에 영향을 준다는 해석이 보다 설득력 있어 보인다.

2) 조직몰입

직무만족이 특정 직무에 대한 구성원들의 태도에 관한 것이라면, 조직몰입은 조직 전반에 대한 구성원들의 태도이다.

(1) 조직몰입의 개념

조직몰입은 특정 조직의 구성원으로 남고 싶은 욕구를 의미한다. 따라서 조직의 유익을 위해서 높은 수준의 정신적, 육체적 노력을 기꺼이 할 수 있다는 의지로 나타난다. 그 결과 조직의 가치관과 목표를 전적으로 수용하고 신뢰하는 행동과 태도를 보여 준다.

(2) 조직몰입의 특징

구성원들이 조직에 충성을 나타내는 태도인 조직몰입은 조직의 지속적인 성공과 안정을 위해 자신의 노력과 관심을 발휘한다. 이러한 조직몰입에는 정서적 몰입, 체류적 몰입, 규범적 몰입이 있다. 정서적 몰입(affective commitment)은 조직에 대한 감정적 밀착, 조직의 가치에대한 믿음을 의미한다. 따라서 조직에 대한 애정과 신뢰라고 하는 태도로 나타난다. 체류적 몰입(continuance commitment)은 조직 구성원으로 남아 있음으로써 얻게 되는 경제적 가치에 대한 인식을 뜻한다. 따라서 역으로, 조직을 떠남으로써 입게 될 경제적 손실이 크기 때문에 조직에 몰입하게 된다. 규범적 몰입(normative commitment)은 직업 윤리상 혹은 도덕적인 이유로 조직 구성원으로 잔류하고자 하는 일종의 의무감을 뜻한다. 즉, 내가 조직을 떠나게 되면 내가 맡아 하던 일을 대체할 인력을 찾지 못한다는 이유로 이직하지 못하는 경우를 생각해 볼 수 있다.

이러한 조직몰입에 영향을 주는 개인 차원의 요인으로는 연령, 연공, 내외적 귀인요소 등이 있고, 조직 차원의 요인으로는 직무 설계, 상사의 리더십 유형 등을 꼽을 수 있다. 그 밖의 직무 요인으로는 직무내용(도전성, 명시성)과 역할갈등을 들 수 있다. 특히 상황 요인으로는 직장선택의 대안 유무가 조직몰입에 영향을 주는 요인이다.

(3) 조직몰입과 조직 성과

직무만족과 마찬가지로 조직몰입과 직무성과 사이에는 뚜렷한 상관관계가 나타나지 않았다. 그에 비해 조직유효성 측면에서 결근율과 이직률을 낮추는 효과는 있었다(Wright와 Bonett, 2002). 한편 조직몰입은 조직시민행동에 큰 영향을 주는 것으로 나타났는데, 이는 논리적으로 보아서도 연계성이 크다. 조직몰입도가 높은 구성원들은 자신의 조직에 대해서 외부적으로 칭찬하며, 다른 동료들을 도와주고, 직무의 범위를 넘어서는 일도 기꺼이 맡아 수행할 가능성이 크기 때문이다. 따라서 이처럼 조직에서 요구하는 업무의 범위를 넘어서 조직과 동료를 위해 일을 하게 되면, 당연히 다른 사람으로부터 자신이 도움을 받게 될 가능성도 커질 것이다. 그 결과 개인과 조직이 모두 윈 - 윈 하는 결과를 얻게 된다.

조직몰입의 세 가지 가운데 정서적 몰입이 다른 두 가지 형태의 조직몰입에 비해 상대적으로 직무성과와 더 큰 관계를 보여 주었다. 특히 정서적 몰입은 경력만족, 이직 의도와 같은 조직 유효성과 상관관계가 높은 것으로 나타났다. 다음으로 규범적 몰입이 직무성과에 영향을 주는 것으로 나타났고 체류적 몰입은 거의 상관관계가 없는 것으로 나타났다. 한편 조직 성과에서 체류적 몰입이 보여 주는 미약한 영향력에 비추어 보건대, 체류적 몰입을 조직몰입의 범주에 넣는 것에 대한 의문의 여지가 있다. 정서적 몰입이 포함하고 있는 충성심이나 규범적 몰입이 갖고 있는 책임감과 달리, 체류적 몰입은 어떻게 보면 가치에 기반을 둔 것이 아닌 경제적 효과에 기반하고 있으므로 이익의 향방에 따라 쉽게 옮겨 갈 수 있는 요인이기 때문이다(Moynihan과 Randey, 2007).

(4) 조직몰입의 측정

조직몰입을 측정하기 위한 대표적인 수단으로서 OCQ(Organizational Commitment Questionnaire)가 있다. 이는 정서적 몰입, 체류적 몰입, 규범적 몰입 등을 골고루 측정할 수 있는 것으로 7점 척도로 평가하도록 되어 있다(**참고 5.3** 참조).

(5) 조직시민행동

① 조직시민행동의 개념

조직시민행동(Organizational Citizenship Behavior, OCB)이란 공식적으로 부여받지는 않았으나, 조직과 다른 구성원들에게 도움이 되는 행동을 뜻한다. 이러한 행동은 의무가 아니며, 그에 따른 보상도 따르지 않는다. 하지만 자신이 속한 조직과 구성원들의 발전을 위해 자발적으로 수행함으로써 조직 유효성에 도움이 된다. 따라서 조직시민행동은 업무 행동 외 부차적인 행동이며 강제는 아니지만, 조직은 조직시민행동의 실현을 장려한다.

조직시민행동이 중요한 이유는 앞서 논의한 것처럼 직무만족, 조직몰입뿐만 아니라 구성원들의 동기부여와 소속감 등 여러 가지 조직 유효성과의 상관관계 때문이다. 따라서 조직시민행동에 관한 연구와 관심은 더욱 증가하고 있다.

② 조직시민행동의 선행요인

조직시민행동은 다음과 같은 이유로 발생한다.

- **조직의 공정하고 합리적인 보상** 구성원들이 조직으로부터 좋은 대우와 보상을 받는다고 지각할 때, 조직시민행동은 증가한다.
- **리더십 효과** 상사와 경영자로부터 제공받는 신뢰와 상호 존중은 구성원들의 자발적인 헌신을 이끌어 낸다. 즉 리더와 구성원 간 상호 신뢰는 조직시민행동을 증가시킨다.

③ 조직시민행동 유형

조직시민행동은 구체적으로 다음과 같은 다섯 가지 행동유형을 보여 준다.

- **이타적 행동(altruism)** 타인을 도와주려는 친사회적 행동과 친밀한 행동을 뜻한다. 도움이 필요한 상황에 처한 동료나 다른 구성원을 아무런 대가 없이 자발적으로 도와주는 것이다. 예컨대, 업무처리가 늦은 동료의 일을 함께 수행한다든가, 새로 입사하여 모든 것이 서툴고 어려워하는 신입사원에게 다가가서 격려해 주고, 신속히 적응할 수 있도록 도와주는 행동이 있다.

조직행동 읽을거리

시민행동의 선행요인

동요는 어린이의 감정과 생각이 담겨 있는 노래다. 그런데 동요라고 다 그런 것은 아니다. '따르릉따르릉 비켜나세요. 자전거가 나갑니다, 따르르르릉. 저기 가는 저 사람 조심하세요. 어물어물하다가는 큰일 납니다.' 찾아보니 1933년에 나온 곡이다. 물자가 귀하던 시절, 자전거에 쏟은 부러움이 담겼다. 그런데 노래대로라면 사고가 나더라도 사람이 못 피한 탓이다. 아무리 어렵던 때였더라도 재물의 가치가 사람에 앞서니 기막힐 노릇이다. (하략)

출처 : 이미향, '아침을 열며: 사람의 가치는 사회가 심는다', 한국일보. 2023.11.25.
https://www.hankookilbo.com/News/Read/A2023112413250004758

- **양심적 행동(conscientiousness)** 조직이 명시적이나 암묵적으로 갖추고 있는 규칙을 당연히 지키며, 그 이상으로 정직하고 청렴하게 실천적 행동을 하는 것이다. 불필요한 휴식시간을 취하지 않고, 회사의 비품을 자신의 것보다 더 소중하게 아끼고, 엄격하게 사용한다.
- **신사적인 행동(sportmanship)** 정정당당하게 행동하는 것을 말한다. 조직이나 다른 구성원과 관련하여 불만이나 갈등이 있을 때, 이를 정당한 방법을 사용하여 적극적으로 해결하는 행동이다. 또한 잘한 것에 대해서는 아낌없는 칭찬과 격려를 통해 성공과 승리로 인한 기쁨과 결실을 함께 공유하는 행동과 태도를 포함한다.
- **배려 행동(courtesy)** 배려 행동은 자신의 업무상 일로 혹은 개인적인 일로 인해 다른 사람에게 피해가 발생하지 않도록 사전에 미리 주의 깊게 조치하는 행동이다. 즉, 자신의 의사결정이나 개인적인 일로 인해 다른 구성원들에게 업무부담이 증가하는 경우가 있다. 물론 회사에서 공식적으로 그에 대한 보완정책과 보상을 제공하는 것과 별개로, 그에 더하여 미리 준비하고 조치하는 행동이 있을 수 있다.
- **참여 행위(civic virtue)** 이는 조직 내 다양한 공식적 · 비공식적 활동에 관심을 갖고 적극적으로 참여하는 것이다. 예컨대, 조직 내 동아리나 친목회 등에 적극 참여함으로

참고 5.2

다음은 조직시민행동을 측정하기 위한 문항이다.

	전혀 아니다	아니다	보통 이다	그렇다	항상 그렇다
1. 외부 사람들에게 조직을 호의적으로 이야기한다.	☐	☐	☐	☐	☐
2. 근무 중에 시간낭비는 거의 하지 않는다.	☐	☐	☐	☐	☐
3. 직무상 필요한 관련 회의 외에는 모임에 참석하지 않는다.*	☐	☐	☐	☐	☐
4. 동료들에게 창조적 제안을 자주 해 준다.	☐	☐	☐	☐	☐
5. 성과 향상을 위한 추가적 교육훈련을 하지 않고 있다.*	☐	☐	☐	☐	☐
6. 외부의 위협이 있을 때, 우리 조직을 방어하려고 노력하지 않는다.*	☐	☐	☐	☐	☐
7. 언제나 가능한 한 최대의 생산량을 만들어 낸다.	☐	☐	☐	☐	☐
8. 신규 프로젝트 관련 아이디어나 업무 개선에 대한 아이디어를 폭넓게 공유한다.	☐	☐	☐	☐	☐
9. 조직에서 옳고 그름을 평가하기 위한 전문적 판단을 제공한다.	☐	☐	☐	☐	☐
10. 업무 관련 추가적 의무나 책임을 피한다.*	☐	☐	☐	☐	☐
11. 외부 사람들에게 우리 조직을 일하기 좋은 직장으로 말하지 않는다.*	☐	☐	☐	☐	☐
12. 항상 정시에 출근한다.	☐	☐	☐	☐	☐
13. 우리 회사의 제품과 서비스에 대해 항상 잘 이해하려 하며 다른 사람들에게 알려 준다.	☐	☐	☐	☐	☐
14. 경영자들이 최신 정보와 지식을 갖추도록 제안한다.	☐	☐	☐	☐	☐
15. 업무상 요구 이상으로 일은 하지 않는다.*	☐	☐	☐	☐	☐
16. 직원들이 우리 조직을 비판할 때 조직을 방어하지 않는다.*	☐	☐	☐	☐	☐
17. 어떤 상황에서도 최선을 다해 일을 하고 있다.	☐	☐	☐	☐	☐
18. 일하면서도 매력적이고 단정하게 개인적 용모를 유지한다.	☐	☐	☐	☐	☐

(계속)

	전혀 아니다	아니다	보통 이다	그렇다	항상 그렇다
19. 다른 사람들이 회의에서 발언하도록 북돋아 준다.	□	□	□	□	□
20. 필요한 경우에는 초과근무를 자원한다.	□	□	□	□	□
21. 우리 조직의 제품과 서비스를 적극적으로 홍보한다.	□	□	□	□	□
22. 조직이 설정한 마감기일을 모두 지키지는 못한다.*	□	□	□	□	□
23. 우리 조직에 도움이 되는 외부집단에 관여하고 있지 않다.*	□	□	□	□	□
24. 동료들의 어려움에 대해서 돕는다.	□	□	□	□	□
25. 프로젝트 수행에서 다른 사람들과 협력하는 데 문제가 있다.*	□	□	□	□	□
26. 경쟁사에서 더 많은 보상을 준다면 직장을 옮기겠다.*	□	□	□	□	□
27. 일하러 갈 때는 준비가 잘 되어 있다.	□	□	□	□	□
28. 회사에 도움이 되는 정보가 어디에 있는지를 잘 알려고 노력한다.	□	□	□	□	□
29. 동료들이 우리 조직에 투자하도록 독려하지 않겠다.*	□	□	□	□	□
30. 업무규칙과 지시사항에 항상 주의를 기울여 따른다.	□	□	□	□	□
31. 상사들의 보다 나은 업무 수행을 응원하지 않는다.*	□	□	□	□	□
32. 때때로 조직의 자원을 낭비한다.*	□	□	□	□	□
33. 책상과 사무공간을 깨끗하고 말끔하게 정돈한다.	□	□	□	□	□
34. 때로는 정당한 이유 없이 결근한다.*	□	□	□	□	□

- * 표시는 역척도
- 차원별 항목구분 : ① 충성 차원 - 1, 6, 11, 16, 21, 26, 29
② 복종 차원 - 2, 7, 12, 17, 22, 27, 30, 32, 33, 34
③ 사회적 참여 차원 - 3, 8, 13, 18, 23
④ 변화주도적 참여 차원 - 4, 9, 14, 19, 24, 28, 31
⑤ 기능적 참여 차원 - 5, 10, 15, 20, 25

출처 : L. Van Dyne, J. Graham & R. Dienesch, 1994. Organizational Citizenship Behavior, Comstruct Redefinition, Operationalization, and Validation, *Academy of Management Journal*, 38, pp. 765-802.

써 다른 구성원들과 교류를 활발히 하는 사회적 행동이 있다. 또한 조직 발전에 도움이 될 수 있는 개선 방안에 대해 항상 생각하고 아이디어를 내는 등 변화주도적 솔선수범이 여기에 해당한다.

④ **조직시민행동의 활성화**

앞서 조직시민행동의 선행 요인에서 논의한 것과 마찬가지로 리더십이 또한 중요한 역할을 한다. 무엇보다, 직접적으로 구성원들의 태도와 행동에 큰 영향력을 행사할 수 있는 일선 관리자들이 관심을 갖고 조직시민행동 실천에 대한 비금전적인 보상, 즉 인정과 칭찬을 하는 것이다. 이러한 논의는 실제로 여러 연구 결과를 토대로 한 것이다. 따라서 리더로서 일선 관리자들은 구성원들의 조직시민행동에 대한 면밀한 관찰과 즉각적인 보상으로 조직시민행동을 활성화하는 것이 필요하다.

3) 직무몰입

그 밖의 조직행동과 관련된 태도로서 직무몰입이 있다. 이는 구성원들이 스스로를 자신의 직무와 동일시하고, 직무성과의 달성 수준을 자신의 가치를 평가하는 척도로 삼는다. 따라서 높은 직무몰입을 가진 사람은 자신이 맡은 직무를 중요하게 생각할 뿐 아니라, 성과 달성을 위해 많은 노력과 관심을 기울이게 된다. 왜냐하면 성과 달성의 여부와 달성 수준이 조직 안

참고 5.3 OCQ의 측정

① 나는 조직이 성공하기 위해, 일반적인 수준 이상의 노력을 할 것이다.
② 나는 조직을 친구와 지인들에게 진정 일할 가치가 있는 곳으로 추천한다.
③ 나는 조직에 충성할 마음이 없다(역척도).
④ 나는 조직이 계속해서 잘 유지되기 위해, 어떤 업무에 배치되더라도 받아들이겠다.
⑤ 나는 스스로의 가치와 조직의 가치 간에 밀접한 유사성을 발견한다.
⑥ 나는 다른 이들에게 내가 조직의 일부임을 자랑스럽게 이야기한다.
⑦ 나는 업무내용만 비슷하다면 다른 회사에서도 이곳처럼 잘 할 수 있다(역척도).
⑧ 조직은 나로 하여금 최선을 다해 일하도록 북돋아 주고 있다.
⑨ 나는 조직의 앞날에 대해 진정 염려하고 관심을 갖고 있다.
⑩ 이 회사에서 일하기로 한 결정은 전적으로 나의 실수였다(역척도).

출처 : R. T. Mowday 등, "The Measurement of Organizational Commitment," *Journal of Vocational Behavior*, vol. 14, 1979, pp. 224-247.

에서 스스로의 가치를 평가받는 중요한 척도가 된다고 인식하기 때문이다.

직무몰입과 유사한 개념으로 심리적 임파워먼트(psychological empowerment)가 있다. 심리적 임파워먼트란 자신의 직무환경에 대해 영향력을 행사할 수 있다는 믿음과 더불어 자신의 역량에 대한 확신, 직무에 대한 의미 부여, 직무에 대한 자율성 등을 인식하는 것을 의미한다. 또한 이것은 리더십과 연관이 있는데, 훌륭한 리더는 구성원들이 심리적 임파워먼트를 경험할 수 있도록 조직을 운영하고 설계해야 한다. 다른 태도와 마찬가지로 직무몰입과 심리적 임파워먼트는 조직시민행동과 직무성과에 긍정적인 영향을 주는 것으로 나타났다(Brown 등, 2002).

4) 조직지원 인식

조직지원 인식(Perceived Organizational Support, POS)은 조직이 조직 구성원들의 공헌에 대해 어떠한 가치를 부여하고 있으며, 또한 얼마만큼의 관심과 배려를 하고 있는지에 대한 인식을 의미한다. 조직지원 인식은 조직에 대해서 갖는 태도지만 매우 주관적이라는 특징이 있다. 왜냐하면 조직 구성원들이 조직에 대해 기대하는 관심과 배려는 종류나 수준에 있어서 다양하기 때문이다. 예컨대, 어떤 사람은 자신이 업무 수행 중 저지른 작은 실수에 대해서는 회사가 관용을 베풀어야 한다고 기대할 수 있다. 한편 조직의 다른 구성원은 회사 발전을 위해 노력하던 중에 고의로 발생한 잘못이 아닌 경우에는 어떠한 손실에 대해서건 책임을 물어서는 안 된다고 기대할 수 있을 것이다. 따라서 조직지원 인식이라고 하는 태도에 대한 일관된 견해와 측정 방법에 관한 공통된 논의는 쉽지 않은 영역이라 하겠다.

6장

성격

I　성 격

1. 성격의 개념

성격이란 일상에서 작용하는 개인의 심리 과정을 의미한다(Allport, 1937). 성격은 내부적, 외부적인 힘에 의해서 동기유발되고 나타난다. 이때 내부적 힘이란 내적 특성을 의미하며 개인의 인지행위나 감정 등이 있다. 외부적 힘은 환경이나 상황을 의미하는데, 이같은 정의는 성격의 변화 가능성을 내포하고 있다. 따라서 성격이란 개인으로 하여금 자신이 처한 환경에 독특하게 적응해 나가도록 하는 심리적, 사회적 구조라고 할 수 있다(Hogan과 Roberts, 2001).

한편, 일반적으로 누구의 성격, 어떤 성격이라고 말할 때는 개인을 분류하기 위해 사용하는 심리적 특성의 집합체를 뜻한다.

2. 성격의 어원

성격은 독특한 어원을 갖고 있다. personality는 라틴어 per sonna에서 유래한다. per sonna는 영어로 to speak through로 옮길 수 있는데, 고대 그리스나 로마시대에 연극 배우들이 무대에서 쓰는 가면을 의미한다. 이러한 어원은 성격에 대한 조직행동의 분석과 관련이 있다. 즉, 가면(성격)이란 실제로 연극에서 한 사람(배우)이 다른 사람들(관객)에게 드러내는 역할이라고 할 수 있을 것이다. 한편 조직행동에서는 역할보다는 사람(배우)에 더욱 초점을 두고 분석하고 있다.

따라서 역할을 강조하건, 사람에 초점을 두건, 성격에 관한 연구는 조직 내 다른 구성원과 긍정적 관계를 통해 조직 성과를 얻을 수 있는 방안에 대한 것이다.

참고 6.1 인생이란 연극 속의 역할

학교 근처 주유소에 자동세차장이 있다. 그곳에는 여러 명의 지체장애인이 직원으로 일하고 있다. 그 가운데 세차가 끝난 자동차의 물기를 특히 빠른 속도로 닦아내는 청년이 한 사람 있었다. 한쪽 팔을 못 움직이기에 남보다 더 빨리 움직여야 하기 때문일 것이다. 추운 겨울날 나는 자동차 안에 앉아서 여기저기 돌출된 부분이 있는 자동차 외면을 혹시 있을 부상쯤은 아랑곳 않고 열심히 마른 수건으로 닦아내는 청년을 보면서 이런 생각을 했다.

나는 어찌하여 이렇게 편안히 차 안에 앉아 있고, 저 청년은 왜 이 추운 날 땀을 흘려 가며 그것도 한 손으로 걸레질을 해야 할까? 어떻게 해서 이런 관계가 형성되었단 말인가? 만약 이것이 연극이라면, 나는 왜 이렇게 편한 역할을 맡게 되었고, 저 사람은 왜 저런 힘든 역할을 맡게 되었을까? 인생이란 연극에서 나에게 어떤 역할을 맡을 것인지 물어본다면 당연히 지금의 내 쪽을 택할 것이다. 그렇다면 그 청년은 기꺼이 어려운 역할을 맡겠다고 했단 말인가?

연극이 끝나면 우리에게 감동으로 남는 것은 그 속에 담긴 스토리이다. 배우가 입었던 찢어진 청바지, 앉았던 흰색 흔들의자, 이런 소품들은 기억으로 남지 않는다. 인생이라는 연극에서 우리가 흔히 내세우는 돈, 명예, 권력은 어찌 보면 소품에 불과한 것은 아닐까?

중요한 것은 연극에 등장하는 내가 어떤 사람인가 하는 것이다. 인생사란 연극에서 내가 생각하는 나 자신과 관객이 생각하는 내가 일치하는가? 나는 연극에서만 행복할 수 있는가? 우리 인생사와 마찬가지로 관객이 나를 어떻게 보는지가 연극 속 스토리의 핵심이 아니던가?

미국 유학까지 갔다 왔다며, 스포츠카를 타고 다니면서, 항상 목이 뻣뻣한 주유소 주인이 별로 맘에 들지는 않지만, 나는 그 주유소에 간다.

3. 성격 논의의 두 가지 관점

조직행동에서 성격에 대한 논의는 두 가지 관점에서 의미를 갖는다. 앞서 설명한 성 격의 어원인 가면에 대한 설명과 관련되어 있다. 즉, 배우가 드러내는 것과 관객이 받아들이는 것으로서, 이 두 가지는 서로 다른 영역을 구성하는 연구주제이며 각기 중요한 의미를 갖는다.

첫 번째 관점은 성격에 관한 행위자(배우)의 견해를 반영한다. 이것은 개인이 내부에서 바라본 성격으로서, 스스로가 생각하는 자신의 특성에 관한 것이다. 성격이론에서는 이를 정체성(identity)이라고 한다. 다시 말해서 스스로가 자신이 누구라고 생각하는가에 관한 것으로서, 자신의 꿈과 희망, 포부와 야망, 가치와 평가, 다른 사람과 어떻게 관계를 맺고, 어떻게 삶의 의미를 찾을지 등에 대한 자신의 심리적 요인들의 설명이라고 할 수 있다.

그에 비해 두 번째 관점은 성격에 관한 관찰자(관객)의 견해를 반영한 것이다. 이는 외부에서 바라보는 성격으로 자신에 대한 다른 사람들의 견해와 관련되어 있다. 즉, 다른 사람들이 보는 자신의 모습으로서, 이는 개인의 외형적 행동에 기반한 것이다. 성격이론에서는 이것을 평판(reputation)이라고 한다.

조직행동에서 성격에 대한 논의가 중요한 이유는 다음과 같다. 첫째, 성격에 대한 행위자의 견해인 정체성은 스스로를 타인과 자신에게 묘사하는 모습으로서, 사회적 상호작용에서 개인의 행동을 결정하는 중요한 요인이기 때문이다. 따라서 개인이 왜 그러한 행동을 하는지에 대한 설명이 가능하다.

둘째, 정체성과 평판 가운데 어떤 것이 예측변수로서 정확한 것인가의 문제이다. 프로이트는 스스로가 알고 있는 자신은 별로 알려고 할 필요가 없다고 주장한다. 왜냐하면 사람들은 자신에 관한 이야기를 꾸며낼 수 있고, 자신의 정체성이란 사회적 상호작용 속에서, 스스로에게 어떤 역할을 부여하여 만들어 낸 이야기이기 때문이다. 따라서 개인의 자기 이야기는 자신들의 과거 행동을 정확히 반영하고 있지 못하며, 많은 경우 실제 경험과 괴리가 있다. 더욱이 정체성은 그 자체가 매우 주관적이기 때문에 과학적 방법으로 연구하기 어렵다. 그에 비해 평판은 여러 가지 표준화된 형태를 통해 특정 개인에 대해 기술하도록 동료, 상사, 부하에게 요청할 수 있다. 기술내용은 평가자들 간 신뢰성을 보이며, 시간이 경과한 후 이루어진 재평가와 재기술에서도 일관성을 나타낸다. 따라서 미래 행동의 가장 좋은 예측변수는 과거의 행동이며, 과거의 행동을 잘 반영할 수 있는 평판이 미래 행동에 대한 보다 정확한 예측변수라고 할 수 있다.

셋째, 성격에 대한 관찰자의 견해인 평판에 관한 연구에서 안정적이고 보편적인 구조가 있음을 발견했다. 즉, 개인이 속한 사회의 문화적 특성이나 언어적 차이와 무관하게 모든 평판은 외향성, 친화성, 성실성, 정서적, 안정성, 개방성의 다섯 가지 요인으로 나타낼 수 있다. Big 5 이론의 다섯 가지 요인은 평판을 기술하고 평가하는 척도가 되며, 이러한 다섯 가지 요인의 발견은 성격연구에 중요한 발전을 가져왔다.

넷째, 성격에 관한 행위자의 견해인 정체성은 개인의 심리적 요인의 핵심이며 기초가 되는 것이다. 따라서 심리를 행위의 조절자라고 할 때, 심리의 집합체인 성격은 개인의 삶에 있어서 행동의 지침이 된다. 이러한 사실은 조직행동 연구에서 중요한 시사점을 제공한다. 즉, 행위자는 주로 자신의 정체성을 중요하게 생각하고 관심을 갖지만, 관찰자는 행위자의 평판에 더 많은 관심을 갖는다는 점이다. 조직과 집단에서 보상과 지위는 평판을 근거로 결정된다. 즉, 개인에 대한 평판을 근거로 선발하고, 보상하며, 지원하고, 해고한다. 따라서 조직행동에서 성격에 관한 논의의 핵심은 현명하고 공정한 행위자와 관찰자가 되어야 하며, 동시에 다른 사람들이 자신을 어떻게 지각하고 평가하는지에 관해서도 주의를 기울여야 한다는 것이다.

4. 성격연구의 필요성

성격연구가 필요한 이유는 무엇보다 성격이 인간의 행동을 형성하기 때문이다. 조직 안에서 이루어지는 개인의 행동을 이해하기 위해 성격을 이해한다면 도움이 될 것이다. 개인을 분류하기 위해 사용하는 심리적 특성의 집합체로서 성격은 개인의 안정화된 특성이라고 할 수 있다. 따라서 개인이 처한 상황과 환경에 독특하게 적응할 수 있는 기능을 갖는다.

그리하여 성격에 관한 초기 연구는 성격의 구조를 밝히는 데 초점을 두고 있다. 이를 통해 개인의 행동을 설명할 수 있는 요인을 밝히고자 하였다. 조직은 모집과 선발, 직무배치, 경력개발 등의 의사결정에 활용할 수 있었다. 따라서 성격연구의 첫 번째 목표는 성격연구결과를 토대로 조직 구성원 간 이해와 긍정적 관계를 통해 조직 성과를 얻는 것이다.

둘째로, 조직 내 구성원들에 대한 이해를 증진시킬 수 있기 때문에 성격에 관한 연구가 필요하다. 조직 안으로 들어오면서 개인은 스스로의 성격을 갖고 들어온다. 따라서 여러 사람이 여러 가지 성격특징을 갖고 조직에 귀속하게 되는데, 이러한 성격특성이 사회적 지각을 지배한다. 그리하여 조직 내 개인의 가치관과 태도에 영향을 주게 된다. 이때, 조직으로서는 구성원 간의 그러한 차이점(성격특성, 사회적 지각, 태도, 가치관)이 크다면 생존에 위협이 될 수 있다. 즉, 핵심역량, 핵심가치의 전달체계상 혼란과 전달 거부, 조직학습 과정의 연계 단절이 발생할 수 있다.

예컨대, 기업경쟁력의 원천이 되는 핵심역량을 생각해 보자. 어떤 기업은 20년, 30년, 100년까지 굳건하게 운영되는 반면, 어떤 기업은 몇 년도 되지 않아 자취를 감추는 일이 일어나는가?

우리는 흔히 30년 이상 존속하는 회사를 장수기업이라고 한다. 기업의 생존을 결정하는 가장 큰 요소는 아마도 외부환경이 될 것이다. 다음으로 중요한 것을 꼽으라면 핵심역량이 될 것이다. 이 핵심역량이 구성원들의 행동, 태도, 가치관에 체화되어 그것을 일상적으로 발휘할 수 있는 것이 된다면 제 기능을 할 것이다. 따라서 핵심역량이 조직 내 구성원들에게 제대로 전달되도록 하는 것이 기업의 지속가능한 성장과 발전의 관건이라고 할 수 있다.

핵심역량이 조직에서 구성원에게, 구성원에서 구성원에게, 즉 새로운 구성원들에게도 잘 전달되는 기업은 10년, 20년, 100년까지 존속할 수 있다는 것이다. 그런데 사람들은 자기 자신과 다른 사람에게는 정보전달을 꺼리는 경향이 있다. 입사 시에는 많이 있던 여성 사원들이 상위직급으로 올라갈수록 찾아보기 힘든 이유로 유리천장 효과와 고정관념을 들고 있다. 하지만 그 이면에는 중요한 정보의 전달과 교환이 남성들 사이에서만 이루어지며, 이것은 우리와 '다르다'는 것을 전제로 한 결과이기 때문일 것이다. 따라서 그것이 단지 성별 차이뿐 아니라, 나와 매우 다른 사람일 경우, 조직에서 구성원에게 혹은 구성원끼리 전달되어야 하는 핵심역량과 가치, 조직학습의 활성화에 단절효과를 가져올 수 있다(다양성의 역기능). 따라서 공동의 목표를 향해 나아가기 위해서는 구성원들의 특성을 어느 정도 형상화(molding)할 필요성이 제기된다.

이러한 맥락에서 모집선발, 이동배치 등을 위한 중요한 정보로서 성격에 대한 연구결과가 활용된다. 결국 목표지향적 행동(학습, 교육훈련, 사회화)을 통한 조직 성과를 얻기 위해 성격 연구가 중요하다고 할 수 있다.

5. 성격 변화와 관련한 논의

성격연구에 대한 필요성 못지 않게 성격 변화에 대한 논의가 활발하게 이루어지고 있다. 우선 성격심리학에서는 인간의 삶과 행동을 일관성 있게 만들고 타인과 구분하도록 하는 안정적이고 지속적인 심리구조가 인간의 내면에 존재한다고 설명한다. 따라서 성격이란 안정적이고 변화하지 않는 심리적 구조라고 주장한다.

그에 비해 행동주의에서는 인간의 행동은 성격과 같은 가상적인 심리구조에 의해서가 아니라, 상황과 환경에 의해서 더 많이 나타난다고 주장한다. 이러한 견해는 개인의 성장, 변화, 발전 등의 관점에서 더욱 민주적이며 인본주의적인 접근이다. 일면 극단적인 논의도 가능하지만, 현실에서 매력적으로 수용된다. 왜냐하면 우리가 실제로 과거와 다른 상황에 처한다면 다르게 행동할 수 있고 보다 나은 행동을 하지 않겠는가?

따라서 성격 변화와 관련한 논의는 행동주의 심리학 관점에 근거하여 정체성과 평판을 변화시키는 방법에 대한 논의라고 하겠다.

① 사람들은 자신의 행동을 변화시킬 수 있는가? 그에 대한 대답은 '진심으로 원한다면 가능하다'는 것이다. 금연이나 금주의 경우를 생각해 보면 이해가 된다.

② 사람들은 자신의 정체성을 변화시킬 수 있는가? 사람들은 종종 자신에 대한 스스로의 생각을 바꾸며, 그것이 경우에 따라서는 좋은 방향이 되기도 하고 때로는 좋지 않은 방향이 되기도 한다. 사회화 과정, 심리치료, 정신과 치료를 생각해 볼 수 있다.

③ 사람들은 자신의 평판을 변화시킬 수 있는가? 이에 대한 대답도 '그렇다'라고 할 수 있다. 하지만 다른 사람의 지각을 변화시키는 것은 매우 어렵다. 우리에 관한 다른 사람의 인식을 1% 변화시키려면 우리 행동의 100%를 변화시켜야 한다. 그것이 얼마나 어려운지는 선거 때마다 후보들이 1%의 지지율을 높이기 위해 사활을 거는 모습을 통해 알 수 있다. 따라서 이때 변화의 핵심은 행동의 변화이다. 만약 개인이 과거와 다르게 행동한다면, 스스로도 자신을 다르게 지각할 것이고, 어떤 시점에서는 다른 사람들도 그렇게 지각할 것이기 때문이다.

6. 성격연구를 위한 방법

성격발달에 관한 연구는 인간 행동의 연구에서 중요한 부분으로 인식되고 있다. 현대 심리학에서는 유전적인지, 후천적인지, 성숙에 의해서인지, 학습에 의해서인지 등의 논쟁에서 벗어나 그러한 모든 요소들이 인간의 성격에 영향을 준다고 결론지었다. 성격발달에 관한 연구는 두 가지 접근 방법으로 나누어 볼 수 있다.

첫째, 어떠한 특정 정신적, 신체적 단계에서 개인의 성격발달이 이루어지는지를 규명하려는 방법으로, 이를 성격발달의 단계이론이라고 한다.

둘째, 성격을 결정하는 주요 요소에는 어떠한 것이 있는지를 통한 접근으로, 이를 내용이론이라고 한다.

II 성격의 단계이론적 접근

단계적 접근방식은 이론적으로 뒷받침되고 입증되는 부분도 있으나, 주요 결정요소를 찾아내는 방식은 경험에 근거하여 이루어진다. 하지만 이에 관해서는 많은 심리학자들이 성격발달에는 인지할 정도의 단계란 존재하지 않는다고 비판하고 있다. 즉, 개인차가 매우 크기 때문에 그것을 이론화하는 것은 의미가 없다는 것이다. 오히려 성격 발달은 일련의 연속적 과정으로, 성격발달을 위한 학습기회(예컨대, 사회화)의 유무에 달려 있을 뿐이라는 아지리스의 주장이 대표적이다.

조직행동과 관련이 있는 단계이론으로서 레빈슨(N. Levinson)의 생애단계이론, 홀(D. Hall)의 경력단계이론, 호건(R. Hogan)의 성인단계이론, 아지리스(C. Argyris)의 미성숙-성숙 이론에 관해 살펴보도록 하자.

1. 생애단계이론

레빈슨의 생애단계이론(adult life stage)은 성인의 전 생애에 걸쳐 정해진 순서에 따른 단계로 성격이 진화한다는 이론이다. 이론적 특징은 연령에 근거한 단계이론이라는 측면에서 사건 중심적인 프로이트 학파의 연구와 대비된다.

레빈슨은 성인의 안정된 생애의 4단계를 다음과 같이 연령에 따라 구분하고 있다.

① 성인 세계의 입문(22~28세)

② 정착단계(33~40세)

③ 중년기 입문(45~50세)

④ 중년기 정점기(55~60세)

레빈슨은 각 단계 사이에 과도기적 단계가 존재한다고 설명하고 있다. 즉 28~33세, 40~45세, 50~55세, 60~65세는 과도기적 단계로 전후 단계의 특징이 공통적으로 발현된 다는 것이다. 그럼에도 불구하고 성인 생애단계이론은 개인차가 크기 때문에 이론으로서 일반화하기에는 한계가 있다고 하겠다(Levinson, 1986).

2. 경력단계이론

홀은 레빈슨의 성인 생애단계이론과 여러 가지 성격단계이론을 종합하여 경력단계(career stage)를 제시하였다.

첫 단계는 **탐색단계**(exploration)이다. 개인이 청소년기의 욕구에서 머물던 것이 정체성을 확립해 나가는 단계이며, 직장 초년생들이 스스로의 모습을 찾기 위해서 자발적으로 시험과 시도를 해 보는 기간이다. 따라서 직장 이동도 빈번하기 때문에 경력상 안정되지 못하고 비생산적인 시기이다.

두 번째 단계는 **정착단계**(establishment)로서, 경력단계에 있어서 성장하는 시기이며, 또한 생산적인 기간이다.

세 번째 단계는 **유지단계**(maintenance)로서, 높은 생산성이 계속 이어지는 시기이고 멘토의 역할을 하는 시기이다. 이때는 **그림 6.1**에서처럼 성장이나 부진으로 극명하게 나뉘기도 한다.

네 번째 단계는 **퇴조단계**(decline)이다. 이때는 자신의 인생에서 내린 선택이나 경력에 있어서 전반적으로 만족을 느껴야 할 시기이다.

그림 6.1 홀의 경력단계 모델

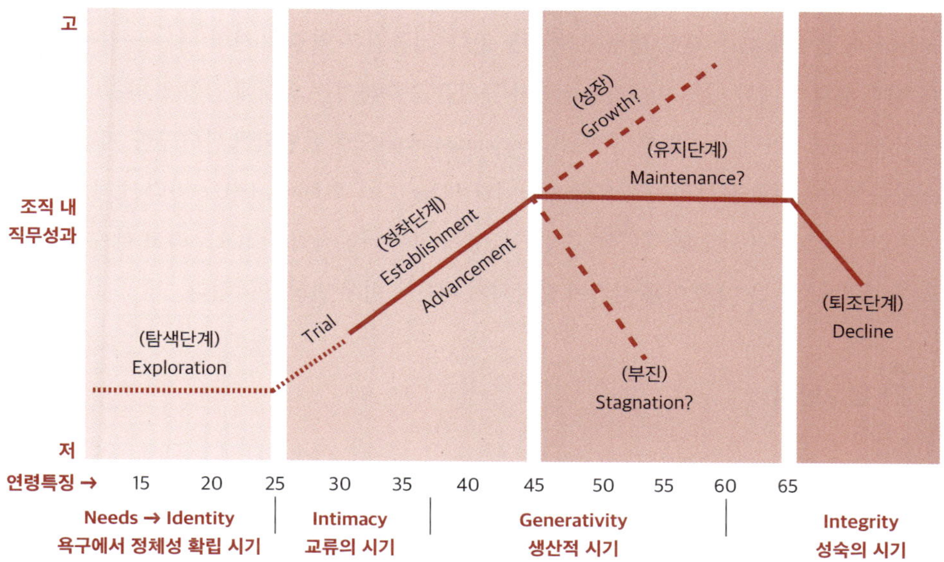

출처 : D. Hall, *CareersinOrganizations*, Goodyear, Santa Monica, CA. 1976, p. 57.

3. 호건의 성인단계이론

호건은 성인기의 성격에 영향을 주는 네 가지 발달단계를 제시하였다. 각 단계는 해당 단계에서 이루어야 하는 중요한 성격발달의 문제를 내포하고 있는데, 이러한 문제가 어떻게 해결되는지에 따라 성인기의 성격에 영향을 준다고 하였다. 아울러 성격발달과 직무성과 간 연구를 통해, 자신의 성격발달단계는 문화적 특성을 넘어 보편적 형태라고 주장하였다.

1) 영아기

영아기는 출생에서부터 4~5세가 되어 또래 집단에 참가할 때까지를 말한다. 이 시기에는 부모의 요구에 적응하는 것에 일차적인 관심을 둔다. 이 시기에 부모가 얼마나 따뜻하게 애정을 갖고 대하며 또한 행동에 얼마만큼 제약을 하는지의 정도에 따라 핵심 자존감(core self-esteem)과 권위에 대한 태도 형성에 영향을 준다. 자존감은 역경을 견뎌 내는 능력에 영향을 미치며, 권위에 대한 태도는 자기통제력과 규칙을 준수하려는 의지에 영향을 미친다. 권위에 대한 태도는 성인이 되었을 때 성실성(conscientiousness)으로 전환되어 나타난다. 자존감과 성실성은 직무성과를 예측하는 중요한 요소이다(Judge, Erez & Bono, 1999). 따라서 기본적으로 자존감과 성실성은 개인의 일반적 고용 가능성에 대한 기본적인 결정요소라고 할 수 있다. 이러한 성격요소들은 매우 이른 시기에 발달되기 때문에 이후 변화가 어렵다.

2) 청소년기

이 시기의 관심사는 또래 집단으로 이동하게 된다. 이때가 되면 부모의 통제력과 영향력은 점차 감소하게 되고, 또래 집단의 영향력은 점차 증가하게 된다. 타인의 기대를 파악하는 능력은 또래 집단으로 진입과 참여를 원활하게 해 준다. 자신과 상호작용하는 상대방의 관점에서 자신의 행동을 생각하는 방법을 알게 되는데, 이를 조망수용능력(perspective taking)이라고 한다. 여기에는 감정이입, 역지사지, 사회적 지능 발휘 등의 기술이 있는데, 이것은 중요한 기술이다. 이러한 기술은 유아적인 자기중심주의와 정반대라 할 수 있으며 이러한 기술 개발은 쉽게 이루어지지 않는다. 하지만 훈련을 통해 발달 가능하고 성인이 되어서도 개발이 가능하다. 성격연구에서는 이러한 조망수용 성향을 통해 팀의 구성원으로서 직무성과를 예측한다.

3) 초기 성인기

초기 성인기는 또래 집단을 떠나 직업의 세계로 진입하는 과도기라고 할 수 있다. 따라서 부모의 보호나 통제를 떠나서 자신의 삶에 대해 스스로 책임을 지게 되며, 사회에 기여할 기회를 준비한다. 이러한 과도기가 중요한 이유는 상대적으로 적은 기회비용으로 자신의 부모나 또래 집단이 아닌 다른 사람들과 함께 어울려 생활하고 일하는 기술과 능력을 양성할 수 있기 때문이다. 선진화된 사회나 국가에서는 취업 전에 이러한 학습이 공식적인 교육 프로그램 속에 존재한다. 그러나 덜 선진화된 사회에서는 취업 후 직무수행을 통해 현장에서 이루어지므로 기회비용이 크다. 이 단계에서 획득한 기술과 능력은 지속적인 훈련을 통해 강화되고 발전할 수 있다. 성인기에 필요한 이러한 기술과 능력은 지능지수(IQ)와 같은 측정 도구를 통해서 평가할 수 있다.

4) 성인기

성인기의 가장 중요한 과제는 자신의 삶에 대한 스토리를 개발하는 것이다. 즉 과거로부터 의미를 이끌어 내거나 미래에 대한 그림을 그릴 수 있어야 한다. 이것은 자신의 경력에 대한 비전을 만드는 것과 같다. 즉 자신이 무엇을 위해 일하는지에 대한 답을 찾는 것이다. 이러한 비전, 즉 삶에 대한 스토리를 다른 말로 표현하면 정체성(identity)이라고 할 수 있다. 이 시기의 정체성이란 앞에서 논의한 것처럼 자신이 누구이고 무엇을 위해 존재하는지에 대한 스스로의 대답이며, 바로 행위자의 견해(자기 내부)에서 보는 성격을 뜻한다. 최근 들어 성격연구에서 정체성에 관련된 연구가 활발하며, 정체성과 관련한 연구주제로서 다음과 같은 것이 있다. 첫째, 명확히 정체성을 확립하지 못한 사람들은 성공적인 경력 진전이 어렵다. 둘째, 잘 정립된 정체성을 가진 사람들은 성숙하고 성공적인 사람으로 인정받는다. 셋째, 정체성의 발달은 상대적으로 나이가 든 뒤 이루어지기 때문에, 이전 단계와 비교해 볼 때 변화될 가능성이 상대적으로 높다.

4. 아지리스의 미성숙-성숙 이론

아지리스는 개인의 성격은 어떤 정해진 단계가 있어 그것에 따라 단계별로 구분되어 발달하는 것이 아니라, 유아기의 미성숙에서 성인기의 성숙으로 연속적, 점진적으로 발전한다고 주장하였다.

유아의 기본전제로는 수동적, 의존적, 제한된 행동, 산만, 우연, 변덕스러운 관심, 단기지향

그림 6.2 아지리스의 미성숙 - 성숙 모델

미성숙 단계	성숙 단계
수동적, 소극적	능동적, 적극적
의존적	독립적
단순하고 제한된 행동	다양하고 복잡한 행동
일시적, 피상적 관심	강하고 깊은 관심
과거, 단기적 시야	현재와 미래 장기적 시야
종속적, 하위 지위	동등하고 우월한 상위 지위
자아인식의 결여	자아인식 및 자기통제

등을 꼽고 있다. **그림 6.2**는 아지리스가 제시한 미성숙 - 성숙 모델을 보여 준다(Argyris, 1957).

아지리스는 조직 내 구성원으로 일할 수 있는 상태의 개인을 성격발달 측면에서 미성숙 - 성숙이라는 발달 과정에서 본다면, 성숙의 정점에 해당하는 위치에 있다고 하였다. 하지만 개인이 조직에 귀속하면서부터 문제가 발생하기 시작한다. 전통적인 조직은 구성원들이 미성숙에서 성숙으로 발전하는 과정을 단절시키기 때문이다.

목표 달성을 위해 전통적인 조직은 합리성을 강조한다. 조직은 바로 이러한 합리성을 근거로 여러 가지 규정과 운영모델을 만들어 낸다. 이를 통해 구성원들을 통제하고, 따르기를 요구한다. 하지만 현실에서 조직의 구성원들은 각자 특성을 갖고 있는 존재이다. 즉, 창의성과 자기인식, 상위 지위를 향한 욕구를 갖고 있는 존재인 것이다. 그러나 전통적인 조직은 구성원에게 맞추려는 노력은 전혀 하지 않으며, 구성원들이 조직에 적응하기만을 요구한다. 테일러가 주장한 정신혁명이나 패욜이 주장한 단체정신 등은 아지리스의 주장에 의하면 두 가지가 공히 개인을 변화시켜 조직에 적응시키는 수단에 불과하다는 것이다.

아지리스 연구의 출발점은 바로 그러한 전통적 조직이 갖고 있는 조직 내 개인에 대한 개념에서부터이다. 즉, 전통적 개념은 테일러적인 합리적 조직의 특성이 장기적으로 개인의 성격에 부합하는 것임을 전제로 하고 있다. 그렇다면 왜 그러한 합리적인 조직의 특성이 조직 내 개인에게 그토록 좌절과 소외를 가져다주는가? 왜 사람들의 생각과 사상을 인위적으로 변화시켜야만 조직의 성공을 보장해 주는가? 조직의 장기적인 발전과 성장을 위해서 왜 반드시 개인의 단기적인 요인들을 희생해야 하는가? 이러한 질문에 대한 답으로서 아지리스는 전통적 조직을 지배하는 다음과 같은 구조적 특성에 서 그 원인을 찾고 있다.

1) 전통적 조직의 구조적 특성

① 전문화의 원칙

산업화 시대에 조직이 추구했던 전문화와 분업이 대량생산과 산업발전에 기여한 것은 분명하다. 하지만 전문화된 구조는 개성의 말살이라는 문제를 초래하게 된다. 즉, 목표 달성을 극대화하고 실패를 극소화하기 위한 전통적 조직의 이러한 특성은 개성의 발전을 인위적으로 저해하는 것이며, 개인의 자아실현 욕구를 억제하는 것이다. 더구나 전문화와 분업은 직무의 형식과 내용을 비정상적으로 단순화시킴으로써 개인의 능력을 발휘할 수 있는 범위를 축소시킨다. 따라서 전문화를 강조하는 조직일수록 조직문화에서 물질만능주의 특성이 두드러진다.

② 위계와 서열의 원칙

전통적 조직은 위계와 서열을 통해 명령과 복종의 상하수직구조를 형성한다. 이러한 구조는 구성원들의 자율권을 박탈할 뿐 아니라 알 권리를 제한한다. 이러한 상황에서 구성원들은 수동적, 의존적으로 변화하고 종속적이 되고자 하는 심리가 클 것이다. 또한 정보의 부족은 장기적 안목이나 의사결정을 할 수 없게 한다. 따라서 이러한 조직구조는 구성원들이 성숙한 단계로 발전하는 데 장애물이 된다. 직원의 미성숙으로 조직 내 사기가 저하된 상황에서, 금전적 보상을 통해 동기부여를 하려고 하는 경우가 있을 수 있다. 그러나 이러한 방법은 구성원들에게 조직이란 불쾌한 곳이며, 업무는 피하고 싶은 것이라는 인식을 더욱 강하게 하는 결과로 이어질 수 있다.

또한 서열 구조하에서는 개인적 감정을 최대한 억제하여 공개적으로 표출하는 일을 엄격히 규제한다. 즉, 자신의 생각과 감정을 비밀로 하면서, 엄격한 제도와 규범에 따라서 일해야

참고 6.2 미성숙-성숙 이론과 관련한 사례

아지리스는 전통적 조직의 특성에 대한 비판을 근거로 조직은 성숙한 개인을 거부하고 유아기의 미성숙한 구성원을 선호한다고 비판하였다. 다음은 그러한 비판을 뒷받침하는 사례이다.

월남전이 끝난 후, 당시 군인들 내복을 납품하던 미국 텍사스의 한 의류공장은 어려움에 처하게 되었다. 그래서 공장 사장은 24명의 학습장애 여성을 채용하여 기존의 인력을 대신해 저임금으로 일을 하도록 하였다. 이들의 지능은 열 살 정도였다고 한다. 그런데 기대 이상으로 그들의 작업성과가 뛰어났다. 일하면서 게으름이나 요령을 피우지 않았고, 그저 열심히 일에만 열중하였다. 따라서 통제하기도 쉬웠고, 작업 지시에도 잘 따랐다. 그래서 사장은 계속해서 그들을 고용하면서, 공장 내 다른 부서에도 비슷한 수준의 40명의 학습장애 여성을 고용했다. 그 사람들이 일하던 부서의 책임자들도 이들의 채용에 대해 만족하였다. 이유인 즉, 회사 내 규칙도 잘 지키면서 회사나 관리자들에 대한 뒷담화도 않고, 노조에 관심을 갖지 않으며, 급여는 이전에 일하던 사람들보다 훨씬 적게 받으면서도 공장 내 어느 부서에서건 시키는 대로 일을 잘한다는 것이었다.

이 사례는 당시 조직에서 형성된 하나의 추세를 반영하는 것이다. 즉, 조직 내 구성원들은 미성숙한 방식으로 업무를 수행할수록 조직에 도움이 되고, 개인에게는 보상과 자리를 확보할 수 있다는 생각인 것이다. 이는 거꾸로 성숙한 개인은 조직 안에서 구속감과 한계를 느끼고, 직장에서 좌절감을 느낀다는 의미이다. 즉, 구성원들이 성숙할수록 조직과 갈등의 가능성도 커진다는 것이다.

출처 : A. Bandura & E. Locke, "Negative Self- efficacy and Good Effects Revisited," *Journal of Applied Psychology*, vol. 8, 2003, pp. 87-99.

한다는 것이다. 아지리스는 이런 조직에서는 사람같지 않은 사람이 오히려 더욱 사람대접을 받는다고 말한다.

③ 권위의 원칙

전통적 조직은 모든 권한이 조직의 상부에 집중되어 있다. 따라서 모든 목표는 일방적으로 정해지고, 그에 따라 구성원들은 업무를 수행하도록 요구받는다. 이런 구조에서 개인의 성격은 주체적으로 발전하지 못하고 수동적이 된다. 목표를 설정하고 이를 달성함으로써 얻는 성취감과 자신감은 성격발달을 촉진하는 중요한 힘이다. 그러나 일방적으로 업무가 주어지고 이를 수행하도록 하는 것은 개인에게 좌절과 상실감을 준다.

④ **세부통제의 원칙**

통제 범위가 세분화될수록 업무내용도 세분화된다. 따라서 항상 합리적이고 객관적으로 세분화된 업무를 추진해야 하며, 구성원 간 인간관계와 사회적 유대는 약해지게 된다. 이렇게 고립되고 자율성을 상실한 구성원들은 무력감에 빠지게 되며, 더욱 조직과 관리자에게 의존하게 된다.

2) 아지리스의 학습

아지리스는 조직과 구성원이 갈등을 줄이고 악순환적인 상호관계에서 벗어나기 위해서는 조직과 성숙한 개인 간 조화를 이루는 것이 필요하다고 주장한다. 이때 개인과 조직이 조화를 이루기 위해서는 먼저 조직에 대한 구성원의 종속성과 의존을 줄여야 한다. 따라서 이를 위해 학습을 강조하는 사람 중심의 접근법을 강조한다(제5장의 학습 부분 참조).

관리자들은 학습을 통해 구성원들의 성장과 조직의 발전을 촉진해야 하며, 이를 위한 노력의 방향을 다음과 같이 제시하고 있다. 첫째, 각자의 다양한 능력을 활용할 수 있도록 구성원들의 업무를 확대하고, 업무 종류도 늘린다. 또한 업무의 수준을 높여 자신의 능력을 발휘할 기회를 제공한다. 둘째, 구성원들의 참여와 책임감을 증진하여 조직을 이끌어 간다. 이를

참고 6.3 미성숙-성숙 이론과 현대 조직의 특징

현대의 조직 또한 전통적인 조직 특성이 갖는 문제점에서 벗어나지 못하고 있다. 즉, 오늘날 조직은 다음과 같은 여러 가지 모순을 갖고 있다.

첫째, 조직은 안정과 변화라고 하는 두 가지 요구를 동시에 추구하려고 한다. 즉, 구성원들에게 창의적, 자발적으로 일할 것을 요구하면서, 동시에 규정과 절차를 위반하지 말라고 요구한다. 그리고 구성원들에게 장기적 안목을 갖도록 요구한다. 그리하여 기회가 있을 때마다 비전을 강조하고, 야망을 가지라고 강조한다. 하지만 보상과 처벌은 단기간의 업무 수행을 근거로 한다.

둘째, 구성원들에게 조직 전체의 이익을 지향하며 노력하라고 하면서, 한편으론 다른 업무 영역에 관여하는 것을 금지한다. 그 결과 자신의 부서, 집단의 이익과 관심에 집중하게 된다.

셋째, 구성원들에게 다른 사람들과 협력, 협동, 조화를 강조하면서, 조직의 필요에 따라 경쟁을 유도함으로써 수평적인 연대를 어렵게 한다.

위해 관리자들 또한 쌍방적, 상호적 학습에 참여해야 한다. 여러 가지 위원회 활동의 활성화를 비롯하여 청년이사회(junior board)를 활용할 수 있다. 셋째, 구성원들이 각자의 의지에 따라 행동하고, 감정표현과 통제를 할 수 있도록 이끌어 준다. 감정표현을 자유롭게 하는 것은 탈권위주의라는 효과와 더불어 직무스트레스를 줄일 수 있다. 넷째, 관리자들은 타당한 정보에 근거하여 행동함으로써 모순적 요소의 제거와 수정 노력을 해야 한다. 이를 위해 관리자들은 정보의 획득에 개방적인 자세를 가져야 한다. 구체적으로 문제 해결 능력을 가진 관련자와의 논의를 통해 해결 방안을 모색해야 한다. 다섯째, 관리자들은 현실에 대해 갖고 있는 스스로의 관점과 기본전제를 시대 상황에 맞도록 필요시 신속하게 변화시켜야 한다. 즉 변화 수용의 자세를 갖기 위해 노력해야 한다(이를 위해 관리자 교육훈련 가운데 역할극, 행동모델법 등을 정기적으로 실시하는 방안이 있다).

III 성격의 내용이론적 접근

이는 성격을 결정짓는 요인에 관한 연구 결과를 집약한 접근 방법이다. 이러한 요인들은 개인의 심리 과정 및 지각 과정에 관련되어 있으며, 조직행동에서 중요하게 다루고 있는 것으로는 생물학적 요인, 문화적 요인, 가족요소, 사회화 과정, 상황 요인 등이 있다.

1. 유전적, 생물학적 요인

유전적 혹은 생물학적 요인에 대한 연구가 많이 이루어지고 있으나, 연구 결과에 대해 일관된 견해가 정립되어 있지는 못하다. 이유는 무엇보다 사람을 대상으로 인위적 변수를 개입하여 실험을 할 수 없기 때문일 것이다. 따라서 연구는 관찰에 의존하게 되는데, 관찰기간이 오래 걸리기에 여러 가지 제약이 발생한다. 동물실험의 경우 육체적, 정신적 측면에서 유전적, 생물학적 요소가 분명하게 특성과 관련이 있다는 일관된 결론에 이르고 있다. 유전적 요인에 관한 관찰연구를 위해서 쌍둥이들을 대상으로 한 연구가 많다. 그 가운데 유명한 사례로서 미네소타 대학의 '쌍둥이 짐(Jim twins)'의 사례가 있다(McCartney 등, 1990).

쌍둥이는 관찰실험의 좋은 연구 대상이라고 할 수 있다. 하지만 연구의 한계는 유사성의 발견은 유전적 요소를 지지할 수 있으나, 그렇지 못할 때의 결론은 환경적 요인으로 귀결된다는 것이다.

한편 350쌍의 쌍둥이에 관한 대규모의 장기 연구가 미네소타 대학에서 이루어졌다. 이러한 연구는 유전적 요소에 대한 실증적 뒷받침이 가능한 연구 결과를 얻게 되었다. 연구에서 밝혀진 쌍둥이들에 대한 특징으로는 쌍둥이들은 리더십이 있으며, 전통 고수 경향을 보이고, 권위에 대해 순종하며 소외감을 잘 느낀다고 한다. 또한 스트레스에 취약하고, 동시에 스트레스에 저항하려는 노력을 보이며, 모험심이 강하다고 한다(Bartlett, 2001).

2. 문화적 요인

일반적으로 문화적 요인은 유전적, 생물학적 요인보다 성격발달에 더 큰 영향을 주는 것으로 알려지고 있다(Javidan과 House, 2001).

문화적 요인이 성격발달에 중요한 것은 학습 과정 때문이다. 즉, 사람들이 접하게 되는 모든 문화적 요인은 학습 과정을 통해서 강화된다. 그런데, 흔히 학습 과정에서 학습의 결과(인지적 측면에서 지식 획득, 강화 측면에서 실천행동)를 강조하고 있으나, 실제로 무엇을 배우는지(학습의객체)에 관해서는 간과하는 경향이 있다. 실제로 모든 학습 과정에서 우리가 배우는 것, 즉 학습의 객체(목적)는 문화라고 할 수 있다.

예컨대, 조직학습 과정에서 우리는 조직의 현존하고 있는 지배적 가치, 즉 조직문화를 배운다. 대학 4년 동안 무엇을 공부하고 배웠는지 생각해 보라. 졸업 후 직장에서 일하면서, 대학에서 배운 여러 경영학 과목을 실무에서 잘 활용할 수 있을 것 같은가? 어떤 과목이건 기말시험을 보고 나면 그 과목 담당교수의 이름마저 잊지 않았던가? 따라서 대학 4년간 배우는 것은 학과 내용이라기보다는 다름 아닌 각자가 다닌 대학의 문화가 아닌가 한다. 어떻게 공부하고, 어떻게 교우관계를 맺으며, 동아리 활동을 통해 어떤 경험을 했는지 등의 대학생활이 대학의 문화이며, 곧 그것이 대학에서 추구하는 가치이기 때문이다. 따라서, 그러한 관점에서 문화를

참고 6.4 쌍둥이 짐의 사례

일란성 쌍둥이인 짐 루이스(Jim Lewis)와 짐 스프링거(Jim Springer)는 생후 4주 만에 서로 다른 가정에 입양되었다. 루이스는 다섯 살 때 자신에게 쌍둥이 형제가 있다는 것을 알게 되었지만, 그 사실을 실제로 인지하게 된 것은 38세 때였다. 한편 스프링거는 쌍둥이 형제가 있다는 사실을 여덟살 때 알았으나, 자신과 그의 양부모는 쌍둥이 형제가 죽은 것으로 알았다고 한다. 두 사람은 39세에 극적으로 상봉하게 되었다. 39년 만에 만난 이 두 사람이 갖고 있는 유사성 때문에 그들 자신은 말할 것도 없거니와, 연구에 참여했던 미네소타 대학의 연구진들 또한 크게 놀랐다. 그리하여 유명해진 쌍둥이 짐(Jim twins)의 공통점과 유사성을 나열하면 다음과 같다-미혼모에게서 태어나 이름도 없이 헤어졌던 이 두 쌍둥이 형제는 양부모에 의해서 짐(Jim)이란 이름이 주어졌으며, 둘 다 똑같은 외모에 키 6피트, 몸무게 180파운드의 체격을 가졌다. 어린 시절 둘 다 토이(Toy)라는 이름의 강아지를 길렀다. 둘 다 재혼을 했는데 첫 번째 부인들의 이름은 린다(Linda)였고, 두 번째 부인들은 베티(Betty)라는 이름이었다. 또한 둘 다 아들을 하나씩 두고 있는데 한 사람은 아들 이름을 제임스 앨런(James Allan)으로, 다른 한 사람은 아들 이름을 제임스 알란(James Alan)으로 지었다. 둘 다 밀러 라이트(Miller Lite) 맥주를 마시고 담배는 샐럼(Salem)을 피웠다. 둘 다 손톱을 깨무는 버릇이 있었고, 불면증이 있었으며, 편두통을 앓았다. 둘 다 자동차 경주시합을 좋아했고, 야구를 싫어했다. 둘 다 자신의 하늘색 쉐보레 승용차를 타고 매년 플로리다의 파 그릴(Pas Grille) 비치에서 여름휴가를 즐겼으며, 그들이 묵은 두 호텔은 해안에서 5블록 떨어진 곳에 있었고, 매우 근접해 있었다. 둘 다 한때 보안관 대리로 일한 적이 있었다. 둘 다 집안 곳곳에 부인에게 사랑의 메모를 남겨 놓고 출근했다. 또한 둘 다 자신의 집 지하실에 손수 제작한 가구를 만들어 두었으며, 집 뒷마당엔 흰색 벤치를 나무 주위를 빙 둘러싸게 만들어 두었다.

그들은 IQ, 습관, 얼굴표정, 뇌파, 심박수, 글씨체 또한 매우 유사했다고 한다. 이들 쌍둥이는 따로 살았지만 같은 질병으로 죽었다고 한다.

아놀드 슈워제네거와 대니 드비토가 출연한 영화 <트윈스(Twins, 1988)>는 쌍둥이 짐을 모티브로 만든 영화이다.

출처 : K. McCartney 등, "Growing Up and Growing Apart: A Developmental Meta-Analysis of Twin Studies", *Psychological Bulletin*, vol. 107, #2, 1990, pp. 226-237.

성격발달을 이해하기 위한 중요한 요소로 인식할 수 있다.

학습 과정의 차이에 따른 성격발달의 영향을 보여 주는 대표적인 사례가 모유와 우유의 차이다. 엄마가 아이에게 젖을 준다는 것은 엄마의 심성을 전해 주는 것이다. 심신 미분화 상태에서 모든 신경, 감각, 기능, 감정이 통합된 유아의 입술과 엄마의 젖 사이의 관계는 일상을 지배하는 심신의 발달에 영향을 준다. 따라서 이러한 과정이 순조로운 경우에는 사랑, 신뢰, 감사 등 선량한 심성이 활성화된다고 한다. 반면 그렇지 못한 경우에는 탐욕, 질투, 파괴적 기능, 원망 등이 발달한다는 연구 결과가 있다.

앞서 문화적 요인이 유전적, 생물학적 요인보다 성격발달에 더 큰 영향을 준다고 하였는데, 학습 관점에서 이해할 수 있다. 예컨대, 서구문화는 개인주의적 특징을 갖는다. 따라서 사회의 지배적 가치에 근거하여 개인적 보상, 독립성, 경쟁 강조 등의 형태로 나타난다. 즉 동양문화권에서 자란 사람과 성격특성에서 차이를 보일 것이다. 예컨대 미국에 살고 있는 한국인 2세들을 생각해 보라. 생물학적 요인은 동양인이지만, 서구문화권에서 성장한 그들은 서구문화권 사람들의 성격을 갖고 있다. 하지만 여기서 한 가지 주의해야 할 것이 있다. 넓은 의미의 문화와 성격 간에 상관관계가 있다고 일반적으로 말할 수 없다는 것이다. 미국 사회의 특징 가운데 하나가 청교도 문화라고 할 수 있는데, 이것이 직업윤리에 적용되는 측면이 강하다. 하지만 그것이 미국 내 인종과 지역, 사회계층을 넘어서 공통적으로 작용한다고는 볼 수 없다(House 등, 2004).

3. 가 족

성격발달의 초기단계에 큰 영향을 주는 요인으로 가족을 들 수 있다. 특히 부모가 개인의 초기 성격발달 과정에 있어서, 동일화 과정이라는 측면에서 중요한 역할을 한다. 일반적으로 아빠는 아들에게, 엄마는 딸에게 성격발달의 모델이 된다.

여러 연구에서 부모의 직접적인 영향에 더하여 가정 분위기가 개인의 성격발달에 영향을 준다는 것이 일반적 견해로 정립되고 있다. 예컨대, 현저하게 제도화된 양육환경이나 냉정하고 차가운 가정에서 자란 아이들은 따뜻하고, 사랑받으며, 고무적인 환경 속에서 성장한 아이들과 비교할 때 정서적 부적응 상태인 경우가 더 많다. 이 경우 주요 요인이 부모가 아닐 수도 있으나, 가족 구성원이나 혹은 가정 전체의 분위기가 어떠한지에 따라 아이들의 성격발달에 영향을 준다는 것이다.

이와 관련하여 부모가 주는 영향에 관한 연구가 있다(Abegglen, 1978). 미국 액슨모빌(Exxon Mobil) 사의 20명의 임원에 관한 구체적이고 상세한 사례연구인데, 그들의 성격과 관련하여 부모가 어떤 영향을 주었는가 하는 것이다. 이들 20명의 임원은 매우 빈곤한 가정에

참고 6.5 동일화와 성격발달

동일화(identification)는 자신의 무능력에 대한 감정을 회피하기 위해서 다른 사람이 가지고 있는 바람직한 특징을 자신에게 끌어들이는 것을 뜻한다. 예컨대, 유명한 사람들의 행동을 그대로 자신의 행동으로 대치하는 경우, 이러한 동일화는 자신의 내부적 갈등을 대리적으로 해결해 준다. 그렇기 때문에 뛰어난 운동선수나 빼어난 미인이 등장하는 광고는 그러한 효과를 노린 것이라 하겠다.

동일화는 성장 과정의 자연스러운 일부분이다. 어린아이들은 놀이를 통해 성인들은 모방하며 그 과정에서 도덕적 가치관을 학습하게 된다. 어린아이들은 특정 가치가 자신들에게 어떤 의미를 부여하는지를 깨닫기 이전부터 그 가치의식을 내면화(internalize)한다. 예컨대, 부모가 아끼는 도자기의 가치를 알지 못하지만, 친구가 오더라도 그것을 갖고 놀지 않는다. 즉, 그러한 행동은 엄마의 행동과 동일화하는 것인데, 이를 통해 보상(칭찬)을 받기 때문이다.

한편, 프로이트는 어린아이들이 자신의 부모들과 동일화하게 되는 주요한 이유를 자기방어 때문이라고 하였다. 어린아이들은 어린 시절에 동성의 부모와 연적(戀敵)의 관계가 되나, 점차로 동성의 부모와 동일화하게 된다는 것이다. 그 이유가 다름 아닌 자기방어 때문이라는 설명인데, 처음에는 연적의 경쟁자가 됨으로써 경쟁구도하에서 공포감을 느끼게 된다. 예컨대, 어린 남자아이가 엄마를 차지하기 위해 아빠와 경쟁관계에 놓이는 상황과 어린 여자아이가 아빠를 차지하기 위해서 엄마와 경쟁관계에 놓이는 상황을 상상해 보라. 자신보다 훨씬 큰 체구의 아빠, 뛰어난 화장법과 눈부신 장신구로 치장한 엄마는 어린 남자아이와 여자아이에게는 도저히 경쟁할 수 없다는 두려움과 공포의 대상일 것이다. 따라서 결국 자신의 경쟁자인 연적과 동일화하는 과정을 거치게 된다. 즉, 엄마가 하는 행동, 아빠가 하는 행동을 흉내 낸다. 이 과정을 통해서 공포심이나 불안을 제거한다. 이것이 곧 자기방어 기제의 일환이 될 수 있다.

이러한 동일화는 청소년기에 특히 중요하다. 예컨대, 청소년기 10대들의 목표는 당장 성인이 되는 것이지만, 가정과 학교, 사회에서는 아직까지 성인으로 대접해 주지 않는다. 그리하여 성인이 하는 일을 하지 못하도록 많은 제약을 한다. 따라서 청소년들은 자신이 할 수 있다고 생각하는 것과 부모와 사회가 허락하지 않는다는 현실 상황 사이에서 갈등을 경험하게 되는데, 이러한 갈등은 유명 연예인과 같은 동일화 대상의 발견을 통해 줄어든다. 즉, 연예인들의 옷차림, 머리 모양, 심지어 걸음걸이까지 동일화(모방)함으로써 현실적으로 존재하는 갈등을 줄여 나간다.

참고 6.6 반동 형성

반동 형성(reaction formation)은 거부가 정반대 행위로 나타난 것. 즉 자신이 갖고 있는 감정과 정반대되는 행위를 표출하는 것을 의미한다. 반동 형성의 징후는 과장이다. 예컨대 유별나게 자신의 경쟁자를 칭찬하는 경우를 볼 수 있는데, 이는 경쟁자의 성공에 대한 적대감을 숨기기 위한 과장된 행동일 수 있다. 또한 반동 형성은 자신의 동기가 순수하다는 것을 스스로에게 믿게 하는 방법일 수도 있다. 예컨대, 엄마 역할을 하기 싫어했던 여성이 엄마가 된 후에는 이전과 그 반대로 자신이 좋은 엄마라는 것을 입증하기 위해 많은 시간과 자원을 투입하여 아이를 위해 헌신하는 것을 들 수 있다.

참고 6.7 투 사

앞서 지각방어에서 살펴보았던 투사(projection)는 자신의 특질을 다른 사람을 통해 보고자 하는 경향을 말한다. 따라서 동일화와 반대되는 개념이다. 즉, 자신이 원하지 않는 감정, 태도, 동인, 성격특성 등을 다른 사람에게 귀인, 즉 투사(덮어씌움)함으로써 갈등의 근원을 제거하려 한다. 예컨대, 최근 일련의 조직구조 개편과 관련한 소문에 두려움을 갖는 사람은 다른 사람들은 자신보다 더 두려울 것이라고 생각한다. 이를 통해 두려움과 공포에 대한 자기 합리화 효과를 얻을 수 있다.

이러한 투사는 지각하는 사람의 입장에서 볼 때 결코 바람직하지 못한 특질이다. 하지만 본인은 그 것을 깨닫지 못하는 경우가 일반적이다. 투사는 성격특성상 인색하고, 까탈스럽고, 완고하며, 끈질기거나, 무질서하며, 난잡하고, 난폭한 사람들에게서 자주 발생하는 기제라고 한다.

서 성장하여 세계적인 대기업 임원에 이른 사람들이다. 연구에서 매우 구체적이고 자세한 방법으로 사례분석을 실시하였는데, 먼저 인터뷰를 통해서 자료를 수집하였다. 이때 임원들의 직장경력뿐 아니라 교육 과정, 인적 네트워크 등에 초점을 맞추어 인터뷰를 실시하였다. 그런 다음에 8장의 사진을 보여 주고 떠오르는 자신의 생각을 스토리텔링하도록 하였다. 이는 과제통각검사(Thematic Apperception Test, TAT) 방법의 하나로, 그 8장의 사진은 부모와 아이들이 있는 여러 가족의 사진이었다(TAT에 관해서는 제7장 동기부여 참조).

이들 20명이 쓴 에세이 내용을 분석한 결과 그 가운데 15명이 어린 시절에 별리로 인한 정신적 외상(separation trauma)을 아버지로부터 받았음을 발견하였다. 즉, 15명 가운데 2명의 아버지는 아주 어렸을 때 돌아가셨고, 또 다른 2명은 부모가 이혼한 후 재혼하지 않은 어머니와 살았다. 6명의 아버지는 사업상 혹은 재정적 측면에서 혹독한 시련을 겪었고, 5명의 아버지는 질병으로 심하게 앓았다. 그 결과 아버지는 가족을 시련에 처하게 한 탓에 스토리 속에서 비난의 대상이 되었다. 실제로 아버지는 무능한 사람으로 묘사되고 적대시되었으며, 부적절한 사람으로 표현된다. 그에 비해 어머니는 반대로 묘사되었다. 즉, 경제적이나 도덕적 관점에서 긍정적, 안정적 대상으로 표현하였다. 하지만 따뜻하고, 애정을 주는 어머니로는 인식되지 않았다.

이러한 결과를 통해서 보건대, 임원들에게 반동 형성(reaction formation)이 발현된 것으로 볼 수 있다. 일반적인 아버지와 아들 간의 동일화 과정이 봉쇄되었기 때문이다. 그 대신 아들의 일생을 통해서 아버지에 대한 부정적 동일화(negative identification)가 진행되어 아버지와 반대가 되고자 하는 분투노력, 즉 반동 형성이 일어났다고 할 수 있다. 이 같은 부적인 동일화가 아들의 전 생애를 통한 동기유발 요인이 된 것이다. 따라서 성공이나 성취에 대한 강한 욕구와 귀속에 대한 약한 욕구의 표출은 근원을 찾아 보건대, 어린 시절의 부정적 동일화로 거슬러 올라간다는 것이다. 그리하여 아버지와 어머니(어머니의 경우는 신분 상승을 위한 분투노력에 도움이 되는 가치를 전달해 줌)는 이들 임원들의 성격 형성에 큰 영향을 주었다고 말할 수 있다.

부모가 주는 영향에 관한 이 같은 연구는 조직행동에서 유용한 시사점을 제공하고 있다. 하지만 광범위하게 일반화하거나 확대 해석하는 것은 문제가 될 수 있다. 왜냐하면 초기의 반동 형성이 전생에 걸친 성취욕구의 추구나 신분 상승으로 이어진다는 결론이 유용하기는 하지만, 다른 심리학적 요인이나 관계 또한 그러한 결과를 낳을 수 있기 때문이다. 아울러 최근 들어 부쩍 '개천에서 용 난다'는 말이 통하지 않는 현실에서처럼, 빈곤한 가정에서 태어나서 성공하지 못하는 사람이 다수이기 때문이다.

4. 사회화 과정

성격에 영향을 주는 것으로서 접하게 되는 사람, 집단, 조직이 있다. 이러한 것을 일반적으로 사회화 과정이라고 하는데, 사회화 과정은 아주 어린 시절을 제외하고 개인의 전 생애를 통해 진행된다.

특히 조직행동에서 사회화란 새로운 구성원이 조직 안으로 들어옴으로써 그 조직의 목표, 규범, 가치관, 작업 방식 등을 배우고 학습하는 것을의미한다(Bandura, 1986). 따라서 성공적인 사회화 과정을 통해 조직이 얻게 되는 것은 높은 성과, 혁신, 협동의식, 동기부여, 직무만족, 이직의 감소 등에서 긍정적 효과라고 할 수 있다.

한편, 개인이 사회화 과정을 통해 얻게 되는 변화에는 다음과 같은 것이 있다.

- **역할행위를 배운다.** 예컨대, 업무내용과 업무영역, 일의 우선순위, 시간과 노력의 배분, 조직 내 구성원과의 갈등관리, 직장과 가정의 갈등관리에 대해 학습한다.
- **새로운 기술의 학습과 업무능력을 제고하는 기회가 된다.** 이는 사회화 과정의 일환인 교육훈련을 통해서 필요한 기술을 습득할 수 있기 때문이다.
- **집단의 규범과 가치관을 수용할 수 있게 해 준다.** 새로운 구성원이 들어왔을 때, 어느 수준의 공감대(신뢰감, 우호감)가 형성되기 전까지는 중요한 정보 제공을 꺼리거나 유보한다. 따라서 그러한 단계를 넘어 관계가 개선된다면 개인은 원활한 사회화 과정을 통해 집단의 규범이나 가치관을 수용하는 단계로 나아가게 된다.
- **구성원 상호 간의 영향력을 인식할 수 있다.** 이를 통해 업무 효율성을 높일 수 있다.
- **조직 적응을 돕는다.** 여러 가지 사회화 형태를 통해 다양한 배경(즉, 성격특질)을 가진 새로운 구성원들이 조직에 적응할 수 있도록 도움이 된다.

한편 조직 안에서 이루어지는 사회화를 다음과 같이 분류한다. 이것은 조직 내 구성원들이 갖게 되는 2종류의 행위규범이라고 할 수 있다(Schein, 1971).

- **본질적인 사회화(pivotal socialization)** 이는 조직 구성원으로 계속 존재하고 싶다면 반드시 따라야 하는 것으로 신의성실, 시간 지키기 등이 여기에 해당한다.
- **주변적인 사회화(peripheral socialization)** 이러한 것은 따르는 것이 바람직하기는 하지만, 반드시 따라야 하는 것은 아니다. 예를 들면 정치적 견해, 적절한 근무복장 등이 여기에 해당한다.

샤인은 조직에서 이러한 2종류의 사회화를 모두 거부한다면 적극적인 반란자로서 해고당하거나 혹은 사직으로 이어질 것이며, 2종류를 모두 수용한다면 조직인간(or ganization man)에 해당한다고 하였다. 하지만 본질적인 것은 따르고 주변적인 것을 거부한다면, 창조적 개인주의자라고 이름 붙였다.

결론적으로, 사회화는 개인의 성격에 영향을 주는 요소라고 할 수 있다. 우리는 주위에서 다음과 같은 이야기를 흔히 듣는다. 군대 갔다 오더니 사람이 변했다, 영업사원을 몇 년 하더니 완전히 달라졌다. 이는 성격과 사회화 과정 간의 관계를 단적으로 설명해 주는 경우라고 하였다.

5. 상황 요인

개인의 행동과 태도가 상황에 따라 바뀌듯이 개인의 성격도 상황에 의해 변화할 수 있다. 예컨대, 성격발달 과정에서 권력욕구와 성취욕구가 강한 사람이었으나, 이후 고도의 관료적 업무상황에서 일하게 되었다. 오랫동안 그러한 환경하에서 일하게 됨에 따라 그 사람은 좌절하거나, 매사에 무관심해지거나, 공격적인 사람으로 바뀔 수 있다. 즉, 겉으로 보이는 모습이 게으르고 다루기 힘든 사람이 된다. 그 사람의 성격발달 과정에 비추어 볼때, 열심히 일하고 진취적인 성격의 소유자가 되어 있어야 함에도, 상황 요인으로 인해 다른 성격특성을 가진 사람으로 바뀐 것이다.

IV 성격과 관련한 여러 가지 이론

지금까지 성격연구에 관한 두 가지 접근 방법을 살펴보았다. 이를 근거로 지금부터 더욱 정교하게 이루어진 이론에 관해 논의하도록 하겠다.

1. MBTI

MBTI(Myers-Briggs Type Indicator)는 오늘날 많이 사용되는 성격분류 도구라고 할 수 있다. MBTI를 위한 이론적 근거는 융(C. Jung)의 인지유형이론이다. 융은 지각에 영향을 주는 개인의 정신적 과정과 판단에 영향을 주는 정신적 과정은 다르다고 주장한다. 지각에 영향을 주는 요인으로는 감각과 직관이 있으며, 판단에 영향을 주는 요인에는 사고와 감정이 있다(Jung, 1967). 그리하여 지각과 판단이 결합해 개인의 인지 유형이 결정된다는 것이다. 그렇게 결합된 네 가지 인지유형은 **그림 6.3**과 같다.

MBTI는 융의 인지유형에다 외향적 - 내향적, 비판적 - 포용적이라는 두 가지 척도를 추가하여 이론을 더욱 발전시켰다. 이를 위해 MBTI에서는 성격평가를 위한 설문지를 100개 문항으로 구성하여, 특정 상황에서 자신이 일반적으로 어떻게 느끼고 행동하는지를 선택하는 방식을 통해 측정이 이루어진다.

MBTI에서는 응답내용을 분석하여 외향적 - 내향적(E-I), 감각적 - 직관적(S-N), 사고적 - 감성적(T-F), 비판적 - 포용적(J-P) 등의 네 가지 차원으로 구분한다.

- **외향적-내향적(Extrovert-Introvert)** 외향적인 사람은 활발하고 사회성이 높으며, 적극적이고, 자기주장이 강하다. 그에 비해 내향적인 사람은 자기 목소리를 내려 하

그림 6.3 융의 인지유형

		판단의 영향 요인	
		사고(T : Thinking)	감정(F : Feeling)
지각의 영향 요인	직관(I : Intuition)	IT	IF
	감각(S : Sensation)	ST	SF

출처 : C. Jung, *Typesof Psychologies*, Harvard University Press, Cambridge, MA, 1968, p. 18.

지 않고, 수줍음이 많으며 소극적이다.

- **감각적-직관적(Sensing-Intuitive)** 감각적인 사람은 사물을 인식함에 있어서 실용성에 가치를 두며, 일상적인 생활의 반복과 질서를 선호하는 유형이다. 따라서 세부사항이나 세세한 것에 관심이 많다. 그에 비해 직관적인 사람은 사물 인식을 영감과 무의식적인 과정에 의존하며, 전체적인 큰 틀에서 이해하고 지각하려고 한다.
- **사고적-감정적(Thinking-Feeling)** 사고적인 사람은 이성과 논리를 사용해서 객관적으로 문제를 해결한다. 감성적인 사람은 개인적 가치와 감정에 의존하여 판단하는 경향을보인다. 상황, 의미, 맥락, 영향, 도덕성을 중요시한다.
- **판단적-인식적(Judging-Perceiving)** 판단적인 사람은 분명한 목적의식과 방향을 선호한다. 계획적이고 체계적이며, 자신이 상황을 통제하기를 좋아하고, 안정된 구조와 질서정연한 상태를 선호한다. 인식적인 사람은 목표와 방향이 유동적이며 상황에 유연하고 자율적이고, 비체계적이며, 적응력이 뛰어나다.

MBTI에서는 이러한 4차원을 활용하여 16가지의 성격유형을 이끌어 냈는데, 그 가운데 몇 가지를 살펴보면 다음과 같다.

- **INTJ 유형은 몽상가에 해당한다.** 즉, 여기에 속하는 사람은 독창적이고 창의적이다. 자신의 아이디어의 실현이나 어떤 목적을 위해 강한 추진력을 발휘한다. 하지만 의심이 많고, 비판적이며, 독립적이고, 단호하며, 완고한 경향이 있다.
- **ESTJ 유형은 조직가라고 할 수 있다.** 특징은 현실적 · 논리적 · 분석적이며 의사결정 능력이 뛰어나다. 사업가 혹은 엔지니어 성향을 가진 사람들로서, 무엇을 계획하고 조직하거나, 일을 처리하는 것은 좋아한다.
- **ENTP 유형은 이론가이다.** 이러한 분류에 속한 사람들은 혁신적이며, 개인주의자이고, 다재다능하다. 사업기회를 찾거나 기업가적 아이디어에 몰입하는 경향이 있다. 어려운 문제를 해결하는 것을 좋아하고 그 과정을 즐기지만, 오히려 일상 업무에는 빠뜨리거나 의도적으로 무시하는 경향이 있다.

MBTI에 대한 평가

MBTI는 우리나라에서 학교를 비롯하여 기업, 공공기관에서 널리 활용되고 있으며, 미국에서도 애플을 비롯하여 AT&T, GE 등의 대기업에서 널리 사용하고 있다. 특히 미국에서는 일찍부터 학교뿐 아니라 군대에서도 적성검사를 위해 오랫동안 활용하였다. 따라서 MBTI가 스스로에 대한 이해를 높임으로써 자신의 진로결정에 도움이 된다는 것은 이러한 범용 측면에서 분명하다. 즉 성격의 정체성 관점에서 개인적 효용은 전반적으로 인정받고 있다고 할 수 있다.

하지만 성격평가 도구로서 MBTI의 타당성에 대한 최근의 실증분석 결과는 부정적 견해가 많다. 즉, 미국 기업을 대상으로 실시한 여러 연구에서 MBTI 결과가 직무성과와 관련성이 낮으므로 '특정 직무에 적합한 사람을 선발하는 도구'로서 부적절하다는 연구 결과를 계속해서 내놓고 있다(Hunsley 등, 2004; McCrae와 Costa, 1989). 따라서 성격이론으로서 MBTI에 대한 평판이라고 하는 조직 차원의 효용은 도전을 받고 있다고 할 수 있다.

2. Big 5 이론

Big 5 이론은 성격이 기본적으로 다섯 가지 요인으로 이루어져 있다는 연구 결과에 기반을 두고 있다. Big 5 이론은 MBTI와 달리 실증분석에서 확실한 지지를 얻고 있다. Big 5에 해당하는 요인은 다음과 같다(Digman, 1990).

- **외향성(extroversion)** 개인이 사회적 관계 속에서 편안함을 느끼는 성향을 의미한다. 따라서 외향적인 사람은 모임을 좋아하고, 활달하며, 남과 잘 어울린다. 반면에 내향적인 사람은 수줍어하고, 소극적이며 조용하다는 특성을 갖는다.
- **친화성(agreeableness)** 타인을 존중하는 개인의 성향을 의미한다. 친화성이 높은 사람은 협조적이고, 온화하며, 의지할 수 있다. 친화성이 낮은 사람은 냉정하고, 의견일치가 어려우며, 적대적이다.
- **성실성(conscientiousness)** 이 차원은 신뢰성을 의미한다. 성실성이 높은 사람은

책임감이 있고, 사고와 행동이 잘 조직화되어 있기에 믿고 맡길 수 있으며, 일관성이 있다. 성실성이 낮은 사람은 쉽게 마음이 분산되고 조직화되어 있지 않아 신뢰하기 어렵다.

- **정서적 안정성(emotional stability)** 스트레스에 대처하는 개인의 능력을 의미한다. 정서적 안정성이 높은 사람은 침착하고 자제력과 인내심이 많을 것이다. 그에 비해 정서적 안정성이 낮은 사람은 신경질적이고, 자주 조바심을 내며, 인내심이 부족하고, 쉽게 좌절한다.
- **개방성(openness to experience)** 새로운 것에 호기심을 갖고 빠져드는 성향을 의미한다. 이러한 개방성이 높은 사람은 창의적이며 호기심이 많다. 또한 미적 감각을 갖고 있다. 그에 비해 개방성이 낮은 사람은 보수적이며 익숙한 기존 환경에 안주하기를 선호한다.

1) Big 5 이론의 활용

Big 5 이론은 성격 이해를 위한 활용뿐 아니라 실증분석에서 직무성과와 높은 관련성을 보이는 것으로 나타났다. 최근 여러 연구에서 엔지니어, 건축가, 회계사, 변호사 등의 전문직 종사자를 비롯하여 경찰, 기업가, 영업사원, 숙련공, 견습공 등 다양한 직업을 대상으로 성격과 직무성과 간 관계를 조사하였다. 이때, 직무성과는 고과등급(수행평가 등 급), 훈련기간 동안의 숙련도, 급여 수준 등의 인사관리 자료를 통해 측정하였다. 주요 분석 결과를 요약하면 다음과 같다(Hurtz와 Donovan, 2000).

① 모든 직업군에서 성실성이 높은 사람의 직무성과가 높은 것으로 나타났다. 또한 연구에서 성실성은 조직시민행동(OCB)과 관련성이 있는 것으로 나타났는데, Big 5 가운데 OCB와 상관관계가 있는 것은 성실성이 유일하다.

② 한편 Big 5의 다른 성격 차원에서는 직업군에 따라, 성과지표에 따라 분석 결과 차이가 나타났다. 예컨대 외향성의 경우, 경영관리직과 영업직에서는 성과와 상관관계가 크게 나타났다. 그 이유는 이들 직종은 높은 수준의 사회적 상호작용이 필요하기 때문으로 해석된다.

③ 개방성은 훈련 과정 중 숙련도와 상관관계가 높게 나타났다.

④ 정서적 안정성은 직무성과와 상관관계가 그리 크지 않은 것으로 나타났다. 일반적으로 침착하고 안정된 사람이 불안하고 조바심을 내는 사람보다 직무성과가 좋을 것으로 생각할 수 있다. 그러나 연구 결과 정서적 안정성이 매우 높은 사람의 경우에만 직무성과가 높게 나타났으며, 그 밖의 경우에는 상관관계가 나타나지 않았다.

정서적 안정성과 직무성과 간에 일반적으로 상관관계가 높지 않은 것에 대한 원인은 확실히 밝히지 못하였다. 오히려 정서적 안정성이 낮은 경우가 직무성과를 높이는 분석 결과도 있었다. 예컨대, 펀드매니저의 경우를 생각해 보자. 만약 자신이 내린 분석 결과에 대해서 의심치 않고, 잘못된 거래를 했을 때도 조바심을 내지 않는다면, 그 사람의 직무성과는 매우 낮을 것이다. 그렇다고 역으로 부정적 정서적 안정성이 늘 직무성과에 도움이 된다고 할 수도 없다. 불안과 우울증이 심할 경우, 스스로 동기부여하고 언제나 의사결정을 하기 어렵기 때문이다. 따라서 정서적 안정성이 낮은 것은 직무성과를 높이기도, 혹은 낮추기도 하는 측면이 있을 것이다. 이처럼 분석에서 결과가 일관성을 보이지 못하는 것에 대한 설명이 가능하다.

2) Big 5 이론과 직무 활동 및 일상생활 전반에 관한 연구 결과

① 내향적 사람에 비해 외향적 사람들은 직무와 생활 전반에 대해서 만족하는 경향을 보인다. 일반적으로 외향적 사람은 친구도 많고 사회적 활동에 더 많은 시간을 투입한다. 그 결과 사고를 당하는 경우가 더 많은데, 적극적 활동을 추구하는 경향이 높기 때문으로 해석할 수 있을 것이다.

② 친화성이 높은 사람은 낮은 사람보다 더 행복감을 많이 느낄 것으로 예상할 수 있으나, 실제 차이는 거의 없는 것으로 나타났다. 한편 사람들이 사랑에 빠질 상대를 선택하거나 친구, 직장동료를 선택할 때 친화성이 높은 사람이 선택될 확률이 높다. 또한 친화성이 높은 아이들은 학교생활을 더 잘하며, 친화성이 높은 성인은 약물이나 알코올 중독, 도박에 빠질 가능성이 낮다.

③ 성실한 사람들은 좋은 식습관을 갖고 규칙적으로 운동을 하는 등 자신의 건강을 잘 돌

보고 흡연, 폭음, 과속 등 위험한 행동을 덜하기 때문에 장수한다. 그러나 부정적인 측면도 있다. 질서와 구조를 좋아하기 때문에 상황의 변화에 잘 적응하지 못한다. 또한 성실한 사람들은 일반적으로 성과지향적이다. 따라서 복잡한 기술을 충분히 학습하기보다는 조급하게 성과를 내려 하는 경향이 있다는 것이 연구에서 밝혀졌다.

④ 정서적 안정성이 높은 사람은 그렇지 않은 사람에 비해 더 행복하게 지내는 경향이 있다. Big 5 가운데 인생에 대한 만족도, 직무만족, 낮은 스트레스 수준과 가장 상관관계가 높은 것이 정서적 안정성이다. 따라서 높은 정서적 안정성은 건강 문제와 역상관관계를 나타낸다. 한편 기분이 좋지 않은 상황이라면, 정서적 안정성이 낮은 사람이 정서적 안정성이 높은 사람에 비해서 양질의 의사결정을 신속하게 내리는 것으로 나타났다.

⑤ 개방적 성향을 가진 사람은 과학과 예술에서 더욱 창의적 성향을 보인다. 또한 덜 종교적이며, 정치적으로 자유로운 경향을 나타낸다. 개방적 사람은 조직의 변화, 상황의 변화에 잘 적응하는 것으로 연구결과 나타났다.

3. A형 성격

미국 보스턴 대학병원의 심장내과 의사인 프리드만과 로즈만은 환자 대기실 의자의 앞다리가 뒷다리보다 더 많이 닳아 있는 것을 발견하고 연구를 시작하였다. 대기 중인 환자들을 관찰한 결과, 대부분이 급한 일이 없음에도 볼일 때문에 곧 일어날 사람처럼 의자 끝부분에 엉덩이를 걸치고 앉기 때문이라는 것을 알게 되었다. 이후 3,400명의 심장병 환자들의 성격을 분석하였고, 그들의 공통적인 성격을 A형 성격으로, 그 반대의 성격을 B형 성격으로 이름 붙이게 되었다(Friedman과 Roseman, 1974).

그리하여 A형 성격은 북미 문화권에서 높이 평가받는다고 하였다. A형 성격은 경제적으로 성공하려는 개인적 야망과 밀접한 관계가 있다. 따라서 열심히 일하고, 남에게 지기 싫어한다. 보다 적은 시간으로 보다 많은 것을 성취하기 위해 노력하며, 자신의 일을 누군가 방해하거나 지연시키게 되면 공격적으로 변화한다.

연구 결과를 토대로 A형 성격과 B형 성격의 특징을 정리하면 다음과 같다.

A형 성격의 특징

① 항상 움직이고, 걸으면서 말하고, 음식을 빨리 먹는다.

② 여러 가지 일이 일어나고, 진행되는 속도에 조급하다.

③ 따라서 동시에 두 가지 이상의 일을 생각하고 실행하려 한다.

④ 아무 일도 하지 않고 지내는 시간을 참지 못한다.

⑤ 숫자에 집착하고, 얼마나 많이 획득했는지를 기준으로 성공을 평가한다.

B형 성격의 특징

① 시간에 쫓기거나 조바심을 내는 일이 거의 없다.

② 외부 상황의 요구가 아닌 경우, 자신의 업적이나 성공을 내세우거나 언급할 필요를 느끼지 않는다.

③ 자신의 우수성을 드러내려 하지 않으며 여유와 휴식을 즐긴다.

④ 아무 죄책감 없이 여유를 부린다.

A형 성격에 관한 연구 결과를 요약하면 다음과 같다. A형은 높은 스트레스 상황에서 일을 하는 경향이 있다. 따라서 시간에 쫓기며, 스스로 시한을 정한다. 이러한 성향으로 인해 A형의 사람들이 일하는 모습은 유사한 특징을 보인다 - 일을 신속하게 한다. 질보다 양을 중요시한다. 일을 많이 하기 때문에 직무소진(burnout)을 경험한다. 관리직에서는 오랜 시간 동안 일을 함으로써 경쟁력을 발휘한다. 따라서 일을 좋아하는 일중독자가 많다. 성급한 의사결정으로 실수를 범한다. 창의적인 경우는 드물다. 속도와 양에 관심이 있기 때문에 문제에 직면하면 과거의 경험에 의존한다. 따라서 새로운 문제에 직면해도 독창적인 해법을 찾기 위해 시간을 투입하지 않는다.

한편 A형은 B형보다 면접 시 좋은 평가를 받는 경향이 있다. 왜냐하면 그들은 면접 담당자가 좋아하는 높은 의욕, 자신감, 적극성, 열정과 같은 속성을 보유하기 때문이다.

하지만 프리드만과 로즈만의 의학적 차원의 연구 결과에 따르면 A형 성격은 스트레스가 없어도 항상 긴장하는 상태인 경우가 많으며, 같은 스트레스 상황에서도 더 민감하게 반응한다. 따라서 뇌가 이런 상태를 감지함에 따라 부신에서 각종 호르몬이 나오게 된다. 그리하여 단기적으로 혈압 상승과 심장박동수의 증가, 장기적으로는 콜레스테롤 생성의 촉진과 인슐린에 대한 저항이 커진다고 한다. 그 결과 A형 성격은 담배를 피거나 비만이 아니더라도 심장병 발병률이 높다는 것을 발견하였다.

4. 조직행동에 영향을 주는 성격요소

조직행동에 영향을 주는 성격요소로서 성격연구에서 중요하게 다루어지고 있는 것으로는 다음과 같은 것이 있다.

1) 자기평가

긍정적 자기평가를 하는 사람은 스스로를 아끼고 좋아하고 자기유능감이 크며, 환경을 통제할 수 있다고 생각한다. 반면에 부정적 자기평가를 하는 사람은 자신을 싫어하고, 자신의 능력에 대한 확신이 없으며, 환경에 대항할 능력이 부족하다고 생각한다(Erez와 Judge, 2001).

자기평가를 결정하는 요소로는 다음과 같은 것이 있다(Judge와 Hurst, 2008).

- **자존감(self-esteem)** 자신을 얼마나 가치 있는 존재로 여기는지를 의미한다. 따라서 자신과 자신의 능력에 대해서 긍정적인 사람은 스스로를 좋아하고 가치 있다고 생각할 것이다. 이것은 직무만족 및 동기부여와 관련성이 크다.

  반면 자존감이 낮은 사람은 외부환경에 큰 영향을 받으며, 타인으로부터 좋은 평가를 받는 것에 많은 관심을 기울인다. 그리하여 자존감이 낮은 사람은 다른 사람의 인정을 받고자 노력하며, 다른 사람의 행동과 신념에 부합하고자 노력하는 경향이 있다. 연구에서, 자존감이 낮은 사람은 외부의 영향에 민감하게 반응하는 행동 경향 때문에 조직행동 측면에서 이들에 대한 교육훈련 프로그램의 효과가 더 높게 나타난다고 밝혀졌다.
- **통제위치(locus of control)** 자신의 행동이 스스로의 운명을 통제할 수 있다고 믿는 정도를 의미한다. 내재론자(internals)는 자신에게 일어나는 일을 스스로 통제할 수 있다고 믿

는 사람을 의미한다. 그에 비해 외재론자(externals)는 자신에게 발생하는 일이 타인과 외부에 의해 통제된다고 믿는다.

통제위치가 자기평가의 구성요소로서 중요한 이유는 자신의 삶에 대해서 스스로가 통제력을 갖고 있지 못하다고 생각하는 사람은 자기 자신에 대해서 확신을 갖지 못하기 때문이다. 예컨대, 이번 학기 조직행동 과목에서 A를 받을 확률이 교수나 팀 구성원에 의해서 결정될 것이라고 생각하는 사람은 자신이 A를 받을 것이라는 자신감을 갖지 못할 것이다. 왜냐하면 그 사람은 외재론자이며 부정적 자기평가를 지닌 사람이기 때문이다.

자기평가와 조직 효과성 간의 관계는 다음과 같다.

① 자기평가와 직무만족

긍정적인 자기평가를 하는 사람은 직무에 대해서 더욱 도전적이며 결과적으로 더욱 만족하는 것으로 나타났다. 따라서 더욱 복잡하고 도전적인 직무를 맡으려 하고, 직무의 성공에 대한 확신을 가지며, 좋은 결과가 나왔을 때 자신이 잘해서 그렇게 되었다고 생각한다.

② 자기평가와 직무성과

긍정적 자기평가를 하는 사람은 더욱 야심 찬 목표를 세우고, 더욱 좋은 성과를 얻으며, 더욱 목표에 몰입하고, 목표 달성을 위해 더욱 노력하는 경향을 보인다. 보험설계사를 대상으로 한 연구에서, 긍정적인 자기평가가 높은 성과와 상관관계가 있는 것으로 나타났다.

하지만 여기서 우리가 주목해야 할 연구 결과도 있다. 이는 지나치게 긍정적인 경우로서, 실제로는 무능함에도 유능하다고 착각하는 경우에 발생하는 문제이다. Fortune 500의 CEO를 대상으로 한 종단연구에서, 많은 CEO들이 자신의 능력에 대해 과신하는 경향이 있고, 그로 인해 잘못된 결정을 내려 회사에 지대한 손실이 발생한 경우가 많은 것으로 나타났다. 하지만 현실의 많은 경우는 지나치게 스스로를 부족하다고 여기는 경우일 것이다. 즉, 스스로 어떤 일은 할 수 없다고 판단하고, 그 일을 맡으려 하지 않으며, 그 결과 스스로가 그 일을 할 수 없다는 사실을 강화한다.

2) 마키아벨리즘

흔히 우리가 권모술수라 하고 이해하고 있는 마키아벨리즘은 16세기 권력을 획득하고 사용하는 방법에 관한 책을 저술한 마키아벨리(Machiavelli)에서 비롯된 개념이다. 마키아벨리즘 성향이 높은 사람은 실용적이고, 항상 감정적인 거리를 유지하며, 목적이 수단을 정당화할 수 있다고 생각한다.

마키아벨리즘에 대한 연구 결과에서 일관된 것은 다음과 같다. 마키아벨리즘 성향이 강한 사람은 일을 더 많이 벌이고, 내용을 꾸며대고, 더 많은 승리를 거둔다. 그에 비해 남에게 덜 설득당하며, 남을 설득한다(Dahling 등, 2009).

한편 마키아벨리즘 연구에서 밝혀진 상황변수가 있다. 즉, 마키아벨리즘 성향이 높은 사람은 다음과 같은 상황에서 높은 성과를 나타낸다.

① 다른 사람과 직접 대면하면서 상호작용을 하는 상황
② 미리 정해진 규칙과 제약이 없어서 현장에서 즉흥적으로 대응해야 하는 상황

조직행동 읽을거리

반드시 피해야 하는 사람

"이기려고 작정한 사람들"

내가 가장 불편해하는 부류의 사람은 남을 이기려고 작정한 사람이다. 나에겐 그들을 당해낼 재간이 없다. 그들은 대체로 집요하고 사납고 이기적인데 역설적이게도 매우 의존적이기도 하다. 그들이 의존적이라는 말은 역설이 아닐 수도 있다. 왜냐하면 그들은 본질적으로 상대를 제압하는 데서 자신의 존재를 증명한다고 믿기 때문에, 대립항이 갖춰지지 않은 보편적 상황에서 독자적인 정체성을 세우는 것이 애초부터 불가능하기 때문이다. (하략)

출처 : 김도언, '길 위의 이야기: 이기려고 작정한 사람들', 한국일보. 2014.09.05.
https://www.hankookilbo.com/News/Read/201409051158458271

③ 성과와 관련이 없는 개인의 감정적 요인에 의해서 마키아벨리즘 성향이 낮은 이들의 주의가 분산되는 상황

그렇다면 마키아벨리즘과 조직 효과 간 관계에 관한 연구 결과는 어떻게 나타났을까 궁금해진다. 즉 높은 마키아벨리즘을 가진 사람이 우수한 조직 구성원이 될 수 있을까 하는 것이다. 이는 직무유형과 성과평가 시 윤리적 측면을 고려하는지 여부에 달려 있을 것이다. 그 결과 단체교섭 등 협상기술이 요구되거나 판매실적에 따라 보상이 결정되는 영업직에서는 생산성이 높았다. 하지만 정교하게 설계된 엄격한 행동규칙이 존재하는 경우, 혹은 앞서 지적한 '상황' 조건이 존재하지 않는 대부분의 경우에 마키아벨리즘 성향이 높은 사람이 더 성공적이라는 결과는 나타나지 않았다(Ramanaiah 등, 1994).

3) 자기감시 성향

일상생활에서나 조직에서 외부 상황조건의 변화에 잘 적응하는 사람을 발견할 수 있다. 이들을 자기감시 성향(self-monitoring)이 높은 사람이라고 할 수 있다. 자기감시 성향이란 외부 상황 변화에 잘 적응하기 위해 스스로의 감정과 태도를 감시하는 성향이라고 할 수 있다. 자기감시 성향이 높은 사람들은 외부 자극에 대해 민감하고, 상황에 따라서 다른 방식으로 행동하는 데 능숙하다. 이들 중에는 외부적으로 드러나는 자아와 실제 개인적 자아 간에 큰 차이를 지닌 경우도 있다. 그에 비해 자기감시 성향이 낮은 사람은 자신을 잘 변장하지 못하고, 모든 상황에서 자신의 태도와 성향을 그대로 드러낸다. 따라서 행동에도 일관성을 나타낸다(Snyder, 1987).

자기감시 성향이 높은 사람은 타인의 행동에 높은 주의를 기울이며, 그들의 행동에 맞추어 행동하기를 잘한다. 그리하여 좋은 성과평가를 받으며 리더로 선발되지만, 조직에 몰입을 덜 하는 경향이 있다. 연구 결과 경력의 이동빈도가 높고, 승진을 더 잘하며, 조직에서 핵심적인 자리를 차지할 가능성이 높은 것으로 나타났다. 자기감시 성향이 높은 사람은 관리감독 업무에 적합하다(Day 등, 2002).

4) 위험감수 성향

위험을 감수하려는 성향은 사람마다 분명한 차이를 보인다. 위험을 평가하고 회피하려는 성향은 경영자들이 의사결정 시 소요되는 시간과 정보의 양에 따라 영향을 받는다. 관리자를 대상으로 한 선발의사결정 임상실험에서, 상대적으로 높은 위험감수 성향을 지닌 관리자들은 적은 정보를 갖고도 더욱 신속한 의사결정을 하는 것으로 나타났다. 이때 실험에서 두 집단 간 의사결정의 질적 차이는 나타나지 않았다. 따라서 위험감수 성향에 따라 적합한 직무부여와 대상에 대한 관리 방법에 관한 연구가 많다(Taylor와 Dunnette, 1974).

전통적으로 대기업 관리자들이 성장지향적인 중소기업 경영자들보다 위험회피 성향이 큰 것으로 나타났다. 즉, 산업화 시대의 규모의 경제를 통한 기업성장에서 대기업 관리자들의 행동과 변화와 혁신을 중요시했던 중소벤처의 경우를 생각하면 비교할 수 있다. 그러나 최근 연구에서는 오히려 대기업 관리자들이 위험감수 성향이 큰 것으로 나타났는데, 기업환경의 상황 변화와 밀접한 영향이 있을 것이다.

실무 차원에서 근로자 집단 간에도 위험감수 성향에 차이가 있는 것으로 나타났다. 따라서 위험감수 성향과 직무내용 간 조화가 필요함을 알 수 있다. 예컨대, 같은 직장에서도 위험감수 성향이 높은 사람은 펀드매니저와 같이 신속한 의사결정이 요구되는 직무에서 높은 성과를 달성할 수 있을 것이다. 하지만 애널리스트의 분석업무는 위험감수 성향이 낮은 사람이 수행하도록 하는 것이 나을 것이다.

5. SYMLOG

베일스(R. Bales)는 개인, 집단, 조직 차원에서 연구에 활용할 수 있는 인간 행동의 틀을 개발하였다. 연구는 개인 간 행위(interpersonal behavior)와 집단역학(group functioning)에 관한 연구에서 시작하였다(Bales 등, 1979).

1) 활용 분야

SYMLOG(Systematic Multiple-Level Observation of Groups)은 집단 내 구성원들의 성격특성, 행동유형, 가치관에 관한 정보의 분석을 통해 개인 간에 발생하는 대인관계의 복잡성을 파악하여 이를 모집선발, 이동배치, 경력개발에 활용할 수 있다.

2) 기본 개념

SYMLOG는 개인행동의 특징(quality of behavior)과 대인관계 행위(interpersonal behavior)를 세 가지 차원(U-D, P-N, F-B)을 통해서 묘사할 수 있다는 전제에서 출발하였다. 이러한 세 가지 차원이 SYMLOG 공간모델의 기본이 되는 개념구조를 제공하는데, 이때 세 가지 차원은 추상적인 것이 아니라 실제로 일상적인 사회적 상호작용을 3차원 공간으로 대체할 수 있다.

- **U-D(Upward-Downward) 차원** 개인 혹은 조직의 행위상 가치 가운데, '지배적' 성향을 U(Up)로, '종속적' 성향을 D(Down)로 나타낸다. 구체적으로 구성원들이 적극적이고, 대화를 많이 하고 있으며, 목적의식을 갖고 있는지 아니면 다른 사람이 어떻게 하는지를 바라보고만 있는지, 순종적이고 수동적인지, 대화가 적은지 등의 정도를 의미한다.
- **P-N(Positive-Negative) 차원** 개인 혹은 조직의 행위상 가치 가운데 '긍정적(친절한)' 성향을 P(Positive)로, '부정적(불친절한)' 성향을 N(Negative)으로 나타낸다. 따라서 다른 사람과 상호작용을 하면서 우호적으로 대하는지, 아니면 적대적으로 대하는지가 여기에 해당한다.
- **F-B(Forward-Backward) 차원** '과업 중심적 혹은 공식적' 성향을 F(Forward)로, '감정적 혹은 관계 중심적' 성향을 B(Backward)로 나타낸다. 즉, 구성원들이 문제를 해결하고, 열심히 일하고, 권위적인 특징을 나타내는 과업지향적 차원인지, 아니면 감정이나 느낌을 보다 두드러지게 나타내고, 다른 사람의 감정을 중시하는가 하는 차원을 의미한다.

그림 6.4 SYMLOG 공간모델(The SYMLOG Cube Diagram)

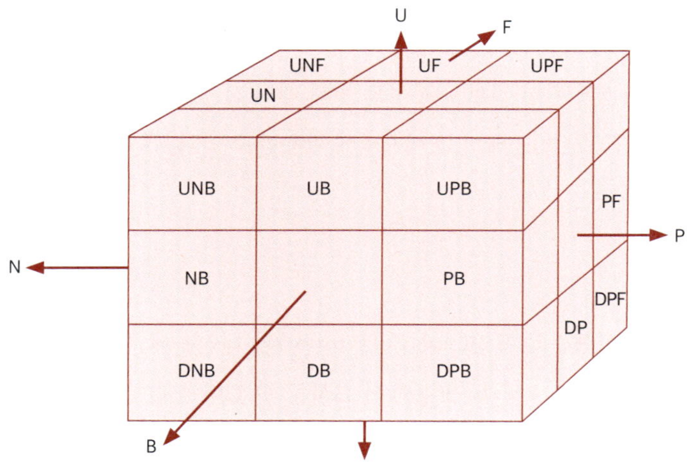

그리하여 양극단을 가진 세 가지 차원은 양극단과 어느 쪽에도 포함되지 않는 중립적 성향을 포함하여 3개의 요소를 갖게 된다. 따라서 이를 측정하기 위해서는 26개(3×3×3－1)의 문항이 필요하다.

SYMLOG 공간모델은 작은 큐브로 구성된 그림의 큰 큐브 형태로 나타낼 수 있다(**그림 6.4** 참조).

3) 공간모델의 사례

SYMLOG 공간모델이 의미하는 바를 다음의 예를 통해 설명할 수 있다.

A라고 하는 전제주의적 부서장과 신입사원의 첫 대면 상황을 가정해 보자. 굳은 표정으로 먼 벽면만 응시하며, 강압적인 태도로 일장훈시를 하고 있다. 이 경우, A부서장은 스스로를 친절하거나 혹은 사교적으로 보이려고 하는 아무런 시도도 하지 않는다. 단지 업무와 관련하여 공식적인 지시를 하며, 직무내용과 범위를 설명하고 스스로의 부서 내 관리방침을 설명하고 있을 뿐이다.

A부장의 언어적, 비언어적 행동은 일관된 특징을 나타낸다. 따라서 신입사원의 입장에서 보면 그는 권위주의적인 사람으로서 SYMLOG 언어로 표현하면 지배적(U)이며, 불친절하고(N), 과업지향적(F)인 UNF라고 할 수 있으며, 공간모델상 좌측 상단에 위치함을 알 수 있다.

한편 B부서장의 경우, 친절하고 협조적이며 다른 사람에 대한 배려를 많이 한다. 이 경우 B부장은 지배적이지도 않으며, 수동적이지도 않기에 함께 일하는 것이 기분 좋은 사람이다. SYMLOG 공간상 PF에 위치한다고 할 수 있다.

사원 C는 현재 자신의 직장에 대해 불만으로 가득 차 있고, 당연히 직장생활이 즐겁지도 않으며, 사소한 일에도 화를 잘 내며 동료들로부터 따돌림을 당하고 있는 사람이다. 즉, 권위에 대해서는 보통 수동적이지만 가끔씩 공격적으로 반응하며, 과도하게 화를 내고, 홀로 떨어져 있는 사람으로 SYMLOG 공간에서 DNB에 위치한다.

이러한 SYMLOG의 26가지 공간모델은 개인 및 집단의 가치 묘사를 통해서, 혹은 개인의 일반적 행동 묘사를 통해서, 개인의 구체적인 행동 묘사를 통해서, 성격 관련 묘사를 통해서 평가한다. 이때 스스로가 평가한 것, 집단 내 동료와 상사, 부하직원이 평가한 것을 함께 활용할 수 있다.

따라서 이론적으로 가장 바람직한 형태, 즉 신뢰성 높은 평가 자료는 자신의 평가 및 집단 구성원들의 평가에 더하여, 외부 컨설턴트가 일정 기간 동안 구성원들의 행동를 관찰하고 대화하며 평가한 자료를 활용하는 것이 된다.

평가는 26개 항목에 대해서 0~4까지 5점 척도로 이루어진다. 예컨대 U-D(지배적 - 종속적) 차원의 경우, U의 값은 U에 해당하는 26개 항목의 평가점수의 값을 모두 더한 것이다. 마찬가지로 D에 해당하는 항목의 값을 모두 더한 것이 D의 값이 된다.

이때 각각이 가질 수 있는 값은 0부터 36까지가 된다. **표 6.5**에서 보듯이 본인(I)에 대한 3명의 평가자의 U값의 합이 20이고, D의 값은 10으로 나타나 있다. 따라서 이 경우 U-D 차원에서 평가한 결과는 20에서 10을 뺀 10U가 된다. 같은 방식으로 P-N과 F-B 차원도 계산할 수 있다. **표 6.5**에는 본인(I)에 대한 평가를 세 사람이 실시한(본인, 동료 A, 동료 B) 결과를 나타내고 있다.

그 결과 본인은 스스로를 약간 과업중심적(5F)이며, 매우 긍정적이고(20P), 상당히 지배적(15U)이라고 생각하는 데 비해, 동료 B의 평가는 전혀 다르다. 즉, 매우 과업중심적(15F)이고,

약간 우호적(5P)이며, 꽤 복종적(10D)이라고 지각하고 있다. 동료 A 또한 본인(I)에 대해서 상당히 부정적(10N)으로 생각하고 있음을 알 수 있다.

평가에 대한 다음 단계의 논의는 이러한 평가를 집단 전체 차원으로 확대하는 것이다. **표 6.5**는 본인(I)에 대한 본인과 동료 A, 동료 B의 평가값을 나타낸 것이다. **표 6.6**은 본인(I), 동료 A, 동료 B 등 3인에 대해서 각자가 스스로를 평가한 것과 동료가 평가해 준 것을 합산한 결과를 나타낸 것이다. 예컨대, 본인의 경우를 생각해 보자. 본인(I)은 **표 6.5**에서 U-D 차원의 경우에 본인(15U), 동료 A(5U), 동료 B(10D)의 평가 결과를 얻었다. 이를 합산하면 (15U + 5U-10D=10U)가 된다. 마찬가지로 P-N 차원의 경우 는 (20P-10N + 15P=15P)가 되며, F-B차원은 (5F-10B + 15F=10F)가 나왔다.

마찬가지로 동료 A에 대한 동료 A 자신, 동료 B, 본인(I)의 평가와 동료 B에 대한 동료 B 자신, 동료 A, 본인(I)의 평가를 합산했다. 이러한 집단 전체에 대한 평가는 집단의 특징을 설명할 수 있는 자료가 된다. 즉, 동료 A는 부정적이고, 적대적이며, 감정적이고, 다소 지배적인 성격이라고 할 수 있다. 그에 비해 동료 B는 과업중심적이고, 우호적이며, 복종적임을 알 수 있다. 이러한 평가결과를 두고 볼 때, 본인(I)의 역할에 대해 예측과 추론이 가능하다. 즉, 과업중심적이며, 긍정적이고, 어느 정도 지배적인 성격을 가진 사람으로서, 리더십을 발휘하고, 많은 일을 수행해야 함을 짐작할 수 있다. 왜냐하면 동료 B는 종속적이고, 동료 A는 적대적이기 때문이다. 이때 본인(I)의 역할 수행을 위해 적지 않은 스 트레스를 수반할 것임을 알 수 있다.

4) 분석 방법

앞서 기본개념의 이해를 근거로 지금부터 SYMLOG에 관해 상세히 알아보자.

(1) SYMLOG 형용사 측정법(자신과 다른 구성원에 의한 평가)

이는 집단 내 구성원 각자가 다른 구성원과 상호작용에서 보여 주는 특징적 행동에 대해서 평가하도록 하는 것이다. 이때 평가 항목에서 보여 주는 개인 혹은 집단의 '가치관에 대한 측정법'이나 '행동에 관한 측정법'은 동종관계로 인식한다(물론 두 종류의 특정 결과가 반드시 일치한다는 의미는 아님). 행동과 가치관 사이의 평행관계는 유익한 비교 가능한 자료로서

표 6.1 SYMLOG 개인의 일반적 행동묘사(General Behavior Rating Form)

		0	1	2	3	4
U	활동적인, 지배적인, 많이 말하는	전혀	거의 아닌	때때로	자주	항상
UP	외향적인, 사교적인, 긍정적인	전혀	거의 아닌	때때로	자주	항상
UPF	목적성 있는 민주적 과제 리더	전혀	거의 아닌	때때로	자주	항상
UF	단호한 업무선호형 관리자	전혀	거의 아닌	때때로	자주	항상
UNF	독재적, 통제적, 비난하는	전혀	거의 아닌	때때로	자주	항상
UN	횡포적인, 완고한, 강한	전혀	거의 아닌	때때로	자주	항상
UNB	도발적인, 자기중심적인, 과시적인	전혀	거의 아닌	때때로	자주	항상
UB	농담하는, 표현적인, 연극같은	전혀	거의 아닌	때때로	자주	항상
UPB	재미있는, 사회적인, 미소짓는, 따뜻한	전혀	거의 아닌	때때로	자주	항상
P	우호적인, 평등주의자	전혀	거의 아닌	때때로	자주	항상
PF	다른 사람과 협력하는	전혀	거의 아닌	때때로	자주	항상
F	분석적인, 과제지향적인, 문제 해결적인	전혀	거의 아닌	때때로	자주	항상
NF	형식에 얽매인, 정확해야만 하는	전혀	거의 아닌	때때로	자주	항상
N	적대적인, 부정적인	전혀	거의 아닌	때때로	자주	항상
NB	화를 잘 내는, 냉소적인, 함께 협력하지 않는	전혀	거의 아닌	때때로	자주	항상
B	느낌과 감정을 보여 주는	전혀	거의 아닌	때때로	자주	항상
PB	애정 어린, 좋아할 만한, 함께 있으면 즐거운	전혀	거의 아닌	때때로	자주	항상
DP	다른 사람을 존중하는, 감사하는, 신뢰할 수 있는	전혀	거의 아닌	때때로	자주	항상
DPF	신사적인, 책임을 수용하는	전혀	거의 아닌	때때로	자주	항상
DF	복종적인, 수동적으로 일하는	전혀	거의 아닌	때때로	자주	항상
DNF	자책하는, 지나치게 열심히 일하는	전혀	거의 아닌	때때로	자주	항상
DN	의기소침한, 슬픈, 화를 잘내는, 거부적인	전혀	거의 아닌	때때로	자주	항상
DNB	소원한, 단념한, 물러선	전혀	거의 아닌	때때로	자주	항상
DB	도전을 두려워하는, 스스로의 능력을 믿지 않는	전혀	거의 아닌	때때로	자주	항상
DPB	다른 사람과 함께하는 것으로도 매우 행복한	전혀	거의 아닌	때때로	자주	항상
D	소극적인, 내성적인, 말수가 적은	전혀	거의 아닌	때때로	자주	항상

주 : U-지배적, D-복종적, P-우호적, N-적대적, F-수단적 통제, B-감정적 표현
출처 : Bales, S. Cohen and S. Williamson, *SYMLOG* Free Press, 1979, pp. 116-117.

표 6.2 SYMLOG 개인의 일반적 행동묘사(General Behavior Rating Form)

Dimensions Tapped		Adjectives (rarely, sometimes, often) Choices
U	1	Active, dominant, talks a lot
UP	2	Extroverted, outgoing, positive
UPF	3	A purposeful, democratic task leader
UF	4	An assertive, business - like a manager
UNF	5	Authoritarian, controlling, disapproving
UN	6	Domineering, tough - minded, powerful
UNB	7	Provocative, egocentric, shows off
UB	8	Jokes around, expressive, dramatic
UPB	9	Entertaining, sociable, smiling, warm
P	10	Friendly, positivistic
PF	11	Works cooperatively with others
F	12	Analytic, task - oriented, problem - solving
NF	13	Legalistic, has to be right
N	14	Unfriendly, negativistic
NB	15	Irritable, cynical, won't cooperate
B	16	Shows feelings and emotions
PB	17	Affectionate, likable, fun to be with
DP	18	Looks up to others, appreciate, trustful
DPF	19	Gentle, willing to accept responsibility
DF	20	Obedient, works submissively
DNF	21	Self - punishing, works too hard
DN	22	Depressed, sad, resentful, rejecting
DNB	23	Alienated, quits, withdraws
DB	24	Afraid to try, doubts own ability
DPB	25	Quiet happy to be with others
D	26	Passive, introverted, says little

출처 : Bales, S. Cohen and S. Williamson, *SYMLOG* Free Press, 1979, pp. 122-123.

표 6.3 SYMLOG 개인의 구체적인 행동묘사(SYMLOG Case Specific Behavior Rating Form)

Dimensions Tapped		Adjectives Choices (rarely, sometimes, often)
U	1	Seemed active, dominant, talkative
UP	2	Seemed extroverted, outgoing, positive
UPF	3	Acted as purposeful, democratic leader
UF	4	Acted as an assertive, business - like manager
UNF	5	Seemed authoritarian, controlling, disapproving
UN	6	Seemed domineering, tough - minded, powerful
UNB	7	Seemed provocative, egocentric, showed off
UB	8	Joked around, seemed expressive, dramatic
UPB	9	Seemed entertaining, sociable, smiling, warm
P	10	Seemed friendly, equalitarian
PF	11	Showed agreement, worked cooperatively
F	12	Seemed analytical, task - oriented, problem - solving
NF	13	Seemed legalistic, insistent, had to be right
N	14	Showed disagreement, seemed to be negativistic
NB	15	Seemed irritable, cynical, uncooperative
B	16	Showed feelings and emotions
PB	17	Seemed affectionate, likeable, fun to be with
DP	18	Seemed to look up to others, showed trust
DPF	19	Seemed gentle, willing to accept responsibility
DF	20	Seemed work submissively
DNF	21	Seemed to be self - punishing, worked too hard
DN	22	Seemed depressed, sad, resentful
DNB	23	Seemed alienated, withdrew from task and group
DB	24	Seemed afraid to try, doubtful of own ability
DPB	25	Seemed quiet but happy to be with others
D	26	Seemed passive, introverted, untalkative

출처 : Bales, S. Cohen and S. Williamson, *SYMLOG* Free Press, 1979, pp. 130-131.

표 6.4 SYMLOG 개인과 집단의 가치묘사(SYMLOG Individual and Organizational Values Rating Form)

Dimensions Tapped		Adjectives (rarely, sometimes, often) Choices
U	1	Individual prominence, financial success, personal power
UP	2	Popularity and social success being liked and admired
UPF	3	Active teamwork toward common goals, organizational unity
UF	4	Efficiency, starting effective management
UNF	5	Active reinforcement of authority, rules, and regulations
UN	6	Tough - minded, self - oriented assertiveness
UNB	7	Rugged, self - oriented individualism, resistance to authority
UB	8	Having a good time, releasing tension, relaxing control
UPB	9	Protecting less able members providing help when needed
P	10	Equality, democratic participation in decision making
PF	11	Responsible idealism, collaborative work
F	12	Conservative, established, "correct" ways of doing things
NF	13	Restraining individual desires for organizational goals
N	14	Self - protection, self - interest first, self - sufficiency
NB	15	Rejection of established procedures rejection of conformity
B	16	Change to new procedures, different values, creativity, growth
PB	17	Friendship, mutual pleasure, recreation
DP	18	Trust in the goodness of others
DPF	19	Dedications, faithfulness, loyalty to the organization
DF	20	Obedience, respect for authority
DNF	21	Self - sacrifice, if necessary, to reach organizational goals
DN	22	Passive rejection of popularity, going it alone
DNB	23	Admission of failure, withdrawal of effect
DB	24	Passive noncooperation with authority
DPB	25	Quiet contentment, taking it easy
D	26	Suppression of personal needs and desires

출처 : Bales, S. Cohen and S. Williamson, *SYMLOG* Free Press, 1979, pp. 144-145.

표 6.5 본인(I)에 대한 세 사람(본인, 동료 A, 동료 B)의 평가 결과

평가자	U-D	P-N	F-B
본인(I)	15U	20P	5F
동료 A	5U	10N	10B
동료 B	10D	5P	15F

표 6.6 세 사람(본인, 동료 A, 동료 B)에 대한 세 사람(본인, 동료 A, 동료 B) 각자의 평가 결과

평가자	U-D	P-N	F-B
본인(I)	10U	15P	10F
동료 A	5U	15N	15B
동료 B	15D	15P	10F

신뢰성 측면에서 의미가 있기 때문이다.

SYMLOG에서는 '가치관 측정'과 '행동 측정'을 통해 집단 내 개인의 가치관과 행위 간 차이를 파악할 수 있다고 전제한다(물론 어떤 집단의 구성원들은 그 차이가 크거나 작을 수 있다. 따라서 어떠하건 이는 분석을 위한 좋은 자료가 될 수 있다).

SYMLOG 측정은 다음과 같은 행동과 개념을 중심으로 이루어진다.

① 자신을 포함한 집단 내 각 구성원들의 행동
② 자신이 집단 구성원들에게 보여 주기를 희망하는 행동
③ 의식적으로 회피하기를 원하는 행동
④ 필히 고수하고자 하는 범주에 해당하는 가치관
⑤ 본인의 행동을 통해 실제로 자신이 보여 준다고 생각하는 가치관
⑥ 의식적으로 자신이 거부하고자 하는 종류의 가치관

행동이나 가치를 묘사하는 형용사는 대부분의 문항에서 2, 3개로 묘사되어 있기 때문에 자신에게 '보다 적절하다고 판단되는 형용사'를 중심으로 평가하는 것이 요구된다.

(2) SYMLOG 상호작용 측정법(제3자에 의한 평가)

분석단위는 조직 내 개인의 개별 활동으로서, 집단의 구성원들이 상호작용하는 것을 제3자가 관찰하고 경청하는 과정에서 그 내용을 기록하고 분석하는 것이다. 따라서 이 방법은 전문가(컨설턴트) 혹은 사전에 교육을 받은 관찰자에 의해 수행된다. 확보한 자료가 구체적이고 양질의 내용이라는 장점이 있으나, 시간과 비용이 많이 필요하다.

5) SYMLOG 장 다이어그램(SYMLOG Field Diagram)

집단 안에서 상호 교환하는 내적 과정(생각, 감정, 가치관, 신념, 욕구)과 외적 행동(태도, 사회적 행동)은 일상에서 빠른 속도로 이루어진다. 또한 지속적으로 이루어지는 하나의 역동적인 체계를 형성한다. 이러한 대인관계 및 심리적 과정이 가져다 주는 상호작용 체계를 SYMLOG에서는 상호작용의 장(場)이라고 정의한다.

① 개인적 상호작용의 장(individual field)

개별 집단구성원이 사회적, 심리적인 상호작용에서 갖고 있는 일련의 이미지를 설명하는 개인적 장을 의미한다. 즉, 개인이 갖고 있는 사회적 상호작용의 틀이라고 할 수 있으며, 사회적 상호작용의 장을 구성하는 일부라고 할 수 있다.

② 사회적 상호작용의 장(social interaction field)

이는 집단 내 모든 구성원의 개인적 상호작용의 장을 포함하고, 더하여 구성원 간 교환하는 '내적 과정'과 '외적 행동'을 제3의 구성원이 관찰한 결과를 합산한 것으로 정의한다.

SYMLOG의 장 다이어그램은 먼저 개인의 평가 결과와 집단의 평가 결과를 합산해 평균한다. 그런 뒤 이를 통해 나타난 관점을 중심으로 개별 집단 구성원과 전체 집단이 보여 주는 위치에 관한 정보를 도표(diagram)를 통해 제시하는 방법을 사용하고 있다.

앞의 **그림 6.4**에서 보았던 3차원 공간모델을 2차원 장 다이어그램으로 나타내기 위해, 공간모델(cube)을 위에서 아래로 내려다 보았을 때의 모습을 생각해 보자. 그러면 **그림 6.5**처럼

그림 6.5 SYMLOG 장 다이어그램

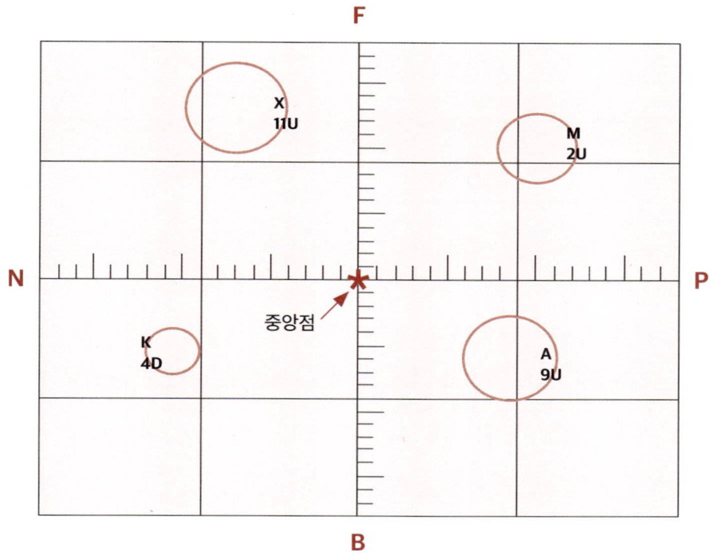

나타날 것이다. **그림 6.5**를 보면 서로 직각으로 교차하는 차원인 P-N과 F-B가 장 다이어그램의 평면을 형성하고 있음을 알 수 있다. 이때 U-D 차원은 위에서 아래로 내려다 볼 때 원으로 표시된다. 따라서 원이 클수록 큰 U 방향을 의미하고 작을수록 큰 D 방향을 의미한다.

장 다이어그램의 중앙점에서 시작하여 상하, 좌우 양쪽 끝 방향(P-N과 F-B)으로 향하며, 각기 18개의 단위로 나뉘어 있다. 이는 각 차원에서 특정 개인이 평가한 (혹은 개인을 평가한) 결과를 요약하여, 그 위치가 어딘지, 또 그 수준은 어떠한지를 나타내는 단위를 의미한다. 따라서 앞서 설명한 것처럼 U-D 차원은 18단위의 원의 크기로 차별화되어 제시되어 그 수준을 알 수 있으며, P-N과 F-B 차원은 2차원 장 다이어그램의 위치에 의해 그 수준을 알 수 있다.

SYMLOG 장 다이어그램에 관한 논의를 위해 구성원 A가 본인 스스로를 평가한 것을 포함하여, 다른 구성원 X, M, K를 평가한 내용인 **표 6.7**을 살펴보자.

예컨대, A의 이미지는 U-D 차원에서 9U, P-N 차원에서 9P, F-B 차원에서 7B에 해당하는 위치를 가지고 있다. 이것은 장 다이어그램의 중립(중심)인 중앙점에(해당하는 ★에서)

표 6.7 A의 평가에서 한 구성원들의 차원점수 요약

구성원	차원점수		
	U-D	P-N	F-B
A	9U	9P	7B
X	11U	8N	12F
M	2U	10P	10F
K	4D	10N	6B

시작하여 P-B 사분면에 위치하게 됨을 알 수 있다. 그 다음 핵심 원을 중심으로 U-D 차원의 측정 기준을 사용하여 9U에 해당되는 원의 크기를 그리고 A를 표기한다.

마찬가지로 X, M, K의 경우도 장 다이어그램에 나타낼 수 있다. 따라서 이 4명의 구성원은 장 다이어그램에서 서로 상이한 위치에 자리하고 있다. 이는 이들이 서로 다른 '행동유형'과 '성격특성'을 보여 주고 있다는 가설을 전제할 수 있다.

이처럼 장 다이어그램은 특정 평가대상이 실제로 보여 주는 '행동(무엇을 하기를 바란다, 어떤 일을 회피하려 한다 등)'을 의미하고 있음을 자신의 평가와 타인의 평가를 통해 설명한다.

6) 양극화-단일화 오버레이

집단 안에서 일상적으로 발생하는 중요한 것 가운데 하나가 집단 구성원 간 연합과 갈등의 정도라고 할 수 있다. 그러한 측면에서 양극화 - 단일화 오버레이(Polarization-Unification overlay)는 장 다이어그램이 제공하는 이미지 유형을 분석하고 활용할 수 있는 유용한 수단이다.

양극화 - 단일화 오버레이의 기본구조는 **그림 6.6**에 나타나 있다. 양극화 - 단일화 분석을 위해서 이것을 장 다이어그램 위에 겹쳐 놓으면 된다. 집단 분석을 위해 개발된 양극화 - 단일화 오버레이는 직경이 18단위로 이루어지며, 서로 인접하는 2개의 원으로 구성된다.

그림 6.6에서, 2개 원의 중심을 수직으로 통과하는 직선을 극화선(Line of Polarization)이라고 하며, 이 극화선의 양 방향이 준거방향(Reference Direction)과 상대편방향(Opposite

그림 6.6 양극화-단일화 오버레이

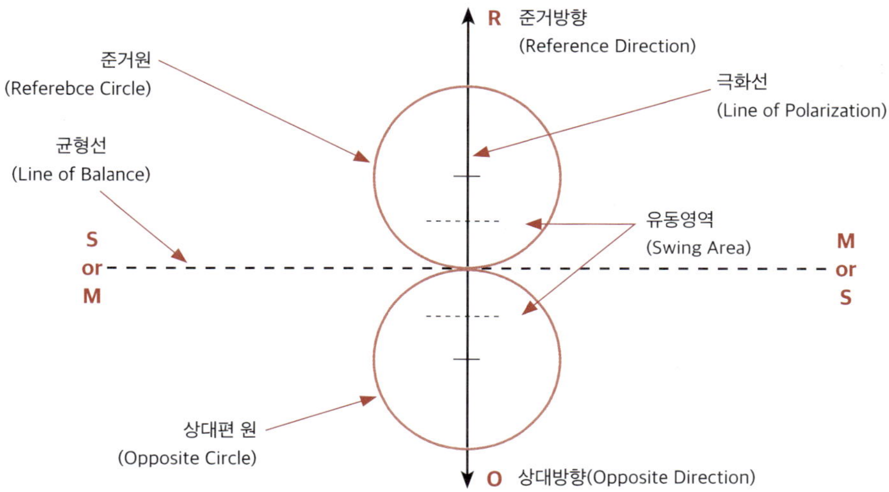

Direction)이다. 이 방향은 장 다이어그램 상에 양극화 - 단일화 오버레이를 겹치기 위한 위치를 정할 때 기준 방향으로 사용한다. 또한 준거방향은 조직 안에서 바라는(wish) 행위 및 그에 수반되는 가치관과 일치하는 이미지를 파악하기 위해 활용할 수 있다.

상대편 원에서 발견하는 이미지는 우리편, 즉 준거집단과 경쟁관계, 반대관계, 혹은 대립적 관점을 갖고 있는 상대편 집단의 행동과 가치관, 성격특성 등을 형성한다. 두 원 사이를 나누며 가로지르는 긴 점선은 균형선(Line of Balance)이라고 한다. 균형선의 양쪽 끝에 있는 M과 S는 중재자(Mediator)와 속죄양(Scapegoat)의 방향을 나타내고 있다. 두 원 안에 짧은 점선으로 표시된 영역은 유동영역(Swing Area)으로 어느 쪽에도 포함되지 않는 중립적 특성을 갖는 공간이라고 할 수 있다.

이러한 SYMLOG 양극화 - 단일화 오버레이는 하위집단 형성모델로 활용할 수 있는데, 실제로 분석 방법에 대해서 살펴보자.

7) 양극화-단일화 오버레이 활용을 위한 전제

① 첫 번째 가정으로 장 다이어그램의 하나의 사분면이 차지하는 영역(18단위 사각형)은 응집력 있는 특정 하부집단에게 허용되는 다양성의 한계 영역으로 간주한다. 따라서 어떤 집단의 구성원 모두를 오버레이상 하나의 원(직경 18단위)으로 포함할 수 있다면, 이 집단은 단일화되었다고 가정할 수 있을 것이다. **그림 6.7**을 통해 볼 때 A, X, K, M으로 이루어진 이 집단은 단일화로서 있지 못하다.

② 만일 집단의 모든 구성원이 하나의 원 안에 들어가지 않는다면, 오버레이는 전체 구성원을 포함하기 위해 2개의 인접하는 원을 활용해야 한다. 이때 2개의 원을 이용하여 모든 구성원을 그 속에 포함시키는 경우, 두 집단은 양극화되었다고 말한다(**그림 6.8** 참조).

③ 어떤 구성원이 균형선 가까이나 혹은 그 선상에 있으면서 N방향 쪽으로 위치하고 있다

그림 6.7 장 다이어그램 1

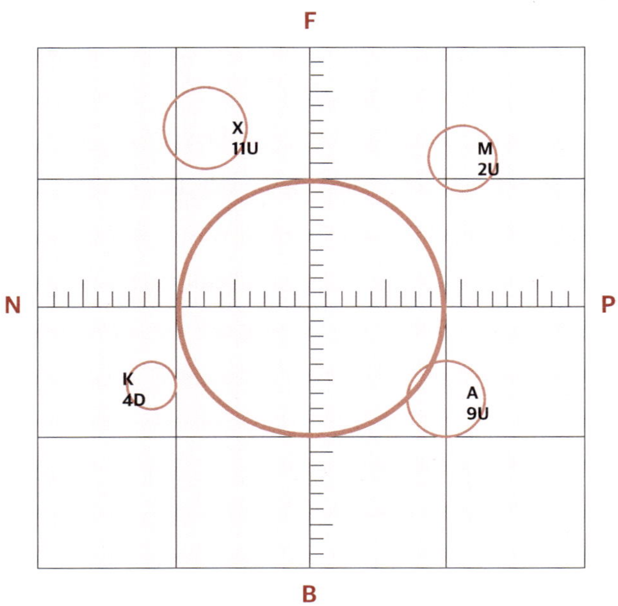

그림 6.8 장 다이어그램 2

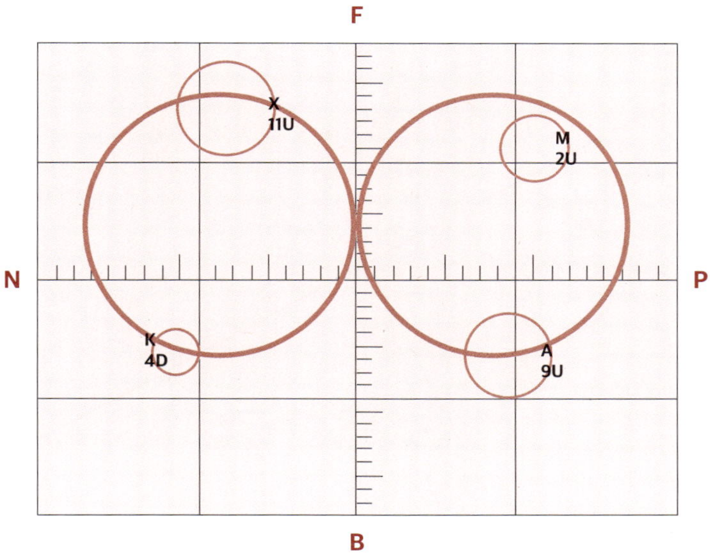

면, 이 사람은 속죄양이 될 가능성을 가진 사람이다. 반대로 균형선 가까이 혹은 그 위에 있으면서 P 쪽으로 있다면, 이 사람은 잠재적인 조정자가 될 수 있다.

8) 오버레이에 대한 분석

이해하기 쉽게 A라고 하는 한 사람의 구성원이 보여 주는 개인 장 다이어그램에 한정하여 논의해 보자.

그림 6.9는 A의 평정에 의해 만들어진 장 다이어그램에 양극화 – 단일화 오버레이를 겹쳐 놓은 것이다. 구성원 A의 관점에 의하면, 이 집단은 2개의 대립적인 하부집단으로 나뉘어 있음을 알 수 있다. 그리고 그 2개의 하부집단은 공간상 NF와 PB 방향으로 가로지르는 균형선을 두고 상호 갈등을 갖고 있으며 행동, 가치관, 특성 차원에서 양극화되어 있다고 할 수 있다. 이때 A 스스로는 B와 연합을 형성하고, 스스로를 이 하부집단의 리더(9U)라고 지각하고 있다.

그림 6.9 장 다이어그램 3

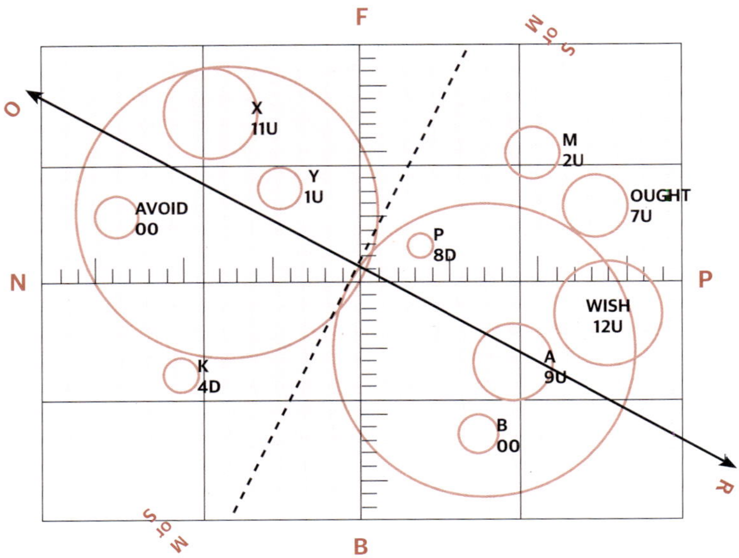

A가 구성한 준거집단에서 B는 A와 유사한 가치관을 공유하고 있으나, 집단에 대한 적극성은 매우 낮다는 것을 알 수 있다. B 자신도 A가 보여 주는 따뜻함과 남을 지지하고 격려해 주는 성향에 대해서 동일화하고 있지만, 집단에서 리더의 역할을 맡을 만큼 적극적이지는 않다고 인식하고 있다. 따라서 B는 갈등이나 양극화를 감소시키는 역할을 담당하기에는 적절하지 못한 인물임을 알 수 있다.

한편, A와 B의 연합으로 이루어진 PB 집단의 방향과 반대편에 X와 Y로 구성된 NF 집단이 있다. A는 이러한 상대편 방향에 있는 집단 안에서 X를 Y와 연합을 형성하고 있으며, 지배적이고 권위주의적인 사람의 유형인 UNF로 지각하고 있다. 그 집단에서 Y가 보여 주는 가치관은 X(11U)보다는 훨씬 덜 활동적(1U)이기는 하지만 X와 Y가 나타내는 가치관은 상호 유사한 것(NF)임을 알 수 있다. Y는 권위적인 X에게 종속되어 있는 인물로 보인다.

이러한 오버레이상에서 가장 고통받고 있는 사람은 P로 보인다. P는 유동영역 내에 위치하고 있으므로, 하부집단 어느 쪽에도 속하지 않는다고 할 수 있다. 따라서 NF와 PB 집단 사이에 발생하고 있는 가치 갈등의 중앙에 끼어 있는 상황이다. 특히 P의 U-D 차원의 평가에서 8D라는 복종성은 집단 안에서 상당 수준의 갈등을 경험하고 있으며, 이는 A의 시각을 통해 나타냈다. 더 나아가 P는 집단 안에서 행동상 제약(혹은 금지)으로 인해 위축되어 있을 것으로 미루어 짐작 가능하다. 이 경우 기회가 주어진다면 P는 이 집단을 떠날 가능성을 갖고 있다.

우리는 A가 바라는 희망상(wish)이 PB 집단의 원 안에 있다는 사실에 주목할 필요가 있다. 이는 A는 외향적, 사교적, 진취적, 확대지향적 방향으로 행동하길 희망하고 있음을 의미한다. 그리고 A의 회피상(avoid)이 X와 Y가 있는 반대 원에 자리잡고 있음을 볼 수 있다. A는 불친절하고, 항상 반대의견을 제시하며, 구성원들에 대해서 감시와 통제하는 행동에 대해서는 의식적으로 회피하고자 노력하고 있음을 알 수 있다.

A가 생각하는 모범상(ought)은 A의 자기상(9U)으로부터 A가 속한 집단에서 보아 PF 방향 쪽의 외곽에 자리하고 있음을 알 수 있다. 모범상은 희망상에 비해 더욱 현실적이며, 실질적인 이미지라고 할 수 있다. 따라서 이러한 평가 결과가 주는 의미는 무엇일까? 이것은 행동으로 나타나는 A의 자기 이미지인 UPB와 A가 실제로 반드시 가져야 하는 것이라고 믿고 있는 가치관인 모범상 UPF 사이의 불일치 때문일 것이다. 이러한 불일치는 조직 안에서 개인의 행동(UPB)과 가치관(UPF) 사이의 격차를 보여 주는 대표적 사례에 해당한다고 하겠다.

이처럼, A가 모범상처럼 과업 중심적으로 구성원들의 주의를 집중하고자 하는 행위는 A가 속한 집단의 감정적인 일체감(UPB)에 대한 방어기제의 발현으로 볼 수 있다. 왜냐하면 A는 권위적이고 과업지향적인 X가 존재한다는 사실이 자신의 집단의 존속에 명백하고도 뚜렷한 위협이라고 지각하고 있기 때문이다. 따라서 자신이 속한 집단을 보호하기 위해서, 구체적으로 행동하고 실천하고자 하는 과업지향적 행위의 필요성을 인식하고 있기 때문으로 설명할 수 있다.

그리하여 이들 전체 집단을 지배하고 있는 집단규범은 권위적이고 과업지향적인 리더십(NF 집단)과 사회적, 감정적 안정성을 유지하고자 하는 리더십(PB 집단)으로 뚜렷이 구분되는 가치관으로 나타나고 있다.

따라서 전체 집단은 2개로 나뉘어 있고, 그로 인해 가치관에서 서로 상당한 갈등을 경험하고 있을 것이며, 작업집단으로서 기능이 제대로 발휘되지 않을 것이라고 짐작할 수 있 다. 즉, 효율성이 떨어지는 집단일 것으로 판단된다.

9) 양극화 오버레이의 갈등 감소 방안

그렇다면 앞의 집단과 같은 경우에 어떻게 갈등과 양극화를 감소시킬 수 있을 것인가? 효율적으로 갈등과 적대감을 감소시킬 수 있는 방안에 대한 논의가 필요하다. 그에 대한 해답으로 SYMLOG에서는 중재자 위치에 있는 구성원이 갖는 가치관을 활성화하는 것이 바람직하다고 주장한다.

중재자란 앞에서 언급하였듯이 균형선에서 보아 P 방향에 위치하고 있는 사람을 의미한다. **그림 6.9**에서 보면 M이 중재자의 위치에 있음을 알 수 있다. 왜냐하면 M은 양쪽 어느 집단에도 속하지 않으며, X가 가지고 있는 과업지향적인 가치관과 A가 가지고 있는 우호적 가치관을 동시에 가지고 있다. 중재자 위치에 있는 구성원이 적극적으로 활동한다면, 양극화를 감소시키고 나아가 중화시키는 데 도움이 될 수 있다.

구체적으로 M은 갈등을 갖고 있는 구성원들이 타협과 협력적 행동을 하도록 동기를 제공

그림 6.10 NF - PB 양극화 이상적인 작업집단의 구성 형태

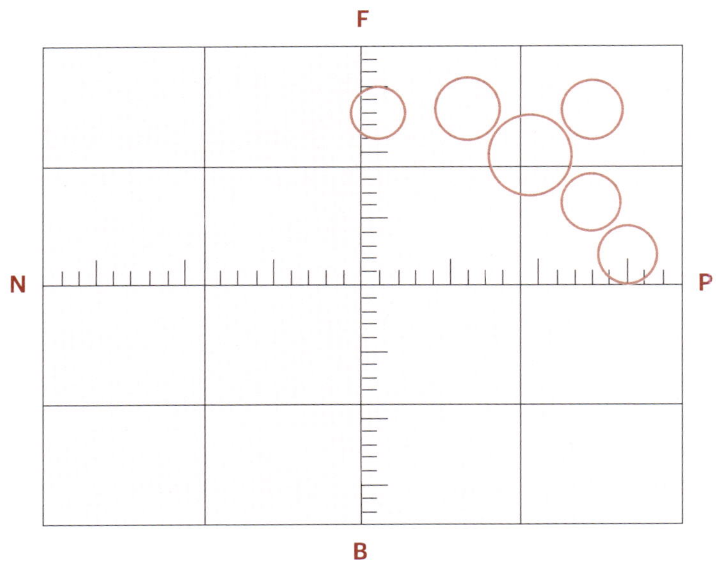

함으로써 양 집단의 갈등을 줄이는 데 역할을 할 수 있을 것이다. 현재 상황에서 M은 자신의 활동 수준과 참여 정도를 증가시킴으로써 집단으로 하여금 건설적인 방향으로 움직이도록 자극제의 역할을 해야 한다는 의미이다.

균형선의 반대쪽, 즉 N 방향에 희생양에 해당하는 K가 있다. 이 사람은 집단 속에서 희생양이 될 가능성이 크다. K는 양 집단으로부터 공통적 거부대상이며, 나아가 갈등을 갖고 있는 두 집단의 적대감이 대치하는 일선에 위치하고 있다. 따라서 K를 희생시키 기 위한 과정에서 양 집단은 일시적으로 양극화를 감소시키는 데 도움이 될 수 있다. 그러나 그것이 결코 양극화를 중화하는 이상적인 방안이 되지는 못한다.

한편 N의 가치관과 행동을 활성화함으로써 가능한 한 이러한 이상적 집단은 표현된 가치관과 행동이 비교적 단일화되어 있으며, 대부분의 구성원이 PF 사분면에 속하고 있다. 구성원 간의 지배성 정도가 같지는 않으나, 그렇다고 큰 차이를 보이고 있지도 않음을 알 수 있다. 또한, 집단이 상당 수준 단일화되어 있음에도 소집단 내에서 다양성을 나타내고 있음을 알 수 있다.

그러나 전반적으로 일체감을 가진 집단은 예상하지 못한 상황이나 문제에 당면하면 그에 필요한 탄력성이나 유연성을 갖추고 있지 못하는 경우가 많을 수도 있을 것이다. 하지만 이러한 이상적 작업집단이 갖고 있는 구조의 효과를 뒷받침하는 실증분석 결과가 많이 나오고 있다.

10) 결론 및 시사점

SYMLOG을 활용한 분석은 집단 구성원들의 성격특성, 행동 유형, 가치관 등을 포함한 여러 가지 정보와 자료를 얻을 수 있는 유용한 수단이 된다. 또한 전체 집단 수준에서 이루어진 분석은 집단에 상이한 하부집단 구조의 특징을 보여 주고, 각 구성원들의 역할(리더, 팔로워, 중재자, 희생양)과 연합 형성, 집단규범 등을 알 수 있다.

또한 집단 내 갈등관계에 있거나 연합을 형성하고 있는 구성원들을 식별할 수 있도록 해주며, 집단에서 스트레스와 소외감을 경험하는 구성원들이 누구인지도 명확히 해 준다. 따라서 모집선발뿐만 아니라 이동, 배치, 경력개발에도 활용 가능한 분석도구라고 할 수 있다(Hare와 Hare, 1996).

7장

동기부여 이론

I 동기부여의 이해

II 동기부여의 내용이론

III 동기부여의 과정이론

I　동기부여의 이해

1. 동기부여의 개념

조직행동 연구에서 가장 중요한 주제라고 할 수 있는 동기부여(motivation)는 다음과 같이 정의할 수 있다.

"동기부여란 생리적 혹은 심리적 불충분이나 필요에 의해서 행동(동인)을 촉진시켜 목적(유인자극)으로 향하게 하는 과정을 의미한다."

그림 7.1의 동기부여 모델은 이러한 정의에 근거한 것이다. 한편 실무 차원에서 우리가 동기부여라고 할 때는 다음과 같이 간단하게 개념정의를 할 수 있다.

"동기부여란 개인으로 하여금 구체적이고 목표지향적인 행동을 추구하도록 하는 과정이다."

2. 동기부여의 모델

지금부터 동기부여의 개념을 구성하는 요소에 관해서 살펴보자.

① 욕구와 필요(Needs)

인간의 필요나 욕구는 생리적 혹은 심리적 불균형 시 언제나 발생한다. 예컨대, 우리 몸의 세포는 물이나 양분이 부족할 때 음식을 취하고자 하는 욕구가 있고, 친구나 동료의 역할을 하는 사람이 없을 때 심리적으로 외롭기 때문에 누구를 사귀고자 하는 욕구가 발생한다. 심리학에서는 이러한 욕구가 불충분하다는 데 근거를 두고 있으나, 실제는 예외적인 경우도 많다. 예컨대, 경제적 욕구가 강한 사람일수록 과거에 줄기차게 성공한 사람이 많다.

그림 7.1 동기부여 모델

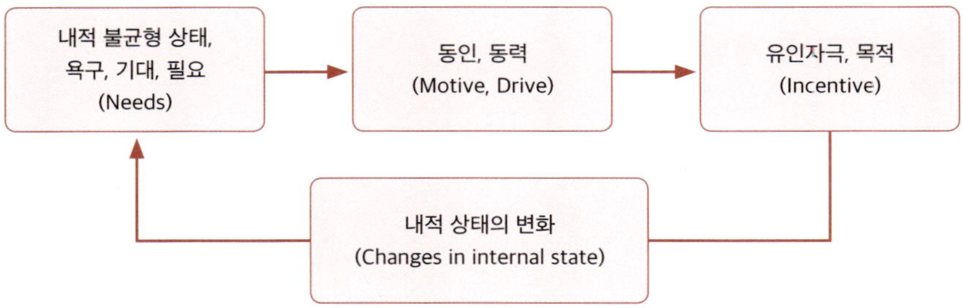

② 동인(Motive)

이것은 욕구를 완화시키는 첫 단계에서 작용하는 것으로 동기유발 요인을 의미한다. 예컨대 욕구 가운데 배고픔과 같은 생리적 욕구는 추구하는 방향이 분명하므로 방향성 욕구라고 한다. 따라서 이러한 욕구는 행동지향적이므로, 목적인 음식으로 향하도록 한다. 이때 음식을 취하게 하는 힘을 동인이라고 한다. 그렇기 때문에 동인을 동기부여의 핵심이라고 할 수 있다.

③ 유인자극(Incentive)

이는 욕구를 완화하고 동인을 증감시킬 수 있는 어떤 유인요소, 즉 목적을 위미한다. 따라서 유인자극을 획득하게 되면 생리적, 심리적 균형을 되찾게 된다(욕구를 줄이거나 불충분한 상태를 복원하게 된다). 예컨대, 음식이나 물을 먹을 때, 친구를 얻게 될 때. 이는 필요와 욕구에 대한 충족으로 균형 상태가 됨으로써 그에 대한 욕구가 줄어든다. 따라서 이 경우 물, 음식, 친구가 유인자극이 된다.

3. 동기부여의 특징

앞서 논의한 동기유발 모델을 살펴보자. 이를 통해 우리는 다음과 같이 동기유발이 갖는 특징적 요소를 발견할 수 있다.

① 동기부여는 인간의 행동을 유발한다

동기부여는 사람들로 하여금 구체적인 방식(pattern)으로 행동하도록 촉진시키는 내부적인 힘이다. 예컨대, 친구를 사귀기 위해서는 분명히 무엇인가 행동을 취해야 하는데, 그러한 행동은 분명 업무 수행 활동과 다른 유형의 방법으로 이루어진다. 행동의 유발은 동인의 가장 핵심적인 기능이다.

② 동기부여는 인간 행동의 방향을 설정한다

동인은 유인 자극인 목표를 지향하는 통로의 역할을 한다. 즉, 동인은 어떤 목표를 향해 나아가야 하며, 어떤 방식으로 해야 하는지를 가리키는 안내자(guide) 역할을 한다.

③ 동기부여는 인간 행동을 유지하고 지속한다

목표지향적 행동이 목표를 달성하기까지 지속적으로 실행하도록 하는 기능을 뜻한다. 이는 동인이 갖는 지속성이라는 특징에서 비롯되는데, 계속되는 프로세스로서 동기부여 과정은 내적 상태의 변화를 가져다 준다.

따라서 이러한 세 가지 특징을 모두 갖춘 조직 내 행위를 동기부여된 행동이라고 한다. 그에 비해 조직에서 발생하는 우발적이거나 일회성으로 끝나는 행위는 동기유발된 행동이 아니다.

4. 동기부여의 중요성

현대 조직에서 동기부여의 중요성은 다음과 같은 이유로 설명할 수 있다.

1) 구성원들의 심리적 근거의 이해

동기부여의 개념 정의에서, 목표지향이 내포하고 있는 의미는 개인과 조직의 성과지향, 경쟁지향, 규정준수지향, 변화지향 등으로 이해할 수 있다. 따라서 동기부여는 이러한 무엇인가를 지향하도록 하는 행동의 심리적 기반과 과정을 이해할 수 있도록 해 준다. 그런데 왜 이러한 심리적 기반의 이해가 필요한지를 생각해 볼 필요가 있다. 이는 조직 안에서 민주주의와 협동이 요구되는 현대기업의 특징과 맥락을 같이 한다.

즉, 과학적 관리, 관료제 구조, 권위적인 시스템에 근거한 경영관리가 더 이상 효과를 발휘할 수 없기 때문이다. 구성원들의 저항과 시대적 요구 때문이기도 하거니와 혁신과 창의성이 요구되는 기업 생존을 위한 필요성 차원에서 더욱 그러하다. 따라서 수평적 관계를 통해 조직과 구성원 간 관계를 이해해야 할 필요가 커진다고 할 수 있다.

따라서 구성원들이 자발적으로 행동하게 되는 배경, 즉 심리적 근거와 과정을 적극적으로 이해해야 하는 중요성이 크다.

2) 구성원들을 관리할 수 있는 수단의 개발

인간의 심리는 행위의 조절자이므로, 구성원들의 행동을 유발하고, 지향하고, 지속시키는 심리적 내용과 과정을 이해한 후에 사용 가능한 수단(보상, 피드백, 고과 방법)을 개발해야 한다. 동기부여 과정의 이해는 이를 가능하게 해 준다.

더구나 과거처럼 도구적 수단(자본, 생산공정, 작업방식)을 통한 효율성과 생산성 추구 노력에서 구성원들의 행동에 초점을 둔 노력의 중요성이 강조되는 현실을 반영할 수 있다.

3) 인력개발과 개발관리에 활용

동기부여와 관련하여 심리적 과정을 이끌어 내는 요인은 이론상 본능(instinct), 욕구(needs), 인지(cognition) 등으로 이해할 수 있다. 따라서 동기부여이론들은 이러한 심리요소 가운데 하나에 초점을 두고 전개되고 있음을 알 수 있다. 그런데, 동기부여이론의 발달 과정을 살펴보면 연구의 관심이 본능 → 욕구 → 인지의 순서로 진행되었음을 알 수 있다. 그리하여 오늘날 가장 설득력 있게 수용하는 동기부여이론들은 개인의 인지 과정에 초점을 두고 개발되었다.

한편 오늘날 지속적으로 성장하는 기업의 특징은 조직 구성원들이 조직에서 부여한 역할을 성실하게 수행하는 것에 머무르지 않고, 창의적이며 자발적이고 혁신적인 행동을 할 수 있는 발판을 제공하고 있다. 이를 위해 필요한 것이 학습이며, 그 수단은 교육훈련이라고 할 수 있다. 교육훈련은 개인의 인지에 근거를 둔 활동이다.

따라서 조직의 경쟁력 제고를 위해 인적 자원을 장기적인 관점에서 개발해야 한다는 것을 인식하게 되었다. 구체적으로 교육훈련을 통한 인력개발의 중요성, 직무 재설계의 필요성 등이다. 다시 말해서 높은 수준의 기술과 지식을 습득하는 것은 조직 성과나 직무 효율성에 도움이 되며, 동시에 개인의 동기부여 측면에서 효과를 발휘하게 된다.

5. 동기부여의 구체적 적용

그렇다면 실제로 우리는 어떻게 동기부여를 하는가? 다음을 생각해 보자.

① 일을 안 하려는 사람을 **열심히 일하도록** 동기부여한다.

② 일을 잘하고 있는 사람이 **일을 더욱 잘하도록** 동기부여한다.

전통적인 조직에서 동기부여에 관한 논의는 이러한 ①, ②에 해당하는 주제였다고 할 수 있다. 왜냐하면 '노력과 성과'가 기업조직에서 가장 중요한 경쟁력의 기반이라고 여겼기 때문이다. 그런데 이는 본능과 욕구의 충족을 통한 동기부여이다.

하지만 오늘날은 ③~⑦과 같은 동기부여가 중요하다. 이는 행동 변화라는 광범위한 목적이 근간이 되는 것으로서, 행동 변화를 위한 심리적 동인을 추구한다는 측면에서 중요하다. 이는 인지에 초점을 둔 동기부여이다.

③ **변화 수용의 동기** 이는 기존의 행동, 규범절차에 얽매인 사람에게 새로운 것을 받아들이도록 동기부여한다.

④ **동기 기준의 전이** 평가 및 작업기준의 전이 동기가 여기에 해당한다. 예컨대, 생산량 증대에 노력해 온 사람에게 품질 향상을 위해 노력하도록 동기부여한다.

⑤ **규정 준수의 동기** 규정과 법률의 준수는 현대 기업이 추구하는 중요한 가치가 되어야 하며 그렇지 않은 기업은 소비자로부터 외면당한다.

⑥ **조직시민행동 동기** 공식적으로 부여받은 임무는 아니지만, 조직이나 다른 구성원에 도움이 되는 일이라면, 스스로 찾아서 행하도록 동기부여한다.

⑦ **경쟁몰입의 동기** 경쟁에서 전의를 고취하도록 동기부여한다.

6. 동인의 종류

1) 1차적 동인

1차적 동인(primary motive)은 생리적, 생물학적 동기로서 학습되지 않은 기본적 동인을 의미한다. 예컨대 배고픔, 목마름, 졸음, 고통을 줄이고자 하는 본능, 섹스 등을 말한다. 근본적으로 사람들의 생리적 구성은 동일하므로, 1차적 동인은 사람마다 동일하다고 할 수 있다.

그러나 1차적이란 표현은 쉽게 이해할 수 있다는 의미로서, 반드시 다른 동인, 즉 일반적 동인이나 2차적 동인에 선행한다는 의미는 아니다. 예컨대, 정치적, 사회적, 종교적 이유로 독신 생활을 하거나 단식을 하는 경우를 생각해 보자. 이 경우 이러한 학습된 2차적 동인이 1차적 동인보다 더 강하게 작용하기 때문에 실천하는 행동이라고 할 수 있다.

2) 일반적 동인

일반적 동인(general motive)은 1차적 동인과 2차적 동인 사이에 위치하는 것으로, 생리적인 동인은 아니지만 또한 학습되지 않은 동인을 의미한다.

1차적 동인이 자극에 대한 반응을 통해 긴장을 감소시키는 역할을 하는 것이라면, 일반적 동인은 오히려 이러한 자극을 이끌어 내는 동인이라고 할 수 있다. 따라서 일반적 동인을 자극동인(stimulus motive)이라고도 한다. 예컨대, 호기심(curiosity), 조작능력(manipulation), 활동성(activity) 등이 여기에 해당한다.

참고 7.1 스키너의 원숭이 실험

행동주의 심리학자 스키너(B. Skinner)는 태어나자마자 어미로부터 격리시킨 새끼 원숭이를 통해 학습이론에 관한 실험을 실시하였다. 처음에는 우유를 통해 영양분을 제공하였다. 이후 유동식에서 고형식으로 원숭이의 성장 과정에 따라 제공하는 음식을 변화시켰다. 어느 날은 먹이로 주던 바나나를 원숭이의 손이 닿지 않을 높이에 매달아 두었다. 그것을 먹기 위해 계속 뛰어오르던 원숭이는 손이 닿지 않자 흥분하면서 신경질을 냈다. 포기했다고 생각했던 원숭이는 주위에 있는 막대와 상자에 관심을 갖게 되었다. 그리하여 막대를 쥐고 흔들어 보고, 엎어져 있던 상자를 만져 보더니, 결국은 상자를 받침대 삼아 올라서서는 막대를 사용하여 천장에 매달아 두었던 바나나를 떼어서 먹는 데 성공했다.

실험을 통해 어미 원숭이로부터 학습할 수 있는 기회를 얻지 못한 새끼 원숭이였기에 학습동기는 아니지만 호기심을 갖고 무언가를 조작하려고 하는 동기가 있음을 발견하게 되었다.

출처 : B. F. Skinner, "The Design of Experimental Communities," *International Encyclopedia of the Social Science*, vol. 16, New York, Mcmillan, 1968, pp. 271-275.

심리학에서 동물실험을 통해 학습되지 않는 동인으로서 무언가를 탐구하려 하고, 물체를 조작해 보려 하며, 활동성향을 내보이려고 하는 무언가가 있음을 발견하였다. 이와 같은 관찰을 토대로 실험설계를 한 사례가 있다(**참고 7.1** 참조). 반복실험을 통해 인간에게도 이를 일반화하게 되었다. 실제로, 어린이의 경우 호기심, 조작능력, 활동성 동인이 어른들보다 훨씬 우세함을 발견할 수 있다.

따라서 어린이의 경우 이 같은 동인 등이 활성화되면, 위험이나 곤란에 처하는 경우가 있을 것이다. 하지만 성인이 될 때까지 그와 같은 것이 장려된다면 매우 유익할 것이다. 반대로 그 같은 욕구가 계속해서 억압된다면 전체 사회의 발전은 정체 상황에 처하게 될 수도 있다(Bandura, 1986).

한편, 이러한 일반적 동인에 대한 연구는 범위와 연구 방법상 타당성 때문에 어려운 연구주제(영역)로 남아 있다.

3) 2차적 동인

2차적 동인(secondary motive)은 학습된 동인으로서 조직행동 연구의 대상이며, 학습(강화이론)과 관련되어 있다. 2차적 동인에는 권력동인, 성취동인, 귀속동인, 안전동인, 지위동인 등이 있다.

(1) 권력동인

권력동인(power motive)은 동기유발 요소로 연구한 것 가운데 가장 오래된 것이다. 대표적

참고 7.2 프로이트의 꿈의 해석

… 우리는 남의 꿈과 마찬가지로 자기의 꿈도 해석할 수 있다. 자기의 꿈이라면 더 배우는 바가 많고, 그 과정에서 수긍하는 바가 크다. 이와 같은 방법으로 실험을 진행시킬 때 이 해석의 작업에 대해서 그 무언가가 저항하고 있다는 것을 깨달을 것이다. 즉 연상이 떠오르지만 나타난 연상의 전부를 그대로 받아들이려 하지 않고 그 연상을 음미하고서는 그 가운데서 어떤 것만을 선택하고 싶어진다. …

… 자기 꿈의 해석을 자기 자신이 하지 않고 남에게 해석하도록 하면 떠오른 연상 가운데 자기에게 유리한 것만을 선택하게 하는 동기가 무엇인지 뚜렷이 알 수 있다. …

… 꿈의 요소로부터 그 배후에 있는 무의식으로 들어가려면 한 가지나 두세 가지 연상으로 충분한 경우도 있지만 때로는 많은 연상의 연쇄를 더듬고 많은 비판적 저항을 극복해야 할 때도 있다.

… 저항이 작을 때는 무의식과 대용물의 거리가 짧지만, 저항이 클 때는 무의식의 왜곡도 크고, 또한 대용물에서 무의식까지의 거리도 길다. …

우리의 기법을 응용하여 어떻게 꿈이 설명되는지 실례를 통해 설명해 보기로 하자. 이는 어떤 부인의 꿈인데, 그녀는 어릴 때 하느님이 뾰족한 종이 모자를 쓰고 있는 꿈을 몇 번이나 꾸었다는 것이다. 이를 듣는 사람은 정말 어이없게 여길 것이다. 그러나 부인의 이야기를 듣고 있노라면 그리 터무니없지는 않다. 자신이 어릴 때 식탁에 앉을 때마다 가족 가운데 누군가 어떤 모자를 씌워 주었다는 것이다. 왜냐하면 그녀는 형제 중 누구의 음식이 자기 것보다 더 많이 담겨 있는지 보는 버릇이 있었기 때문이다. 이 모자는 분명히 마차를 끄는 말이 곁눈질을 못하게 하는 눈가리개의 역할을 한 것이다. 아주 쉽게 이 꿈의 역사적 유래가 밝혀진 셈이다. 꿈을 꾼 부인에게 잇따라 떠오른 연상을 말하도록 함으로써 관련 요소의 해석을 통해 이 짧은 꿈 전체의 해석이 쉬워진다. "하느님은 전지전능하다고 합니다. 하느님처럼, 아무리 가족들이 못하게 해도 나는 모든 것을 알고, 모든 것을 볼 수 있다는 것을 그 꿈은 뜻하고 있었을 것입니다."하고 부인은 말했다. 이 사례를 통해 보면 꿈의 해석은 너무나 단순하지 않은가?

출처 : 지그문트프로이트, 이훈 역, 꿈의 해석, 돋을새김, 2009, pp. 26-27.

참고 7.3 아들러와 권력 동인

아들러(Alfred Adler, 1870~1937)는 같은 유태인이며 스승인 프로이트와 달리 자신이 유태인임을 숨기고 생활하였다. 따라서 아들러 이론은 열등감의 극복 과정이 바탕을 이루고 있는데, 자신이 유태인이란 것이 일종의 사회적 열등감으로 작용한 본인의 상황에서 비롯한 것이다.

아들러는 차남으로 자신보다 모든 점에서 뛰어난 형이 있어서, 어머니의 사랑이 형에게만 집중됨으로써 질투와 경쟁심을 겪었다고 하였다. 또한 태어난 바로 밑의 동생에게 어머니의 사랑이 옮겨 감에 따라 또다시 질투와 경쟁의 대상이 동생으로 옮겨 가게 된다. 아들러의 대표이론 중 하나인 '형제 간 경쟁이론'은 자신의 경험을 토대로 구성된 것이다. 즉, 출생순서와 부모의 사랑을 차지하기 위한 형제 간 경쟁이 성격 형성에 영향을 준다는 것이다.

하지만 어머니로부터 받지 못한 사랑을 아버지로부터 얻게 된 아들러는 아버지의 격려와 관심으로 학업에 정진하게 된다. 병약하여 몇 번이나 죽을 고비를 넘기고, 학교 성적도 좋지 않은 그를 변함없이 사랑하고 이끌어 준 것은 그의 아버지였던 것이다. 앞서 성격이론에서 살펴보았듯이 프로이트는 동성의 부모와의 동일화 과정에서 아들이 아버지와 무의식적인 적대감을 갖고 있다고 주장하였다. 하지만 아들러의 경우는 아버지가 인생의 적극적인 협력자이자 훌륭한 조언자였다. 이로 인해 아들러는 프로이트의 이론을 반박하며 독립하게 된다.

이처럼 아들러의 이론은 스스로의 열등감에 대한 인식과 이를 극복하기 위한 개인의 투쟁 과정을 나타내고 있다. 아들러의 경우 세 가지 열등감이 있었는데, 첫째는 외모와 병약함으로 인한 신체적 열등감, 둘째는 어머니의 사랑을 받지 못함으로 인한 심리적 열등감, 셋째는 멸시받는 유태인이며, 위대한 스승 프로이트로부터 인정받지 못했다는 사회적 열등감이었다.

따라서 아들러 이론의 전체를 꿰뚫는 중요한 관점은 인간은 열등감을 극복하기 위해 노력하고, 이를 위한 수단으로 우월감을 추구하기 위해 권력(신체적, 심리적, 사회적 권력)을 추구한다는 것이다. 따라서 과거에 얽매이고, 부정적으로 행동하려고 하는 존재로서 인간을 분석하려 했던 프로이트에 비해 아들러는 분명 미래지향적이고 긍정적인 관점에서 인간에 대한 이해를 시도할 수 있었다.

인 연구자로는 아들러(A. Adler)가 있다(**참고 7.3** 참조). 프로이트의 제자인 아들러는 프로이트와 여러 측면에서 반대 입장에서 자신의 논의를 전개하였다. 프로이트가 과거, 꿈의 세계, 자유연상과 무의식의 세계, 섹스 등을 동기부여의 영향 요인으로서 연구하였다면, 아들러는 경쟁과 미래지향성, 권력에 대한 갈망이 동기부여에 영향을 준다고 하였다. 아들러에 의하면, 대부분의 어린이는 부모로부터 열등감(inferiority complex)을 경험하게 되며, 이러한 감정이 인간에게 내재해 있는 권력동인과 결합하여 행동을 지배하게 된다는 것이다. 즉, 초기 경험에서 발생한 열등감을 극복하기 위해 노력하며, 따라서 이 초기의 열등감을 보상받기 위해 권력에 대한 의지가 발생한다고 보았다.

궁극적으로 인간은 권력 획득으로 열등감을 극복하고, 이를 통한 우월성 추구 노력을 계속하게 된다. 그리하여 사람들 사이의 상호작용에서 비롯되는 문제를 다루기 위해서 적극적으로 사회적 관심을 갖고, 권력 추구를 통해 스스로 미래의 삶의 형태를 개발해 나간다. 아들러에 의하면, 정상적인 인간의 삶의 모습은 개인이 자신의 에너지를 권력 획득을 위해 건설적으로 추구하기 위해서 창조적이며 적극적으로 노력하는 모습을 보이는 것이라고 하였다. 즉, 미래지향성과 권력에 대한 의지와 갈망이 인간 행동의 중요한 동기가 된다는 것이다.

(2) 성취동인

성취동인(achievement motive)에 관한 연구는 맥클리랜드(McClelland, 1974)에 의해 체계적으로 이루어졌다. 맥클리랜드는 인간의 고차원적인 욕구와 사회적 동기에 관해 연구하였다. 그는 TAT 검사를 통해 인간의 동기에 관해 연구하였다(**참고 7.6** 참조). 맥클리랜드는 초기 TAT 검사가 갖고 있는 문제점을 개선하여 테스트의 객관성을 확보하기 위해 노력하였으며, 집단 테스트와 대규모 테스트가 가능한 형태로 발전시켰다. 또한 테스트의 정확성과 표준화를 위해서 TAT 검사와 설문조사를 병행해서 실시하는 방법을 개발하였다. 그리하여 인간의 내면과 잠재된 동기를 측정할 수 있었으며, 특히 이것은 성취동기를 측정하는 데 매우 효과적이었다.

연구 결과 맥클리랜드는 성취동인과 관련하여 두 가지 심리적 유형이 있음을 발견하였다. 두 가지 가운데 소수에 속하는 유형은 동기부여와 도전을 통해 성취감을 얻으려는 사람들이다. 그에 비해 다수를 차지하는 유형은 성취감 획득에 무관심한 태도를 갖고 있었다. 이처럼 소수에 속하는 사람들의 적극적인 태도와 성취동기에 대해 A형 동기라고 이름 붙였다. 성취동기가 큰 A형 동기를 가진 사람들의 특징으로 밝혀진 것으로 다음과 같다.

① 적정 수준의 위험을 택한다

맥클리랜드는 A형 동기의 가장 두드러진 특징으로 들고 있다. 피상적으로 생각하면 성취동기가 큰 사람들이 높은 수준의 위험과 모험을 택할 것 같으나 그렇지 않다는 것이다. 위험추구 행동(risk-taking)을 실험하기 위해 말뚝을 향해 고리를 던져서 거는 게임을 실시하였다.

참고 7.4 프로이트의 무의식

프로이트(Sigmund Freud, 1856~1939)는 인간의 모든 행동의 원인은 무의식적 동기에서 비롯된다고 주장하였다. 이는 인간 본성에 대한 부정적인 견해라고 할 수 있다. 왜냐하면 인간의 행동은 동물과 같은 기본적인 본능에 의해서 결정되고, 그러한 인간의 많은 본능(충동)은 비도덕적이고 비이성적이므로 인간의 본능의 통제를 강조하는 사회와 끊임없이 갈등과 투쟁을 하는 것이 인간 삶의 모습이라는 것이다. 따라서 프로이트는 공격성을 인간의 근본적인 본능이라고 주장한다. 그리하여 인간이 서로 평화롭게 공존할 가능성은 희박하다는 것이다.

한편 인간 행동의 대부분이 무의식적 과정에 의해 지배된다는 주장에서 무의식적 과정이란 우리가 의식하지 못하지만 우리 행동에 영향을 주는 사고나 숨겨진 동기, 욕망, 공포 등을 의미한다. 프로이트는 인간의 무의식적 정신세계를 구성하는 세 가지 요소(장소)로 다음과 같은 것이 있다고 주장한다.

- 원초적 자아(id) : 생물학적이고 본능적 요소
- 자아(ego) : 외부환경과 초자아의 제한을 통해 원초적 자아를 표현하고, 보호하고, 만족시키는 정신기제(요소)
- 초자아(super ego) : 사회규범과 기준이 내면화된 것

그리하여 인간의 무의식적 충동은 꿈, 습관적 행동, 신경증적 증상, 예술과 문학, 과학적 활동, 무심결에 나오는 실언 등과 같은 다양한 충동으로 구현된다고 하였다.

출처 : 피터 게이, 정영목 역, 프로이트 I - 정신의 지도를 그리다, 열린책들, 2011, pp. 44-49.

실험 참가자들에게 고리를 던지기 위한 위치는 자신이 원하는 어떤 곳이라도 가능하다고 일러 주었다. 이때 성취동기의 차이에 따라 확연히 다른 행동을 보여 주었다. 먼저 성취동기가 낮은 사람들은 말뚝이 있는 바로 옆에 서서 떨어뜨리거나, 아예 멀찌감치 떨어져서 던지는 경우가 많았다. 그에 비해 A형 동기에 속하는 사람들은 자신의 실력에 비추어 거리를 계산해서 던지는 행동을 보였다. 이들이 말뚝에 근접해서 고리를 넣지 않는 이유는 자신의 실력을 테스트할 수 없기 때문이며, 멀리 떨어져서 던지지 않는 것은 운에 맡기는 행동을 하고 싶지 않기 때문이라고 대답하였다.

따라서 성취동기가 낮은 사람들은 높은 위험감수 행동 혹은 낮은 위험감수 행동을 하며, 성취동기가 높은 사람은 적정 수준의 위험감수 행동을 한다고 할 수 있다. 한편 동일 집단의

사람들을 대상으로 하여 개인 수준과 집단 수준의 위험감수 행동을 비교하였을 때, 집단 수준에서 위험감수 행동과 위험감수 의사결정을 훨씬 더 많이 하는 것으로 나타났다.

② 즉각적인 피드백을 원한다

A형 동기에 해당하는 사람들은 자신들이 목표를 향해 어떻게 나아가고 있는지에 대한 즉각적이고 정확한 피드백과 정보를 선호하는 것으로 나타났다. 취미활동이나 직업 선택에서도 그러한 특성이 반영된다. 예컨대, 스포츠 혹은 무엇을 만들거나 고치는 일과 관련된 취미활동을 많이 하며, 우표 수집이나 동전 수집과 같이 완성도가 낮고 피드백과 정보가 느린 취미활동을 하는 사람이 적었다. 직업에서도 영업이나 특정 관리직을 선호하는 성향을 보였으며, 상대적으로 연구개발이나 교직 등과 같이 성과나 업적에 대한 피드백이 미미하거나 오래 걸리는 직업에 관한 선호도는 낮았다.

③ 성취를 통해 만족을 추구한다

A형 동기를 가진 사람들은 스스로의 과업 수행에서 본질적 보상을 통해 만족을 추구하는 경향이 높다. 따라서 성과에 따라 이루어지는 외재적 보상을 통해 만족을 추구하는 경향은 덜하다. 예컨대, 성과급의 경우, 이를 결과에 대한 피드백으로 인식하며, 자신이 현재 어떻게 하고 있는지를 화폐 단위로 표현한 것에 불과하다는 것이다. 따라서 성과급 자체를 목표로 노력하지는 않는다. 따라서 일을 끝내게 되면 좋은 보상이 주어지는 쉬운 일과 어려운 일이라도 보상이 적은 일 가운데 어느 것을 택하겠느냐는 질문에 후자를 택하겠다고 대답하는 사람들이 많았다.

④ 과업에 몰입한다

목표가 정해지면 성공적으로 마무리될 때까지 전념하고 몰입한다. 일을 어중간하게 끝낸다거나 하지 않으며, 최선을 다해 만족스럽게 이루어질 때까지 내버려두지 않는다. 이러한 몰입하는 특성은 성격특성상 과도한 외향성으로 나타날 수 있다. 그리하여 경우에 따라서는 일과 관련된 사람들에게 부정적으로 인식되기도 한다. 왜냐하면 흔히 태도나 행동에서 공격성이나 불친절한 독불장군의 형태로 표출되기 때문이다.

참고 7.5 A형 동기와 A형 성격

대공황기였던 1930년대 말, 미국 펜실베이니아 주에 있는 어떤 식품 공장에서 500명의 직원이 한꺼번에 해고되었다. 그런데 해고당한 사람들의 대응 방법은 크게 두 가지로 나타났다. 대부분의 사람들은 집에서 쉬면서 직업 소개소의 구직자 명단에 이름을 올렸다. 직장을 다시 구하기 위해 소극적 방법을 택한 것이다. 그에 비해 소수의 사람들은 재취업을 위해 적극적인 방법을 택했다. 직접 비슷한 일자리를 찾아다니며 지원서를 제출했고, 취업에 유리하도록 직업훈련이나 직종 전환을 위한 새로운 기술교육도 찾아다녔다. 그리고 멀리 다른 주까지 찾아가는 경우도 있었다. 해고라는 같은 상황에서도 소수의 사람들만이 적극적으로 구직 활동에 나선 것이다. 이러한 소수의 사람들이 보여 준 적극적인 태도와 강력한 성취동기를 성격 유형의 하나인 A형 성격에서 이름을 빌려 A형 동기라고 하였다.

출처 : D. McClelland & D. Winter, *Motivating Economic Achievement,* New York, The Free Press, 1969, pp. 74-75.

참고 7.6 TAT 검사

TAT(Thematic Apperception Test) 검사는 과제통각검사라고 하는 것으로 머레이와 모건이 1935년에 개발하였다. 이 검사는 30개의 여러 가지 상황을 나타낸 그림카드를 보고 대상의 욕구와 동기를 측정한다. TAT는 다양한 대상이 사용할 수 있도록 설계되어 있다.

TAT 검사는 원래 신경증의 임상진단을 위한 목적으로 개발되었다. 하지만 점차 인간관계나 사회적 태도 및 가치관을 측정하는 데 더욱 널리 활용되었다. 맥클리랜드의 연구 이후에는 교육학과 심리학 분야에서 성취동기를 측정하는 중요한 방법으로 자리 잡았다.

분석 방법은 30개의 카드를 10장씩 보여 주면서, 대상에게 카드를 보면서 떠오르는 생각을 자유롭게 이야기하도록 한다. 이때 성인은 300개, 어린이는 150개 이하의 단어를 사용하도록 제한한다. 분석은 다음의 다섯 가지를 중심으로 이루어진다.

① 이야기의 주인공은 누구이며, 어떤 특징을 갖고 있는가?
② 주인공의 욕구, 필요, 행동은 어떤 것이며, 실현 가능성은 어떠한가?
③ 주인공에게 외부로부터 어떤 힘이 작용하고 있으며, 어떻게 욕구, 필요, 행동을 방해하고 있는가?
④ 이야기 자체의 역동성(내적 상태)은 어떠한가?
⑤ 이야기의 결론에서 주인공은 성공했는가 아니면 실패했는가? 만족했는가 아니면 불만족했는가?

이를 통해 어떤 욕구와 동기가 강하게 발현되고 있으며, 무엇이 그것을 방해하거나 촉진하는지 등과 관련한 심리적 구조를 이해할 수 있다. 이처럼 TAT는 내부적이며 잠재된 동기를 측정하는 데 유용하며, 특히 성공에 대한 동기를 측정하는 데 매우 효과적인 것으로 인정받고 있다.

출처 : W. Morgan, "Origin and History of TAT," *Journalof Personality Assessment*, vol. 79, no. 3, 2002, pp. 422-445.

또한 자신의 일에 대한 성과에 관해서 자랑하거나 과장하지도 않지만, 매우 현실적이라는 특성 때문에 목표 달성을 위해 노력하는 과정에 타인의 간섭이나 개입을 용인하지 않는다. 따라서 사람들과 잘 어울리기 힘들다. 이러한 근거에서 성취동인이 큰 사람은 훌륭한 영업사원이 될 수는 있지만 훌륭한 영업관리자가 되기 어렵다고 할 수 있 다.

(3) 귀속동인

귀속동인(affiliation motive)은 사회적 동인 혹은 친교동인으로 불리는 것으로, 서로 교류하고, 지지받고 싶고, 존중받고 싶은 욕구를 말한다. 호손 연구에서 살펴보았듯이 조직 내 개인은 사회적 교류, 사회적 피드백, 사회적 상호작용을 할 수 있는 귀속욕구가 강한 동기로 작용한다. 왜냐하면 인간은 사회적 고립 상태에 놓이게 되면 스트레스를 느끼며, 다른 사람들로부터 외면당하고 거부당하거나 고립된다고 느낄 때 위협을 느끼기 때문이다. 하지만 여기에도 개인차가 존재한다. 어떤 사람은 사회적 관계가 발전함에 따라 더욱 동기부여되지단(외향적인 사람) 어떤 사람들은 기본적으로 혼자 있는 것을 선호하기도 한다(내향적인 사람).

이러한 귀속동기가 강한 사람들은 사람 사귀는 일에 적극적이며, 우정과 의리, 신뢰를 중요하게 생각한다. 경쟁보다는 협력을 선호하고, 커뮤니케이션을 강조한다. 따라서 현재 자신이 속해 있는 조직이 처한 상황에서 이루어지는 인간관계에 민감하게 반응한다.

이와 관련한 흥미 있는 임상실험이 있다. 조직 내 위계서열과 귀속욕구의 관계에 관한 실험이다(Bandura, 1977). 대형 직원식당에서 식판을 들고 식당 내부를 한번 훑어본 후, 식당에 앉아 있는 사람들을 기억해 내도록 하는 실험을 실시하였다. 사람들은 식당에 앉아 있는 사람들 가운데 여럿이 무리지어 앉아 있는 사람들을 잘 기억하는 것으로 나타났다. 비록 자신의 상사라 할지라도 혼자 앉아 있는 사람은 빠뜨리는 경우가 많았다는 것이다. 이러한 특징은 실험 참가자들 가운데 조직의 위계에서 평사원 쪽으로 내려갈수록 두드러진 현상으로 나타났다. 지각 선택에 있어서 내부적 요인, 즉 동기와 욕구가 중요한 요인으로 작용했다고 할 수 있다. 이때 작용한 동기는 귀속욕구로서, 여럿이 앉아 있는 쪽에 가서 함께 식사함으로써 얻을 수 있는 인간관계상 교류와 이로 인한 기대효과 때문으로 풀이된다.

(4) 안전동인

현대인에게 안전동인(security motive)은 특히 중요하다. 회사에 항상 구조조정과 감원이라는 위협요소가 상존하고 있으며 자동차, 집, 신용카드 이용대금 등은 모두 빚이다. 더구나 높은 이혼율은 가정생활 또한 이전처럼 항상 따뜻하고 평화로운 곳이 아님을 말해준다.

참고 7.7 지위 갈망과 지위 불안

지위를 향한 갈망

지위에 대한 갈망은 인간의 다른 모든 욕구와 마찬가지로 유용하다. 이것은 자신의 재능을 공정하게 평가하도록 자극하며, 남보다 더 나아질 수 있도록 고무시키고, 남에게 피해를 주는 괴팍한 행동을 못하도록 억제하며, 공동의 가치체계를 중심으로 사회 구성원들을 결합한다. 그러나 모든 욕구와 동기가 그러하듯이 이러한 지위에 대한 갈망도 지나치면 사람을 망치게 된다.

지위로 인한 불안

사회에서 제시한 성공의 이상에 부응하지 못할 위험에 처했으며, 그 결과 존엄을 잃고 존중받지 못할지도 모른다는 걱정, 현재 사회의 사다리에서 너무 낮은 단계를 차지하고 있거나 현재보다 낮은 단계로 떨어질 것 같다는 걱정. 이런 걱정은 매우 독성이 강해 생활의 광범위한 영역의 기능을 마비시킬 수 있다.

지위에 대한 불안은 무엇보다도 불황, 실업, 승진, 퇴직, 업계 동료와 나누는 대화, 성공을 거둔 걸출한 친구에 관한 신문기사 등으로 유발된다. 질투(지위 불안도 이 감정과 관련이 있다)를 고백하는 것과 마찬가지로 불안을 드러내는 것 역시 사회적으로 경솔한 행동이며, 따라서 이 내적인 드라마의 증거는 흔치 않다. 보통 어디에 몰두한 듯한 눈길, 부서질 것 같은 미소, 다른 사람의 성공 소식을 들은 뒤 이어지는 유난히 긴 침묵 등으로만 간간이 나타날 뿐이다.

우리가 사다리에서 차지하는 위치에 그렇게 관심을 갖는 것은 다른 사람들이 우리를 어떻게 보느냐가 우리의 자아상(自我像)을 결정하기 때문이다. 예외적인 사람들(소크라테스, 간디)은 다르겠지만, 세상이 자신을 존중한다는 사실을 확인하지 못하면 스스로도 자신을 용납하지 못한다.

더욱 안타까운 것은 높은 지위를 얻기가 어려우며, 그것을 평생에 걸쳐 유지하는 것은 더욱 어렵다는 점이다. 어디서 어떤 혈통을 가지고 태어나느냐에 따라 지위가 날 때부터 고정되는 사회가 아니라면, 지위는 우리의 성취에 달려 있다. 우리는 어리석거나 자기 자신을 잘 몰라 실패할 수도 있고, 거시경제나 다른 사람들의 적의 때문에 실패할 수도 있다.

실패에서 굴욕감이 생긴다. 이것은 우리가 세상에 우리의 가치를 납득시키지 못했고, 따라서 성공한 사람들을 씁쓸하게 바라보며 우리 자신을 부끄러워할 처지에 놓였다는 괴로운 인식에서 나온다.

출처 : 알랭드 보통, 정영목 역, 불안, 도서출판이레, 2005, pp. 108-111.

이러한 안전동인은 어떻게 보면 고통이나 공포를 피하려고 하는 인간의 본능과 연관되므로 1차적 동인으로 생각하기 쉽다. 하지만 위험과 위협으로부터 자신을 방어하고 지키는 방법을 사회적 학습을 통해 얻게 되므로 안전동인은 2차 동인에 해당된다.

(5) 지위동인

지위(status)란 신분을 의미하는 라틴어 statum(서다)에서 나온 말이다. 지위는 집단이나 조직, 사회에서 한 개인이 차지하고 있는 상대적 위치라고 할 수 있다. 따라서 2인 이상이 모인 경우라면 항상 지위는 존재하게 된다.

이러한 지위를 결정하는 요인은 현존하는 문화적 가치와 사회적 역할이라고 할 수 있다. 실제로 지위동인(status motive)은 인간 성장의 초기 단계에서부터 발달하며, 그 영향력은 강력하다. 예컨대, 사냥꾼, 의사, 무당, 귀족, 연장자, 다산하는 여자, 젊은 여자 등 높은 지위를 부여받은 사람이나 집단은 그 시대의 문화적 가치와 사회적 역할에 의해 결정된다. 한편 특정 하위문화에서는 일반적인 지위 인식과 다르게 위계가 정해지는 경우도 있다. 생산적 근로자들 사이에는 대졸 기사의 지위를 인정하지 않는데, 소위 말하는 기름밥 순서에 따라 지위가 결정되기 때문이다.

참고 7.8 지위를 위한 갈망

"우리와 사귀고 싶어 죽을 지경이라고 하는 이야기를 들었는데, 부르는 게 좋을까요?"
"안 되지, 얘야. 우리와 사귀고 싶어 죽을 지경인 사람들은 우리가 사귈 만한 사람들이 아니야. 우리가 사귈 만한 사람들은 오직 우리와 사귀고 싶어 하지 않는 사람들뿐이란다."

출처 : 알랭드 보통 저, 정영복 역, 불안, 도서출판 이레, 2005, p. 37.

이처럼 모든 인간이 위계적 지위를 형성하고 있다는 것은, 인간은 집단 안에서 지위를 갖고 싶어 하고, 또한 자신이 획득한 지위를 상승시키려고 노력한다는 것을 말해 준다. 이것은 동시에 인간에게 있어 지위의 상실이 매우 위협적이고 충격적이라는 것을 뜻하기도 한다. 비참한 최후를 맞은 세계의 독재자들이나 분식회계나 횡령으로 몰락한 기업의 최고경영자들의 불합리한 행동을 한번 생각해 보라. 그러한 행동도 힘들여 획득한 지위를 상실하지 않으려는 지위동인의 관점에서 보면 이해 가능한 일이라고 하겠다.

II 동기부여의 내용이론

동기부여의 내용이론은 동기부여를 위해 '무엇이(어떤 요인들이)' 인간의 행동을 유발하는지에 연구의 초점을 둔다. 구체적으로, 인간의 필요와 욕구에는 어떠한 것이 있으며, 우선순위는 어떻게 정해지는가? 하는 접근으로 이어진다. 여기에는 욕구단계이론, ERG이론, XY이론, 2요인 이론, 인지평가이론 등이 있다. 내용이론을 정적(靜的) 이론이라고 하는데, 과거나 현재의 한 시점만을 다루기 때문이다. 즉, 인간의 미래 행동을 예측할 수 있는 연구와 병행하지 않았기 때문이다. 하지만 무엇이 인간의 행동을 유발하는지를 이해한다는 측면에서 중요성이 크다.

그에 비해 동기부여의 과정이론은 동기유발을 위해 '어떻게'와 관련한 접근이다. 즉, 동기유발을 위한 인지적 전제가 무엇이며, 그것이 어떻게 상호 연관되어 있는지를 밝히고 설명하는 데 초점을 둔다. 여기에는 목표설정이론, 공정성이론, 기대이론 등이 있다.

1. 매슬로의 욕구단계이론

매슬로는 인간 동기부여이론(A Theory of Human Motivation, 1943)이라는 논문에서 임상실험의 결과를 토대로 인간의 욕구에 대한 이론을 제시하였다.

1) 인간의 동기부여와 조직의 역할

인간의 본성은 욕구의 단계로 이루어져 있고, 최소한의 여건만 허락된다면 모든 인간은 자아를 실현하는 건강한 심리상태(eupsychia)에 도달할 수 있다고 주장한다. 이때 건강한 심리상태는 인간이 판단능력에 있어서 본질적으로 선하다는 것을 전제로 하고 있다.

예컨대, 우리가 무엇이 옳은지를 알 수 있는 유일한 방법은 하나의 대안이 다른 대안보다 낫다고 주관적으로 느끼는 것뿐이다. 이것이 자아를 발견하고, '내가 누구인가?', '나는 무엇인가?'하는 궁극적인 물음에 대한 해답에 이를 수 있는 방법이다. 따라서 선택하는 사람이 자유를 누리고 있다면, 그리고 그 사람이 어떤 선택을 하기가 어려울 정도로 심하게 앓거나 두려워하지 않는다면, 대부분의 사람들은 건강하고 발전할 수 있는 방향으로 현명한 선택을 할 수 있다는 것이다.

따라서 조직관리에 있어서도 건강한 심리상태 혹은 심리적으로 건강한 관리(eupsychian management)가 필요하다. 심리적으로 건강한 관리야말로 기업이 앞으로 나아가야 할 방향이다. 인간은 욕구충족을 위해 조직에 의존하게 되는데, 이때 좋은 조직이란 결핍욕구를 충분히 만족시켜 주는 조직이다. 반면에 나쁜 조직이란 열악한 조건 때문에 결핍욕구를 충족시켜 주지 못함으로써 개인의 잠재력 발휘를 저해하는 조직이다.

그런데 매슬로는 자아실현을 위해 조직이 수행하는 역할의 필요성을 인정하지만, 그 중요성을 특별히 강조하고 있지는 않다. 왜냐하면 자아실현을 하기 위해 노력하는 사람은 조직이 주는 명예, 지위, 보상, 특권, 애정, 인기 등에 초연할 수 있을 만큼 건강한 개인이기 때문이다. 따라서 조직의 존재 이유는 구성원들의 결핍욕구 충족을 통해 자아실현의 기회를 추구할 수 있는 최소한의 여건을 만들어 주는 것이다. 매슬로의 욕구단계이론을 인본주의 심리학의 효시라고 하는 이유가 바로 여기 있다.

매슬로는 인간의 욕구는 다섯 가지 단계로 나뉜다고 하였다. 이러한 다섯 가지 욕구는 우선순위에 따라 하위 단계에서 상위 단계로 진전된다. 이 과정에서 어느 한 단계의 욕구가 충족되면 그것은 더 이상 개인에게 동기부여 기능을 하지 못한다. 따라서 차상위 욕구가 동기유발을 할 수 있다고 하였다.

① **생리적 욕구** 학습되지 않은 1차적 동인이다. 따라서 가장 우선하는 욕구이며, 가장 강력한 욕구라고 할 수 있다. 즉, 생리적 욕구가 충족되지 않거나 위협받는 상황에서는 다른 욕구가 중요하지 않다. 예컨대, 배고픔을 생각해 보자. 오랫동안 굶은 사람에게 밥보다 중요한 것은 없다. 밥이 곧 기쁨이 되고 행복이며, 모든 것이 된다. 하지만 대부분의 경우 이러한 생리적 욕구를 통해 얻게 되는 만족과 기쁨은 오래 가지 않는다. 이러한 단계의 기본적 욕구가 충족되고 나면 상위단계의 욕구가 발생하게 된다.

② **안전의 욕구** 이는 2차적 동인인 안전동인과 유사한 것이다. 하지만 매슬로는 안전의 욕구는 감정적 측면과 생리적 측면을 모두 포함하는 것이라고 한다(즉, 1차적 동인에도 해당한다는 의미이다). 안전의 욕구는 생리적 욕구가 충족되고 나면 발생하는 욕구이다. 따라서 일반적으로 건강하고 정상적이며 행복하다고 느끼는 사람은 안전의 욕구가 충족된 상태라고 할 수 있다. 예컨대, 직장 선택에서 안전을 중요시한다거나, 저축이나 보험에 가입하고, 의사

참고 7.9 매슬로와 인본주의 심리학

매슬로에 의한 인본주의 심리학은 인간의 심리를 연구하며 인격의 발전을 촉진하려고 하였다. 따라서 인간의 가치와 존엄성을 강조했는데, 이는 인본주의 사상의 전통을 계승한 것이라고 할 수 있다. 즉, 인간은 본래 선량하고 건설적이기 때문에 교육을 통해 더욱 발전할 수 있다는 것이다(Maslow, 1959).

이러한 기본적 사상과 철학으로 인해 매슬로는 인간의 심리를 연구하였다. 따라서 매슬로의 접근은 프로이트로 대표되는 정신분석학파와 왓슨으로 대표되는 행동주의 심리학과 분명히 구분된다.

프로이트가 연구에서 언제나 인간의 아픈 상태만을 주목하고 건강한 상태를 간과하였으며, 인간의 기본적이고 본능적인 동물성 충동에 초점을 두었음에 비해, 매슬로는 연구방향을 완전히 바꾸어서 건강한 인성을 대상으로 하였으며, 인간의 내면에 존재하고 있는 잠재력, 경험, 가치, 창조성, 자아실현 등에 초점을 두었다(Maslow, 1968).

또한 행동주의 심리학이 의식을 포기하고 행동만을 연구의 대상으로 삼으면서, 동물을 대상으로 실시한 실험 결과를 가지고 사람에게 적용한 것에 비해, 매슬로는 행동주의와 달리 내재적 가치관을 중요한 연구 대상으로 하여 개별적 행동이 아니라 전체적인 인간 혹은 인간의 전인격을 연구 대상으로 삼았다. 이는 동물의 행동을 엄격한 제약조건하에서 실험한 결과를 갖고 인간 행동의 규칙성을 추론하는 행동주의와 정반대의 접근이라고 할 수 있다.

결정 시 낯선 것보다는 익숙한 방식으로 실행하는 것은 안전의 욕구 때문이라고 할 수 있다.

③ **사회적 욕구** 매슬로는 이것을 애정의 욕구라고 표현했다. 이는 2차적 동인인 귀속동인에 해당하는 것으로 생리적 욕구와 안전의 욕구가 충족되면 나타나는 욕구이다. 이러한 사랑과 애정, 귀속과 친교에 대한 욕구가 나타나게 되면, 사람들은 다른 사람, 즉 동료, 친구, 연인과 특별한 관계 형성을 원하게 되며, 그러한 목적을 달성하기 위해 노력하게 된다. 특히 인간에게는 사랑을 받는 욕구뿐만 아니라 사랑을 주고 싶은 욕구도 있다. 부모가 자식에게 주는 사랑이나 봉사와 희생이 여기에 해당한다.

④ **존중의 욕구** 이는 다섯 가지 욕구 가운데 상위 욕구에 해당하는 것으로 2차적 동인인 권력동인, 성취동인, 지위동인 등이 여기에 해당한다. 이때 존중의 의미는 남으로부터 바라는 존경뿐만 아니라 스스로 갖게 되는 자존까지 포함한다. 남으로부터 받는 존경에는 명예, 권한, 좋은 평가, 인정 등이 있으며, 자기존중에는 성취, 역량, 성공, 자신감, 독립심, 자유와 같은 것이 있다. 존중의 욕구가 충족되면 자신감을 갖게 되지만, 이러한 욕구를 추구했으나 좌절하는 경우 행동의 위축이나 스스로를 비하하는 심리작용이 나타난다.

⑤ **자아실현의 욕구** 인간 욕구의 정점을 이루는 것이다. 자아실현이란 자신이 갖고 있는 모든 능력과 잠재력을 실현하는 것을 의미한다. 즉, 자신의 능력을 통해 가능한 한 모든 일을 이루고자 하는 욕구를 말하는 것이다. 이러한 자아실현의 욕구는 인간 내부의 본성을 드러내도록 한다. 그렇게 함으로써 자신의 방식대로, 심리적으로 더욱 건강하고 충실하게 생활할 수 있도록 해 준다. 다시 말해 자아실현의 욕구는 자신의 본래 모습대로 살고자 하는 욕구라고 할 수 있다.

매슬로는 1940년대 미국 사회에서 다섯 가지 기본적 욕구의 충족 정도를 임상실험을 토대로 **그림 7.2**와 같이 밝혔다.

그림 7.2 욕구단계의 임상실험 결과

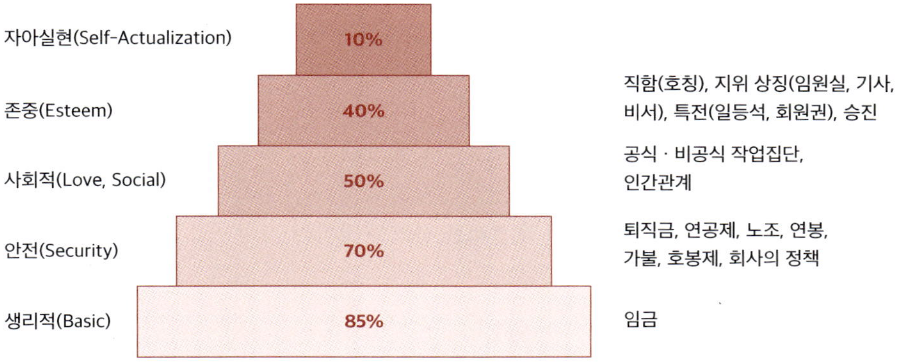

출처 : A. Maslow, "A Theory of Human Motivation," *Psychology Review*, July 1943, pp. 370-377.

2) 매슬로 이론의 전제 요소

매슬로는 자신의 욕구단계이론의 올바른 이해와 적용을 위해서 다음과 같은 두 가지 전제가 필요하다고 하였다.

첫째, 욕구단계이론은 건강한 사람을 대상으로 논의해야 한다. 매슬로는 인간 심리에 관한 연구에서 과학적이며 의미 있는 결과를 얻기 위해서는 연구 대상을 정신적, 심리적으로 건강한 사람의 건강한 동기를 대상으로 해야 한다고 주장했다. 그렇게 함으로써 개개인의 발전과 사회적 발전을 촉진하는 요인을 발견할 수 있기 때문이다. 앞서 **참고 7.9**에서 설명하였듯이, 매슬로는 환자를 대상으로 하는 연구의 필요성과 중요성을 부정한 것은 아니다. 환자들의 치료와 안정에 관한 정보를 얻을 수 있지만, 고전심리학의 접근 방식으로는 인간이 갖고 있는 훨씬 더 중요하고 뛰어난 자질과 특성에 대한 연구를 하기에는 한계가 있기 때문이다.

둘째, 욕구단계이론은 인간의 타고난 내적 구조에 대한 논의이다. 매슬로는 환경과 문화적 요인이 개인에게 주는 영향력을 부정하지는 않았다. 하지만 행동주의이론이나 상황결정론에는 분명히 비판적 입장에서 이론을 제시한다. 따라서 욕구단계를 비롯한 동기부여이론에 관한 연구는 문화적 차이를 배제하고 모든 인간이 갖고 있는 공통된 욕구나 목표를 대상으로 해야 한다고 주장한다. (따라서 매슬로는 인간이 추구하는 기본적인 욕구와 목표는 동일하다고 주장하였다. 이에 관해서는 매슬로 이론의 비판 부분에서 설명한다.)

3) 매슬로 이론에 대한 비판

다음은 매슬로의 이론에 대한 비판적 견해를 정리한 것이다.

① 실증적 지지의 부족

제한된 임상실험을 통한 연구는 이를 이론적으로 뒷받침할 수 있는 실증적 지지가 부족하다. 따라서 후속연구의 어려움이 존재한다.

② 욕구단계 정형성의 예외

하위 단계의 욕구가 충족되지 못하고, 오랫동안 억압되는 경우에는 상위 단계의 욕구가 먼저 동기유발 요소(motive)로 작용할 수 있다. 따라서 개인의 기본적 욕구들이 단계를 이루며 순차적으로 동기유발 요소로 작용하는 것이 아니라, 그 가운데 어떤 것이라도 동기유발을 위해 선택적으로 작용할 수 있다.

이는 욕구단계 정형성의 예외라고 할 수 있다. 예컨대, 선천적으로 혹은 의도적으로 사회적(Love, Social) 욕구를 강조하거나 중요시하는 부족이나 집단의 경우를 생각해 보자. 그들에게는 사회적 욕구가 존중의 욕구나 자아실현의 욕구보다 상위 욕구로 나타날 수 있다.

③ 동기유발 복합성의 문제

일반적으로 개인의 욕구란 행동을 위한 상호 배타적인 결정 요인이 아니라, 상호 보완적 복합작용을 통해 행동을 결정한다. 예컨대, 회사에서 열심히 일하는 것은 경제적 욕구와 직장 안정을 위해서뿐만 아니라, 인정을 받고 스스로의 자존감을 위한 것이기도 하다. 따라서 개인의 욕구에 관한 분명한 속성(nature)과 그것이 동기유발을 위해 어떻게 연관되어 있는지를 명확히 설명하기에는 한계가 있다.

참고 7.10

자아실현자의 특징

- 현실 인식을 효율적으로 함으로써 불확실성에 대응한다. (리더의 일반적 특성)
- 자신과 타인을 있는 그대로 수용한다. (인간 본성에 대한 이해와 포용력) 사고와 행동이 꾸밈이 없고 자연스럽다. (내적 일관성)
- 자기 자신 위주가 아니라 문제 중심으로 지각한다. (올바른 지각과 의사결정) 유머감각이 있고 창의적이다.
- 의도적으로 관습의 틀을 깨려고 하지는 않으나, 주변 문화의 영향에 쉽게 휩쓸리지 않는다. (和而不同)
- 인류의 복지에 대해 관심을 갖는다. (평화, 봉사, 환경)
- 삶의 기본 체험을 깊이 음미할 줄 알며, 삶을 객관적인 시각에서 바라볼 수 있다. 여러 사람보다는 소수의 사람들과 깊이 있고 만족스러운 인간관계를 갖는다.

자아실현을 위한 행동

- 어린이와 같이 몰입하는 자세로 삶을 체험한다.
- 안전하고 확실한 길만을 고집하지 않고 새로운 길을 시도한다.
- 자신의 경험을 평가함에 있어 관습이나 권위자, 타인보다는 스스로의 느낌을 중요시한다. (반제도 주의)
- 핑계를 대거나 가식 없이 솔직하게 현재 상황에 대처한다. (성실성)
- 대다수의 사람들과 자신의 생각이 맞지 않을 경우에도 인기에 영합하지 않고, 책임감을 갖고 소신 있게 실천한다.
- 자신의 방어기제를 찾아내고, 이를 포기할 수 있는 용기를 갖도록 노력한다. (자존감, 자기효능감)

출처 : W. Mittelman," Maslow's Study of Self-Actualization: A Reinterpretation," *Journal of Humanistic Psychology*, vol. 31, no. 1, 1991, pp. 114-135.

같은 맥락에서, 직장은 욕구단계와 무관하게 항상 중요하다. 즉, 1단계에서는 의식주를 위한 소득을, 2단계에서는 안전을 추구할 수 있는 소득을 제공한다. 또한 회사는 사회적 관계로 이루어진 하나의 공동체이다. 동료 간 혹은 상하 간 관계에서 애정은 없을지라도, 사람들은 직장에서 소속감을 느끼고 동료의식과 우정을 느낀다(3단계). 오늘날 회사는 4단계에 해당하는 긍지와 자부심, 지위, 독립성을 제공하기 위해 노력한다. 그리고 모두는 아닐지라도 많은 사람들이 직장생활을 통해 5단계인 자아실현을 이룩한다.

한편 경제적 욕구(돈)와 관련한 여러 연구에서 경제적 욕구가 어느 정도 해결된 상태가 되

참고 7.11 욕구단계의 후속연구

중국인을 대상으로 실시한 욕구단계에 관한 임상실험 결과는 매슬로의 주장과 달랐다. 기본적인 욕구는 4단계로 이루어져 있으며, 사회적 욕구가 가장 강하게 나타났다. 이를 통해 매슬로의 주장과 달리 국민성과 사회적 특성이 욕구단계에 영향을 준다는 것을 알 수 있다.

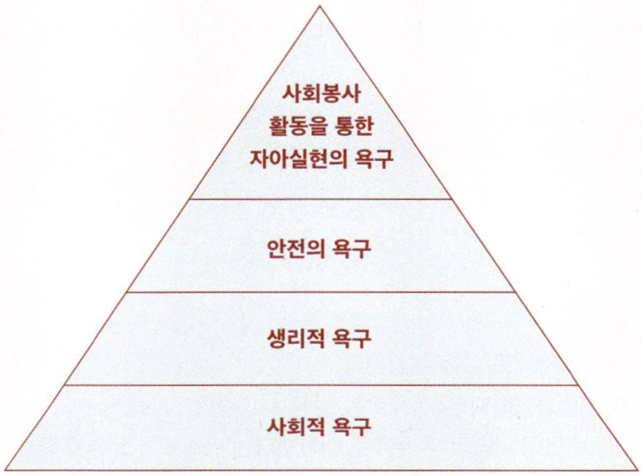

출처 : J. Rauschenberger 등, "A Test of the Need Hierarchy Concept by a Markov Model of Change in Need Strength," *ASQ*, 1980, pp. 654-675.

면, 그것이 개인의 행복과 만족에 미치는 영향은 크지 않다는 결과를 보여 준다(Deci 등, 1999).

그러나 현실에서는 다른 것 같다. 점차 소득수준이 높아지면서 많은 사람들이 기본적인 욕구단계를 벗어나, 점차 상위 욕구단계로 올라가면서 자아실현을 위한 활동이나 소속감을 추구하는 대신 소비지향적으로 변한다. 그 이유가 무엇일까?

④ 하위 욕구로 퇴행

매슬로의 욕구단계와 앞서 논의한 동기부여의 세 가지 특징(행동의 유발, 방향성, 지속성)을 통해 생각해 보자. 매슬로는 하위 단계의 욕구를 충족하게 되면 그것은 더 이상 동기부여 요소로 작용하지 못하며, 상위 단계의 욕구 충족을 위해 노력한다고 하였다. 즉 돈을 많이 벌었다는 것은 기본적인 욕구와 안전의 욕구 충족을 가능하게 해 준다. 그러나 돈으로 진정한 친구나 사회적 관계를 살 수 있는 것은 아니다. 더구나 바쁘고 복잡한 정보화 시대에 직접 대면을 통한 관계 설정보다는 SNS를 통해 이루어지는 인간관계는 오히려 사회적 욕구를 더욱 갈망하게 만든다. 돈으로 진정한 우정을 얻지 못하며, 정보통신 수단을 통해 사회적 욕구를 충족하지 못했지만 돈을 많이 번 사람의 경우를 생각해 보자. 상위 욕구를 추구하는 과정에서 더 이상 올라가지 못하고, 장애물에 걸리게 된 상황이다. 동기부여이론에 따르자면 목표를 향해 노력하고 계속 시도해야 한다. 하지만 실제로 그렇게 하는가?

더 이상 상위 욕구로 나아갈 수 없다고 느끼게 되면, 오히려 가장 기본적인 하위욕구로 퇴행하는 것이 인간의 모습이다. 즉, 동기부여를 위해 위로만 올라가는 것이 아니라, 어떤 이유에서 상위 욕구를 추구하는 통로가 막히게 되면, 기본적인 욕구로 퇴행하는 모습을 보여 준다는 것이다. 그렇기 때문에 만족하고 행복하지 못하기에, 더욱 부의 축적에 집착하며, 불건전한 소비에 몰입한다. 즉 1차적 욕구 충족이나 타인의 행복에 이바지하는 유익한 소비가 아니라 자신의 욕망과 이기적 만족을 위한 상품과 서비스를 이용하는 형태가 나타난다. 이는 분명 자아실현과 거리가 멀다.

2. 앨더퍼의 ERG이론

앨더퍼(C. P. Alderfer)는 매슬로의 욕구단계이론을 토대로 ERG이론을 발표하였다. ERG이론은 인간의 욕구를 3단계로 구분하였고, 이는 그 구성에서 매슬로의 욕구 5단계를 근거로 한 것이다.

- **존재(Existence, E)의 욕구** 배고픔, 목마름, 거처 등과 같은 모든 형태의 생리적, 물질적 욕구로 매슬로의 생리적 욕구, 안전 욕구에 해당한다.
- **관계(Relatedness, R)의 욕구** 대인관계, 사회적 관계 욕구로, 매슬로의 사회적 욕구에 해당한다.
- **성장(Growth, G)의 욕구** 지속적인 성장과 발전을 위한 개인의 내적 욕구로 매슬로의 존경의 욕구, 자아실현의 욕구에 해당한다.

표 7.1 매슬로의 이론과 ERG이론의 비교

매슬로의 욕구단계이론	ERG이론
욕구단계에서 상위 욕구로 진전하는 과정만을 강조 (만족 → 진전)	낮은 욕구로의 퇴행 과정도 있음 (좌절 → 퇴행)
우세욕구가 행동에 지배적인 영향을 줌	한 가지 이상의 욕구가 동시에 동기 요인으로 작용할 수 있음
이론적 활용의 한계	우세한 욕구는 잘 인식할 수 있으므로 설문지나 면접을 통해 분석할 수 있음

앨더퍼의 이론은 다음과 같이 매슬로의 이론과 차이가 있다. 첫째, 단계에 따라 욕구단계를 추구하는 과정에서 어떤 욕구를 발현하는 경로가 차단되면 나머지 두 가지 욕구를 추구하게 된다. 둘째, 하위 단계의 욕구를 충족하게 되면 상위 욕구를 충족하고자 하는 강도가 증가한다. 그러나 상위 단계의 욕구 추구 과정에서 좌절을 겪게 되면 다시 하위 단계의 욕구를 추구한다. 셋째, 세 가지 욕구가 동시에 발현되는 사람들도 있다. 즉, 존재의 욕구가 충족되지 않더라도 관계의 욕구와 성장의 욕구는 동기부여 역할을 한다(Alderfer, 1972). **표 7.1**은 매슬로의 이론과 ERG이론을 비교한 것이다.

3. 맥그리거의 XY이론

맥그리거(D. C. McGregor)의 XY이론은 직원을 관리하기 위한 가장 효과적인 방법이 무엇인가?라는 가장 근본적인 물음에서 시작한다. 경영자들이 인간의 본성에 대해 갖고 있는 가설이 XY이론의 틀이 되었다. 맥그리거는 경영자가 종업원을 관리하는 방법을 관찰한 것을 토대로 인간 본성에 대한 기본 가정을 두 가지 범주로 나누고 있음을 발견하였다(McGregor, 1960).

1) 인간 본성에 관한 두 가지 가설

(1) X이론적 인간관

경영실무에서 전통적으로 받아들이고 있는 인간관으로서 지시와 통제가 주된 관리수단이 되는 근거가 되었다. 맥그리거는 이를 다음과 같이 특징지었다.

① 사람들은 원래 일하기 싫어하며, 가능한 한 일을 피하려 한다.
② 일하기 싫어하는 본성 때문에, 통제하고 처벌의 위협을 가해야 원하는 목표를 위해 노력을 이끌어 낼 수 있다.
③ 책임을 회피하려 하고, 공식적인 지시나 감독을 선호한다.
④ 사람들은 대부분 업무 관련 요소 가운데 안전을 가장 중요하게 여기며, 현재 상황에 만족하려 하고 일에 대한 의욕이 없다.

이러한 X이론적 인간관은 앞서 지적하였듯이 경영실무에 있어서뿐만 아니라 여러 경영이론의 전제가 되었다. 즉, 사람들은 강압적으로 대하고 규정을 통해 규제해야만 열심히 일하므로, 조직은 이를 위한 여러 가지 방법을 개발하여 사람들을 통제해야 한다고 생각한다. 경영이론에서는 좋은 성과에 대해서 보상이 필요함을 강조하고 있지만, 또한 보상과 처벌이 함께 할 때 효과가 커진다는 X이론적 인간관을 전제로 하고 있다.

이러한 당근과 채찍을 이용한 경영은 통제권을 경영자가 갖고 있음을 구성원들에게 인식시켜 줌으로써 사람들을 의존적으로 만든다. 그리하여 맥그리거는 사람을 관리하기 위한 관리 방법, 조직구조, 규정과 절차 등이 이러한 X이론에 근거하고 있음을 확인하게 되었다.

이후 미국은 대공황 시대를 겪게 되고, 민주주의의 발달로 시민의식 수준이 향상되면서 기업경영에 변화가 일어났다. 말하는 기계에서 일하는 인간으로 사람들의 보는 시각이 달라진 것이다. 그리하여 조직의 인간화 현상이 나타남에 따라 인사관리라는 개념이 등장하고, 공정성과 함께 환경 개선에 대한 노력이 이루어졌다. 물론 이러한 변화는 분명 긍정적이고 발전적인 것임에 틀림없다. 하지만 맥그리거는 경영자들이 갖고 있는 인간 본성에 대한 기본 전제가 변화하지 않는 한, 그와 같은 변화와 발전은 진정한 변화라고 할 수 없다고 하였다. 즉, 조직의 인간화나 작업조건과 상황의 유연성 등의 효과는 제한적이라는 것이다. 왜냐하면, 여전히 구성원들은 경영자에게 의존하며, 통제에 기반한 경영관리 방식으로는 근본적인 변화를 가져올 수 없기 때문이다.

(2) Y이론적 인간관

인간 본성에 대한 올바른 이해를 바탕으로 이끌어 낸 본질적인 인간관이며, 그 특징은 다음과 같다.

① 사람들은 일을 휴식이나 오락처럼 자연스럽고 기쁘게 받아들인다. 사람들에게 일은 체력과 두뇌를 쓰는 일상적인 활동이므로 일하는 것을 싫어하지 않는다. 일이 만족의 원천이 되는지 아니면 처벌의 원천이 되는지는 오로지 사람들의 마음먹기에 달려 있다.

② 조직의 목표에 동의하게 되면 사람들은 스스로 목표 달성을 위해 노력하게 된다. 따라서 외적 통제와 처벌만이 목표 달성을 위한 수단은 아니다. 또한 외적 보상만이 목표 달성을 위해 유효한 것도 아니다. 내적 보상 수단인 존중의 욕구와 자아 실현의 욕구가 충족된다면 사람들은 목표달성을 위해 노력한다.

③ 일반적인 상황에서 사람들은 누구나 자신의 책임을 기꺼이 받아들이고, 또한 책임지는 방법을 학습한다. 조직에서 흔히 발견하게 되는 책임회피나 의지박약, 안정추구 등의 행동은 후천적으로 형성된 것이며, 인간의 본성이 아니다.

④ 대다수의 사람들은 높은 수준의 상상력과 지적 능력, 창의력을 갖고 있으며, 이를 활용해서 조직의 문제를 해결하고자 하는 의지를 가지고 있다.

⑤ 오늘날 조직 내 사람들은 자신의 잠재능력의 일부밖에 발휘하지 못한다. 사람들의 잠재력은 실제로 보여 주는 것보다 훨씬 더 크다.

맥그리거는 조직 안에서 X이론과 전혀 다른 모습의 인간 본성이 존재함을 발견할 수 있었다. 따라서 이러한 인간의 본성에 대한 가설을 연구하고, 이를 활용하는 것이 X이론에 근거한 조직 내 여러 가지 문제와 갈등을 줄일 수 있는 방법이라고 생각하였다.

앞에서 살펴보았듯이, Y이론은 X이론과 상반되는 대립적 견해를 담고 있다. Y이론에 따르면 조직 안의 사람들은 스스로를 통제할 수 있는 능력과 자아실현의 의지를 갖고 있는 존재이다. 따라서 경영자의 역할은 명령이나 통제가 아니라, 사람들이 갖고 있는 능력을 발휘할 수 있는 업무 환경을 만들어 주어야 한다. 또한 갖고 있는 잠재력의 많은 부분을 개발할 수 있도록 교육과 훈련의 기회를 제공함으로써 개인의 목표와 조직의 목표가 같은 방향이 되도록 하는 것이다. 이때의 경영자는 관리자나 감독자가 아니라 리더라고 할 수 있으며, 따라서 조직 구성원들의 희망과 바람을 성취할 수 있도록 북돋아 주고 도와주는 역할을 해야 한다.

한편 경영관리 측면에서 사람들에게 보다 많은 자율과 재량권을 부여하며, 자신과 관련된 일의 의사결정 과정에 참여할 수 있도록 한다. 또한 직무내용과 형태는 도전적이고 책임감을 느낄 수 있도록 설계하고, 적극성을 장려하여 높은 목표설정을 도와야 한다. 이러한 경영관리 차원의 노력이 관리자가 아닌 리더의 역할과 조화롭게 운영되는 경우, Y이론을 바탕으로 하는 조직과 인사관리는 새로운 방법으로 재탄생할 수 있다(McGregor, 1967).

2) XY이론의 의미와 시사점

XY이론은 인간 본성에 대한 올바른 이해를 촉발하였다는 점에서 의미가 크다. 다시 말해서 X이론에 근거한 경영관리 방법이나 이론적 전개가 효과나 실효성에서 어떠한 문제나 한계에 부딪혔을 때 해결의 실마리를 제공해 준다.

이를 위해 X이론과 Y이론의 차이가 단순한 경영관리 방법상 차이가 아니라 경영 이념의 차이라는 점을 이해하는 것이 필요하다. 예컨대 인사고과나 보상 시스템, 의사결정, 커뮤니케이션 등을 개선하고 실천하기 위한 활동은 X이론 영역에 속하는 주제지만, 동시에 Y이론과 관련된 논의가 될 수도 있다. 구체적으로 경영 참여를 생각해 보자. 참여적 경영의 경우, 의사결정 과정에 참여함으로써 결정사항에 대한 구성원들의 수용도를 높일 수 있다. 하지만 경영 참여를 구조조정이나 감원을 위한 과정에서 반대나 저항을 줄이기 위한 수단으로 활용한다면, 이는 X이론의 범주를 넘어서지 못하는 것이 된다. 그에 비해 경영 참여를 통해 심리적으로 또한 실질적으로 구성원들의 자부심과 주인으로서 지위를 얻게 된다면 이는 Y이론의 영역에 포함되는 효과라고 할 수 있다.

즉, X이론과 Y이론은 서로 대립적 관계에서 하나가 하나를 없애거나 대신하기 위한 방법이 아니라, 서로 보완하기 위한 대립적 이념인 것이다. Y이론은 X이론이 쓸모없다거나 명령이나 지시, 통제를 없애기 위한 방법이 아니라, X이론이 포함하고 있는 인간 본성에 대한 왜곡을 바로잡는 데 있다. 전쟁에서 승리하기 위한 강한 군대는 명령과 지시, 통제를 통해 이룩되는 것이 전통적 견해라면, 현대전에서는 부하들을 신뢰하고 권한을 위임하는 것이 그에 못지않게 중요하다는 것을 말해 주고 있다(McGregor, 1966).

3) XY이론의 비판과 한계

XY이론이 갖고 있는 한계와 문제점에 대해서는 당시 맥그리거 스스로도 인식한 바 있다. 치밀한 이론체계를 갖추지 못한 XY이론은 이론이라기보다는 인간 본성에 관한 시대를 앞서간 통찰로서 아직까지 가설의 단계에 머물고 있다. 이와 관련한 몇 가지 이유를 정리하면 다음과 같다.

첫째, 맥그리거는 관리자나 경영자들의 권한을 통제와 같은 의미로 이해하고 있다는 점이다. 전통적인 경영관리에서 사용되는 통제와 감독 방법에 대한 비판은 XY이론의 출발점이다. 따라서 논의 과정에서 통제와 감독을 관리자의 정당한 권한과 구분하지 않고 이론 전개를 위한 논거로 활용하고 있다. 앞서 XY이론의 의미와 시사점에서 지적하였듯이, 권한 또한 X이론과 Y이론 영역에 동시에 포함될 수 있는 주제이기 때문에, 통제와 감독과 동일한 선상에서 논의하는 것은 XY이론의 논리적 토대를 약화시킨다.

둘째, 맥그리거는 XY이론의 전개 과정에서 두 이론을 대립적 관계에서 파악하고 있다. 하지만 이 또한 앞서 지적한 것처럼 대립적 관계가 아니라, 보완적 관계에서 이해하는 것이 타당하다. 감독과 통제 활동은 관리자들의 피할 수 없는 일상적인 활동이며, 구성원들의 자율권과 자유의지만을 통해 조직을 운영할 수는 없기 때문이다.

셋째, XY이론은 실증분석을 위한 한계를 갖고 있다. 이는 조직의 환경과 직무 관련 요소에 대한 논의가 이론 전개 과정에 포함되어 있지 않기 때문이다. 즉, 모든 조직은 환경에 의한 요소를 받게 되며, 조직 구성원 또한 직무 상황이나 직무 관련 요소에 의해 성격발달에 영향을 받는다. 물론 성과지표가 무엇인지에 따라 다를 수 있겠지만, X이론의 범주에 속하는 조직이 모두 성과가 떨어지는 것은 아닐 것이다. 마찬가지로 Y이론적 기업 운영이 반드시 좋은 성과로 이어지는 것도 아니다. 따라서 여러 가지 관련 변수에 관한 논의가 필요함에도, XY이론은 이를 고려하지 않고 지나치게 단순화함으로써 필연적으로 후속연구를 위한 전제의 타당성이 결여되었다.

4. 허즈버그의 2요인 이론

허즈버그는 매슬로의 욕구단계를 이론적으로 심화하여 동기부여의 구체적인 내용이론을 개발하였다(Hergverg, 1959). 연구를 위해 1950년대 말 피츠버그에 있는 여러 기업에서 203명의 엔지니어와 경리사원을 대상으로 주요 사건법을 통해 분석자료를 얻었다. 허즈버그는 다음과 같은 두 가지 질문을 하였다.

- 언제 당신은 자신의 일에 대해서 특히 좋다고 느꼈습니까?
- 언제 당신은 자신의 일에 대해서 극히 싫다고 느꼈습니까?

두 가지 질문을 통해 특별한 만족감 혹은 불만감을 느끼게 해 주었던 사건이 어떠한 것인지를 알아내었다. 이 과정에서 응답자에게 해당 사건을 기억하도록 몇 가지 질문을 한 것 이외에는 응답자에게 어떠한 내용의 서술도 자유롭게 하도록 유도하였다. 이렇게 수집한 관련 사건들의 내용을 분류하고 정리하여 요인분석을 통해 직무동기에 관해 연구하였다.

허즈버그는 주요 사건법을 통해 얻게 된 응답 자료에서 흥미롭고 일관성 있는 결과를 얻게 되었다. 첫째, 좋은 느낌은 대체로 직무경험이나 직무내용과 직접적으로 관련되었음을 발견하였다. 예컨대, 회계 담당 매니저의 경우, 회사가 자신의 사무실에 IBM360(1964년에 개발된 최초의 메인프레임 컴퓨터)을 설치하는 작업을 하게 된 것이 매우 좋았다고 대답하였다. 그것이 자신의 일에 긍지를 느끼게 해 주었고, 새로운 장비인 컴퓨터가 부서 업무의 전반적 업무 향상을 가져다줄 것으로 확신했기 때문이다. 1960년대 컴퓨터의 모습을 상상해 보라. 당연히 PC가 개발되기 전의 대형 연산용 컴퓨터이며, 컴퓨터 언어를 통해 소수의 전문가들만이 사용하며 접근 가능했을 것이다. 따라서 앞의 회계 담당 매니저의 경우(본인의 IBM360 사용 여부와 관계없이) 얼마전 이를 도입한 뉴욕 시립도서관 사서들의 급여계산과 도서목록 분류 작업에서 보여 준 컴퓨터의 활약상에 큰 기대와 관심을 갖게 되었다.

둘째, 그에 비해 나쁜 느낌은 직무를 둘러싼 직무 외적인 일과 관련되었다. 즉, 직무 상황이나 직무환경과 관련되어 있음을 발견하였다. 예컨대, 어떤 엔지니어의 경우 자신이 일하면서 극히 싫다고 느낀 경우를 다음과 같이 이야기했다. 대학을 갓 졸업하고 직장에서 처음 맡은 일의 일과표를 작성하고, 작업이 스케줄 대로 제대로 진행되는지를 체크하고, 상사가 퇴근한 후 사무실을 정리하는 일이었다. 이러한 일은 엔지니어가 공과대학에서 전공시간에 배우는 내용이 아니다(그는 이것을 '이따위 잡일'이라고 표현했다). 또한 모든 일이 처음이라 모르는 것을 이것저것 물어 가면서 해야 하는 상황이었다. 따라서 상사는 따로 교육훈련을 해 주어야 하는 부담을 안고 있었는데, 처음 한두 번은 친절하게 잘 응해 주었다. 하지만 이후부터는 바쁘다 혹은 대학을 졸업하고도 그런 것도 못하느냐고 면박을 하곤 했다. 해당 엔지니어는 이러한 자신의 직무 상황에 대해 좌절과 모멸감을 느끼게 되었다. 즉, 자신이 이러한 일을 하려고 어렵사리 대학공부를 했는가 하며, 직장생활의 미래에 대한 회의까지 들었다는 것이다.

허즈버그는 이러한 분석 결과를 토대로 직무를 만족스럽게 해 주는 것은 직무내용이나 직무경험과 관련되어 있으며, 직무를 불만족스럽게 하는 것은 직무상황이나 직무환경과 관련되어 있다는 결론에 이르게 되었다. 그리하여 직무를 만족스럽게 해 주는 것을 동기요인

참고 7.12 왜 위생요인인가?

위생요인에서 위(衛)라는 의미는 '막다, 보호하다, 둘러치다'라는 뜻을 갖고 있다. 위생(衛生)이란 말을 생각해 보자. 생명을 외부의 위협(질병, 세균)으로부터 막기 위해서는 어떻게 해야 할까? 식사 전에 손을 깨끗이 씻고, 몸을 청결하게 하는 것은 위생적 생활습관이다. 군부대의 입구에 서 있는 위병(衛兵)은 외부의 위험이나 침입으로부터 지키기 위해 막고 서 있다.

그렇지만 위생적인 생활습관이라고 해서 우리의 건강이 더 나아지는 것은 아니다. 위병이 있다고 해서 우리 부대의 전력이 더욱 증강되는 것은 아니다. 위생적으로 생활하는 것은 건강한 생활을 하기 위한 필요조건일 뿐이며, 위병의 역할은 전투력 발휘를 온전하게 하기 위해 병력을 안전하게 지키는 역할일 뿐이다.

표 7.2 위생요인과 동기요인의 예

위생요인	동기요인
회사정책, 관리방침, 감독행위, 급여, 작업조건, 상사, 부하, 인간관계, 업무 관련 기술적 요소	성과, 인정, 직무내용, 책임감, 업무 향상, 승진

(motivator), 불만족스럽게 하는 것을 위생요인(hygiene factor)이라고 이름 붙였다.

두 가지 요인은 매슬로의 욕구단계와 관련이 있다. 위생요인은 무엇을 방지하는 효과(preventive effect)와 환경적인 것이라는 특징을 갖고 있다. 매슬로의 욕구단계를 보면 하위 욕구에 해당하는 것이다. 이러한 위생요인은 불만족을 방지하는 효과는 있으나, 만족으로까지 이끌지는 못한다. 다시 말해서 효과는 동기부여 측면에서 초기화, 영점조정, 출발선에 세우기, 물을 마시기 위해 물가에 데려다 주는 역할 등과 같이 작업장에서 불만족을 방지하는 역할에 머문다. 즉, 동기부여를 위한 발판을 제공한다. 일상에서 위생요인은 건강하고 정상적인 생활을 위한 기본전제가 되는 것을 의미한다. 따라서 위생적인 환경이라고 해서 동기부여가 되는 것이 아니다.

허즈버그는 동기요인만이 직무상 사람들을 동기부여한다고 주장한다. 매슬로의 욕구단계에서 상위 욕구에 해당하는 요인들이다. 2요인 이론에 따르면, 동기부여되기 위해서는 직무가 도전적인 내용을 포함하고 있어야 한다.

1) 2요인 이론의 의미와 시사점

첫째, 허즈버그는 만족의 반대가 불만족이 아니라고 주장한다. 직무에서 불만족 관련 요소를 제거한다고 하여 종업원 만족도가 높아지는 것이 아니며, 만족의 반대는 만족하지 않는 것이고, 불만족의 반대는 불만이 없는 것이라고 하였다. 따라서 2요인 이론에서 만족과 불만족은 같은 차원에 있는 대립적 개념이 아니라 차원이 다른 개념이다.

둘째, 전통적으로 경영관리에서 관심의 대상이 되고 노력이 집중된 것은 위생요인이었다. 예컨대, 근로의욕을 고취하기 위한 방안으로 효과를 기대하며 흔히 사용하는 방법을 생각해보자. 임금 인상, 근로조건의 개선, 후생복지 신설 등이 아니었던가. 이러한 노력과 접근이 사

참고 7.13 승진과 경영 참여는 언제나 동기요인인가?

동기요인에 해당하는 승진의 경우를 생각해 보자. 행원으로 입사하여 은행장으로 승진하는 것은 개인의 영광이고 가문의 영광임에 틀림없다. 하지만 은행장으로 승진한다는 것은 한쪽 발은 행장실에, 다른 한쪽 발은 서울 구치소의 담장에 걸쳐 놓는 것과 같다. 이는 2013년 정권이 바뀌면서 많게는 14명이나 은행장이 구속되거나, 비리로 인해 불명예 퇴진한 기록을 생각하면 설명이 된다.

중요한 의사결정 과정에 직원들이 참여하는 것은 분명 동기요인이 될 수 있다. 더구나 그러한 의사결정의 결과가 자신에게 직접적으로 영향을 미치는 것이라면 동기부여 효과는 더욱 클 것이다. 더 큰 책임감과 권한부여 때문이다. 하지만 최근 EU 노동장관 회의에 제출된 보고서에 의하면, EU 역내 5,800개 기업 가운데 종업원들의 경영 의사결정 참여에 대한 개방성이 큰 회사의 36%가 구조조정을 단행한 데 비해, 전혀 경영 참여 기회를 주지 않은 회사들은 21%만이 구조조정을 실시한 것으로 나타났다. 따라서 승진과 경영 참여는 동기요인인 동시에 분명히 위생요인의 효과도 갖고 있다.

람들을 동기부여하지 못하는 이유에 대한 해답을 제공한다.

예컨대, 현재 자신이 받고 있는 급여보다 더 받는 것이 타당하지 않다고 생각하는 사람이 얼마나 될까? 스스로에게 물어 보자. 아마 그렇게 생각하는 사람은 아무도 없을 것이다. 그에 비해 현재 자신이 일한 만큼 충분히 보상받고 있지 못하다고 불만족스럽게 생각하는 사람은 얼마나 될 것인가? 많은 사람이 그렇게 생각할 것이다. 여기서 우리가 유추해 볼 수 있는 것은 급여라고 하는 위생요인이 개선되는 것은 불만족을 제거하고, 방지하고, 예방하기 위해서 중요한 것임을 알 수 있다. 하지만 그것이 만족으로까지는 이끌지 못함을 또한 분명히 알 수 있다. (물론 회사가 급여를 무한정 줄 수 있는 것도 아니지만, 준다고 하더라도 우리가 얼마만큼 받아야 만족할까?)

셋째, 위생요인은 현대 기업조직에서 인적 자원을 유지하기 위해서 절대적으로 필요하다. 하지만 매슬로의 주장처럼 일단 위생요인의 충족에 의해서 배가 부른 사람들에게 제공하는 또 다른 위생요인은 동기부여 역할을 하지 못한다.

넷째, 따라서 내적 보상을 주축으로 하는 새로운 동기부여 전략이 요구된다. 구체적으로 도전적인 직무로서 직무를 통해 성취감, 인정, 책임감, 승진(직무 향상), 성장의 기회 등이 제공될 수 있어야 한다. 따라서 직무 재설계의 필요성이 제기되며, 오늘날 동기부여의 중요한 적용 분야로서 직무 설계가 중요한 이유가 여기에 있다.

그림 7.3 불만족 요인과 만족 요인

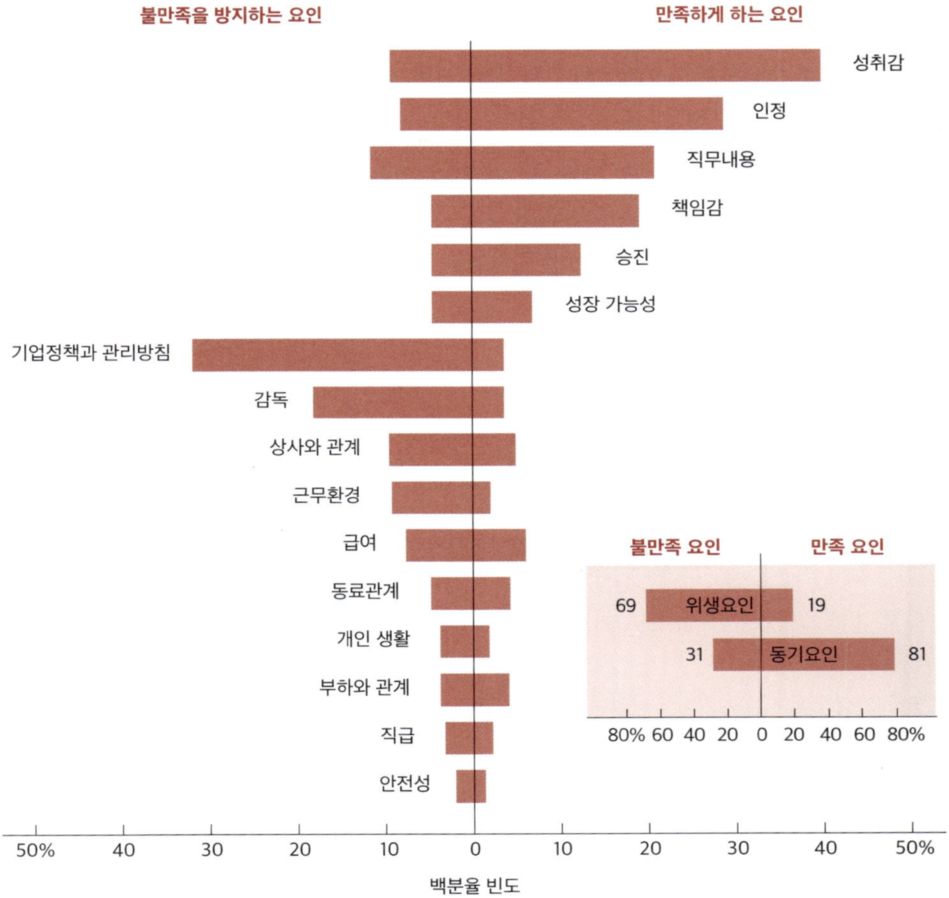

출처 : F. Herzberg, "One more time: How do you motivate employees?," *HBR*, vol. 65, (5), 1987, pp. 109-120.

2) 허즈버그 이론에 대한 비판

첫째, 직무동기를 지나치게 단순화하였다. 실제로 후속연구에서 유사한 집단을 대상으로 주요 사건법을 사용하여 분석했을 때, 허즈버그처럼 두 가지 요인으로 명확히 묶이지 않았다. 직무 요인 가운데 불만족 요인과 만족 요인으로 동시에 작용하는 것이 있었기 때문이다.

둘째, 상황 요인과 개인특성 요인 등을 고려하지 않았다. 예를 들어, 안전의 욕구가 가장 중요한 사람에게는 승진보다 도전적이지 않고 쉬운 현재 직무에서 오래 근무하는 것이 동기부여 효과를 가져다 줄 수 있다.

셋째, 지각이론 가운데 귀인이론에 근거할 때, 사람들은 결과가 좋은 일에 대해서는 자신과 연관시키고, 바람직하지 못한 것은 환경 탓으로 돌리는 경향이 있다. 예컨대, 시험 성적이 좋은 경우 본인이 열심히 했기 때문이며, 성적이 나쁜 경우는 담당 교수의 출제 의도에 문제가 있다고 생각하는 경우를 들 수 있다.

그렇다면 허즈버그의 연구에서 동기요인, 위생요인으로 명확히 구분된 것은 실제로 두 가지 요인의 본질적 차이 때문일 수도 있지만, 다른 한편으로는 응답자의 사후 확증 편향, 즉 나

조직행동 읽을거리

외국인 가사도우미는 동기요인이 아니다

영화 '기생충'에서 유독 기억에 남았던 대사가 있다.

"돈이 대리미야 대리미. 구김살을 쭉 펴줘."

자신이 일하는 부잣집 식구들의 순진성과 착함을 이야기하던 가사 도우미 충숙이 한숨과 함께 뱉은 말이다. 삶에서 필수적으로 발생하는 지저분하고 어려운 부분을 모두 외주 주고, 말 그대로 그림처럼 사는 주인집 가족의 비현실성을 짧고 명쾌하게 짚어낸 표현이었다.

올 초 어느 국회의원이 '맞벌이 청년들을 가사와 육아에서 해방시키기 위해 월 100만 원에 쓸 수 있는 외국인 가사 도우미를 도입하자'는 취지의 법안을 발의했다는 말에 이 대사가 머리를 스쳤다. 블랙 코미디가 현실로, 그것도 어설프게 구현되는 것을 목격한 기분이었다. 다행히 이 발상은 이곳저곳에서 뭇매를 맞았고 법안은 계류 상태로 남겨졌다. (하략)

출처 : 유정아, '2030 세상보기: 나를 위한 '도우미'라고 하지 마라', 한국일보. 2023.08.05.
https://www.hankookilbo.com/News/Read/A2023080409580001233?did=NA

타난 결과의 좋고 나쁨에 의한 귀인 효과일 수도 있다.

5. 인지평가이론

개인의 동기부여 수준은 직무가 가지는 의미와 가치에 대한 인지적 평가를 통해 결정된다는 것이다(Deci와 Ryan, 2002). 인지평가이론(cognitive evaluation theory)에서는 내재적 동기를 강조한다. 내재적 동기란 본질적으로 동기부여하는 것을 의미하는데, 내적 보상(즐거움, 기쁨), 성취감, 책임감, 업무 자체 등이 해당된다.

이와 같은 내재적 동기는 자기결정권과 유능감이라고 하는 두 가지 요인의 영향을 받는다. 자기결정권이란 어떤 행동을 스스로가 결정하고자 하는 욕구이며, 유능감은 어떤 일을 잘 하고 싶은 욕구라고 할 수 있다.

인지평가이론이 주장하는 것은 내재적(본질적)으로 동기 부여된 행동에 외재적 보상이 주어질 때, 내재적 동기가 오히려 감소하는 과잉정당화(over-justification) 효과가 발생한다는 것

그림 7.4 인지평가이론의 과잉정당화 효과

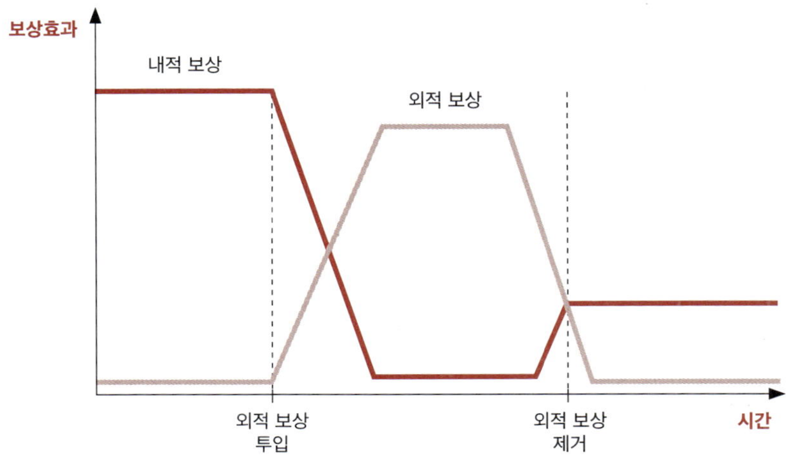

이다. 연구결과는 다음과 같다. 봉사하는 즐거움으로 열심히 남을 위해 봉사하던 사람들에게 어떤 시점부터 교통비를 지급하였다. 이후 활동 참가율이 점차적으로 감소하였다. 큐브퍼즐 동호회에서 기록시간 단축에 대한 금전적 인센티브를 제공하였더니 맞추기 속도가 점차 떨어졌다. 봉사활동이나 퍼즐 맞추기가 더 이상 자신이 원해서 하는 것이 아닌, 금전적인 외재적 보상으로 인해 즐거움과 만족도가 떨어지게 되었기 때문이다.

그에 대한 이론적 근거는 외재적 보상으로 인하여 자신의 행동에 대한 통제력의 상실을 경험하게 됨으로써 내재적 동기부여 수준이 저하되기 때문이다. 거꾸로 외재적 보상이 제거되면, 특정 직무를 수행하는 이유에 대한 개인의 지각이 외부적 설명에서 내부적 설명으로 이동한다. 예컨대, 독후감 숙제를 위해 추천도서를 마지못해 읽다가, 종강 후에도 계속해서 그 책을 숙독하는 경우에 스스로가 책의 내용에 무척 공감하고 있다고 인식할 수 있다. **그림 7.5**는 인지평가이론 모델을 보여 주고 있다. 연구모델은 다음과 같은 전제를 통해 이해할 수 있다.

① 조직 내 인간은 자기결정권과 유능감을 획득하려는 욕구를 가지며, 이를 통해 내재 동기가 유발된다.

그림 7.5 인지평가이론 모델

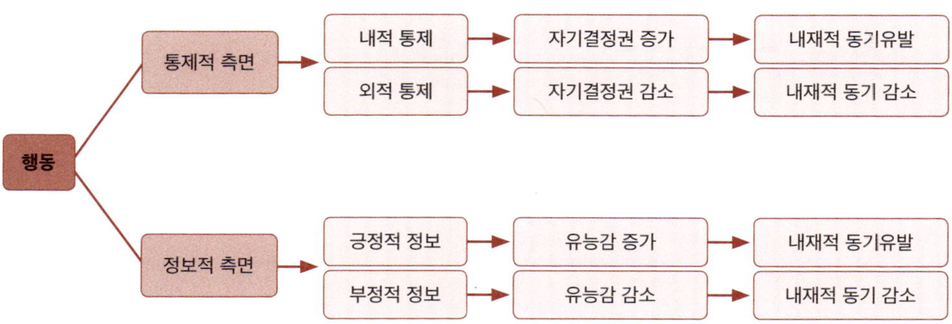

출처 : R. Ryan and E. Deci, "Self-Determination Theory and the Facilitation of Intrinsic Motivation," *American Psychologist*, 55, no. 1, 2000, pp. 68-78.

② 행동의 **통제적 측면**은 어떤 행위를 함에 있어서 통제의 주체(위치)가 누구인가(어디에 있는가) 하는 것이다. 행동 통제의 주체가 자신이면 내적 통제, 행동 통제의 주체가 타인이면 외적 통제라고 한다.

③ 행동의 **정보적 측면**은 자신이 처한 상황이나 자신을 둘러싸고 있는 환경과 상호작용을 통해 얻게 되는 행위 관련 평가, 피드백 등에 관한 정보를 의미한다. 긍정적 정보와 부정적 정보로 구분할 수 있다.

1) 인지평가이론의 의미와 시사점

전통적인 경영관리에서는 급여를 포함한 외재적 보상이 효과적인 동기부여 수단이 되기 위해서는 개인의 성과와 연동해야 한다는 것이다. 그러나 인지평가이론에 의하면 이러한 시도는 조직 구성원들이 직무 수행 과정에서 느끼던 내적 만족 수준을 떨어뜨릴 가능성이 있다. 이론에 따르면, 개인의 보상을 성과와 연계시키지 않는 것이 내재적 동기부여 수준의 저하를 막는 방법이 된다.

2) 인지평가이론에 대한 비판

비판적 견해에 따르면, 조직이 외재적 동기부여 수단으로 급여, 승진, 칭찬을 사용하여 근로자의 성과를 향상시키고자 하는 것이 곧 만족과 동기부여 수준 저하라는 결과로 이어진다는 전제하에 연구가 이루어졌다. 그에 대한 연구 결과는 차별적으로 나타났다. 즉, 동료나 상사의 칭찬이나 인정의 형태로 받는 외재적 보상은 동기부여 수준을 높이는 것으로 밝혀졌다.

그러나 금전 형태의 외재적 보상은 동기부여 수준을 저하시켰다. 금전적 보상을 받게 되면 통제의 위치가 외부로 이동해서 일보다 보상에 더욱 관심을 갖게 된다는 것이다. 그러나 외적 보상인 임금의 효과에 관한 연구 결과 또한 일관되지 않았다. 백화점 판매 사원을 대상으로 한 연구에서, 목표설정이론에 의한 동기부여 효과(11~25퍼센트)보다 임금 인상에 의한 효과(30퍼센트)가 더 큰 것으로 나타났다(Goerger와 Kube, 2012).

결론적으로 전통적인 동기부여 방법인 보상뿐 아니라 내재적 보상의 중요성을 강조하게

참고 7.14 스위스 작은 마을의 핵 폐기장

스위스 정부는 방사능 핵 폐기물을 저장할 장소를 찾으려고 수년간 노력했다. 원자력 발전에 크게 의존하고 있음에도, 자신이 거주하는 지역 한가운데 핵 폐기장이 들어서는 것을 원하는 곳이 거의 없었기 때문이다. 핵 폐기장 후보지 가운데 스위스 중부에 있는 인구 2,100명의 볼펜쉬센이라는 작은 산악마을이 거론되었다. 1993년 핵 폐기장 건립 장소를 놓고 국민투표가 실시되기 직전에 일부 경제학자들이 마을 주민을 상대로 조사를 실시하여, 만약 스위스 의회가 자신들의 마을에 핵 폐기장을 건설하겠다고 결의하는 경우에 주민투표에서 이를 수용한다고 투표할지를 물었다. 거주지 주변에 핵 폐기장이 들어서는 것은 바람직하지 않다는 견해가 많았지만 근소한 차이로 주민의 51퍼센트가 받아들이겠다고 답했다. 마을 사람들의 시민으로서 의무감이 핵 폐기장 유치로 발생할 수 있는 위험성에 대한 우려를 누른 것이다. 여기에 경제학자들은 감미료(투자자의 관심을 끌기 위해 증권에 추가하는 조건)를 제시했다. 의회가 당신이 속한 지역사회에 핵 폐기장을 건설하겠다고 발의하고, 주민 모두에게 매년 보상금을 지불하겠다는 제안을 했다고 가정하자. 그렇다면 그 안건에 찬성하겠는가? 라고 물었다.

결과는 어떻게 되었을까? 몇 퍼센트의 주민들이 찬성하였을까? 70퍼센트? 혹은 80퍼센트? 아니었다. 지지율은 오히려 떨어졌다. 재정적 유인책을 추가하자 핵 폐기장 건립에 찬성하는 비율은 51퍼센트에서 25퍼센트로 절반 이상 떨어진 것이다. 보상금의 인상 제안도 효과가 없었다. 경제학자들이 보상금 액수를 높였지만 결과는 바뀌지 않았다. 평균 월수입을 훨씬 넘는 일인당 8,700달러를 매년 보상금으로 지급하겠다는 제안을 받았을 때도 마을 주민들의 결정은 흔들리지 않았다.

그렇다면 이 작은 스위스 마을에는 무슨 일이 일어난 것일까? 보상금을 받을 때보다 받지 않을때 핵 폐기장 유치를 받아들이는 사람이 많다니. 이 사람들이 이상한 것인가?

출처 : 마이클센델, 안기순 역, 돈으로 살 수 없는 것들, 와이즈베리, 2012, pp. 161-163.

된다. 즉, 업무를 더욱 흥미 있는 것으로 만들어 주어야 하고, 서로 칭찬해 주고, 직원들의 성장과 발전을 지원해야 한다. 즉, 스스로 업무를 통제하면서, 자율적 선택에 의해 업무 수행을 하고 있다고 생각하는 구성원들이 일과 조직에 더욱 몰입하고 만족한다고 할 수 있다.

III 동기부여의 과정이론

1. 목표설정이론

조직 내 인간의 행동은 목표지향적이다. 따라서 목표를 어떻게 인지하느냐 하는 것이 행동을 유발하고, 지향하고, 유지하는 데 영향을 준다. 동기유발이론으로서 목표설정이론(goal-setting theory)은 직무 수행을 위한 과정에서 목표의 구체성, 목표의 도전성, 피드백이 제공되는 경우 동기부여되며 성과에 영향을 준다는 이론이다(Locke, 1997).

1) 목표의 구체성

구체적인 목표가 제시될 때 더 높은 성과를 달성한다. 그 이유는 목표의 구체성이 개인에게 내부적 자극으로 기능을 하기 때문이다. 예컨대, 최선을 다하라는 것보다 이번 학기에 학점 평균을 A0로 올리겠다는 구체적인 목표가 다른 조건이 동일할 때 막연한 목표를 부여받거나 설정한 사람보다 보다 나은 성과를 창출하였다.

2) 목표의 도전성

목표의 수용도가 동일하다면 목표가 어렵고 도전적일수록 성과가 높다. 쉬운 목표는 어려운 목표에 비해 수용도가 높다. 그러나 어려운 목표라도 일단 수용하게 되면, 쉬운 목표에 비해 목표달성을 위해 더 많은 노력을 기울인다.

도전적인 목표가 더 큰 동기를 갖게 되는 이유는 다음과 같다.

- 어려운 목표는 주의가 분산되는 것을 줄이고 과업에 집중하게 한다.
- 어려운 목표가 주어지면 목표 달성을 위해 의욕이 커진다.(질적 측면)
- 목표가 어려울수록 목표 성취를 위해 더 많은 시간을 투입하게 된다.(양적 측면)
- 어려운 목표는 더욱 효과적으로 과업이나 직무 수행에 필요한 전략 모색 노력을 하게 한다.

3) 피드백

자신의 일이 어떻게 진행되고 있는지 피드백이 주어질 경우 더욱 일을 잘한다. 왜냐하면 피드백을 통해 지금까지 해 온 과정에 문제가 없었는지, 앞으로 어떻게 해야 하는지를 알게 되고 그에 따른 학습과 행동 수정이 가능하기 때문이다. 이때, 직접 자신의 진척상황을 점검할 수 있는 자기발생적 피드백 방식이 외부적으로 제공되는 규범적인 피드백보다 훨씬 강력한 동기부여 효과가 있다.

4) 목표 설정 과정의 참여와 조직 성과

구성원이 목표 설정 과정에 참여하게 되면 보다 나은 성과를 얻을 것이라는 전제하에 많은 연구가 이루어졌다. 참여적 목표와 부여된 목표의 성과 비교에서, 그와 같은 전제에 대한 분석 결과에서 성과의 차이가 나타나지 않았다. 그러나 참여적 목표는 목표 수용 가능성을 높이는 것으로 나타났다. 앞서 논의에서 도전적이고 어려운 목표일수록 목표 수용 가능성이 낮다. 결론적으로 참여적 목표가 부여된 목표에 비해 더욱 높은 성과를 얻는다고 할 수 없으나, 참여를 통해 어려운 목표를 수용할 수 있는 가능성을 높일 수 있다.

5) 목표설정이론의 상황 요인

목표설정이론은 개인이 목표에 몰입하고 있다는 것을 전제로 하고 있다. 따라서 이러한 몰입은 목표가 공개적으로 제시되고, 개인이 내재적 통제 위치에 있으며, 참여적 목표(혹은 스스로 설정한 목표)일 때 높아진다.

목표설정이론은 모든 과업에 대해서 동일하게 적용할 수 있는 것은 아니다. 과업이 복잡하지 않고 단순하며, 신규 사업보다는 익숙한 사업에서, 상호 의존적이지 않고 독립적인 과업일 때 목표가 성과에 미치는 영향이 더욱 크다.

이러한 논의를 종합하여 **그림 7.6**처럼 목표설정이론의 확장모델을 구성해 볼 수 있다.

그림 7.6 목표설정이론의 확장모델

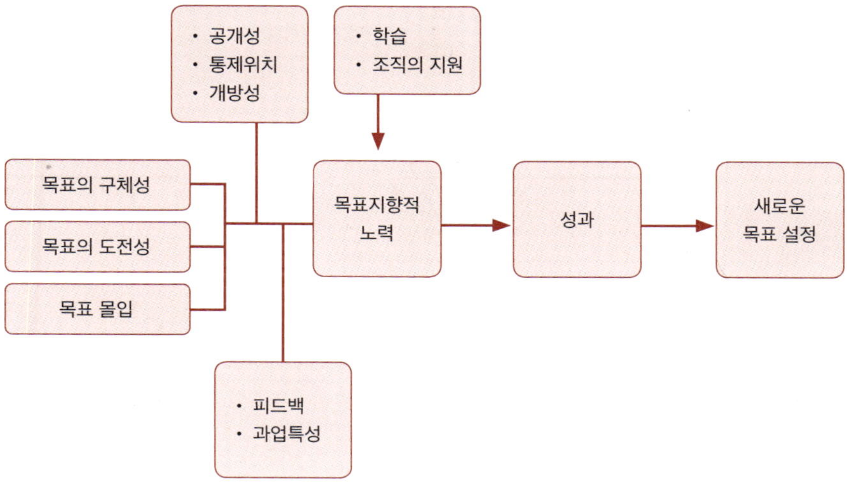

출처 : E. Locke and G. Latham, " Building a Practically Useful Theory of Goal Setting and Task Motivation," *American Psychologist*, Sep. 2002, pp. 705-717.

2. 목표에 의한 관리

드러커의 목표에 의한 관리(management by objectives, MBO)는 개념으로서는 하나의 경영 철학이며, 도구로서는 인사고과 방법이 되고, 이론으로서는 목표설정이론을 현장에서 적용할 수 있도록 발전시켰다는 의미를 갖는다. MBO는 구체적이고 확인 가능하며 측정할 수 있는 목표를 설정하는 것이다(Drucker, 1986).

① MBO의 특징은 조직 전반적인 목표를 구체적인 부서목표와 개인목표로 전환하는 것이다. 즉, MBO는 조직 단위별로 목표가 구체적으로 정해지도록 함으로써 동기부여 효과를 추구한다.

② 조직 전체의 목표는 조직을 구성하는 각각의 하부 단위(사업부문 → 부서 → 개인)로 세

그림 7.7 MBO의 목표 연계

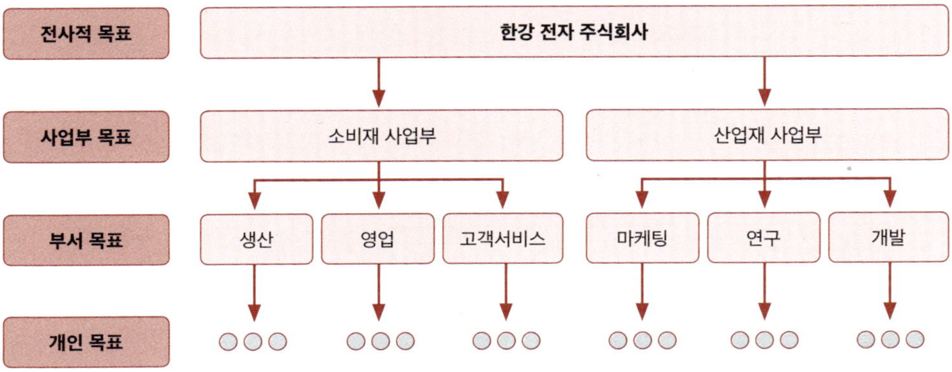

분화된다. 이때, 목표를 정할 때 각 단위의 관리자와 당사자가 참여하기 때문에 MBO는 하향적인 동시에 상향적이라는 특성을 갖는다.

③ 그리하여 계층적으로 연결된 목표의 연계가 이루어진다. 개인에게는 구체적인 성과 목표를 제시한다. 따라서 조직 구성원 각자는 소속 단위의 목표 달성을 위해 자신이 구체적으로 무엇을 해야 하는지를 명확하게 알 수 있다.

④ 조직 구성원 각자의 목표를 달성하게 되면 부서목표가 달성되고, 각 부서의 목표가 달성되면 조직 전체의 목표가 실현된다.

MBO를 위해서 필요한 전제요소는 다음과 같다.

- **목표의 구체성**
- **참여적 의사결정** (목표의 수준과 내용에 관한 구성원들의 의사결정 참여)
- **명확한 기한 설정**
- **성과 피드백**

그림 7.8은 참여에 의한 목표 설정, 상위 목표와 하위 목표 간 연계, 조직과 개인목표의 통

합, 피드백을 통한 성과 측정, 계량적 목표와 결과 지향성 등에 의한 MBO의 동기부여 효과를 보여 준다.

MBO 프로그램의 요소는 목표설정이론과 같은 맥락을 갖고 있다. 예컨대, 명확한 기한 설정은 목표설정이론의 목표의 도전성에 견줄 수 있고, 마찬가지로 목표달성 수준에 대한 피드백은 목표설정이론의 핵심 요소와 동일하다. 그에 비해 목표설정이론과 MBO의 차이점은 참여와 관련된 부분이다. MBO는 참여의 효과를 강조한다. 그에 비해 목표설정이론에서는 연구 결과 할당된 목표도 동일하게 효과적이라고 하고 있다.

MBO는 현재 광범위하게 활용되고 있다. 많은 기업뿐만 아니라 보건의료 분야, 교육기관, 정부, 비영리 조직 등에서 활용하고 있는데, 성공 못지않게 실패 사례가 많음에 주목할 필요

그림 7.8 MBO의 진행 과정

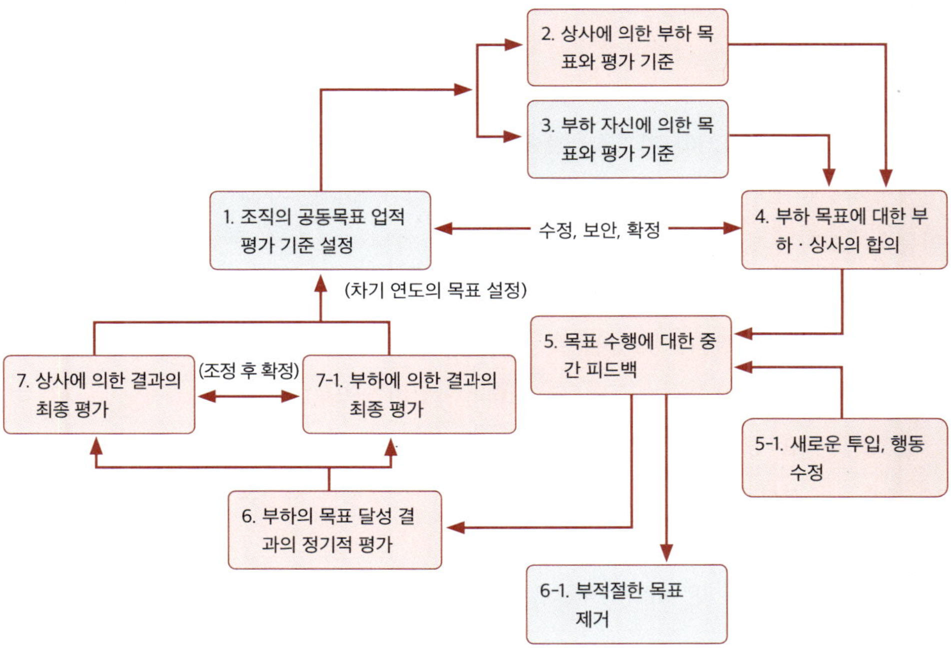

출처 : R. Rodgers and J. Hunter, "Impact of MBO on organizational productivity," *Journal of Applied Psychology*, April 1991, p. 322.

가 있다. 연구 결과 MBO가 제대로 효과를 발휘하지 못하는 이유는 다음과 같다.

① **비현실적인 기대** MBO는 단기간에 획기적인 성과를 가져다 주는 특효약이 아니다.

② **최고 경영진의 관심과 참여 부족** MBO를 위한 철학, 보상과 훈련, 정교한 적용은 조직 전체의 참여와 동의가 전제된다.

③ **목표 달성에 대한 보상의지의 부족** MBO는 일과성으로 시행하는 것이 아니며, 보상은 구성원들이 명확하게 인식하는 수준으로 이루어져야 한다.

④ **문화적 요인** 상하 간 위험부담을 공유하고(불확실성의 회피), 의사결정 참여(권력거리)와 개방성이 높은 국가문화에서 적용 가능하다.

3. 자기효능감이론

자기효능감이론(self-efficacy theory)은 사회적 인지이론 혹은 사회적 학습이라고도 한다(Bandura와 Cervone, 1986). 자기효능감이론은 성공적인 직무 수행에 필요한 행동과 인지적, 정서적 자원을 선택적으로 동원하여, 특정한 일을 할 수 있다는 자신의 효능(efficacy)에 대한 믿음을 제고하는 것이다. 자기효능감이론의 검증 결과는 다음과 같다.

① 상황이 어려울 때, 자기효능감이 낮은 사람들은 미리 포기하거나 노력의 수준을 낮춘다. 그에 비해 자기효능감이 높은 사람은 더욱 열심히 노력한다.

② 업무 수행 과정에서 부정적 피드백을 받는 경우, 자기효능감이 낮은 사람은 노력의 수준을 급격히 떨어뜨린다. 그에 비해 자기효능감이 높은 사람은 그러한 상황에서 더욱 열심히 노력한다.

③ 목표설정이론과 자기효능감이론을 함께 사용함으로써 조직 구성원들의 동기부여를 촉진할 수 있다.

1) 목표설정이론과 자기효능감이론의 통합

조직 구성원에게 어려운 목표를 부여하는 경우, 이는 조직 구성원으로 하여금 높은 수준의 자기효능감을 갖게 하고, 스스로도 성과 달성을 위해 높은 목표를 설정하게 만든다. 연구에서, 어떤 사람에게 어려운 목표를 부여하는 것은 그 사람에 대한 신뢰를 함께 전달하는 효과가 있는 것으로 나타났다. 즉, 상사가 부여한 목표가 동료들의 것에 비해 높은 수준인 경우(목표의 도전성), 자신이 동료보다 더욱 능력이 있다고 생각한다고 지각하게 된다. 이는 스스로에게 자신감을 갖도록 해 주며(자기효능감), 높은 목표를 설정하여 목표 달성과 우수한 성과를 낳는 것으로 나타났다.

2) 자기효능감의 제고 방법

첫째, 능동적인 학습과 노력이 필요하다. 자기효능감을 위해 가장 중요한 요소는 특정 직무나 과업에 대해 요구되는 경험을 쌓아 가는 것이다. 과거에 어떤 일을 성공적으로 수행한

그림 7.9 목표설정이론과 자기효능감이론의 통합모델

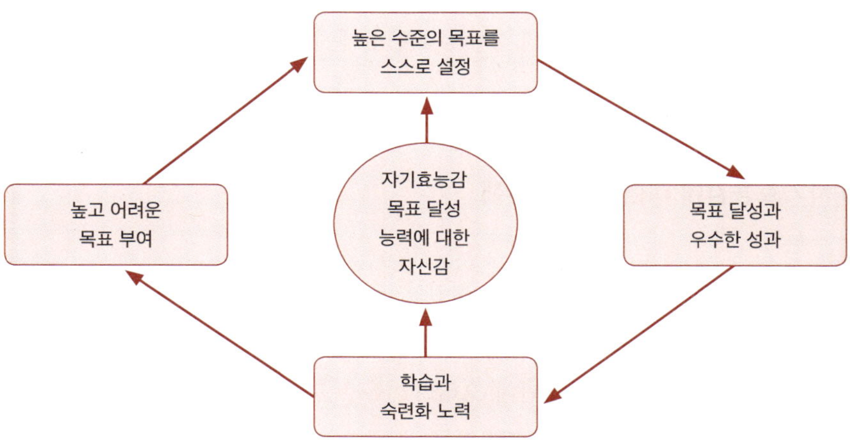

경험은 향후에도 그 일을 잘할 수 있다는 확신을 갖게 한다. 대학 시절에 동아리 활동이 중요한 이유가 여기에 있다. 대학의 동아리 활동은 취미, 봉사, 학습 등 다양한 목적을 갖고 운영된다. 하지만 한 가지 공통점은 그러한 다양한 동아리 활동이 향후 자신의 취업이나 경력 목표와 연계될 수 있다는 것이다. 실제로 학창 시절 동아리 활동을 통해 현재 자신의 분야에서 뛰어난 성공을 이룩한 사람들을 주위에서 많이 볼 수 있다. 능동적으로 배우고 익힘으로써 경험을 쌓아 가는 과정에서 얻게 되는 아무리 작은 성공이라도, 그것은 나중에 큰 성공을 위한 훌륭한 밑거름이 된다.

둘째, 모델을 통한 대리학습을 한다. 다른 누군가가 과업을 수행하는 것을 많이 볼수록 해당 과업을 수행할 수 있다는 자신감을 갖게 된다. 이때 관찰대상인 모델이 자신과 능력이나 동기에서 비슷한 사람일 때 대리학습의 효과가 커진다.

다시 대학의 동아리로 돌아가 보자. 동아리 선배나 동료가 보여 주는 과업 수행 시 긍정적 혹은 부정적 행동, 인지 방법, 감정표출은 훌륭한 학습 내용이 된다.

셋째, 언어적 설득도 효과적이다. 자신이 어떤 일을 잘할 수 있는 충분한 능력을 갖추었다는 것을 다른 사람이 확신시켜 줄수록 스스로의 자신감은 커진다. 호소력 있는 표현과 내용으로 동기부여를 잘하는 사람들이 있다.

넷째, 신바람 나는 분위기이다. 흥분된 상태에서는 자기효능감이 커진다. 신바람이 나서 기꺼이 어떤 과업을 수행하도록 만들기 때문이다. 그러나 이것이 반드시 높은 성과를 달성한다고 보장하지는 않는다. 어떤 직무의 경우 흥분된 상태에서는 오히려 성과가 하락할 수 있기 때문이다.

3) 자기효능감에 대한 비판적 견해

여러 연구에서 지능과 성격특성(특히 성실성, 정서적 안정)이 자기효능감을 제고한다고 주장한다. 이는 지능이 높고, 성실하며, 잠정적으로 안정된 것과 자기효능감 간 상관관계는 높게 나타나는 결과를 두고 하는 것인데, 오히려 이를 두고 한편으로 비판적인 견해는 자기효능감이란 존재하지 않는 개념이라고 주장한다.

즉, 자기효능감이란 신뢰할 수 있는 성격의 소유자로서, 우수한 지능 수준을 가진 사람들에게 발견되는 공통된 특징에 불과하다는 것이다. 따라서 성격 혹은 지능의 범주에 들어가는 불필요하고 중복된 개념이라고 하는 주장도 있음을 생각해 보자.

4. 공정성 이론

공정성 이론(equity theory)은 개인 간 혹은 개인과 조직 간 교환관계에 근거한 이론이다(S. Adams, 1965). 교환 과정에서 발생하는 불균형에서 느끼게 되는 불공정이 동기부여를 한다는 것이다. 사람들은 직무 수행 시 자신이 투입하는 노력과 조직으로 얻는 보상의 비율을 준거인물과 비교한다. 그리하여 자신의 투입과 산출의 비율이 준거 인물의 투입과 산출의 비율과 같거나 비슷하다면 공정하다고 느낀다. 그렇지 못한 경우에는 불공정성을 느낀다. 이러한 불공정성을 지각하는 상황에서 사람들은 공정성을 회복하기 위한 노력을 하는데, 이때 발생하는 동기부여 효과에 주목한다. **표 7.3**은 공정성 이론을 설명하고 있다.

표 7.3에서처럼 불공정성 지각은 과소보상일 때뿐만 아니라 과다보상일 때도 발생한다. 애덤스의 초기 연구에서 차별성과급 근로자들의 경우, 과다보상을 받게 되면 오히려 불안감을 느끼고, 공정성 회복을 위해 생산량을 낮추고자 하는 것을 발견하였다. 이때 공정성 회복을 위한 동기부여는 조직에게 역기능적인 효과를 가져다 준다.

한편, 불공정성 지각을 위한 인간의 식역(threshold, 감각기관에 주어지는 물리적 자극을 감지할 수 있는 최소한의 자극의 크기)은 과다보상의 경우는 매우 강하기 때문에 과소보상에 비

표 7.3 공정성 이론

비율 비교 결과	지각 형태
$\frac{O_A}{I_A} < \frac{O_B}{I_B}$	과소보상으로 불균형-불공정성 지각
$\frac{O_A}{I_A} \fallingdotseq \frac{O_B}{I_B}$	보상의 균형-공정성 지각
$\frac{O_A}{I_A} > \frac{O_B}{I_B}$	과다보상으로 불균형-불공정성 지각

* A : 자신, B : 준거인물

해 묵인 영역이 훨씬 크다. 따라서 과소보상의 경우 조금만 균형에서 벗어나더라도 금방 지각하며 공정성 회복을 위한 노력을 시작한다. 하지만 과다보상의 경우 묵인 영역이 크므로 상당한 정도의 불균형이 발생해야 편파성이나 이유 없는 호의에 대해 죄책감이나 미안함을 느끼게 되며 공정성 회복을 위한 노력을 시작하게 된다.

이러한 생태적 차이식역의 발생 원인은 크게 두 가지로 생각해 볼 수 있다. 첫째는 일반적으로 사람들은 자신의 투입에 대해서는 과대평가하고, 다른 사람의 투입에 대해서는 과소평가하는 경향이 있다. 예컨대, 자신의 영어실력은 업무 수행에 있어서 중요한 투입요소로 인식하는 데 비해, 준거인물의 중국어 회화 능력에 대해서는 가치를 폄하하는 경우이다. 둘째는 과다보상이 이루어지는 상황에서 사람들은 불균형이 발생함으로써 불편함을 느끼기보다는 자신이 단지 운이 좋았다고 먼저 느끼게 된다는 것이다. 따라서 자신에게 유리한 결과를 불공정성으로 인정하지 않을 이유가 성립되는 것이다. **표 7.4**는 이러한 논의를 요약하여 나타낸 것이다.

공정성 이론에서 비교대상으로 삼게 되는 준거는 다음과 같다.

- **자신–내부** 조직 안에서 다른 직무를 수행하던 과거의 자신의 경험과 현재를 비교한다.
- **자신–외부** 조직 밖 다른 곳에서 겪었던 상황이나 직무상 자기 경험과 현재를 비교한다.

표 7.4 여러 가지 경우의 공정성 지각

		준거인물에 대한 지각			
		고산출/저투입	저산출/고투입	저산출/저투입	고산출/고투입
자신에 대한 지각	고산출/저투입	X	H	L	L
	저산출/고투입	H	X	L	L
	저산출/저투입	L	L	X	X
	고산출/고투입	L	L	X	X

* H : 불공정성을 높게 지각, L : 불공정성을 낮게 지각, X : 불공정성을 지각 못함

- **타인－내부** 현재 조직 안에 있는 다른 개인 또는 집단과 자신을 비교한다.
- **타인－외부** 현재 조직 밖에 있는 다른 사람 또는 집단과 자신을 비교한다.

준거인물은 선배나 후배, 친구, 동료, 이웃, 업계 특정 인물 등 광범위하다. 또한 준거인물이 자기 자신인 경우 현재 직무와 과거에 경험한 직무와 비교할 수도 있다. 어떤 비교대상이 선택될 것인지는 비교대상에 대한 자신의 정보 수준과 준거대상인들의 매력도에 달려 있다.

1) 공정성 이론과 관련한 상황변수

공정성 이론에 관한 연구에서 사용되는 상황변수와 효과는 다음과 같다(Mowday, 1996).

- **성별** 남성이나 여성 모두 같은 성별 안에서 비교하는 것을 선호한다. 여성은 일반적으로 같은 직무를 수행할 때 남성에 비해 급여 수준이 낮으며, 동일 직무에 대해서 기대급여 수준이 남성에 비해 낮다. 따라서 준거인물로서 다른 여성을 비교 대상으로 선택하는 여성은 상대적으로 낮은 비교대상을 사용하는 것이 된다. 따라서 과소보상으로 인한 불공정성 지각의 가능성은 줄어든다. 그러나 성별에 따라 급여 수준에 서 차이가 나지 않는 직무(예, 교사, 의사, 공무원)를 수행하는 조직 구성원의 경우에는 특정 성별이 지배적인 직무의 경우에 비해 상대방 성별에 대해 비교할 가능성이 커진다. 어느 경우건, 이러한 결과를 통해서도 공정한 보상을 받으려는 욕구가 크다는 것을 알 수 있다. 따라서 조직 안에서 여성들이 상대적으로 낮은 급여 수준을 잘 수용하는 경우, 그것은 상대적으로 낮은 비교대상을 사용하기 때문일 수도 있다.
- **근속기간** 현재의 조직에서 근속기간이 짧은 구성원은 조직 내 타인에 관한 정보가 부족하다. 따라서 그들은 자신의 과거 경험과 비교할 가능성이 크다. 그에 비해 근속기간이 긴 조직 구성원일수록 주로 동료와 비교한다.
- **조직 내 위치** 전문적인 업무를 수행하는 조직의 상위 구성원일수록 다른 조직에 근무하는 사람들에 대해서 많은 정보를 갖고 있다. 따라서 그들은 타인 - 외부를 통한 비교 경향이 많다.

- **교육 수준과 전문성** 교육 수준이 높고 전문적인 일을 하는 사람일수록 타인 - 외부 비교 경향을 보인다. 왜냐하면 그들은 조직 내부에서 자신과 비교할 수 있는 대상을 찾기 어렵기 때문이다.

2) 공정성 회복을 위한 행동

이는 불공정성 지각에 대한 대안적 행동으로 다음과 같은 여섯 가지가 있다.

- **투입물의 변화** 불공정한 상황에서 공정한 상태로 바꾸기 위해 자신의 투입을 상향 혹은 하향 조정할 수 있다. 구체적으로 자신이 하는 일의 양적 · 질적 차원을 조절한다. 이를 통해 준거인물이나 준거집단과 균형을 맞추기 위해 노력한다.
- **산출물의 변화** 산출물을 더 얻기 위해 직접적으로 행동을 취하는 경우가 있다. 예를 들면, 회사 비품이나 물품을 훔쳐가는 경우이다. 그에 비해 간접적인 방법에 해당하는 것으로, 노사 협상 시 보상을 주관하는 측과 힘겨루기를 통해 과소보상에서 보상(산출물)을 더 받기 위해 노력한다. 노조 활동에 더욱 적극적으로 참여하는 것이나 파업에 동참하는 행동도 여기에 해당한다.
- **투입물과 산출물에 대한 인지적 왜곡** 이는 실제로는 투입물과 산출물을 변화시키지 않고 사실을 왜곡함으로써 균형관계를 변화시킨다. 과다보상의 경우, 자신은 준거인물과 같은 시간을 일했지만 담당 업무의 중요성이나 업무 수행의 질적 측면에서 엄연한 차이가 있다고 지각한다. 따라서 더 많은 보상을 받을 만하다고 스스로의 과다보상을 합리화하는 것이다. 혹은 자신이 남과 똑같이 일했다고 생각했는데, 이제 보니 다른 사람에 비해 너무 열심히 일했다고 생각하는 경우도 있다.
- **준거인물에 대한 영향력 행사** 준거인물을 문제의 상황에서 제거하는 방법이 있다. 예컨대, 새로운 사람을 선발하는 과정에서 객관적으로 우수한 인재를 택하기보다는 함께 지내기 편할 것 같은 사람을 채용하는 경우를 생각해 볼 수 있다. 그 결과 불공정성을 지각할 가능성이 줄어든다. 또는 준거인물에게 집단적인 압력을 가함으로써 투입요소에 영향을 주는 것이다. 혼자 독주하려는 사람에게 집단의 여러 가지 유형 · 무형의 압력을

통해 최선의 노력을 하지 못하도록 방해하는 경우가 있다.

- **준거인물의 변경** 비교대상을 바꿈으로써 공정성을 회복하는 것이다. 예컨대, 조직 내 특정 전문가 집단을 준거인물로 설정하여 비교했으나 계속해서 과다보상을 지각하는 경우, 조직의 경계를 넘어서 외부에서 준거인물이나 집단을 선택한다. 과소보상의 경우 자신이 그 사람보다는 덜 받지만 업계 평균과 비교할 때는 훨씬 더 많이 받는다고 지각하는 경우도 있다.
- **작업장의 이탈** 불공정한 비교 결과를 가져다주는 상황을 이탈함으로써 문제를 해결하는 방법이다. 구체적으로 결근, 이동, 이직 등이 있다. 이는 극단적인 공정성 회복을 위한 노력으로, 공정성 회복을 위한 다른 대안이 없거나 불공정성 지각에 따른 정신적, 심리적 비용이 너무 큰 경우에 선택하는 방법이다.

3) 공정성 이론과 관련한 연구 가설

① 고정급을 받는 경우, 과다보상을 받는 사람은 공정한 보상을 받는 사람보다 더욱 생산적일 것이다. 왜냐하면 과다보상을 받는 사람은 공정성을 회복하기 위해 투입을 늘릴 것이기 때문이다. 따라서 더 많은 업무량이나 혹은 더 높은 업무능력을 보여 줄 것이다.

② 성과에 따른 보상을 받는 경우, 과다보상을 받은 사람은 공정한 보상을 받은 사람에 비해 보다 좋은 품질의 상품과 서비스를 생산할 것이다. 왜냐하면 과다보상 상황에서 공정성 회복을 위해 더 많은 노력을 투입할 것이고, 그 결과 더 좋은 품질 또는 더 많은 업무수행을 보여 줄 것이기 때문이다. 그러나 생산량을 증대시키는 것은 단위당 보상이 제공되는 상황에서 불균형을 심화할 수 있다. 따라서 공정성 회복을 위한 노력은 수량을 늘리는 것보다는 품질을 향상시키는 쪽으로 이루어진다.

③ 고정급의 경우, 과소보상을 받은 사람은 품질도 낮추고 생산량도 줄일 것이다. 왜냐하면 공정성 회복을 위해 투입하는 노력을 줄이기 때문이다. 그 결과 공정한 보상을 받는 사람에 비해 생산성도 낮고 품질도 저하될 것이다.

④ 성과급의 경우, 과소보상을 받은 사람은 공정한 보상을 받은 사람에 비해 품질은 저하시키고, 생산량은 증가시킬 것이다. 일반적으로 성과급의 경우 공정성 회복을 위해 품

참고 7.15 미국 메이저리그 선수의 사례

미국 프로야구 메이저리그 선수들을 대상으로 실시한 실험으로서, 계약기간 동안 선수들의 플레이를 관찰하였다. 실험에 참여한 선수들은 자신의 계약기간 동안의 플레이 후에, 자신의 연봉이 불공정했다고 느꼈을 때 공정성 이론이 예측한 것처럼 공정성 회복을 위한 노력을 나타냈다. 타율에는 변함이 없었으나, 다른 범주의 플레이에서는 여러 가지 특이한 현상이 나타난 것이다. 즉, 주루 플레이나 수비에서 생각할 수 없는 수준의 어이없는 실수를 범했던 것이다. 이후 납득할 만한 수준에서 재계약이 이루어진 후에는 플레이가 정상적으로 돌아왔다. 공정하게 계약이 이루어졌다고 지각했기 때문에 나타난 효과라는 것을 설문과 인터뷰를 통해서 확인할 수 있었다.

한편 동일한 대상에게 실시한 실험에서 전혀 다른 결과를 보여 준 사람들도 많았다. 즉, 연봉계약이 불공정하다고 느낀 선수들 가운데 계약기간 동안 플레이에 전혀 변화가 없는 사람들을 말하는 것이다. 그들은 자신이 비록 투입에 비해 과소연봉이라는 불공정함을 느꼈지만, 자신을 좋아하는 서포 터들을 실망시킬 수 없었기 때문이라고 하였다. 즉, 항상 잘하는 모습을 팬들에게 보여 주고 싶었기 때문이다.

출처 : D. Dunchon and A. Jago, "Equity and Performance of Major League Baseball players." *Journal of Applied Psychology*, Dec. 1981, pp. 728-732.

질을 낮추고 생산량을 늘리는 방식으로 보상을 더 얻으려 할 것이다. 왜냐하면, 품질 향상을 위해 투입을 늘리는 경우 불공정한 상황이 심화되기 때문이다.

4) 연구 결과와 시사점

앞의 가설에 대한 실증분석 결과 지지되는 경우와 그렇지 못한 경우가 함께 나타났다. 실제로 과다보상으로 인한 불공정성의 경우, 이론이 예측하는 것과 달리 대부분 작업 환경에서 사람들의 행동에 큰 영향이 없는 것으로 나타났다. 이는 공정성 이론의 절반에 대한 의문 제기가 가능한 결과라고 하겠다.

또한 모든 사람이 공정성에 대해서 민감한 것이 아니었다. 예컨대, 적지 않은 사람이 자신의 투입과 산출의 비율이 준거인물에 비해 약간 낮은 상황을 선호한다는 연구 결과가 바로 그러하다. 공정성 이론은 이처럼 공정성에 대해 관대한(덜 민감한) 유형의 사람에 대해서는 정확도가 떨어진다.

참고 7.16 미국 전자제품 할인점 직원의 사례

미국의 가전제품 대형 할인점에서 일하는 직원들에게 자신이 생각하는 적정 임금을 스스로 정하도록 하는 실험을 하였다. 실험 결과 매우 흥미로운 일이 발생하였다. 38명의 직원 가운데 자신의 현재 임금보다 높여서 적어 내는 사람이 한 사람도 없었다. 오히려 수리 담당 직원 한 사람은 현재의 시간당 임금보다 낮추어서 적어 냈다. 그가 말한 이유인즉, 자신은 다른 사람들처럼 그렇게 열심히 일하고 싶지 않다는 것이었다.

이 사람은 과다보상을 받고 있었던 것인가?

출처 : C. Ostroff and L. Aturater, "Does Whom You Work with Matter?" *Journal of Applied Psychology*, vol. 88, no. 4, 2003, pp. 725-730.

조직행동 읽을거리

절차 공정성, 친구를 용서하는 것보다 적을 용서하는 게 더 낫다

18세기 영국의 시인이자 화가 윌리엄 블레이크의 작품 중에는 신비주의적 이미지가 짙게 밴 것들이 많다고들 한다. 그는 이성을 중시하면서도 초월적 직관을 언어화하고자 했고, 초상화나 풍경화가 추구하는 외관의 재현보다 상상력으로 증폭된 초현실적 내면의 세계, 언어 이전의 상징 세계와 원초적, 신화적 체험의 세계를 강렬한 색과 과장된 형태로 즐겨 표현하곤 했다. 예술사는 그를 낭만주의를 연 선구자 중 한 명으로 꼽는다. (하략)

출처 : 최윤필, '기억할 오늘: 윌리엄 블레이크', 한국일보. 2016.11.28.
https://www.hankookilbo.com/News/Read/201611280471612295

5) 공정성 이론의 개념 확대

공정성 이론에 관한 연구와 논의는 분배 공정성의 개념(개인 간 보상의 양과 질에 관한 지각)에서 조직 공정성(작업장 전반에서 지각하는 공정성)으로 관점이 확대되고 있다.

그림 7.10은 다차원적 공정성의 내용을 설명하고 있다.

(1) 절차 공정성

절차 공정성은 다음의 두 가지 요소에 의해 결정된다.

- **절차의 통제** 공정한 산출물(보상의 형태와 수준)에 대해서 자신의 견해를 제시할 수 있는 기회가 주어지는가?
- **설명** 산출물에 대해서 분명한 이유와 설명이 제공되는가?

절차 공정성을 지각하기 위해서는 바람직한 산출물의 형태와 수준에 대해서 자신의 의견을 제시할 수 있는 기회가 있어야 하며, 또한 산출이 왜 그렇게 결정되었는지에 대한 분명한 설명을 들을 수 있어야 한다. 분배 공정성이 부족한 경우에는 특히 절차 공정성의 효과가 더

그림 7.10 주관적 · 다차원적 조직공정성 모델

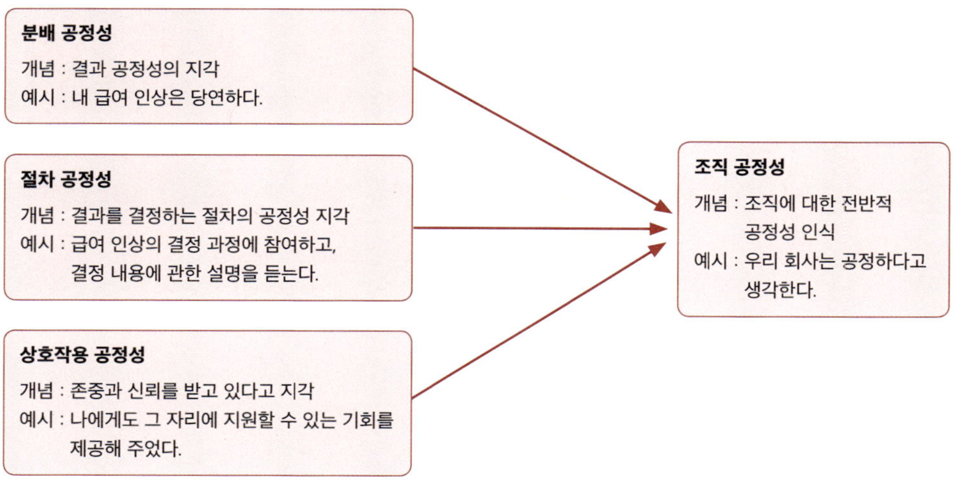

출처 : J. A. Colquitt et al., "Justice at the Millennium: A Meta-analytic Review of the 25 years of Organizational Justice R esearch," *Journal of Applied Psychology*, June 2001, pp. 428.

욱 커진다. **참고 7.17**은 절차 공정성의 중요성을 보여 준다.

(2) 상호작용 공정성

분배 공정성과 절차 공정성이 물리적 요소인 보상이나 회사의 정책과 관련이 있다면, 상호작용 공정성은 정보전달자, 즉 사람과 관련되어 있다(Tyler와 Bies, 1999). 분배와 절차를 위한 상호작용에서 자신이 부당하게 대우받고 있다는 인식은 상사와 직접적으로 관련되어 있기 때문이다.

따라서, 상호작용 공정성은 조직 내 개인이 상호작용에서 상사로부터 존중과 관심, 예의, 신뢰 등 대인관계의 질에 대한 인식을 의미한다(Bies, 2015). 예컨대, 상사들은 부하 직원들에게 솔직해야 하며, 회사 안에서 무언가 중요한 일이 있을 때 신속하게 알려 주어야 한다는 것이 당연한 일처럼 보이지만 실제로는 그렇지 않다. 왜냐하면 정보는 권력의 원천이 되기 때문에 공유하기를 꺼리기 때문일 것이다. 이런 경우 부하 직원들에게 불공정성을 지각하게 하는 요인이 된다. 자신이 제대로 대우받고 있지 못하다고 느끼기 때문이다. 안 좋은 소식이 있을 때는 더욱 그러하다(함흥차사가 왜 죽임을 당했는지 Kill the messenger의 의미를 생각해 보라).

이러한 상황에서 나쁜 소식에 대한 설명은 사실에 대한 정당화(나는 그 자리에 너 대신 김 대리를 보내기로 결정했어. 왜냐하면 김 대리의 고과 성적이 훨씬 나으니까)보다는 사건 발생 후의 변명(나는 그 자리에 너를 앉히고 싶었지만 내가 독단적으로 할 수 없는 일이었어)의 형태를 통해 처리 결과를 알려 줄 수 있다. 이를 통해 당사자는 상호작용 불공정성을 덜 지각한다.

6) 공정성 연구의 결론과 시사점

세 가지 공정성 가운데 분배 공정성이 직무만족이나 조직몰입과 상관관계가 가장 큰 것으로 나타났다. 절차 공정성은 직무만족과 구성원의 신뢰, 이직의도, 직무성과, 조직시민 행동과 상관관계가 있다. 그에 비해 상호작용 공정성에 대한 실증분석은 많지 않은데, 아직까지 절차 공정성과 구성개념에서 구분이 명확하지 않기 때문이다.

한편 상대적으로 절차 공정성에 관한 논의가 많이 이루어지고 있는데, 긍정적인 절차 공정성에 지각은 급여와 승진 등 다른 보상에 대한 불공정성 지각 상황에서도 상사와 조직을 긍정

참고 7.17 일리노이주립대학 3명의 여교수 사례

미국 일리노이주립대학의 3명의 여교수에 의해 제기된 소송이 현재는 전 · 현직 여교수 350여 명이 참가하는 대규모 소송으로 번지게 되었다. 사건의 발단은 경영대학의 3명의 여교수가 전체 80명의 교수 중 자신들의 연봉이 최하위인 것을 발견하면서 시작되었다. 대부분이 남자인 신임교수들이 자신보다 훨씬 높은 연봉으로 임용되었으며, 그들의 급여는 일리노이 주립대학 전체 평균에도 훨씬 못미치는 것도 알게 되었다. 이들 3명의 여교수 중에는 현재까지 30편이 넘는 논문을 썼고, 28년간 근무를 한 사람도 있으며, 강의 평가에서 항상 최고 등급을 받는 사람도 있었다. 그들은 자신들의 낮은 급여가 자신들의 자긍심과 품위를 손상시킨다고 울분을 토했다.

3명은 학교 당국에 연봉 지급을 위한 기준이 무엇인지 알려 달라고 요청하였다. 이에 학교 측은 먼저 그들에게 어떻게 경영대학 교수들의 연봉 순위를 알게 되었느냐며 3명의 여교수의 안식년을 거부하고, 가장 나쁜 시간대에 강의를 배정하는 것으로 대응하였다. 이에 여교수들이 소송을 하기에 이른 것이다.

한편, 학교 측이 내세운 표면적인 이유는 3명의 여교수는 경영교육과 윤리경영 전공으로서, 재무나 회계, 마케팅처럼 높은 연봉을 주고 데려오는 전공 분야의 교수들보다 연봉이 적은 것은 당연하다는 것이었다. 하지만 낮은 연봉이 여성 차별이라고 주장하는 3명의 여교수는 연구실 컴퓨터의 배정에서부터 보직 임명에 이르기까지 모두 여성 차별 때문에 이루어진 것임을 일관되게 주장하고 있다. 물론 결론은 법정에서 내려질 것이다. 그들이 지루한 법정 싸움을 하는 동안 우리는 강의실에서 이 문제를 논의해 볼 필요가 있을 것 같다. 분배 공정성과 절차 공정성 가운데 어느 것이 소송의 원인이 되었을까? 어느 것이 더 중요한 동기부여 요소인가?

적으로 인식하게 한다는 결과도 있다(Griffith와 Gaertner, 2001).

5. 기대이론

브룸은 동기유발의 내용이론은 복잡한 동기부여 과정을 설명하기에는 부족하므로, 동기부여 과정을 이해하기 쉬운 공식으로 만든 기대이론(theory of expectancy)을 제시하였다. 그 결과 직무동기유발에 관한 보편적이고 일관된 이해를 할 수 있는 기초를 제공하였고 많은 후속 연구를 할 수 있는 발판을 마련해 주었다(Vroom, 1964).

같은 시기에 허즈버그가 현장에서 이루어진 조사 연구를 토대로 하여 이론을 정립하는 귀납적 접근 방법을 사용한 것에 비해서, 브룸은 이론적 배경을 먼저 구성한 다음 그러한 이론이 기초 위에서 여러 가지 측면에서 조직행동을 이해하는 연역적 방법을 사용하였다. 따라서 동기부여와 관련하여 앞에서 언급한 '보편성'이라는 의미를 이론의 일반화라고 한다면, 브룸의 기대이론은 산업현장과 일상생활에서 일어나는 어려 가지 현상을 체계적으로 설명할 수 있는 최초의 동기부여이론이라고 할 수 있겠다.

1) 기대이론의 기본가정

① 인간은 현재와 미래의 행동을 위해서 의식적인 선택을 한다.
② 동기유발이란 개인의 행동과 노력을 위한 방향을 선택하는 것이다.
③ 이때 선택을 위해서, 여러 가지 행동 대안에 대해서 평가한 후, 스스로에게 가장 많은 보상을 제공할 것으로 판단되는 대안을 선택한다.

조직행동 읽을거리

상호작용 공정성, 어느 흉부외과 의사

대개 의료소송은 진료나 수술 도중 의료진의 과실로 좋지 못한 결과가 발생했을 때 환자 측의 문제 제기로 시작된다. 그러나 모든 의료사고가 의료소송으로 이어지지는 않는다.

의료사고와 관련한 소송은 유난히 그 과정이 어렵고 소송 기간도 길다. 사람 생명과 직결된 문제인 만큼 법적 판단도 어려울 뿐만 아니라 의료진과 환자 모두를 지치게 한다. 그렇다면 어떤 의사가 의료소송에 휘말릴 가능성이 큰 것일까.

세계적 베스트셀러 **아웃라이어**의 저자 말콤 글래드웰은 그의 저서 **블링크-첫 2초의 힘**에서 '고소당할 의사 알아내는 법'을 소개한다. 글래드웰은 '의료사고가 일어났을 때 의사가 환자와 법적 다툼을 벌일 확률은 의사가 얼마나 큰 과실을 범했는지와는 거의 관련이 없다'고 주장한다. (하략)

출처 : 조우성, '삶과 문화: 결과보다 중요한 과정', 한국일보. 2016. 12.04.
https://www.hankookilbo.com/News/Read/201612041425776223

이것이 기대이론을 구성하는 이론적 전제이며, 연구모델을 구성하기 위해 브룸은 유의성(valence), 수단성(instrumentality), 기대감(expectancy)라는 개념을 도입하였다. 이 세 가지 요소의 머릿글자를 따서 브룸의 기대이론을 VIE이론이라고도 부른다.

브룸은 개인의 동기부여 수준은 기대감과 유의성, 수단성의 함수로 나타낼 수 있다고 하였다.

동기부여 수준 = f [V·I·E]

기대이론에 등장하는 세 가지 요인은 다음과 같다.

- **E(Expectancy)** 기대감을 의미한다. 기대감은 개인의 노력과 개인의 성과 사이의 관계를 설명한다. 구체적으로 기대감이란 개인이 노력을 했을 때 성과를 달성할 수 있다고 생각하는 주관적 확률을 의미한다. 따라서 0~1의 값을 갖는다(0 ≦ E ≦ 1). 예컨대, TOFEL 공부를 3개월 해서 110점을 받을 확률은 0.2이며, 3개월 해서 90점을 받을 확률은 0.8이라는 기대감이 가능할 것이다.

  이때 개인은이 두 가지행동(노력) 가운데 기대감이 높은 대안을 선택하여 노력하게 된다. 즉, 그 방향으로 동기유발된다는 것이다.
- **I(Instrumentality)** 수단성을 뜻한다. 이는 성과와 보상의 관계를 설명한다. 노력을 통해 특정 성과(1차적 결과)를 달성했을 때 조직의 보상(2차적 결과)을 얻을 수 있으리라는 주관적 믿음이다. 수단성은 1차적 결과와 2차적 결과 간 상관관계로 나타낸다(-1 ≦ I ≦ +1). 예컨대, 3개월에 90점(1차적 결과)을 달성했을 때 급여 인상(2차적 결과)이 있으리라고 믿어 의심치 않을 경우 I = 1이 될 것이다. 그에 비해 3개월에 90점을 달성했을 때 명백히 동료애에 손상을 가져오리라고 믿는 경우 I = -1이 될 것이다.
- **V(Valence)** 유의성을 의미한다. 유의성은 조직의 보상(2차 산출물)과 개인의 목표 사이의 관계를 나타내는 것이다. 즉, 개인이 노력을 통해 성과(1차적 결과로서 3개월에

90점)를 달성함으로써, 그에 따라 주어지는 보상(2차적 결과로서 보너스, 급여 인상, 승진, 인정)의 각 요소에 대해 갖는 욕구의 정도를 말한다. 쉽게 말해서 유의성이란 주어지는 보상의 중요성, 매력도라고 할 수 있다($-n \leq V \leq +n$). 따라서 긍정적이거나 부정적일 수 있으며, 가치중립적일 수도 있다. 예컨대, 3개월에 90점을 달성했을 때, 그에 따라 승진, 보너스, 급여 인상, 인정 등이 동시에 주어진다. 이때 이 네 가지 조직의 보상은 김대리가 CEO가 될 것이란 목표에 비추어 볼 때 중요성과 매력도에서 차이를 나타낼 것이다. 이를 유의성이라고 한다.

이러한 전제에 근거하여, 기대이론을 동기부여에 적용해 보자. 영업부에 근무하는 윤대리는 영어를 매우 잘한다. 윤대리는 회사에서 성장하여 최고경영자 자리에 오르고 싶다는 개인적 목표를 갖고 있다.

윤대리는 자신이 TOEFL 시험공부를 3개월 하여 120점을 받을 확률은 0.2이고, 3개월 하여 100점을 받을 확률은 0.8로 기대한다(**기대감**). 그리하여 TOEFL 시험성적을 120점 받았을 때와 100점 받았을 경우에 주어지는 보상(즉, 2차적 결과)을 생각해 보았다. 120점의 경우 해외근무, 특별승진, 성취감, 동료애 손상, 업무상 문제 발생(밤낮 없이 영어공부에 매진해야 하므로) 등의 결과를 예측할 수 있다. 그에 비해 100점을 받는 경우 고과 가산점, 상여금, 성취감, 동료애 손상, 업무상 문제 발생 등의 결과가 있을 수 있다. 윤대리가 각각의 결과에 대해서 생각하는 중요성은 다를 것이다. 앞서 이러한 중요성을 유의성이라는 개념으로 설명하였다. 윤

그림 7.11 브룸의 기대이론 모델

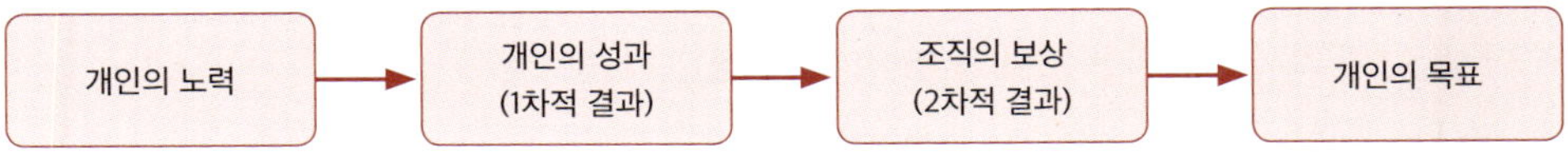

- **기대감** 노력-성과의 관계(Expectancy)
- **수단성** 성과-보상의 관계(Instrumentality)
- **유의성** 보상-개인 목표의 관계(Valence)

출처 : V. Vroom, *Work and Motivation*, New York, Wiley, 1964, pp. 56-59.

그림 7.12 기대이론의 적용

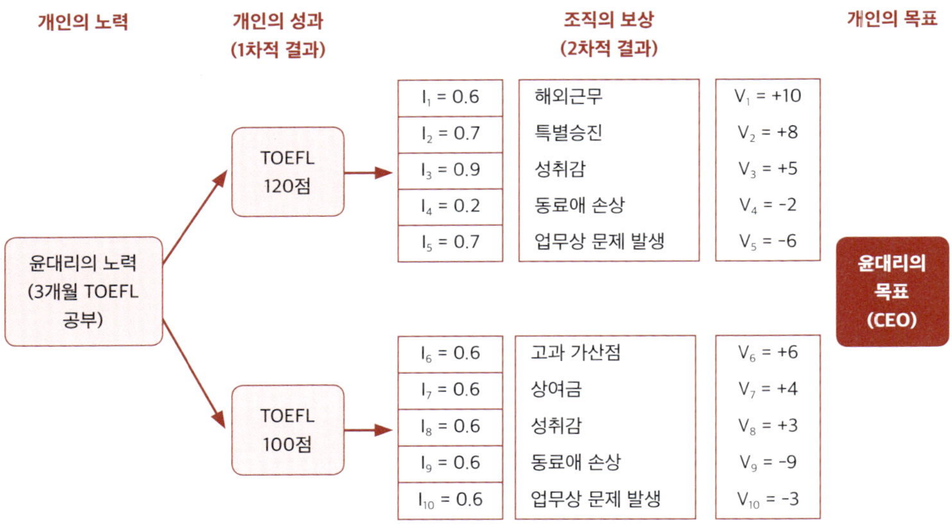

대리는 **그림 7.12**에서처럼 각각의 결과(**보상**)에 대해 유의성 값을 부여하였다. 따라서 이를 통해 조직은 구성원들의 가치체계 를 이해할 수 있게 된다(**유의성**).

한편 직원들이 높은 TOEFL 시험성적을 얻었을 때, 회사는 직원들에게 미리 약속했던 보상을 제공해 주어야 할 것이다. 이때 개인의 성과와 조직의 보상 간에 관련성이 있을 것이라는 믿음을 수단성이라고 한다. 특히 이러한 수단성을 위해 개인의 노력도 중요하지만, 조직 내 신뢰와 관련이 크다. 따라서 훌륭한 성과를 이룩한 사람이 항상 그에 상응하는 보상을 받는 조직의 경우 조직 내 신뢰성이 클 것이며, 이때 성과와 보상 간 상관관계로서 의미를 갖는 수단성은 1에 가까운 수치를 보여 줄 것이다(**수단성**).

지금까지의 논의를 요약해 보면 **그림 7.12**와 같다.

따라서 윤대리의 행동과 노력의 방향을 E, V, I를 통해 선택하는 과정을 다음과 같이 설명할 수 있다.

TOEFL 시험성적 110점을 위한 동기부여 수준은 $E_1 \times I_1 \times V_1 + E_1 \times I_2 \times V_2 + E_1 \times I_3 \times V_3 + E_1 \times I_4 \times V_4 + E_1 \times I_5 \times V_5$로서 $(0.2) \times (0.6) \times (10) + (0.2) \times (0.7) \times (8) + (0.2) \times (0.9) \times (5) +$

$(0.2) \times (0.2) \times (-2) + (0.2) \times (0.7) \times (-6) = (2.3)$이다.

그에 비해 TOEFL 시험성적 100점을 위한 동기부여 수준은 $E_2 \times I_6 \times V_6 + E_2 \times I_7 \times V_7 + E_2 \times I_8 \times V_8 + E_2 \times I_9 \times V_9 + E_2 \times I_{10} \times V_{10}$로서 $(0.8) \times (0.6) \times (6) + (0.8) \times (0.7) \times (4) + (0.8) \times (0.6) \times (3) + (0.8) \times (0.6) \times (-9) + (0.8) \times (0.5) \times (-3) = (1.04)$이다.

따라서 기대이론 관점에서 개인적 목표를 달성하기 위해 윤대리는 3개월에 TOEFL 시험 성적을110점 받기 위해 노력할 것이다.

기대이론의 의미와 시사점

기대이론은 개인의 동기부여 행동을 이해하는 이론적 틀로서 의미가 있다. 특히 여러 조직 구성원들이 최선을 다해 직무 수행을 하도록 동기부여되지 못하고, 왜 최소한의 노력만 하고 있는지를 설명해 주며, 그에 대한 해결책을 명확히 제시해 준다(Eerde와 Thierry, 1996).

먼저 조직 구성원들은 내가 최대한 노력하면, 과연 성과평가에서 그에 대해 제대로 인정을 받을 수 있을까 하는 명제를 일상적으로 접할 것이다. 하지만 그에 대한 대답은 모두 알고 있듯이 '아니요'이다. 평가항목에서 성과 이외의 요소인 충성심, 적극성, 리더십 등을 포함하고 있음을 주목해 보라. 실제로는 많은 노력을 기울인다고 해도 그것이 성과평가에 전혀 반영되지 않을 수도 있다. 더구나 상사가 갖고 있는 고정관념이나 후광효과 등은 개인의 노력과 성과평가 간 관계에 대한 불신을 고착화한다. 그렇게 본다면 조직 구성원의 동기부여가 낮은 이유는 아무리 노력을 한다고 해도 좋은 성과평가를 받을 가능성이 적다는 불신과 좌절감 때문일 수 있다.

그렇다면 성과평가가 좋으면 조직으로부터 보상을 받게 될 것인가? 실제로 여러 연구에서 많은 사람들이 성과와 보상의 관계가 크지 않다고 생각하고 있었다. 조직의 보상 또한 성과 이외의 다른 여러 요인에 의해 결정되는 경우가 많기 때문이다. 대표적인 경우로서 승진을 생각하면 이해가 된다. 또한 고정급뿐만 아니라 성과급에 있어서도 근속연수에 의한 보상의 차등 지급은 성과와 보상의 관계가 미약하다는 인식을 주며, 열심히 노력하려는 동기를 저하시킨다.

승진을 목표로 열심히 일했는데, 승진 대신 보너스가 지급될 수 있다. 혹은 TOEFL 만점을 받아서 도전적인 직무를 맡겨 줄 것이라 생각했는데, 사내 영어강사를 맡길 수 있다. 뉴욕 지사로 발령받기를 기대했는데 마닐라로 가라고 할 수 있다.

물론 이러한 결과는 보상을 분배할 때 많은 제약이 존재하기 때문일 것이다. 따라서 모든 개인의 필요를 고려하는 것이 현실적으로 불가능할 수 있다. 하지만 대부분의 사람들이 비슷한 보상을 선호한다는 잘못된 가정에서 기인하는 바가 크다. 그리하여 조직 내 개인은 명확한 동기를 갖고 일하는 것이 점점 어려워지는 결과로 나타난다.

2) 기대이론과 동기부여 방안

개인의 기대감과 수단성을 제고하고 유의성을 파악하여 활용함으로써 실무 차원에서 동기부여가 가능할 수 있다. 이것이 브룸이 기대이론을 제시한 목적이라고 할 수 있다.

① 기대감의 제고

기대이론의 출발점인 기대감, 즉 노력을 하면 좋은 성과평가를 받을 것이라는 기대는 노력할 수 있는 개인의 능력을 전제로 하고 있다. 따라서 조직은 교육훈련, 이동, 경력 개발 등의 과정을 통해 기대감을 높일 수 있다.

② 수단성의 제고

앞서 여러 번 강조하였듯, 이는 조직과 개인 간 신뢰와 관련된 것이다. 따라서 조직 구성원들의 성과에 대한 외적 보상은 약속한 대로 이루어져야 한다. 이때 중요한 것은 성과평가의 타당성과 신뢰성이다. 즉, 평가 기준과 측정 방법이 타당하고 정확한 것이어야 한다. 수단성과 관련하여 외적 보상과 내적 보상의 적절한 조화도 중요하다. 왜냐하면 경우에 따라서 수단성이 (0)이거나 (-)일 경우에도 내적 보상(본질적인 만족)으로 인해 열심히 노력하는 경우도 있기 때문이다.

③ 유의성의 제고

조직은 구성원들의 욕구나 가치체계를 파악함으로써 현재 제공하고 있는 보상의 효과를 평가할 수 있다. 이를 통해 보상제도를 개선하고 보완할 수 있다. 보상체계가 중요한 이유는 바람직한 행동에 대해 그에 적합한 보상 방법을 제공함으로써 그러한 행동을 선택할 동기가 커지게 되는 선순환 효과 때문이다.

3) 기대이론에 대한 비판과 한계

① 기대이론은 동일한 사람이 상황과 조건의 변화에 따라 투입하는 노력의 수준이 다르다는 것을 주장하고 있다. 따라서 종단연구가 필요하다. 그러나 대부분의 후속 연구는 동일인을 대상으로 하지 못하고 있다. 그 이유는 브룸이 제시한 방법론에 따라 이루어진 후속 연구들의 성공적이지 못한 연구결과 때문이다. 이는 이론의 예측 타당성에 중요한 도전 요인이라고 할 수 있다.

② 기대이론은 노력과 성과의 관계, 성과와 보상의 관계 등에 따라서 개인이 분명하게 지각한 상황에서만 타당하다. 그런데 실제로 그것을 분명하게 인식하고 있는 사람이 얼마나 될지 생각해 보자. 따라서 적용범위가 제한적이다.

③ 성과와 보상 간의 관계를 명시적으로 분명하게 알 수 있는 직무는 많지 않다. 따라서 지나치게 이상적이다.

④ 기대이론의 최대 장점은 정확하면서 분명한 공식을 사용한 규범적 접근이다. 하지만 오히려 이것이 유의성에 관한 주관적 논의가 배제되는 결과를 낳았다.

참고 7.18 박부장의 선택

원자력 발전소의 불량 부품 때문에 12개의 원전이 차례로 가동을 중단하였다. 따라서 전력난에 온통 비상이 걸렸다. (주)알파전기의 박부장은 고리 원전 3호기의 불량부품을 교체하고 원전 가동을 정상화하는 일을 맡은 책임자이다. 야간대학을 마친 후 이 회사에서 지금의 위치에 오른 박부장의 목표는 테크노 CEO가 되는 것이다.

박부장의 원전 수리 공사 수행과 관련한 1차적 결과(개인의 성과)는 공기 이전 완성, 적기 완성, 공기 이후 완성이 있다. 그에 대한 조직의 보상(2차적 성과)은 특별 승진, 보너스, 사장의 표창 등이 있다.

박부장이 공기 이전에 완성할 확률이 0.2이며, 적기에 완성할 확률은 0.6이고, 공기 이후에 완성할 확률은 0.8이라고 하자. 브룸의 기대이론 모델에 근거하여 박부장이 선택할 대안은 어떤 것인가? 수단성과 유의성에 값을 부여하여 모델을 완성해 보자.

8장

동기부여와 직무설계

I 직무설계의 이해

II 직무설계 방법

동기부여에 관한 연구는 이론 전개와 후속 연구를 통해서 작업환경의 변화를 연결하는 접근으로 발전하고 있다. 특히 직무설계(job design)에 관한 연구를 통해 직무를 구성하는 요소의 결합에 따라 동기부여에 차별적 효과를 제공하는 것을 발견하게 되었다. 따라서 직무설계에 관한 연구는 어떤 요인들이 동기부여의 영향요소로 작용하는지에서 시작한다. 지금부터 동기부여의 중요한 적용 분야인 직무설계에 관해서 살펴보도록 하자.

I 직무설계의 이해

1. 직무설계의 개념

조직 구성원의 사기 향상을 위해서는 개인의 욕구 충족도 중요하지만, 직무를 어떻게 설계하느냐가 동기부여에 매우 중요한 역할을 한다. 그러한 관점에서 직무설계란 직무가 갖고 있는 사회적, 구조적 속성이 구성원들에게 주는 영향을 고려하여 직무를 계획적으로 설계하고자 하는 활동을 의미한다.

2. 직무설계의 변화

전통적인 직무설계는 직무를 중심으로 하여, 직무에 사람을 어떻게 적응시키느냐의 문제를 다루는 직무분석 방법과 직무에 가치를 부여하는 직무평가가 연구와 실천의 핵심이었다.

그에 비해 현대적 의미의 직무설계는 사람을 중심으로, 직무를 어떻게 설계할 것인가 하는 직무재설계가 연구의 중심이 된다. 그리하여 직무설계는 동기부여와 밀접한 관련성을 갖게 되었다.

3. 직무설계를 위한 전제

직무특성모델

직무특성모델(Job Characteristic Model, JCM)은 직무설계에 관한 주요 특징을 포괄한 것으로 직무설계를 위한 기본 전제가 된다. 직무특성모델은 어떠한 직무특성이 어떠한 심리상태를 일으키는 요인인지를 설명해 준다. 이를 통해 동기유발과 작업성과의 구체적인 연계성을 알 수 있다(Oldham과 Hackman, 1976).

작업자의 사기를 높이고, 또한 작업수행이 원활하게 이루어지기 위해서는 열심히 노력하면 목표에 도달할 수 있다는 확신을 가질 수 있게 직무가 설계되어야 한다. 조직 안에서 대부분의 하위 욕구는 전통적인 직무설계 방식으로 충족될 수 있다. 또한 많은 사람들이 단순하고 반복적인 작업에 만족하고 있다. 따라서 사람들이 어렵고 도전적이며 많은 책임이 부여되는 직무를 좋아한다고 일반적으로 이야기할 수 없다. 마찬가지로 모든 사람이 쉽고 단순한 직무를 좋아한다고 말할 수도 없을 것이다. 그럼에도 불구하고 많은 현장에서는 하위 욕구의 충족에 주로 초점을 두고 직무설계에 머물고 있다. 직무특성이론은 이러한 특면에서 개별 직무가 갖고 있는 직무특성과 조직 내 개인차(즉, 개인의 성장욕구 수준)를 고려하여 직무설계가 이루어질 때 조직 유효성이 제고된다고 설명하고 있다.

1) 다섯 가지 핵심 직무특성

단순한 작업이 반복되는 직무를 좋아하는 작업자도 있지만, 고도의 기술과 두뇌를 쓰는 직무를 원하는 사람도 많다. 직무특성모델은 자아실현, 보람과 긍지, 인정, 책임감 등의 상위 욕구 충족이 가능한 직무설계의 중요성을 인식하고 개별 직무 특성을 변화시키려는 노력이다. 직무특성모델에 의하면 모든 직무는 다음의 다섯 가지 핵심 직무특성을 갖고 있다고 가정한다.

① **기술 다양성(skill variety)** 직무가 다양한 활동을 요구하는 정도를 의미한다. 작업자에게 얼마나 다양한 기술과 재능을 사용하도록 요구하느냐 하는 것이다. 높은 기술

다양성을 요구하는 직무는 카센터 사장처럼 전기장치 수리, 엔진 수리, 구동계 수리, 고객 응대까지 해야 하는 직무를 들 수 있다. 그에 비해 상대적으로 기술 다양성이 낮은 직무는 차량외부 수리업체에 근무하는 직원의 경우이다. 그 직무는 하루 근무시간의 대부분을 외형 판금작업과 페인트칠 같은 직무를 수행할 것이다.

② **과업 정체성(task identity)** 직무가 독립적으로 완결되는 것을 확인할 수 있는 정도를 의미한다. 과업 정체성이 높은 직무는 전통가구인 자개장 제조업자처럼 설계와 재료 선택, 제작과 조립, 품질 확인까지 개별적으로 완성되는 작업단위가 분명한 과업을 수행하는 직무라고 할 수 있다. 그에 비해 휴대전화 조립공장에서 전자회로의 기판을 조립하는 직무는 정체성이 낮을 것이다.

③ **과업중요성(task significance)** 직무가 타인의 생명이나 업무에 중요한 영향을 미치는 정도를 의미한다. 중환자실에서 환자를 돌보는 간호사의 직무는 과업 중요성이

그림 8.1 직무특성모델

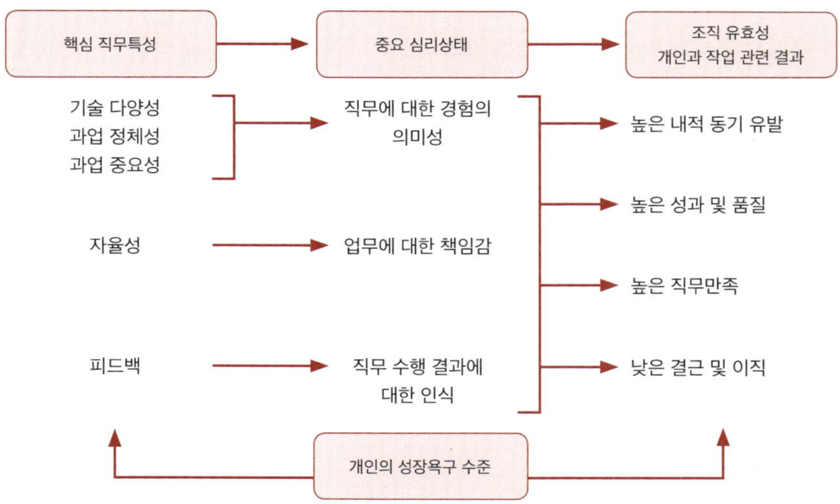

출처 : J. Hackman and G. R. Oldham, "Motivation through the Design of Work: Test of a Theory," *Organizational Be haviorand HumanPerformance*, vol. 16, 1976, pp. 280-256.

높은 반면, 같은 병원에 있는 정문 경비실의 수위 직무는 과업 중요성이 낮다고 할 수 있다.

④ **자율성**(autonomy) 작업 수행 일정과 수행 방법에서 독립성과 재량권, 자율권을 허용하는 정도를 의미한다. 같은 영업사원이라도 영업 범위와 일정을 스스로 결정하고, 고객을 대하는 방법을 스스로 개발하는 영업사원은 자율성이 높다고 할 수 있다. 그에 비해 하루 단위로 방문해야 할 업체가 할당되고, 표준화된 마케팅이나 판매 기법을 지키면서 잠재고객을 만나야 한다면 자율성이 매우 낮은 직무일 것이다.

⑤ **피드백**(feedback) 직무를 수행하는 과정에서 직무성과와 직무수행 효과에 관해 직접적이고 명확한 정보를 획득할 수 있는 정도를 의미한다. 피드백이 높은 직무는 스마트폰을 조립하는 직원이 직접 제대로 작동하는지를 확인하는 경우이다. 피드백이 낮은 직무는 반도체 생산라인에서 만든 제품을 품질검사 부서의 직원이 테스트하고 필요한 조치를 취하는 경우를 들 수 있다.

2) 세 가지 중요 심리 상태

직무특성모델은 직무가 다음과 같은 세 가지 심리상태를 제공할 때 상위 욕구의 충족이 가능하다고 가정한다.

① **직무경험의 의미성**(meaningfulness)을 갖고 있어야 한다. 직무는 직무 수행 경험을 통해서뿐만 아니라 직무 자체를 작업자가 의미 있고 중요하며 가치 있는 것으로 인식할 수 있어야 한다. 따라서 이를 통해 보람과 긍지를 느낄 수 있다. 이러한 직무경험의 의미성은 다섯 가지 핵심 직무특성 가운데 기술 다양성, 과업 정체성, 과업 중요성과 관련되어 있다. 따라서 세 가지 해당 특성이 직무 안에 존재할 때 자신의 직무를 중요하고 가치 있는 것으로 인식하게 된다.

② **업무에 대한 책임감**(responsibility)을 느낄 수 있도록 해 주어야 한다. 이를 위해서는 직무 수행 시 일정계획과 작업 방법, 절차 등을 선택하고 결정할 때 의사결정권한과 재량권이 증대되어야 한다. 이를 통해 책임감을 느끼게 된다. 다섯 가지 핵심 직무특성 가

운데 자율성은 작업 결과에 대해 개인적인 책임감을 느끼게 해 주는 요인이다.

③ **직무 수행 결과에 대한 인식(knowledge of result)**을 할 수 있어야 한다. 자신이 수행한 직무의 완성도를 인식할 수 있다는 것은 상위 욕구의 충족을 위한 중요한 수단이 된다. 결과에 대한 인식은 상사, 동료, 고객, 정보시스템 등 다양한 경로를 통해 이루어진다. 이러한 결과에 대한 인식은 정기적으로 이루어지는 것이 중요하다. 수행결과의 인식은 다섯 가지 핵심 직무특성 가운데 피드백과 관련되어 있다. 피드백이 제공되면 직무 수행자는 자신이 얼마나 잘하고 있는지를 알게 된다.

앞의 **그림 8.1**의 직무특성모델은 동기부여 관점에서 다음과 같은 조건이 갖추어져 있을 때 중요 심리상태, 즉 내적 보상을 얻게 된다는 것을 보여 준다.

- 자신의 일을 통해 의미를 느낄 때
- 업무를 수행하면서 개인적으로 책임감을 느낄 때
- 자신의 작업 결과에 대해서 알 수 있을 때

세 가지 심리상태가 존재할 때 직무 수행자들은 동기부여와 직무성과, 직무만족의 제고, 낮은 결근율 및 이직률을 나타낸다. 한편 이때, 구성원들의 성장욕구(즉, 자존감과 자아실현의 욕구)가 직무특성이 성과에 미치는 영향을 조절한다는 것에 주목할 필요가 있다. 즉, 성장욕구가 높은 사람은 그렇지 않은 사람에 비해서 다섯 가지 핵심 직무특성이 두드러진 직무에서 중요 심리상태를 경험할 가능성이 더 크다. 나아가 그들은 중요 심리상태에 대해서 더욱 긍정적인 반응과 결과를 나타낸다.

3) 동기잠재력지수

이것은 다섯 가지 핵심직무특성을 결합하여 하나의 지표로 만든 것이다.

동기잠재력지수(motivation potential score, MPS)가 높다는 것은 직무의 의미를 경험하게 되는 3요소 가운데, 1개 이상이 높으며, 자율성과 피드백 수준도 높다는 것이다. MPS가 높은 직무는 동기부여, 직무성과, 직무만족에 긍정적인 영향을 주고 이직률과 결근율을 줄일 것이다.

예컨대 외과의사의 직무를 생각해 보자. 해당 직무는 다섯 가지 핵심직무특성을 모두 갖고 있다. 기술다양성(요구되는 기술능력이 매우 높다), 과업정체성(진찰에서부터, 수술, 회복 경과까지 책임진다), 중요성(사람의 목숨을 다룬다), 자율성(환자의 치료에 관한 최고의 의사결정권), 피드백(수술의 성공 여부에 대한 명확하고 직접적인 피드백이 있다). 따라서 직무를 중요한 것으로 인식하고, 책임감을 느끼며, 결과의 인식을 하게 된다. 따라서 이러한 직무는 내적 보상에 의한 직무만족 수준이 높으며, 이때 만약 어렵고 힘든 수술에 대한 개인적 열망과 동기와 결합된다면 계속해서 동기부여가 되는 직무이다.

그 반대의 경우로서, 흔히 말하는 봉급쟁이라고 자조적으로 이야기하는 사람을 생각해 보자. 그렇게 불리는 것은 다섯 가지 핵심직무특성의 존재가 미미하거나 아예 존재하지 않는 상황임을 발견할 수 있다.

4) 직무특성이론의 의미와 시사점

직무특성이론은 관련 후속연구가 많으며, 연구 결과에서 이론의 일반적 틀을 지지함으로써 직무설계에 중요한 출발점으로 인식하고 있다. 따라서 모든 직무에는 다섯 가지 핵심 특성이 존재하고, 이러한 특성이 직무 수행자의 성과에 영향을 미친다고 전제할 수 있는 것이다. 즉, 이러한 특성을 강화하는 것이 필요하다.

직무 수행자에게 세 가지 중요 심리상태가 강하게 발현될수록 업무 수행 결과가 향상되며, 스스로 만족하게 된다. 따라서 다섯 가지 핵심 직무특성을 모두 강화시킬 수 없다면 최소한 1개 이상 강화해야 할 필요가 있다고 하겠다.

II 직무설계 방법

1. 직무공학적 접근

직무설계에 관한 구체적인 논의는 과학적 관리에서 시작되었다. 테일러는 시간과 동작연구를 통해 직무를 구조적으로 파악하였다. 목적은 직무 수행에 있어서 인간의 효율성을 극대화하고자 하는 것이었다. 그러한 측면의 작업설계는 과학적 관리의 실천을 위한 단일 요소로서 가장 중요한 것임을 앞서 논의한 바 있다.

직무설계에서 과학적 관리에 의한 방법이 발전된 것이 직무공학, 경영공학이다. 오늘날 산업공학으로 불리는 것으로, 그러한 관점에서 이루어지는 직무설계는 제품 설계, 도구의 설계, 공장의 내부 배치, 표준공정 작업표준의 측정, 작업 방식, 작업자와 기계의 상관성 등을 중심으로 이루어지고 있다.

한편 테일러의 과학적 관리에 의해 이루어진 당시의 직무설계 방식은 처음에는 생산직 직무에서 시작하여 이후 은행, 사무실, 병원, 학교 등의 사무직 직무에 이르기까지 고도로 표준

그림 8.2 직무설계의 시각적 분류

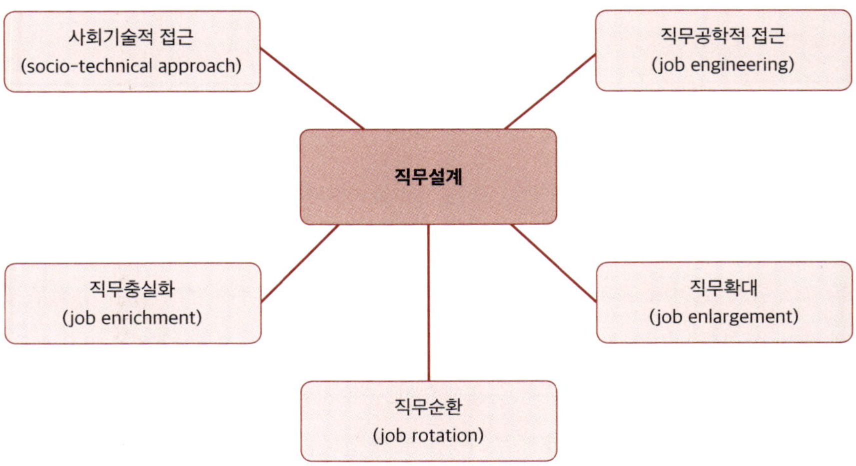

참고 8.1 영국의 유나이티드 비스킷 사

혼자 부엌에서 잠깐이면 할 수 있을 것 같은 일들이 유나이티드 비스킷에서는 따로따로 분리되고, 체계적으로 정리되며, 한 사람의 근무 시간 전체를 차지할 만큼 확대되어 있었다. 그러나 이 회사의 모든 일이 궁극적으로 과자와 소금을 친 스낵을 파는 것으로 수렴되기는 하지만, 이 회사 직원 가운데 많은 수는 엄격하게 말해서 먹을 수 있는 것들과 직접 접촉하는 일로부터 떨어져 있다. 이들은 창고에서 지게차 트럭들을 관리하거나, 소금을 친 견과를 담는 포장지의 옆면에 적힌 80여 단어를 꼼꼼하게 살핀다. 어떤 사람들은 슈퍼마켓으로부터 판매 자료를 모으고 분석하는 일에 특별한 전문성을 갖게 되었으며, 어떤 사람들은 매일 운송 중 웨이퍼 사이에 일어나는 마찰을 최소화하는 방법을 연구한다. 이런 전문화된 분야와 더불어 수많은 수수께끼 같은 직무가 등장한다. 포장 기술자, 브랜딩 담당 임원, 학습센터 관리자, 전략기획 평가자….

세밀하게 나누어 놓은 분업은 감탄할 만한 수준의 생산성을 낳았다. 이 회사의 성공은 20세기 초에 이탈리아 경제학자 빌프레도 파레토가 제시한 능률의 원리들을 그대로 증명하는 듯하다. 파레토는 전체적인 일반지식 대신 정밀하게 제한된 분야에서 개별적인 능력을 육성하는 구성원들의 수가 많아질수록 사회의 부(富)도 늘어난다는 이론을 제시했다. 파레토가 제시하는 이상적인 경제에서는 일이 점점 미세하게 세분화되면서 복잡한 기능의 축적이 가능해지고, 이것이 노동시장에서 매매될 수 있다. 의사는 보일러 고치는 법을 배우는 데 시간을 낭비하지 않고, 기관차 운전사는 아이들 옷을 꿰매는 법을 배우는 데 시간을 낭비하지 않으며, 비스킷 포장 기술자는 창고 보관 문제를 공급망 관리 전문가에게 넘기고 자신의 에너지는 롤 포장 메커니즘 개선에 쏟는 것이 모든 사람에게 가장 큰 이익이 된다. 이런 완벽한 사회에서는 모든 일이 전문화되기 때문에 아무도 다른 사람이 하는 일을 이해하지 못하게 될 날이 올 것이다.

나는 직원들과 대화를 나누다 여러 번 당황하면서, 유나이티드 비스킷에서는 파레토의 유·토·피·아가 어느새 현실화되고 있음을 깨달았다.

출처 : 알랭드 보통, 정영목 역, 일의 기쁨과 슬픔, 도서출판이레, 2009, pp. 84-85.

화되고 전문화됨으로써 작업자는 항상 같은 작업을 반복하는 형태로 업무 수행이 이루어졌다. 생산직과 사무직에서 나타난 공통된 결과는 전문화되고 표준화된 직무는 효율적이며, 작업자를 통제함에 있어서 효과적이라는 것이었다. 그리하여 직무설계에 있어서 직무공학적 접근에 대해 이의를 제기하는 사람은 없었다. 왜냐하면 경영자들은 즉각적인 비용절감 효과를 보여 주는 이러한 방식을 앞다투어 수용했으며, 근로자들 또한 높은 생산성으로 인한 임금 인상 효과를 얻었기 때문이다. 따라서 부작용으로 발생하는 불량품의 증가나 결근, 이직 등의 문제는 그리 크게 주목받지 못하게 된다.

표 8.1 직무공학적 접근의 특징과 한계

특징	한계
• 단순화, 표준화, 전문화를 통해 안전하고 신뢰성 있는 직무 창조 • 구성원들의 정신적 요구를 최소화함 • 생산성	• 지루함 • 몰인간화 • 노동소외

2. 직무순환

IBM의 창업자 왓슨(Thomas J. Watson)은 직무공학적 접근의 문제점을 인식하고 작업장에서 직무순환과 직무확대의 개념을 적용하기 시작했다(Watson, Jr.와 Petre, 1990). 직무순환은 주기적으로 근로자의 직무를 서로 바꾸도록 하는 것이다. 직무순환과 이를 위한 교차훈련(cross training)을 통해 지나치게 단순화된 과업수행으로 인한 지루함을 줄이고자 하였다. 직무순환은 비슷한 수준에서 유사한 기능을 요구하는 다른 직무로 순환시키는 방법이 사용된다.

직무순환은 다음과 같은 부수적인 효과도 기대할 수 있다. 첫째, 다양한 범위의 기술을 보유하게 됨으로써 회사는 작업계획을 탄력적으로 수립할 수 있다. 둘째, 빈자리를 쉽게 채울 수 있다. 왜냐하면 교육훈련을 통해 이루어진 업무능력 향상으로 즉각적으로 빈자리로 전환배치가 가능하기 때문이다. 셋째, 같은 이유에서 환경 변화에 적응하기 쉽다.

표 8.2 직무순환의 특징과 한계

특징	한계
• 광범위한 지식과 경험을 제공함으로써 동기부여 효과 발생 • 작업의 지루함과 단조로움 제거(지연시간 감소) • 큰 책임을 맡을 수 있는 근거 제공 • 자신의 업무가 조직 전체에서 차지하고 있는 비중과 중요도를 이해할 수 있음	• 교육훈련비용이 증가하며 초기 생산성 감소 • 업무미숙과 업무중복으로 인해 수평적으로 갈등 발생의 가능성 있음 • 전문영역을 구축하려고 노력하는 사람에게는 동기 저하 • 관리감독자의 업무 과중

3. 직무확대

직무확대(job enlargement)는 개인이 수행하는 과업의 숫자와 종류를 증가시킴으로써 전체 직무의 다양성을 늘리는 것이다. 이런 점에서 직무순환과 직무확대는 유사한 특징을 갖는다. 그러나 직무순환을 위해서 직무를 재설계할 필요는 없지만, 직무확대를 위해서는 직무재설계가 요구된다.

예컨대, 수신 우편물을 부서별로 분류하는 일을 하는 담당자의 직무를 수평적으로 확대하여, 각 부서별로 직접 우편물을 배달하거나 우편물 수거까지 담당토록 하는 경우를 들 수 있다.

이러한 직무확대의 적용성과는 그리 긍정적이지 않다. 왜냐하면 이전에는 단순하고 지루한 일 하나만 했었는데, 이제는 2개, 3개를 해야 하기 때문일 것이다. 하지만 호텔 객실 정리 담당자의 직무가 화장실 청소, 침구 정리, 청소뿐 아니라 낡은 전구 교체, 변기와 세면대 수리, 실내온도와 조도 조절, 미니바 재충전 등으로 확대되는 경우는 동기부여 효과를 기대할 수 있을 것이다.

표 8.3 직무확대의 특징과 한계

특징	한계
• 지루함과 단조로움의 감소 • 학습을 통한 직무만족과 동기부여 • 결근과 이직률 감소	• 인력 감축 수단으로 사용될 수 있음 • 직무내용의 질적 변화 없이 과업의 숫자와 종류만 증가 • 직무공학적 접근의 단점은 해결하지 못하고 오히려 장점 훼손

4. 직무충실화

직무충실화(job enrichment)는 직무설계에 있어 단순한 순환과 확대에서 더 나아가 허츠버그의 2요인 이론을 직무설계에 적용한 것이다. 직무 수행 시 사람들을 동기부여하기 위해서는 직무의 양적 확대에 더하여 직무가 성취감, 인지도, 책임감, 발전과 성장의 기회가 될 수 있도록 설계해야 한다.

구체적으로 직무충실화는 작업자에게 더욱 높은 수준의 지식과 기술을 요구하며, 자신의 업무를 계획, 지휘, 통제함에 있어서 더욱 많은 권한과 자율권을 부여하고, 이를 통해 개인적 발전과 경력개발의 기회가 될 수 있도록 한다. 그렇게 함으로써 충실화된 직무를 수행하는 작업자는 자신의 활동을 완결할 수 있고, 자율성과 독립성이 늘어나고, 책임감이 증대하며, 피드백을 통해 업무성과를 평가함으로써, 미진한 부분을 수정, 보완할 수 있게 된다. 따라서 직무확대가 직무분담의 수평적 확대라면, 직무충실화는 직무의 수직적인 향상이라고 할 수 있다. 직무충실화는 반드시 업무의 종류나 양이 늘어나는 것은 아니지만, 자율성과 책임의 증대를 수반하는 직무설계 방법이다.

1) 직무특성모델에 근거한 직무충실화

지금까지의 논의를 토대로 직무특성모델과 직무충실화를 연계하여 생각해 보자.

- **과업의결합** 세분화된 과업을 통합하여 완결된 작업이 되도록 결합한다.
- **과업진행 흐름에 따른 과업단위** 직무수행 과정이 처음부터 끝까지 연결됨으로써 과업 수행자에게 의미 있는 과업단위가 될 수 있도록 과업진행 흐름대로 과업단위를 구성한다.
- **고객관계 수립** 고객이란 작업자의 제품과 과업산출물의 사용자로서, 조직 내부와 외부에 모두 존재한다. 따라서 수행자와 고객이 직접 접촉할 수 있도록 직무가 설계되어야 한다.
- **권한위임** 직무충실화 이후에는 관리자가 담당하던 책임과 통제까지 수행자가 맡아 할 수 있도록 한다.
- **피드백 경로의 공개** 피드백은 과업 수행자에게 직무수행 결과의 인식뿐 아니라 진행 과정에 관한 정보도 알 수 있게 해 준다. 피드백의 가장 바람직한 형태는 성과에 대한 피드백을 수행자가 직무수행 과정에서 직접 알 수 있도록 하는 것이다.

그림 8.3 직무특성모델과 직무충실화의 연계

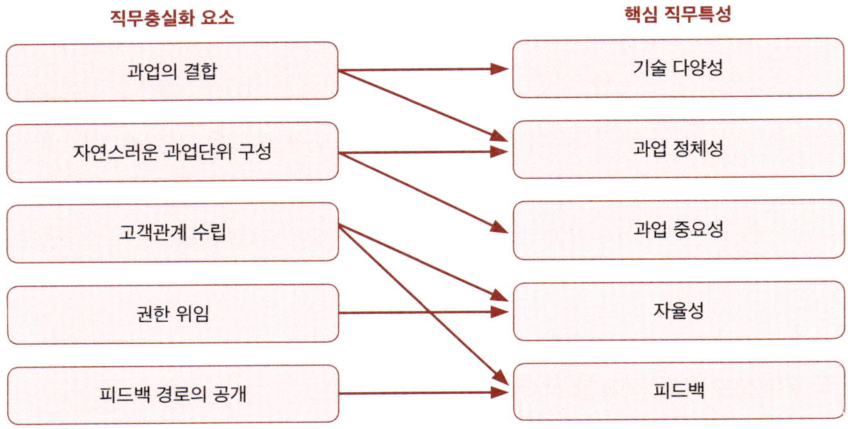

2) 직무충실화의 효과

직무충실화에 관한 연구 결과 전반적으로 결근과 이직률을 낮추고 만족도를 높이는 것으로 나타났다. 그러나 생산성에 대해서는 일관된 결과가 나오지 않았는데, 어떤 상황에서는 생산성이 오히려 하락하는 경우도 있었다. 하지만 생산성이 하락한 경우에도 스스로에 대한 의식 수준은 높아지고, 상품과 서비스의 품질도 향상되는 것으로 나타났다(Griffin, 1989).

표 8.4 직무충실화의 특징과 한계

특징	한계
• 종업원에게 개인적 성장과 의미 있는 작업경험의 기회 제공	• 모든 직무를 충실화할 수 없음 • 과다한 비용 소요(효율성 측정이 어려움-기술, 훈련, 임금보상이 함께 투입됨) • 개인차를 무시한 무차별적 요소 • 감독자, 타 부서(수직적, 수평적 관련)와 대립갈등의 가능성

3) 직무충실화 사례

(1) 전자제품의 셀 생산 방식

우리나라의 삼성전자와 LG전자, 일본의 소니와 캐논의 전자제품 생산에서 사용되고 있는 방법이다. 셀 생산 방식은 기존의 200~300m 길이의 컨베이어 벨트를 통해 이동하는 부품을 30~40명이 늘어서서 완제품으로 조립하는 방식이 아닌 'ㄷ'자 모양의 작업대를 앞에 두고 LED 모니터나 휴대폰, 진공청소기 등을 2~3명이 처음부터 완결하여 조립하는 형태이다.

따라서 수십 명이 해야 하는 작업을 소수의 인원이 수행하므로 다기능 숙련이 전제가 되어야 한다. 컨베이어 벨트 방식이 소품종 대량생산이라면 셀 생산 방식은 다품종 소량생산과 다품종 대량생산이 모두 가능한 자기 완결형 생산체제라고 할 수 있다.

셀 생산 방식의 생산성은 평균 30퍼센트 향상되며, 일부 휴대폰의 경우 100퍼센트 이상 늘어나는 경우까지 있었다. 이전에는 1개의 컨베이어 라인에서 사양에 따라 7~8번씩 생산 방식을 바꾸어 가면서 작업하던 것을 셀 생산 방식에서는 그렇게 할 필요가 없기 때문이다. 또한 셀 생산 방식은 숙련도에 따라 인력의 효율적인 재배치와 숙련도 제고를 위한 동기부여 효과가 크다는 특징도 있다. 예컨대, LED TV의 경우, 제품 조립뿐만 아니라 음향, 화면의 보정과 검사를 위한 기술과 지식이 기본적으로 요구된다. 이를 통해 필요시 노트북 PC와 스마트폰 작업영역에 전환배치도 가능하게 되었다.

(2) 라인컴퍼니

셀 생산 방식을 더욱 확대한 것이다. 하나의 생산라인이 하나의 회사가 되는 1 line=1 company이다. 일본 교세라 휴대전화 생산공장의 제1생산과장은 2020년부터 사장이 되었다. 회사공간은 10m²이며, 종업원 40명, 사업은 휴대전화 케이스를 조립하는 일이다. 이 회사는 공장 내 같은 조건에 있는 다른 회사와 매일 경쟁한다. 경쟁기준은 다름 아닌 영업이익이다. 즉, 생산라인이 사업단위(profit center)의 개념인 것이다. 따라서 이익증대를 위해 생산량을 늘리거나 줄인다. 또한 유휴시설의 대여, 작업장의 축소 등을 결정하고 실행할 수 있다. 작업량이 감소해 유휴시설이 발생할 경우 다른 회사(line)에 리스하기도 한다. 이를 위해 다른 직무도 할 수 있도록 다기능공화 교육을 상시적으로 하고 있다.

영업이익이 보상뿐만 아니라 승진과 직결되어 있기 때문에, 개별 회사는 비용절감을 위해 비싼 기계를 리스하기보다는 필요한 기계와 장비를 자체적으로 제작하여 제품 생산에 활용한다. 그 결과 회사의 기계를 관리하는 본사의 생산기술부는 공장 내 라인 컴퍼니에게 기계를 리스하거나 팔기 위해 노력하는 상황에 이르게 되었다.

이전에는 긴 생산라인에서 40명의 근로자가 제품을 바삐 조립하고, 첨단 로봇이 기판 위에 반도체를 심던 모습에서, 회사 운영을 위한 의견교환과 상호 간 이해를 중시하는 40명 단위의 소그룹으로 재설계된 모습을 상상해 보자. 일하는 기쁨과 보람이 느껴지지 않는가.

(3) 브랜드 매니저

브랜드 매니저(brand manager)는 상품과 브랜드의 기획에서부터 마케팅, 홍보까지 전 과정을 관리하는 사람이다. 브랜드 매니저의 등장배경으로 점점 짧아지는 상품의 수명주기, 젊은 소비자들의 구매력 증대를 들 수 있다. 브랜드 매니저의 직무는 1인 마케팅 조직(직무)이라고 할 수 있다. 외국계 기업에서 브랜드 매니저를 도입한 후 각종 소비재 업체로 확산되고 있다. 아이디어 창출 단계에서부터 제품 출시까지 제품 개발 과정을 짧게 단축할 수 있기 때문에, 회사로서는 시장을 선점할 수 있는 이점이 있다. 영역은 아이스크림, 과자, 화장품, 의류와 전자제품까지 다양하다.

회사는 브랜드 매니저에게 상품명, 가격, 디자인, 광고 등 모든 과정에서 의사결정할 수 있는 전권을 부여한다. 따라서 의사결정의 신속성을 통한 효율성 증대는 능력 있는 개인에게 동기부여 효과가 크다. 또한 브랜드 매니저의 성과가 두드러질수록 권한도 커지는 선순환 구조의 직무설계라고 할 수 있다.

5. 사회기술적 접근

직무설계의 사회기술적 접근(socio-technical approach)은 조직을 테일러리즘적인 단순한 기술 시스템이나 인간관계론자들의 주장처럼 순박한 사회 시스템이 아닌, 거시적 관점에서 공동최적화(joint optimization)하기 위해 통합해야 한다는 주장에 근거한다(이와 관련하여 제

2장 조직행동 연구의 틀에서 상황이론의 트라이스트 참조).

따라서 그러한 개념을 직무설계에 적용하기 위해서는 인간, 사회, 기술적 기능이 상호작용뿐만 아니라 서로 조화할 수 있도록 이루어져야 한다. 구체적으로 작업 과정의 기술적 설계, 자발적 감독과 통제를 하는 자율작업팀, 회사 운영에 주어지는 자율권 인정 등의 형태로 나타날 수 있다.

대표적인 사례로서 볼보 프로젝트(Volvo Project)를 들 수 있다. 1970년대 중반 볼보 자동차의 칼마르(Kalmar) 공장에 43세의 질렌햄머(P. Gyllenhammer)가 신임 사장으로 임명되었다. 당시 볼보 자동차는 높은 이직률과 결근으로 인해 심각한 품질불량 문제를 안고 있었다. 새로 온 사장은 문제의 원인이 스웨덴의 사회 시스템과 기술 시스템의 불균형에 있음을 발견하였다.

스웨덴은 제트 전투기를 생산할 수 있는 기술역량을 갖고 있다. 따라서 자동차 생산을 위한 기술환경 또한 최첨단 장비와 고도의 정밀성을 구비한 상태였다. 일하는 작업자들에게는 다른 자동차 회사와 마찬가지로 단순하고 반복적인 작업상황이 일상적으로 전개되고 있었다. 한편 사회복지국가의 전형인 스웨덴은 당시 실업 시 급여의 80퍼센트가 1년 동안 지급되었으며, 재취업뿐 아니라 여러 가지 대안을 국가가 제공하고 있다. 그 결과 자동차 생산라인

그림 8.4 볼보 칼마르 공장의 내부 배치

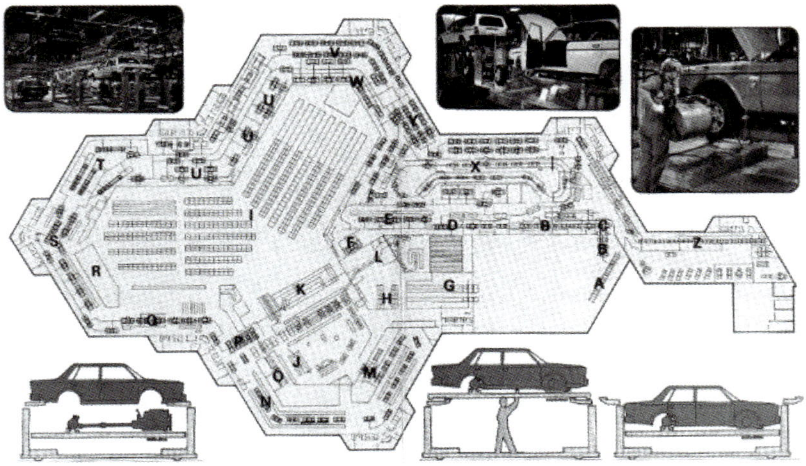

에서 경험하게 되는 비인간화로 인한 무력감과 직무경험의 무의미함이 높은 이직률과 결근으로 나타난 것이다. 다시 말해서 튼튼한 사회 안전망과 구조가 특징인 스웨덴의 사회 시스템이 결근과 이직의 원인을 제공하였고, 그것이 낮은 품질로 이어진 것이다.

볼보 자동차 공장 근로자들에게는 높은 임금과 직업 안정도 필요하지만, 더하여 회사의 중요한 의사결정 과정에도 참여하고 싶고, 작업과 관련한 자율권 등의 욕구도 있음을 알게 되었다. 자동차 조립라인에서 이러한 것이 수용될 수 있을까? 하지만 칼마르 공장은 과감히 직무설계에 있어 새로운 시도를 하게 된다. 사회기술적 접근을 실천한 것이다. 일관된 연속작업 공정 대신에 보다 자연스러운 공정의 도입과 작업팀의 자치권을 도입한다.

볼보 자동차 공장의 사회기술적 접근과 효과

1) 사회적 측면

먼저 20명 이하로 이루어진 25개의 작업팀을 구성하여 자동차 조립 공장에서 과업을 수행하도록 하였다. 따라서 전기 배선팀, 인테리어팀, 기계장치팀 등과 같은 작업팀은 그들이 원하는 숫자만큼, 또한 원하는 사람들로 팀을 구성할 수 있었다. 또한 팀 구성원들에 대한 교육훈련 실시, 보상 수준 결정까지도 팀에서 하도록 하였다. 당시 칼마르 공장에서는 1등급부터 9등급까지 기술 수준을 분류하도록 하는 방식이 도입되었는데, 누구든지 팀에 새로 들어오게 되면 처음 14주 동안은 볼보 자동차의 기본 메커니즘에 대해 교육훈련을 받게 된다. 이를 검증하는 시험을 통과하게 되면 1등급의 기술자격 수준을 부여받게 된다. 9등급의 기술자격 수준은 혼자서 볼보 자동차를 조립하고 분해할 수 있는 최고 기술 수준을 의미한다. 보상은 이 같은 기술 등급에 의해 이루어지는 대표적인 기술급(skill-based pay), 지식급(knowledge-based pay) 형태였다. 그리하여 작업장 내 모든 사람의 목표는 9등급의 가장 높은 기술 수준에 오르는 것이라고 할 수 있다. 또한 회사와 합의하에 일일 생산량을 정하고 그에 따라 제품을 완성하도록 하였는데, 이는 작업의 속도를 팀에서 조절할 수 있음을 의미한다. 팀 리더는 돌아가면서 맡았다.

그 결과 작업자들은 자신의 직무에서 거의 완전한 통제권을 가지면서 업무 진행속도나 후식시간 스케줄 또한 원하는 방식으로 결정할 수 있었다. 더욱 중요한 것은 자신이 만든 자동차에 대한 제품검사도 스스로 실시하였는데, 피드백이 작업장의 TV 모니터를 통해서 작업팀에게 곧바로 전달되도록 하였다. 아울러 일반적 작업환경의 개선도 이루어졌다. 깨끗한 실내 작업환경, 휴게실 환경은 볼보 공장의 자랑이었다. 그 결과 새로운 방식이 도입된 후 칼마르 공장의 이직률과 결근이 현저히 줄어들었다(Joh nson과 Lank, 1985).

2) 기술적 측면

공장 내부를 별 모양이나 부두 모양으로 재설계하였다. 즉 전통적인 연속조립공정 대신 특별히 고안된 대차(carrier)를 이용하여 자동차를 작업팀 사이로 이동시키는 방식으로 바꾸었다. 또한 작업 과정을 영상으로 녹화하였다. 왜냐하면 전통적인 자동차 생산 방식에서는 평균 작업 사이클이 2분에 불과하였다. 하지만 볼보 칼마르 공장의 새로운 작업 사이클은 평균 2시간에 이르게 된다. 따라서 생산과정이나 혹은 완성품의 제품검사에서 문제가 발생한 경우, 원인 규명을 위해 작업 과정을 처음부터 거슬러 가기 위한 목적 때문이다.

표 8.5 사회기술적 접근의 특징과 한계

특징	한계
• 사회기술적 접근을 위해서는 집단 내 구성원의 직무 간 상호 의존성이 높아야 함 • 직무스트레스를 많이 야기하는 상황에서 효과적임(임파워먼트 효과) • 개인학습을 촉진함(기술급, 지식급)	• 고비용 발생 • 집단 간 갈등의 가능성(지나친 경쟁의 경우) • 개인학습이 조직학습으로 연계되지 못함

6. 대안적 직무설계 방법

1) 유연시간 근무제

유연시간 근무제(flex time)는 출퇴근 시간대를 선택할 수 있는 재량권을 부여하는 것으로,

그림 8.5 유연시간 근무의 설계

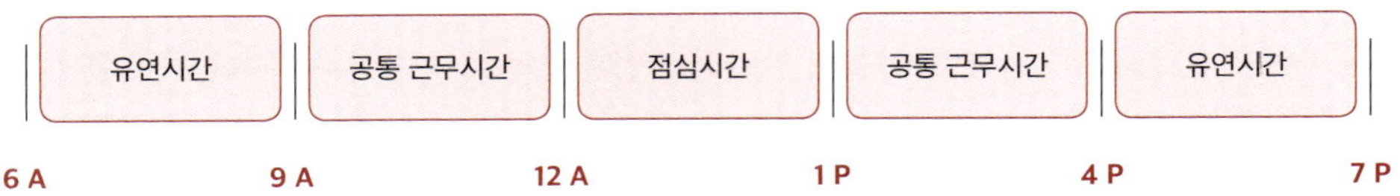

표 8.6 유연시간 근무제의 효과와 한계

효과	한계
• 결근의 감소 • 생산성 향상(가장 효율적인 시간대에 근무하므로) • 초과근무 비용 감소 • 근로자의 근로시간과 연계하여 기계 가동시간을 연장할 수 있음 • 자율성과 책임감 제고를 통한 동기부여의 직무 만족	• 적용할 수 있는 직무가 제한적임 • 사무직의 경우 외부고객과 대면 기회가 적은 직무에서 가능

하루에 근무해야 하는 전체 시간은 정해져 있지만, 시간 구성에 대해서 어느 정도 제약 안에서 선택권을 주는 것이다.

하루 일과 가운데 6시간은 모든 사람이 함께 근무하는 공통 근무시간(core band)으로 정한다. 그 전후 시간으로 유연시간(flex time)을 두는 형태가 일반적이다. 점심시간을 제외한 공통 근무시간은 9~12시와 1~4시로 하고 사무실은 오전 6시부터 오후 7시까지 개방한다. 따라서 공통 근무시간 동안에는 반드시 근무해야 하지만, 그 시간의 전후 2시간은 자유롭게 선택할 수 있다. 그 밖에 매일 추가근무를 하고 이를 모아서 하루를 쉴 수 있도록 하는 형태도 있다.

2) 직무공유

직무공유(job sharing)는 파트타임 직무의 특별한 형태로, 하나의 직무가 두 사람의 작업자에게 배분되는 것이다. 이는 직무를 공유하는 두 사람이 유사하거나 보완적 기능을 수행하는 경우에 가능하며, 스케줄 양립을 필요로 하는 것이기 때문에 직무공유는 종업원 주도로 이루어지는 직무설계 방법이다.

3) 재택근무

재택근무(telecommuting)의 역사는 오래되었다. 하지만 최근의 특징은 재택근무를 위한 직무내용이 과거와 달리 전문적이고 관리직무라는 점이다. 재택근무의 양적, 질적 영역 확대는 커뮤니케이션 네트워크의 발달에 힘입는 바가 크다. 즉, 지리적으로 분산된 직무수행자들 간 작업 활동의 조정에서 여러 가지 장애물 제거가 가능해졌기 때문이다.

재택근무자는 직무 관련 낮은 스트레스, 높은 생산성과 자율성의 효과가 있는 것으로 나타났다. 그러나 상사나 감독자가 갖는 태도에 관한 조사에서는 저항을 발견하였다. 이는 통제권의 상실과 생산성 감소에 대한 가능성 때문으로 나타났다.

하지만 직무수행자 관점에서 재택근무가 자신의 경력 발달에 있어, 향후 전혀 부정적이지 않을 것이라는 연구 결과에서 보여 주듯이, 동기부여와 직무만족에 영향을 주는 직무설계 형태라고 할 수 있다.

조직행동 읽을거리

주4일근무제, 오래된 미래

지난 3년간 시행되던 코로나19 방역조치들이 해제되면서 일상으로의 회복이 실감 나는 요즘이다. 우리가 기다리던 일상 회복이 코로나19 이전으로의 완전한 복귀일까. 우리가 겪은 큰 변화 중의 하나는 재택근무, 유연근무제 등 일하는 방식에 대한 것으로, 사람들의 일에 대한 태도와 감각은 많이 달라졌다. 이렇게 일해도 된다는 집단적 경험과 깨달음을 거치면서, 다시 예전 방식으로 돌아가는 것은 어렵기도 하지만 바람직하지도 않다. (하략)

출처 : 강민정, '아침을 열며: 주4일제는 노동의 미래다', 한국일보. 2023.06.09.
https://www.hankookilbo.com/News/Read/A2023060809520001379

4) 압축근무

원래 압축근무(compressed work week)란 정상적인 1주의 작업시간을 5일 이하로 스케줄링하는 것을 말한다. 주 5일 근무가 일반적인 현실에서 압축근무는 주 4일 혹은 그 이하의 스케줄에 따르는 것이다.

압축근무 형태의 직무설계로 인한 효과는 일관되지 않았다. 생산성, 결근율, 직무만족, 조직시민행동 등의 조직 유효성에 긍정적인 효과를 보인 경우도 있고, 전혀 그렇지 않은 경우도 많은 것으로 나타났다.

특히 압축근무의 효과가 단기적이고 지속적이지 못한다는 연구 결과에 주목할 필요가 있다. 왜냐하면 개인차뿐만 아니라 직무특성이 중요한 요인으로 작용했기 때문인데, 압축근무로 인한 정신적, 육체적 노력 강도의 증가는 압축근무가 갖는 동기부여 효과를 상쇄하기 때문으로 이해할 수 있다.

9장

집단과 집단역학

I 집단

I 집 단

1. 집단의 개념

사회적 측면의 분석 단위로서 집단은 실제로 조직 내 행동에 있어서 기초 단위라고 할 수 있다. 또한 중요성 때문에 집단과 역학관계에 대한 논의는 조직행동 연구의 핵심 주제 가운데 하나이다. 조직행동에서 집단이란 공동의 목표를 갖고 있으며, 상호작용을 하고, 함께 모여 있다고 지각하고 있는 둘 이상의 사람을 의미한다. 집단이 갖고 있는 이러한 특징은 단순히 사람들이 모여 있는 군중(crowd)이라는 개념과 명확히 구분된다.

집단의 특징 가운데 중요한 요소인 상호작용의 의미는 직접 대면을 통해 이루어지는 대화나 행동일 수도 있지만, 메일이나 카톡 등 전자통신 수단을 이용한 것일 수도 있다. 이때 상호작용 안에는 집단 구성원 간 심리적으로 의미 있는 의사소통이 포함되어야 한다. 집단구성원 등은 다른 구성원들에 대해 알고 있으며, 전체 구성원의 숫자를 알고 있다. 그리고 집단 구성원 각자는 스스로가 특정 집단의 일원임을 지각하고 있다.

표 9.1은 개별 속성에 따른 집단에 대한 개념을 요약한 것이다. 그러한 논의를 토대로 하여 다음과 같이 집단에 대한 개념정의를 내릴 수 있다.

집단이란 소수의 사람들의 집합체로서,

- 구성원 간 상호작용이 있어야 한다.
- 집단 구성원이라는 지각이 있어야 한다.
- 공유할 수 있는 목표, 규범, 가치관이 있어야 한다.
- 운명공동체라는 인식이 있어야 한다.
- 구성원 간 관계와 구성원이라는 인식은 일정 기간 동안 안정적으로 지속된다.

이러한 정의에 근거해 볼 때, 조직 또한 집단의 정의에 부합될 수 있다. 하지만 일반적으로

표 9.1 집단의 속성과 개념

속성	집단의 개념
범주화	자신들을 어떠한 사회 범주의 성원들이라고 스스로 지각하는 둘 이상의 개인(J. C. Turner, 1982)
의사소통	상당한 기간 동안 직접 대면을 통해 대화가 가능한 정도의 적은 수의 사람들로 이루어져 있는 집합체(Homans, 1950)
영향	각자 서로에게 영향을 미치고 영향을 받는, 상호작용하는 둘 이상의 사람(Shaw, 1981)
상호작용	성원들 간 주기적 상호작용과 정체성을 가진 사회적 체계. 이를 통해 '우리'의식을 갖게 됨(Johnson, 1995)
상호관계	상당한 정도로 상호 의존적 관계를 맺고 있는 개인의 집합(Cartwright & Zander, 1968)
심리적 의미	심리적 집단이란 서로 상호작용하고, 서로에 대해 심리적으로 인식하고 있으며 자신들이한 집단에 소속되어 있다고 인식하는 사람들(Pennington. 2002)
공유 과제, 목표	합의된 활동 혹은 목표를 갖고 상호 의존하여 일하는 소수의 사람들(Keyton, 2002)
공유 정체성	둘 이상의 사람들이 자신들을 집단으로 규정하고 그것의 존재가 제3자에 의해 인식될 때 집 단이 존재(Brown, 1988)

출처 : M. Poole 등, "The Temporal Perspectives on Groups," *Small Group Research*, vol. 35, no. 1, 2004, pp. 73-95.

집단이라고 하면 20~30명 정도의 구성원을 갖는다는 의미로 규정하고 있으며, 실제로 집단 구성원의 숫자에 대한 상한선이 정해져 있지 않은 경우에도 30명 이상이 되면 집단에 대한 관리가 어렵고, 보다 작은 하위 집단으로 분화될 가능성이 있다. 조직행동 연구에서 집단의 중요성은 집단의 목표 공유라는 특징과 집단의 구조적 속성 때문이다. 즉, 집단의 공유목표는 구성원 간 합의에 의한 것일 때 가장 효과적이며, 업무수행을 개인적으로 할 때보다 집단이라고 하는 구조를 통해서 할 때 가장 잘 할 수 있다는 것이 집단 연구의 핵심이다.

집단이 조직의 효율 향상에 주는 영향으로는 다음과 같은 것이 있다.

① 개인적으로 달성할 수 없는 과업 수행을 할 수 있다.

② 복잡하고 어려운 직무 상황에 대응할 수 있는 기술과 능력을 제공한다.

③ 다양한 대안을 도출하고, 상충하는 견해를 표면화함으로써 의사결정 수준을 제고한다.

④ 개인의 행동을 조직적으로 통제할 수 있는 효율적인 방법을 제공한다.

⑤ 집단의 공유가치와 신념을 조직의 새로운 구성원에게 전달함으로써 조직의 안정성을 유지한다. 이는 조직을 존속하기 위한 필수적 요소이다.

⑥ 아울러 집단은 개인의 효율성 향상에 다음과 같은 영향을 준다.

- 조직과 외부 환경을 이해하는 데 도움이 된다. 개인이 집단과 동일화를 통해 스스로를 객관적으로 평가하는(평가받는) 기회를 얻게 되기 때문이다.
- 스스로를 이해하는 데 도움이 된다. 집단 내 인간관계를 통한 피드백이 원천이 되기 때문이다.
- 새로운 기술을 획득하는 데 도움이 된다. 작업집단이 갖는 장점이다.
- 개인이 수행을 통해 얻을 수 없는 보상을 얻을 수 있다.
- 개인적 욕구(사회적 욕구, 귀속욕구) 충족의 기회가 된다.

2. 집단의 규범과 역할

집단을 구성하는 가장 작은 단위가 바로 집단이 갖는 규범과 역할이라고 할 수 있다.

1) 규 범

규범(norms)이란 어떤 행동을 위한 기준이나 의무사항을 말한다. 규범은 어떤 집단이 규정한 법이나 명령이라고 할 수 있다. 규범에는 작업에서 요구하는 노력의 정도, 생산량이나 품질에 대한 성과규범(performance norm)이 있다. 그에 비해 표출규범(appearance norm)은 더욱 포괄적인 개념으로서 타인 앞에서 어떻게 행동하고, 어떤 모습을 보여 주는지를 규정하는 것을 말한다.

(1) 규범의 필요성과 특징

집단의 규범은 다음과 같은 필요성을 갖는다. 먼저 개인적 측면에서 집단과 주변 세계의 이해를 위한 준거기준으로서 규범이 필요하다. 집단 측면에서는 집단의 유지와 존속, 목표 달성을 위해 필요한 통일된 행동을 이끌어 내기 위해 필요하다.

그리하여 규범은 일반적으로 다음과 같은 특징을 갖고 있다.

- 규범은 집단의 영향력(혹은 그 과정)을 요약하고 단순화하고 있다. 따라서 집단의 구조적 특성을 나타낸다.
- 규범은 행동에만 영향을 준다. 따라서 구성원들의 사고나 감정에는 상대적으로 영향이 덜하다.
- 규범은 지속적, 직접적으로 사회적 제약이 필요한 행위에 적용된다.
- 규범은 집단 내 지위에 따라 예외가 허용된다.

(2) 규범의 준수와 위배

집단 구성원들의 성격이나 지각 요인, 집단 내 관계 등이 규범 준수에 영향을 주는 요인이라고 할 수 있다. 따라서 규범의 준수는 구성원들의 행동을 예측할 수 있게 한다는 측면에서 필요하지만, 규범의 강제로 인한 역기능 또한 존재한다. 규범이 집단에 의해 강제되는 일반적인 상황은 다음과 같다.

참고 9.1 직무, 역할, 역할갈등

역할갈등이란 자신의 역할 지각과 상대방(혹은 주변 사람들)의 역할기대가 불일치할 때 발생하는 것으로, 하부 조직이나 하부 집단에서 자주 발생한다.

조직에서 역할은 직무보다 광범위한 개념이다. 따라서 특정 직무를 맡아 수행함에 있어서 타인이 기대하는 행위뿐 아니라 공식적 · 비공식적 상호작용, 상호 의존성, 감정적 유대, 심리적 기대 등을 포함한다. 따라서 포괄적이며, 추상적인 영역까지 포함한다고 할 수 있다.

현대자동차(마켓 리더) 서강 대리점 재무과장인 김달곤 씨는 자신의 직무에서 매우 성공적인 사람이다. 쉐보레자동차(마켓 팔로워) 서강 대리점 재무팀장으로 옮긴 뒤, 김달곤 씨의 성공적인 직무 수행은 오히려 영업팀장과 대리점장의 역할갈등을 일으킬 수 있다. 재무팀의 엄격한 대출심사와 대출조건이 영업팀의 밀어내기 매출과 갈등을 일으키기 때문이다.

따라서 공식적으로 규정되어 있는 직무 관련 규정만으로는 성공적인 직무수행이 불충분하기에, 조직 유효성 증대를 위해서는 역할분석도 필요하다.

첫째, 집단의 생존과 이익이 달려 있는 경우
둘째, 집단 구성원들의 행동을 단일화하거나 예측 가능한 것으로 만들기 위해
셋째, 구성원 간 곤란한 문제 발생을 예방하기 위해
넷째, 집단의 핵심 가치, 목표, 특징을 대내외적으로 드러내기 위해서이다.

2) 역 할

역할(role)은 규범이 일정한 형태(패턴)의 행동으로 나타난 것이다. 조직에서 역할이란 연극의 배역과 같은 것이다. 따라서 역할이란 개인이 맡아서 수행해야 하는 자리(position)이며, 역할의 구체적인 내용은 현존하는 규범에 따른다. 따라서 규범과 역할의 관계를 정리해 보면, 역할은 규범으로부터 생성, 발전하여 특정 행위를 하도록 기대하는 자리라고 할 수 있다. 그리고 비공식집단의 규범과 역할은 전체 조직에게 긍정적 효과와 부정적 효과를 동시에 갖는다. 이러한 역할과 관련된 문제로서 역할갈등(role conflict)이 있다.

3. 집단의 종류

1) 공식집단과 비공식집단

공식집단은 공동의 목표나 과업을 수행하기 위해 조직에서 만든 것이다. 공식집단은 조직이 부여한 과업을 수행할 의무를 갖는다. 공식집단은 과업 중심적이며, 지속적이고, 공식적인 구조와 형태를 갖고 있으며, 조직 내외의 다른 공식집단에 의해 명확하게 인식된다.

그에 비해 비공식집단은 공동의 관심사를 위한 상호 의존적 집합체이다. 비공식집단을 통해 개인이 얻고자 하는 것은 친밀감, 사회적 유대감, 공동의 관심사 등이 있다. 따라서 비공식집단을 통해 구성원들은 욕구 충족이나 동기부여 효과를 얻을 수 있기 때문에, 조직은 비공식집단을 의도적으로 만들지는 않지만 비공식집단의 형성을 장려한다. 조직행동 연구에서는 공식집단과 비공식집단의 중요성 때문에, 두 가지가 모두 중요한 연구 대상이 된다.

(1) 공식집단

조직 내 대표적인 공식집단으로 기능 부서와 위원회 조직이 있다. 특히 위원회 조직은 현대 조직에서 점차 기능과 역할의 중요성이 커지고 있는 공식집단이다.

위원회 조직은 특정 목표를 달성하기 위해 형성된 공식집단이라고 할 수 있다. 이러한 위원회 조직은 다음과 같은 특징을 갖고 있다.

- 공식적인 형태(예, 후생복지위원회)와 비공식적인 형태(예, 월례 스태프 회합)를 모두 취한다.
- 특정 의무와 권한을 갖는다.
- 어떤 위원회는 문제 해결의 필요성 때문에 구성되기도 하며, 문제 해결 후에는 해체된다.
- 명칭은 팀, 위원회, 그룹, 대책반, 기획단, 태스크포스, 프로젝트팀 등 매우 다양하다.
- 위원회 조직은 모든 종류의 조직에 존재하고 있으며, 다음과 같이 매우 다양한 기능을 수행한다. 서비스(예, 후생복지), 조언(예, 전략적 차원, 관리적 차원), 중재(예, 노사관계), 정보 제공(예, 산학협동과 연계), 최종 의사결정(예, 임원으로 구성).

① 위원회 조직의 이점

위원회 조직을 통해 이루어지는 활동은 개인행동에 비해 여러 가지 이점이 있기에 거의 모든 조직에서 운영되고 있다. 구체적인 효과를 들어 보면 다음과 같은 것이 있다.

- 위원회 조직은 통합적 의사결정능력을 제공한다. 위원회 구성원들의 광범위한 경험과 지식, 능력, 개성의 활용을 통해 조직의 문제 해결 시 필요한 다양한 지적 원천을 제공해 줄 수 있는 응집체가 될 수 있기 때문이다.
- 위원회 조직은 기능 부서 간 갈등을 줄여 나가고 중재 역할을 해 주는 효과적인 수단이다. 왜냐하면 위원회 조직은 대화와 토론을 통해 구성원 상호 간의 문제와 필요를 이해할 수 있다. 따라서 이는 현대 조직구조 속에서 공식화된 유일한 수평적 의사소통의 통로가 된다.

- 개인 차원에서 위원회 조직은 동기부여 증대 효과와 참여를 통한 조직몰입 효과를 제공한다. 즉, 문제 해결을 위한 위원회의 분석과 토론 과정에 참여함으로써, 결정 사항에 대해서는 기꺼이 수용하게 되고 실천에 더욱 적극적이 된다. 아울러 상대적으로 나이가 적고, 경험이 적은 구성원의 경우에 스스로의 노력만을 통해서는 얻기 어려운 인력개발 과정과 기회를 경험하게 될 뿐 아니라, 다른 견해나 지적 능력을 가진 위원회 구성원의 도움을 얻게 된다.

② 위원회 조직의 문제점

하지만 위원회는 다음과 같은 문제점 또한 내포하고 있다.

- 시간과 비용의 문제이다. 계속되는 회의로 인한 비용 발생의 문제점이 있을 수 있다. 따라서 이런 비판이 존재하는 것 같다. 가장 좋은 위원회는 5명 가운데 4명이 결석하는 것이다. 위원회에서 5분은 중요하나 5시간은 중요하지 않다. 실제로 미국 의회의 어떤 소위원회에서는 회의에서 사용하는 40만 원짜리 커피머신을 어떤 것으로 구매하느냐를 놓고 3시간 설전을 벌였다. 하지만 1,400억 예산에 관한 심의는 3분 만에 마쳤다고 한다.
- 조직 차원에서 볼 때 책임소재 불분명의 문제가 있다. 위원회의 경우 집단이나 단체이기 때문에 책임이나 의무를 떠맡을 개인이 없다. 따라서 실제로 나쁜 결정이나 실패에 대한 개인적 책임을 회피하기 위한 방편으로 위원회를 이용하는 경우도 있다. 이에 대한 대비책으로 잘못된 결정에 대해서는 위원회 구성원 모두에게 책임을 묻는 방안(물론 이 경우에도 반대 의견이나 소수 의견을 제시한 사람에 대한 공정성의 문제가 있다)이나 위원장에게 책임을 부과하는 방안이 있을 수 있다.
- 타협 일변도의 의사결정이나 담합 혹은 한두 사람이 독주하는 현상이 나타날 수 있다. 특히 이러한 문제가 발생하는 경우에는 위원회 조직이 제공하는 집단 의사결정의 장점이라고 할 수 있는 통합적 의사결정과 전문기술의 공동 활용이라는 효과의 역작용이 나타난다. 예컨대, 만장일치가 공식적으로 요구되거나, 비공식적 규범인 상황에서 최종 의사결정이 전원이 만족하는 수준까지 내려가게 된다.

집단을 통해 이루어지는 행동이 갖는 장점은 다양한 견해를 의사결정을 위해 활용하는 것이지, 결코 적당한 수준에서 타협한 공통분모를 얻고자 함이 아닐 것이다. 이러한 문제점을 다룬 것이 집단사고라고 하는 개념이다.

③ 집단사고

집단사고(groupthink)란 고도로 응집력이 강한 위원회 조직이나 집단에서 발생하는 역기능을 의미한다. 따라서 집단사고는 부정적 의미를 갖는 개념으로서 다음과 같이 정의할 수 있다. 집단사고란 집단의 내부적 압력으로 인해 지적 효율성, 도덕적 판단력, 현실 파악 능력이 질적으로 저하되는 것을 의미한다.

집단사고는 본질적으로 집단 구성원들에게 의견일치에 순응하고, 의견일치에 이르도록 압력을 가하는 과정에서 발생한다. 따라서 이러한 집단사고에 빠진 위원회 조직은 의견일치에 이르도록 모든 상황적 요인들이 왜곡되어 있으므로, 의사결정 시 대안적 사안에 대한 실질적 평가를 하지 않는다든가, 다른 의견이나 소수 의견을 가진 사람을 억누르는 경향을 보인다.

실제로 사례에서 국가의 중요한 정책 결정 가운데 집단사고로 인해 중차대한 과오 발생이 적지 않음을 발견하였다(Janis, 1971). 예컨대, 제2차 세계대전이 일어나기 직전까지 영국이 히틀러에 대해 방관 정책을 실시한 것, 진주만 습격에 대한 미국의 무방비, 쿠바 미사일 사태에 대한 미숙한 대응, 닉슨의 워터게이트 사건, 부시 대통령의 이라크 전쟁, 911 테러 등이 이에 해당한다. **표 9.2**는 집단사고를 발생하게 하는 요인을 설명하고 있다.

집단사고는 역사적으로 중차대한 사건에서 발생하는 실수의 원인으로 인식될 뿐 아니라, 실제로 기업 조직의 여러 집단에서 발생하고 있는 현상이다. 예컨대 **표 9.2**의 첫 번째 증상인 과도한 낙관론으로 인한 과도한 위험감수 현상은 집단사고라는 개념이 등장하기 훨씬 이전의 연구에서도 찾아볼 수 있다. 즉, 집단은 개인이 하는 의사결정보다 훨씬 위험부담이 큰 의사결정을 하는 경향이 있음을 여러 연구를 통해 나타났다.

집단사고의 오류에 빠지지 않기 위해서는 소수 의견이나 일반화되지 않는 견해라도 자유로이 표현하고 제시할 수 있도록 하는 노력이 필요하다. 이를 위해 필요한 교육훈련으로는 감수성 훈련(T-group)이나 행동모델법 등이 효과적이다. 이를 통해 교육 참가자들은 소수 의견,

표 9.2 집단사고의 증상

- **불사신의 환상** 집단에 대한 과대한 낙관론으로 위험을 감수한다.
- **자기 합리화** 외부의 위협이나 경고 상황을 평가절하한다.
- **집단의 도덕성에 대한 무조건적 신뢰** 따라서 집단의 윤리적, 도덕적 문제에 관한 논의 자체를 무시하고 포기한다.
- **집단에 맞서는 외부요소(개인, 집단, 국가)에 대한 고정관념** 우리에게 맞서는 세력은 누구든지 공공의 적으로 간주하겠다.
- **집단에 반대하는 내부 인사에 대한 직접적 압력** 충성스러운 구성원은 우리가 하는 일에 이러쿵저러쿵 해서는 안 된다.
- **집단의 합의에서 벗어나는 어떤 행위건 잠재의식 억압 작용** 꿈속에서도 내가 하고 있는 일이 어떤 것인지 발설하지 않는다.
- **만장일치의 환상** 따라서 침묵은 찬성을 의미한다. 우리는 항상 만장일치를 해 왔으니까.
- **집단을 불리한 정보로부터 차단하는 심리적 방어기제 보유** 따라서 우리의 결정과 다른 정보나 우리에게 불리한 정보는 보아도 보이지 않고 들어도 들리지 않는다.

출처 : I. Janis, *Victims of Groupthink*, Houghton Mufflin, 1972, pp. 74-76.

반대 의견, 돌출 의견 등의 상황에서 건전한 논의 전개 방법과 갈등관리 방법을 적절하게 다루고, 이를 통해 집단사고의 오류에서 벗어나는 방법을 학습할 수 있다.

(2) 비공식집단

비공식집단은 개인이나 공동의 관심사에 부응하여 형성되며, 신중히 설계하는 조직 차원의 공식집단과 구별된다. 사람들이 비공식집단을 형성하고 비공식집단에 귀속하는 이유는 공동의 관심사, 사회적 측면, 친분 때문이라고 할 수 있다.

이러한 비공식집단은 스스로의 규범과 역할이 있다. 조직행동에서 비공식집단에 관해 활발한 연구가 이루어지는 것은 이러한 비공식집단의 규범과 역할 때문이다. 비공식집단은 공식집단과 역학관계에서 긍정적이면서 또한 부정적 요소로 작용하고 있는데, 두 종류의 집단이 공히 규범과 목표, 목적(비공식집단의 경우에는 명문화되어 있지 않은 경우가 대부분)을 갖고 있으며, 그것을 구성원들에 따르도록 요구하기 때문이다. 따라서 공식집단과 비공식집단은 조직 안에서 갈등발생의 가능성이 상존하며, 높다고 할 수 있다.

표 9.3 공식집단과 비공식집단의 비교

구분	공식집단	비공식집단
생성배경	인위적, 제도적	자연발생적
규모	대체로 방대함	소규모
인간관계	관리적, 규범적	욕구에 기반함
가치지향	능률과 효과	감정과 심리
리더십	임명, 지명	자생적, 선출
질서	전체적 질서	부분적 질서

① 비공식집단의 긍정적 효과

비공식적 집단은 다음과 같은 긍정적 작용을 한다.

첫째, 전체 조직구조를 더욱 효율적으로 만들어 준다. 공식적으로 설계된 권한이나 영향력 구조는 별개로 이루어지는 권한과 영향력을 행사함으로써, 공식적 관계에서 다루지 못하는 인간의 감정이나 혹은 세세한 부분까지 조정과 해결이 가능하다.

둘째, 따라서 관리자들의 업무량의 경감을 가져다 준다.

셋째, 같은 맥락에서 관리자들의 역량(능력)의 부족부분을 메워 준다.

넷째, 조직 구성원들의 감정과 심리에 안전장치 역할을 한다.

다섯째, 비공식 커뮤니케이션(grape vine)을 활성화함으로써 조직 내 의사소통 향상 기능을 한다.

② 비공식집단의 역기능적 효과

하지만 비공식집단은 다음과 같은 부정적 기능을 한다.

첫째, 공식집단과 추구하는 목표의 상충으로 인한 갈등 발생 가능성이 있다.

둘째, 집단의 이익을 위해 생산량(혹은 생산성)을 제한하기도 한다.

셋째, 구성원들에게 획일성, 단일성을 강요한다.

넷째, 따라서 개인적 발전을 위한 도전과 열정을 차단하는 경향이 있다.

다섯째, 변화에 대한 저항과 조직행동에 있어서 타성에 빠질 가능성이 있다.

따라서 조직 내 비공식집단의 존재의 불가피성과 중요한 영향력에 근거해 볼 때, 조직활동 연구에서 점차 의미가 커지는 영역이라고 하겠다.

2) 과업집단과 자조집단

과업집단은 공식적인 업무수행을 위한 집단으로, 일상 업무나 특별한 과업의 수행을 위한 집단이라고 할 수 있다. 과업집단의 특성을 밝히기 위한 평가요소는 **표 9.4**와 같다.

한편 과업집단의 특성에 대한 평가나 접근 방식은 국가문화에 따라 차이가 있다. 우리나라 기업의 경우, 과업집단의 특성을 평가하기 위한 요소는 단결, 분위기, 의견일치 등을 강조한다. 물론 업무수행이 무엇보다 중요하지만, 집단의 안전과 구성원 간 관계를 중요한 것으로 인식한다. 그에 비해 서구 기업의 경우 역할, 기능, 구조에 초점을 두고 업무수행이나 과업달성 등의 요소를 강조한다.

자조집단(self-help group)은 개인의 욕구와 문제를 집단구성원끼리 공유한다는 목적을 갖고 자발적으로 형성된 집단이라는 측면에서 비공식집단에 속한다고 할 수 있다. 하지만 자조집단은 특성상 조직의 경계를 넘어선 경우가 많기 때문에 일반적으로 조직행동 연구의 대상

표 9.4 과업집단의 특성평가

평가요소	평가내용
① 분위기와 내부 관계	공식적인가 비공식적인가, 친밀한가, 사무적인가?
② 참여	모든 구성원이 동일하게 참여하는가?
③ 목표의 이해와 수용	모든 구성원이 집단의 목표를 명확히 이해하는가?
④ 정보 공유	정보 공유 수준이 어떠한가? 모든 정보를 공유해야 하는가?
⑤ 갈등관리	구성원 간 갈등에 대해서 어떻게 다루는가?
⑥ 의사결정	의사결정의 방법과 과정은 어떠한가?
⑦ 수행평가	구성원들의 수행평가 방법은 어떠한가?
⑧ 감정의 표현	구성원들이 자신의 감정을 자유롭게, 직접적으로 표현할 수 있는가?
⑨ 업무 분장	업무와 과제를 구성원들에게 어떻게 배분할 것인가?
⑩ 리더십	리더는 어떻게 임명 · 선출되며, 리더의 기능과 역할은 무엇인가?

으로 포함되지 않는다. 예컨대, 성인야구그룹, 자동차 동호회, 범죄희생자 모임, 단도박회, 알코올 중독자 모임 등이 있다.

자조집단은 다음과 같은 네 가지 종류가 있다.

- 행동통제 혹은 행동개선집단(예, 알코올 중독자 모임, 비만치료 모임)
- 스트레스 대처 혹은 지지자 그룹(예, 스포츠모임, O사모)
- 생존 지향적 집단(예, 성적 지향, 국적, 사회계층 등의 이유로 차별받는 사람들의 모임)
- 개인적 성장 및 자아실현 집단(예, 홈스쿨링, 잠재력 개발 모임)

3) 작업집단과 작업팀

앞서 집단이란 공동의 목표를 갖고 상호작용을 하며, 함께 모인 둘 이상의 사람을 의미한다고 하였다. 그렇다면 작업집단(work group)은 각자의 영역에서 일을 하면서 집단의 목표달성을 위해 도움이 되는 정보를 공유하고 상호작용하는 사람들의 모임이라고 할 수 있다. 이때 작업집단의 성과는 개별 구성원들 각자의 노력의 결과를 합한 것이다. 즉, 투입량의 총합보다 더 큰 성과 수준을 얻는 시너지 효과가 없다. 왜냐하면 작업집단은 상호작용이나 상호의존성을 갖고 일을 하는 개인의 집합체이기 때문이다(Brown과 Robinson, 2014).

그에 비해 작업팀(work team)에서는 개인의 노력은 각자가 투입한 것보다 더 많은 성과를 이끌어 낸다. 즉, 시너지 효과를 창출한다.

이러한 차이는 작업집단과 작업팀이 갖고 있고 다음과 같은 공통점과 차이점에 의해 발생한다. 먼저 작업집단과 작업팀은 공히 구성원들에게 적용하는 규범과 기대하는 역할이 있다. 또한 구성원들에게 표준화된 노력, 적극적인 집단역학, 의사결정 등과 같은 구체적인 행동을 요구한다. 아울러 아이디어 창출, 자원의 공동이용, 실행계획 조정 등의 행동도 작업집단과 작업팀에서 모두 발견할 수 있다.

하지만 이러한 모든 행동은 작업집단의 경우, 집단 외부에 있는 의사결정자를 위한 정보수집의 의미를 갖는다. 즉, 작업집단에서는 그와 같은 행동이 의사결정권을 갖는 상위 관리자의 지시에 의해서 수행내용과 범위가 제한된다. 그에 비해 작업팀은 구성원들의 행동이 정보의

그림 9.1 작업집단과 작업팀의 특징 비교

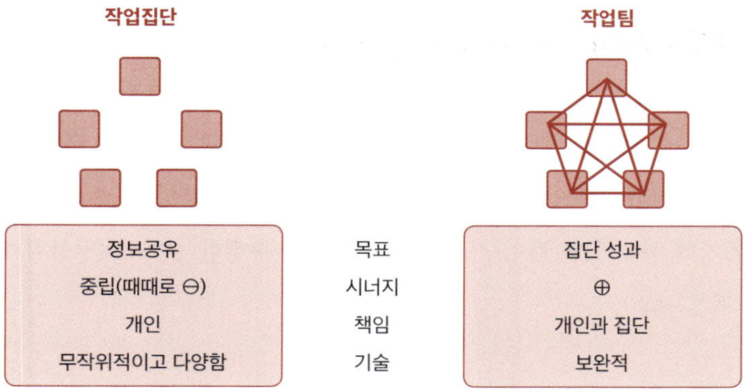

수집과 공유에 머무는 것이 아니라 상호작용을 통한 집단 성과에서 긍정적 시너지 효과를 창출할 수 있게 된다.

그림 9.1은 작업집단과 작업팀의 그와 같은 특징을 비교하고 있다(Bradley와 Brown, 2012).

이처럼 작업팀은 투입량의 증가 없이 보다 나은 성과를 창출할 수 있는 잠재력을 갖고 있다. 하지만 시너지 효과를 얻을 수 있는 팀은 명칭만 팀으로 부른다고 이루어지는 것이 아니다. 이를 위해 팀의 유형과 효과적인 팀의 특징에 관해서 살펴보자.

(1) 팀의 종류

다음과 같은 네 가지 유형의 팀을 통한 시너지 창출을 기대할 수 있다(Maynard와 Gilson, 2009).

① 문제해결팀(problem-solving team)

문제해결팀은 그 명칭과 달리 일반적으로 문제해결을 위한 제안만을 하는 경우가 많다. 대표적으로 품질관리팀(quality-control team), 생산성 향상팀, 작업환경 개선팀 등이 이에 해당한다. 원래는 제조산업에서 많이 볼 수 있었지만, 현재는 의료, 서비스, 교육, 행정 등의 영역으로 확대되고 있다. 문제해결팀은 제안한 내용을 단독으로 실행할 권한은 없으나, 실행을 통해 조직의 개선을 기대할 수 있다.

② 자율작업팀(self-managed work team)

작업수행 과정에서 뿐만 아니라, 스스로를 관리함에 있어서도 자율권을 갖는 팀을 말한다. 따라서, 해결 방안의 제안뿐만 아니라 그것을 실행하고 결과에 대해서도 완전한 책임을 갖는 작업팀을 말한다. 작업팀은 업무상 관련성이 크거나 상호 의존적인 소수의 사람들로 구성되며, 관리 감독자에 하던 일을 팀이 스스로 책임을 맡아 수행한다(제8장의 사회기술적 접근에서 볼보 프로젝트 참조).

③ 기능횡단팀(cross-functional team)

조직의 여러 부문에서 온 사람들로 구성되며, 상호 정보교환, 새로운 아이디어의 창출, 문제 해결, 업무상 조정의 기능과 역할을 하는 데 효과적인 팀이다. 따라서 기능횡단팀은 다양한 배경과 역량, 기술을 기반으로 이루어지는 구성원들의 협력과 수행을 통한 효과를 기대할 수 있다. 만약 기능횡단팀 구성원들 각자의 관점을 충분히 활용한다면 효과는 매우 클 것이다.

④ 가상팀(virtual team)

공동의 목표를 달성하기 위해서 물리적으로 다양한 공간에서 기술을 활용하는 구성원들로 만들어진 팀이다. 여러 가지 커뮤니케이션 수단을 통해 온라인에서 함께 일하는 형태로서, 대부분의 팀은 과업의 일부를 가상팀을 통해 수행하고 있다.

가상팀은 구성원들의 전통적인 위계구조에서처럼 상호작용을 하지 않는다. 따라서 가상팀이 갖고 있는 매력은 분명하지만, 실제로 목표에 미달하는 경우가 많다. 이때 요구되는 것이 가상팀이 갖는 공유 리더십(shared leadership) 개념이다. 이를 위해서 가상팀은 구성원 간 신뢰가 형성되어야 하며, 팀의 진행 상황이 자세히 추적 관찰되어야 하고, 팀의 노력과 결과를 조직 전체에 공개함으로써 가상팀이 새로운 형태의 사회적 계약임을 알릴 수 있는 상황이 요구된다(Ferraggi, 2022).

그림 9.2 팀의 유형

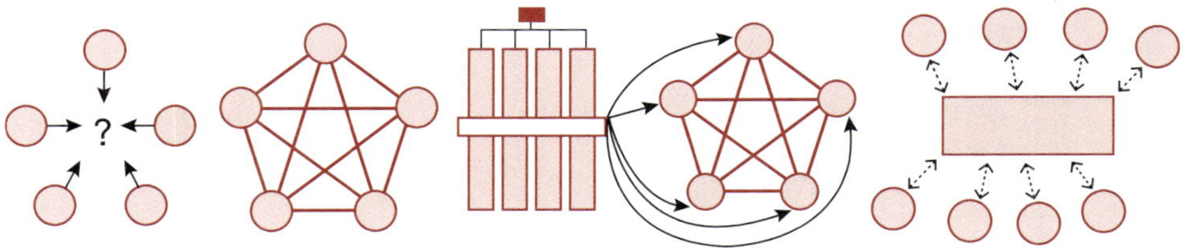

(2) 효과적인 작업팀의 특징

효과적인 작업팀이 되기 위해서는 자원과 시스템이 관련된 상황요인, 구성원들의 인적 요인, 작업팀의 프로세스 관련 요인 등이 적절하게 갖추어져야 한다.

① 상황요인

작업팀의 성과와 관련이 있는 대표적인 상황요인으로는 다음의 네 가지를 꼽을 수 있다.

- **충분한 자원** 팀의 성과에 영향을 주는 자원으로는 정보와 설비, 인력자원, 경영관리자원 등이 있다.
- **리더십** 구성원들의 업무 내용과 이를 개개인의 지식 및 기술과 어떻게 연결하느냐 하는 것은 작업팀의 성공에 중요한 사항이다. 따라서 이를 수용하고 지지해 주는 리더십은 필수적이다.
- **신뢰관계** 구성원들의 신뢰는 리더십의 기반이 된다. 따라서 이러한 신뢰관계의 형성은 리더의 목표와 결정에 대해서 구성원들이 수용하고 몰입할 수 있도록 해 준다. 또한 팀 구성원 간 신뢰는 협력을 촉진하고, 상호 감시의 필요성이 줄어들게 됨에 따라 결속력을 높여 준다. 이를 통해 하나의 팀으로 기능을 수행하기가 용이해진다.
- **성과평가와 보상시스템** 작업팀의 성과 향상을 위해서는 개인의 공헌을 인정해 주면서도 팀 성과를 인정해 주는 집단 보상제와 통합시키는 방안이 필요하다. 집단기반평가,

그림 9.3 작업팀의 성과를 위한 선행 요인

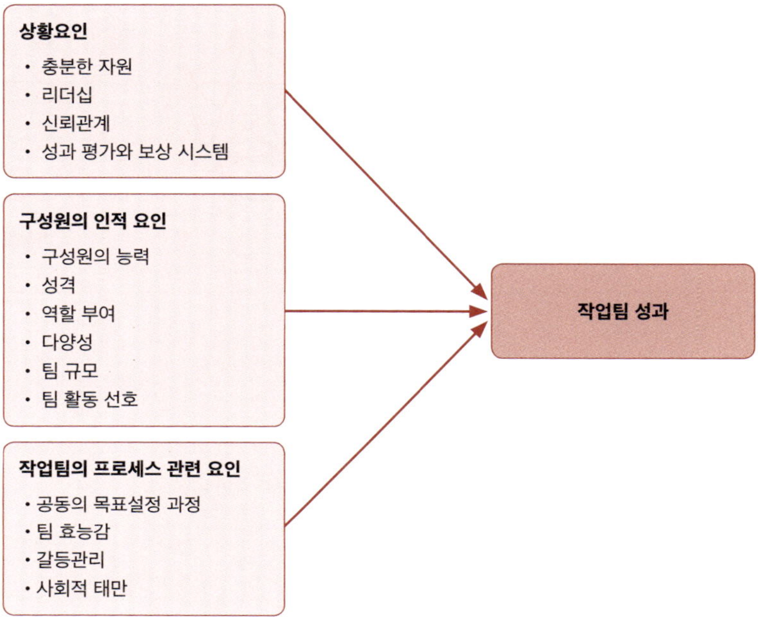

이익분배, 소집단 인센티브 등에 개인적 요소가 명확하게 반영될 수 있는 평가 및 보상 시스템이 중요하다.

② 구성원의 인적 요인

- **구성원의 능력** 팀 성과는 구성원 개인의 지식, 기술, 능력에 의해서 영향을 받는다.
- **성격** Big 5 이론에 근거하여 작업팀 성과를 예측할 수 있다. 특히 성실성은 팀 성과와 밀접한 관련이 있다. 성실한 구성원은 팀의 다른 구성원을 잘 도와주며, 어느 때 도움이 필요한지 잘 인식하는 것으로 나타났다. 또한 성실성과 관련이 있는 체계성, 성취지향, 인내심과 같은 행동성향은 팀 성과와 관련성이 크다.
- **역할 부여** 다른 조직과 마찬가지로 작업팀 또한 다양한 역할을 확실하게 수행할 수 있도록 구성원을 선발하는 것이 중요하다. 따라서 능력 있고 경험이 풍부하며, 성실한 구

성원이 작업팀에서 중요한 역할을 맡도록 하는 것이 작업팀의 성과를 높여준다.

- **다양성** 우리는 일반적으로 다양성이 좋을 것이라는 낙관적인 견해를 갖고 있다. 하지만 인구통계학적 다양성(연령, 성별, 교육수준, 근속연수 등)과 팀 성과 간 관계에 관한 연구 결과는 그렇지 않다. 예컨대, 연령이나 근속연수와 같은 요인이 이직률을 예측하는 데 유용하게 활용되고 있다. 이때 이직률은 상이한 경험과 배경을 가진 사람들로 구성된 집단에서 더 높게 나타났다. 왜냐하면 커뮤니케이션의 어려움과 빈번한 갈등 발생 때문이다. 갈등이 증가하게 되면 멤버십에 대한 매력이 저하되고, 이로 인해 구성원이 집단을 이탈하는 경향이 높아진다.
- **팀 규모** 가능하면 팀의 크기를 작게 만드는 것이 작업팀의 집단 성과에 도움이 된다. 팀 구성원이 너무 많으면 집단 응집성과 책임의식이 줄어들며, 사회적 태만이 증가하고, 구성원 간 커뮤니케이션은 줄어든다. 따라서 작업 단위가 커지는 상황에서 팀 효과가 필요하다면, 작업집단을 여러 하위 그룹으로 만드는 것이 필요하다.
- **팀 활동 선호** 수업시간에 팀별 과제를 좋아하지 않는 학생들도 있다. 수강과목 선택 시 고려 요인이 되기도 한다. 따라서 혼자 일하고 싶어 하고 사람들이 팀에서 함께 일해야 한다면 팀 전체의 사기와 개인 만족에 부정적 영향을 줄 수 있다. 팀 구성원 선발 시 개인의 능력, 성격, 기술적 요인뿐만 아니라 팀 활동에 대한 선호 또한 중요한 요인임을 의미한다. 좋은 성과의 작업팀은 집단으로 일하는 것을 선호하는 사람들로 이루어져 있다.

③ 작업팀의 프로세스 관련 요인

개인의 한계를 넘어설 수 있는 것이 집단이다. 그 가운데 작업팀은 구성원의 투입물의 단순한 합이라고 할 수 있는 작업집단의 성과보다 더 많은 산출물을 창출한다. 이는 시너지를 만들어 내는 다음과 같은 작업팀의 프로세스 관련 요인 때문이다.

- **공동의 목표설정 과정** 성공적인 팀은 공동의 목표를 구체적이고, 측정할 수 있으며, 실현 가능한 성과 목표로 전환하는 것에 익숙하다. 목표설정이론에서 살펴보았듯이(제7장 참조) 목표의 구체성은 개인적으로는 내적 자극으로 기능을 하며, 집단 수준에서는 커

뮤니케이션을 분명히 해 준다. 그리하여 구성원 모두에게 팀의 목표 달성을 위해 집중할 수 있게 도와줄 수 있다. 또한 개인 목표와 마찬가지로 팀 목표 또한 도전성이 필요하다. 어렵지만 노력을 통해 달성할 수 있는 목표는 설정된 목표기준에 따른 팀 성과를 증가시킨다. 따라서 양에 대한 목표량을 증가시키는 결과로 나타나고, 또한 품질에 대한 목표는 품질을 향상시킨다.

- **팀 효능감** 개인의 경우와 마찬가지로, 효과적인 팀은 성공할 것이라고 하는 자기 확신을 갖고 있다. 이러한 팀 효능감은 성공을 경험한 팀에게 앞으로 지속적으로 성공할 것이라는 믿음을 갖게 해 주고, 그 결과 더 열심히 노력하고자 하는 동기부여로 이어진다. 이러한 선순환적 내부 프로세스는 중요한데, 이를 위해 팀이 작은 성공을 경험하도록 도와주고, 구성원들이 갖고 있는 전문 기술과 인간관계기술을 개발할 수 있도록 해 주는 리더의 역할이 필요하다.
- **갈등관리** 갈등은 조직의 성과와 관련성이 있으며, 나쁜 것만은 아니다(제13장 참조). 관계갈등은 성과에 항상 역기능적으로 작용하지만, 적절한 수준의 과업갈등은 커뮤니케이션을 활성화하고, 대인의 선택에 대해 객관적으로 임하게 하고, 보다 나은 팀 의사결정에 이르게 한다. 여러 연구에서 적정 수준의 과업갈등 효과는 일반적으로 지지되고 있다.
- **사회적 태만** 조직 안에서 개인의 공헌도를 확인할 수 없을 때, 사회적 태만을 하고 집단 노력에 무임승차하려 한다. 효과적인 팀은 팀의 목표와 접근 방법에 대해 개인적으로 또한 집단적으로 수행해야 하는 책임을 명확히 해 줌으로써 사회적 태만을 감소시킨다.

4. 집단형성이론

조직 내 공식적인 업무 부서나 위원회 등과 달리, 비공식집단의 경우 가입 여부를 스스로 결정할 수 있다. 따라서 개인이 이러한 비공식집단에 가입하는 이유를 생각하면 집단형성의 이론적 근거를 찾을 수 있을 것이다.

일반적으로 사람들은 심리적 안정을 위해, 자존감을 높이기 위해, 정보를 나누고 지식을 획득하기 위해, 사회적 욕구 충족을 위해, 특정 목적 달성을 위해 비공식집단을 만든다.

다음은 비공식집단의 형성을 설명하는 대표적인 내용이론이다.

1) 근접성 이론

근접성 이론(theory of propinquity)에서 조직 내 구성원들이 서로 이끌리며, 상호작용을 하면서 집단을 형성하게 되는 것은 공간적, 지리적으로 서로 가까이 있기 때문이라고 한다(Piercy와 Piercy, 1972). 따라서, 강의 시간에 서로 가까이 앉아 있는 사람들이 상대적으로 멀리 떨어져 있는 사람들에 비해 팀 프로젝트를 위한 집단을 형성할 가능성이 더 높다. 조직에서도 마찬가지일 것이다. 사무실이나 생산라인에서 일할 때, 가까이 있는 동료나 상사는 그렇지 않은 사람에 비해 집단을 이룰 가능성이 더욱 커진다.

임상실험에서도 이론을 지지할 만한 결과를 얻는 경우가 많다. 하지만 집단 형성 과정을 근접성 이론만으로 설명하기에는 부족하다.

2) 균형이론

균형이론(balance theory)은 추구하는 목표나 목적이 같을 때 보여 주는 태도의 유사성으로 인해 서로 이끌리게 되며, 상호작용이 빈번해짐에 따라 집단을 형성하게 된다는 것이다. 즉, A와 B라고 하는 두 사람이 서로 공통된 태도나 가치관을 갖고 있다면(예, 같은 종교관, 정치적 견해, 라이프스타일, 직업, 사회적 지위, 결혼관, 직업관 등) 서로 상호작용을 하게 되면서 집단을 이루게 된다(Litwak과 Meyer, 1966).

이러한 관계가 형성되면, 집단 구성원들은 서로 '이끌림(유인 요소)'과 '공통된 태도와 가치관' 사이에 균형을 이루기 위한 노력을 지속적으로 하게 된다.

이후 구성원 간 균형 요소의 불균형이 발생하게 되면 균형 회복을 위해 노력하게 되며, 그것이 불가능할 때 관계는 와해된다.

그림 9.4 균형이론 모델

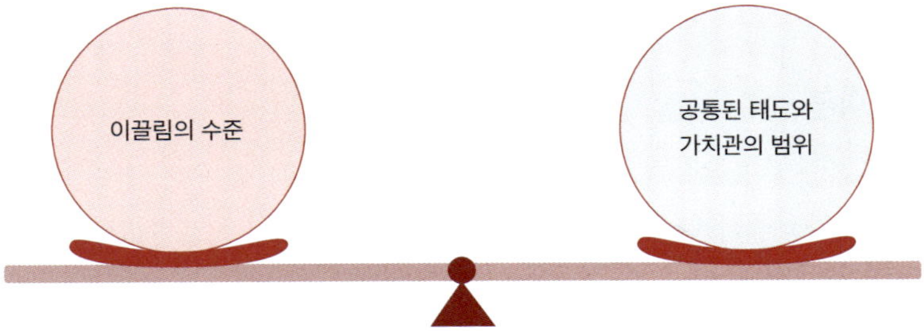

3) 교환이론

집단행동의 교환이론(exchange theory)은 동기부여이론의 공정성 이론과 유사한 것이다. 상호작용을 비용과 보상에 근거하여 진행하면서, 상호작용의 결과 투입(비용)과 산출(보상) 사이에 최소한의 증가가 이루어진다면 집단을 형성(혹은 집단에 귀속)하고, 반대로 감소가 일어나는 경우 집단의 형성은 이루어지지 않는다.

하지만 이러한 이론적 근거를 들지 않더라도 조직에서는 실질적인 이유에서 집단이 형성되고 있음을 알 수 있다. 즉, 구성원들은 경제적, 사회적 안전의 목적을 위해 집단을 구성하고 있다. 노동조합이 대표적이 예로, 임금 상승의 기대와 안전욕구의 충족이라고 하는 목적뿐만 아니라, 불공정한 대우나 차별에 대항하기 위한 실질적인 수단이 된다.

현대 조직에서 개인이 집단을 형성하는 실질적인 이유와 목적 가운데 가장 중요한 것은 집단이 사람들의 사회적 욕구를 충족시킬 수 있는 수단이기 때문임을 교환이론을 통해 다시 한 번 확인할 수 있다.

4) 집단형성의 5단계 모델

비공식집단을 포함하여, 집단의 형성을 설명하는 대표적인 과정이론이다(Tuckman과 Jenson, 1977).

(1) 1단계(형성기)

구성원들이 서로에 대해 알기 시작하고 규칙을 설정하는 단계이다. 따라서 집단의 목적, 구조와 역할, 행동방식 등에서 확정되지 않은 불확실한 상태로, 구성원들은 어떤 행동 유형을 수용할 것인지 결정하기 위해 탐색한다. 이 단계에서는 집단 특성의 불확실성으로 인해 구성원들 자신의 역할에 대한 모호성이 높다. 따라서 이를 해결하며 집단의 목표와 방향을 명확하게 설정해 주는 리더의 역할이 중요하다.

(2) 2단계(격동기)

집단 내 갈등이 발생하는 단계로, 구성원들은 자신이 속한 집단의 존재를 인정하지만, 집단이 구성원 개인에게 행사하는 영향력에 대해서는 저항한다. 왜냐하면 집단 구성원 간 역할 분담, 권력구조, 신분 등이 다르기 때문이다. 또한 집단 구성원들은 보다 나은 역할과 지위를 확보하기 위해 상호 적대적인 행동을 표출하기도 하며, 부여받는 과업에 대해서도 개인적 이해가 상충한다.

(3) 3단계(정착기)

집단의 목표와 구조가 명확해지는 단계이다. 집단 구성원들 또한 집단에 대한 소속감, 역할, 응집력이 강해지는 단계이다. 그리고 집단 구성원들의 행동을 규정하는 집단 규범이나 갈등 해결을 위한 규칙이 정착되는 단계이다.

(4) 4단계(성과 달성기)

집단 구성원 각자 주어진 역할을 충실히 수행하면서 집단목표를 달성하기 위해 노력을 기울이는 단계이다. 따라서 가시적 성과가 다양한 형태로 구체화되는 단계이다.

(5) 5단계(조정 해체기)

집단목표를 달성하였거나 집단구성원이 집단에 소속될 이유가 없어지면 일반적으로 집단은 해체된다. 하지만 새로운 목표 혹은 환경에 적합하도록 집단구조를 변화하거나 혁신하기도 한다.

5) 집단형성의 단절적 균형모델

특정 과업을 수행하기 위해 한시적으로 형성되는 집단은 앞서 논의한 단계 모델을 거치지 않고 다음과 같이 발전한다(Guzzo와 Shea, 1992).

(1) 전반기

특정 과업을 완수하기 위해 형성되는 집단이므로 집단이 나아갈 방향은 고정된다. 따라서 이 단계에서는 주어진 과업목표 달성에 초점을 두고 있기에, 구성원들은 단지 실천을 할 뿐, 새로운 시도 혹은 혁신을 추구하기는 어렵다.

(2) 전환기

집단목표를 추구하는 과정에서 외부 요인들에 의해 문제가 발생하는 경우, 문제 해결을 위

그림 9.5 집단형성 단계에 따른 집단구성원의 행동 변화

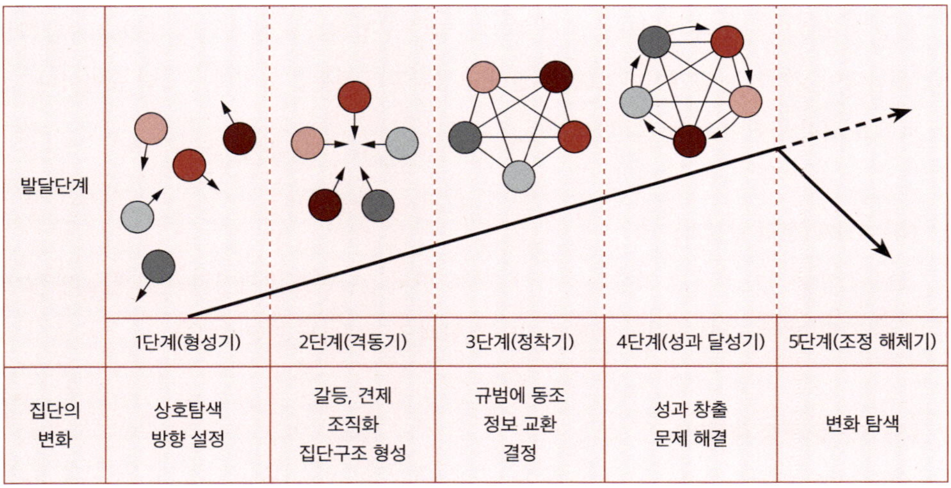

출처 : B. W. Tuckman and M. Jenson, “Stages of Small-Group Development Revisited,” *Group Organization Management*, vol. 2, no. 4, 1977, pp. 419- 427.

그림 9.6 집단형성의 단절적 균형모델

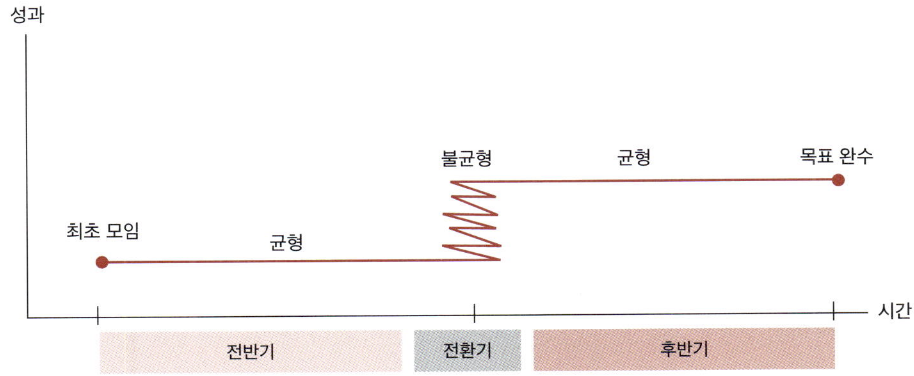

출처 : R. A. Guzzo and G. P. Shea, "Group Formation and Intergroup Relations in Organization," *Handbook of Industrial and Organizational Psychology*, vol. 3, Palo Alto, CA, Consulting Psychologist Press, 1992, pp. 288-297.

해 변화를 시도한다. 이러한 변화를 위해 기존의 질서나 업무방식에서 벗어나서 새로운 관점에서 접근하거나 혁신적인 방안을 추구한다. 즉 균형을 파괴하고 집단 내에서 새로운 규범과 질서를 도입한다.

(3) 후반기

집단 구성원들은 전환기 단계에서 설정된 집단규범을 통해 안정과 균형을 회복한다. 그리고 새로운 목표와 계획을 수립하며, 성공적으로 실행하기 위한 노력을 기울인다.

5. 집단의 성과와 관련한 상황 요인

집단의 성과에 영향을 주는 중요한 요인 가운데 하나는 조직문화라고 할 수 있다. 이에 대한 논의는 제14장 조직문화에서 다루도록 하겠다. 그 밖에 집단의 성과에 영향을 주는 요인으로 물리적, 사회적, 시간적 환경 등에 관한 연구가 있다.

1) 물리적 환경

물리적 작업 요인에 관한 연구는 호손연구 이후 연구 범위가 확대되어 왔다. 예를 들어, 집단의 작업 상황이 번잡하고 기온이 높은 경우, 집단구성원들이 부정적, 적대적으로 행동하는 경향이 증가한다. 또한 극단적인 상황, 이를테면 해저 용접작업과 같은 상황에서는 강력한 리더십과 높은 응집력, 높은 복종 수준이 나타났다. 그리하여 집단 내 행동통합을 촉진하고, 구성원 간 갈등을 감소시키며, 신뢰 수준을 높여 주는 결과로 이어졌다. 한편 극단적 작업 상황에서 일하는 집단에 새로 들어온 구성원은 매우 심한 박탈의식을 치르는 경우가 많다. 그 이유는 그러한 의식을 통해 새로운 구성원은 자신의 안전이 집단 내 다른 구성원들에게 달려 있음을 인식하게 되고, 기존의 구성원들은 이러한 의식을 통해 새로 들어오는 사람을 평가할 수 있기 때문이다(Hyatt와 Ruddy, 1997).

물리적 환경의 또 다른 연구로서 집단의 좌석배치에 관한 것이 있다. 집단구성원들이 작업이나 회의에서 원형으로 앉을 때, 의사소통과 생산성이 더욱 높은 것으로 나타났다(Sundstorm과 Altman, 1989).

2) 사회적 환경

조직 안에서 개별 집단은 독립적으로 존재할 수 없다. 즉 어떤 집단과 경쟁하거나 협력하는 다른 집단이 있으며, 집단에 큰 영향을 주는 개인이 있을 수도 있다.

예컨대, 특정 집단에 대해서 적대적인 개인이나 집단이 존재하는 경우 해당 집단의 응집력이 증가하며, 구성원 간 여러 가지 격차를 넘어서서 더욱 가깝게 지각하게 된다. 이러한 상황은 특히 적대적인 존재가 집단을 강하게 위협할수록 심화되는 것으로 밝혀졌다(Campion 등, 1996).

참고 9.2 호손 실험 과정의 비공식집단의 특징

비공식집단의 규범 호손 실험 과정을 통해서 밝혀진 비공식집단 내 근로자들의 인간관계는 구성원들의 행동에 큰 영향력을 행사하였다. 그러한 영향력의 크기는 예상을 훨씬 넘어서는 수준이었다. 구성원 모두가 인정하는 행동규범과 가치관은 구성원들의 행동을 효과적으로 제어했으며, 집단역학 관계에서 중요한 작용을 하였다. 예컨대, 근로자들은 동료의 잘못을 상사에게 고자질해서는 안 된다고 생각하고 있었다. 동료가 무엇을 잘못하거나 실수를 하는 경우, 타이르거나 때에 따라서 다투는 것은 문제가 되지 않지만, 상사에게 일러바치는 것은 사람됨에 문제가 있는 것으로 인식하였다. 노동자는 노동자다워야지 혼자 정직하고 올바른 사람인 척 행동하게 되면 동료로부터 따돌림 받거나 조롱을 당했다. 또한 그들이 하는 내기 카드놀이나 뒷담화에 동참하려 하지 않는 이들은 그들과 한편으로 여기지 않았다. 성과나 효율성에 관한 문제는 관리자나 경영자가 신경 써야 할 일이지, 근로자들이 상관해서는 안 되는 것으로 생각했다. 따라서 필요 이상으로 그러한 일에 관심을 갖는 경우 출세하려 애쓰는 사람으로 여겼다. 따라서 이같은 행동규범의 정당성에 대해서 근로자들 가운데 그 누구도 맞서려고 하는 사람이 없었다.

이러한 행동규범과 가치관은 실제로는 업무 외적인 것이라고 할 수 있지만, 실제로는 업무수행에 큰 영향을 준다. 조직 내 근로자들은 사회적 관계 속에서 감정을 교류하고, 귀속의식을 통해 심리적 안정을 얻기 때문에, 그와 같은 인간관계는 작업성과에 직접적인 영향을 주기 때문이다.

비공식조직 호손 실험의 배전반 제작 실험에서 연구진은 실험대상인 14명의 근로자들 사이에는 2개의 비공식조직이 존재하는 것을 발견하였다. 이것은 공식적으로 주어진 역할과 기능을 수행하는 공식조직과 별도의 구조와 기능을 갖고 있었다. 따라서 이러한 비공식조직의 형성 요인은 작업자 간 담당업무나 업무 분장과 별로 관련성이 없었으며, 근로자 간 친밀성이 더 큰 영향을 주었다.

배전반 제작 실험에는 다음과 같이 14명의 작업자가 있다.

- 9명의 권선작업자(wiring workers) : 3명씩 3개 팀
- 3명의 납땜작업자(soldiering workers) : 1팀당 1명
- 2명의 제품검사 담당자(inspectors) : 팀에 속해 있지 않음

그림 9.7의 평면도에서 알 수 있듯이 비공식조직의 형성에는 담당업무에 따른 규칙성을 발견할 수 없다. 하지만 집단형성이론 가운데 근접성 이론의 영향은 배제할 수 없어 보인다. 한편 W2, W5, S2, I2는 어느 조직에도 속하지 않고 외롭게 떨어져 있는 상황이다. 연구진은 이들은 자신의 작업위치와 관계없이 다른 이유로 인해 고립되어 있음을 발견하였다. 관찰 결과 S2는 커뮤니케이션에 어려움이 있는 사람이었고, W2는 지나치게 결벽증이 있는 사람으로 남들과 전혀 어울리려고 하지 않았다. W5는 상사에게 고자질을 잘하기로 손꼽히는 사람이었고, I2는 제품검사를 무척이나 깐깐하게 하는 사람이었다. 이처럼 이들을 배제하는 이유는 작업수행과 별로 관련이 없었다. 예컨대, 말을 잘 못한다는 것은 일을 잘하고 못하는 것과 그리 관련이 없지만, 인간관계에서는 중요한 요인이었다. 어느 정도 정직하고 투명한 것은 누구나 환영하는 바지만, 지나칠 경

(계속)

그림 9.7 배전반 제작 실험의 평면도

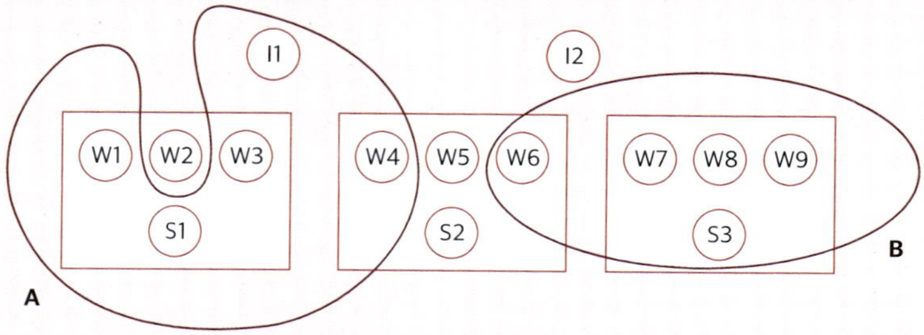

W : 권선작업자, S : 납땜작업자, I : 제품검사 담당자

3개의 사각형은 업무 분장에 따른 공식조직임
2개의 타원은 비공식조직 A와 비공식조직 B를 의미함
W2는 비공식조직 A에 속하지 않음

우 근로자들에게는 분명 성가시고 껄끄러운 요소임이 분명하다. 일을 잘못하는 것을 보고하는 것은 분명히 필요하고, 유용하다. 하지만 동료들은 그것을 제일 싫어하지 않는가? 자신이 맡은 일을 철저히 하는 것은 회사가 좋아할 일임에는 틀림없다. 하지만 동료들의 눈에는 잘난 척하는 것으로 비칠 수 있다. I2에 비해 I1은 동료들로부터 신뢰와 대접을 받았다. I1도 작업 과정에서 잘못을 지적하고 개선을 요구하였지만, 태도에서 거부감이 없었으며, 방법도 비공식적인 경로를 이용하였다. 이러한 상세한 관찰을 통해 알 수 있는 것은 실험실 내 비공식조직의 성립은 사회적 요인에 의한 것이지, 업무상 필요에 의한 것이 아님을 확인할 수 있다.

한편 실험실뿐만 아니라 실험실 바깥의 작업장에서도 이러한 비공식조직이 존재하고 있다는 것을 현장관리자들은 이미 알고 있었다. 더 나아가 이러한 비공식조직의 행동규범이 대부분 공식적인 경영정책과 상충함도 인식하고 있었다. 그럼에도 불구하고 현장감독이나 관리자들은 그것을 굳이 제어하려 하지 않았다. 예컨대, 작업장에서 비공식조직 구성원들끼리 각자 맡은 작업을 바꿔서 하는 일이 심심찮게 있었다. 이는 상호 친밀성을 과시하기 위한 행동이지만 분명 회사의 규정에 반하는 것이었다. 근무시간 중에 지나치게 큰 소리로 웃고 떠든다거나, 작업장에서 내기 카드게임을 하는 일도 종종 벌어졌다. 어떤 경우에는 자신의 용기를 보여 주느라고 회사의 규정과 절차를 정면으로 거부하는 경우도 있었다. 따라서 현장감독의 의무는 이러한 행위를 규제하고 제어하는 것이 마땅하다. 하지만 호손 실험의 연구진의 관찰에 의하면, 비공식집단의 이러한 행동을 못 본 척하거나, 오히려 그들의 행동에 동참하는 경우도 있음을 발견하였다. 그리하여 회사의 공식적인 규정과 절차는 실효성을 상실하게 되며, 비공식조직의 활동은 더욱 활성화되고 적극적으로 발전한다.

현장감독의 이러한 행위의 바탕에는 지나치게 회사 규정의 준수를 요구하거나, 비공식집단의 활동을 규제하는 경우에 발생하는 문제점에 대해 잘 알고 있기 때문이다. 즉, 그렇게 하게 되면 근로자들의 강한 반발이 생기고 이로 인한 통제력의 상실에 대한 두려움이 있기 때문인 것이다. 공식조직의 성과와 효율성은 결국 비공식조직의 수용 여부에 달려 있기 때문이다.

출처 : R. Trahair, EltonMayo: The Humanist Temper, Transaction Publishers, NY, 2005, pp. 177-191.

3) 시간적 환경

지속되는 기간이 긴 집단의 경우, 집단이 발전하는 독특한 형태가 있다(예, 학번별로, 기수별로 분화된다). 따라서 새로 구성원이 되는 사람은 집단의 그러한 특징을 구성하는 규범과 절차에 적응한다. 이렇게 오래 지속되던 집단이 해체되는 경우 구성원들은 상실감을 느끼며, 과거의 경험을 나누고 회상하기 위해 동문회나 친목단체를 만든다. 해체된 집단구성원들이 직면한 어려움이나 도전이 클수록 이러한 동문회나 친목단체가 응집력이 커지고 지속되는 경향이 있다(Mael과 Ashforth, 1992).

4) 집단구성원의 인구통계학적 특성

집단을 구성하는 개별 구성원의 인구통계학적 특성(연령, 성별, 학력, 출신지역, 근속연수 등)은 집단성과에 영향을 미친다. 집단구성원의 인구통계학적 특성이 다양하게 구성되어 있는 집단을 이질적 집단(heterogeneous group), 인구통계학 특성이 동일하게 구성되어 있는 집단을 동질적 집단(homogeneous group)이라고 한다.

집단의 유효성(창의성) 측면에서는 이질적 집단이, 집단의 효율성 측면에서는 동질적 집단이 보다 효율적이라는 연구 결과가 있다(Civettini, 2007).

집단의 응집성과 관련한 이론으로 IPO 모델이 있다. 이것은 집단의 성과 창출 과정을 투입(Input) - 변환(Process) - 산출(Output)로 구분하여, 투입이 산출로 변환되는 과정을 설명한다.

그림 9.8에서 IPO 모형은 개인 수준의 투입물이 집단 수준, 환경 수준의 투입물과 함께 어떠한 상호작용을 하는지에 따라 집단성과가 나타나며, 이때 집단의 응집성이 집단 내 상호작용을 위해 정서적, 도구적 요소로 작용하고 있음을 보여 준다.

한편, 개인의 능력 때문이 아닌 사회 집단에 소속된 사실로 인해, 스스로에 대해 보다 나은 평가를 내릴 수 있다는 사회정체성 이론도 집단응집성과 성과 사이의 관계에 대한 설명이 가능하다. 이어서 집단의 응집성에 관해서 살펴보자.

그림 9.8 IPO 모형

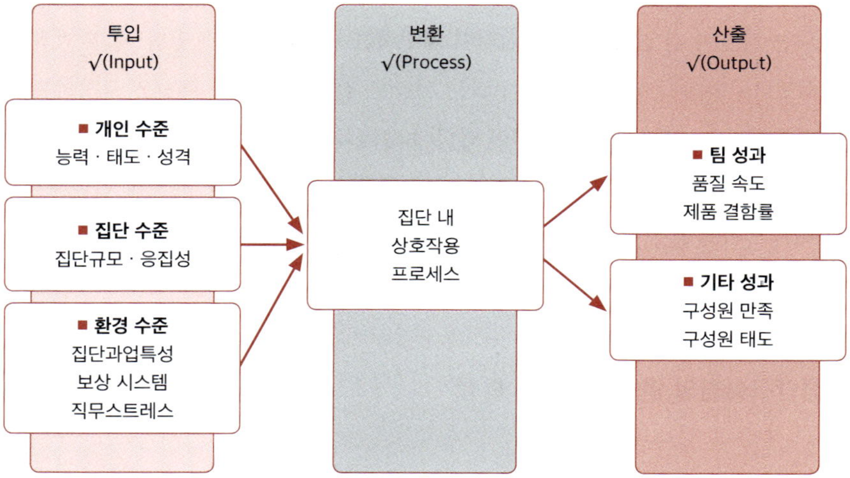

출처 : G. Littlepage et al., "An Input-Process-Output Analysis of Influence and Performance in Groups," *Journal of Personality and Social Psychology*, vol. 69, no. 5, 1995, pp. 875-884.

참고 9.3 정서적 응집성과 도구적 응집성

- 정서적 응집성 : 집단에 참여함으로써 더욱 많은 만족과 기쁨을 얻을 때 발생한다.
- 도구적 응집성 : 집단이 개인의 구체적 목표 달성을 위한 수단이 될 때 발생한다.

5) 집단 응집력

집단 응집력 또한 집단의 성과에 영향을 주는 중요한 상황 요인이다. 집단 응집력(cohesiveness)이란 집단 구성원들이 행동을 위해 힘을 합성하는 정도를 의미한다. 이러한 응집력은 구성원들 상호 간 이끌림의 정도가 클수록 높아진다. 그리하여 집단 구성원들의 공동체 의식을 향상시키며, 계속해서 집단에 소속되도록 동기를 부여한다.

참고 9.4 사회정체성 이론(social identity theory)

모든 개인은 소속감으로 대표되는 사회적 정체성을 가진다. 그리하여 사회적 정체성을 유지하기 위해 노력하는 모든 행동은 사회적 공동체의 영향을 받는다는 것이다. 이론적 근거로서 동기부여 측면에서 사람들은 자존감을 열망한다는 것을 들 수 있다.

따라서 대인관계에서 누군가 강요하지 않았음에도 스스로의 행동에 제한을 두거나 타인이나 공동체가 원하는 방향으로 행동이 변화한다. 구체적으로 외집단을 손상시키고, 내집단을 더욱 긍정적으로 공고히함으로써 자존감을 획득한다(사회적 경쟁주의). 인지적 측면에서 개인의 능력 보유 때문이 아니라 집단 소속감이라는 지각에 의해 스스로에게 보다 나은 평가를 내린다(내집단 우호주의).

출처 : B. E. Ashforth and F. Mael, "Social Identity Theory and the Organization," *Academy of Management Review*, vol. 14, no. 1, 1989, pp. 20-39.

독립변수 : 집단의 응집력, 인센티브

종속변수 : 생산성

① 높은 응집력의 집단, 긍정적 인센티브(HC, +I)
② 낮은 응집력의 집단, 긍정적 인센티브(LC, +I)
③ 높은 응집력의 집단, 부정적 인센티브(HC, -I)
④ 낮은 응집력의 집단, 부정적 인센티브(LC, -I)

집단의 응집력과 생산성과 관련한 다음과 같은 연구가 있다. 여러 변수를 통제한 임상실험에서 집단의 응집력과 인센티브가 생산성에 어떤 영향을 주는지를 밝히기 위한 연구를 실시하였다. 이때 응집력과 리더십을 임의로 조작하여 4종류의 실험집단을 구성하였다(Schachter 등, 1951).

이때 긍정적 인센티브란 공정하고 시의적절한 보상을 의미하며, 부정적 인센티브는 그 반대의 의미로 이해할 수 있다. 초기 실험에서는 유의한 결과를 얻지 못했으나, 다양한 인센티브를 사용하여 실험을 진행함에 따라 **그림 9.9**와 같은 연구 결과를 얻을 수 있었다.

실험 결과에서 보듯, 포크 모양의 생산성 커브를 발견할 수 있다. 먼저 높은 응집력을 갖는 집단의 경우에는 인센티브 요소가 긍정적인지, 부정적인지에 따라 두드러진 생산성의 차이를 나타냄을 알 수 있다. 그에 비해 낮은 응집력 집단은 인센티브 요소에 의해 그리 큰 영향을 받지 않음을 보여 준다. 즉, 이때는 생산성의 변화에 인센티브가 크게 작용하지 않는다는 것이다.

따라서 업무 수행 결과는 응집력에서 차이가 있는 집단이 어떠한 영향력(인센티브, 회사의 정책)을 받는지에 따라 큰 차이를 나타낸다고 할 수 있다. 조직행동 연구에서 중요하게 생각하는 리더십이라고 하는 요인을 인센티브를 대신하여 그 자리에 넣고 실험 결과를 재해석해 보자. 그렇다면 이때 주요 변수는 리더십이 될 것이고, 높은 응집력을 갖는 집단에게 긍정적 리더십이 제공된다면 가장 높은 생산성을 나타낼 것이다. 반대로 응집력이 높은 집단에게 부정적 리더십이 주어진다면(리더십에 문제가 있다면), 가장 낮은 생산성을 나타낼 것이다.

그렇다면 응집성이 큰 집단은 리더의 손에 달려 있는 폭탄과 같은 존재라고 할 수 있다. 왜냐하면 생산성이 최고조에 이르느냐 혹은 바닥을 헤매느냐 하는 것은 그 집단을 어떻게 이끄느냐에 달려 있기 때문이다(마치 폭탄을 건설을 위한 발파용으로 사용하느냐, 파괴를 위한 살상용으로 사용하느냐는 그것을 이용하는 사람 손에 달려 있는 것처럼). 그에 비해 낮은 응집력

그림 9.9 집단의 응집력과 생산성에 관한 연구

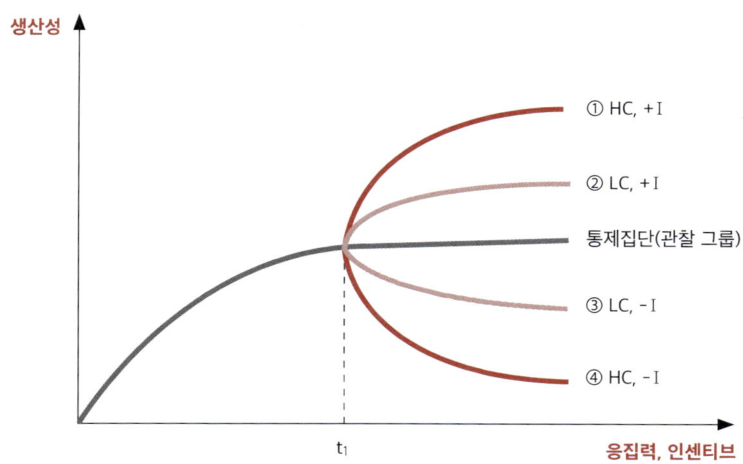

출처 : S. Schachter 등, "An Experimental Study of Cohesiveness and Productivity," *Human Relations*, August 1951, pp. 229-239.

을 갖는 집단은 리더의 손에 의해서 좌지우지될 가능성이 상대적으로 낮다고 할 수 있겠다. 여기서 우리가 얻을 수 있는 시사점은 집단을 통한 조직 유효성을 최대화하기 위해서는 먼저 집단의 응집력을 늘리고 긍정적인(좋은) 리더십을 발휘해야 한다는 것이다.

이러한 연구 결과를 테일러의 과학적 관리와 메이요의 인간 관계론에 한 번 적용해 보자. 테일러에게 당시 타도의 대상은 높은 응집력을 갖고 조직적 태업을 하는 노동자들(HC 집단)과 잘못된 관리 방법과 보상을 제공하는 경영자들(-I)이었다. 그 결과 낮은 생산성으로 나타났다. 따라서 테일러는 과학적 관리를 통해 그러한 문제를 해결하기 위해서 차별성과급제도(LC 집단)와 시간 및 동작 연구를 통해서 표준화된 작업방식과 관리감독을 사용하였다(+I). 하지만 테일러가 추구했던 낮은 응집력의 집단, 긍정적 인센티브(LC, +I)는 앞의 **그림 9.9**에서 보듯 '노사간 최대의 번영'이라고 하기에는 성과가 이름에 걸맞지 않다.

한편 호손 실험의 경우를 생각해 보자. 격리된 실험실에서 이루어졌던 계전기 조립 실험과 배전반 납땜 실험에 참여했던 두 집단은 모두 응집력이 높은 그룹이었다. 하지만 전자는 실험의 처음부터 끝까지 계속해서 생산성이 증가하였고, 후자는 자발적으로 생산량을 제한함으로써 낮은 생산성을 나타내었다. 그 원인은 알다시피 영향력, 즉 리더십의 차이에서 비롯한 것이다. 전자는 실험 과정에서 근로자들의 이야기를 들어 주고, 의사결정에 참여하도록 하는 긍정적 리더십의 특징을 가졌다면, 후자의 경우는 생산량을 규제하는 집단의 부정적 규범이 부정적 리더십으로 작용했기 때문이다. 따라서 이러한 논의를 통해서 리더십과 집단의 응집력은 조직 성과에 큰 영향을 준다는 것을 확인할 수 있다.

그리하여 집단의 응집력에 영향을 주는 요인에 관한 관심이 커진다. 관련 연구 결과를 요약하면 다음과 같다.

표 9.5 집단 응집력에 영향을 주는 요인

집단의 응집력을 높여 주는 요인	집단의 응집력을 감소시키는 요인
• 집단의 목표에 대한 일치성 • 상호작용의 빈번함 • 상호 간 이끌림 • 집단 간 생산적(긍정적) 경쟁 • 집단에 대한 호의적 평가	• 목표에 대한 불일치(예, 개인별 성과급) • 집단 규모의 확대 • 집단이 겪은 부정적 경험이나 갈등 • 집단 구성원 간 경쟁 • 1인 혹은 소수 구성원의 독주

응집력이 높은 집단은 생산성뿐만 아니라 직무만족에도 영향을 준다(Mullen과 Cooper, 1994). 따라서 직무만족과 생산성 향상을 위해 집단을 활용하는 것은 조직 활동에서 중요한 연구 주제이다. 따라서 다음과 같은 집단 활용 방안이 있다.

① 집단을 통한 작업 방식, 예컨대 작업집단, 작업반을 활용한다.
② 집단으로 하여금 선발, 교육 훈련, 보상을 실행하도록 한다.
③ 행위를 위한 규범 강화에 집단을 활용한다.
④ 자원을 집단 차원에서 분배한다.
⑤ 집단 간 경쟁의식을 용인하고 장려한다. 이는 집단 내부의 결속력을 강화해 준다.

6) 집단 규모

집단 규모는 일반적으로 집단을 구성하고 있는 구성원의 수를 의미한다. 이러한 집단 규모에 따른 효과는 성과 목표가 무엇인지에 따라 달라진다. 예를 들어, 신속한 업무 처리가 목표라면 규모가 작은 집단이 큰 집단보다 효과적이다. 그러나 문제 해결에 초점을 두고 있는 경우에는 규모가 작은 집단보다 큰 집단의 성과가 일반적으로 더 낫다(Thomas와 Fink, 1963).

집단 규모 및 성과와 관련한 다른 연구로서 사회적 태만(social loafing)이 있다.

6. 집단의 성과와 관련한 연구

조직행동 연구에서 과업수행이나 문제 해결 시 개인적으로 하는 것보다 집단으로 하는 것이 성과가 낫다는 것은 다음과 같은 이론을 통해서 확인하였다.

1) 사회적 촉진

연구에서 연습장의 사이클 선수가 혼자 트랙을 돌 때보다 다른 선수와 함께 돌 때 속도를 더 빨리 하며 돈다는 것을 발견하였다. 이후 어린이들을 대상으로 실시한 첫 번째 실험에서는 각자에게 낚싯줄을 릴에 빨리 감도록 하였고, 다른 집단을 대상으로 실시한 두 번째 실험에서는 함께 모여서 줄을 감도록 하였다. 이때 실험에 참가한 어린이들에게 서로 경쟁하고 있는 것이라고 말하지 않았다. 실험 결과, 혼자 낚싯줄을 릴에 감는 일을 수행한 어린이들이 함께 수행한 어린이들보다 훨씬 느리게 줄을 감았다(Zajonc, 1965).

아울러 낚싯줄 감기와 같은 기계적 과제수행을 포함해 단어연상퀴즈나 반박문 작성 등과 같은 인지적 과제수행 실험도 실시하였다. 실험 결과에서 모두 사회적 촉진효과(social facilitation)를 발견하였다. 즉 다른 사람과 함께할 때 과업수행이 더욱 촉진된다는 것이다. 중

조직행동 읽을거리

접근 가능한 자극이 되기 위한 말하기

다양한 강연 요청이 온다. 새삼스럽게 늘 이상하다. 나는 본디 환자를 보거나 글을 쓰려는 마음뿐이었고, 눌변에다가 사람들 앞에 나서기를 두려워했으며, 재능 없는 일은 피하는 성격이었다.

그러던 재작년 첫 강연에 나섰다. 열심히 하면 되겠지,라는 단순한 마음가짐은 한 직업 세계를 간과한 것임을 곧 알게 되었다. 몇 백 명의 사람 앞에 서자 즉시 시야가 좁아지고 부모님이 뵙고 싶어졌으며 말은 어불성설이었다. 돌이키면 순전히 경험 부족이었다. 그 어설픈 시간을 참아준 사람들을 뒤로하고, 어느덧 나는 꽤 많은 강연을 그럭저럭 소화하고 있다. 본디 성정과 재능을 두고 비견하면, 장족의 발전이다.

내용은 매우 다양하다. 의사 본업이나, 나라는 개인이나, 작가, 독서, 글쓰기나, 인권, 아동 학대, 건강 상식까지 있다. 그 자리에 알맞은 주제를 이야기하는 사람의 필요를 거꾸로 느낀다. 요청을 받으면 거절하기는 어렵다. 아직 만나보지 못한 그 청자들이 시간을 내준다는 사실이 미리 감사해지기도 하고, 이미 담당자가 기획이라는 자신의 업에서 나라는 사람으로 그림을 완성한 일이라 가서 숟가락만 얹으면 되는 일이 미안하기 때문이기도 하다. (하략)

출처 : 남궁인, '삶과 문화: 말하기의 전장', 한국일보. 2018.05.27.
https://www.hankookilbo.com/News/Read/201805270995013720

요한 것은 이러한 수행 시 다른 어린이들과 상호작용을 하거나 의사소통을 하지 않았다는 점이다. 실험 상황이 단지 다른 사람들이 함께 과업수행을 했음에 주목할 필요가 있다. 이러한 개인수행에 관한 연구는 상호작용이 없는(즉, 수동적인) 군중 사이에서 이루어진 공동 작업에 해당되는 것으로, 일반적으로 소집단 행동의 핵심 요소라고 할 수 있는 상호작용(적극적)과 반대의 개념이다(Bond와 Titus, 1983).

그렇다면 단순히 다른 사람이 있다는 것만으로 과업수행에 영향을 주는 것인지, 아니면 다른 어떤 영향 요인이 있는지 밝힐 필요가 있다. 연구 결과 과업수행뿐 아니라 인간 행동에 있어 일반적으로 나타나는 현상임을 알게 되었다. 예컨대, 사람들의 식사 행동에 관한 연구에서, 일주일 동안 언제, 누구와, 무엇을, 얼마만큼 먹었는지 기록하도록 하였다. 기록 내용의 분석 결과, 혼자 먹을 때보다 다른 사람들이 있을 때 더 기름지고 많은 음식을 먹는다는 것을 발견하였다. 이때 같은 식탁에서 함께 먹는 경우가 아닐 때에도 마찬가지의 결과를 나타냈다.

이를 통해, 단지 다른 사람들이 존재하기만 해도 과업수행이 촉진되거나 행동이 증가함을 알 수 있다.

2) 각성이론

앞의 어린이들과 같은 실험상황에서, 교양과목 시간에 대학생들에게 철학적 논증에 대한 반박문을 작성하도록 하였다. 그 결과 다른 학생들과 함께 있을 때보다 혼자 있을 때 훨씬 수준 높은 반박문을 작성하였다. 사회적 촉진 현상과 반대되는 억제효과가 나온 것이다(Cottrell 등, 1968).

그리하여 사회적 촉진을 이론적으로 발전시킨 것이 각성이론(arousal theory)이다. 각성이론은 다른 사람의 존재가 감정적으로 각성되는 효과를 가져다 준다는 것이다.

각성이론에서는 '접근 가능한 자극에 대한 지배적 반응'* 과 '접근 불가능한 자극에 대한

---

* **지배적 반응(dominant response)** 주어진 일련의 자극에 대해서 발생할 가능성이 가장 높은 반응(행동)을 의미한다. 쉽게 말해서 어떤 상황에서 가장 흔하게 할 법한 반응을 말한다. 예컨대 큰 소음에 대한 대부분의 사람들의 지배적 반응은 두 손으로 귀를 막는 것이다.

그림 9.10 사회적 각성이론 모델

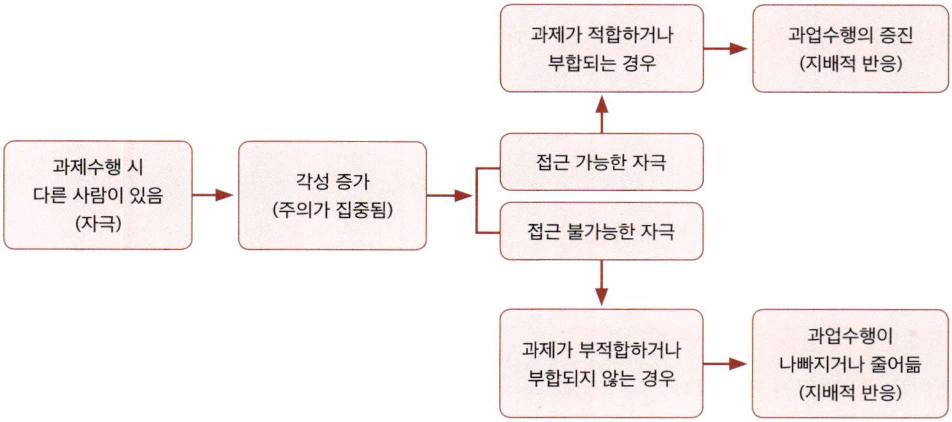

지배적 반응'이라고 하는 개념을 사용한다. 전자는 학습이나 연습을 통해서 이전에 많이 경험해 본 자극에 대한 반응을 말한다. 그에 비해 후자는 잘 배우지 못했거나 경험이 없는 자극에 대한 반응을 뜻한다. 예컨대, 10년 동안 해금을 연주했고, 얼마 후에 많은 사람 앞에서 공연할 예정이다. 이 경우 혼자서 연습하던 때와 비교해 본다면, 여러 사람 앞에서 연주할 때 더 잘하게 될까? 아니면 더 못하게 될까? 한편, 이전에 춤을 춰 본 적이 거의 없는데, 동아리 행사 때 여러 사람 앞에서 춤을 추어야 한다고 가정해 보자. 이를 위해 친구들과 모여서 며칠 주야로 춤 연습을 하였다. 그렇다면 사람들이 있는 상황과 없는 상황 가운데 어떤 경우에 춤을 잘 출 수 있을 것인가?

해금 연주는 이전에 많이 연습을 했고, 청중 앞에서 하는 연주는 자주 경험한 것이므로, 과제에 대해 숙련되어 있고 접근 가능한 자극에 대한 반응이라고 할 수 있다. 그에 비해 춤은 접근 불가능한 자극에 대한 반응이라고 하겠다.

각성이론은 우리가 각성될수록 지배적 반응을 보일 가능성이 높다고 가정한다. 다른 사람이 있다는 것은 각성을 일으키며, 이것이 수행의 효율성에 영향을 준다. 이때 접근 가능한 익숙한 자극의 경우에는 과업수행이 증진된다(사회적 촉진). 하지만 접근 불가능하며, 익숙치 않은 경우, 과업수행은 더 나빠진다(사회적 억제).

따라서 연구 결과에서 사람들은 숙련된 과제, 즉 잘 학습하였고 오랜 기간 동안 경험한 해금 연주는 관중들이 있을 때 더 잘하였다. 반면 서툴거나 이제 막 학습하기 시작한 것은 사람들 앞에 서게 되면 연습 때보다 더 못하게 되었다(Edwards, 2004).

3) 사회적 태만

집단이나 팀 작업 시 개인의 기여도를 측정할 수 없을 경우에 과업수행이 줄어드는 것을 사회적 태만(social loafing)이라고 한다. 연구에서 다양한 크기의 집단에게 끈을 당기는 힘을 측정하는 실험을 실시하여 집단별로 힘의 크기를 측정하였다. 또한 실험에 참여한 각 개인의 당기는 힘의 크기도 측정하였다(Ringelmann, 1913). 그 결과 크기가 큰 집단일수록 집단 내 개인의 힘이나 노력이 줄어드는 것을 발견하였다(**그림 9.11** 참조).

이후 연구를 통해 사회적 태만 현상이 여러 상황에서 보편적 현상이라는 것을 발견하게 되었다. 즉, 남녀 공히 동일하게 발생하며, 인지적 과업과 단순 반복적 과업에서 모두 관찰되고, 모든 문화에서 관찰할 수 있었다. 따라서 사람들은 집단에서 힘을 합쳐 노력하는 과제를 수행할 때면 언제나 사회적 태만을 나타낸다고 할 수 있다(Linden 등, 2004).

사회적 태만 현상의 근거이론으로 사회적 영향이론(social impact theory)이 있다. 이는 집단의 크기가 커지면 구성원 각자의 노력이나 영향력이 줄어든다는 것이다. 학기 말 프로젝트를 위해 5명이 한 팀이 되는 경우와 15명이 한 팀이 되는 경우를 생각해 보자. 교수가 학생들에게 열심히 준비하도록 하기 위해 팀 프로젝트를 요구하고, 진행 단계별로 상황을 점검하고 지정일에 발표를 한다고 하였다. 5명으로 이루어진 팀의 경우, 구성원들은 담당 교수가 자신들에게 큰 영향력을 주고 있다고 느낄 것이다. 이와 달리 15명으로 이루어진 팀의 경우, 사회적 영향이론에 의하면 교수가 주는 영향력은 훨씬 적게 느낄 것이다. 즉, 각자가 책임감을 덜 느끼거나, 자신의 노력이 전체 프로젝트에서 별로 중요하지 않은 것으로 여긴다는 것이다. 그리하여 집단의 규모가 커짐에 따라 개인에 대한 사회적 영향력이 감소된 결과로 인해 사회적 태만 현상이 증가하게 된다.

이러한 연구 결과를 통해 사회적 태만의 발생 원인을 상황 요인으로 요약할 수 있다.

그림 9.11 링겔만 효과 : 집단의 규모와 줄다리기 힘의 세기

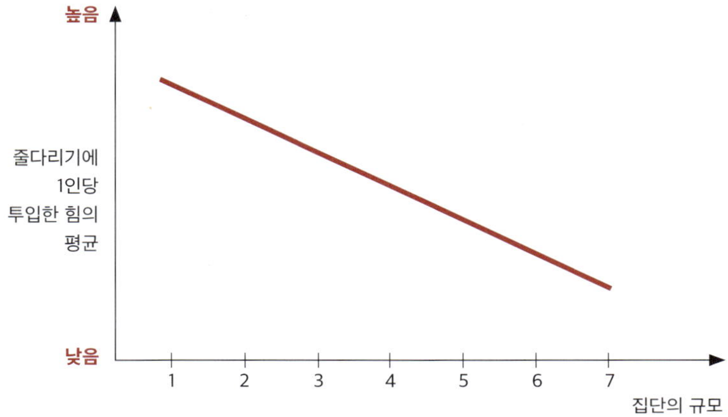

- **개인의 투입량 측정이 어려운 경우** 개별적 노력을 확인하기 어려울수록, 산출물(성과)에 대한 보상이 차별화되지 않을수록 많이 나타난다.
- **책임이 분산되는 경우** 자신이 하지 않아도 다른 사람이 할 수 있으면 사회적 태만이 발생한다.
- **자율성의 확대** 위계조직이 아니라, 자율성이 보장되는 집단의 느슨한 관리체계는 사회적 태만을 유발한다.
- **집단의 크기** 집단의 규모가 커질수록 사회적 태만이 더 많이 발생한다.

이처럼 사회적 태만은 구성원들이 자신의 역량을 제대로 발휘하지 않음으로 인해 성과 달성에 부정적인 결과로 나타난다. 또한 투입량에 따른 적절한 보상을 얻지 못하므로, 불공정성 지각에 따른 사기 저하의 문제도 있다. 더하여 사회적 태만은 특성상 집단 내 전염 속도가 빠르다. 그리하여 조직 분위기가 악화되면서, 부정적 조직문화로 고착화될 수 있다는 점에서 심각성이 크다고 하겠다.

사회적 태만 현상을 극복하기 위한 것으로 단체노력 모델(collective effort model)이 있다. 이 모델이 전제하는 것은 다음과 같은 조건이 충족될 때 개인은 열심히 과업수행을 한다는 것이다(Karau와 Williams, 1993).

첫째, 자신이 노력하면 집단의 과업수행 결과 전체가 향상된다고 믿고 기대하는 경우
둘째, 각자의 노력이 개별적으로 인식되며 보상된다고 믿는 경우
셋째, 각자 받게 된 보상이 각자에게 가치 있는 것이며, 각자가 원하는 보상일 경우

이러한 일반적인 조건은 사회적 태만 현상을 예방하는 수단으로 활용할 수 있다. 그렇다면 다시 앞에서 언급한 학기 말 팀 프로젝트의 경우를 생각해 보자. 학생 숫자가 많아서 팀당 구성원들의 숫자를 줄일 수 없는 경우, 사회적 태만 현상을 줄이고 극복하기 위해 다음과 같은 구체적인 방안을 제시할 수 있다.

① 팀 구성원 각자가 팀 프로젝트 주제를 흥미가 있으며 또한 그들에게 중요한 것이라고 생각되는 것으로 선택한다. 따라서 프로젝트 주제를 교수가 부여하기보다는 팀이 찾아내 선택하도록 한다.
② 서로 배려하고 존중하는 사람들과 함께 팀을 구성할 수 있도록 한다.
③ 개인의 공헌이 각자 독특한 방식으로 투입되고 산출물(성과물)과 직접 연관이 될 수 있도록 한다.
④ 개인이 생각하기에 자신이 없으면 팀 내 구성원들이 팀 프로젝트를 제대로 수행할 수 없다는 생각이 들도록 역할분담 등을 한다.
⑤ 이와 관련하여 규정이나 절차를 만들고, 팀의 합의에 의해 확정하고 시행한다.

사회적 태만 현상에 대한 단체노력 모델의 효과를 검증하는 여러 연구에서 단체노력 모델을 지지하는 일관된 연구 결과를 얻을 수 있었다. 특히 각자의 노력이 집단의 최종 산출물과 직접 관련이 되도록 하며, 개인이 이를 확인할 수 있는 방법을 활용하였을 때 단체노력 모델의 효과가 크게 나타났다.

7. 집단의 성과 창출을 위한 방법

1) 브레인스토밍

이는 공식 혹은 비공식집단에서 새롭고 창의적인 아이디어를 창출할 수 있도록 개발된 기법이다. 브레인스토밍(brainstorming)의 장점은 집단 구성원 각자가 긍정적이고 활력 있는 경험을 하게 된다는 것이다. 즉, 집단 내 다른 사람들과 아이디어를 공유하도록 북돋아 주고, 각자가 중요한 사람임을 인식하게 해 주며, 상호작용을 통해 참여를 북돋는다. 일반적으로 브레인스토밍을 사용하는 경우, 개인이 혼자 과업수행을 할 때에 비해 더욱 많은 창의적 아이디어와 생산성을 이끌어 낸다고 인식하고 있다. **표 9.6**은 브레인스토밍의 일반적인 방법을 설명하고 있다.

브레인스토밍을 통해 창의적이고 혁신적인 아이디어를 발견한 사례는 많다. 브레인스토밍을 통해 전선에 쌓인 눈을 제거하는 아이디어를 창출한 미국 전력회사의 사례는 지금도 새롭다. 또한 브레인스토밍은 그 효과만큼이나 비판적 연구가 많은 기법이기도 하다(**참고 9.5** 참조).

어떤 실험에서 브레인스토밍 참가자들에게 생소하고 익숙지 않은 상황, 예컨대 무인도에 혼자 표류하다 도착한 상황을 생각해 보라고 하였다. 이때 문제 해결을 위한 과제를 혼자 수행한 경우와 3~5명의 팀으로 수행한 경우에 만들어 낸 아이디어의 개수는 개인의 경우가 훨씬 많았다. 이러한 연구 결과는 후속연구를 통해서도 지지되고 있다. 따라서 브레인스토밍은 개인들이 각자 독자적으로생각하고, 자유로이 말할 수 있는 상황에서 더욱 효과적이다.

표 9.6 브레인스토밍 방법

1. 브레인스토밍의 제한시간을 정한다. 보통 30분 정도가 적합하다.
2. 만들어 낸 아이디어를 기록할 사람을 선정한다.
3. 각자 머리에 떠오는 생각을 걸러내지 않고 말한다. 이때 토론하거나, 비판하거나, 상세한 설명을 하지 않는다.
4. 각자 갖고 있는 아이디어를 마음속에만 담지 않도록 노력한다.
5. 자신이나 다른 사람의 아이디어를 비판하지 않는다.
6. 가능하면 다른 사람의 아이디어에 보충할 수 있는 내용을 덧붙인다.
7. 각자 동등하게 공헌할 수 있도록 격려해 준다.

참고 9.5 1,700km 길이의 전선에 쌓인 눈을 치우는 방법

미국 중부의 넓은 평야지역은 겨울에 눈이 많이 온다. 많이 온다는 것이 어느 정도인가 하면 폭설로 인해 전깃줄에 쌓인 눈의 무게 때문에 송전선이 끊어지는 바람에 빈번하게 정전 사태가 일어난다. 전력 회사는 끊어진 전깃줄을 수선하는 데 들어 가는 비용뿐만 아니라 정전 사태로 발생하는 산업체 소비자들의 피해 보상 소송 때문에 이중고를 겪고 있었다.

문제 해결을 위한 대책 회의에서 브레인스토밍 기법을 사용하였다. 겨울에 전선에 쌓인 눈을 어떻게 제거하는가에 대한 방법을 두고 각자 머리에 떠오르는 아이디어를 걸러냄 없이 이야기하였다. 중간에 앉아 있던 남자가 말했다. "가장 좋은 방법은 긴 막대로 전선에 쌓인 눈을 털어내는 것이지요." 이어서 그 사람은 그렇게 하는 것이 좋은 방법이긴 한데 감전 사고의 위험이 있기는 하다고 덧붙였다. 그러자 건너편에 앉은 사람이 말했다. "힘이 센 불곰(그리즐리, 몸무게가 300kg 이상 나가는 미국의 식인 곰)을 시켜서 전봇대를 흔들도록 시키면 될 텐데." 옆에 있는 사람이 말했다. "그것 참 좋은 방법이네요. 그런데 어떻게 불곰에게 전봇대를 흔들게 할 수 있을까요?" 안경 쓴 남자가 말했다. "전봇대 위에다 꿀단지를 두면 되지요. 그것을 먹으려 전봇대를 흔들어 댈 겁니다." 짧은 머리의 여자가 물었다. "그런데 꿀단지를 어떻게 전봇대 꼭대기에 놓아 두지요?" 그러자 이라크전 참전 용사 출신인 남자가 말했다. "헬리콥터를 이용해서 전봇대 위에 하나씩 놓아 두면 됩니다." (미국 평야지대의 전봇대는 높이가 보통 20m이며, 30m짜리도 있다.) 옆에 있던 여성이 말했다. "내가 전에 고속도로에서 사고가 나서 헬기로 사람을 이송하는 현장에 있었는데, 헬기 근처는 프로펠러의 회전 바람으로 사람이 날아갈 정도였어요. 꿀단지가 다 날아가 버릴 걸요."

이에 사람들은 모두 무릎을 쳤다.

출처 : C. *Faure, Beyond Brainstorming*, Random House, NY, 2004, pp. 13-34.

한편, 브레인스토밍이 집단적으로 이루어질 때 효과가 나타나지 않는 이유는 동등한 참여라는 측면에서, 한 번씩 돌아가면서 이야기를 하게 되는데, 다른 사람이 이야기하는 동안 그것을 경청하느라 자신의 아이디어를 잊어버리거나 사고 과정에 방해를 받기 때문이다. 또한 자신의 아이디어가 엉뚱하거나 유별난 것으로 평가받을 가능성에 대한 평가불안이 그 이유가 될 수 있다.

2) 명목집단법

명목집단법(Nominal Group Technique, NGT)은 아이디어 창출이나 과업수행에 있어서 집단을 통해 일을 진행하지만, 브레인스토밍처럼 상호작용을 하지 않는다. 그렇기 때문에 명목

표 9.7 명목집단법

① 집단 내 개인이 각자 과업수행을 한다. 이때 의사소통을 하지 않는다. 각 개인은 자신의 아이디어나 문제 해결 방법을 종이에 쓴다. 따라서 반드시 물리적으로 같은 공간에 구성원들이 함께 있지 않아도 된다. 따라서 화상회의를 통해서도 사용할 수 있는 방법이다.
② 각자 돌아가면서 자신의 아이디어를 발표한다. 이 단계에서 토론이나 비평을 하지 않는다.
③ 충분한 시간을 부여받고 아이디어에 대한 평가를 투표를 통해 결정한다.

상 집단일 뿐이라 브레인스토밍에서처럼 의사소통 때문에 자신의 아이디어를 잊어버린다든가 사고 과정을 방해받는 문제가 없다. **표 9.7**은 명목집단법의 순서를 보여 준다.

명목집단법은 브레인스토밍에 비해 아이디어나 문제 해결을 위한 과업수행의 양과 수준에서 우세하다. 또한 침묵을 유지하는 명목상 집단이므로 사회적 촉진효과와 함께 아이디어나 해결 방안에 대한 몰입이 가능하다.

3) 델파이법

델파이법(delphi technique)은 해결해야 하는 문제에 대해서 몇 명의 전문가들에게 개별적, 독립적으로 무기명으로 설문을 통해 아이디어나 의견을 제시하도록 하여, 이를 모아서 정리한 다음 다시 그들에게 보내어서 개별적, 독립적으로 서로의 아이디어에 관해 의견을 달거나 평가를 하도록 하는 것이다. 이들은 명목집단처럼 상호작용은 없지만, 집단의 구성원들이 상호 누구인지 알지 못하며, 의견을 달거나 평가를 한다는 측면에서 차이가 있다. 그리하여 집단이 의견일치에 이르거나, 모두가 수용할 수 있는 의견이 나타날 때까지 이를 반복한다. 델파이법은 시간과 비용이 많이 들고, 실제 의사소통이 없기 때문에 인위적이라는 느낌을 받을 수 있다. 델파이법은 전문가들의 견해를 이끌어 내고 종합하여 집단적으로 판단하는 방법에서 출발하고 있으나, 소규모 집단에서도 활용 가능한 기법이라고 할 수 있다.

델파이법은 실무에서 수요 예측이나 기술 예측, 도시 개발이나 토지 이용 정책의 영향력 예측 등과 같은 상황에서 전문가 집단을 이용한 의사결정에서 유용하다는 평가를 받고 있다. 델파이기법이라는 이름은 미래 예측에 관한 논의에 초점을 두고 있기에, 고대 그리스의 델파이 신전의 신탁에 비유해서 붙인 것이다.

10장

리더십

I 리더십의 이해

1. 리더십의 개념

리더십이란 상호작용주의적 관점에서 특정 목적을 달성하기 위하여 리더가 구성원에게 의도적으로 영향력을 행사하는 과정을 의미한다.

이러한 리더십에 관한 개념 정의에는 여러 가지 중요한 의미를 포함하고 있다. 먼저 리더십을 리더와 구성원 간 일방적인 관계로 이해하는 것이 아니라 상호관계에서 설명하고 있다는 것이다. 또한 리더십이 권력과 분명히 구분되는 것이며, 리더십이란 영향력을 행사하는 과정을 의미한다. 이는 권력이 구성원의 의지와 무관하게 구성원에게 무엇을 하도록 한다는 특징과 분명하게 대비된다. 따라서 현대적 의미의 리더십은 영향력이라는 차원에서 매우 포괄적이며, 상호관계라는 측면에서 역동적인 특성을 갖고 있다고 하겠다.

2. 리더십 연구의 특징

리더십에 대한 논의는 구성원들의 신념, 가치관, 태도 등의 변화를 위해 조직행동 연구에서 동기부여와 함께 가장 중요하게 다루어지는 주제이다. 따라서 그러한 중요성만큼 연구 방법에 있어 다양하고, 연구 내용이 흥미롭다고 할 수 있다. 예컨대, 발표된 논문 가운데에는 리더십은 생일과 관련성이 있을 것이란 가설을 검증한 것이 있다. 이를 위해 명사들의 생일과 리더십 유형 간 관계를 분석한 논문도 있을 정도이다(Kirkpatrick과 Locke, 1991).

한편 사회문화적 관점에서 리더십은 사회나 조직의 최고경영자나 그들의 역할에 대해서 연구하였고, 경영관리 측면에서는 리더십은 관리를 위한 하나의 기능으로 의미를 축소하여, 현장에 활용하기 위한 방법을 연구한다. 하지만 경영관리 측면의 관리가 리더십보다 더 큰 범위를 갖고 있고, 리더십이 관리의 중요한 일부를 구성하는 하나의 기능이라고 하는 견해도 있다. 향후 논의의 전개는 어떤 주장이 옳고 그르다는 차원에서 벗어나, 두 가지 관점을 모두 포괄하여 리더십에 관해서 논의하도록 하겠다.

3. 리더십 연구의 흐름

리더십 연구의 흐름은 경영학 연구의 패러다임 변화와 관련이 있다. **표 10.1**은 리더십 연구의 시대별 전개방향과 내용을 요약한 것이다.

먼저 특성이론은 리더의 특성에 대한 연구로서, 리더가 아닌 사람과 구분할 수 있는 리더들이 갖고 있는 일반적인 특성을 밝히고자 하였다. 이러한 접근은 리더와 구성원 간 관계를 연구의 대상으로 삼은 것이 아니라, 리더의 일반적 특성에 대해서만 연구한 것이다. 따라서 특성이론은 경영학 연구의 패러다임에서 보아 과학적 관리와 관련이 있다. 과학적 관리의 근간을 이루는 특징은 조직 구성원을 생산을 위한 하나의 수단으로 간주하여, 생산성을 최적화할 수 있는 방법을 논의했다는 것이다. 따라서 구성원 중심의 논의라든가, 구성원들의 발전, 배려, 상호관계 등에 대한 연구는 이루어지지 않았다. 즉, 조직을 중심으로 조직의 필요에 부합하는 특성, 즉 자질과 능력을 갖춘 사람의 선발이 과학적 관리의 핵심 요소였던 것이다. 이러한 접근은 리더 중심의 '일방적인' 연구라는 측면에서 특성이론이 갖는 특징과 부합한다.

행동이론의 특징은 효과적인 리더와 비효과적인 리더의 행동을 파악하기 위해 노력했다는 점에 있다. 따라서 연구를 위해 관찰 가능하고 개발 가능한 인간의 행동을 대상으로 하여

표 10.1 리더십 연구의 흐름과 내용

연구 방향	연구 내용
리더십 특성이론 (20세기 초~1940년대)	• 리더를 중심으로 성공적인 리더의 특성을 연구하는 데 초점을 두었다. - 성공적인 리더의 성격 및 신체적 특성이 연구 대상이다.
리더십 행동이론 (1950~1960년대)	• 리더와 부하 간 관계를 중심으로 리더의 행동을 연구하였다. - 리더의 행동 유형과 리더십 효과에 관한 연구. 독재적-자유방임적, 구조주도적-배려중심적, 생산지향적-인간지향적
리더십 상황이론 (1970~1980년대)	• 리더십 과정에서 작용하는 주요 상황을 중심으로 리더와 상황의 관계를 연구하였다. - 리더에게 작용하는 환경적 상황요소와 리더십 유효성에 관한 연구(리더와 부하의 특성, 과업성격, 집단구조, 조직의 강화작용 등)
새로운 리더십 (1990년대 이후)	• 리더는 비전을 가져야 하며, 구성원들에게 강한 정서적 반응을 이끌어 내야 한다. - 카리스마 리더십, 변혁적 리더십, 비전 리더십, 셀프 리더십, 서번트 리더십

연구가 이루어졌다. 연구를 통해 리더십 효과는 리더의 행동에 따라 달라진다는 것을 실증적으로 밝혀내었다. 이는 행동주의 심리학 및 경영학 연구의 발전 과정에서 볼 때 인간관계론과 관련이 있다. 즉, 호손 연구에서 실험적으로 사용된 변수가 어떤 것인가에 따라서 구성원들의 행동, 즉 작업성과가 달라진다는 것과 조직과 구성원 간 상호관계를 중요시했다는 점을 생각해 보라. 이러한 특징은 행동주의 심리학을 기반으로 한 것이다.

상황에 따라 달라진다는 명제 아래 진행된 리더십 상황이론에 관한 연구는 1970년대 경영학의 상황적합성 연구의 틀 안에서 이루어졌다. 즉, 모든 조직에 활용할 수 있는 최선의 경영관리 방식이나, 모든 조직에 효율적으로 적용할 수 있는 조직설계 방식을 찾고자 했던 당시의 노력이 한계에 부딪히게 됨으로써 상황이론이 등장하게 된 것이다. 그리하여 리더십 연구에서도 상황이론의 적용은 이후 여러 가지 방향으로 발전하게 된다.

끝으로, 오늘날 리더십 연구에 있어서 새로운 리더십의 범주에 속하는 이론들은 1980년대부터 주목받은 조직문화의 연구와 관련하여 발전하였다. 이는 당시 기업환경의 급격한 변화 상황에서 기업의 경쟁력 제고 방안에 대한 연구와 글로벌기업의 등장과 소멸에 대한 연구가 병행되면서, 그 중심에 자리하고 있는 가치, 정서, 문화 등과 같은 (행동이 아닌) 인지적 요소의 중요성이 부각되면서 주목받게 된다. 예컨대, 리더는 분명한 비전을 가져야 하며, 리더는 구성원들에게 강한 정서적 반응을 이끌어 내야 한다는 것과 같은 주장은 이전의 리더십 이론에서 리더들에게 강조되던 요소들과 분명히 다르다고 하겠다.

지금부터 리더십 연구의 흐름에 따라 여러 가지 이론을 살펴보자.

II 리더십 특성이론

1. 리더의 특성연구

특성이론(trait theory)은 전반적으로 어떠한 특성이 리더에게 공통적으로 내재하고 있을 것이라는 전제에서 출발하고 있다. 역사적으로 볼 때 강한 리더들의 특성이 어떠한지에 대해서 우리는 익히 알고 있다. 우리가 공히 리더라고 생각하는 이순신, 안중근, 김구, 나폴레옹, 처칠, 비스마르크, 마틴 루터 킹 등을 생각해 보면 옆에 있는 것처럼 그들의 특성에 대해서 자신있게 말할 수 있다. 이순신 장군이 등장하는 영화나 드라마에서 우리는 충무공의 자신감과 굳은 의지, 단호함과 결단력 있는 행동을 통해 리더의 특성이 무엇인가를 생생히 보여 주기 때문이다.

리더십 특성이론은 개인적 특성에 초점을 두고 리더와 비리더를 구분한다. 넬슨 만델라, 테레사 수녀, 에이브러햄 링컨, 헨리 포드는 특성상 분명히 리더로 인정받고 있는데, 그들은 분명 보통 사람들과 구분되는 그들만의 카리스마, 열정, 용기를 갖고 있다. 이처럼 리더를 설명하고, 리더와 비리더를 구분하는 특성, 예컨대 성격이나 사회적, 신체적, 지적 특질에 대한 연구는 초기 단계의 리더십 연구에서 중요한 영역이다.

대표적인 연구로서 스톡딜의 리더의 특성연구가 있다. 스톡딜은 연구를 위해 리더의 특성들을 다음과 같이 범주화하였다(Stogdill, 1974).

- **신체적 특성** 연령, 신장, 체중, 외모 등
- **사회적 배경** 교육, 사회적 지위, 가문 등
- **지적 능력** 판단력, 결단력, 일반상식, 대화능력 등
- **성격** 환경적응성, 확신감, 자신감, 솔직함, 인내력, 독립성, 추진력 등
- **과업 관련 특성** 성취욕구, 주도성, 책임감, 자율성, 안전욕구 등
- **사회적 특성** 대인관계능력, 협동심, 감독능력, 통합력, 권력욕구 등

2. 특성이론의 전개

실제로 리더의 특성을 밝히려는 초기의 연구 노력은 성공하지 못했다. 이는 연구 방법상 타당성 문제 때문일 수도 있다. 하지만 모든 연구에서 공히 내린 결론은 단순하다. '리더가 다른 사람과 같지 않다'는 것이며, 또한 차별화된 특성은 연구마다 다르게 나타났다(Champy, 2003).

그런데 이후에 성격연구에서 Big 5(외향성, 친화성, 성실성, 정서적 안정성, 개방성)를 중심

으로 리더십 특성연구에 새로운 접근이 나타났다. 즉, 특성연구에서 다루었던 성격특성에 관한 논의가 Big 5 연구결과를 통해 입증되었다.

리더십 특성연구에서 뛰어난 리더십의 공통적인 특성을 포괄할 수 있는 요소로서 성격특성이 있었고, Big 5 연구를 통해 성격 및 리더십과 관련성이 있음이 밝혀졌기 때문이다. 그리하여 리더의 성격특성이 리더십의 예측요소임을 일관성 있게 입증할 수 있게 되었다.

예컨대, 앞서 언급한 여러 리더가 공통적으로 보여 주는 특성인 야망, 열정, 주도성, 성취욕구, 자신감, 대인관계 등의 특성은 Big 5 성격 요인 가운데 외향성에 속한다. 따라서 어떤 리더의 특성을 야망과 열정, 주도성이라는 개별적 특성에 초점을 맞추기보다는 외향성이라는 일반적 특성, 즉 성격의 관점에서 보는 것이 더욱 설득력 있다고 하겠다.

실제로 Big 5를 중심으로 연구한 여러 리더십 논문에서 공통적으로 외향성을 효과적 리더의 가장 중요한 특성으로 설명하고 있다. 그다음으로 성실성 > 개방성 > 친화성 > 정서적 안정성 순서로 효과적인 리더의 성격특성이 나타났다(Judge 등, 2002).

한편 현대적 의미의 특질로서 감정지능(Emotional Intelligence, EI)을 제시하는 연구 결과가 있다. 뛰어난 능력과 훌륭한 교육배경, 명확한 비전을 갖고 있더라도 감정지능 없이는 뛰어난 리더가 될 수 없다는 주장이다. 이는 특히 조직의 상층에 있는 사람들을 대상으로 실시한 연구 결과를 토대로 한 것인데, 이러한 주장의 근거는 다음과 같다(Caruso와 Wolfe, 2004).

리더십의 핵심 요소 가운데 중요한 것이 감정이입이다. 감정이입을 잘하는 리더는 구성원들의 요구를 잘 파악하고, 타인의 의견을 경청하며, 타인의 반응을 잘 이해한다는 특징을 보인다. 그리하여 감정이입은 타인에 대한 배려의 형태로 나타난다. 특히 구성원들에 대한 배려는 상황이 어려울 때 함께 일하는 사람들에게 보여 주는 신뢰와 격려로 이어진다. 이것의 효과는 곧 구성원의 충성심으로 나타나며, 결국 리더는 감정이입을 통해서 리더십 효과를 얻게 된다.

이러한 감정지능과 리더십 효과 간 연구는 최근 들어 활발히 이루어지는 분야이다. 하지만 실질적인 효용가치에 대한 비판이 함께 제기되고 있기도 하다.

3. 특성이론의 평가

지금까지의 논의를 토대로 특성이론에 대한 평가를 정리하면 다음과 같다.

첫째, 특성은 리더십을 예측할 수 있다. 이전의 연구는 조직행동에서 특성은 리더십을 예측할 수 없다는 결론을 제시했는데, 이는 특성을 분류하고 조직화하는 타당한 방법의 부재 때문이었다. 그리하여, 사후적으로 리더십 특성에 관한 귀납적 접근만 가능하였다. 그러나 성격 연구의 Big 5가 리더십을 예측할 수 있도록 하는 길을 열어 주었다.

둘째, 리더가 갖고 있는 여러 가지 특성은 효과적인 리더와 비효과적인 리더를 구분하는 요소가 아니라, 단지 리더들이 갖고 있는 특성이라는 의미를 가질 뿐이다. 즉, 연구 결과를 두고 말하자면 이러한 특성을 갖고 있는 사람들이 리더가 될 가능성이 크다는 의미이다. 따라서 이러한 특성이 곧 효과적인 리더가 되기 위한 요소가 아니라는 것이다.

참고 10.1 리더들의 특성인가 아니면 리더가 되기 위한 요소인가?

JP 모건 은행은 서치 펌(search firm)에 의뢰하여 미국의 10개 산업영역(우주국방, IT, 제조, 금융, 에너지, 식품의약, 첨단소재, 소매, 의류, 관광)에서 가장 뛰어난 CEO를 추천하도록 의뢰하였다. 각 분야별로 15명씩을 선발한 후, 그다음에는 3명으로 줄이고, 결국 1명씩 최고의 CEO를 선발하였다. 그들이 갖고 있는 공통된 특성은 다음과 같았다.

① 모두가 40대이며, 다른 기업에서 스카우트 제의가 계속되고 있다.
② 행동지향적이며, 변화에 주도적으로 대응하는 능력을 갖고 있다.
③ 기업의 진행방향과 가치에 관해 구성원들과 공감대를 형성한다.
④ 스스로에 대한 확신을 갖고 있으며, 지나친 두려움 없이 모험을 택할 능력이 있다.
⑤ 뛰어난 의사소통능력을 갖추고 있다.
⑥ 정직하다.
⑦ 이전 업무에서 보여 준 어떠한 형태이건 탁월한 업적이 있다.
⑧ 분명한 목표의식이 있으며, 이를 위해 기꺼이 희생을 각오한다.
⑨ 구성원과 공유하는 비전을 갖고 있다.
⑩ 스포츠를 좋아한다.

출처 : D. Goleman, "What Makes a Leader?", *Harvard Business Review*, Nov.-Dec. 1998, pp. 93-102.

III 리더십 행동이론

리더십 행동이론은 리더는 타고난 것이 아니라 교육훈련에 의해 개발될 수 있다는 전제에서 출발한다.

리더십 연구에 있어서 초기 특성이론 연구의 한계는 연구의 흐름을 다른 쪽으로 향하도록 하게 된다. 그리하여 특정 리더가 보여 주는 행동을 연구하기 시작하였는데, 이를 통해 효과적인 리더가 행동하는 방법을 찾아내려 한 것이다.

특성이론이 성공했다면 리더십이 필요한 집단이나 조직에서 해당 직위에 적합한 사람을 선발하는 데 활용할 수 있는 토대가 되었을 것이다. 마찬가지로 행동이론이 성공한다면 리더십을 결정하는 특정 행동을 밝혀낼 수 있을 것이고, 이를 통해 많은 사람들을 리더로 육성할 수 있을 것이다.

따라서 적용 측면에서 특성이론과 행동이론의 차이는 기본전제에 있다고 할 수 있다. 즉, 특성이론은 기본적으로 리더는 타고나는 것이므로, 그 같은 특질의 유무는 자신의 의지나 노력과는 무관하게 주어지거나 혹은 주어지지 않는다는 것이다. 그에 비해 행동이론에서는 리더에게 나타나는 특정 행동이 있다면 교육훈련을 통해 리더십을 개발할 수 있다는 것이다. 따라서 효과적인 리더를 양성하기 위한 프로그램 개발을 통해 효과적인 리더의 양산이 가능하다.

1. 아이오와대학 리더십 연구(Iowa Leadership Studies)

리더십 행동이론에 관한 최초의 체계적 연구라고 할 수 있다. 연구를 위해 10세 소년들을 세 가지 유형의 리더에 의해 통솔하였다. 세 가지 유형의 리더 행동은 독재적(권위주의적), 민주적(참여), 자유방임형(전적인 자유)으로, 리더는 의도적으로 이러한 유형의 리더십을 사용하였다(Lewin 등, 1939).

세 가지 리더십 형태가 소년들의 만족도, 좌절감, 적대행위 등에 어떠한 영향을 주는가를 연구하였는데, 연구 결과를 요약하면 다음과 같다.

만족도에서 소년들은 민주적 리더십을 독재적 리더십에 비해 월등히 높게 평가하였다(비율은 19 : 1). 자유방임형 리더와 독재적 리더의 비교에서도 7 : 3의 비율로 자유방임형 리더에 대한 만족도가 높았다. 이러한 결과를 두고 보건대, 구성원들은 혼돈이나 무질서가 경직된 분위기보다 낫다고 생각한다고 할 수 있다.

한편 독재적 리더에 대응하여 소년들은 공격적 반응과 무관심(비율은 1 : 4)한 반응을 보였는데, 이는 권위주의적 리더십에 대한 좌절감의 표현으로 해석할 수 있다. 무관심한 반응을 보였던 소년들도 리더가 자리를 떠나 분위기가 자유스러워지면 공격적 행동을 표출하였다.

연구 결과, 소년들은 자유방임형 리더 아래서 공격적 행동을 가장 많이 드러냈고, 그다음으로 민주적 리더 유형아래서 공격적 행동을 보였다.

자유방임형 > 민주적 > 독재적

공격적 행동 ◀——▶ 무관심 행동

아이오와 리더십 연구의 의미를 요약하면 다음과 같다. 첫째, 리더십 유형이 집단에 주는 영향에 관한 선구적 연구이다. 둘째, 동일한 혹은 유사한 집단에게 다른 유형의 리더십을 사용하면 그 결과(효과)가 달라진다는 것을 처음으로 실증분석을 통해 밝혀내었다.

2. 오하이오주립대학 리더십 연구(Ohio State Leadership Studies)

이는 오하이오주립대학에서 이루어진 리더십에 관한 연구로, 연구 자체의 의미에 더하여 후속연구를 위한 여러 가지 근거를 제공했다는 점에서도 의미가 크다. 먼저 연구를 위해 리더의 행동묘사 설문(Leader Behavior Description Questionnaire, LBDQ)을 개발했는데, 이는 다양한 집단(공군 조종사, 공장 감독자, 대학 행정직원, 대학생, 교사, 중소기업 관리자, 백화점 판매원, 생산직 근로자)을 대상으로 이루어진 설문조사이다(Stogdill, 1951).

연구를 위해서 리더십 관련 행위를 약 1,800개 수집하고, 그 가운데 리더십 행위라고 명확히 인식되는 것을 최종적으로 150개 추출하였다. 이 150개 항목을 이용하여 LBDQ를 구성하여 응답자의 상사가 보여 주는 행동과 부합되는지를 답하도록 한 것이다. 응답내용을 갖고 요인분석을 통해 상관관계가 있는 항목을 밝혀내었다.

이 연구는 리더십에 관해서 어떤 정의를 내리지 않고 실시하였다는 것이 특징인데, 그 이유는 응답자들의 선입견을 배제하고자 하는 목적 때문이었다. 왜냐하면 일반적으로 리더십 연구에서 사람들은 '리더십=좋은 리더십'으로 이해하는 경향이 있었기 때문이다. 따라서 리더십에 관한 기존의 정의에 구애받지 않고, 현재 자신의 상사의 리더십이 효과적인지, 비효과적인지, 긍정적인지, 부정적인지 등과 무관하게 상사의 행동을 묘사한 것을 선택하도록 하기 위해서였다.

LBDQ를 통한 요인분석 결과에서 응답내용은 배려(consideration)와 구조주도(initiating structure)로 명확하게 구분되어 묶였다. 다시 말해서 리더의 행동을 구성하는 독립된 차원을 찾고자 하는 목적으로 행해진 연구 결과, 수많은 차원 가운데 이 두 가지 차원을 도출하게 되었다는 것이다. 이 두 가지 차원은 부하의 위치에서 기술한 상사의 리더십 행동의 대부분을 설명하는 차원이라고 할 수 있다. **표 10.2**는 두 가지 차원을 설명하고 있다.

- **구조주도(initiating structure)** 리더가 목표 달성을 위해 자신의 역할과 부하 직원의 역할을 정의하고 구조화하는 행동을 의미한다. 구체적으로 업무 내용과 업무 관련 요소, 목표 등을 조직화하는 행동이 해당된다.

  이러한 행동이 두드러지는 리더는 특정 과업을 구성원들에게 명확하게 할당하고, 정해진 성과기준을 준수할 것을 요구하며, 회의시간에 정시에 필히 참석하는 것을 강조한다. 쉽게 말하자면 업무 중심적 리더라고 할 수 있다. 연구에서 주로 제조업에서 근무하는 사람들의 응답에서 상사의 행위를 이렇게 묘사하는 경우가 많았다.

표 10.2 LBDQ의 두 가지 차원

구조주도	배려
• 상사는 항상 분명한 업무지시를 한다. • 상사는 일정을 수시로 점검한다. • 상사는 규정과 절차를 중요시한다. • 상사는 업무마감일을 반드시 준수하도록 한다. • 상사는 마주치면 인사말이 '일 잘되고 있지'라고 하는 것이다.	• 상사와 대화를 하다 보면 긴장이 풀리고 편안해진다. • 상사는 어려운 일이 있을 때 언제라도 상담에 응해준다. • 상사는 제안사항에 대해서 반드시 검토해 준다. • 상사는 실수나 잘못에 대해서 함께 해결하고자 노력한다. • 상사는 마주치면 인사로 근황이나 가족에 대해 물어본다.

- **배려(consideration)** 업무관계에서 상호 신뢰, 부하 직원의 의견 존중, 부하 직원의 감정 존중 등을 강조하는 행동이다. 이러한 유형의 리더는 부하 직원의 안전, 위로, 지위, 만족에 관심을 갖는다.

배려형 행동을 하는 리더는 개인적인 문제에 당면한 부하 직원을 도와주며, 친절하다. 또한 가까이하기 쉽고, 모든 부하를 공평하게 대우한다. 쉽게 표현하자면 관계 중심의 리더라고 할 수 있는데, 주로 서비스 조직 근무자들의 응답에서 많이 나타났다.

이후 오하이오주립대학 리더십 연구와 관련한 160개의 논문고찰을 통해 리더의 구조주도 활동과 배려 활동이 각각 효과적인 리더십과 관련이 있음을 발견하였다. 다음은 연구 결과를 요약한 것이다(Schriesheim 등, 1995).

① 높은 배려의 리더와 함께 일하는 구성원들은 자신의 직무에 더욱 만족하고, 동기유발되며, 리더에 대한 충성심이 큰 것으로 나타났다.

② 높은 구조주도 리더의 경우 생산성, 집단 간 의사소통 등에서 리더십 효과를 나타내었다.

그림 10.1 오하이오주립대학 리더십 연구 결과

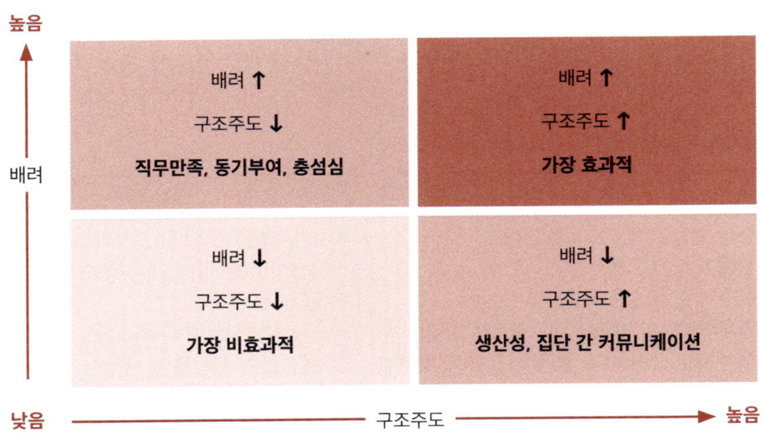

③ 후속연구를 종합해 볼 때, 배려의 리더십 유효성은 서비스산업의 경우에 매우 높았고, 구조주도의 경우 제조업 분야에서 리더십 유효성이 높았다. 즉, 리더십 유효성이 상황에 따라 달라짐을 발견하게 되었다.

④ 학교, 기업, 군대 조직 등 다양한 집단을 대상으로 이루어진 연구에서, 높은 배려 행동과 동시에 높은 구조주도 행동을 하는 리더가 구성원들의 만족도와 구성원들의 성과에 있어서 가장 효과적인 것으로 밝혀졌다.

⑤ 특성이론에 근거할 때, 리더를 확보하기 위해서는 선발에 의존할 수밖에 없지만, 행동이론을 두고 보건대, 교육훈련을 통해 리더십을 개발할 수 있다는 이론적 근거를 갖추게 되었다. 그리하여 이후 다양한 리더십 교육훈련 프로그램의 등장을 가져오게 된다.

3. 미시간대학의 리더의 행동특성연구(Michigan Studies)

미시간대학 서베이 센터의 연구는 오하이오주립대학의 연구와 같은 시기에 비슷한 목적으로 이루어졌다. 연구의 목적은 조직 성과에 영향을 줄 수 있는 리더의 행동특성을 밝히는 것이었다(Likert, 1961).

미시간대학의 리더의 행동특성 연구는 2개의 유형으로 구성된 리더십 행동을 제시하고 있으며, 두 가지는 종업원지향적 행동과 생산지향적 행동이다.

- **종업원지향적 행동** 이러한 행동의 특징은 대인관계를 강조한다. 또한 부하 직원의 욕구에 개인적 관심을 가지며, 리더는 구성원 간 개인적 차이를 인정하고 이를 당연한 것으로 받아들인다.
- **생산지향적 행동** 직무 관련 기술과 과업을 강조하는 행동이다. 주요 관심은 집단의 과업을 성공적으로 수행하는 것이므로, 리더는 구성원들을 목표 달성을 위한 수단으로 인식한다.

미시간대학 연구의 두 가지 유형은 오하이오주립대학 연구의 두 차원과 유사한 개념이며,

이후 실제로 리더십 연구에서 같은 의미로 사용하고 있다. 즉, 종업원지향적 리더십은 배려형과 같고, 생산지향적 리더십은 구조주도형과 같다고 할 수 있다.

하지만 연구 결과에서는 오하이오주립대학 연구와 달리 종업원지향적 리더가 더욱 효과적이라는 결론에 이르게 된다. 종업원지향적 리더가 높은 집단 생산성과 높은 직무만족을 나타내 보인 것이다. 그에 비해 생산지향적 리더는 상대적으로 낮은 집단 생산성과 낮은 직무만족의 경향을 보였다. 이러한 결과는 오하이오주립대학의 연구 결과와 대비되는 것이라고 할 수 있다.

한편, 미시간대학의 초기 연구에서는 오하이오주립대학 연구와 달리 종업원지향적 행동과 생산지향적 행동을 단일연속체의 양 극단에 위치하는 것으로 개념화하였다. 즉, 생산지향적 리더는 덜 종업원지향적이고, 종업원지향적 리더는 덜 생산지향적이란 의미로서 두 유형의 행동을 단일 차원으로 인식하였다. 따라서 오하이오주립대학 연구와 다른 결과는 그와 같은 이유에서 비롯된 것일 수도 있다. 이후 후속연구에서는 두 가지 유형의 리더십 활동유형을 오하이오주립대학 연구와 유사하게 두 가지 차원으로 재개념화하였고, 이를 통해 이론의 타당성을 강조하지만, 실제로 오하이오주립대학의 연구가 더 많은 관심과 후속연구를 위한 기반으로 활용되고 있다.

4. 관리격자이론

블레이크와 뮤턴의 관리격자이론(Managerial Grid Model)은 대표적인 리더십 행동이론이다(Blake와 Mouton, 1964).

조직행동이론 가운데 관리격자이론만큼 이론과 실제에서 상반된 평가를 받는 경우는 드물다. 현장에서는 리더십 개념에 대한 명확한 이해와 분석을 위한 틀로서 높이 평가받고 있다. 하지만 학계에서는 이론으로서 타당성 결여뿐만 아니라 실무 차원의 효용성에도 의문을 제시하며, 이론이라는 명칭도 붙여서는 안 된다는 주장까지 있다.

그와 같은 평가와 별개로 관리격자이론은 리더십 행동이론의 중요한 위치에서 다루어지고 있다.

1) 관리격자이론의 기본개념

관리격자이론의 기본전제는 과업과 사람에 대해서 얼마만큼 관심을 갖는가에 따라 리더십 효과는 다르게 나타난다는 것이다. 이때 '과업 중심과 사람 중심'이라는 개념은 오하이오 주립대학 연구에서 밝혀진 구조주도와 배려를 그대로 사용한다. 따라서 모든 관리자들의 리더십은 과업 중심과 사람 중심에 대한 선호도와 이를 실천하기 위한 행동(노력)에 의해 결정된다는 주장이다. 이를 토대로 관리격자 모델을 개발하였다. **그림 10.2**는 관리격자 모델을 보여 주고 있다.

관리격자 모델에서 볼 수 있듯이 과업과 사람에 대한 관심 수준에 따라 각기 9개 등급으로 구분된다. 따라서 모두 81개의 격자가 구성된다. 그 가운데 5개의 격자를 전형적인 리더십 유형으로 설명하고 있다. 관리격자 이론에서는 그와 같은 5개의 유형에 대한 특징을 설명하고, 아울러 관리격자 모델에서 어디에 해당하는지를 알아볼 수 있는 평가지표를 제시하고 있다. 따라서 실무 차원에서 자신이 관리격자 모델의 어디에 위치하는지를 확인한 다음, 스스로에

그림 10.2 관리격자 모델

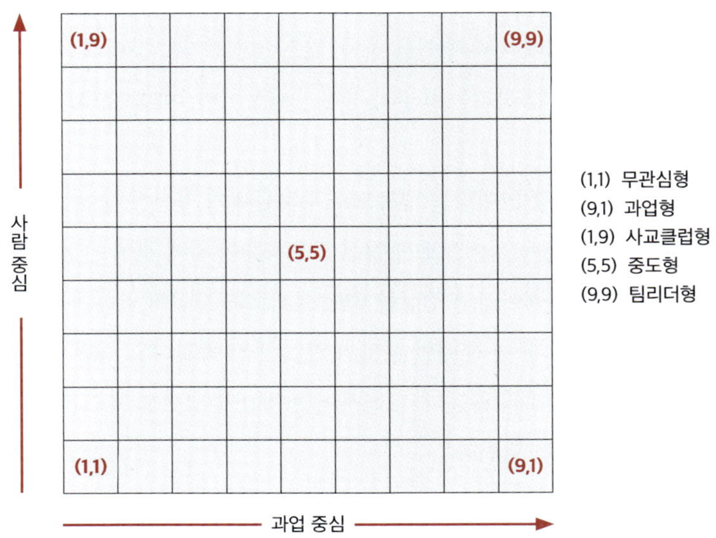

게 필요하다고 생각하는 개선 방안(행동 변화)을 모색하도록 한다.

2) 관리격자 모델의 다섯 가지 유형 분석

지금부터 관리격자이론의 전형적인 다섯 가지 유형에 대해 살펴보도록 하자.

무관심형(1,1)

과업과 사람 모두에게 무관심한 리더십 행동을 의미한다. 관리격자 모델에서 관심이 없다, 쓸모가 없다(impoverish)의 의미는 무능력하다는 의미와 분명히 다르다. 관리격자이론에서 이러한 유형의 리더는 스스로의 능력 수준은 높으나, 무관심하기 때문에 리더십 효과가 떨어지는 경우까지 포함하기 때문이다. 이러한 유형의 리더십 행동을 설명하면 다음과 같다.

① 무관심형 리더는 과업과 사람에게 모두 무관심한 태도를 갖는다. 따라서 최소한의 노력을 통해 과업을 수행하며, 인간관계를 유지하려고 한다. 이러한 유형의 리더는 조직에서 자신이 원하는 것이 많을 수도 있고 적을 수도 있지만, 어떤 경우이건 스스로의 노력은 그에 훨씬 미치지 못한다. 따라서 스스로의 행동규칙에서 가장 중요하게 생각하는 요소는 정해진 방법에 따라서 일을 하되, 최소한만 하자는 것이다. 이러한 행동의 심리적 근거는 현상 유지를 하려는 욕구가 강하기 때문이며, 미래지향적 성취동기를 전혀 갖고 있지 않다.

② 무관심형 리더는 권한 위임이라는 명목으로 부하들에게 자신이 해야 할 부분까지 일처리를 맡긴다. 이러한 행동의 이유로서 일선 근무자들이 일에 관해 가장 잘 알고 있기 때문에 권한 위임이 효과적이라고 주장하지만, 실제로는 자신이 편하게 지내기 위해서이다. 따라서 과업이나 업무를 분배할 때도 누가 맡든지 똑같다고 하면서 구성원들의 특성과 능력을 전혀 고려하지 않는다. 그리하여 문제가 발생했을 때 그 일에서 자신이 책임자가 아니라는 논리를 펼친다.

③ 무관심한 리더는 조직 안에서 중요한 일을 맡으려 하지 않을 뿐만 아니라, 스스로가 화제의 중심이 되는 상황을 극도로 삼간다. 따라서 어떤 갈등상황이나 분쟁이 발생했을

때는 항상 침묵으로 일관하거나 중립을 유지한다. 그렇게 함으로써 어느 쪽에서건 적을 만들지 않으려 한다. 겉으로 보기에 욕심이 없는 것처럼 보일 수 있으나, 속으로는 자신의 이익과 관련된 일에만 집중하는 사람이다. 따라서 자신의 이익에 몰입하며, 조직의 이익에 대해서는 초월한 듯한 태도를 보이는 유형이 이러한 리더십의 두드러진 특징이다.

과업형(9,1)

과업형 리더는 일에만 전념하는 유형이다. 따라서 사람에 관해서는 중요하게 생각하지 않는다. 업무효율성과 관련하여 직무 관련 요소와 상황에 대해서는 중요하게 생각하지만, 인간적 요소에 대해서는 관심이 없다. 경영관리에 있어서 기계적, 과학적 접근을 생각해 보면 이해가 될 것이다. 이러한 유형의 리더는 상황에 대한 통제욕구가 강하기 때문에 규정과 절차를 중요하게 생각한다. 따라서 업무수행이 매뉴얼대로 진행되도록 노력할 것이며, 과업과 마찬가지로 사람들 또한 매뉴얼대로 움직이는 것을 당연하게 여긴다. 따라서 구성원들에 대해서는 일방적인 복종을 요구하며, 자신의 의견에 따르지 않는 사람에 대해서는 장애물로 생각한다.

① 과업형 리더의 심리적 근거에는 실패에 대한 두려움이 위치하고 있다. 따라서 그것이 반동형성으로 작용하여 스스로가 남들보다 강하고 뛰어나다는 것을 과시하려고 한다. 그리하여 실패하는 경우, 실패의 원인을 상황과 타인에게 귀인하기 때문에, 문제의 원인을 자신으로부터 찾을 수 있는 기회를 차단하게 된다. 자신의 실수나 잘못을 인정하는 것은 자신이 무능하다는 것을 인정하는 것이 되기 때문이다. 따라서 일을 할 때 결코 다른 사람의 충고나 조언에 귀를 기울이지 않는다.

② 이러한 유형의 리더는 위계를 중요하게 생각한다. 따라서 조직 구성원과 관계에서 명령과 복종관계를 당연하게 여긴다. 업무지시에 관련해서는 육하원칙에 따라 명확하게 부여하며, 구성원들 또한 그에 따라 보고하도록 한다. 또한 과업형 리더는 성과가 좋은 부하 직원을 편애한다. 따라서 잘못하거나 부족한 부하들에 대해서는 매정하게 대한다. 대화 방식에 있어서도 질문을 매우 공격적으로 함으로써, 상대방을 몰아붙이고, 다른

사람의 이야기를 들을 때는 방어적인 자세를 결코 흩뜨리는 경우가 없다. 특히 대화에서 '결코, 절대, 반드시' 등의 말을 많이 사용하며, 일이나 놀이에서도 승부욕이 강하다.

③ 이러한 유형의 리더가 팀이나 부서의 관리자일 경우 구성원들의 반응은 복종 아니면 무관심의 두 가지 형태로 나타난다. 마치 (1,1) 형태의 리더가 보여 주는 태도와 행동을 구성원들이 하게 된다는 것으로, 소극적이며, 창의성이라고는 결코 찾아볼 수 없는 모습으로 일을 하게 된다. 따라서 구성원들의 이러한 모습을 보면서 리더는 그러한 태도의 원인을 구성원들의 내부적 특성으로 귀인하게 된다. 즉, 원인을 결코 스스로에게서 찾으려 하지 않는다. 그 결과 리더와 구성원 간 관계는 복종, 게으름, 무관심, 처벌 등의 부정적 요소로 채워지며, 그러한 관계는 악순환을 거듭하게 된다. 산업화 시대에 경험하게 되는 이러한 과업형 리더는 구성원들의 소외감, 사기 저하, 싫증, 지루함 등과 같은 부작용을 가져다 주었다.

사교클럽형(1,9)

이러한 유형의 리더는 스스로와 동료, 부하와 상사들과의 관계를 중요하게 생각한다. 그에 비해 실제로 일이 어떻게 진행되고 있는지에 대해서는 관심이 없다. 사교클럽 매니저의 역할처럼 손님들이 모든 시름과 근심을 잊어버리고, 오로지 모여서 즐겁게 지낼 수 있도록 하는 것이 목적이라고 할 수 있다. 따라서 사교클럽형 리더는 리더십의 원천을 구성원들의 태도와 감정에서 찾는다. 구성원들의 지지와 뒷받침이 자신의 권력기반이라 인식하기 때문에, 구성원들의 욕구 충족에 대해 항상 관심을 기울인다.

① 사교클럽형 리더의 심리적 근거에는 구성원들의 저항에 대한 두려움이 자리하고 있다. 마치 사교클럽의 매니저가 그러하듯, 손님들의 저항이 두려워 최대한 묵언(관용)과 순종하는 자세를 보이는 것이다. 따라서 사교클럽형 리더는 부하들에 대해 도움과 뒷받침을 아끼지 않고 제공한다. 즉, 그렇게 함으로써 조직의 융합과 사기 진작이 이루어지고, 반대급부로서 스스로의 리더십 기반이 튼튼해지기 때문이다. 따라서 이러한 리더가 이끄는 조직이나 부서는 자유롭지만, 게으르고 비효율적일 수 있다.

② 사교클럽형 리더의 업무 부여 방식은 통제와 거리가 멀다. 왜냐하면 통제한다는 것은

서로에 대한 불신임 행위이기 때문이다. 따라서 사교클럽 매니저가 하듯, 구성원들에게 업무를 부여하는 것이 아니라 놀잇거리 혹은 심심풀이 정도의 일을 준다. 따라서 구성원들에게 업무를 쉽게, 즐겁게, 잘 하리라고 기대한다는 당부도 함께한다. 특히 이러한 유형의 리더는 구성원에게 가족이라는 인식을 강조한다. 따라서 직원들뿐만 아니라, 직원들의 가족과 심지어 친척까지도 관심과 배려의 대상이 된다.

③ 업무성과가 나쁘거나 문제가 발생하면, 이러한 유형의 리더는 자신의 책임으로 귀인한다. 따라서 (9,1) 리더와 마찬가지로 문제 해결을 위해 본질적인 접근을 하지 않으려 한다. 만일 진정으로 문제 해결을 하려는 경우에도, 문제 발생 당시에는 일단 은폐하며, 문제의 범위와 수준을 축소함으로써 모두에게 좋은 일이 되도록 노력한다. 그리하여 (1,9) 리더는 결코 꾸지람과 욕설을 동원하지 않으며, 자신도 확신하지 못하는 미래와 후일을 약속한다. 구성원들은 이러한 리더의 조직 내 행동에 대해서 처음에는 만족해 할 수 있다. 하지만 시간이 지나면서, 리더의 그러한 행동과 태도에 싫증과 실망을 느끼고 리더를 무시하게 된다. 성취동기가 큰 사람은 그러한 리더 밑에서 일하고 싶지 않기에 이탈하는 경우도 있다. 이러한 유형의 리더십은 독과점 상황에서 높은 이윤을 내며, 경쟁의 위험도 걱정할 필요가 없는 조직에서 발견할 수 있다. 우리나라 공기업이 전형적인 보기에 해당할 것이다.

중도형(5,5)

중도형 리더는 과업과 사람에 대해 골고루 관심을 갖는다. 따라서 과업형과 사교클럽형의 중간 형태라고 할 수 있다. 중도형 리더는 자신에 대한 구성원들의 평가를 중요하게 생각한다. 따라서 조직 안에서 동료와의 관계에서 우위를 차지하기 위한 노력도 게을리하지 않는다. 따라서 언어능력이 뛰어나며, 사교적이고, 행동거지가 단정하다. 또한 상황적응력이 탁월하기 때문에 대세에 따라서 의사결정을 한다. 이러한 유형의 리더는 대다수의 행동과 의견에 따라가면서, 그들보다 조금만 나으면 자신의 출세와 성공은 보장된다는 믿음을 갖고 있다. 따라서 중도형 리더십 유형은 태도와 행동에서 정형화되어 있다는 특징이 있으나, 자신의 개성이 없다는 것이 또한 특징이다.

① 중도형 리더는 원칙주의자로서, 다른 사람과 다른 행동을 하려 하지 않는다. 무엇을 개척하고 창조하는 것이 아니라 부족하고 모자라는 것을 채워 넣는 방식으로 업무를 수행한다. 이것은 자기감시 성향이 높은 사람이 갖는 특징 때문에 가능하다. 즉 적응에 능숙하기 때문에 가능한 것이다. 중도형 리더는 명령이라는 수단에 의존하지는 않지만, 자유방임도 하지 않는다. 그렇기 때문에 동기부여와 커뮤니케이션을 중요한 수단으로 활용한다. 따라서 계획 수립 시에도 구성원들의 생각과 아이디어를 중요하게 생각하고, 활용하기 위해 노력한다. 업무배분과 관련하여 볼 때, 부하들에게 격려와 함께 필요할 때 기꺼이 직접적인 도움도 제공한다. 배치에 있어서 과업과 사람의 조화, 즉 현재의 적합성을 가장 중요하게 생각한다. 따라서 잠재능력이나 활용 가능성은 우선순위에서 멀다.

② 중도형 리더는 자신뿐 아니라 다른 사람들 또한 합리적인 존재로 인식하는 경향이 강하다. 따라서 구성원들의 이상 반응이나 행동에 대해서도 그럴 수 있는 것으로 여긴다. 그리하여 업무성과에 있어서도 최고나 최대를 추구하지 않는다. 사람들이 수용할 수 있는 합리적인 범위와 수준에서, 그리고 노력하면 누구라도 달성할 수 있는 수준에서 목표가 설정되어야 한다고 생각한다. 따라서 최고를 추구하기보다는 적정 수준을 추구한다고 할 수 있다.

③ 중도형 리더는 어려운 문제나 갈등 상황에 당면하게 되면 관례에 따라 해결하려고 한다. 따라서 조직 내 암묵적 관행이나 전통을 중요하게 생각하며, 업무수행 과정에서 발생하는 불확실성을 그러한 관행이나 전통을 통해 흡수하기 위해 노력한다. 구성원과 관계에서 융합을 잘하기 때문에, 부하들은 이러한 리더와 함께 일하는 과정에 어느새 감화된 스스로를 발견하게 된다. 그리하여 구성원들은 일을 할 때 리더가 어떻게 하기를 원할지를 먼저 생각하게 된다. 당연히 혁신과 창의성은 떨어지는 조직이 될 것이며, 구성원들이 무언가 변화를 시도하는 경우에는 온갖 논리와 이유를 들으면서 자신의 생각을 접어야 한다. 중도형 리더가 장애물을 극복하지 못하는 경우 (1,1) 유형으로 바뀔 가능성이 크다고 한다.

팀 리더형(9,9)

팀 리더형은 과업과 사람에게 모두 관심을 가질 뿐 아니라 두 가지를 하나로 조화롭게 융합한다. 구체적으로 자발적 협력, 자기혁신, 개방적 조직, 권한과 책임의 분담 등을 잘 추진한다. 따라서 조직의 성공이 개인의 성공이 되며, 개인의 발전이 조직의 발전이 될 수 있다는 믿음으로 실천할 수 있다. 특히 팀 리더형 리더는 어려움이나 난관에 처한 상황에서 빛을 발휘하게 되는데, 스스로에 대한 확신과 구성원들의 신뢰 덕택에 좌절감 없이 성공을 향해 전진할 수 있다.

① 앞서 언급하였듯이 팀 리더형 리더의 가장 큰 특징은 개인의 발전과 조직의 성장을 동일한 것으로 인식한다는 점이다. 이러한 특징은 의사결정 과정에서 두드러지게 나타나는데, 계획단계에서부터 구성원들이 참여할 수 있도록 하며, 권한과 책임관계를 명확히 하고, 규정과 프로세스 또한 잘 갖추어 둔다. 따라서 의사결정 과정의 효율성뿐만 아니라 실행효과도 높다. 인력 배치는 다른 유형의 리더와 달리 과업의 필요성뿐만 아니라 구성원들에 대한 개발계획을 함께 고려하여 이루어진다. 팀 리더형 리더십은 운동팀의 경우와 마찬가지로 구성원들의 참여 수준이 조직이나 부서의 목표 달성 정도를 결정하게 된다. 따라서 이러한 과정을 통해 구성원과 조직은 협력의 진정한 의미를 상호 학습하게 된다.

② 갈등과 문제 발생 상황에서 팀 리더형은 더욱 가치를 발휘하게 된다. 무엇보다 팀은 일심동체란 의식이 강하기 때문에 갈등이나 문제 발생에 예방적 효과가 있으며, 문제가 발생한 후에도 쉽게 해결할 수 있는 바탕이 된다. 그리하여 문제나 갈등 상황 자체가 발전이나 창조를 위한 기회가 될 수 있음을 크고 작은 팀 활동을 통해 우리는 경험적으로 알고 있다. 커뮤니케이션 측면에서 볼 때, 팀 리더형 리더는 다양한 커뮤니케이션 채널을 갖고 있다. 종류의 다양성뿐만 아니라 속성에서도 상하, 좌우 골고루 이루어진다. 따라서 조직 내 정보와 구성원들의 감정상태 전달에 왜곡현상이 현저하게 줄어든다. 그리하여 구성원들에게 생각과 태도를 현실적으로 갖도록 해 주며, 논리와 이성을 강조하고, 사고능력을 제고함으로써 문제 해결을 용이하게 해 줄 수 있다. 마찬가지로 갈등 상황에 대해서도 문제의 원인을 일방적으로 귀인하지 않고 다차원적으로 접근할 수 있도

참고 10.2 영원한 리더 백범 김구

우리가 백범 김구를 훌륭한 리더라고 말할 수 있는 것은 그에 대한 신뢰 때문일 것이다. 언행일치. 이보다 더한 신뢰감을 나타내는 말이 더 무엇이 있겠는가. 상해와 중경에서 임시정부 시절의 일을 써 내려간 백범일지가 두 아들에게 미리 써 둔 유서라면, 해방된 조국에 돌아와서 쓴 글인 나의 소원은 우리 민족 모두에게 자신의 철학과 사상을 밝힌 글이다. 김구는 자신이 원하는 나라는 경제적, 물질적으로 부요한 나라가 아니며, 정치적, 군사적으로 강고한 나라도 아니라고 하였다. 진정 그가 바라는 나라는 한없이 문화의 힘을 갖는 나라, 문화국가라고 하였다. 참으로 가슴 뭉클하며, 심장의 피가 들끓는 말이 아닌가. 1947년 글을 쓸 때 우리의 상황은 어떠했는가? 비록 6.25 전쟁이 일어나기 이전이기는 하지만, 남의 힘으로 나라를 되찾았기에 아직 우리가 우리나라의 주인이 아니었고, 좌우 대립으로 혼란하던 시절, 어떻게 보면 세계에서 가장 불쌍하고 보잘것없는 한심한 상황이라고도 할 수 있었다. 그때 김구는 당당하게 외친다. 내가 원하는 나라는 문화의 힘이 넘치는 나라라고. 오늘날 우리가 고민하고, 갈망하고, 기원하는 인간, 아니 인류의 참모습들을 김구는 70년 전에 이미 통찰하고 있었던 것이다.

김구의 나의 소원 가운데 내가 원하는 우리나라

나는 우리나라가 세계에서 가장 아름다운 나라가 되기를 원한다. 가장 부강한 나라가 되기를 원하는 것은 아니다. 내가 남의 침략에 가슴이 아팠으니, 내 나라가 남을 침략하는 것을 원치 아니한다.

우리의 부력은 우리의 생활을 풍족히 할 만하고, 우리의 강력은 남의 침략을 막을 만하면 족하다. 오직 한없이 가지고 싶은 것은 높은 문화의 힘이다. 문화의 힘은 우리 자신을 행복되게 하고, 나아가서 남에게 행복을 주겠기 때문이다. 지금 인류에게 부족한 것은 무력도 아니요, 경제력도 아니다. 자연과학의 힘은 아무리 많아도 좋으나, 인류 전체로 보면 현재의 자연과학만 가지고도 편안히 살아가기에 넉넉하다.

인류가 현재에 불행한 근본이유는 인의(仁義)가 부족하고, 자비가 부족하고, 사랑이 부족한 때문이다. 이 마음만 발달이 되면 현재의 물질력으로 20억이 다 편안히 살아갈 수 있을 것이다.

인류의 이 정신을 배양하는 것은 오직 문화이다. 나는 우리나라가 남의 것을 모방하는 나라가 되지 말고, 이러한 높고 새로운 문화의 근원이 되고, 목표가 되고, 모범이 되기를 원한다. 그래서 진정한 세계의 평화가 우리나라에서, 우리나라로 말미암아 세계에 실현되기를 원한다. 홍익인간(弘益人間)이라는 우리 국조 단군의 이상이 이것이라고 믿는다.

또 우리 민족의 재주와 정신과 과거의 단련이 이 사명을 감당하기에 넉넉하고, 국토의 위치와 기타의 지리적 조건이 그러하며, 또 1차, 2차 세계대전을 치른 인류의 요구가 그러하며, 이러한 시대에 새로 나라를 고쳐 세우는 우리의 서 있는 시기가 그러하다고 믿는다. 우리 민족이 주연배우로 세계의 무대에 등장할 날이 눈앞에 보이지 아니하는가.

이 일을 하기 위하여 우리가 할 일은 사상의 자유를 확보하는 정치양식의 건립과 국민교육의 완비다. 내가 위에서 자유의 나라를 강조하고, 교육의 중요성을 말한 것이 이 때문이다.

록 함으로써 근본적인 해결이 가능할 수 있게 해 준다. 따라서 이러한 조직에서 일하는 구성원들은 스스로를 존중할 수 있기에, 자신의 의견을 분명히 나타내며 자신의 일에 대해 기꺼이 책임을 지려 한다.

③ 팀 리더형은 조직과 인간, 과업과 감정이 최고의 조화를 이룬 상태이다. 따라서 다른 리더 유형을 (9,9)로 바꾸기 위한 노력이 필요하다.

블레이크와 뮤턴은 이를 위해 다음과 같은 노력이 요구된다고 하고 있다.

첫째, 무엇보다 리더와 구성원들은 관리격자이론의 특성에 대해 잘 이해해야 한다. 그렇게 함으로써 팀 리더형과 본인의 유형 간 차이를 알 수 있기 때문이다.

둘째, 구성원들은 팀으로서 공통된 가치관을 갖기 위해 노력한다. (9,1)과 (1,9) 유형을 생각하면 무슨 의미인지 곧 이해가 될 것이다.

셋째, 구성원 모두가 자기 기만에서 벗어나야 한다. 블레이크와 뮤턴은 이것이 가장 중요한 요소라고 말하고 있다. 즉, 모든 사람이 팀 리더형 행동과 관리 방법이 가장 좋다고 인정하고 있다. 하지만 스스로의 행동은 그것과 큰 차이를 보이는 전혀 다른 것임에도 불구하고, 팀 리더형 리더십과 관리행동을 하고 있다고 생각한다. 물론 착각에서 그렇게 생각할 수도 있다. 하지만 블레이크와 뮤턴은 이를 자기기만이라고 표현하며, 그와 같은 방어적 심리상태를 포기해야만 팀형 리더로 나아가는 장애물을 제거할 수 있다고 강조한다(Blake와 Mouton, 1985).

IV 리더십 상황이론

리더십 특성이론에 대한 연구가 리더십 전반에 관한 논의에서 설득력이 부족하였고, 리더십 행동이론 또한 리더십 효과에서 일관된 결과를 얻지 못함에 따라 상황의 영향에 초점을 둔 접근이 이루어지게 된다. 그리하여 리더십 유형과 리더십 효과의 관계를 밝히기 위한 상황이론이 등장하였다.

리더십 상황이론은 리더의 역할, 기술적 요인, 행동특성에 영향을 주는 상황변수에는 어떤 것이 있으며, 구성원들의 성과와 만족에 영향을 주는 상황 요인에는 어떤 것이 있는지를 중심으로 연구가 이루어지고 있다.

오늘날 여러 가지 상황이론 가운데 성공적인 것으로 피들러의 상황모델, 리더-구성원 교환관계 이론, 목표-경로 이론, 허시와 블랜차드의 상황적 리더십 모델, 규범적 리더십 모델 등을 들 수 있다.

1. 피들러의 상황모델

이는 최초의 리더십 상황이론으로서 피들러(F. Fiedler)는 높은 집단성과는 리더가 부하직원과 상호작용하는 유형과 상황의 호의성(유리한 정도)이 부합될 때 나타난다고 주장하였다(Fiedler, 1967). 즉, 리더십 형태와 상황의 호의성 사이의 관계를 통해 리더십 유효성을 설명하고 있다. 지금부터 피들러의 상황모델에 관해 살펴보자.

1) 리더십 유형 확인

개인의 리더십 유형이 리더십 성공에 핵심적인 요소이므로, 피들러의 상황모델은 리더십 유형을 밝히기 위한 LPC 설문지를 개발하였다. 이는 18개 항목의 형용사로 구성되어 있으며, 이를 통해 과업지향 혹은 관계지향인지를 밝힐 수 있다(LPC에 관해서는 **참고 10.3** 참조).

피들러는 응답자가 다른 사람, 즉 LPC에 대해 평가하는 것을 통해, LPC가 아니라 응답자에 대해 더 많은 것을 알 수 있다고 주장한다. LPC 측정을 통해 설문응답자들로부터 얻을 수 있는 정보에 관해서 피들러는 다음과 같이 설명하고 있다.

① 응답자가 LPC에게 비교적 높은 점수를 주면, 그 응답자는 동료와 좋은 인간관계를 형성하는 데 주된 관심을 기울이고 있는 사람이다. 따라서 그 응답자는 관계중심적 리더라고 할 수 있다. 왜냐하면 '가장 선호하지 않는 동료'를 호의적으로 표현한다는 것은

좋은 대인관계를 유지하는 데 일차적인 관심을 갖는 사람이기 때문이다.

② 그에 비해 LPC에게 비교적 낮은 점수를 주는 응답자는 업무 중심적 리더라고 할 수 있다. LPC에게 낮은 점수를 준다는 것은 과업을 성공적으로 수행하는 데 일차적 관심을 두는 것이기 때문이다. 따라서 직무의 성공적인 수행에 별 도움이 되지 못하거나 방해가 되는 LPC를 성가신 존재로 인식하는 경향을 반영한 것이다.

③ LPC에게 64점 이상을 주는 응답자는 높은 LPC 리더, 즉 관계 중심적 리더이다. LPC에게 57점 이하를 주는 응답자는 낮은 LPC 리더, 즉 업무 중심적 리더라고 할 수 있다. 피들러의 연구에서 약 15% 정도의 사람들이 57~64점 사이의 점수를 주는 응답자로 나타났는데, 이들은 피들러의 상황모델 예측 범위에서 벗어난 사람들이다. 한편, LPC 점수에 근거하여 구분된 리더유형은 행동이론에서 밝힌 리더십 유형과 다르다고 할 수 있다. 왜냐하면 응답자 본인의 행동분석을 통한 리더십 유형의 구분이 아니라, LPC를 어떻게

참고 10.3 LPC 측정

여러분은 사람들과 어떤 목표를 위해 함께 일해 본 경험이 있을 것입니다-학교와 직장에서, 동아리와 친목단체에서, 교회나 봉사단체에서. 그런데 여러 가지 상황에서 어떤 사람은 함께 일하기가 즐겁고 편안했지만, 어떤 사람은 함께 일하기가 어렵고 불쾌했던 경험을 했을 것입니다. 따라서 지금까지 함께 일한 경험이 있는 사람들을 한 번 생각해 봅시다. 그리고 그 가운데 '함께 일하기가 가장 싫었던' 한 사람(Least Preferred Coworker, LPC)을 생각해 보십시오. 그 사람은 현재 일하고 있는 사람이어도 좋고, 과거에 함께 일한 사람이라도 괜찮습니다. 그러나 그 사람은 개인적인 이유로 또는 감정상 가장 싫었던 사람이 아니라, 함께 어떤 일을 수행하기에 가장 어려웠던 사람이어야 합니다. 쉽게 말해서 함께 일하기 가장 껄끄러운 사람을 생각하면 됩니다.

그런 다음 그 사람이 갖고 있는 여러 가지 측면에 대해서 다음 설문에서 해당된다고 여기는 점수에 ○ 표시를 하면 됩니다.

이때 주의할 점은 척도의 양쪽에 있는 형용사를 보고 적합한 점수에 ○ 표시를 하되, 각 문항을 하나도 빠뜨리지 말고, 또한 가능한 빠른 속도로 답해야 합니다. 각 문항에 대한 맨 처음 생각이 가장 정확한 답일 가능성이 큽니다.

지금부터 LPC 척도의 18문항에 답해 봅시다(**표 10.3** 참조).

출처 : F. Fielder, *A Theory of Leadership Effectiveness*, NY, McGraw Hill, 1967, pp. 44-69.

표 10.3 LPC 척도(Least Preferred Coworker Scale)

쾌활한	8 7 6 5 4 3 2 1	쾌활하지 못한
친절한	8 7 6 5 4 3 2 1	불친절한
거부적인	1 2 3 4 5 6 7 8	수용적인
긴장하고 있는	1 2 3 4 5 6 7 8	여유가 있는
거리를 두는	1 2 3 4 5 6 7 8	친근한
냉정한	1 2 3 4 5 6 7 8	다정한
지원적인	8 7 6 5 4 3 2 1	적대적인
따분해 하는	1 2 3 4 5 6 7 8	흥미있어 하는
싸우기 좋아하는	1 2 3 4 5 6 7 8	화목하고 잘 조화하는
우울한	1 2 3 4 5 6 7 8	늘 즐거워하는
주저함이 없고 개방적인	8 7 6 5 4 3 2 1	주저하며 폐쇄적인
험담을 잘하는	1 2 3 4 5 6 7 8	너그럽고 관대한
신뢰할 수 없는	1 2 3 4 5 6 7 8	신뢰할 수 있는
사려 깊은	8 7 6 5 4 3 2 1	사려 깊지 못한
심술궂고 비열한	1 2 3 4 5 6 7 8	점잖고 신사적인
공감대가 있는	8 7 6 5 4 3 2 1	공감대가 없는
성실하지 않은	1 2 3 4 5 6 7 8	성실한
친절한	8 7 6 5 4 3 2 1	불친절한
합계		

평가하느냐 하는 점수에 의해서 확인되는 리더유형이기 때문에, 이는 특성이론에서 밝히고자 하는 리더의 특성에 해당된다고 보는 것이 타당할 것이다.

2) 상황의 정의

LPC 측정법을 통해 리더유형을 밝혀낸 후, 그다음 단계로 피들러는 실증연구를 통해 리더십 유효성을 결정하는 세 가지 상황 요인을 제시하였다. **그림 10.3**은 피들러의 상황모델을 나타낸 것이다.

그림 10.3 피들러의 상황모델

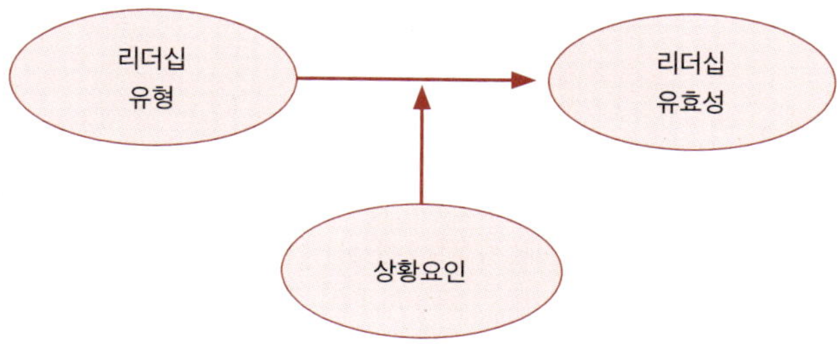

- **리더와 구성원 간 관계** 리더에 대한 확신, 신뢰, 존경의 정도를 의미한다. 이는 리더의 직접적인 영향력을 결정한다. 구성원들에게 가장 영향력 있고 신뢰할 수 있는 리더가 누구인가를 물어보는 방식으로 확인할 수 있다.
- **과업 구조화의 정도** 규정과 절차 등의 구조화 정도를 의미한다. 구체적으로, 업무영역과 목표가 얼마나 명확한가, 업무처리와 작업 방식의 선택범위, 새로운 작업내용에 대한 성과 측정이 객관적인가 등을 말한다. 일반적으로 과업 구조화 정도가 높은 업무가 업무를 완성하기 쉬우며, 리더의 역할도 더욱 명확해진다.
- **지위영향력** 공식적 권한, 영향력의 정도를 의미한다. 따라서 이것은 개인의 능력에서 비롯되는 것이 아니다. 이때의 지위는 반드시 높은 지위를 의미하지 않으며, 해당 지위에 상응하여 조직으로부터 주어지는 영향력을 말한다. 지위 영향력이 클수록 더욱 리더십을 발휘할 수 있는 상황이 된다.

피들러는 세 가지 상황이 그 정도에 있어서 모두 심화되어 있다면, 그러한 상황은 리더에게 유리한 것이 된다고 하였다. 즉, 리더가 구성원들로부터 골고루 지지를 받고 있고, 업무가 잘 구조화되어 모든 것이 정상 가동되고 있으며, 관리와 통제를 위한 권한이 리더의 지위에 상응하게 공식적으로 주어지는 경우를 말하며, 이러한 상황은 리더에게 유리한 상황이다. 반면, 그러한 세 가지 차원이 심화 정도에서 낮다면 리더에게 불리한 상황이 된다.

피들러는 상황의 호전 정도와 리더십 유형이 결합하여 리더십 효과를 결정한다고 주장하였다.

매우 유리한 상황 } → 업무 중심적 리더의 리더십 효과 발생
매우 불리한 상황 }

유 · 불리의 중간인 상황 → 관계 중심적 리더의 리더십 효과 발생

피들러 상하모델의 전개를 위한 논리적 근거는 다음과 같다. 매우 유리한 상황이란 분명한 목표와 풍부한 자원을 가지고 있다. 따라서 리더는 관계지향적 행동을 할 필요가 없다. 매우 불리한 상황이란 어려운 목표와 부족한 자원을 가지고 있는 경우이므로 리더는 관계를 형성할 시간적 여유가 없다.

그에 비해 유 · 불리 중간 상황이란 리더는 목표를 알고 있으며 자원도 가지고 있는 경우이다. 이때 리더는 관계를 형성할 여유와 이유를 가진다.

3) 리더와 상황의 연결

피들러 모델은 LPC 평가점수와 세 가지 상황변수에 대해 평가한 후, 최대의 리더십 효과를 얻을 수 있도록 서로 연결시킬 것은 제안한다. 다음의 세 가지 사례는 상황모델의 리더유형과 상황변수의 연계를 설명하고 있다.

사례 1. 리더에게 매우 유리한 상황

착륙을 준비하고 있는 국제선 항공기를 생각해 보자. 항공기에서 리더는 기장이며, 구성원들은 승무원과 승객이라고 할 수 있다. 리더십 효과를 측정하기 위한 성과요인은 항공기가 계류장에 멈출 때까지 승객들이 좌석에 앉아서 좌석벨트를 매고 있는 비율을 통해 측정하기로 하였다. 장시간의 비행으로 지쳐 있는 승객들을 내릴 때까지 좌석 벨트를 매고 앉아 있도록 하는 것은 쉬운 일이 아닐 것이다. 이때 상황변수 세 가지를 생각해 보자.

(계속)

리더와 구성원 간 관계 매우 좋을 것이다. 기내에서 항상 중요한 정보를 알려 주고, 좋은 역할만 담당하는 것은 다름 아닌 항공기 기장이 아니던가?
과업 구조화의 정도 항공기 기내만큼 기장, 승무원, 승객이 각자 해야 할 일과 해서는 안 될 일에 대해 명확히 구분되는 경우도 흔치 않을 것이다.
지위영향력 기내의 모든 사람의 생명과 안전을 책임지고 있는 기장의 지위영향력은 매우 크다.

이때 어떤 리더유형이 더욱 효과적인지 생각해 보자. "승객 여러분, 항공기가 완전히 멈출 때까지 제발 자리에 앉아서 좌석벨트를 매고 있어 주십시오. 여러분의 안전을 위해 부탁 드립니다."라고 호소하는 유형의 무르고, 만만한 관계 중심적 리더가 효과적일까? 아니면 "승객 여러분, 벨트를 매고 자리에 앉아 계십시오. 그렇지 않으면 출입문을 열어 주지 않겠습니다."라고 굳은 의지를 보이며 규정과 절차에 따르고자 하는 업무 중심적 기장이 효과적일 것인가? 유사한 임상실험 결과 이 경우 후자가 더욱 효과적으로 나타났다.

사례 2. 리더에게 매우 불리한 상황

매년 열리는 대학 축제에 학생들의 낮은 참가율 때문에 총학생회는 고민이다. 어떻게 하면 학생들의 참가율을 높일 수 있을까? 어떤 유형의 총학생회장이 효과적일까?

리더와 구성원 간 관계 총학생회장의 이름조차 알지 못하는 사람이 많다. 실제로 총학생회장 선거에서 낮은 투표율로 인해 여러 차례 재투표를 실시하는 경우가 발생한다.
과업 구조화의 정도 최근 들어 여러 가지 교내 문제 및 이슈와 관련한 의사결정에서 학생들은 완전히 소외되고 있다는 느낌이다. 총학생회는 무엇을 하고 있는지, 무언가 일을 하고 있다는 것도 믿을 수가 없다. 학생들은 등록금에서 학생회비를 꼬박꼬박 납부한다는 것 이외에는, 학생회 소속이라는 인식도 없는 상황이라 하겠다.
지위영향력 당연히 총학생회장으로서 지위영향력은 미미할 것이다.

이때 SNS를 통해 재학생들에게 감정에 호소하면서 학교 사랑, 학교 이미지 등을 언급하면 학생들의 대학 축제 참가율이 높아질 것인가? 더하여 많은 경품이 있으며, 유명 연예인이 출연한다고 알리는 것이 효과적일까? 가장 효과적인 방법은 학교 축제 행사일을 정규 학습일에 포함시켜, 그것을 출석 점수에 반영시킨다면 참가율은 분명 높아질 것이다.

그림 10.4 피들러의 상황모델 연구 결과

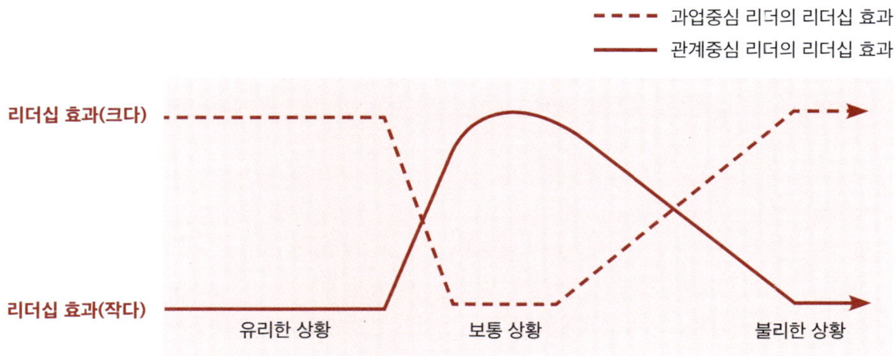

상황 요인 \ 상황	I	II	III	IV	V	VI	VII	VIII
리더-구성원 관계	좋음	좋음	좋음	좋음	나쁨	나쁨	나쁨	나쁨
과업 구조화	높음	높음	낮음	낮음	높음	높음	낮음	낮음
지위영향력	강함	약함	강함	약함	강함	약함	강함	약함

출처 : R. Ayman, M. Chemer and F. Fiedler, "The Contingency Model of Leadership Effectiveness: Its Levels of Analysis," *Leadership Quarterly*, Summer 1995, pp. 147-167.

사례 3. 리더에게 유 · 불리의 중간 상황

기업의 특정 프로젝트, 예컨대 구조조정, 지점 통폐합 등을 위해 외부 전문가에게 용역을 주는 경우를 생각해 보자. 컨설팅 회사에서 온 외부 전문가는 해당 프로젝트 수행을 위해서 기업 내부 구성원들과 함께 작업해야 할 것이다. 이때 성과변수를 정해진 기일에 맞추어 수준 높은 결과보고서를 제출하는 것으로 가정해 보자.

리더와 구성원 간 관계 프로젝트 리더로서 외부 전문가는 구성원들과 좋은 관계를 형성할 시간적 여유가 없을 것이다. 하지만 함께 일하면서, 관계 형성에 나쁜 영향을 주는 일도 하지 않을 것이다. 따라서 상황의 유 · 불리는 중간 정도라고 할 수 있다.

과업 구조화의 정도 내부적인 상하관계처럼 명확하지는 않겠지만, 프로젝트 수행을 위한 업무 분장은 이루어진 상황이라고 할 수 있다. 따라서 이 또한 중간 정도라고 할 수 있을 것이다.

(계속)

지위영향력 프로젝트 리더이기 때문에 전혀 없는 것은 아닐 것이다. 그렇다고 기업 내부 구성원들의 상사도 아니므로, 지위영향력 또한 중간 정도 수준이라고 할 수 있다.

이러한 상황에서는 마치 공식 조직의 리더와 구성원 관계에서처럼 과업중심적 리더로서 행동하기보다는 비공식적 관계를 통한 업무효율화를 추구하는 관계중심적 리더가 더욱 효과적일 것이다. 더구나 이 특정 프로젝트가 기업 구조조정과 관련되어 있다면, 미리 나와 있는 회사가 원하는 정답에 소스를 얹어 주는, 외부전문가로서 역할을 함께 일하는 구성원들에게 상기시켜 가면서 일하는 것이 마감기한 내에 보고서를 마치는 데 도움이 될 것이다.

4) 피들러 상황모델의 연구 결과

피들러 모델의 연구 결과를 요약하면 다음과 같다. 과업중심적 리더가 I, II, III, VII, VIII 상황에서 더욱 좋은 성과를 낸다고 예측한다. 관계중심적 리더는 IV, V, VI 상황에서 효과를 나타낸다. 즉, 과업 중심적 리더는 리더의 통제력이 높거나 낮은 상황에서 효과적이며, 관계중심적 리더는 보통 수준의 호의적 상황에서 효과적이다.

피들러는 이론의 검증을 위해서 해군부대, 화학연구실, 백화점, 슈퍼마켓, 병원접수창구, 보건소, 중장비 생산 부서, 엔지니어팀 등을 대상으로 30회 이상의 실험을 통해 자신의 이론의 타당성을 입증하였다(Fiedler 등, 1977).

5) 피들러의 리더 개발 프로그램(Leader Match Program)

일반적으로 리더십과 관련한 여러 상황이론에서는 환경의 변화에 따라 적절한 리더십과 관리 방법을 찾고자 하였다. 또한 그렇게 함으로써 리더와 관리자의 성과를 위해 모집, 선발, 교육훈련 과정을 통해 미래의 리더(관리자)를 변화시키려고 하였다. 이를 통해 조직의 상황에 맞는 리더를 얻을 수 있을 것이라고 기대했기 때문이다.

하지만 피들러 이론에 따르면 조직의 관리 상황이나 환경에 적합하도록 리더를 교육하거나 변화시키려는 노력은 성공할 수가 없다. 왜냐하면 피들러에 의하면 리더십 유형이란 사람의 성격에서 비롯된 것이므로, 변하지 않는 고정이기 때문이다. 따라서 실제 상황에 적용할 수 있고 또한 리더십 유효성을 개선하기 위한 방법으로 활용 가능한 리더 개발 프로그램(Leader Match Program)을 개발하였다(Fiedler 등, 1977).

이 프로그램의 목적은 특정 직무에 적합한 리더를 선택할 때 과학적이고 체계적인 방법으로 사용하기 위한 것이다. 따라서 특정인의 리더십 유형과 상황의 세 가지 측면을 규명할 수 있는 설문조사를 실시한 다음, 몇 가지 문제를 제시하여 그것을 해결하도록 한다. 이를 통해 특정인의 리더십 유형이 어떤 상황에 처하게 되었을 때 그 상황을 자신의 리더십이 최대로 발휘될 수 있도록 변화시키는 방법을 훈련한다.

앞에서 언급하였듯이, 피들러는 리더십 유형이란 개인의 성격에서 비롯된 것이기 때문에, 개인의 리더십 패턴을 바꾸려고 하는 것은 비현실적이라고 주장한다. 따라서 그러한 전제하에 리더십 효과 향상을 위한 방법을 다음과 같이 제시하고 있다.

① 상황에 적합하도록 리더를 배치 혹은 교체한다

이는 야구시합에서 타자의 상황적 특성에 따라 왼손잡이 혹은 오른손잡이 투수를 투입하는 경우와 마찬가지이다. 따라서 상황이 매우 불리한 경우 관계중심적 리더가 있는 집단에서 과업지향적 리더로 교체함으로써 성과를 개선할 수 있다.

② 특정 리더에 적합하게 상황을 변화시킨다

첫째, 리더와 구성원 간 관계를 변화시키는 방법으로는 비공식적 접촉시간과 빈도를 증가시키는 것을 생각할 수 있다. 또한 특정 구성원을 소속집단으로 유입, 방출하는 데 영향력을 행사함으로써 리더와 구성원 간 관계 변화가 이루어진다.

둘째, 직무구조화 정도를 변화시키기 위한 방법으로는 완전히 새롭거나 전혀 예기치 못한 문제 제기를 한다. 이를 통해 기존의 직무구조화의 정도를 낮출 수 있다. 또한 반대로 계획 수립 시 보다 많은 정보를 요구한다거나, 계획의 구체적 준비를 지시하는 경우는 직무구조화의 수준을 높일 수 있다.

셋째, 지위영향력을 높이려면 그 직무에 전문가가 되기 위해 노력하면 될 것이다. 보상, 처벌 등을 통제하는 권력을 증가시키는 방법도 있다. 지위영향력을 낮추기 위해서는 계획 수립과 의사결정 과정에 구성원들을 참여시키는 방안을 생각할 수 있다.

6) 피들러의 상황모델의 의미

지금까지의 논의를 통해 피들러 모델의 의미를 살펴보면 다음과 같다.

① 리더십 연구에 있어서 상황적 접근을 최초로 가시화하였다.
② 상황과 리더의 특징(유형)이 리더십 유효성을 결정하는 데 모두 중요한 요소임을 입증하였다.
③ 그 결과 후속연구를 위한 중요한 근거가 되었다. 즉, 피들러 모델의 검증과 개선을 위한 후속연구뿐 아니라 다른 대안적 상황이론의 출현을 위한 기반이 되었다.
④ 실제 리더십 상황에 적용할 수 있는 모델로서 리더 개발 프로그램을 개발함으로써 리더십 교육의 중요성과 발전에 공헌하였다.

7) 피들러 상황모델의 한계와 비판

피들러의 연구는 다음과 같은 비판도 함께 받고 있다.

첫째, LPC 평가가 리더의 유형을 확인하는 기준으로 타당하며, 신뢰할 수 있는지에 관한 점이다. 이는 복잡한 인간의 심리를 2~3분간의 일차원적 테스트로 파악 가능한지에 관한 것과, 실제로 응답자의 LPC 평가가 일관성을 보이지 않는다는 점에 기인한 것이다.

둘째, 세 가지 상황변수가 해당 상황의 속성을 적절하게 묘사할 수 있는지에 관한 것이다. 이는 실무 차원에서 다양한 조직의 여러 가지 속성을 지나치게 단순화했다는 비판에 근거한다. 또한 응답자와 연구자가 공히 상황의 호의성을 결정하는 것이 쉽지 않다는 것도 지적할 수 있다.

셋째, 심리학적 리더십 연구로서 피들러의 이론은 실증적 연구경향을 지나치게 강조하고 있다. 따라서 리더십 현상의 본질을 구성하는 주요 요소인 '가치'와 '윤리적 측면'을 간과하는 한계가 있다.

이는 방법론상 문제로서, 실증주의 행동과학이 갖는 한계의 대표적 사례에 해당한다고 할 수 있다. 즉, LPC 평가표의 경우, 리더가 실제 상황에서 어떻게 리더십 행위를 발휘할 것인지를 묻는 것이 아니라, LPC에 대한 리더의 성향(성격)을 확인하는 수준에 그치기 때문이다. 따라서 피들러의 이론을 상황적 특성이론(situation-contingent trait theory)으로 분류해야 한다는 주장도 있다(Graeff, 1977; Kabanoff, 1981).

2. 리더-구성원 교환관계 이론

리더-구성원 교환관계 이론, 즉 LMX(Leader-Member Exchange, LMX) 이론에서는 리더와 구성원 간 교환관계는 1개의 형태로 존재하는 것이 아니라, 구성원이 누군가에 따라 여러 가지의 교환 형태가 존재한다고 가정한다. 즉, 리더는 구성원들에게 동일한 역할을 전달하는 것이 아니라 구성원 개개인에 대해서 차별적으로 역할 전달을 한다. 그에 따라 리더와 각각의 구성원 간 차별적 교환관계가 발생하게 된다는 것이다(Graen과 Uhl-Bien, 1995).

그 결과, 하나의 조직 내부에 다수의 구성원이 존재하는 경우, 구성원 각자가 갖는 리더십 이미지는 개인에 따라 달라진다. 왜냐하면 리더의 입장에서는 어떤 부하 직원인지에 따라 다른 대우를 하기 때문이다.

LMX와 VDL 이론에서 리더는 부하들을 내적 집단(in-group)과 외적 집단(out-group)으로 나누어서 차별적으로 대우한다. 내적 집단을 결정하는 상황 요인으로는 나이, 직급, 성격, 태도 등에 근거한 인간적 유사성과 부하 직원의 능력 등이 있다. 이때 선택을 결정하는 사람은 리더지만 리더의 집단 분류 결정을 주도하는 것은 부하 직원의 특성임에 주목할 필요가 있다. 리더와 구성원 간 관계가 내적 집단일 때는 상호 간 동업자와 같은 신뢰뿐 아니라 존중과 우정, 공동운명체 의식 등을 공유하게 되며, 공식조직이 갖는 계약 외적 행동교환이 발생함으로써 서로 큰 영향을 주고받게 된다. 한편 일단 특별한 관계를 형성하면, 리더와 부하 직원은 그러한 관계에 투자를 함으로써 시간이 경과해도 관계는 안정적으로 지속된다.

그리하여 내적 집단에 속한 구성원들은 노력, 만족도, 충성심, 이직의도, 결근율 등에 있어서 외적 집단보다 훨씬 긍정적인 결과를 보여 준다. 즉, 리더가 자극을 주는 대로 구성원이 반응하게 되는데, 왜냐하면 리더는 최고의 성과를 낼 것이라고 기대하는 사람들에게 자신의 자원을 투자하기 때문이다. 이때 리더는 부하 직원의 행동을 통해서 내적 집단 구성원이 가장

그림 10.5 LMX 이론의 내적 집단과 외적 집단

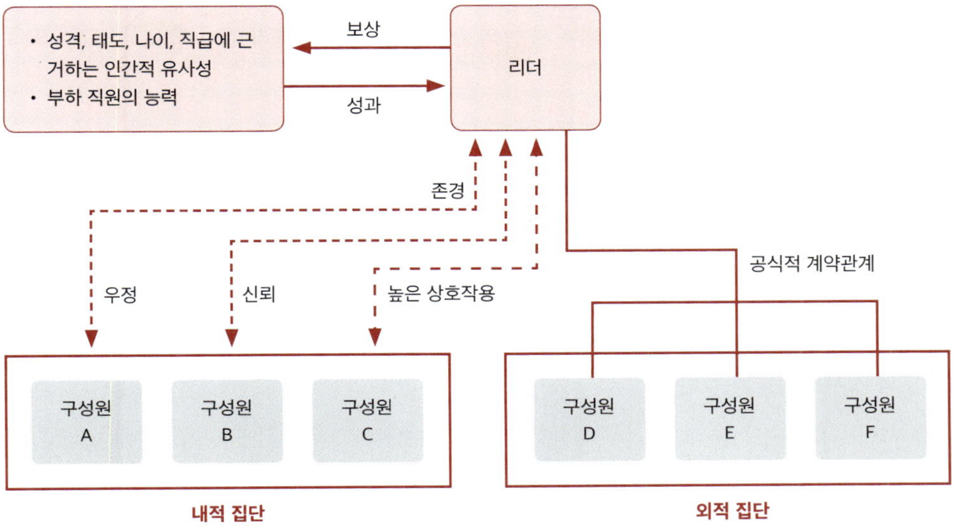

출처 : R. Linden과 G. B. Graen, "Generalization of the Vertical Dyad Linkage Model of Leadership," *Academy of Management Journal*, vol. 23, no. 3, 1980, pp. 451-465.

유능하다는 믿음을 확인하며, 동시에 자기예언의 효과를 얻는다.

특히 전문성 추구 성향이 높은 조직이나 집단의 구성원들일수록 친밀한 LMX를 개발하기 위해 노력한다. 왜냐하면 그러한 조직의 구성원들일수록 자신의 상사를 가치 있는 정보와 경험의 원천으로 생각하고 있기 때문이다. 그 결과 그들은 조직에 이익을 가져다 줄 수 있는 기술개발과 자기개발을 순조롭게 할 수 있다.

하지만 상사와 빈번한 의사소통은 LMX가 높은 내적 집단 구성원에게만 해당된다. 왜냐하면 리더는 LMX가 낮은 집단 구성원과 갖는 의사소통은 고통스럽고 비효율적이라고 생각하기 때문이다. 그 결과 외적 집단은 리더와 접촉기회도 적고 협상의 여지를 전혀 제공받지 못해 공식적인 관계만 갖게 된다. 따라서 부하 직원들은 리더의 외적 집단이 되기를 원치 않을 것이다. **그림 10.5**는 LMX 이론을 모형으로 나타낸 것이다.

1) LMX 이론의 검증

LMX 이론의 검증 결과와 지금까지의 논의를 요약해 보면 다음과 같다(Graen과 Uhl-Bien, 1995).

첫째, 리더는 부하 직원을 차별한다.

둘째, 이러한 불균형은 의도적으로 이루어진 것이 아니라 상황 요인에 의해 발생한다. 불균형을 야기하는 상황 요인은 나이, 직급, 성격, 태도, 가치관 등의 유사성으로 밝혀졌다.

셋째, 내적 집단에 속한 구성원은 외적 집단보다 높은 성과, 낮은 이직의도, 상사에 대한 만족도와 직무만족도가 높다.

2) LMX 이론의 향후 연구방향

앞서 LMX 이론의 검증 결과를 통해 볼 때, 내적 집단 구성원들에 대한 긍정적 효과뿐 아니라 외적 집단 구성원들에 대한 부정적 효과에도 주목할 필요가 있다. 무엇보다 리더와 구성원 간 내적 집단 관계를 형성하는 상황 요인이 밝혀짐에 따라, 해당 조직이나 리더의 입장에서는 내적 집단의 범위를 확대하기 위한 노력이 필요할 것이다. 아울러 리더와 외적 집단에 포함되는 구성원 간 교환관계의 수준이 낮은 것을 감안한다면, 이동이나 전환배치를 위한 정보로서 LMX 분석 결과를 활용하는 방안에 대한 논의가 연구되어야 할 것이다. 이는 향후 중요한 연구주제라고 할 수 있다(Uhl-Bien, 2003).

3. 목표-경로 이론

상황적 리더십 접근 방법으로 높이 평가받고 있는 또 다른 이론으로서 목표-경로 이론(path-goal theory)을 들 수 있다. 하우스와 에반스는 오하이오주립대학의 리더십 연구와 동기부여의 기대이론에 근거하여 리더십 상황이론을 개발하였다(House와 Evans, 1971).

기대이론에서 개인의 동기부여는 노력-성과 간 기대감과 성과-결과 간 수단성 및 보상의 유의성이 증가할수록 커진다고 한다. 목표-경로 이론에서는 기대감, 수단성, 유의성 등의 개념을 리더와 구성원 간 관계에 활용하였다. 즉, 구성원들은 조직에서 갖는 여러 가지 목표, 예컨대 원하는 직무, 승진, 보상, 자존감, 직무만족, 신뢰, 기대감 등이 있을 것이다. 이때 리더의 역할은 목표에 잘 도달할 수 있는 길, 즉 경로를 닦아 주고, 열어 주고, 개발해 주는 일을 해야 한다는 것이다. 따라서 구성원들의 목표에 이르는 길에 놓인 방해요소가 있으면 이를 제거해 주어야 하고, 필요로 할 때 지원과 조언을 해 주어야 하며, 목표에 이르게 되면 그에 따른 의미 있는 보상과 연계해 주어야 한다. 다시 말해서 리더의 역할은 구성원들이 목표(goals)에 도달할 수 있도록 경로(path)를 명확하게 해 주는 것이라고 하겠다.

앞서 논의한 피들러 모델의 경우 리더십 유형을 고정적인 개인의 특성으로 전제하여 이론을 전개한 것에 비해, 목표-경로 이론에서는 리더십을 리더의 행동으로 이해한다. 따라서 상황에 따라 여러 가지 리더십 행동을 선택적으로 발휘함으로써 리더십 효과를 얻을 수 있다고 주장한다.

목표-경로 이론에서는 다음과 같은 네 가지 리더십 행동을 제시하고 있다.

① **지시적(directive) 리더십** 권위주의적 유형이다. 리더는 구체적으로 지시를 내리며, 구성원들의 참여는 없거나 제한적으로 이루어진다. 구성원들은 리더가 무엇을 기대하고 있는지 명확히 알고 있다. 오하이오주립대학 연구의 구조주도 유형과 유사한 형태라고 할 수 있다.

② **지원적(supportive) 리더십** 구성원들의 욕구와 복지에 관심을 가지며, 동지적 관계를 중요시하는 리더십 개념이다. 오하이오주립대학 연구의 배려형과 유사하다.

③ **참여적(participative) 리더십** 의사결정 과정에서 구성원들이 제안하도록 하고, 그들의 제안을 활용한다. 하지만 결정은 리더가 한다.

④ **성취지향적(achievement-oriented) 리더십** 구성원들이 도전적인 목표 설정을 할 수 있도록 도와준다. 또한 구성원들에게 그러한 목표 달성이 가능하며, 그에 따른 높은 성과창출이 가능하다는 확신을 북돋아 주는 행동 유형을 보이는 리더십이다.

목표-경로 이론에서 제시하는 상황변수는 다음의 두 가지이다. 첫째는 구성원들의 특징이다. 여기에는 구체적으로 구성원들의 욕구, 구성원들의 과업수행능력, 구성원들의 개인적 특성을 들 수 있다. 둘째는 구성원들이 처한 업무환경으로 구체적으로는 직무구조화의 정도, 작업집단의 특성, 조직의 공식화 정도 등이 있다.

목표-경로 이론에서 제시하는 상황변수를 자세히 살펴보면 다음과 같다.

구성원의 특징

- **구성원들의 욕구** 성취욕구, 자율성, 사회화 욕구 등 어떤 욕구가 강하게 발현되고 있는가?
- **구성원들의 과업수행능력** 직무 관련 기술, 경험, 지식의 수준은 어떠한가?
- **구성원들의 개인특성** 성격상 어떤 특징을 갖고 있는가? 예컨대, 긍지와 자존심이 강한가? 경쟁의식이 강한가? 수동적인가 능동적인가?

목표-경로 이론에서는 리더의 행위가 구성원들에게 만족의 원천이 되느냐 혹은 불만족 요소로 작용하느냐 하는 것은 '구성원들의 특징'에 의해 결정된다고 주장한다. 예컨대, 구성원의 특징 가운데 성취 욕구나 자율성 추구 욕구가 강한 사람에게 지시적 리더십은 불만족의 원천이 될 것이며, 사회적 욕구가 강한 사람에게는 지원적 리더십이 효과적이라는 것이다.

업무환경

- **직무구조화의 정도** 직무의 범위와 내용이 명확한가?
- **작업집단의 특성** 새로운 구성원이 많은가? 인력 구성의 특징은 어떠한가?
- **조직의 공식화 정도** 조직설계 차원에서 공식적 권한이 큰가? 비공식적 요소가 얼마만큼의 비중을 갖는가?

앞의 모델에서 보여 주듯이, 리더는 네 가지 리더십 행동과 두 가지 상황 요인을 이용하여, 구성원들의 지각과 동기부여에 긍정적인 영향을 줄 수 있어야 한다. 이때 지각이란 구성원들에게 그들의 역할이 무엇인가를 분명하게 인식시켜 준다는 의미로서, 역할지각의 인식이라고 할 수 있다. 또한 동기부여를 통해서 개인의 만족과 조직의 성과라는 목표에 이르도록 한다.

목표-경로 이론에서 리더의 역할이란 구성원들이 목표에 나아가기 위한 길을 가능한 잘 닦아 주는 것이라고 하였는데, 그렇다면 구체적으로 어떠한 역할이 필요한지 살펴볼 필요가 있다.

목표-경로 이론에서 요구되는 리더의 역할

- 구성원들의 목표에 대한 욕구를 파악하고 주의를 환기시켜 준다. 이때 목표가 리더에 의해 어느 정도 통제 가능한 것이면 더욱 바람직하다.
- 목표 달성에 따른 구성원들의 보상기회를 늘린다.
- 보상을 추구하는 과정에 도움이 될 수 있도록 지시, 지원, 참여, 성취의욕 고취 등을 해 준다.
- 구성원들에게 스스로의 기대가 무엇인지 명확하게 인식하도록 해 주며, 기대 수준의 제고를 위해 도움을 준다. 예컨대, 직무구조화가 덜 된 직무의 경우, 애매한 상황에 놓인 구성원들은 성공에 대한 기대가 적을 수 있다.
- 업무수행의 결과 얻게 되는 직무만족의 기회가 많아지도록 해 준다. 이를 위해 업무수행 결과에 대한 피드백의 속도와 수준을 향상시킬 필요가 있다.
- 구성원들을 좌절하게 하는 장애요소를 제거해 주어야 한다. 예컨대 의사결정 시 평가요소의 타당성 제고 노력은 기대감을 높이는 중요한 요소이다.

목표-경로 이론의 연구 결과를 요약하면 다음과 같다. 지시적 리더십은 모호한 업무상황, 즉 구조화, 공식화의 정도가 낮고, 구성원의 업무수행경험이 적은 상황에서 구성원 만족과 기대에 효과적으로 나타났다. 반면에 업무성격이 명확한 경우에는 구성원들의 만족과 기대에 부정적 효과를 보였다.

지시적 리더십은 과업수행능력이 뛰어난 부하들에게는 기대와 만족에 부정적인 영향을 준다. 또한 지시적 리더십은 구성원들의 개인특성상 자율성이 낮은 사람들에게 효과적이다.

그에 비해 지원적 리더십은 업무특성상 스트레스를 많이 받고, 좌절을 자주 겪으며, 불만족이 큰 업종(3D 업종)에서 직무만족에 긍정적인 효과가 있다. 과업이 어렵고 구성원들의 개인특성상 자신감과 자기확신이 부족한 상황에서 지원적 리더십은 구성원들의 불안감을 덜어

그림 10.6 목표-경로 이론

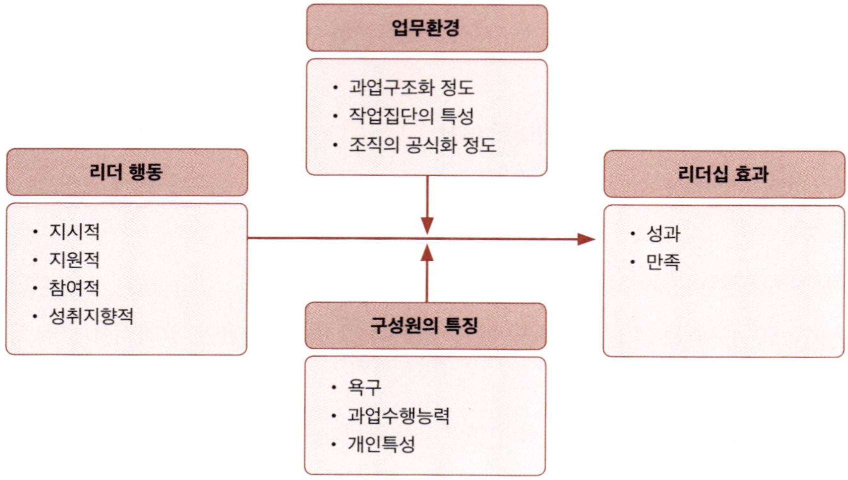

출처 : R. J. House and M. Evans, "A Path-Goal Theory of Leader Effectiveness," *Administrative Science Quarterly*, Sep. 1971, pp. 321-338.

주고 자신감을 심어 줄 수 있다. 이는 작업환경의 부정적 측면을 최소화하기 위해 함께 노력함으로써 불가피한 작업을 통한 성과 향상에 도움이 되기 때문일 것이다.

참여적 리더십은 제조업 가운데 자아가 개입될 수 있는 비반복적 작업환경, 즉 덜 구조화된 상황에서 일하는 사람들의 경우 다른 형태의 리더십 유형에 비해 효과적으로 나타났다. 그에 비해 구성원들이 고도로 구조화된 과업, 즉 단순 반복작업을 수행하고 있고 직무에 대한 명확한 인식을 하고 있는 상황에서는 참여적 리더십이 성과와 만족에 전혀 영향을 주지 못했다. 참여적 리더십은 구성원들의 개념 특성상 높은 자율성과 성취욕구를 갖고 있는 경우 만족도와 동기부여에 긍정적 효과를 나타내었다.

성취지향 리더십은 직무성격이 명확하지 않고 덜 구조화된, 즉 비반복적 업무를 수행하는 상황에서 구성원들의 노력과 성과에 긍정적 효과를 나타내었다. 그에 비해 고도로 구조화된 작업 상황에서 성취지향 리더십은 구성원들의 기대와 노력에 전혀 영향이 없었다(House, 1996).

4. 허시와 블랜차드의 상황적 리더십 모델(Situational Leadership)

- 허시와 블랜차드(P. Hersey와 K. Blanchrd)는 리더십 유형과 구성원의 발달수준(development level)이 부합되는 상황에서 리더십 효과를 얻을 수 있다고 하였다.
- 허시와 블랜차드의 모델은 오하이오주립대학 리더십 연구와 관리 격자 이론을 토대로 구성원들의 발달수준이라는 상황 변수를 통해 리더십 효과를 발휘할 수 있는 실무 차원의 유용한 이론이다.
- 허시와 블랜차드의 모델은 다음의 세 가지 단계를 통해 전개된다.

1) 허시와 블랜차드 모델의 3단계

1단계 : 구성원에게 부여할 업무와 역할의 명확한 이해

이 단계는 구성원의 발달수준에 대한 판단을 위해 전제가 되는 것으로, 이를 위해 업무와 역할을 세분화하는 방법이 있다. 그리하여 구성원의 발달수준을 더욱 정확하게 예측할 수 있게 된다. 예컨대, 영업실적이 매우 뛰어난 어떤 영업사원의 경우, 분석보고서 작성에는 서투를 수 있다. 두 가지 과업을 수행하기 위한 역량이 다르기 때문일 것이다. 따라서 리더는 이 영업사원의 업무에 대해 다른 영업사원들과 다른 유형의 리더십을 발휘해야 한다.

2단계 : 구성원의 발달수준에 대한 판단

구성원들의 발달수준은 역량(competence)과 몰입(commitment)을 통해 판단할 수 있다. 역량은 특정 과업을 수행하기 위해 필요한 경험, 지식 기술을 통해 측정할 수 있으며, 몰입은 동기, 욕구, 자발성, 자신감을 통해 알 수 있다. 구성원들의 역량과 몰입의 수준에 따라 네 가지 유형으로 구분할 수 있다.

① **발달수준 1(Development Level 1, D1)** 낮은 역량, 높은 몰입
② **발달수준 2(Development Level 2, D2)** 약간의 역량, 낮은 몰입
③ **발달수준 3(Development Level 3, D3)** 보통 이상의 역량, 일정치 않은 몰입

④ 발달수준 4(Development Level 4, D4) 높은 역량, 높은 몰입

예컨대 대학을 졸업하고 갓 입사한 영업사원을 생각해 보자. 자신의 업무에 관한 지식, 경험은 부족하지만 일에 대한 관심이나 동기, 자발성은 무척 높을 것이다(D1 상황). 하지만 몇 년이 지나면서 업무에 익숙해짐에 따라 과업수행과 관련하여 긍정적 태도, 자발성, 헌신성 등 직무나 조직에 대한 몰입도는 처음에 비하여 줄어들 것이다(D2 상황). 회사에서 중간 관리자

그림 10.7 허시와 블랜차드의 상황적 리더십 모델

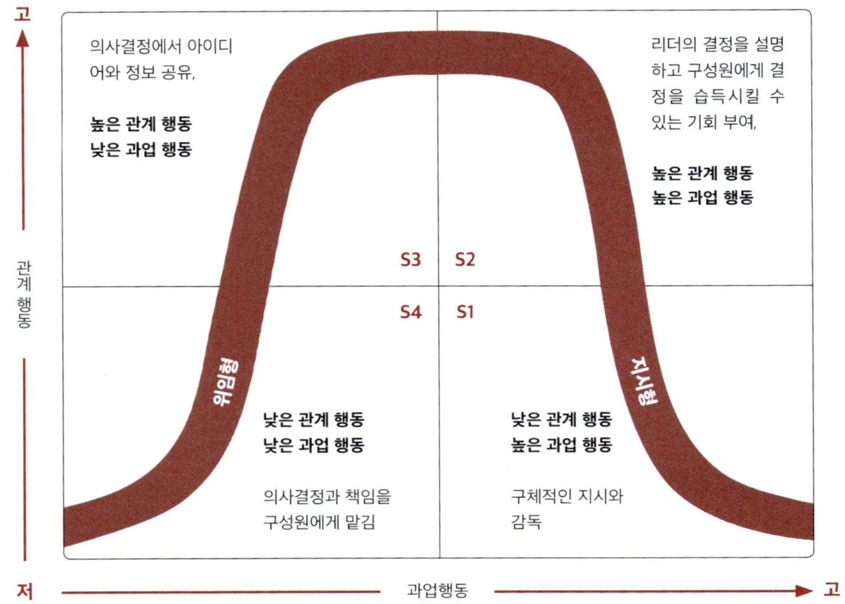

D4	D3	D2	D1	발달 단계
높은 역량 높은 몰입	보통 이상의 역량 일정치 않은 몰입	약간의 역량 낮은 몰입	낮은 역량 높은 몰입	
위임형 S4	지원형 S3	코치형 S2	지시형 S1	리더십 유형

출처 : P. Hersey, K. Blanchard, P. Zigarmi and D. Zigarmi, *Leadership and One Minute Manager: Increasing Effectiveness Through Situational Leadership II*, William Morrow, New York, 2013, p. 113.

로서 자신의 역량을 인정받고 있으며, 높은 몸값으로 이직이나 창업을 생각하고 있는 구성원이 있다면 이는 보통 이상의 역량을 갖고 있으나, 일정치 않은 몰입을 보여 줄 것이다(D3 상황). 그에 비해 최고의 발달수준에 있는 구성원으로서 역량도 높으며, 직무 완성을 위한 몰입도 높은 회사의 임원을 생각해 보자. 그들은 직무수행을 위한 지식이나 기술을 터득하고 있으며, 자신의 임무를 완성하고자 하는 동기 수준이 높다(D4 상황).

표 10.4 구성원의 발달수준과 네 가지 리더십 유형

S1(지시형, Directing Approach)

- 이러한 리더십은 D1의 구성원에게 적합하다. D1 단계의 구성원은 업무수행을 위한 역량이 부족하므로 일과 관련하여 분명한 지시가 필요하다. 따라서 이 단계에서는 관계 행동이나 쌍방적 커뮤니케이션을 많이 해서는 안 된다.
- 관계 행동을 많이 하는 경우, 구성원은 잘못된 행동에 대해서도 리더로부터 이해를 구하거나 용서받을 수 있으며, 유사한 행동을 반복해도 된다고 오해할 수 있다. 한편, 구성원들이 업무에 대한 숙련도가 낮아 일을 제대로 하지도 못하고, 특별한 아이디어도 내놓지 못하는 상황임에도 의사결정 과정에 자주 참여하도록 한다면 불안해할 것이고 직장생활에서 부담을 느끼게 될 것이다.
- 따라서 이와 같은 상황에서 적합한 방법은 커뮤니케이션 기회를 줄여서 업무에 대한 이해를 위한 것으로 한정하는 것이다. 즉, 가장 효과적인 리더 행동은 낮은 관계 행동, 높은 과업 행동이다.

S2(코치형, Coaching Approach)

- D2 단계에 있는 구성원들은 업무 관련 지식과 경험은 처음보다 약간 높아졌으나, 몰입은 오히려 낮다. 따라서 리더의 많은 지도와 격려가 필요하다. 이러한 상황의 구성원을 적극적으로 의사결정에 참여시키고, 자신의 업무에서 긍정적 태도와 신념을 갖도록 이끌어주어야 한다. 따라서 일방적인 명령이나 지시는 쉽게 반발하는 상황이다. 그래서 리더는 높은 관계 행동과 과업 행동을 보여 주어야 한다. 즉, 의사결정이 이루어진 과정에 대해 상세히 설명해 주고, 구성원들이 얼마나 중요하고 관심의 대상이 되고 있는지를 충분히 설명해 주어야 한다. 이를 통해 리더의 행동을 마음으로 받아들일 수 있도록 해야 한다.

S3(지원형, Supporting Approach)

- D3 단계의 구성원들은 업무가 요구하는 준비는 되어 있지만 믿음과 동기가 부족한 상태이다. 이때 리더는 업무 관련 지시나 명령을 많이 할 필요가 없다. 정서적인 공감과 칭찬, 지원이 필요하다. 따라서 이때 필요한 리더십 유형은 높은 관계 행동과 낮은 과업 행동이다. 즉, 업무와 관련해서는 구체적인 논의를 할 필요가 없지만, 구성원들과 더욱 커뮤니케이션하고 동기부여하기 위해 노력해야 한다.

S4(위임형, Delegating Approach)

- D4 단계의 성숙도 수준의 구성원들은 업무에 대한 충분한 능력과 자발성을 갖추고 있다. 따라서 리더는 거의 대부분을 구성원에게 맡기는 것이 효율적일 것이다. 이러한 구성원들은 리더보다 더 많은 경험과 지식을 가진 경우가 있기 때문에 지시나 명령할 필요가 없다. 또한 업무와 관련하여 신의성실의 원칙에 충실하며, 자발적으로 일을 추진하므로, 리더가 동기부여나 커뮤니케이션을 위해 애쓸 필요도 적다.

상황적 리더십 모델의 핵심은 구성원들의 행동을 통해서 그들의 발달수준을 판단하는 것이다.

3단계 : 상황에 부합되는 리더십 유형의 선택

허시와 블랜차드는 오하이오주립대학 리더십 연구의 두 가지 리더십 유형을 활용하고 있다. 과업 행동(task behavior)은 위에서 아래로 일방적으로 지시하는 행동을 의미하며, 관계 행동(relationship behavior)은 쌍방적 행동으로 참여, 커뮤니케이션, 공감 등을 강조한다.

따라서 과업 행동과 관계 행동의 높낮이에 따라서 네 가지 리더십 유형(리더 행동)이 가능하다. 리더는 구성원들이 발달수준에 따라 선택적으로 리더 행동을 나타낼 때 리더십 효과를 얻을 수 있다. 다음은 네 가지 리더 행동을 정리한 것이다.

- **S1(지시형)** 낮은 관계 행동, 높은 과업 행동
- **S2(코치형)** 높은 관계 행동, 높은 과업 행동
- **S3(지원형)** 높은 관계 행동, 낮은 과업 행동
- **S4(위임형)** 낮은 관계 행동, 낮은 과업 행동

2) 허시와 블랜차드 모델의 활용

상황적 리더십 모델은 구성원들의 발달단계에 따라 적합한 리더십 유형의 선택을 통한 리더십 유효성을 추구하고 있다. 하지만 상황변수인 구성원의 발달단계는 고정된 상태가 아니라 변화한다. 따라서 리더는 구성원들이 어떤 잠재력과 동기를 가지고 있는지를 지속적으로 관찰하고, 성장과 발전을 위해 이끌어 주어야 한다.

이를 위해 후속 연구에서 과업 행동과 관계 행동의 조정을 통해서 구성원들의 발달수준을 높이는 구체적인 방안을 제시하고 있다.

5. 규범적 리더십 모델

동기부여의 기대이론을 제시했던 브룸은 예튼(P. Yetton)과 함께 규범적 리더십 모델을 개발하였다. 규범적 리더십 모델은 부하의 의사결정 참여 정도에 따라 리더십 유형이 결정된다고 주장한다. 임상실험을 통해 세 가지 범주의 다섯 가지 리더십 유형을 발견하였다(Vroom과 Yetton, 1973).

독단적(Autocratic) 리더십 유형 : AI, AII

이러한 범주의 리더십에는 완전 독단적 리더십(AI)과 참고 독단적 리더십(AII)의 두 가지 종류가 있다.

① AI은 리더가 현재 보유하고 있는 정보를 이용하여 스스로 문제를 해결하며 의사결정을 하는 유형이다. 따라서 부하의 의사결정 참여도는 없거나 매우 낮다.

② AII는 리더가 부하들로부터 필요한 정보를 얻은 후, 문제 해결 방법이나 의사결정은 리더 스스로 한다. 따라서 AI에 비해 부하들의 의사결정 참여 정도는 상대적으로 높다고 할 수 있다. 하지만 리더가 필요한 정보를 요구할 때 관련 상황에 대해 설명하지 않기 때문에, 부하들은 제공하는 자료의 효율성에 관해서 알지 못한다. 그러므로 이러한 유형 또한 참여 정도는 여전히 낮다고 하겠다.

협의적(Consultative) 리더십 유형 : CI, CII

협의적 범주도 두 가지 종류, 즉 개별 협의적 리더십(CI)과 집단 협의적 리더십(CII)으로 나누어 볼 수 있다.

③ CI은 개별 협의적 리더십으로서, 부하들에게 개별적인 협의와 참여를 통해 문제를 논의하고 문제 해결을 위한 아이디어나 의견을 얻는다. 하지만 이 경우에도 최종 의사결정은 리더가 내린다.

④ CII는 집단 협의적 리더십이다. 리더가 해결해야 할 문제나 과제를 공개적으로 알려 주

고, 부하들의 의견과 아이디어를 광범위하게 수집한다. 하지만 그것을 의사결정에 반영할지 여부는 전적으로 리더에게 달려 있다. CI, CII는 AI, AII에 비해 부하들의 참여 정도가 조금 더 늘어났다고 할 수 있다. 이는 질적인 측면의 증가로 의사결정에 의견을 낼 수 있다는 점을 주목해야 한다. 한편 CII는 CI보다 참여도가 높으므로, 하부 의사결정에 참여할 수 있다.

집단적(group-based) 리더십 유형 : GII

⑤ GII는 문제 해결이나 의사결정을 위해 리더와 구성원들이 팀이 되는 것이다. 따라서 해결 방안에 관해 함께 논의하고, 토론하고, 평가하며, 의사결정에서 의견일치를 이루기 위해 노력한다. 이때 리더의 역할은 회의의 의장으로서 토의를 주재하고, 논의가 주제에서 벗어나지 않도록 한다. 따라서 리더는 팀이나 그룹의 일원으로서 자신의 아이디어나 의견을 제시할 수는 있으나, 이를 따르도록 강요할 수는 없다. 전체 그룹의 지지를 받는 의견이나 결정을 수용하고 이를 실행한다. 이는 부하의 참여 정도가 가장 높은 리더십 유형이라고 할 수 있다.

참고 10.4는 다섯 가지 리더십 유형의 예를 보여 준다.

1) 리더십 유형 선택을 위한 세 가지 상황 요인

(1) 의사결정의 질적 측면

의사결정의 중요성과 수준은 상황에 따라서 다를 것이다. 예컨대, 인수합병과 관련된 의사결정은 조직의 존폐와 관련이 있으며, 매우 중요한 것이라고 할 수 있다. 따라서 이때 요구되는 의사결정의 질적 차원은 매우 높다고 할 수 있다. 높은 질적 차원의 의사결정이 요구되는 상황으로는 전략 수립이나 실천 방안의 결정, 업무분장 등을 들 수 있다.

(2) 부하의 의사결정 수용도

결정된 사항을 효과적으로 실행하고 완수하기 위해서는 부하들의 수용도가 중요하다. 이

참고 10.4 다섯 가지 리더십 유형

아래의 두 상황에서 다섯 가지 리더십 유형의 특징을 살펴보자.

① 해외인력 채용을 위해서 미국으로 출장 갈 사람을 인사팀에서 선택하는 상황
② 이동전화회사의 영업관리팀에서 대리점 영업실적 부진 문제를 다루는 상황

리더십 유형	내용
AI [완전 독단적]	① '신규인력 채용을 위한 이번 미국 출장은 김부장이 다녀오시오.', ② '지역 담당들은 이번 주 동안 대리점을 모두 방문해서 애로사항을 청취하고 다음 주 수요일 팀 회의 때 발표할 수 있도록 할 것.'
AII [참고 독단적]	① '김부장, 지난번 해외출장은 누가 다녀왔지요?', ② '박대리, 지난 달 시장동향표와 대리점 영업실적표를 좀 가져오시오.'(확인 후, 위의 AI식 명령)
CI [개별 협의적]	① '내가 사실 자네 의견을 듣고 싶어서 이렇게 따로 보자고 했네. 이번에 신규인력 채용 때문에 미국 출장을 누군가 다녀와야 하는데 자네 생각엔 누가 좋겠나. 기간은 한 일주일 되지만, 미국 전역을 커버해야 하니까 꽤 힘들 거야. 지난번엔 자네가 다녀왔지?', ② '다름이 아니고, 대리점 영업실적이 이달 들어 거의 20%씩 떨어졌어. 이유를 모르겠어. 어떻게 했으면 좋겠나?'
CII [집단 협의적]	① '다 모였나요? 다음 달에 해외인력 채용 때문에 미국 출장을 누가 다녀와야 하는데 누가 좋겠나요? 의견들 내 보기 바랍니다.', ② '오늘은 자유토론식으로 회의를 운영할 테니까 서슴없이 얘기들 해 봐. 대리점 영업실적이 형편없는 것을 다 알고 있겠지. 어떻게 했으면 좋겠나?'(의견을 다 들은 후, 팀장이 결정을 내림)
GII [집단적]	① '이번 해외인력 채용을 위해서 미국 출장 갈 사람을 인사팀에서 상의해서 결정하시오.', ② '나는 오늘은 회의 주재만 한다. 대리점 영업실적 부진 문제를 어떻게 했으면 좋을지는 여러분들이 아이디어를 내서 오늘 결정해 주기 바란다. 이번에 여기서 합의된 안을 그대로 실행하겠다.'

러한 의사결정 수용도는 특정 의사결정에 대해 이해하고, 받아들이고, 자발적으로 실천하는 정도를 의미한다. 수용도가 높을 경우에는 의사결정 사항의 실행은 원활하게 이루어질 것이다.

(3) 의사결정에 요구되는 시간

의사결정을 위한 시간 기준은 의사결정의 질적 측면과 연계하여 생각할 수 있다. 의사결정의 질적 측면이 강조되는 경우, 시간적 고려는 그 중요도나 우선순위에서 뒤처질 수 있다. 하지만 어떤 의사결정은 신속함이 무엇보다 우선할 수 있다. 이때 질적 측면은 덜 중요하게 된다. 대부분의 상황에서는 두 가지가 중요성 차원에서 함께 고려될 것이다.

브룸은 이러한 세 가지 상황 요인과 다섯 가지 리더십 유형을 결합하여 규범적 리더십 모델을 구성하였다. 규범적 리더십이 주장하는 것은 이를 통해 리더십 유효성을 측정할 수 있다는 것이다. 연구 결과, 일상적인 상황에서 부하의 참여 정도가 높은 협의적 리더십, 즉 그와 같은 의사결정 방법은 의사결정 과정에서 보다 많은 시간이 필요할 것이다. 하지만 결정 내용에 대해서는 더욱 많은 지지를 얻게 되므로 실행이 원활하며 실행 결과가 효과적일 가능성이 큰 것으로 나타났다. 한편 독단적 리더십 유형과 집단적 리더십은 상반된 특징을 갖고 있지만 둘 다 리더십 유효성을 나타내었다. 이는 어떤 특정 유형이 항상 효과적이거나 비효과적이라고 할 수 없다는 의미이다. 따라서 상황에 따라 서로 다른 리더십을 통한 의사결정 방법을 취함으로써 리더십 유효성을 극대화할 수 있다.

2) 규범적 리더십 모델의 구성

브룸의 규범적 리더십 모델의 구성은 세 가지 상황변수 가운데 의사결정에 요구되는 시간 변수를 제외한 나머지 두 가지 변수에 대한 질문을 계속해 나가는 나뭇가지 형태로 이루어져 있다. 즉, 의사결정의 질적 측면과 부하의 의사결정의 수용도라고 하는 두 가지 변수에 관한 7개의 질문에 대해 **예** 혹은 **아니요**로 답하도록 함으로써 응답자의 리더십 유형(의사결정 방법)을 규범적으로 알 수 있다.

다음의 일곱 가지 질문 가운데 ⓐ~ⓒ는 의사결정의 질적 측면과 관련된 것이고, ⓓ~ⓖ는 부하의 의사결정 수용도와 관련된 것이다.

ⓐ 의사결정에서 질적 측면이 중요한지 여부

ⓑ 높은 질적 수준의 의사결정을 위해 필요한 정보와 기술을 리더가 가지고 있는지 여부

ⓒ 해결해야 할 문제와 구체화 · 구조화의 여부

ⓓ 의사결정 내용에 대한 부하의 수용도가 의사결정의 실행에 중요한 역할을 하는지 여부

ⓔ 리더의 독자적인 의사결정 내용을 부하들이 받아들일 것이란 확신의 여부

ⓕ 부하들이 조직목표 달성을 우선적으로 고려하여 문제를 해결하려 하는지 여부

ⓖ 제시된 해결방안에 대해 부하들 간 의견충돌이나 갈등의 존재 여부

그림 10.8은 이러한 논의를 의사결정을 위한 나뭇가지 형태로 구성한 것이다.

그림 10.8 규범적 의사결정 나뭇가지

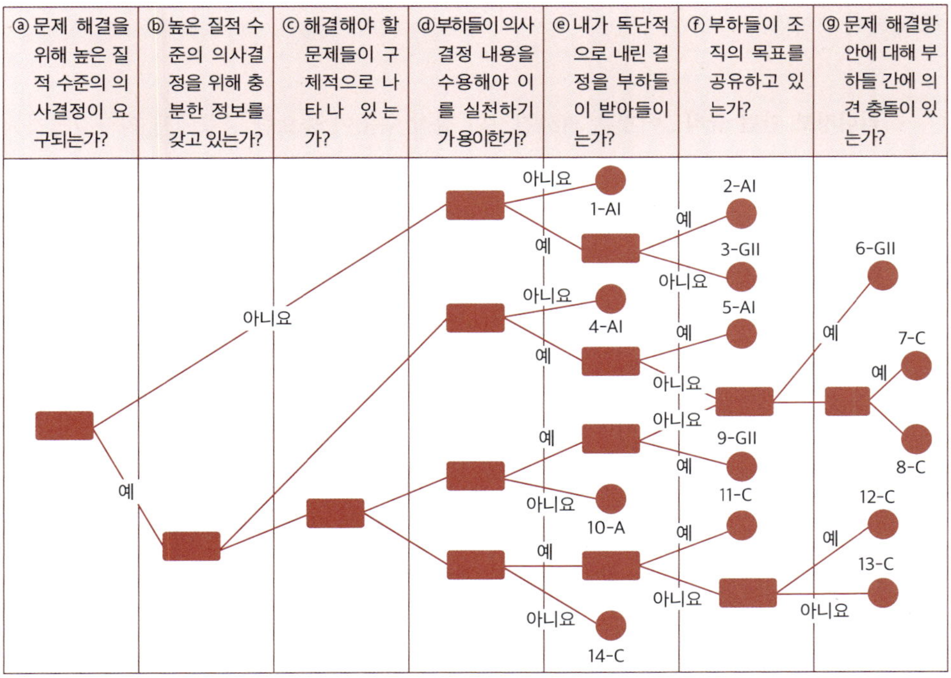

출처 : V. H. Vroom and P. W. Yetton, *Leadership and Decision Making*, Pittsburgh, University of Pittsburgh Press, 1973, pp. 131-133.

앞의 모델에서 보여 주듯이, 의사결정을 위해 응답자는 ⓐ~ⓖ의 일곱 가지 질문에 대해 대답하면서 나가면 막다른 ○표에 이르게 된다. 이것이 해당 상황에서 효과를 발휘할 수 있는 리더십 유형이다. 즉, 이것이 응답자 자신에게 필요한 리더십 유형이며 의사결정 방법이되는 것이다. 이러한 선택 과정이 브룸과 예튼이 주장하는 규범적 리더십 모델이며, 규범적 의사결정 과정이다.

3) 리더십 유형 선택을 위한 규칙

브룸과 예튼은 연구를 통해 실제로 의사결정 나뭇가지를 사안별로 일일이 적용하지 않더라도 현 상황에 적합한 리더십 유형이나 의사결정 방법을 선택할 수 있는 일곱 가지 규칙을 제시한다. 이것은 다양한 집단을 대상으로 규범적 모델의 일곱 가지 상황을 적용한 결과를 통해 도출한 것이다.

- **리더정보 관련 규칙** 이것은 의사결정의 질적 수준이 중요한 상황에서 의사결정자는 필요한 정보나 기술을 갖고 있지 못한 상태이다. 따라서 이러한 상황에서는 AI(독단적 리더십)을 사용해서는 안 된다. 따라서 AI 유형은 배제해야 한다.
- **목표 일치성 관련 규칙** 이는 의사결정의 질적 수준이 중요하며, 부하가 조직의 목표를 공동의 목표로 인식하고 있지 않은 상황이다. 따라서 이러한 상황에서는 참여적 리더십을 사용해서는 안 된다. GII 유형은 배제해야 한다.
- **구조화 부재 관련 규칙** 의사결정의 질적 수준이 중요하고, 리더가 충분한 정보와 기술도 없으며, 독자적으로 문제를 해결해야 하는 상황이다. 또한 해결해야 할 문제가 비구체적이고 비구조화되어 있는 상황일 때는 구성원들의 참여가 높은 리더십 유형을 선택해야 한다. 따라서 AI, AII, CI 유형은 배제해야 한다.
- **구성원의 수용 관련 규칙** 의사결정 내용을 부하들이 수용하는 것이 효과적인 실행을 위해 중요한 상황에서 리더가 독단적으로 의사결정을 했을 때 부하들이 수용할지 여부가 불확실한 상태라면, 독단적 리더십 유형을 선택해서는 안 된다. AI, AII 유형은 배제해야 한다.

- **갈등 관련 규칙** 의사결정 내용에 대한 부하들의 수용이 매우 중요한 상황이고, 독단적 의사결정에 대한 부하들의 수용이 불확실하며, 부하들 간 의사결정 내용에 대해 불일치나 갈등이 존재하는 상황이다. 이때에는 참여 가능성이 큰 리더십 유형을 사용해야 한다. 따라서 AI, AII, CI 유형은 배제해야 한다.
- **공평성 관련 규칙** 의사결정의 질적 측면이 전혀 중요하지 않으며, 의사결정의 수용성이 중요하지만, 독단적인 의사결정에 대해 부하들의 수용성이 불확실한 상황이다. 이때는 참여 수준이 가장 높은 리더십 유형을 선택해야 한다. 즉, GII 유형만 선택 가능하다.
- **수용 우선 관련 규칙** 의사결정의 수용도가 중요하며, 독단적인 의사결정이 수용될 가능성은 없지만, 부하들이 조직의 목표를 자신의 목표와 같은 것으로 인식하는 상황이다. 마찬가지로 GII 유형만 선택 가능하다.

표 10.5 상황에 따라 사용할 수 있는 규범적 리더십 유형

상황	선택과 활용 가능한 리더십 유형
1	AI, AII, CI, CII, GII
2	AI, AII, CI, CII, GII
3	GII
4	AI, AII, CI, CII, GII
5	AI, AII, CI, CII, GII
6	GII
7	GII
8	CI, CII
9	AII, CI, CII, GII
10	AII, CI, CII, GII
11	CI, CII
12	GII
13	CII
14	CII, GII

브룸과 예튼은 이러한 일곱 가지 규칙만 갖고도 여러 상황에서 효과적인 리더십 유형을 선택할 수 있다고 주장한다. 하지만 규범적 리더십 효과는 규범적 리더십 모델 나뭇가지와 일곱 가지 규칙을 결합함으로써 더욱 커진다.

예컨대, 규범적 리더십 나뭇가지와 일곱 가지 선택규칙에 따라 특정 상황에서 다섯 가지 리더십 유형 가운데, 그 상황에서 불필요한 리더십 유형을 제거할 수 있다. 그리하여 의사결정 나뭇가지에서 보여 주는 14가지 환승유형(ⓐ~ⓖ의 일곱 가지 상황×2)에서 스스로에게 가장 효과적인 리더십 유형을 찾아낼 수 있다. **표 10.5**는 14가지 상황별로 선택 가능한 리더십 유형을 나타낸 것이다.

한편, 이와 같이 규범적 리더십 모델에 따라 리더십 유형을 찾다 보면 해당 상황에서 선택 가능한 리더십의 유형과 개수에 차이가 있음을 알게 될 것이다. 실제로 어떤 상황에서는 거의 모든 리더십 유형을 활용할 수도 있다. 브룸은 이러한 경우에는 시간적 변수를 함께 고려해야 한다고 하였다. 즉, 선택 가능한 리더십 유형이 다수인 경우에는 시간을 얼마나 절약할 수 있느냐 하는 것을 중요한 변수로 생각하라는 것이다.

4) 연구 결과와 시사점

브룸은 여러 나라의 500명의 경영자들을 대상으로 한 연구에서 자신의 연구모델의 타당성을 입증하였다(Vroom과 Jagu, 2007). 이를 통해 나타난 중요한 연구 결과를 요약하면 다음과 같다.

첫째, 관리자들의 리더십 유형은 일반적인 예측과 달리 정형화되어 있지 않다. 특히 다섯 가지 유형 가운데 극단적인 형태의 리더십 유형은 매우 드물었다. 그에 비해 약 30%의 경영자와 관리자들이 상황에 따라 독단적 혹은 집단적 유형을 나타내 보였다. 60%의 경영자들은 상황에 따라 리더십 유형을 계속해서 바꾸는 것으로 밝혀졌다. 둘째, 복잡한 상황에서는 경영자들 간 큰 차이를 보여 주는 다양한 행동특성을 나타내었다. 그러나 유사한 상황에서는 경영자들은 거의 동일한 행동을 보여 주었다. 이를 통해 브룸은 다음과 같이 주장한다. 리더십 유형에서 나타나는 차이는 단지 상황의 차이를 보여 주는 것에 불과하다. 따라서 리더가 당면하고 있는 상황 요인과 제약요인을 연구하는 것이 리더십 연구에서 효과적인 접근이라는 것이다.

V 새로운 리더십

1. 카리스마 리더십

1) 카리스마 리더십의 개념

베버는 카리스마 리더십(charismatic leadership)을 논의한 최초의 학자이다. 베버는 조직 안에서 권한이 정당화되는 방식에 따라 조직 유형을 구분하였다(이에 관해서는 제11장 조직구조에서 상세히 다룬다). 그 가운데 하나가 카리스마적 권한이라는 개념이다. 이는 권한의 행사가 리더의 개인적 자질에 따라 이루어지는 것이다. 따라서 카리스마를 갖고 있는 사람을 보통 사람과 구별되는 초자연적, 초인간적 혹은 최소한 특별히 예외적인 능력이나 자질을 갖고 있는 사람이라고 할 수 있다. 베버는 그리스어인 카리스마를 '신이 내린 선물(gift of grace)'이라고 설명하면서, 이것을 갖고 있는 사람을 리더로 간주한다는 것이다.

이렇게 베버는 관료제 조직이 기술적으로 가장 능률적인 조직 형태임을 설명하기 위해, 비교대상으로서 카리스마 리더십의 개념을 논의하고 설명하게 된 것이다(Weber, 1947). 하지만 조직행동에서 실질적으로 카리스마 리더십에 대한 체계적인 연구는 하우스(R. House)에 의해 이루어졌다. 하우스의 카리스마 리더십에 따르면, 구성원들은 어떤 바람직한 행동을 보았을 때 그것을 영웅적 행동 혹은 비범한 리더십 능력으로 귀인한다는 것이다. 카리스마 리더십의 네 가지 특성으로 밝혀진 것으로는 비전, 개인적 위험추구 의지, 부하 직원의 욕구에 대한 민감성, 비범한 행동 등을 들고 있다(House, 1977).

카리스마 리더십의 네 가지 특성

- **비전 수립과 명확화** 카리스마 리더는 현상유지보다는 보다 나은 미래를 제시하는 비전을 가지고 있으며, 구성원들이 쉽게 이해할 수 있는 용어로 비전의 중요성을 설명할 수 있다. 이때 하우스는 비전을 이상적인 목표로 표현하였다.
- **개인적 위험** 카리스마 리더는 비전 달성을 위해 기꺼이 개인적 위험을 감수하고, 높은 비용을 부담하며, 자기희생을 한다.
- **부하 직원 욕구에 대한 민감성** 다른 사람의 능력을 파악할 수 있고 그들의 욕구와 감정에 반응할 수 있다.
- **관습을 따르지 않는 행동** 규범이나 과거의 전통에 얽매이지 않는 행동을 한다.

이와 같은 카리스마 리더십의 네 가지 특성에 근거한 카리스마 리더십의 진행단계는 다음과 같다.

(1) 제1단계

리더가 구성원들에 호소력 있는 명확한 비전을 제시한다. 비전의 기능은 조직의 현재와 더 나은 미래를 연결시킴으로써 구성원들에게 연속성을 제공해야 한다. 예컨대, 스티브 잡스(Steve Jobs)는 "아이폰은 애플이 지금까지 만들었던 제품들처럼 애플다운 것이다."라고 하며 구성원들에게 자사제품에 대한 긍지를 갖게 해 주었다. 아이폰의 개발은 새롭고 사용하기 쉬운 기술을 제공한다는 애플 사의 변함없는 목표를 달성한 것이기 때문이다.

(2) 제2단계

리더는 높은 성과기대를 나타냄으로써 구성원들에 대한 확신을 표현한다. 이것은 구성원들의 자부심과 자신감을 강화하는 기능뿐만 아니라 상호신뢰를 구축하는 길이기도 하다. 마이크로소프트(MS) 사는 1998년 반독점법 소송으로 위기에 처하게 되었다. MS는 미 법무부와 19개 주정부로부터 반독점법 위반혐의로 제소되어, 2년간의 법정싸움에서 결국 유죄 판정을 받게 되었다. 이로 인해 회사의 주가는 폭락했고, 엄청난 손실을 입었다. 다행히도 연방정부와 합의를 통해 회사분할만은 피할 수 있었다. 하지만 더 큰 문제는 소비자들의 외면이었다. 이로 인해 오픈소스에 대한 관심과 개발이 MS에게 더욱 위협적으로 다가오게 된다. 그러나 이 모든 어려움을 빌 게이츠(Bill Gates)는 극복하였다. 그는 엔지니어가 세상을 지배해야 한다고 이야기한다. 오로지 기술 개발에 모든 승부수를 걸고 본인의 연봉을 1달러로 책정하면서, 구성원들에게 스톡옵션에 대한 기대를 갖게 해 주었다. 높은 스톡옵션에 대한 기대는 성공할 수 있다는 믿음과 리더에 대한 신뢰를 전제하지 않고는 불가능한 것이다.

(3) 제3단계

리더는 말과 행동을 통해 새로운 가치관을 전달하고, 이를 통해 구성원들이 따라 할 수 있는 행위모델을 제시한다. 일본의 소니가 지속적으로 성공할 수 있었던 것은 구성원들이 스스로를 창업자인 이부카 마사루 회장과 개인적으로 동일화했기 때문이다. 그는 직원들에게 불가능이란 없다는 생각을 심어 준 사람이다. 워크맨을 개발하는 과정은 우연한 발명에서 시작되었다. 녹음기가 아닌 녹음 재생기로서 워크맨은 입력장치를 없애고 출력장치를 하나 더 끼워 스테레오 재생장치를 만든 변조 녹음기에서 출발하였다. 시제품을 본 이부카 회장은 '헤드폰이 너무 크군'이라고 한마디 했다. 당시 헤드폰 크기만 한 워크맨은 리더의 말 한마디로 인해 그렇게 탄생한 것이다. 가격은 소니 설립 33주년에 맞추어 33,000엔으로 하자는 이부카 회장의 말에 따라, 가격뿐만 아니라 크기와 품질에서 어떠한 방향으로 나아가야 할지를 몸으로 체화한 구성원들이 만들어 낸 창조물이었던 것이다. 그리하여 소니는 제품개발에서부터 광고, 마케팅, 영업에 이르기까지 더욱 효과적일 수 있었다. 이와 관련해서는 자아기반이론에서 설명한다.

(4) 제4단계

리더는 구성원들에게 감정을 이입하고, 스스로는 관습에 얽매이지 않는 행동을 한다. 카리스마 리더십은 리더가 전달하는 감정을 구성원들이 무의식적으로 받아들이는 감정적 전이 과정을 갖는다. 교황 요한 바오로 2세는 보수 일색인 가톨릭교회에서 과거 교회가 하느님의 뜻이란 이름으로 인류에게 행한 각종 잘못을 공식적으로 인정하고 용서를 구한 최초의 가톨릭 지도자였다. 지동설을 주장한 갈릴레이의 명예를 회복시켰으며, 타 종교와 유태인에 대한 박해, 가톨릭 국가에서 이루어진 인종차별과 여성에 대한 억압 등을 일일이 나열하고 용서를 구하고 참회함으로써 국가, 종교, 인종을 초월하여 세계 여러 사람들로부터 존경을 받은 인물이다. 그가 병상에 있는 환자의 손을 잡고 위로할 때, 위로받는 사람은 아픈 사람이 아니라 바로 우리 자신임을 경험하지 않았던가. 용기 있고 확신에 찬 그의 행동을 TV를 통해 보았던 많은 사람들이 그것을 온몸으로 받아들이고 실천하려 하고 있다.

2) 카리스마 리더십과 자아기반이론

하우스의 자아기반이론(self-concept based theory)은 카리스마 리더가 구성원들을 변화시켜서 기대 이상의 성과와 충성심을 나타내도록 하는 과정을 구성원들의 자아개념의 변화에 초점을 두고 설명하고 있다. 즉, 카리스마 리더십의 효과는 구성원들의 자아개념의 변화를 통해 이루어진다는 것이다. 이론에서 구성원들의 자아개념은 4단계 과정을 거치면서 변화하게 되는데, 개인적 동일화, 사회적 동일화, 내면화, 집단효능감의 순서로 진행된다(House, 1977).

(1) 개인적 동일화

구성원들이 카리스마 리더의 행동과 태도를 모방함으로써 리더처럼 되고자 하는 단계이다. 이 과정에서 구성원은 리더와 밀접한 관계 형성을 통하여 신화를 구축하며, 리더와 동일체라는 것에 자부심과 긍지를 갖는다. 개인적 동일화 단계는 리더와 구성원 개인의 관계에 머무르게 된다.

(2) 사회적 동일화

카리스마 리더와 구성원 집단 전체가 동일한 태도와 행동을 나타내게 되는 단계이다. 사회적 동일화 단계의 집단은 소규모 그룹에서 조직, 사회, 국가가 될 수 있다. 이 단계에서는 조직을 위해 기꺼이 스스로를 희생할 준비가 되어 있으며, 조직의 목표가 개인적 목표보다 우선하게 된다. 카리스마 리더는 이 과정에서 특정 형태의 상징물을 내세우며 구성원들의 일체감을 강화한다. 이에 구성원들은 카리스마 리더의 요구에 부응하여 개인적 희생과 봉사를 기꺼이 수용하게 된다.

(3) 내면화

내면화 단계에서 구성원들은 카리스마 리더의 가치관과 이념을 자신의 가치로 받아들인다. 따라서 리더의 판단이 자신의 판단이며, 리더의 비전과 이상이 바로 자신의 것이 된다. 따라서 이 과정에서 아무런 저항이나 거부감이 없기 때문에, 구성원 개인의 판단 기준은 소거된다.

(4) 집단효능감

개인의 자기효능감이란 자신의 일에 대해 할 수 있다는 믿음을 의미한다. 따라서 집단효능감이란 집단이 특정 과업에 대해 갖게 되는 수행능력에 대한 믿음이라고 할 수 있다. 카리스마 리더는 구성원 개인의 자기효능감뿐만 아니라 집단효능감도 높여 준다. 집단효능감은 이전 단계에서 구성원들이 사회적 동일화와 내면화 과정을 통해 얻게 된 협동체계에 대한 인식 강화의 결과라고 할 수 있다.

이처럼 카리스마 리더십을 설명하기 위한 자아기반이론은 동일화 과정과 내면화 과정을 통해, 구성원들의 집단효능감을 제고함으로써 성과 향상을 기대할 수 있다고 설명한다. 하지만 실제로 리더십 연구에서는 많은 경우에 구성원들의 필요나 욕구에 귀기울여 주고, 그들의 의견을 수용함으로써 카리스마 리더십을 형성하게 됨을 보여 주고 있다. 이러한 특징은 이후 등장하는 변혁적 리더십 이론을 통해 이론적으로 심화되고 확대되었다.

3) 카리스마 리더십의 한계

기업은 카리스마 리더십을 갖는 CEO를 원한다. 애플, 소니, GM, 포드, 구글, HP 등 거대 기업은 그들을 영입하기 위해 기꺼이 모든 자율권과 높은 연봉을 제공하였다. 실제로 카리스마 리더들은 기업을 성공적으로 이끌었고, 탁월한 성과를 창출하였으며, 스스로는 유명인사가 되었다. 하지만 카리스마 리더는 다음과 같은 문제점을 나타내기도 한다.

첫째, 여러 연구에서 카리스마적 CEO들이 그들의 성과가 보통 수준이거나 보통 이하인 경우에도 자리보전을 위한 목적으로 그들의 카리스마를 이용할 수 있음을 종단연구를 통해 밝혀내었다. 역설적으로 우리는 소니에서 그와 같은 사례를 발견할 수 있다. 1995년 소니의 CEO로 발탁된 이데오 노부유키 회장은 디지털 드림 키즈라는 비전을 제시하며 굴뚝 산업에서 인터넷 비즈니스 사업으로 변신을 추진하였다. 그리하여 취임 3년 만에 적자기업을 흑자로 돌려놓는 데 성공한다. 또한 그는 13명의 입사 선배를 제치고 CEO 자리에 올랐으며, 1,000명이 넘는 사원들에게 자신보다 더 많은 연봉을 지급할 만큼 강력한 카리스마를 가진 리더였다.

하지만 2003년 주가 폭락을 기록하고, 실적이 저하되었다는 이유로 소니 역사상 유례없이 2만 명에 이르는 직원을 해고했다. 그가 이토록 많은 사람을 해고할 수 있었던 근거는 미국식 실적주의, 즉 컴퍼니제도를 일본 기업에 도입했기 때문에 가능한 것이었다. 결국 그는 소니 배터리 폭발사고로 회장 자리에서 물러났지만, 자신의 자리보전을 위해 카리스마를 이용한

CEO의 불명예스러운 사례로 꼽히고 있다.

둘째, 카리스마 리더는 조직을 위해 항상 최선의 행위를 하지는 않는다. 미국의 엔론(Enron), 월드컴(WorldCom)을 비롯하여 한국의 많은 벤처신화 주역들의 추락을 보라. 그들이 사욕을 채우기 위해 회사와 사회에 미친 해악을 우리는 잘 기억하고 있다. 이들의 공통점은 잘못이 같은 데서 시작되고 있다는 것이다. 즉 임원들이 주가를 일시적으로 올려 스톡옵션으로 큰 돈을 벌기 위해 분식회계를 했다는 점이다. 또한 그렇게 한 후 자신의 권력을 이용하여 회사를 자신의 이미지에 맞게 재구성하였는데, 그 결과 회사는 파산하였고, 스스로는 불행한 결말을 맞이하였다.

셋째, 비난을 용납하지 못하는 카리스마 리더의 특성상 주위에 예스맨만을 가까이 두게 됨으로써 이의제기나 권위에 도전하지 못하게 하는 분위기를 만든다. 그리하여 법률적, 윤리적 문제 발생에 대해 점차적으로 무감각해진다.

전반적으로 카리스마 리더십의 효과는 입증되고 있다고 할 수 있다. 중요한 것은 카리스마 리더가 항상 정답이 아니라는 것이다. 카리스마 리더가 있는 조직이 더욱 성공적인 경향이 있으나, 그러한 성공은 상황과 리더의 비전에 따라 결과에서 완전히 달라질 수 있다. 히틀러와 같은 카리스마 리더는 너무나 성공적으로 구성원들을 설득하였기에 공동체를 파멸로 이끄는 비전을 추구하도록 하였다(Jacobsen과 House, 1999).

2. 변혁적 리더십

변혁적 리더십(Transformational Leadership)이라는 개념을 처음으로 제시한 사람은 배스(B. Bass)이다. 변혁이란 완전히 다른 모습, 완전히 다른 속성으로 탈바꿈한다는 의미인데, 이론의 등장배경은 다음과 같다.

일반적으로 리더십 연구는 거래적 리더십에 관한 것이라고 할 수 있다. 즉, 오하이오 리더십 연구, 피들러의 상황모델, 목표-경로 이론, 리더-구성원 교환관계 이론 등이 그러하다는 것이다. 거래적 리더십은 스스로의 역할과 기능, 과업조건 등을 명확히 함으로써 구성원들이 목표를 달성할 수 있도록 이끌거나 동기부여하는 것이다. 따라서 이론의 초점도 그러한 목적을 위해 리더가 무엇을 어떻게 해야 하는지에 맞추어져 있다. 그 결과 거래적 리더십에서는 리더의 역할을 성과에 대한 보상을 명확히 해 주는 거래적 관계로 설명한다. 즉 성공에 대해서는 상을 주고, 실패에 대해서는 처벌을 하는 것이 전통적인 리더의 역할이며, 그것을 거래적 리더십이라고 이름 붙였다. 하지만 배스는 이러한 거래관계에 기반을 둔 리더십은 구성원들로 하여금 단기적인 성과 달성을 위해서는 효과적이지만, 장기적인 목표 달성을 위한 기능을 할 수 없다고 주장한다. 왜냐하면 거래적 리더십 과정에서 활용하는 요소들이 욕구단계에서 보면 하위욕구에 해당되는 것들이기 때문이다.

따라서 리더십 사이의 개념 차이를 명확히 하는 데서부터 변혁적 리더십의 개념을 이해할 수 있다. 변혁적 리더십은 구성원들에게 비전을 제시하고, 그 비전을 달성하기 위해 자신의 이해관계를 초월할 수 있도록 한다. 이를 위해 구성원들에게 특별한 영향력을 행사하는 것이다.

거래적 리더십과 변혁적 리더십의 구성요소 비교

거래적 리더십

- **보상연계** 노력에 대한 보상을 명확히 한다. 우수한 성과에 대한 보상을 약속하며, 업적을 객관적으로 인정한다.
- **예외에 의한 관리(적극적)** 규칙과 기준에서 일탈하는지 상시적으로 관찰하고, 판단하고, 수정조치를 취한다.
- **예외에 의한 관리(소극적)** 기준을 충족하지 않았을 경우에만 개입한다.
- **자유방임** 책임을 포기하고, 의사결정을 회피하는 형태도 있다.

변혁적 리더십

- **이상적 영향력** 카리스마를 통해 비전을 제시함으로써 사명감을 고취하며, 자부심을 심어 주고, 존경과 신뢰를 받는다.
- **영감에 의한 동기유발** 높은 기대를 전달하고, 노력을 집중시키기 위해 상징을 사용하고, 주요 목표를 단순하게 표현하며, 직관을 강조한다.
- **지적 자극** 학습을 강조하고, 지성, 합리성, 디테일한 문제 해결을 촉진한다. 그리하여 문제들을 새로운 방식으로 조망할 수 있게 한다. 문제의 인식을 변화시킨다.
- **개별적 배려** 개인적인 관심을 나타내 보이고, 직원들을 욕구와 필요에 개별적으로 대하며, 코치하고, 조언한다. 그리하여 그들의 개발욕구에 귀기울인다.

출처 : B. M. Bass, "From Transactional to Transformational Leadership: Learning to Share to Vision," *Organizational Dynamics*, Winter 1990, pp. 19-31.

한편 비전이란 장기적이고 이상적인 목표이기 때문에, 현실과 차이를 나타낼 것이다. 따라서 비전의 달성을 위해서는 현재 상태에서 점진적으로 변화가 이루어지는 것이 아니라, 현재와 단절하는 변혁(transformation)이 요구되며, 리더는 그러한 변혁을 주도할 수 있어야 한다. 성공적으로 변혁이 이루어지기 위해서는 구성원들과 가시적 보상을 통한 거래적 관계에만 의존해서는 안 된다. 즉, 비전의 달성을 위해서는 구성원들의 태도와 가치관의 변화가 이루어져야 한다. 그러한 변화를 통해 구성원과 리더는 공유 비전을 달성할 수 있다. 이때 구성원들이 얻게 되는 보상은 가시적이고 외재적인 보상이 아닌 비전 자체에서 얻을 수 있는 내면화된 가치, 즉 내재적 보상이 된다.

따라서 변혁적 리더십은 구성원들에게 자아실현의 욕구와 같은 상위욕구가 발현되도록 한다는 특징이 있다. 그리하여 변혁적 리더십은 구성원들에게 개인의 이익보다는 조직의 이익을 우선시하도록 북돋아 줌으로써 조직과 구성원들에게 큰 영향을 미칠 수 있다(Bass, 1990). 이러한 변혁적 리더십은 앞서 논의한 카리스마 리더십과 뒤에서 논의할 비전 리더십 과정이라고 할 수 있다.

변혁적 리더십의 특징을 설명하면 다음과 같다.

- **이상적 영향력(idealized influence)** 리더는 구성원들에게 역할모델이 됨으로써, 구성원들은 리더와 동일화를 통해 리더의 행동을 따르려고 한다. 이때 리더는 윤리적 행동기준을 갖고 있기에 항상 올바른 일을 하는 존재로 인식된다. 따라서 구성원들에게 비전을 제시하고, 바람직한 가치관을 제공하며, 자존감을 갖게 해 준다. 그리하여 구성원들로부터 존중을 받게 되는데, 이는 구성원들이 리더를 신뢰하기 때문이다. 그결과 구성원들은 조직 목표 달성을 위해 자발적으로 노력하게 된다.
- **영감에 의한 동기부여(inspirational motivation)** 이는 리더가 구성원들에게 높은 기대를 갖고 있으며, 비전을 실현하기 위해 동기부여하는 것을 말한다. 이때 구성원들의 노력을 집중하기 위해서 주요 목표를 단순하게 전달하기 위한 상징물을 제시하거나 정서적 호소를 통한 공감을 이끌어낸다. 이 과정에 직관을 강조한다.
- **지적 자극(intellectual stimulation)** 리더는 구성원들이 당면하고 있는 여러 가지 문제를 새로운 방식으로 바라볼 수 있도록 도와주어야 한다. 이를 통해 문제에 대한 인

식이 근본적으로 바뀐다면, 구성원 각자는 자신의 맡은 직무에서 스스로의 방식으로 문제 해결을 위해 창의성을 발휘할 수 있다.

- **개별적 거래(individualized consideration)** 개별 구성원들의 관심사와 욕구에 관심을 갖고 주의를 기울인다. 이를 통해 구성원 각자의 발전을 위한 역할과 임무를 부여할 수 있다. 개별적 배려가 일면 불가능해 보이기는 하지만 조직 차원에서 부서 차원까지, 권한위임에서부터 인력개발까지 그 수준과 방법이 광범위하고 다양하다는 측면에서 실현 가능한 요인이다.

거래적 리더십과 변혁적 리더십은 과업을 수행하는 데 있어서 상반된 접근이 아니다. 두 개념은 분명히 구분되고 대비되는 개념이지만, 변혁적 리더십과 거래적 리더십은 상호 보완적 기능을 한다. 변혁적 리더십은 거래적 리더십의 상위 개념으로, 거래적 리더십 이상의 수준으로 부하 직원의 노력과 성과를 이끌어 낸다. 그에 비해 거래적 리더십은 변혁적 리더십이 만들어 낼 수 있는 것 이상으로 성과를 이끌어 내지는 못한다. 따라서 훌륭한 거래적 리더지만 변혁적 리더의 특성을 갖고 있지 않다면, 보통의 리더에 머무르게 된다. 최고의 리더는 거래적이면서 변혁적인 리더라고 할 수 있다. 따라서 이러한 논의를 근거로 해서 우리는 두 가지 형태의 리더십을 포괄하는 '리더십 확장모델'을 제시할 수 있다(**그림 10.9** 참조).

리더십 확장모델을 통해 다음과 같은 논의를 이끌어 낼 수 있다.

첫째, 자유방임형 리더는 가장 소극적이며, 효과도 가장 낮은 리더십 행동이다. 현실에서 이런 행동를 하는 사람을 리더라고 하지는 않을 것이다.

둘째, 소극적이든 적극적이든 예외에 의한 관리는 자유방임형보다 나을 수 있으나 여전히 비효과적인 리더십일 것이다. 이러한 리더는 어떤 문제가 발생했을 때만 리더십을 발휘하므로, 중요한 시기를 놓치게 된다.

셋째, 보상연계형은 효과적인 리더십이 될 수 있다. 하지만 앞서 지적했듯이 이러한 리더는 주어진 과업 이상의 일을 하지 못한다.

넷째, 따라서 나머지 4개의 변혁적 리더십 요인만이 구성원들로부터 기대 이상의 성과를 이끌어 내고, 조직을 위해 개인의 이익을 초월하게끔 동기부여할 수 있다. 즉, 변혁적 리더십의 네 가지 요인인 개별적 배려, 지적 자극, 영감에 의한 동기부여, 비전과 사명감은 구성원들

그림 10.9 리더십 확장모델

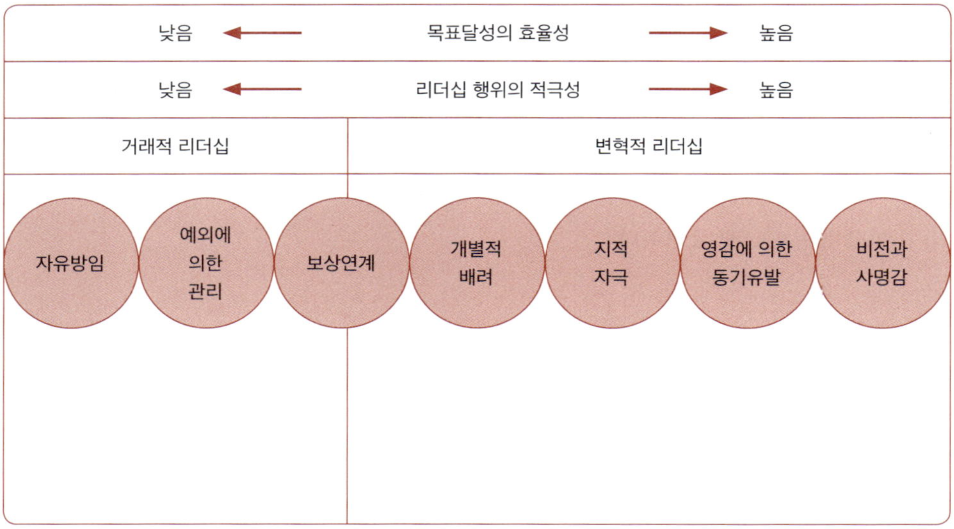

출처 : B. M. Bass, "From Transactional to Transformational Leadership: Learning to Share to Vision," *Organizational Dynamics*, Winter 1990, pp. 23.

로부터 많은 노력과 높은 생산성, 높은 사기와 만족, 조직 성과, 낮은 이직과 결근, 조직 적응력을 이끌어 낼 수 있다. 따라서 리더십 확장 모델은 거래적 리더십에서 더 나아가 적절히 네 가지 리더행동을 사용해야 함을 강조한다고 하겠다.

3. 비전 리더십

우리는 앞에서 리더십의 이해를 위해 리더십과 권력, 리더십과 영향력의 비교를 통해 서로 다른 개념임을 이해하였다. 같은 맥락에서 비전 리더십(Visionary Leadership)은 관리와 리더십, 관리자와 리더의 비교를 통해 리더십의 중요성을 설명하고 있다. 따라서 기본전제는 관리와 리더십 모두 중요한 개념이라는 것이다. 특히 리더십은 비전을 제공한다는 측면에서 관리와 차별화되며, 이것이 리더십 연구에서 핵심 요소임을 강조한다.

코터(J. Kotter)는 리더십에 관한 연구를 위해서는 관리(management)라는 개념과 비교가 필수적이라고 생각하였다. 이를 위해 효율적인 방법으로 리더십과 관리를 연구하였는데, 어느 것이 어느 것을 포함하느냐의 차원이 아니라, 두 개념 간 차이점에 초점을 두고 연구함으로써 리더십 연구에 있어 중요한 발견과 의미부여를 하였다(Kotter, 1990).

1) 리더와 관리자의 차이점

이를 위해 **표 10.6**에서 보여 주는 내용을 근거로 리더십과 관리, 관리자와 리더를 비교해 보도록 하자. 리더의 첫 번째 기능은 변화와 혁신을 이끌어 내는 것이다. 효과적인 리더십은 기업의 혁신 방향을 설정하여 회사를 이끌어 가는 비전을 제시하는 것이다. 따라서 이것은 관리자가 하는 계획 활동이나 관리 활동(administration)과 분명히 다른 것이다. 계획이나 관리 활동의 가장 큰 목적은 질서와 우선순위를 정하는 것이기에 혁신과 분명한 차이가 있다고 할 수 있다. 계획은 통제 활동을 위해 활용되는데, 수행 결과나 중간 과정에서 계획과 대비함으

표 10.6 관리자와 리더의 비교

관리자 대 리더	
관리(Administration)	혁신(Innovation)
계획(Planning)	비전(Vision)
모방(A Copy)	원본(An Original)
유지(Maintain)	개발(Develop)
구조와 시스템 구축(Focus on System & Structure)	사람 중심(Focus on People)
통제(Relies on Control)	신뢰감(Inspire Trust)
단기수익(Bottom Line)	장기적 발전(Eyes on Horizon)
방법(How, When, Knowhow)	원인(What Why, Knowhy)
수용(Accept status quo)	도전(Challenge status quo)
지장(Classic Good Solier)	덕장(Own People)
일을 잘한다(Do Things Right)	옳은 일을 한다(Do the Right Things)

출처 : B. Nanus, *Visionary Leadership*, Jossey-Bass Inc., 1992, pp. 37-38.

로써 오류나 편차를 발견하고 수정하는 기능을 한다. 따라서 잘 수립된 계획의 중요성은 크다. 그러나 아무리 좋은 계획이라고 할지라도 혁신의 방향이나 수립된 비전을 대체할 수 없으며, 또한 리더십을 대신할 수 없다.

비전을 제시하는 것은 리더십을 발휘하는 과정이다. 비전이 장기적인 목표와 전략 설정과 관련되므로, 관리자가 하는 단기적인 계획 수립과 구분된다. 비전은 청사진이다. 미래에 바라는 모습을 나타낸 것이다. 따라서 이것은 안내자의 역할을 하고 지침서의 기능을 한다. 동시에 구성원들에게 강한 동기부여를 하기도 한다. 비전에 따라 잘 수립된 장기적인 목표는 필요성뿐만 아니라 실행 가능성도 갖추고 있어야 한다. 계획과 장기적인 목표는 지향점이 다르다. 계획은 계속해서 사람들이 일을 할 수 있도록 현상유지 역할을 한다. 그에 비해 장기적인 목표는 전략뿐만 아니라 제품이나 시장, 패러다임에 있어서 변화와 혁신을 가져다 준다.

관리는 구조와 시스템을 통해 이루어진다. 즉, 구체적인 계획에 따라 조직구조를 만들고 분업을 통해 업무를 수행하도록 한다. 이때 명확한 규정과 절차의 수립을 통해 효과적으로 계획이 수행되도록 해야 하며, 적절한 관리, 감독 시스템을 통해 계획이 제대로 수행되는가 하는 통제 활동을 수행해야 한다. 그러나 리더십은 다르다. 규정과 절차에 따른 통제가 아니라 비전을 달성하기 위해서 구성원들의 지지와 협력이라는 방법을 사용한다. 특히 이러한 구성원들과 연합관계가 중요한데, 이러한 연합관계는 신뢰를 전제로 한다. 신뢰를 얻기 위해서는 비전을 일방적으로 제시하는 것이 아니라, 구성원들의 참여가 필요할 것이다. 그다음으로는 변화와 혁신을 위해 통제라는 방법이 아니라 비전 수립 단계에서부터 구성원들에게 성취감, 귀속의식, 존중감 등을 제공해야 한다. 이것이 바로 구성원들에게 신뢰를 얻을 수 있는 방법이기 때문이다.

관리는 목표를 추구하는 과정에서 통제 활동이나 문제 해결에 초점을 두고 진행된다. 즉, 현재 상황 안에서 문제 해결을 위해 노력한다는 것이다. 그렇게 함으로써 조직 내 질서가 유지되고, 계속해서 발전해 갈 수 있는 터전이 마련된다. 그에 비해 리더십은 혁신과 변화가 진행되고 있을 때, 장애물이 나타나면 동기부여와 격려를 통해 계속해서 변혁이 이어지도록 격려한다. 이를 통해 발전 잠재력을 일깨우며, 변화에 대응하고, 경쟁력을 얻을 수 있도록 한다.

역설적이지만 애플의 스티브 잡스는 훌륭한 관리자였다. 관리자는 일을 제대로, 그리고 잘 할 수 있어야 한다. 정크본드 수준까지 내려간 애플의 주식가격을 아이팟을 개발함으로써 단번에 초우량주로 끌어올릴 수 있었던 배경에는 제품개발에 참여했던 핵심 인력들이 있었다. 따라서 이들에게 스톡옵션이란 황금수갑을 채워서 회사에 붙잡아 두는 일은 애플에게 반드시 필요한 일이고, CEO인 잡스에게는 절실한 과제라고 할 수 있었다. 이들에게 보다 많은 보상을 해 주기 위해, 스티브 잡스는 스톡옵션을 제공하면서 백데이팅을 하였다. 스티브 잡스는 이를 당연한 것으로 생각했을 것이다. 하지만 사안에 따라서 이는 중죄(felony)에 해당하는 범법행위이다. 미국 증권거래위원회와 캘리포니아 주 검찰이 이를 조사하고 기소할 즈음에 스티브 잡스는 다행히 세상을 떠났다. 하지만 그에 비해 리더는 옳은 일을 하는 사람이다. 회사의 자금을 투자한다면 당연히 수익률이 높은 펀드에 투자해야 할 것이다. 하지만 공정무역 관련주, 환경보호를 위한 바이오연료 관련주에 투자하는 CEO가 있다고 생각해 보자. 당연히 수익률은 낮을 것이다. 우리는 그러한 리더가 있는 회사에서 일하고 싶고, 그런 사람을 리더라고 부르기를 주저하지 않을 것이다.

참고 10.5 백데이팅

백데이팅(back dating)은 스톡옵션을 주가가 낮은 날짜에 소급해서 적용하는 것이다. 이는 스톡옵션을 받는 사람에게 큰 이익이 되도록 하는 방법이지만, 다른 주주들의 돈을 훔치는 것과 같으므로, 사람에 따라 징역 4년 이상에 해당하는 중범죄로 처벌된다.

---

2) 리더와 관리자, 리더십과 관리의 결합

앞서의 논의에서 마치 리더십이 관리 활동에 비해 우월한 것처럼 느낄 수 있지만, 실제로는 그렇지 않다. 두 가지 활동과 두 종류의 사람이 조직에 모두 필요하고 중요하다. 관건은 이 두 가지를 어떻게 유기적으로 적절하게 결합하는지다. 왜냐하면 앞에서 살펴보았듯이 리더십과 관리를 동시에 시행하면 필연적으로 충돌이 발생하기 때문이다.

(1) 관리를 중요시하고 리더십을 간과할 때 발생하는 문제

첫째, 단기적 효과와 단기적인 안목으로 문제에 접근한다. 따라서 단기적인 성과를 위해

참고 10.6 리더의 신뢰 창출을 위한 구체적 제안(inspire trust)

① 고용 가능성을 높여라

리더가 종신고용을 보장할 수는 없다고 할지라도, 새로운 직장을 찾을 수 있도록 최대한 돕는다. 고용 가능성을 위한 프로그램(outplacement)을 실시하는 것이다.

② 자족(自足) 마인드를 가져라

지금 이 자리로서 충분하다. 언제라도 다른 곳으로 갈 준비를 해 두어라. 종신고용을 보장하는 회사는 어느 곳에도 없다. 대규모 조직이라고 해서 상대적으로 더 안전하다고 말할 수 없다. 따라서 역설적이지만, 필요할 때 언제라도 떠나기 위해서 스스로가 역량과 자격(qualification)을 높이기 위해서 노력해야 하며, 회사의 정책방향도 그러해야 한다. 쉽지 않지만 가능한 일이기도 하다.

③ 이견을 수용하고, 이견 제시를 장려하라

리더는 개방적이어야 하고 솔직해야 한다. 칭기즈칸은 결코 독대를 허용하지 않았다고 하지 않는가? 반면에 왜 청와대와 군대 조직에서 촉망받는 많은 별들이 불명예스럽게 퇴진하는가?

복종심은 다른 의견의 제시를 장려하지 못한다. 비밀스럽게, 은밀하게 일을 진행하는 것은 부하들의 사기를 결코 높이지 못하며 결국 신뢰를 상실하게 된다. 따라서 이견제시를 장려해야 한다. 자기 주장이 많음으로써 아이디어가 나온다. 이것이 리더와 구성원들이 윈윈하는 지름길이다.

④ 구성원들이 책임질 수 있는 영역까지만 참여시켜라

참여, 위임, 권한부여 등과 같은 개념이 무차별적으로 적용되고 있는 현실을 생각해 보라. 대표적인 예가 수많은 위원회(committee) 조직이다. 하지만 이러한 위원회 조직의 참여 기회 제공과 회사가 진행하는 감원, 구조조정, 프로세스 리엔지니어링은 서로 상충하는 개념이다. 얼굴에는 미소를 지으며, 손으로는 다른 일을 꾸미는 것과 무엇이 다른가? 중요한 의사결정 과정에는 정작 배제되고, 모든 책임은 중간관리자에게 주어지는 상황이라면 결코 신뢰를 얻을 수 없다. 구성원들이 실제로 책임을 맡을 수 있는 실질적인 위원회 조직에만 참여하도록 하라.

출처 : F. D. Schoorman 등, "An Integrative Model of Organizational Trust: Past, Present, and Future," Academy of Management Review, vol. 32, no. 2, 2007, pp. 344-354.

위험을 회피하고 관리 활동의 초점도 세부적인 일에만 집중한다.

둘째, 분업화, 전문화된 직무특성에 따라 적임자를 선택하기 위해 외부 노동시장에 의존하게 된다. 그리하여 내부 노동시장을 육성하는 것을 간과한다. 그 결과 조직의 내부 결속력이 저하되고, 구성원 간 협력과 조화가 어려워진다.

셋째, 규정과 절차, 통제 활동을 강조함으로써 이를 대신할 수 있는 권한 위임, 임파워먼트, 동기부여 등과 같은 대체적 수단의 개발을 어렵게 한다.

(2) 리더십을 강조하고 관리를 간과할 때 발생하는 문제

첫째, 장기적인 목표 수립에 치중함으로써 단기계획이나 예산 수립과 같은 단기 목표설정을 간과할 수 있다. 그 결과 조직이 제대로 운영되지 않는 경우도 발생한다.

둘째, 통제수단의 활용이나 구체적인 문제 해결을 간과할 수 있다. 그 결과 작은 문제들이 누적됨으로써 조직 발전의 걸림돌로 나타날 수 있다.

셋째, 의식을 협동체계로 만들게 됨으로써 강한 조직문화를 형성할 수 있다. 하지만 전문성이나 분업 등의 가치를 간과할 수 있다.

코터는 산업화 과정을 거치면서 관리는 높은 수준에 이르렀으나, 리더십의 중요성을 인식하게 된 것은 오래되지 않았음을 지적한다. 규정과 절차를 중요시하는 관리자는 많이 있지만, 청사진과 비전을 갖고 공감하려 하는 리더는 드물다는 지적은 현실에서 시사하는 바가 크다.

4. 슈퍼 리더십과 셀프 리더십

패러다임 변화에 의한 수평조직의 등장은 구성원들 각자에게 리더의 역할을 요구하게 되었다. 슈퍼 리더십과 셀프 리더십은 그와 같은 상황에서 필요한 리더십이라고 할 수 있다(Manz와 Sims, 1989).

슈퍼 리더십은 구성원들에게 자발적으로 셀프 리더가 될 수 있도록 역량과 기술을 개발해 주고 환경을 만들어 주는 것으로 정의하고 있다. 즉, 스스로가 리더가 되는 것이 바로 셀프 리더십이며, 슈퍼 리더십은 구성원들을 셀프 리더로 육성하는 리더십이다.

위계구조와 달리 수평조직구조에서 구성원 각자가 리더가 되어야 하는 셀프 리더십은 조직의 성공과 직결되어 있다. 따라서 슈퍼 리더십을 통해 구성원 각자가 셀프 리더십을 갖출 수 있도록 지속적으로 동기부여하고 개발하는 과정이 중요하다. 그렇다면 셀프 리더십을 요구하고 있는 수평조직에 대한 이해가 필요하다.

셀프 리더십을 요구하는 수평조직의 특징은 다음과 같다.

① 불필요한 관리감독체계를 제거하고, 조직운영이 수평적으로 이루어진다.
② 기능 부서별로 이루어지던 조직구성에서 상품개발, 프로젝트팀 등과 같이 주요 과정이나 특정 프로세스 중심으로 조직구성이 이루어진다.
③ 일선 업무 담당자에게 자체적으로 관리할 수 있는 책임영역과 권한이 확대된다.
④ 보상은 팀의 성과와 각자가 갖고 있는 업무능력에 따라 이루어진다. 구체적으로 능력급, 기술급, 지식급의 형태가 있다.
⑤ 성과 측정 시 해당 기업의 상품이나 서비스에 대한 고객만족도가 주요 지표가 된다.
⑥ 직원들이 고객과 거래선에 정기적으로 접촉할 수 있는 기회를 충분히 갖도록 한다.
⑦ 직원들에게 업무수행을 위한 중요 정보를 상세하게 제공하고, 원활한 업무수행과 효율적인 의사결정을 위한 지속적인 교육 활동을 한다.

이러한 특징을 갖는 수평적 조직에서 요구되는 리더십이 셀프 리더십이다. 셀프 리더십의 특징을 구체적으로 살펴보도록 하자.

1) 셀프 리더십의 특징

첫째, 셀프 리더십은 무엇보다 구성원들에게 초점을 맞추는 리더십이다. 따라서 구성원들이 능력을 발휘할 수 있도록 여건 제공과 지원을 통해 구성원 각자가 리더가 될 수 있도록 한다.

둘째, 슈퍼 리더십의 핵심은 셀프 리더가 된 구성원들이다. 따라서 진정한 리더의 역할은 구성원들에게 필요한 능력을 개발하고, 교육훈련을 통해 모두를 셀프 리더로 만드는 것이다. 그리하여 리더와 함께 셀프 리더가 된 구성원 모두가 리더십의 원천이 된다.

셋째, 구성원들은 셀프 리더로서 자신의 역할을 통해 직무에 대한 몰입과 주인의식을 함께 경험하게 된다.

넷째, 전통적인 리더는 스스로가 중심인물로서, 영향력의 원천이었고 비전의 출발점이었다. 현재 상황에서 경쟁력 확보를 위한 리더십 측면의 대안으로서 구성원들이 함께 리더십의 원천이 되는 셀프 리더십 개념이 필요하다.

2) 셀프 리더십 행동 모델

셀프 리더십 행동 모델을 통해 셀프 리더를 만들기 위한 일곱 가지 단계가 있다. 이러한 일곱 가지 단계의 내용을 살펴보면 다음과 같다.

① 셀프 리더십 모델링을 실행한다

리더는 자아관찰, 개인적 목표 설정, 내재적 보상을 위한 동기부여 등의 행동을 몸소 실천하고, 구성원들이 이를 모방하고 학습할 수 있도록 해 준다. 즉, 셀프 리더가 되기 위한 행동을 따라 할 수 있도록 모델링을 한다.

② 구성원들에게 자기목표를 설정하도록 한다

구성원들에게 측정 가능하고, 도전적이며, 구체적인 목표를 설정하도록 한다. 이러한 행위는 성과에 긍정적 영향을 준다.

③ 긍정적 사고방식을 교육한다

리더는 구성원들이 긍정적으로 사고할 수 있도록 일상의 대화와 교류관계에서 그들의 역량에 대한 신뢰와 확신을 나타내 보여야 한다. 이를 통해 구성원 스스로가 자신감과 기대감을 갖는 효과를 얻게 된다.

④ 내재적 보상을 통해 바람직한 행동을 강화한다

구성원들은 물질적 보상보다는 직무를 통한 보상기회를 학습할 수 있어야 한다. 이를 위해 리더는 구성원들의 욕구와 직무내용 간 조화를 위해 노력해야 한다. 아울러 처벌은 학습이 될 수 있는 수준과 정도에서 이루어져야 한다.

⑤ 건설적으로 자기비판을 할 수 있는 분위기가 필요하다

구성원 스스로에 대해서나, 혹은 이룩한 성과에 대해서 비판적이 되도록 노력하는 자세가 필요하다. 물론 성과 제일주의를 강조하는 기업의 분위기상 쉽지 않은 접근이겠으나, 이를 통해서 자아성찰의 기회를 갖게 된다. 이것은 진정한 리더로 거듭나기 위한 필수요건이라고 하겠다.

⑥ 자율작업팀의 운영 등 직무를 재설계한다

자율작업팀은 구성원 각자가 셀프 리더가 된다는 것을 의미한다. 즉, 셀프 리더가 됨으로써 자율작업팀이 가능하게 되는 것이다. 따라서 구성원 스스로가 판단하고 결정할 수 있도록 해 주는 직무 재설계가 중요하다.

그림 10.10 셀프 리더십 행동 모델

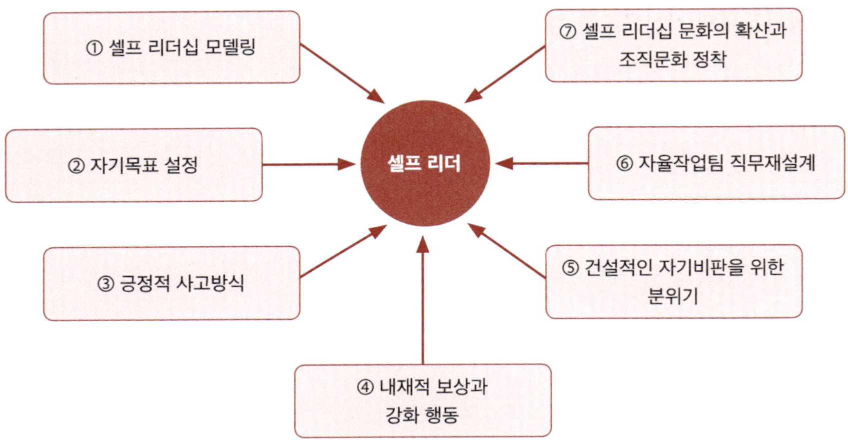

출처 : C. C. Manz and H. P. Sims, *Superleadership: Leading Others to Lead Themselves*, NY, Berkely Books, 1989, p. 25.

표 10.7 리더십 유형별 비교

	완력가 권위주의적 독재자형 리더	거래적 리더	리더형 리더	셀프 리더
핵심 요소	명령, 지시	보상	비전	셀프 리더십
리더십의 원천	지위, 권한	대가	고무적	공유
리더십의 주체	리더	리더	리더	구성원
리더십 효과	공포에 근거한 복종	계산적 순응	리더의 비전에 의한 정서적 몰입	주인의식에 근거한 몰입

⑦ 셀프 리더십 문화를 확산하고 정착한다

조직 내부적으로 셀프 리더십의 가치를 수용하고 이를 실천함으로써 조직 성과가 달성됨을 확인하는 단계이다. 이를 위해서는 최고경영자의 의지와 역할이 필수적이라고 할 수 있다. 셀프 리더십을 실천하기 위한 여러 가지 전제 요소인 조직설계, 직무설계, 보상연계 등은 최고경영자의 이해와 지원 없이는 불가능하기 때문이다. 셀프 리더십의 효과를 경험하게 된 조직은 선순환 과정을 통해 이를 조직문화의 일부로서 정착하게 된다.

3) 셀프 리더십 행동 개발 방안

앞서 설명하였듯이, 슈퍼 리더십의 핵심은 구성원 각자가 셀프 리더가 될 수 있도록 리더십을 발휘하는 것을 의미한다. 그렇다면 셀프 리더십 행동 모델에 근거해 볼 때, 일곱 가지 단계를 충족시킬 수 있는 행동 개발 방안의 중요성이 부각된다. 이를 조직구조 측면, 업무프로세스 측면, 인간관계 측면으로 나누어서 설명하고자 한다.

(1) 조직구조 측면의 방안

첫째, 팀을 통한 업무수행과 학습의 기회를 늘인다. 자율관리팀, 공동기술팀(simul-taneous engineering), 품질관리팀, 특별위원회, 태스크포스팀은 셀프 리더십으로 이끄는 훌륭한 학습의 기회가 된다.

둘째, 조직구조의 계층을 줄이거나 제거를 통한 권한과 책임의 확대를 실행한다. 구체적으

참고 10.7 슈퍼 리더십의 본보기-지미 카터 전 대통령

지미 카터는 재임 중 수많은 비난과 비판을 받았다. 그 가운데 가장 큰 비판은 그의 재선운동 과정에서 드러난 미국 유권자들의 외교 실패에 대해서였다. 그리하여 유권자들은 대통령으로서의 카터의 리더십을 선택하지 않았고, 카터는 재선에 실패했다. 그러나 다른 한편으로 지미 카터야말로 모든 시대를 통틀어 가장 능력 있고 존경받는 '전직 대통령'이라는 역설적인 주장도 나오고 있다. 그렇다면 카터의 경우는 '실질적인 성공'과 '대외적 실패'라는 독특한 예에 속한다. 그가 퇴임 이후 보여 준 리더십의 정체는 무엇일까? 카터의 행적을 따라가다 보면, 우리가 말하고자 하는 슈퍼 리더십의 요소와 유사한 모습을 발견하게 된다. 즉, 사람들로 하여금 스스로 리더가 되도록 이끈다는 것이다. 카터는 분명 전직 대통령으로서 권한을 활용할 줄 아는 리더였다. 그가 자신의 명성과 지위를 활용해 놀랄 만큼 긍정적이고 적극적인 방법으로 다른 사람들에게 영향력을 발휘한 몇 가지 예를 살펴보자.

첫째, 조정자와 갈등 해결자로서 역할이다. 두드러진 예는 한때 교착 상태에 빠졌던 북한 핵 문제, 수단 내전, 아이티 사태, 보스니아 내전 문제 해결 과정에서 그가 보여 준 노력이다. 그는 에머리(Emory) 대학 안에 카터 센터를 설립하고(1982), 그곳에 갈등 해결에 관심이 있는 사람들을 모이도록 했다. 카터는 분쟁 당사자들을 진정시키면서 갈등 요인을 분석하도록 하고, 이를 건설적이면서 긍정적인 결과로 이어지도록 하는 데 탁월한 노력을 보여 주었다. 그러면서도 카터는 이러한 모든 과정에서 직접적인 권한을 행사하지 않았다. 단지 당사자들을 한자리에 모이도록 하고, 각자가 최선의 이익을 위한 결론을 끌어내도록 하는 수준에서 영향력을 발휘할 뿐이었다. 이 때문에 그는 직책 없는 외교관으로 인식되고 있다. 카터가 아직도 열정을 갖고 있는 분야는 민주적 정치 과정과 일반 대중들의 권리 확보에 관한 문제이다. 이러한 문제들은 주로 개발도상국에서 선거의 공정성이 보장되도록 영향력을 발휘하는 방식으로 나타난다. 그는 니카라과나 파나마에서 객관적인 선거감시자 역할을 갖기도 했다.

카터가 권한을 위임할 줄 아는 리더십을 발휘한 또 다른 좋은 예는 해비타트에서 그가 보여 준 열정적 노력이다. 이 사업의 주체는 가난하고 집 없는 사람들이 자립할 수 있도록 주택을 마련해 주기 위해 구성된 비영리 단체로, 주택사업을 통해 사람들이 자립할 수 있도록 도움으로써 인간의 존엄성과 안정을 도모한다는 취지로 설립되었다. 카터가 이 사업에 자원봉사자로 참여하면서, 무릎에 구멍이 난 청바지를 입고 망치와 톱을 휘두르는 인상적인 모습을 많은 이들이 흉내 내기도 하였다.

카터는 패배에서 성공을 이끌어 내는 하나의 모델을 보여 준다. 맹목적 신념으로 추진했던 개인사업의 실패와, 대통령 재선에도 실패하자 카터는 그의 삶에서 심리적으로 위축되는 위기를 맞았다. 퇴임 후 그는 '모든 것을 잃은 사람'으로 묘사되기도 했다. 하지만 카터는 장애물을 생각하기보다는 계속되는 기회를 생각하는 사람이었다. 그는 이렇게 말했다. "나는 좌절과 실패에 빠질 때 미래를 생각한다. 어떻게 하면 이 난관을 딛고 일어나, 이 난관을 유리하게 이용할 수 있을 것인가?" 아울러 그는 이같은 불굴의 낙관주의를 다른 사람에게도 전하려 애썼다.

현직 대통령 카터와 전직 대통령 카터의 차이점을 알아보는 한 가지 방법은 먼저 권한을 갖고 미국 국민을 이끌어나가는 대통령 카터를 살펴본 뒤, 권한 없이 활동하는 그의 모습을 살펴보는 것이다. '권한을

(계속)

갖고 리드한다'는 것은 지위에서 비롯되는 합법적인 권력에 기초한 리더십을 말한다. 미국의 대통령이라는 지위는 세계에서 가장 강력한 리더십을 발휘할 수 있는 자리임에 틀림없다. 대통령 재임 중 카터는 권한을 가지고 나라를 이끌어 나가는 데 있어 무능하고 소심한 지도자라는 숱한 비난을 받았다. 그러나 '전직' 대통령으로서 그가 보여 준 역할은 합법적 권력(권한)이 없는 가운데서도 매우 주목할 만한 것이었다. 전직 대통령들은 그들의 명성과 권위, 전문성, 영향력 등을 발휘할 연대조직에 의존해야만 한다. 흥미로운 것은 카터의 능력은 권한이 없는 가운데 더욱 크게 발휘되었다는 점이다.

그가 황무지에서 말없이 고군분투하며 수년을 보내고 나서 많은 사람들은 그를 '미국의 역사상 가장 위대한 대통령'이라고 부르는가 하면 '미국의 국가적 자산'이라고까지 떠받들었다. 더러는 그를 '힘과 독창성, 행동으로 리드하는 새로운 영웅'이라고 일컬을지도 모른다. 하지만 카터를 다른 사람들로 하여금 스스로를 리드하도록 이끄는 '슈퍼 리더'라고 부르고 싶다.

출처 : H. P. 심스, 한국능률협회 역, 영웅들의 기업, 1997, pp. 168-174.

로 관리자의 기능 축소와 해당 업무의 일선기능을 통합한다. 특히 관리자의 역할을 감독보다는 촉진자 또는 조정자의 역할로 변화한다.

셋째, 전문화된 기능보다 지리적인 유통네트워크 또는 고객네트워크에 따른 조직구조는 업무 효율성뿐만 아니라 학습의 기회가 된다. 아울러 팀을 통한 다기능 업무를 할 수 있는 조직 경계를 축소하거나 제거한다.

(2) 업무프로세스 측면의 방안

첫째, 셀프 리더를 개발하기 위해 업무와 관련한 구체적인 사항으로는 고객을 직접 대면하는 구성원들에게 결정권을 부여하는 권한 위임을 활성화하는 것이다.

둘째, 그렇게 하기 위해서는 구성원들의 교육과 훈련이 중요한데, 관리자가 아닌 집단의 구성원이 주도하는 회의를 주기적으로 개최하는 것은 이를 위한 좋은 교육훈련의 기회가 된다.

셋째, 조직의 명령계통 핵심을 맡고 있는 당사자에게 직접 보고하거나 의사전달을 할 수 있도록 한다. 아울러 고객, 거래선, 부서 외부인들과 직접적 소통을 위한 네트워크를 구성하도록 한다.

넷째, 팀 리더를 일방적으로 임명하기보다는 팀 내부에서 기준을 설정하고, 그에 근거해서 선출한다.

다섯째, 팀 또는 개인에게 전통적인 책임영역 이외 특정 문제 해결을 맡긴다. 예컨대 매뉴얼에 있는 독자적 영역에서 품질관리를 수행할 수 있도록 권한 책임을 부여한다.

(3) 인간관계 측면의 방안

첫째, 구성원들의 목소리에 대해 리더는 더욱 경청해야 한다.

둘째, 지시, 절차, 명령과 같은 형태보다는 구성원들이 방향을 찾을 수 있도록 질문하는 방법을 택한다. 또한 구성원들이 어떤 결론에 이르렀을 때, 사용한 방법과 논리를 문서가 아닌 자신들의 언어로 설명하도록 한다.

셋째, 구성원 개개인의 목표에 대해 질문한다. 실패나 실수에 대해서는 무엇을 배웠는지 물어본다. 그리고 구성원들의 느낌과 감정에 대해서 자주 물어 본다.

넷째, 특정 목표의 달성, 특정 업무 성공 등에 대한 능력과 가능성에 대해 확신을 심어 준다. 이를 통해 보다 효율적인 업무 진행 방식에 관하여 학습하고 동기부여할 수 있다.

지금까지 논의에서 알 수 있듯이, 셀프 리더십의 기본전제는 동기부여 측면에서 Y이론적 접근과 아지리스의 미성숙-성숙 이론에 기반하고 있다. 즉, 사람들은 책임감이 있으며, 기회가 주어진다면 규정, 절차, 상사와 같은 외적 제약 없어도 성실하게 노력한다는 것이다. 더구나 패러다임 변화에 따른 수평조직구조는 셀프 리더십의 필요성을 강조하고 있다. 이러한 시대적 요구와 상황에 부합되는 셀프 리더십의 개념 확대와 이론적 심화는 계속해서 중요한 연구 분야가 될 것이다.

5. 서번트 리더십

그린리프(R. Greenleaf)는 서번트 리더십의 필요성에 대해 다음과 같이 설명하고 있다. "오늘날 우리는 힘과 권력을 가진 사람이 의심받는 시대에 살고 있다." 즉, 권력자의 행동을 일단 의심하는 시대이다. 따라서 권력에 정당성을 부여하는 것이 중요한 명제가 되었다. 이처럼 서번트 리더십이란 뛰어난 능력을 가진 사람이 그것을 발휘하는 데 정당성을 부여할 수 있는 방법이 무엇인지에서 논의의 출발이 이루어졌다.

그린리프는 리더로서 서번트의 개념을 논리적으로 설명할 수는 없다고 전제한다. 왜냐하면 그것은 직관적 통찰에 가까운 개념이기 때문이다. 그는 서번트 리더에 대해 다음과 같이 설명한다(Greenleaf, 1977).

1) 서번트 리더의 개념

서번트 리더는 처음에는 서번트이다. 서번트 리더는 진정으로 섬기고 싶어 하는 마음에서 시작한다. 그런 마음을 가진 이후에 앞에서 끌어가고 싶은 열망을 갖게 되는 사람을 서번트 리더라고 한다. 따라서 서번트 리더는 처음부터 리더인 사람과 근본적으로 다르다. 권위와 지위를 추구하는 욕구를 가진 사람에게서 섬기는 자세를 기대하기 어렵기 때문이다.

2) 서번트 리더십에 대한 논의의 필요성

오늘날 기업과 정부, 학교를 포함한 모든 조직에서 발생하는 문제점의 근원은 다음 두 가지에서 비롯된다고 보았다. 첫째, 오늘날 조직은 여러 가지 많은 문제들의 원인을 시스템이나 이데올로기, 환경의 탓으로 돌리는 경향이 있다. 하지만 보다 근본적인 이유는 '서번트'와 '리더'의 능력을 동시에 갖춘 사람들이 부재하기 때문이다. 둘째, 섬기는 사람인 서번트로서 기회가 찾아올 때에도 앞장서기를 거부함으로써, 창의적인 자아성취와 완성을 거부하는 경향이 일반화되어 있기 때문이다. 이는 현재의 교육 과정, 즉 서번트 리더십에 대한 전반적인 무관심에서 비롯된다. 지적인 준비만이 가장 큰 성공을 보장할 것이라는 암묵적 합의로 인해, 그 반대가 진실일 수 있다는 가능성을 전혀 고려하지 않고 이루어지는 교육현실이 바로 그러하다. 따라서 '서번트'와 '리더'가 동시에 존재하는 서번트 리더십에 대한 긍정적 의미의 인식과 논의의 확산이 필요하다.

3) 서번트 리더의 특징

처음에 서번트인 사람은 다른 사람들이 무엇보다 섬김을 받고 싶어 한다는 욕구를 발견하면 그들을 확실하게 배려한다. 경험에 근거하여 서번트 리더를 확인할 수 있는 방법을 다음과 같이 제시하고 있다.

- 섬김을 받는 사람들이 더욱 인간다워지는가?
- 섬김을 받는 동안 더욱 건강해지고, 지혜로워지고, 자유로워지는가?
- 그들도 서번트로 변화하려고 하는가?
- 그들이 사회(조직)에서 가장 약하고 소외받는 이들에게 어떤 영향을 주었는가?

이처럼 타고난 서번트, 즉 먼저 서번트이기를 원하는 사람은 다른 사람의 욕구를 가장 먼저 섬기겠다는 특별한 다짐을 지켜 가면서, 조금씩 완성해 간다. 그린리프는 서번트 리더십의 특징을 다음과 같이 설명한다.

① 경청하는 자세

서번트 리더는 말로 표현된 것이나 그렇지 못한 것 모두 수용하며 귀 기울인다. 즉, 경청이란 외적으로 표현되지 않은 개인의 내면에서 나오는 음성을 듣는 것도 포함한다. 묵상 등과 같은 노력을 통해 얻게 되는 경청하는 자세는 서번트 리더로서 올바르게 성장하고 사람들을 이해하게 해 준다.

② 공감하는 자세

서번트 리더는 타인을 이해하고 그들과 공감하기 위해 노력한다. 사람들이 갖고 있는 각자의 독특하고 특별한 모습은 누구나 차별받지 않고, 인정받아야만 한다. 서번트 리더는 바로 이런 각자의 독특성을 인정하고 함께 감정을 나눈다는 자세를 갖고 사람들을 대한다.

③ 치유에 대한 관심

오늘날 많은 사람들의 영혼은 여러 가지 감정적 상처로 인해 고통받고 있다. 서번트 리더

참고 10.8 서번트 리더 개념의 출발점

리더로서 서번트의 개념은 헤르만 헤세의 자전적 소설인 동방순례에 등장하는 레오라는 인물을 통해 이끌어 내었다고 한다. 순례길에 나선 여행단에서 온갖 잡일을 도맡아 처리하던 주인공 레오는 서번트의 역할을 하던 사람이었다. 또한 그는 여행단이 지치고 힘들어할 때 노래를 불러 활기를 불어 넣기도 하였다. 레오 덕분에 여행은 순조로웠고, 괴롭고 힘든 순례의 여정도 즐거울 수 있었다. 그러나 모르비오 협곡에서 레오가 사라지면서 여행단은 혼란에 빠지고, 결국 순례 자체를 포기하기에 이른다. 서번트 레오가 없이는 여행을 계속할 수 없었기 때문이다. 몇 년 후 소설의 화자는 순례여행을 후원했던 수도회에서 레오를 만나게 되었다. 서번트로만 알고 있었던 레오가 실제로는 그 수도회의 장상이며, 존경받는 지도자였던 것이다.

위대한 리더는 처음에는 서번트처럼 보인다. 이러한 특징이 리더를 진정으로 위대하게 만든다. 실제로 레오는 리더였지만, 기본적으로 서번트였기 때문에 겉으로는 서번트처럼 보였던 것이다. 리더로서 자질은 선천적으로 서번트적 기질이 있는 사람에게만 주어진다. 리더인 레오는 처음에는 서번트였던 것이다.

출처 : R. K. 그린리프, 강주헌 역, 서번트 리더십 원전, 참솔, 2006, pp. 23-25.

가 보여 주는 가장 강력한 영향력 가운데 하나는 바로 사람들이 갖고 있는 상처와 고통의 치유에 관심을 갖고 있다는 것이다.

④ 분명한 인식

서번트 리더는 무작정 섬기는 사람이 아니라는 점에서 단순한 하인과 다르다. 서번트 리더는 상황에 대한 분명한 인식을 기반으로 타당한 대안을 제시한다. 헤르만 헤세의 소설『동방순례』에 등장하는 레오는 언제 다음 여정을 위해 출발해야 하며, 왜 그러한 짐은 가져가서는 안 되는지를 이야기해 주었으며, 타당한 근거에 기반하여 아무 때나 흥을 돋우는 노래를 하지 않았다. 이처럼 서번트 리더가 보여 주는 결정과 태도는 분명한 인식을 통해 나타나는 것이다.

⑤ 설 득

서번트 리더가 갖는 또 다른 특징은 지위와 권력에 의존하기보다는 설득에 의존한다는 점이다. 서번트 리더는 순종을 강요하기보다는 타인을 이해시킨다. 이것은 전통적인 리더십 모델과 서번트 리더를 구분짓는 확실한 차이점이다. **참고 10.9**의 존 울먼의 경우는 이를 확실히 보여 준다.

⑥ 폭넓은 사고

전통적인 리더는 단기적인 목표 달성을 위한 요구에 에너지를 소진한다. 그러나 서번트 리

참고 10.9 서번트 리더, 존 울먼

서번트 리더는 독특한 면모를 보여 준다. 한 번에 한 사람씩 조용히 만나면서 큰 일을 이루는 경우가 있다. 미국의 퀘이커교 전도사 존 울먼(John Woolman, 1720~1772)은 혼자 힘으로 퀘이커교회에서 노예제를 척결한 사람이다. 18세기 미국의 퀘이커교 신자들은 대부분이 부유하여 노예를 소유했다고 한다. 울먼은 교회에서 노예제를 뿌리 뽑겠다는 목표를 세웠다. 30년이라는 세월 동안 그는 이 목표를 이루기 위해 자신의 모든 것을 바쳤다. 그리하여 남북전쟁이 일어나기 100년 전부터 퀘이커교 신자 가운데 노예를 소유한 사람은 하나도 없었다.

울먼이 교회 안에서 노예제도를 척결하기 위해 사용한 방법은 독특했다. 사람들의 관심을 끌기 위해 소동을 일으키지도 않았고, 저항운동을 펼친 것도 아니었다. 온건한 방법, 그러면서도 끈질긴 설득으로 신자들에게 노예를 포기하도록 만들었다.

울먼은 걸어서, 때로는 말을 타고 노예 주인들을 찾아 미국 동부 해안을 샅샅이 찾아다녔다. 30년이라는 세월을 그렇게 보낸 것이다. 노예 주인들을 비난하여 반감을 사는 일은 결코 하지 않았다. 단지 그는 이렇게 물었다고 한다. "도덕적 인간으로서 인간을 노예로 소유한 것에 대해서 어떻게 생각하나요? 당신 자녀들에게 어떤 세상을 물려주고 싶나요?" 이렇게 한 사람씩, 한 걸음씩 거듭해서 방문하면서, 30년이라는 세월 동안 자신의 생각을 조용히 퍼뜨렸던 것이다.

마침내 노예제도라고 하는 천형이 퀘이커교회 안에서 사라지고, 퀘이커교회는 미국에서 최초로 노예제도를 대외에 공식적으로 비난하며 신자들에게 금지하는 공동체가 되었다. 만약 그 당시에 울먼처럼 잘못된 것을 고쳐야 한다는 생각으로, 누구도 비난하지 않고 조용히 한 사람씩 설득하면서, 미국 땅을 샅샅이 훑고 다녔던 사람이 10명, 아니 5명이라도 있었더라면, 결과가 어떠했을까?

이처럼 설득이라는 리더십은 강제가 아니다. 계몽과 깨달음으로 변화를 가져올 수 있다는 장점을 갖는다. 존 울먼, 그는 오늘날만큼이나 암울했던 그 시대에 최고의 리더십을 보여 준 인물이라 할 수 있을 것이다.

출처 : R. K. 그린리프, 강주헌 역, 서번트 리더십 원전, 참솔, 2006, pp. 54-56.

조직행동 읽을거리

김밥할머니

지난 연말 청와대에 초청받았다. 아동보호단체의 홍보대사 자격이었다. 열네 개의 봉사, 나눔 단체의 기관장과 대표하는 인물을 초청해 대통령이 격려하고 상징적으로 기부하는 자리였다. 대통령 내외와 인사를 나누고 사진을 찍는 공식 행사에서 고액 기부자로 참석한 한 할머니가 눈에 띄었다. 청와대 사람들과 단체의 대표와 유명 연예인 사이의 왜소한 구순 할머니의 대비는 너무 뚜렷했다. 할머니의 차례가 되자 대통령 내외는 직접 할머니를 부축하러 나갔다. 전 재산을 기부한 분으로 소개된 할머니는 영부인의 손을 잡고 갑자기 울음을 터뜨렸다. (하략)

출처 : 남궁인, '삶과 문화: 이시대의 성자(聖者) 김밥할머니', 한국일보. 2022.01.02.
https://www.hankookilbo.com/News/Read/A2021123113550001984?did=NA

더는 폭넓은 사고를 통해 미래에 대한 비전을 가지고 현실에 적합한 조치를 취하기 위해 노력한다.

⑦ 직관과 통찰력

의사결정을 위한 정보는 언제나 부족한 법이다. 획득한 정보와 필요한 정보 사이에는 필연적으로 간격이 있는데, 그 간격을 메우는 능력이 바로 리더십이다. 이때 직관, 즉 무의식의 차원에서 이를 이끌어 내는 판단력이 필요하다. 따라서 리더는 창의적이어야 한다. 창의력은 무엇을 발견하는 힘이다. 미지의 세계를 향해 나아가는 추진력이라고 할 수 있다. 리더는 때로는 과학자처럼, 시인이나 예술가처럼 사고할 수 있어야 한다. 그리하여 리더의 생각이 비현실적인 경우가 많이 있을 것이다. 이때 구성원들의 신뢰가 결정적인 역할을 한다. 즉, 의사결정을 위한 실질적인 정보를 보유했는가? 구성원들의 필요와 욕구에 대해 잘 알고 있는가? 공정하고 올바른 결정을 내려 줌으로써 구성원들의 존경을 받고 확신을 주고 있는가? 등이 신뢰감을 구성하는 요소라고 할 수 있다.

⑧ 청지기 의식

서번트 리더는 자신이 다른 사람들을 섬기기 위해 현재의 직분을 맡고 있다고 생각한다. 따라서 그들에게 있어서 최우선적인 일은 다른 사람들을 위한 헌신이다. 따라서 조직의 서번트 리더는 통제보다는 개방과 설득이라는 방법을 주로 사용한다.

⑨ 사람들의 성장을 위한 노력

때로는 상대방의 노력이나 성과가 불충분하거나, 능력이 부족할 수도 있다. 이런 경우 상대방은 관심과 애정의 대상으로 가치를 갖지 못하게 된다. 서번트 리더의 비밀이 또한 여기에 있다. 불완전한 사람을 끌어모아 하나의 조직을 만들고, 그들의 능력과 잠재력을 자극하여 최대한 발휘할 수 있도록 해 준다.

⑩ 공동체 형성

서번트 리더는 조직 안에서 일하는 사람들 사이에 공동체 의식을 형성할 수 있는 방법을 찾기 위해 노력한다. 섬기는 리더는 진정한 의미의 공동체가 직장에서 일하는 사람들 사이에서도 형성될 수 있다고 생각한다.

4) 기업조직과 서번트 리더십

서번트 리더십의 구축 가능성은 기업조직에서 가장 크다. 다른 조직에 비해 기업조직은 시대와 장소를 넘어서 주어진 책임과 의무를 실천해 왔으며, 항상 스스로의 효율성에 대해 의문을 제기하면서 혁신을 통한 발전과 성장을 이룩해 왔기 때문이다.

그럼에도 기업에 대한 정부의 태도와 인식에는 문제점이 있다. 정부는 기업조직에 대해서는 대중의 요구와 인식을 가감없이 그대로 전달하는 반면, 다른 조직, 예컨대 학교, 병원, 종교기관, 군대조직, 혹은 정부조직 스스로에 대해서는 전혀 다른 이중적 태도를 보인다. 법적인 제약이란 측면에서도 영리를 추구하는 기업조직에 대해서는 고객만족, 고객서비스라고 하는 '섬김'을 주된 수단으로 하여 경쟁하도록 규정하고 있다. 이것은 논리적으로도 모순될 뿐더러, 불공정한 처사라고 할 수 있다.

이러한 발상은 이윤추구가 목적인 기업조직은 강제성을 동원하지 않는다면 결코 소비자를 섬기지 않을 것이라는 편견에서 나온 것이다. 따라서 이에 근거한 정부의 모든 기업 관련 정책적 결정은 기업에게 정글의 법칙만을 강요하는 결과로 나타나게 되었다. 그리하여 경영학 교육에서도 치열한 경쟁에서 생존하는 방법만이 강조될 뿐, 보다 나은 사회를 만들기 위한 방안에 대한 논의는 등한시하였다. 오늘날 대학이 당면한 문제가 바로 이러한 점이다.

하지만 중요한 것은 앞서 지적하였듯이, 오늘날 여러 종류의 조직 가운데 그래도 본연의 역할과 기능을 제대로 수행하고 있는 것이 기업조직이며, 섬김의 역할 또한 기업조직에서 가장 잘 이루어지고 있다는 점이다(실제로 당신이 완전히 무너져서 좌절한 상태에서, 아무것도 바라지 않고 순수한 동정심만으로 당신을 다시 일으켜 세우려 먼 길을 달려올 사람이 있는가? 만약 있다면, 당신은 어떤 기관의 도움을 받을 때 좌절을 딛고 일어설 가능성이 가장 큰가? 이러한 질문을 받았을 때 사람들은 조금도 주저함 없이 대답할 것이다. 기업이라고. 그것도 대기업이라고. 결코 정부나 교회, 대학이나 자선단체가 아님을 주목하라). 오히려 잘 섬기지 못하는 것은 정부, 교육기관, 종교단체, 병원, 자선단체에서 더욱 심각하다.

5) 서번트로서 기업조직의 역할

기업조직이 서번트로서 제 역할을 다하도록 요구하기 위해서는 다른 조직과 다른 기업의 특수한 상황과 조건을 고려해야 할 필요가 있다. 물론 대다수의 기업이 제대로 섬기는 일을 하지 못하고 있는 것도 사실이다. 기업이 매몰차고, 냉정하고, 부패한 모습을 보이더라도, 기업이 좀 더 잘 섬기도록 만들려면 역설적이지만 기업을 사랑할 수 있어야 한다. 다른 종류의 조직들은 기업을 애정 어린 눈으로 보지 않는다. 마찬가지로 기업에 몸담고 있는 사람들도 그런 기관에 대해서 별다른 애정을 보이지 않는다. 하지만 현실은 기업이 우리 삶에서 절대적인 위치를 차지하고 있다는 점이다. 더구나 오늘날의 기업들은 결코 우리 마음대로 좌지우지할 수 없는 확실히 다른 위치에 가 있음을 인정할 수밖에 없다. 그러나 우리를 좀 더 잘 섬기도록 만들 수는 있다. 기업조직에게 애정 어린 눈길을 보이고 사랑하면 된다. 하지만 추상적인 존재인 기업을 우리가 사랑할 수는 없을 것이다. 따라서 우리를 섬기기 위해서 기업이란 울타리 안에 모인 사람들을 사랑해야 한다. 그들이 모여 이룩한 조직이 바로 기업이기 때문이다. 기업이 새로운 윤리관을 받아들여 변화를 시도하려면 큰 용기가 필요하다. 쉬운 일은 아니지만, 실제로 그것을 이미 시작한 기업도 있다.

지금부터 서번트로서 기업의 역할을 생각해 보자.

첫째, 새로운 구성원들에게 자신의 개성을 발휘할 수 있는 기회를 주고, 역동적인 특질을 강조하는 것이다. 물론 이러한 변화나 시도는 큰 기업보다 작은 기업에서 실천하기가 쉽다. 대기업이 변화의 흐름에 동참하기 위해서는, 다양한 특성을 가진 사람들이 자신의 능력을 발휘할 수 있도록 다양한 환경을 만드는 것이 전제가 되어야 한다. 이것이 기존의 조직문화와 충돌하거나 큰 도전요소가 될 수 있을 것이다. 이렇게 함으로써 개인이 뚜렷한 목표의식을 갖도록 분위기를 제공하고, 필요할 때 적극적인 지원을 제공한다. 또한 개인 개성을 존중하며, 기업의 일부라는 의식을 심어 주고, 협력을 통해 기업이라는 공동체의 발전을 위해 공헌할 수 있도록 하는 것이 리더의 역할이다. 즉, 유능한 사람들의 욕구를 충족시키는 동시에, 그들이 갖고 있는 다양성을 포용하는 것이 변화를 위한 첫걸음이 되는 것이다.

둘째, 잠재력을 드러내지는 못했으나, 무엇인가를 하고 싶어 하는 의욕을 가진 직원들을 동기부여하는 일이다. 쉽지 않은 일이지만, 다음과 같은 실천을 통해 노력해 볼 수 있다. 대기업은 인적 자원이 풍부하므로, 개인의 역량을 키우기 위해 업무상 분할이나 통합 등의 변화가 가능하다. 또한 회사에게 큰 이득은 없지만 구성원들의 아이디어나 제안에 의해서, 혹은 상품이나 서비스의 개선을 위해 이러한 시도를 진행해 볼 수 있다. 그 결과 성취감을 체험하게 된 구성원들에게 동기부여는 절로 이루어진다. 즉, 과거처럼 기업은 이윤만 추구하고, 상품과 서비스를 제공하는 역할을 하고, 직원들은 위에서 시키는 일만 하는 것이 아니라, 새로운 기업윤리에서는 직원의 성장을 최우선 목표로 둔다. 이러한 기업환경을 조성하면 직원들은 당연히 고객을 섬기려 할 것이다. 또한 회사를 위해 최선을 다할 것이다. 많은 직원을 갖고 있는 대기업에서 이런 일이 적절히 이루어진다면, 마치 오케스트라 공연처럼 그 자리에 있는 모든 이를 기쁘고 행복하게 해 줄 수 있다.

이러한 노력이 결코 쉬운 일은 아니지만, 대기업이 필연적으로 처하게 되는 많은 문제에 비하면 불가능한 것은 아니다. 이러한 변화가 기업의 당위적 과제로서 등장할 날이 올 것이다. 이러한 당위성을 인정할 때 기업은 올바른 방향으로 나아가고 있다는 신념이 생기게 되며, 그러한 신념이 하나의 중요한 기업윤리가 될 것이다.

셋째, 누구든지 의미 있는 일을 할 권리가 있다는 사실을 인정하는 것이다. 기업은 근로자들에게 의미 있는 일을 제공할 의무를 갖는다. 생계는 돈으로 해결할 수 있지만, 의미 있는 일은 새로운 가치관으로 갖추어 입은 조직만이 제공할 수 있다. 그런 의미에서 새로운 윤리의 실천은 정신과 육체가 하나로 결합한 사회를 향한 긍정적인 진보라고 하겠다.

조종(manipulation)과 관리(administration)에 강한 거부감을 갖던 시대가 있었다. 하지만 오늘날에는 그에 대한 불만의 목소리가 많이 줄어들고 있다. 그 이유가 무엇일까? 기업의 운영 방식에는 큰 변함이 없으나 기업이 추구하는 목표에 변화가 일어났기 때문이다. 실제로 정신적, 육체적으로 건강하며, 자율적이고, 능력 있는 사람들은 조종당하는 것에 별로 거부감이 없다. 왜냐하면 조종이나 관리가 자신들에게는 하나의 게임이기 때문이다. 자신이 조종당하지만 그들 자신도 다른 사람을 조종하거나 관리할 수 있는 기회가 주어지기 때문이다. 그렇기 때문에 기업조직은 다른 조직에 비해서 강하고 뛰어난 것이다.

따라서 뛰어난 기업이란 좋은 인재를 선발하여 조직 안에서 의미 있는 일을 하면서 능력을 발휘하는 기업이다. 대기업은 이러한 윤리관을 수용할 수 있는 역량과 자원을 충분히 갖추고 있다. 단지 그것을 받아들일 자세와 실천의 문제가 있을 뿐이다. 실제로 이렇게 변화하는 윤리관을 남보다 앞서서 실천하는 창의적인 기업을 우리 주위에서 보고 있지 않은가? 새로운 윤리관은 그런 기업들이 앞장서서 실천할 때 정립되는 것이다. 이것이 서번트로서 기업이 나아가야 할 방향이고 역할임을 그린리프는 강조한다.

VI 리더십 이론에 대한 도전

리더십의 중요성과 효과에 대해서는 당연한 것으로 인식되고 받아들여 왔다. 하지만 다음의 두 가지 이론은 리더십 이론의 가장 기본적인 개념, 즉 리더십의 중요성과 그 효과성에 대해 이의를 제기하고 있다. 놀라운 발상의 전환이 아닐 수 없다.

먼저, 리더십 귀인이론에서는 리더십은 실체보다는 외양에 관한 것이라는 주장이다. 즉, 유능한 리더처럼 보이기만 한다면, 실제로 유능한 리더 여부와 무관하게 리더로 인정받는다는 것이다.

다음으로, 리더십의 효과를 대신하거나 아예 리더십을 불필요한 것으로 만드는 요인들에 관한 논의이다. 이를 리더십 대체요인과 중화요인 이론이라고 한다.

물론 제목을 리더십 이론에 대한 도전이라고 붙이긴 했으나, 이러한 두 가지 접근은 실제로 리더십 개념에 대한 도전이라기보다는 리더십 연구의 영역 확대로 인식하는 것이 더욱 타당하다는 전제 아래 논의를 전개해 보도록 하자.

1. 리더십 귀인이론

지각에서 귀인이론은 사람들은 어떤 일에 대해서 그 일의 원인을 그 밖의 다른 것에서 찾으려는 기제를 의미한다고 하였다. 리더십 귀인이론에 의하면, 리더십이란 사람들이 다른 사람에 대해 갖는 귀인이라는 것이다. 즉, 리더십이란 실제로 존재하는 개념이 아니라, 타인의 어떤 특성에 대해서 갖게 되는 귀인에 불과하다는 주장이다.

(1) 개인 수준의 리더십 귀인

사람들은 일반적으로 리더를 지적 능력, 외향적 성격, 탁월한 언어능력, 적극성, 이해력, 근면성 등과 같은 특질을 갖고 있는 사람으로 생각한다. 따라서 그와 같은 개인적 특성을 갖춘 사람을 리더로 생각한다는 것이다. 따라서 그와 같은 특성을 보이는 사람은 성과(혹은 효과)와 무관하게 리더로 인식하는 경향이 있다는 것이다.

(2) 조직 수준의 리더십 귀인

조직의 성과를 설명함에 있어서, 리더십을 발휘하는 어떤 특정 상황을 통해 설명한다. 이러한 상황은 조직 성과가 극단적일 경우에 해당한다. 즉, 조직의 성과가 극히 나쁘거나 극히 우수한 경우, 사람들은 그러한 성과를 설명하기 위해 리더십에서 원인을 찾는 경향이 있다. 예컨대 조직에서 엄청난 규모의 적자가 발생했을 때, 실제로 CEO가 그것과 관련성이 있건 없건, 그 원인을 CEO의 문제점으로 보는 현상이 이에 해당한다. 물론 반대의 경우도 마찬가지일 것이다.

리더십 귀인이론의 연구 결과를 살펴보면 다음과 같다.

① 효과적인 리더는 일반적으로 언행에 일관성 있고, 단호하게 의사결정을 한다고 여긴다. 오바마 대통령이 리더로 인식되는 이유는 취임 이후 의료보험 개혁법안에 대해 자신의 공약처럼 결국 많은 반대에도 불구하고 일관성 있는 실천의지를 통해 이를 구현하였기 때문이다. 그에 비해 부시 대통령을 리더로 지각하지 않는 이유는 이라크 침공 시 내세운 명분은 대량살상무기를 제거하고 후세인 정권의 비인도적 행위를 막겠다는 것이었지만 사실은 이라크의 원유 확보와 미국 군수산업 활성화가 처음부터 목적이었기 때문이다.

② 효과적인 리더의 조건으로 중요한 것은 실제 이룩한 업적이 아니라 겉으로 나타나는 리더의 모습이다. 즉, 야심적인 리더는 스스로가 똑똑하고, 인간적이며, 언변이 뛰어나고, 적극적이며, 성실하고, 일관성 있는 사람이란 것을 심어 주려고 한다. 그렇게 함으로써 사람들이 자신을 효과적인 리더로 여길 가능성을 높이려고 한다는 것이다.

그렇다면 이러한 연구 결과가 뜻하는 바는 무엇인가? 리더처럼 보이게만 한다면, 굳이 효과적인 리더가 아닐지라도 리더가 된다는 의미가 된다. 매우 역설적인 논리 전개가 아닐 수 없다. 물론 연구 방법상 타당성의 문제가 있기는 하지만 이러한 측면에서 리더십 귀인이론은 리더십 이론에 대한 도전이라고 하겠다.

2. 리더십 중화요인 이론

커와 저미어는 리더십 연구에서 리더십 효과에 대한 연구 결과들이 일관되지 못한 이유에 대해 살펴본 결과 다음의 두 가지 요인을 발견하였다. 첫째, 리더의 역할을 불필요하거나 혹은 쓸모없는 것으로 만드는 것이기 때문인데, 이를 리더십 대체요인(substitutes)이라고 하였다. 둘째, 리더가 어떠한 방향으로 행동하는 것을 방해하거나 혹은 역작용하는 것이 리더십 중화요인(neutralizer) 때문임을 발견하였다(Kerr와 Jermier, 1978).

리더십 대체요인과 중화요인은 조직 구성원의 특징, 업무특성, 조직특성에서 찾을 수 있는데, 이와 관한 연구 결과를 요약하면 다음과 같다.

① 전문직 종사자, 기술자들은 업무상 많은 경험이나 업무능력의 향상, 훈련 과정의 축적 등이 이루어지면 업무수행을 향상시키기 위해서 도구적 리더십(과업 중심적)을 필요로 하지 않는다.
② 자동화된 생산공정처럼 업무가 고도로 구조화되어 피드백이 즉각적, 자동적으로 이루어지는 경우, 그러한 업무특성이 도구적 리더십의 대체요인이 된다.
③ 교직이나 성직처럼 본질적으로 만족을 주는 직무는 지원적 리더십의 대체요인이 된다.
④ 병원 응급실 의료진과 경찰관을 대상으로 한 임상실험에서, 업무수행을 통해 얻게 되는 피드백은 직무 관련 행동에 있어서 리더의 역할보다 더 큰 영향력을 발휘하는 대체요인으로 나타났다.

표 10.8은 대체요인과 중화요인의 효과를 요약한 것이다.

표 10.8 리더십에 대한 대체요인과 중화요인의 효과

특성	관계지향 혹은 지원적 리더십	과업지향 혹은 도구적 리더십
개인특성		
경험, 훈련	–	대체요인
전문성향	대체요인	대체요인
보상에 대한 무관심	중화요인	중화요인
직무특성		
고도로 구조화된 과업	–	대체요인
피드백 제공	–	대체요인
본질적 만족 제공	대체요인	–
조직특성		
명확하고 공식화된 목표	–	대체요인
엄격한 규정과 절차	–	대체요인
응집력 있는 작업 집단	대체요인	대체요인

출처 : Kerr와 Jermier, "Substitutes for Leadership: Their Meaning and Measurement," *Organizational Behavior and Human Performance*, Dec. 1978, pp. 375-403.

리더십 대체요인과 중화요인에 관한 연구를 통해 다음과 같은 의미를 찾을 수 있다.

첫째, 리더십 관련 연구에서 이론에서 예측한 결과가 나오지 않을 경우, 그에 대한 설명을 가능하게 해 준다. 예컨대, 대체요인과 중화요인의 영향을 간과하고 연구 설계를 한 경우에 해당하는 것으로, 이론 자체에 문제가 있는 예측 타당성의 결여가 원인이 아니라, 특정 리더십의 적용 과정이 부적절했기 때문이다. 예를 들어, 조직특성을 잘못 이해하거나, 분석에서 직무특성 가운데 중요한 요인을 간과하여 빠뜨리거나 하여 리더십이 작용하지 못했기 때문이라는 것이다. 즉, 세 가지 특성(개인특성, 직무특성, 조직특성)을 비롯하여 리더의 통제 범위를 벗어난 요인이 있을 수 있다. 이때 리더는 구성원에게 영향력이 없으며, 그러한 상황은 리더십 대체요인이나 중화요인으로 작용한다.

둘째, 대체요인에 의한 접근은 리더십을 부정하거나 의미를 축소하는 것이 아니다. 오히려 이는 리더십이 '개인특성, 직무특성, 조직특성'에 의해 이루어질 수 있다고 하는 리더십 개념에 관한 확대라고 할 수 있다(Jermier와 Kerr, 1997).

11장

조직구조

Ⅰ 조직구조에 대한 논의

Ⅱ 조직설계

Ⅲ 베버에 의한 관료제 이론

Ⅳ 우드워드의 조직구조 상황이론

Ⅴ 사회적 수렴이론

Ⅵ 네트워크 조직구조

I 조직구조에 대한 논의

1. 조직구조의 중요성

조직구조에 관한 논의는 조직행동에서 중요한 주제이다. 잘 설계된 조직구조는 경영관리를 위한 여러 가지 활동에 효과를 발휘하기 때문이다. 조직의 구조화는 조정, 책임과 권한의 부여, 커뮤니케이션 기능을 위해 필요할 뿐만 아니라 업무 효율성에 영향을 주는 요소이다.

잘 설계된 조직구조를 통해 얻을 수 있는 효과는 다음과 같다.

첫째, 전체 업무의 흐름을 명확하게 한다.

둘째, 개인 직무에 관한 지침이 된다.

셋째, 업무수행에 필요한 행동체계를 갖추게 해 준다.

넷째, 커뮤니케이션과 의사결정의 경로를 수립한다.

다섯째, 업무의 중복이나 갈등을 예방한다.

여섯째, 개별 구성원의 활동을 조직 목표와 연계한다.

2. 조직설계의 단계

조직을 구조화하는 조직설계는 다음과 같은 단계를 통해서 이루어진다.

① 목표 달성을 위해 수행해야 하는 활동을 결정한다. (활동계획의 수립)

② 수행해야 하는 활동을 분할하고, 구성원들에게 부과한다. (직무의 부여)

③ 유사한 활동을 수행하는 구성원들을 집단으로 구성하고 책임자를 정한다. (부문화)

④ 감독자와 감독 대상, 보고자와 보고 대상을 정한다. (권한, 책임의 관계)

⑤ 구성원과 부서의 활동을 조정할 수 있는 방안을 만든다. (조정)

참고 11.1 조정의 방법

조정을 위한 방법으로 다음과 같은 세 가지를 들 수 있다.

① **상호 조정** 분할된 업무를 수행하고, 구성원 간 비공식적 커뮤니케이션을 통해 각자의 업무를 통제하고, 중복되는 부분이나 갈등 발생 요소를 줄이고 제거하는 조정 방법이다.

② **직접 감독** 분할된 업무를 수행하고, 현재 구성원들의 상위 계층에 업무 간 조정을 수행하는 새로운 직위를 만들고, 이를 통해 여러 가지 활동 내용을 점검하고 지시하는 방법을 통해 업무를 조정한다.

③ **표준화** 업무 관련 여러 가지 사항을 통일시킴으로써 여러 업무 간 상호 조화를 통해 목표 달성에 기여하도록 한다.

- 작업 방식의 표준화-작업 과정에서 단계별로 어떤 일을 수행하고, 어떻게 연계되어 있는지를 규정한다.
- 성과의 표준화-개별 업무가 달성해야 할 결과를 통일하는 것이다. 즉, 성과의 양적, 질적 수준이 어떠해야 하며, 형태는 어떠해야 하는지를 규정함으로써 조정한다.
- 기술의 표준화-업무 수행을 위해 필요한 기술이나 지식의 통일을 통해 조정하는 것이다.
- 규범의 표준화-조직 구성원들이 갖고 있는 가치관이나 신념의 통일을 통해 조정한다. 규범의 표준화는 흔히 직무 범위를 넘어선 영역에까지 이르는 경우가 많다.

출처 : H. Minsberg, *Structure in Five: Designing Effective Organizations*, Prentice-Hall, 1983, pp. 136-144.

3. 조직구조의 3차원

조직을 구성하는 형태, 틀을 의미하는 조직구조는 복잡성, 공식화, 집중화라고 하는 세 가지 차원이 융합되어 형성된다. 동시에 이는 조직구조를 설명하는 개념이기도 하다.

1) 복잡성(complexity)

조직 안에서 분화가 이루어져 있는 정도를 의미한다. 따라서 분화의 수준이 높을수록 복잡성이 증대할 것이다. 분화는 그 목적에 따라서 수평적 분화(분업의 목적), 수직적 분화(통제 범위의 유지 목적), 공간적 분화(배치의 효율화 목적) 등이 있다.

2) 공식화(formaligation)

조직 안에서 직무 및 직무와 관련된 여러 활동이 표준화되어 있는 수준을 공식화라고 한다. 표준화 수준은 명문화된 규정이나 절차, 규칙 등의 존재를 통해서 알 수도 있지만, 구성원들의 태도를 통해서도 이해할 수 있다. 공식화는 구성원들의 행동의 일관성 유지를 위해서 필요하며, 또한 조정의 촉진, 의사결정이나 판단의 근거를 제공함으로써 얻는 경제성 확보 등의 효과를 가져다 준다.

3) 집중화(centralization)

의사결정이 조직 내 한 곳에 집중되어 있는 수준을 뜻한다. 즉, 권한의 분산 정도를 의미하는 것이다. 조직은 의사결정권을 조직의 하부나 다른 곳으로 위임함으로써 의사결정의 속도 증대, 보다 현실적인 의사결정, 동기부여, 훈련 기회의 제공 등의 효과를 얻을 수 있다. 그리하여 조직의 상부는 전략 차원의 의사결정에 몰입할 수 있다.

4. 조직구조에 영향을 주는 요인

조직구조를 형성하는 세 가지 차원에 영향을 주는 요인은 여러 가지가 있을 것이다. 그중 특히 중요한 것으로 전략, 조직 규모, 기술, 환경을 들 수 있다.

1) 전 략

전략을 수립하는 이유는 조직의 목표를 효과적으로 달성하기 위해서이다. 즉, 조직의 성과를 높이기 위해서라고 할 수 있다. 한편, 조직을 설계하는 일은 효율적으로 업무를 수행하기 위해서이다. 따라서 전략과 조직구조는 조직목표 달성을 위해 기여하는 방향으로 수립되고 설계되어야 할 것이다.

전략과 조직구조의 관계에서 두 가지 요소가 상호 영향을 미치는 것으로 밝혀졌다.

(1) 전략이 조직구조에 미치는 영향

조직이 성장하고 발전함에 따라 기존의 조직구조만으로는 바람직한 성과를 기대할 수 없게 된다. 새로운 전략에 맞도록 조직구조를 변화해야 한다. 예컨대, 창업 초기 조직의 경우에 제한적 영역에 집중하여 기업 활동을 전개하는 전략을 사용하게 된다. 따라서 집중화의 수준은 높지만, 복잡성이나 공식화 수준은 낮을 것이다. 이후 성장을 통하여 새로운 제품을 생산하거나 인수합병, 다각화를 통한 성장 전략을 추구하게 된다. 따라서 업무가 늘어나면서 권한위임이나 의사결정권의 분산이 이루어지므로 집권화 수준은 낮아진다. 복잡성은 증가하므로, 여러 기능 부서와 사업부 간 조정을 위한 공식화 수준도 높아질 것이다. 따라서 전략이 조직구조의 결정에 영향을 주게 된다.

(2) 조직구조가 전략에 미치는 영향

조직구조가 비합리적으로 설계되어 있다면 전략 수행은 어려울 것이다. 특정 사업 안에서 경쟁 전략을 수행하기 위해서는 각 부서 간 역할과 기능을 효율적으로 조정하고 통합하여 시너지 효과를 창출하는 것이 중요하다. 따라서 적절하지 못한 공식화 수준이나 복잡성 형태는 전략의 범위를 제한하게 될 것이다.

2) 조직 규모

일반적으로 조직의 규모는 전체 구성원 숫자에 의해 결정된다. 따라서 조직 규모와 조직구조 간 관계는 다음과 같은 논의를 통해 이해할 수 있다. 먼저 조직 구성원의 숫자가 증가하게 되면 더욱 합리적 업무 수행 과정과 관리 방법이 요구된다. 따라서 수평적 분화가 촉진된다(복잡성의 증대). 수평적으로 분화된 부서 간 조정의 필요성이 커짐에 따라 수직적 분화(직접감독)가 이루어진다(공식화 증대). 그리하여 규모 확대에 따른 분권화가 진행될 것이다(분권화 증대). 따라서 조직 규모는 복잡성, 공식화, 집중화에 영향을 준다고 할 수 있다.

조직 규모와 조직구조 간 관계에 대한 연구 결과를 정리하면 다음과 같다.

① 조직 규모는 복잡성 증가에 영향을 준다. 하지만 영향은 체감적이다.
② 조직 규모가 확대됨에 따라 직접 감독보다는 표준화를 통한 조정을 촉진하게 된다. 따라서 공식화의 수준 또한 증가하게 된다.
③ 조직 규모의 증대에 따라 관리 감독의 한계 및 구성원들의 요구로 인해 분권화가 촉진된다.

3) 기 술

경영관리 측면에서 기술은 투입 요소를 산출물로 전환하기 위한 중요한 내부 프로세스 요인이다. 기술은 일상성의 정도에 따라 일상적인 기술과 비일상적인 기술로 구분한다. 일상적인 기술은 정형화되어 있고 반복 사용되는 기술로서, 제품이나 고객별로 덜 차별화되어 적용되는 기술을 의미한다. 그에 비해 비일상적인 기술은 정형화되어 있지 않기 때문에 사안별로 다양한 방식으로 달리 사용되는 기술을 말한다.

연구 결과, 기술이 조직구조의 3차원에 미치는 영향을 정리하면 다음과 같다.

① 일상적인 기술은 복잡성과 역상관관계가 있다. 기술의 일상성이 클수록 필요한 전문 인력의 숫자가 줄어들게 되므로 분화가 덜 이루어지기 때문이다. 그에 비해 비일상적인 기술은 복잡성과 상관관계가 있는데, 이는 다양한 전문가 집단이 필요하게 되므로 수평적 분화가 활발하게 진행된다. 동시에 통제의 폭이 확대되므로 수직적 분화도 촉진된다. 그 결과 복잡성은 더욱 커지게 된다.
② 일상적인 기술은 공식화와 상관관계가 있는 것으로 나타났다. 사용되는 기술이 일상적일수록 규정이나 절차, 직무기술서 등의 표준화된 문서가 늘어나게 된다. 이는 일상적인 기술일수록 이해하기 쉽고 변화가 적음에 따라 공식화를 통한 경제성 확보가 용이하기 때문이다. 그에 비해 비일상적인 기술은 공식화가 어렵다고 할 수 있다.
③ 일상적인 기술이 집중화에 미치는 영향은 공식화의 정도에 따라 조절된다. 공식화와 집

중화는 조직을 통제하기 위한 수단으로서 상호 대체효과를 갖기 때문이다. 즉, 공식화 수준을 증대함으로써 분권화가 가능하고 집중화를 심화시킴으로써 공식화 수준을 낮출 수 있다.

따라서 공식화 수준이 낮은 상황에서는 일상적인 기술은 집중화 증대를 필요로 하게 된다. 그에 비해 공식화 수준이 높은 경우에는 일상적 기술의 활용을 위해서는 분권화 증대가 필요하다. 한편, 비일상적인 기술은 일반적으로 분권화와 상관관계가 있는 것으로 나타났다.

4) 환 경

환경이 조직구조에 미치는 영향에 대한 연구 결과를 요약해 보면 다음과 같다.

① 환경의 불확실성은 조직구조의 복잡성과 역상관관계를 갖는다. 일반적으로 환경이 불확실할수록 조직구조가 복잡해질 것으로 생각할 수 있다. 그러나 환경 변화가 급격하고 불확실한 상황이 도래할수록 여러 가지 관련 요인에 대한 거시적 판단과 평가가 요구되기 때문에 스페셜리스트보다 제너럴리스트가 선호된다. 조직의 경우도 복잡성 수준이 낮은 조직일수록 신속하고 즉각적인 대응을 위해 유리하다.

② 안정적인 환경은 공식화의 수준을 증대시킨다. 왜냐하면 안정적인 환경은 신속한 대응이나 변화의 필요성이 상대적으로 적기 때문이다. 하지만 동태적인 환경에 처한 조직의 경우에도 외부 환경과 밀접하게 관련하여 일하는 일선 조직의 경우에는 기술적인 이유 때문에 공식화 수준이 낮을 수 있다.

③ 환경의 변화가 급속히 이루어지고 복잡한 상황일수록 조직구조의 집중화 수준이 낮아지는 경향이 있다. 실제로 많은 경우에 복잡한 환경 상황에서 팀장이나 부서장을 비롯한 일선 관리자들에게 권한을 위임하는 경우가 많은 것으로 나타났다. 그에 비해 조직이 위기에 처한 상황에서는 일시적으로 집중화 현상이 나타났다.

II 조직설계

조직설계란 조직구조를 구축하거나 변화시키는 활동을 의미한다. 즉, 조직구조의 3차원 수준을 규정하거나 변화시키는 활동이라고 할 수 있다. 조직설계란 조직의 목표 달성을 위해서, 구조화를 통해 조직 내 주요 요소 간 관계를 설정하는 활동이다. 이러한 정의에 등장하는 개념을 좀 더 상세히 살펴보도록 하자.

1. 조직의 목표

조직의 목표는 1차적 목표(핵심 목표)와 2차적 목표(부수적 목표)로 구분할 수 있다.

1) 1차적 목표

① 상품과 서비스의 창출과 배분
② 구성원들의 욕구 충족. 이를 위해서는 보상뿐만 아니라 구성원들의 개발과 육체적, 정신적 건강의 유지가 중요하다.
③ 지역사회에 대한 책임과 기업의 사회적 책임(경제적 책임, 법적 책임, 윤리적 책임, 자선적 책임)

2) 2차적 목표

① 1차적 목표를 달성하기 위한 생산성의 추구
② 1차적 목표를 달성하기 위한 창의성의 제고

여기서 2차적, 부수적이란 표현 때문에 2차적 목표가 1차적 목표보다 덜 중요한 것으로 생각할 수 있다. 하지만 구체적인 실행 목표의 달성이 2차적 목표를 통해 이루어진다는 점에서 중요성이 매우 크다.

2. 주요 요소

조직의 주요 요소로는 인적, 물적 자원 등 여러 종류의 자원과 기능을 들 수 있다. 그 가운데 기능은 조직의 목표 달성을 위한 여러 가지 활동을 수행하는 것을 의미하며 상품과 서비스를 생산하는 것이 대표적 기능이라고 하겠다. 특히 그러한 기능이 조직의 핵심 기능이므로 이를 라인 기능(혹은 일선 기능)이라고 부른다. 그에 비해 조직 내부적으로 소비되는 가치를 창출하는 기능을 스태프 기능이라고 부르며 인사, 총무, 회계, MIS 등을 들 수 있다. 이러한 주요 요소는 조직구조의 3차원 가운데 복잡성과 관련되어 있다.

이러한 기능과 관련한 조직설계상 원칙으로 통제 범위의 원칙이 있다.

1) 통제 범위의 원칙

이는 현대 조직구조의 근거를 제공하는 원리이다. 즉 숫자와 기능에는 한계가 있다는 것이다. 따라서 조직의 인원이 늘어나고 기능이 확대되어 한 사람의 통제 범위를 넘어서게 되면, 그것을 관리하기 위한 또 다른 관리자가 필요하게 된다. 그리하여 이들 관리자를 관리하기 위한 상급 관리자가 필요하게 되어, 조직구조하에서 또 다른 계층을 만들어야 하는 근거가 된다. 따라서 조직의 규모가 클수록, 역사가 오래된 조직일수록 상하가 긴 계층 구조를 갖는 피라미드형 조직이 될 것이다.

여러 연구에서, 사람들은 수직적 조직구조에 비해 수평적 구조에서 일할 때 더욱 만족하는 것으로 나타났다. 다시 말해서 통제의 범위가 넓은 기능구조하에서 일할 때 만족도가 높다는 것이다. 그 이유는 수직적 구조는 많은 숫자의 관리, 감독자를 상사로 두고 있는 형태이기 때문에 자유롭게 혹은 독립적으로 행동할 수 있는 기회와 개인이 성취감을 얻을 수 있는 방향으로 일할 수 있는 가능성이 그만큼 줄어들게 되기 때문이다.

전통적인 관리 방법은 가능한 한 통제의 범위를 줄이고자 노력해 왔다. 이는 의사소통이나 운영 방식에 있어서 고도의 통제를 통한 효율성 증대가 그 목적이었다. 하지만 계층 구조의 증가로 더 많은 관리자가 필요함에 따라 발생하는 여러 비용 증대와 앞서 지적한 것처럼 조직 내 구성원들의 만족도라는 측면에서 비판과 도전에 직면하고 있다.

2) 통제 범위와 관련한 상황 요인

통제의 폭을 결정하는 상황적 요인에 관한 연구 결과는 다음과 같다.

① **관리자의 능력** 이는 효율적으로 통제할 수 있는 인원과 기능의 한계를 결정하는 가장 중요한 요인으로 밝혀졌다.

② **구성원들의 업무 수행 방식** 조직구조의 3차원 가운데 공식화와 관련이 있다. 즉, 조직 내 직무와 직무 관련 활동이 얼마만큼 표준화되어 있는지에 따라 통제 범위가 결정된다. 따라서 표준화되어 있는 직무일수록 구성원들이 상하좌우로 교류해야 할 필요성이 줄어들게 되므로, 통제 범위가 넓어지게 된다.

③ **기업의 역사** 오래된 기업일수록 구성원들의 승진 문제가 중요하다. 따라서 승진 욕구 충족을 위해 관리직을 중간중간에 신설하게 되는 상황이 전개된다(이와 관련하여 뒤에 설명한 파킨슨의 법칙과 피터의 원리 참조).

3. 관 계

조직 안의 관계는 공식적 관계와 비공식적 관계로 이루어진다. 조직설계는 이 가운데 공식적 관계를 설정하는 것이다. 공식적 관계란 기구표나 업무 분장표에 명기된 관계로서 책임, 권한, 보고 의무로 요약할 수 있다.

1) 책 임

개인에게 주어진 책무로서, 최대한의 능력을 발휘하여 수행해야 하는 기능이다. 이러한 책임과 관련한 원칙으로 다음과 같은 것이 있다.

① **기능 유사성의 원칙** 특정 개인에게 할당된 수행 기능은 조직 안에서 그것이 전문적으로 활성화되기 위해서는 유사한 배경을 가진 사람들과 집단을 구성해야 한다. 따라서 유사한 전문적 기능을 상호 관련하여 활용하기 위해 직무, 부서 등의 형태를 구성한다.

② **책임 중복금지의 원칙** 한 사람에게 주어진 책임이 다른 사람에게 중복되어서는 안 된다.

2) 권 한

이는 조직의 목표 달성에 영향을 미치는 인적, 물적 자원에 관한 의사결정을 할 수 있는 합법적 권력을 위미한다.

① **권한 책임 동등성의 원칙** 위임되는 권한의 양에 비례하여 책임이 수반된다. 아울러 권

참고 11.2 책임에 관한 시

This is a little story about four people named Everybody, Somebody, Anybody, and Nobody.
There was an important job to be done and Everybody was sure that Somebody would do it.
Anybody could have done it, but Nobody did it.
Somebody got angry about that because it was Everybody's job.
Everybody thought that Anybody could do it, but Nobody realized that Everybody wouldn't do it.
It ended up that Everybody blamed Somebody when Nobody did what Anybody could have done.

출처 : Charles Osgood Wood III, *A Poem about Responsibility*, 1991

한도 책임에서 비롯되기 때문에, 책임을 갖기 전에 권한을 가질 수 없다.

3) 보고 의무

이는 직무 수행의 결과에 대한 보고의 요구이다. 즉, 적절한 직무수행에 관해서 상사에 대해 책임을 지는 것을 말한다.

① **보고 의무 단일화의 원칙** 가장 바람직한 형태는 각자 한 사람의 상사에게만 보고 의무를 갖는다는 것이 전통적인 원칙이었다. 하지만 단순한 기능 구조뿐 아니라 위원회 조직, 팀제, 매트릭스 조직 아래에서는 여러 명의 상사에게 보고 의무의 책임이 있다.

한편, 지금까지 논의한 '관계'는 조직구조의 3차원 가운데 공식화와 관련된 것이다. 왜냐하면 조직 안에서 직무의 직무 관련 활동이 표준화되어 있어야 권한, 책임, 보고 의무와 같은 관계를 가능하게 해 주기 때문이다.

4. 구조화

일반적으로 구조화 방법에는 다음과 같은 것이 있다.

1) 라인 조직구조

이는 주요 기능 부서별로 분화된 구조를 말한다. 예컨대, 제조업의 경우를 생각해 보자. 규모가 작을 때에는 기본기능인 생산, 판매, 재무 기능만으로 운영할 수 있을 것이다. 따라서 조직 내 모든 구성원은 생산, 판매, 재무 부서에 속한다. 이러한 라인 구조 아래서도 기획, 인사와 같은 스태프 기능이 존재하고 있으나, 라인 관리자에 의해 수행된다. 즉, 각 부서장이 운영계획을 수립하고, 사람들을 채용하고, 교육훈련하는 일까지 담당한다.

참고 11.3 팀 구조와 관련한 논의

학계에서는 전통적으로 기초과학적 조망을 통해 팀 형성의 원칙이나 집단역학 측면에서 팀을 연구하였다. 즉, 특별한 목적을 갖지 않고 연구 자체에 의의를 둔 연구를 진행했다고 할 수 있다. 그러나 현장에서 기업 활동과 성과에 도움이 되는 팀에 관한 관심이 증가하면서, 팀 연구에 대한 목적과 방향에도 변화가 나타났다. 따라서 오늘날 팀 연구에 대한 관심은 보다 결과지향적인 관점에서 이루어지고 있다고 하겠다. 팀에 관한 연구를 촉진시킨 네 가지 관점은 사회기술적 시스템의 중요성 인식, 인본주의 심리학, 품질개선 노력, 기업의 구조조정이다.

① 사회기술적 시스템의 중요성 인식

팀 연구에서 가장 활발하게 연구가 이루어지고 있는 주제이다. 기본개념은 모든 인적 요인의 집합체인 사회시스템과 조직의 투입물을 산출물로 변화시키는 데 사용되는 구체적인 기술적 내용인 기술시스템 간 균형을 이루는 것을 의미한다. 즉, 종업원들이 원하는 것과 조직의 생산시스템이 요구하는 기술적 요인 간 균형과 조화를 추구하는 체계라고 할 수 있다(Trist, 1981).

따라서 사회기술적 시스템에서는 팀이 형성되어 생산 활동과 균형 및 조화를 이루게 되면 조직에 긍정적 성과로 나타날 것이라는 관점에서 연구한다. 사회기술적 시스템에 관한 연구는 이미 형성된 팀이 해체될 때 조직은 낮은 생산성, 사기 저하 및 다른 부정적 조직 성과를 보여 준다는 주장에서 시작되었다. 영국의 광산회사에서 기존 광부들의 집단채굴 방식을 기계화된 채굴장비로 바꾸었을 때의 현상을 기술한 보고서의 내용이 중요한 계기가 되었다(Trist와 Bamforth, 1951). 당시 집단채굴작업에서는 구역별로 감독이 있어, 팀별로 알아서 과제를 선택하고 계획과 일정을 수립하였으며, 필요에 따라서는 동시에 여러 가지 일을 수행하기도 하는 자율적인 관리와 감독이 이루어지고 있었다. 그러나 기계화된 채굴장비가 도입되면서 기존의 사회적 구조가 붕괴되었고, 자율적으로 이루어지던 다양한 개인적, 집단적 과업수행에서 문제가 발생하였다. 그리하여 오히려 생산성 저하와 사고율 증가라는 부정적 결과로 나타났다. 이는 작업자 간 상호작용을 고려하지 않은 작업설계의 결과 소외와 단조로움을 유발한 것이 원인이라고 밝혀졌다. 따라서 인간 욕구충족과 신기술의 공존 최적화를 위한 접근에서 팀에 관한 논의가 시작되었다.

② 인본주의 심리학

매슬로는 인간의 최상위 동기가 자신의 능력과 잠재력을 최대한 발휘하고자 하는 자아실현의 욕구이며, 이 욕구가 좌절되었을 때 인간에게 부정적 결과가 나타난다고 가정하였다. 문제는 이러한 자아실현의 욕구는 그 자체가 너무 거창해서 보다 낮은 수준의 생리적 욕구로 환원될 수밖에 없다는 데 있다. 또한 자아실현의 욕구가 좌절되었을 때 겪게 되는 고통을 생각해 보자.

매슬로의 욕구 단계에 근거해 볼 때 사람들은 단지 직업이 있는 것만으로는 행복해 하지 않을 것이다. 그것은 낮은 수준의 하위 욕구를 충족시켜 주는 요인이기 때문이다. 그보다는 사람들이 자신의 일에 몰입할 수 있고, 개인적 의미와 자기만족을 얻을 수 있는 형태의 직무가 중요함을 알 수 있다. 이에 학자들은 팀에서 해결 방안을 제시한다. 예컨대, 개인 간 경쟁에서 비롯될 수 있는 소외의 문제를 해결할 수 있

(계속)

도록 팀을 통한 직무설계와 팀별 보상 등을 들 수 있다.

③ 품질개선노력

미국 기업은 일본 제조기업의 경쟁력의 원천을 총체적 품질관리(Total Quality Management, TQM)에 있다고 생각하였다. 일반적으로 잘 알려져 있는 TQM에는 식스시그마, 카이젠 방식, 적기생산 방식(Just-In-Time, JIT), 품질분임조(Quality Circle, QC) 등이 있다.

이 가운데 특히 QC는 종업원들이 정기적인 모임을 통해 작업집단 내 문제를 논의하는 활동으로, 자신이 하고 있는 일을 보다 의미 있는 작업으로 인식할 수 있게 해 준다. 이를 통해 제품의 품질개선, 생산성 향상, 비용절감 등을 추구하는 것이다. 그리하여 미국의 포춘 1,000의 기업 가운데 70%가 QC를 도입하고 실시하였다. 초기 연구에서는 QC가 대부분 조직의 성과를 향상시키는 것으로 나타났다(Mohrman, 1995). QC가 제조업에서 성과를 향상시켰다면, 공장이 아닌 다른 사업장에서도 효과를 얻을 것이란 기대에서 많은 연구와 컨설팅이 이루어졌다. 그 결과 QC는 관리업무나 서비스 산업에서는 적합하지 않은 것으로 나타났다. 하지만 팀이라고 하는 말은 사람들에게 긍정적인 정서를 유발하였고, 그 개념에 대해서도 수용적이었다. 이에 미국 기업에서는 개인주의적 기업문화를 팀 지향적으로 만들기 위한 연구와 노력이 많이 이루어지게 되었다.

④ 기업의 구조조정

기업은 비용을 줄이고 생산성을 향상시키기 위한 목적으로 구조조정과 임원 감축을 실시한다. 따라서 생산성이 낮거나, 불필요하거나, 중복된 업무를 수행한다고 생각되는 사람들을 내보냄으로써 비용을 줄이는 것이 그 본질이라고 할 수 있다. 하지만 실제로 기업들은 그러한 본질적인 측면을 고려하기보다는 임금을 많이 받는 사람, 즉 중간관리자들을 해고하는 방법을 사용한다. 그 이유는 단지 비용을 더 빨리 줄일 수 있기 때문이다.

이러한 결과는 필연적으로 자율작업팀이라는 개념을 이끌어 내었다. 이는 팀이 갖는 여러 가지 이점뿐 아니라, 관리자가 없음으로 비용이 줄어든다는 이점도 있다. 이처럼 팀에 관한 연구와 중요성을 촉진시킨 요소에는 특히 중간관리자들의 인적비용을 줄이고자 하는 목적이 있다.

2) 라인-스태프 조직구조

아주 작은 규모의 조직을 제외하고는 대부분의 조직이 이러한 형태로 이루어져 있다. 따라서 스태프의 역할을 수행하는 총무부, 비서실, 기획실 등이 등장한다. 또한 경영관리 기능이 점차 복잡해짐에 따라 특정 영역에서 전문가의 도움이 필요하게 된다. 이러한 전문적인 역할이 조직에 도입되어 조직목표 달성을 위해 조언자의 역할을 하는 부서가 된다.

한편 이러한 구조에서 원칙적으로 라인 관리자들은 스태프의 전문적 조언에 대해 거부권을 갖고 있다.

3) 기능적 권한관계 구조(functional relationship structure)

이는 특정 스태프의 역할이 조언자의 역할을 하는 것이 아니라, 일선 기능 부서 간 관계처럼 라인 부서에 명령하는 관계를 갖는 구조를 의미한다. 예컨대, 인사 부서가 종업원 고용처리와 관련하여 처리 방안을 마련하여, 이를 각 부서에서 참고하여 운영하도록 하는 것이 아니라, 지시나 명령의 형태로 운영되는 것이다. 따라서 해당 라인 관리자는 인사에 관련된 문제에서는 인사부서 관리자에게 의논해야 하고, 다른 분야에서는 자신의 상사의 지시와 명령에 따라야 한다.

우리나라 대기업의 회장 비서실이나 종합 기획실은 스태프에 해당되나, 계열사의 사장에게 직간접적으로 명령하여 의사결정에 영향을 주는 경우가 있는데, 이 또한 기능적 권한 관계라고 할 수 있다. 이러한 조직구조는 조직 전체의 목표가 왜곡될 수 있는 가능성이 있으므로 신중하게 운영되어야 한다.

4) 팀 구조

이는 특별히 추진하는 사업이나 조직 내 기능을 강조하기 위해서, 혹은 특정 계획을 추진하기 위해서 전문인력 간 상호작용이 요구될 때 사용되는 조직 형태이다. 특히 한시적으로 운영되는 경우, 그에 따라 인력이나 자원을 일시적으로 활용할 수 있는 권한을 갖는다.

팀 구조는 품질관리팀, 프로젝트팀, 태스크포스, 위원회, 사무국 등의 다양한 명칭으로 불린다(작업팀에 관한 내용은 제9장 집단과 집단역학 참조).

5) 피라미드 구조

모든 조직에서 자원이 증가하면 증가한 자원은 조직의 상층부로 유입되며, 조직의 상부에 있는 사람들이 이로 인해 큰 이익을 얻게 된다. 이러한 현상은 실제로 거의 모든 종류의 조직에서 공통적으로 나타나는 현상인데, 그 이유는 대부분의 조직이 피라미드 구조로 되어 있기 때문이다.

그렇다면 이러한 피라미드 구조가 피라미드의 바닥 계층에 있는 사람들에 의해서 전복되지 않고, 어떻게 오늘날 거의 모든 조직의 형태로 자리 잡게 되었는가 하는 의문이 생긴다. 피라미드 조직이 존속하는 이유, 조직 내 권력 위계가 존속되는 이유는 다음의 네 가지로 설명할 수 있다.

첫째, 책임에 의한 계급화와 특권에 의한 계급화에 의해서 정당화되기 때문이다. 이탈리아의 사업가 폰지(Ponzi)는 관찰결과를 토대로 자신의 이름을 딴 폰지구조(ponzi scheme)를 제시하였다. 폰지구조에서는 사람들이 조직에 들어가면 자신보다 높은 위계에 있는 사람들에게 물질적 대가를 지불하면서, 시간이 지나면 자신들도 그들보다 낮은 신참자들로부터 물질적 대가를 상납받을 수 있을 것으로 기대한다는 것이다. 이러한 구조는 중세 가톨릭 교회의 위계에서나, 군대조직이나 정부조직에서도 마찬가지다. 이런 현상은 특정 계급은 그에 걸맞은 특권을 갖는다는 '특권에 의한 계급화'를 의미하는 것으로, 특정 계급은 그에 대응하는 책임을 갖는다는 '책임에 의한 계급화'에 의해서 정당화된다고 할 수 있다. 따라서 피라미드 조직이 유지될 수 있는 첫째 이유는 이처럼 피라미드 아래 계층의 많은 사람들의 믿음, 즉 조직을 위해 열심히 일하면 자신들도 조직의 상층부에 오를 수 있고(책임에 의한 계급화) 그러한 지위에 따르는 혜택을 누릴 수 있을 것이라는 믿음(특권에 의한 계급화) 때문이라고 할 수 있다(Zuckoff, 2005).

둘째, 창립자와 후계자들은 자신의 조직이 왜 위계를 갖는 피라미드 구조화되어야 하는지에 대해 합리적이고 복잡한 이론을 전개하거나, 신화 같은 극적인 이야기를 자서전이나 회고록을 통해 지어내기 때문이다. 인간은 삶의 과정에서 발생하는 여러 가지 일에 대해서 의미를 부여하고, 이를 구조화하려는 속성을 갖고 있다. 특정 사회 혹은 조직이 왜 지금과 같은 구조를 갖고 있는지에 대한 신화는 항상 존재하고 있으며, 사람들은 그러한 신화를 굳게 믿고 있다. 이는 우리나라의 대기업, 대형교회, 사립학교, 심지어 가정에까지 해당하는 이유가 된다.

셋째, 인간은 생존을 위해서 집단의 일부가 될 필요가 있다. 또한 모든 중요한 욕구들(매슬로의 욕구를 생각해 보라)은 조직에 귀속함으로써 충족될 수 있다. 하지만 어떤 조직의 구성원이 됨으로써 얻게 되는 혜택이 있으면, 그에 상응하는 의무도 발생한다. 즉, 어떤 사람이 특정 집단의 일부가 되기를 원한다면, 집단에 충성심을 보여 주어야 한다. 이러한 상황에서 누군가 현재의 조직이나 사회제도를 비판하고, 나아가 규칙과 절차를 위반한다면, 그에 대한 제재를 받게 될 것이다. 하지만 인간은 자발적으로 사회와 조직의 규칙과 절차에 순종하지 않는다. 실제로 사람들이 조직에 순종하는 궁극적인 이유는 사회적 무력과 처벌에 대한 두려움 때문인 것이다. 따라서 사회적 무력에 대한 필요성과 동시에 그것의 기능인 위협이 현재의 사회적 현상인 피라미드 구조를 수용하게 하는 역할을 하게 된다.

넷째, 주로 상위 계층에게 유리하도록 만들어진 피라미드 조직을 수용하고 지지하는 또 다른 이유는 심리학의 기본원리에서 찾아볼 수 있다. 프로이트의 억압(repression)이 여기에 해당한다. 사람들은 중요한 믿음이 도전받고 있다는 사실을 알려 주는 증거에 직면하게 되면 그러한 증거에 주의를 기울이지 않으려 하며, 이후에는 주의를 기울이지 않았다는 사실도 무시한다. 결국 사람들은 사회적, 심리적, 경제적 불평등을 야기하는 피라미드 조직에 대한 도전이나 관련 증거를 무시함으로써 심리적으로 스스로를 편안하게 해 주는 환상을 유지할 수 있게 된다. 인간이 갖고 있는 이러한 심리적 특성 때문에 피라미드 조직은 지속되고 번영하게 된다는 주장도 있다.

피라미드 조직의 속성에 관한 논의는 이후 관료제에서 다루도록 하겠다.

6) 매트릭스 구조

이것은 기능별 조직과 프로젝트별 조직을 결합한 형태라고 할 수 있다. 즉, 행렬 구조로 이루어지며 종축은 기능 부서의 형태에다 횡축의 프로젝트별 형태가 합쳐진 형태라고 하겠다.

매트릭스 구조는 명령 일원화의 원칙에 어긋나는 형태라고 할 수 있다. 왜냐하면 이러한 형태의 조직구조하에서 구성원들은 프로젝트 관리자뿐 아니라 기능 부서 관리자로부터 명령을 받고, 또한 보고해야 하기 때문이다.

매트릭스 구조는 오늘날 동태적이고 복잡한 기업 환경에서 다양한 고객의 욕구에 대응하기 위해 활용되고 있다. 따라서 매트릭스 구조는 다음과 같은 장점이 있다. 첫째, 매트릭스 구조는 여러 기능부서의 노력이 요구되는 업무 수행에서는 조정을 촉진하는 효과가 크다. 둘째, 구성원들이 갖고 있는 능력을 충분히 활용할 수 있다. 셋째, 환경 변화에 신속하고 탄력적으로 대응할 수 있다.

하지만 매트릭스 구조는 여러 가지 단점도 갖고 있다. 무엇보다 구성원들은 소속 부서와 프로젝트 사이에서 혼란을 경험할 수 있다. 둘째로, 부서 이익이나 입장만을 대변하는 경우가 발생한다. 이러한 상황에서는 파워 게임으로 인한 비효율성이 나타난다. 마지막으로, 여러 명의 상사를 두고 일하기 때문에 구성원들은 업무 과중을 경험하게 되며, 스트레스를 받는다.

7) 네트워크 조직구조

고도의 유연성이 요구되는 상황에서, 핵심 기능을 제외한 다른 주요 기능부서의 역할을 외부 조직과 계약관계(아웃소싱)를 통해 수행하는 조직구조이다. 경우에 따라서는 핵심 기능까지 아웃소싱하는 경우도 있다. 이에 관해서는 이 장의 뒷부분에서 따로 상세히 설명하도록 한다.

한편, 이러한 '구조화'에 관한 논의는 조직 내 의사결정을 위한 것이므로, 조직구조의 3차원 가운데 집중화와 관련이 있다.

III 베버에 의한 관료제 이론

조직이론에 대한 논의의 출발점은 베버의 관료제 모델이라고 할 수 있다. 베버는 조직을 내부적 권한관계로서 이해하고, 권한구조 이론을 통해 설명하였다. 이를 위해 먼저 권력(power)과 권한(authority)의 차이점을 이해할 필요가 있다. 권력이란 주체가 객체에게 무엇을 하도록 하는 힘이나 능력을 뜻하며, 객체의 의사나 저항 여부와 무관하게 객체를 복종하도록 하는 것이다. 따라서 권력은 합법적이지 않을 경우도 있다. 그에 비해 권한은 합법적인 권력을 의미한다. 따라서 권한은 명령을 받은 사람들로 하여금 그러한 명령이 자발적으로 수행되도록 하는 능력을 갖는다. 이러한 '권한' 구조 아래 직원들은 상사의 지시를 정당한 것으로 받아들이며, 공공기관의 결정에 대해서 수용하는 등의 결과로 나타난다.

베버는 권한이 정당화되는 방법에 따라 조직 유형을 구분하였다(Weber, 1947).

- 카리스마적 권한 구조(charismatic authority)
- 전통적 권한 구조(traditional authority)
- 합리적 - 법적 권한 구조(rational-legal authority)

1. 카리스마적 권한 구조

카리스마적 권한은 권한의 행사가 리더의 개인적 특질에 의해서 이루어진다. 베버는 그리스어인 카리스마라는 이름을 붙인 이유로서, 이것은 리더를 보통 사람들과 차별화해 주며, 초자연적이거나 초인적인, 혹은 최소한 특별한 힘이나 능력을 갖고 있는 사람으로 인식할 때 발생하는 권한이라고 설명하였다.

따라서 이러한 힘이나 능력을 가진 사람은 예언자, 영웅, 정치적 지도자, 대중운동가의 위치에 서게 되며, 일반 대중과 리더 자신을 연결하는 업무를 담당하는 일단의 사도들을 거느린다. 즉, 카리스마적 권한관계는 리더의 비상한 능력이나 행위에 의해 정당화되고, 사도들의 믿음을 바탕으로 대중은 그의 지배를 따르게 된다.

한편 이러한 권한관계와 지배에 따르게 될 때 행정기구는 매우 불안정하고 이완되는 경향이 있다. 특히 지도자가 죽었을 때 계승문제가 심각해지고, 경우에 따라서는 구조적 불완전성 때문에 와해되는 경우를 겪게 된다. 대표적인 경우가 종교적 조직이나 정치적 혁명세력이다. 이러한 조직들은 리더의 사망 시 그 활동에너지가 분산되며, 여러 사도들이 서로 카리스마 지도자의 후계자라고 주장하게 된다. 이 과정에서 대부분 일종의 핵분열로 이어진다. 동서고금의 여러 독재자들의 사후에 발생했던 지위 계승 분쟁은 이를 잘 설명해 준다. 그런데, 카리스마적 권한구조에서는 리더가 후계자를 지명하더라도, 그 사람이 반드시 다음 지도자가 되는 것은 아니다. 왜냐하면 카리스마는 특성상 또 다른 카리스마적 지도자를 허용하지 않는 경향이 크기 때문이다.

그리하여 조직은 카리스마적 권한구조 형태를 상실하고, 베버가 제시한 다른 두 가지 형태 중 하나로 변화할 가능성이 크다. 만약 지도자의 계승이 세습적으로 이루어진다면 그 조직은 전통적 권한구조로 변화할 것이며, 지도자의 계승이 규칙에 의해서 이루어지는 경우에는 합리적 - 법적 권한 구조로 변화한다고 한다.

2. 전통적 권한 구조

전통적 조직의 질서와 권한의 원천은 관습과 관례라고 할 수 있다. 전통을 강조하는 조직 안의 다양한 집단은 스스로의 권리와 기대를 이야기할 때는 지금까지 늘 있었던 것을 당연시하고 때로는 신성시하는 경향이 있다. 즉, 이러한 전통적 조직이나 시스템의 중요한 조정 메커니즘을 구성하는 것이 관습이나 관례가 된다.

전통적 조직의 리더는 세습되어 내려오는 지위로 말미암아 권한을 부여받고, 관습과 관례에 의해서 그 권한의 범위가 확정된다.

3. 합리적-법적 권한 구조

대표적인 예가 관료제 조직 형태이며, 베버는 이것을 현대 사회의 지배적인 제도라고 주장한다. 이러한 시스템을 합리적이라고 부른 이유는, 특정 목적을 달성하기 위한 수단이 명백하게 설계되어 있기 때문이다. 즉, 조직이란 특정 기능을 수행하기 위해 사전에 잘 설계된 기계와 같아서, 각 부품은 그 기능이 최대의 성과를 달성할 수 있도록 움직여야 한다는 것이다. 따라서 관료제의 특징은 그러한 측면에 부합하는 합리성을 갖고 있다. 한편 법적이라고 하는 의미는, 규정과 절차라고 하는 제도적 장치에 의해서 권한을 부여받은 특정 관료에 의해서 수행되기 때문이다.

따라서 베버는 이러한 조직을 관료제(bureaucracy)라고 이름 붙이고, 자신의 정의에 따른 관료제 조직이 기술적으로 가장 능률적인 조직 형태라고 주장하였다. 관료제가 능률적인 이유는 그것의 조직 형태 때문이라고 하였는데, 사용되는 수단이 기술된 목적을 가장 효과적으로 달성할 수 있기 때문이다. 따라서 리더의 비일관적인 의사결정이나 적용할 여지가 사라진 전통적 절차 등에 의해서 방해받거나 대체될 수 없기 때문이다. 이는 관료제가 조직구조상 비개인화(depersonalization)의 최종단계를 의미한다.

베버가 주장한 관료제의 특징을 요약하면 다음과 같다.

① **합법성의 원리(규정과 절차)** 모든 구성원의 직무는 규정과 절차에 따라 합법적으로 설정되어야 하며 권한, 책임, 상벌 규정이 미리 정해지고 그대로 실천되어야 한다.

② **분업의 원리(기술 전문인 양성)** 직무는 가능한 한 분업화, 전문화함으로써 전문인을 양성할 수 있어야 한다. 직무에 상응하는 기술적 가치에 따라 선발, 배치, 승진을 실시한다.

③ **직위와 소유의 분리** 관료는 직무에 상응하는 기술적 가치에 따라 선발, 배치, 승진이 이루어져야 한다. 따라서 과거 세습에 의해 이루어지던 직무 소유의 개념에서 탈피하는 것이다.

④ **정실 배제의 원칙(비개인화)** 구성원의 선발과 채용은 기술적 요건을 갖춘 사람을 대상으로 한다. 따라서 혈연, 지연을 배제할 수 있다. 또한 직무 수행 시 개인적 사정이 통용되어서는 안 되며, 조직의 공식규정을 엄격하게 실천해야 한다. 즉, 개인적인 일과 공적인 업무의 구분을 명확히 해야 한다.

⑤ **고용 보장의 원리** 구성원의 고용과 취업상 안정이 보장되어야 하며, 정당한 보상을 통해 안정된 생활을 이룩하도록 한다.

⑥ **수직 계층의 원리** 전문화된 직무는 계층에 따라 권한과 책임이 분명하게 부여됨으로써 상호 간 지휘 통솔, 복종관계가 이룩되어야 한다.

⑦ **문서화 · 공식화의 원리** 구성원 각자의 권한, 책임에 관한 규정이 문서화되어야 하며, 이렇게 문서화되고 기록된 정보에 의해서 체제의 합리성이 공식적으로 유지된다.

1) 관료제의 장점

관료제의 장점은 앞서 관료제의 특징에서 비롯된다. 따라서 이러한 특징에 근거하여 볼 때 관료제의 가장 큰 장점은 효율성이라고 할 수 있는데, 관료제가 조정과 통제를 위한 능률적인 시스템을 갖추고 있기 때문이다. 즉, 특정 조직의 '합리성'은 행위의 결과를 미리 계산하는 능력에 달려 있다고 할 수 있는데, 관료제의 수직계층구조와 비개인화라는 특징으로 말미암아 그와 같은 합리성의 확보가 가능하다.

다음으로, 관료제가 특정 영역에서 책임을 지고, 기록을 관리하는 전문가를 고용한다는 측면에서 조직의 과거 활동에 대한 정보와 유용한 최신 지식을 통합할 수 있다. 그 결과 미래에 대한 예측도 가능하게 해 주며, 점진적으로 목표 달성을 위해 필요한 수단이 가져다 줄 수 있는 결과를 계산할 수 있게 된다.

한편, 베버는 관료제는 조직에 대한 이해와 종교가 합치되는 곳에 존재한다는 주장을 하고 있는데, 당시 세계시장의 확대와 자본주의의 발전은 그러한 과정에서 발생하는 여러 가지 사회적 문제에 대해 어떠한 형태건 도덕적 뒷받침이 필요한 터였다. 이에 베버는 현세의 삶을 강조하는 종교 개혁 이후의 프로테스탄트의 믿음에 눈을 돌리게 된다. 즉, 현세에서 근면을 통해 개인의 구원이 가능함을 보여 줄 필요가 있었으며, 그 과정에서 이루어지는 경제 활동이란 부정적 악이 아니라 긍정적 선으로 평가할 수 있는 논거를 제공하게 된다. 즉, 과학은 기술적 합리성을 만들어 내고, 종교는 속죄윤리를 만들어 낸다. 베버는 이 두 가지를 관료제를 통해 결합한 것이다. 그 결과 자본주의는 본 궤도에 진입하게 되고, 경제적 합리성을 실천하게 하는 수단인 관료제 조직 형태가 자본주의 발전을 위해 큰 역할을 하게 되었다(Weber, 1930).

2) 관료제 구조의 비판

베버가 관료제 모델을 제시한 당시에도 많은 사회학자와 철학자들이 관료제 형태의 조직구조에 대해서 비판하였다. 비판의 논거는 관료제 이론은 자본계층이 사회 하위계층을 통제하기 위한 수단이라고 하는 측면이었다. 특히 관료제의 특징에 관한 비판으로서 다음과 같은 것이 있다.

(1) 분업의 역기능

관료제에서는 분업이 효율성을 제공한다는 점을 강조하나 실제로는 순기능과 역기능의 효과가 동시에 발생한다. 분업은 생산성과 효율성의 증가를 가져온다. 하지만 분화된 단위 간 갈등으로 인한 문제점도 크다. 그 결과 조직의 전반적인 목표 추구에 손실을 낳는다. 예컨대,

분화가 단위 부서 간 의사소통에 방해 요소로 작용하는 경우를 들 수 있다.

왜냐하면 고도로 분업화된 단위부서는 고유의 용어(terms), 관심사, 태도, 개인 목표를 갖게 되기 때문이다. 이는 내적 집단(in-group)과 외적 집단(out-group)을 구분함으로써 상하 관계에서뿐만 아니라 수평단위 조직과 불완전한 의사소통을 야기하는 경우가 있으며, 경우에 따라서는 의사소통의 철회를 통한 조직 단절이 발생하기도 한다.

(2) 위계의 역기능

위계의 장점은 명령 일원화, 역할과 인력의 조정, 권한의 강화, 의사소통을 위한 공식기구의 기능 등을 꼽을 수 있다. 이론상 위계와 관련해서는 상향적, 하향적 속성이 동시에 강조되어야 한다. 그러나 실제로는 하향적 속성으로 나타나는 것이 현실이다. 그리하여 그 결과 개인의 창의성이 훼손되며, 참여가 가로막히게 되고, 상향적 의사소통이 어려워지며, 점차적으로 수평적 의사소통에 대한 공식적, 공통적 인지가 사라지게 된다. 이는 지위계층 간 발생하는 이견이나 갈등을 관리할 수 있는 적절한 수단이 없기 때문인데, 특히 기능 부서 간에 더욱 심각하다. 따라서 공식적 위계만 따르게 되는 조직 구성원들은 시간과 노력의 낭비가 커지게 되는 역기능을 초래하게 된다.

(3) 합법성(규정과 절차)의 역기능

규정과 절차로 대표되는 합법성의 원칙이 관료제 구조의 가장 분명한 역기능적 특징을 보여 준다고 할 수 있다.

어떤 일이건 규성과 절차에 얽매이다 보면, 보다 효율적으로 할 수 있는 일도 그렇게 하지 못하는 경우가 많다는 것을 우리는 흔히 경험을 통해 잘 알고 있다.

보고와 절차를 강조하는 그러한 특징으로 인해 흔히 발생하는 잘못으로 다음과 같은 것을 들 수 있다. 절차상 규칙이 도덕적 잣대나 옳고 그름의 기준을 측정하는 도구가 된다. 절차상 규칙이 개인적 판단의 대용물로 쓰인다. 개인적 판단이 요구되지 않는 경우에만 규정대로 적용하는 방법이 바람직할 것이다. 그럼에도 징벌적 통제를 위한 방편으로 쓰인다. 그리하여 직무와 전혀 관계가 없는 규칙에도 순응하도록 요구받는다.

(4) 비개인화 역기능

관료제가 갖고 있는 정실 배제의 원칙은 개인적 요소의 개입 여지를 차단하는 효과가 있다. 하지만 다음과 같은 역기능도 발생한다. 조직 내 구성원들의 성숙한 개인적 발전을 허락하지 않는다. 공식규정에 대한 개인의 순응을 강요하고, 외부의 비판에 대한 집단사고(groupthink)를 증가시킨다. 조직의 비공식적 조직에 대한 관심을 방해하며 돌발적 사태의 예방에 관심이 결여된다. 개인에 대한 불신과 책임의 두려움 때문에 인적 자원의 충분한 활용이 이루어지지 못한다. 조직 내 새로운 기술, 지식, 경험을 학습 과정을 통해 자신의 것으로 하지 못한다. 또한 기회주의적이고 이해득실을 따지는 조직인간으로 성격 수정을 야기한다.

3) 관료제 비판에 대한 근거

오늘날 베버의 관료제 모델이 본질적으로 잘못된 것이라고 주장하는 연구는 없다. 베버가 관료제 이상형을 제시할 때의 시대적 상황과 요구로 볼 때, 당시의 정치, 경제, 사회, 교육, 종교 등 여러 분야에서 드러나고 있던 비능률과 모순, 비도덕적 관행을 해결할 수 있는 훌륭한 대안이었기 때문이다. 실제로 관료제 모델은 서구 사회의 발전과 변화를 가져다준 합리성이라는 가치를 집약적으로 표출하면서 여러 분야에서 활용되었다. 그 결과 앞서 지적했듯이 서구 문명의 발전에 큰 역할을 한 것은 누구도 부정할 수 없을 것이다.

문제는 베버의 주장의 바탕에 자리한 '완전한 합리성'이란 측면이다. 인간이 만든 규정이나 제도는 시간이 지남에 따라 그 근본개념이나 원칙이 부적절하다고 인식되는 경우가 많다. 따라서 관료제 구조 또한 변화하는 조직의 환경, 목표, 개인의 욕구에 신속하게 대응하기에는 비탄력적 요소가 많기 때문에 비판의 중심에 서게 되었다고 할 수 있다.

4. 관료제 이론과 관련한 두 가지 논의

1) 파킨슨의 법칙

파킨슨의 법칙(Parkinson's law)은 파킨슨(C. Parkinson)이 정부와 군대조직에서 근무한 경험을 바탕으로 관료제 조직의 비판을 정리한 것이다. 그 가운데 대표적인 내용이 공무원 숫자와 실제 업무량 사이에는 아무런 관련성이 없다는 것이다. 즉, 정부기관은 업무량의 증감에 무관하게 가능한 한 공무원들의 숫자를 늘리려는 경향이 있으며, 이를 위해 공무원 스스로가 자신의 일거리를 만들어 내고 있다는 것이다.

이처럼 관료제 조직의 조직 확대를 설명하는 것이 파킨슨의 법칙이다. 파킨슨의 법칙은 다음의 두 가지로 설명할 수 있다(Parkinson, 1958).

① **부하 배증의 원칙** 공무원들은 부하 직원들을 늘리려고 하고, 경쟁자가 늘어나는 것은 원하지 않는다. 즉, 업무를 동료와 분담하게 되면 승진을 위한 경쟁자를 기르는 것이 된다. 따라서 복수의 부하들을 새로 채용함으로써 그들을 서로 경쟁시킨다. 또한 업무를 분담시킴으로써 자신이 유일하게 전체 업무를 파악하게 됨에 따라 조직 안에서 스스로의 지위가 확고해진다. 또한 계속해서 부하 직원을 늘림으로써 자신이 위로 올라갈 수 있는 자리가 만들어지게 된다. 그 결과 조직은 사람들이 늘어났으나 이전과 같은 업무를 처리하는 데 걸리는 시간은 오히려 증가한다.

② **업무 배증의 원칙** 공무원들은 서로 상대방에게 일거리를 만들어 주고 있다. 수행하는 업무의 본질은 변함이 없음에도 불구하고 지시, 명령, 감독, 통제, 보고 등의 부수적이고 행정적인 업무가 늘어나 궁극적으로 업무가 늘어나게 된다는 것이다. 그리하여 처음에 한 사람이 업무를 수행할 때나 비대해진 조직에서 업무를 수행할 때나 실제 업무 수행의 결과는 별 차이가 없게 된다.

파킨슨은 자신의 주장의 근거로 영국의 실제 상황을 설명하였다. 1914~1928년까지 군인을 제외한 영국의 해군성 종사자는 2,000명에서 3,700명으로 증가하였다. 그러나 같은 기간 동안 영국 해군의 규모는 워싱턴 해군 군축조약으로 감소하였는데, 군인의 숫자는 1/3이, 군함의 숫자는 2/3가 줄었다. 1953~1954년 동안에 이러한 현상이 절정에 달하게 되는데, 해군성 소속 인원은 8,100명에서 33,800명으로 급증하게 된다. 또한 당시 영국 외무성의 식민지 부서의 인원은 370명에서 1,600명으로 최대 규모를 기록했으나, 인도 독립 이후 영국은 해외 식민지를 모두 잃은 상태였다.

이러한 현상에 근거해 파킨슨은 정부조직은 실제 업무량과 무관하게 공무원의 숫자는 계속해서 증가할 것이라고 주장한다.

2) 피터의 원리

관료제 조직의 문제와 관련하여 항상 인용되는 것으로 피터의 원리(Peter principle)가 있다. 피터(L. Peter)는 승진이 존재하는 위계구조를 갖춘 조직에서, 충분한 시간과 자리가 존재한다면, 모든 구성원은 스스로의 무능력 수준까지 승진하게 된다는 것이다. 그 결과 조직 내 모든 지위는 자신의 업무를 제대로 수행하지 못하게 되는 무능력한 사람들로 채워지게 된다.

피터는 위계조직에서 승진을 위한 기본원칙으로 세 가지를 들고 있다. 첫째, 업무를 제대로 수행한다면 언젠가는 승진하게 된다. 둘째, 승진한 자리에서 업무를 제대로 수행하면 다음 승진을 위한 기회를 갖게 된다. 셋째, 자신의 능력으로 업무를 제대로 수행할 수 없는 자리에 승진하게 되면, 승진을 위한 과정은 끝나게 된다.

따라서, 자신이 승진한 후에도 여전히 업무를 제대로 수행하는 상태라면, 승진을 위한 과정이 아직 끝나지 않았다고 보면 된다. 마찬가지로 조직 안에서 제일 높은 자리에까지 올랐는데도 자신의 노력을 최대한 쏟아부어야 한다면, 해당 조직의 위계가 불충분하다는 의미가 된다. 피터의 원리에 의하면, 승진 과정에서 최종적으로 머무르는 곳이 바로 스스로의 업무수행 능력이 한계에 이른 곳이 된다.

피터는 조직 구성원들이 무능력한 위치에까지 이르는 과정을 다음과 같이 설명한다. 매우 뛰어난 기능공이 승진에 승진을 거듭하여 공장장의 위치에까지 이르게 된다. 하지만 여러 관리자와 직원을 다루는 방법이나 거래선과의 관계 설정은 평생을 기계만 만지던 그에게 결코 쉬운 일이 될 수 없다. 따라서 그러한 그가 공장장으로 승진한 후 효율적인 업무수행의 가능성은 매우 낮다고 할 수 있다. 그리하여 결국은 더 이상 조직 위계상 올라가지 못하고, 무능한 공장장으로서 자신이 경력을 마무리하게 될 것이다.

그 결과 규모가 크고 오래된 조직일수록 자신의 능력으로 제대로 업무수행을 할 수 없는 사람들로 자리를 채우게 된다. 그렇다면 조직 안에서 제대로 일을 하는 사람이 누구인가 하는 의문이 생긴다. 피터는 조직에서 제대로 자신과 일을 할 수 있는 사람은 아직 승진을 위한 과정이 남아 있는 사람들이라고 한다.

피터는 승진 과정의 진행 상황에 따라 조직 구성원을 다음의 다섯 가지 유형으로 구분하고 있다.

① 자신의 직위에 비해 월등한 능력을 갖춘 사람
② 자신의 직위에 적합한 능력을 갖춘 사람
③ 자신의 직위에 가장 기본적인 능력만을 갖춘 사람
④ 자신의 직위에 무능한 사람
⑤ 자신의 직위에 비해 매우 무능한 사람

피터는 ①과 ⑤에 해당하는 사람들은 조직에서 신속하게 도태되며, 해당 직위에서 적당히 기본적인 능력 수준만 갖춘 사람이 가장 빨리 승진한다고 하였다. 그에 비해 해당 직위에 적합한 능력을 갖춘 사람들은 승진 속도가 느려지며, 무능한 직위에 부합되는 사람들도 승진 속도가 느려진다. 매우 무능한 사람들은 승진이 멈추게 된다. 그 결과 무능한 사람들의 숫자가 점차 증가하게 되며, 조직은 이들로 가득 차게 된다는 주장이다(Peter와 Hull, 1969).

그런데 직위에 부합되는 능력을 갖춘 사람들이 오히려 그렇지 못한 사람들에 비해 승진이 느린 이유는 무엇일까? 정상적인 상황에서는 실적에 따라서, 즉 업무능력에 따라서 평가가 이루어져야 할 것이다. 하지만 위계를 갖는 관료제 구조화에서는 윗사람이 어떻게 평가하는지가 더 중요하다. 즉, 상사가 얼마나 만족하는지에 달려 있다는 것이다. 즉, 자신이 원하는 방식으로 일을 처리하는지, 보고서를 작성하는지, 자신에게 존경을 표시하는지 등이 더욱 중요하다. 따라서 이러한 상황에서는 독립적인 판단능력이나 역량이 부족한 사람들이 더욱 유리하다. 왜냐하면 정해진 규칙을 준수하고 복종하는 것이 상사의 입장에서는 만족을 주는 사람들이기 때문이다. 실제로 조직을 위해서는 무능한 사람이지만 선발 의사결정을 하는 상사에게는 유능한 사람으로 평가받는다.

그렇다면 현재 자신의 자리에 비해 탁월한 능력을 갖춘 사람이 왜 빨리 도태되는지도 생각해 보자. 교육대학을 졸업하지 않은 매우 뛰어난 초등학교 기간제 교사가 있었다. 그 교사는 책읽기를 위해 학생들의 흥미를 이끌어 내기 위한 자신만의 독특한 방법을 창안해 냈다. 하지만 학부모들은 학과 공부가 아닌, 전혀 도움이 되지 않는 쓸데없는 글들을 읽어 오라고 했다며 연일 학교에 항의전화를 하였다. 더구나 이 교사는 창의적인 학습 방법을 통해 초등학교에서 3년에 걸쳐 배울 교과 과정을 1년 만에 마칠 수 있도록 진행하고 있었다. 그러자 이제는 교장이 나섰다. 왜냐하면 그렇게 되면 다음 해에 학교에서 가르칠 것이 없기 때문이다. 이 기간제 교사는 재계약은 고사하고, 방학 기간 동안에 이런저런 이유로 계약해지가 되었다.

IV 우드워드의 조직구조 상황이론

우드워드(J. Woodward)는 조직의 사용기술에 따라 적합한 조직구조가 결정된다는 상황이론을 제시하였다. 즉, 조직이 채택하고 있는 생산 및 운영기술의 형태가 조직구조와 관리 형태를 결정하며, 또한 조직구조의 적합성 정도에 따라 조직 성과가 달라지는 것이다. 이는 기술결정조직 관점에서 조직구조에 대한 상황이론을 전개한 것으로서, 이전까지 고전적 경영이론에서 추구하던 '최선의 관리 방법(one best way to organize)'이나 '보편적 법칙'에 대한 논의를 종식하는 계기가 되었다(Woodward, 1965; 1980).

우드워드는 영국의 100개 제조업체를 대상으로 2단계의 사례연구를 실시하였다. 이 연구대상 기업은 종업원 규모가 100~8,000명 이상에 이르기까지 다양했고, 업종과 소유 형태에 있어서도 광범위한 종류의 기업이 포함되었다.

1단계 연구에서 우드워드는 기업의 역사, 배경, 목적, 생산 과정과 방법, 기업이 운영되고 조직화되는 형태와 과정, 기업의 상업적 성과를 측정하는 지표와 성과치 등을 수집하여 분석하였다. 그 결과 보편적 관리원칙이 존재한다는 고전적 관리론을 지지할 수 있는 증거, 즉 어떠한 공통점도 발견하지 못하였다. 실제로 많은 기업이 상이한 형태의 구조적 특징을 갖고 있

표 11.1 우드워드의 연구 대상 기업의 분류

기술 분류	기술적 복잡성 수준	생산방식	기업 수
유형 I	1	- 주문 제품의 단위 생산(맞춤복, 카센터)	5
단위 소량생산 기술	2	- 표본 제품(prototype)의 생산	10
	3	- 대형 설비의 단계별 조립 생산	2
	4	- 주문 제품의 단위 소량 생산	7
유형 II	5	- 대규모 일괄 생산(표준화된 제품)	14
대량생산 기술	6	- 조립 공정에 의한 대규모 일괄 생산	11
	7	- 대량 생산	6
유형 III 연속 공정 생산 기술	8	- 다목적 공장을 이용해 다양한 공정과 제품라인(화학제품 생산)	13
	9	- 정유, 가스, 결정체의 연속공정 생산 - 몇 개의 유형 II 의 과정이 연결됨	12
기타	10	- 표준화된 다용도 부품의 대량 일괄단위 생산	3
(복합 생산 체계)	11	- 표준화된 생산 방법에 의한 판매용 결정 물질의 연속공정 생산 - I과 II, I과 III의 혼합형 분류 불가	9
분류 불가		- 분류 불가	8
합계			100

출처 : J. Woodward, *Industrial Organization*: *Theory and Practice*, *London* : Oxford Press, 1980, 2nd ed., p. 39.

었고, 비록 유사한 형태의 조직특성을 보이는 일부 기업의 경우에도 성과에서는 매우 큰 차이를 나타내었다. 따라서 '어떠한 조직구조를 갖는 기업이 어떠한 성과를 낸다'는 의미 있는 결론을 얻을 수 없었다.

이러한 결과는 조직을 관리하기 위한 가장 효율적인 관리 원칙이 존재하며, 이를 보편적 이론으로 제시하고 있던, 고전적 경영이론을 부정하는 최초의 실증연구라고 할 수 있다.

두 번째 단계의 연구에서 우드워드는 연구 대상 기업들이 채택하고 있는 전형적인 생산 기술의 형태에 주목하였다. 그리하여 사용하는 생산기술의 형태에 따라 기업을 분류함으로써 기업 간 의미 있는 차이를 발견하였다.

우드워드는 생산기술 유형과 조직구조 특성 사이의 직접적인 관계를 비교 분석하였다. 그 결과 단위 소량생산에서 연속공정 생산으로 기술적 복잡성이 커질수록 조직구조적 특성 가운데 조직 내 계층, 경영자의 관리 범위, 감독자의 비율, 관리 부문의 규모, 직접노동에 대한 간

표 11.2 기술적 특성과 조직구조적 특성

구분	단위 소량생산 기술 (n = 24)	대량생산 기술 (n = 31)	연속공정 생산 기술 (n = 25)
기술적 특성			
기술적 복잡성	낮음	중간	높음
기계에 의한 통제	낮음	높음	매우 높음
결과의 예측 정도	낮음	높음	매우 높음
구조적 특징			
조직 내 계층	3	4	6
경영자의 관리 범위	4	7	10
관리자의 비율	낮음	중간	높음
직접 노동과 간접 노동 비율	9 : 1	4 : 1	1 : 1
일선 관리자의 관리 범위	23	48	15
공식화	낮음	중간	높음
집중화	낮음	중간	높음
숙련공의 수	많음	적음	많음
문서화된 의사소통	낮음	높음	낮음
언어적 의사소통	높음	낮음	높음

출처 : Joan Woodward, 전게서, p. 181.

접노동의 비율 등이 증가함을 발견하였다. **표 11.2**는 이러한 연구 결과를 보여 주고 있다.

단위 소량생산 조직과 연속공정 생산 조직이 대량생산 조직과 매우 다른 구조적 특성을 갖고 있다는 것을 발견하였다. 먼저 단위 소량생산 기술과 연속공정 생산 기술의 경우, 노동 인력이 소규모 작업집단으로 나누어져 있으므로, 일선 관리자의 관리 범위가 대량생산 기술의 경우에 비해 매우 좁다. 이에 따라 노동 인력에 대한 통제도 규칙이나, 표준화된 절차 등의 공식적 규제보다는 노사 간 인간관계에 의한 경우가 빈번한 것으로 나타났다. 또한 단위 소량생산 기술과 연속공정기술에서 더욱 많은 숙련 노동자를 고용하고 있었고, 이들 숙련 노동자들은 자신의 기술적 능력을 바탕으로 조직관리에 보다 많은 영향력을 행사하고 있었다. 그리하여 의사소통 수단도 문서를 통해 이루어지기보다는 직접 대면에 의한 언어적 의사소통의 형태로 나타났다.

즉, 대량 생산의 경우 정교한 생산통제 시스템을 구축하기 위해 라인과 스태프의 관계를 명확히 하고, 공식적인 절차나 규정에 의한 관리를 하며, 문서에 의한 의사소통이 중심을 이루는 데 비해, 단위 소량생산이나 연속공정의 경우는 생산 통제를 숙련 노동자의 노하우에 의존하거나 생산 공정 자체가 자동적으로 통제되도록 설계된다. 그 결과 라인과 스태프의 경계가 분명하지 않으며, 공식적인 절차보다는 언어를 통한 의사소통이나 유기적인 관리 형태를 갖게 된다.

이러한 연구 결과는 생산 기술과 조직구조의 직접적인 관계뿐만 아니라, 생산 기술과 조직구조의 관계가 기업 성과에도 영향을 미치고 있음을 알게 해 준다.

V 사회적 수렴이론

1. 사회적 수렴이론과 조직구조

사회적 수렴이론(social convergeney theory)은 각기 상이한 배경이나 사회구조를 가지고 있던 사회가 산업화의 진전에 따라 공통된 정치, 경제, 사회, 문화적 특징을 갖는 형태로 수렴한다는 것이다. 이러한 수렴이론에 관한 논의는 먼저 정치경제적 관점에서 이루어졌다. 소로킨은 과학기술혁명과 이로 인해 가능해진 대량생산 방식으로 자본주의와 사회주의가 공히 진화론적 변화를 겪고 있다는 주장을 하였다. 그리하여 그러한 기술적 진보는 국가경제계획의 발전과 시장 메커니즘의 변화로 이어지게 되며 정치, 경제, 문화, 사회구조, 이데올로기 등의 모든 영역에 파급되어, 결국 자본주의와 사회주의라는 양 체제가 합쳐지게 되어, 단일한 사회형태로 수렴한다는 것이다(Sorokin, 1959; Phillip, 1963).

또한 윌런스키와 르보는 기술발전과 경제발전으로 인해 사회복지에 있어서도 자본주의와 사회주의는 수렴한다고 주장하였다. 즉, 자본주의는 사회통합을 위해 국가의 통제 기능을 증대하고, 사회주의는 자원 분배의 효율성과 창의성의 증대를 위해 분산화를 증대하게 되는데, 그 결과 양 체제 간 사회복지의 형태나 규모는 유사한 것으로 수렴한다는 것이다(Wilensky와 Lebeauy, 1958).

이처럼 생산기술의 발달이 사회적 수렴의 중요한 영향 요인이라고 하는 기술결정론적 접근이 조직구조에 관한 논의에서도 적용되었다.

단위조직 수준에서 시작된 이러한 분석은 사회적(경제적) 현대화와 사회가 어느 한 방향으로 진전된다고 하는 '사회적 수렴'에 있어서도 기술이 영향을 준다는 사회 · 기술결정론적 논의로 확대된다.

즉, 특정 국가의 산업화는 보편적 생산기술의 확산에 의존하게 된다. 따라서 그러한 기술은 개별 작업방식을 결정하게 되며, 작업방식(예, 분업)은 조직 내 전환 구조(예, 명령체계)에 또한 영향을 주게 된다. 그리하여 발전을 지향하는 다양성을 가진 여러 국가가 그와 같은 공통적, 제도적 요인에 의해서 조정됨으로써 점진적으로 하나의 형태로 수렴하게 된다. 즉, 기술사용이 상이한 사회적, 문화적 배경을 갖는 조직구조를 비슷한 형태로 만들게 된다는 것이다.

더 나아가서 현대 기업조직의 그와 같은 수단(작업방식이나 권한구조)을 통한 합리성의 추구는, 그 속에서 일하는 노동자들에 의해 체화되고 내면화되면서 문화적 측면까지 확산된다. 그 결과 현대화라고 하는 범세계적으로 동일한(homogeneous) 문화를 생성하게 된다는 것이다.

사회적 수렴이론은 미국이 특정 산업화 시기에 세계 경제의 주도권을 갖고 있을 때 널리 확산되었다. 이론을 지지하는 사람들은 미국이 현대화의 상징이며, 세계 경제가 산업화 과정에서 겪게 되는 냉혹한 현실(경제적, 문화적 예속)에서 합리성 추구라는 해답으로 나아가기 위한 과정이란 주장으로 정당성을 부여해 왔다.

우리나라의 경우, 경제발전의 모델로서 미국식 방법을 도입하였다. 그리하여 제도적 도입은 경제적 측면(대기업 중심), 기술적 측면(대량생산), 기업의 조직구조(지배구조) 등에서 미국과 유사성을 갖게 되었다. 또한 내부적으로도 기업 조직을 운영하기 위한 여러 가지 시스템 또한 그에 부합되도록 따라갔던 것이다. 그리하여 시간이 지남에 따라 이것이 구성원들에게 체화되고 내면화되는 과정을 거쳤으며, 또한 그것이 우리나라 기업의 조직구조적 특성을 설명해 주는 이론적 근거가 되었다고 할 수 있다.

2. 사회적 수렴이론에 대한 비판

먼저 정치경제적 측면에서 사회적 수렴이론을 비판하는 사람들의 주장은 새로운 기술과 생산방식의 변화, 경제계획 등과 요소를 통해 자본주의와 사회주의라고 하는 두 체제가 이념적으로 수렴하는 것은 지나친 비약이고 단순화 논리라고 반박한다. 마찬가지로 사회복지 차원의 사회적 수렴에 관한 연구에서, 자본주의 국가의 경우, 새로운 생산기술과 경제성장 및 사회복지 정책 간 의미 있는 관계 규명에 실패하였다. 더구나 사회주의 국가의 붕괴는 사회적 수렴에 관한 비교연구 자체를 불가능하게 만들었다.

조직구조 측면에서 사회적 수렴이론을 비판하는 논의는 이질동상(異質同像, isomorphism)의 관계를 그 근거로 들고 있다. 여기에는 현상학적 관점에 나타나는 예외에 의한 비판과 실증분석 결과 나타나는 이론의 효용성에 대한 비판이 있다.

1) 현상학적 관점의 비판

이론적 측면에서 사회적 수렴이론은 물론 유효한 이론이다. 하지만 오늘날은 큰 도전에 직면하고 있다. 즉, '인적 자원 활용' 측면에서 서구의 개인주의적 시장원리(buying policy)는 그것이 추구하는 합리성으로 인해 노동시장의 효율성이라는 긍정적 효과를 가져다 주었다. 하지만 변화하는 세계 경제 환경에서는 적절하지 못하다. 자본 지향적 인사관리, 경영관리 관행은 노동소외, 직무동기의 저하, 생산성 저하, 학습의 단절, 직무스트레스 증가 등으로 인한 서구기업의 경쟁력 상실의 중요한 원인을 제공하였기 때문이다.

사회적 수렴이론의 현상학적 관점에서 예외적인 경우가 일본이다. 일본 기업들은 그들의 산업화된 조직구조의 핵심에 미국 기업이나 서구 기업들과 달리 전통주의를 고수하였다. 그 덕택에 과거와 단절 시 일반적으로 발생하게 되는 저항이나 내부적 혼란 없이 급속한 산업발전을 추구할 수 있었다. 그러나 일본의 연공주의, 종신고용, 가부장적 인사제도 등의 독특한 형태는 서구의 개인주의적 시장 원리에서 보자면 매우 다른 형태라고 할 수 있다. 따라서 합리성이나 효율성이라고 하는 측면에서 그와 같은 구조와 형태는 언젠가 큰 비용을 치르게 될 것이라는 전망이 지배적이었다. 즉 사회적 수렴이론에 반하는 일본 산업조직의 운영 형태를 비판하였으며, 일본 산업조직의 미래를 비관적으로 예측하였던 것이다. 하지만 오늘날 경제정책적 관점이나 노동사회학적 관점에서 일본의 경영관리 관행을 새로운 형태의 조직의 합리성이라고 평가하고 있음에 주목할 필요가 있다. 일본 기업의 특징인 교육훈련과 경력 개발을 강조하는 내부 노동시장의 육성 정책과 가부장적 인사관리 관행 등은 서구 기업의 개인주

참고 11.4 이질동상과 조직구조

이질동상(isomorphism)은 화학적 구성은 다르지만 일부 공통된 성분이 있어서, 서로 같은 형태의 결정형을 갖는 물질을 말한다. 즉, 같은 모습이지만 다른 족이라고 할 수 있다. 따라서 조직구조에 관한 논의에서는 사회적 수렴의 결과물로서 조직을 의미하며, '구조동일성'으로 표현한다.

의적 고용관계에서 발생하는 여러 가지 비용(즉, 통제비용이나 조직과 개인 간 거래관계에서 발생하는 불필요한 비용)을 줄이는 좋은 방법으로 재평가받고 있기 때문이다.

2) 실증분석을 통한 비판

앞에서 살펴보았듯이 사회적 수렴이론의 기본전제는 기술이 서로 다른 문화적, 사회적 배경을 갖는 조직 형태를 유사하게 만드는 역할을 한다는 것이다. 그렇다면 종류나 복잡성에 있어서 '동일한 기술적 전개'는 조직설계나 경영관리 관행(실천)에 있어서 '동일한 결과'를 나타내어야 할 것이다. 그리하여 기술이 이종문화 간 동질성을 낳게 해 주는 강력한 요소라는 위의 두 가지 가설을 지지할 수 있을 것이다.

그러나 기술 - 구조 간 관계를 다양한 사회적 상황에서 검증한 결과, 기술은 해당 문화와 조직, 경영관리, 조직 형태, 노사관계 등에 매우 복잡하게 반응하는 것으로 나타났다.

예컨대, 사회적 수렴이론의 기술결정론자의 주장은 연속공정기술이 탄력적 관리구조와 노사관계상 조화라는 세계 공통적인 새로운 시대를 열어 줄 것이라고 하였다. 영국과 프랑스 석유 정유 공장들을 대상으로 실시한 종단연구에서, 조직구조와 노사관계에 있어서 국가 간 커다란 차이를 나타냈으며, 동일한 기술을 통한 구조동일성(isomorphism)의 증거를 전혀 찾을 수 없었다(Gallie 등, 2001). 또한 일본의 여러 기업을 대상으로 동종기술이 조직구조 형태에 미치는 영향에 관한 조사에서도 유사성을 거의 발견할 수 없었다. 따라서 사회적 수렴이론에서 제시한 여러 가지 선행연구 결과를 지지하지 못하였다(Lindoln 등, 1981).

그에 비해, EU 국가를 대상으로 실시한 연구에서는 기술혁신을 통해 도입한 새로운 기술이 오히려 기존의 조직구조에 적합하도록 조정된다는 결과를 발견하였다. 즉, 이는 기술결정론의 주장과 반대되는 연구 결과인 것이다. 그러한 연구 결과에 대한 연구자들의 설명은 다음과 같다. 효용성 제고 측면에서 기술 변화에 적응하기 위해, 조직구조 개편이 요구되는 시점에서도 외부의 제도적 제약(법적, 정치적, 산업별 특징) 때문에 나타나는 '조직관성(organizational inertia) 효과' 때문이라는 것이다(Child 등, 1987).

VI 네트워크 조직구조

1. 네트워크 조직구조의 등장 배경

글로벌 시장의 상황은 규모의 경제를 통한 효과 대신에, 즉 시장의 요구에 대응하고 기업의 혁신을 위한 새로운 방법을 요구하고 있다.

따라서 이를 위해 다음과 같은 노력이 요구된다.

① 글로벌 차원에서 새로운 시장 기회와 인적 자원, 물적 자원을 발견하기 위한 노력이 필요하다.
② 가용 자원이 자사 소유건, 타사 소유건 시장 기회를 위해 활용하는 경우에는 이익 극대화를 위해 최대한 활용하는 방안을 선택해야 한다.
③ 현재 보유하고 있거나, 개발 가능한 핵심 전문기술을 통해서만 기업 활동을 수행한다.
④ 따라서 다른 사람에 의해서 더욱 신속하고 효율적이며 값싸게 수행할 수 있는 기능과 활동은 아웃소싱한다.

이와 같은 원리에 의해 구성되는 것이 네트워크 조직이며, 이를 한 문장으로 'Doing Fewer Things Better, With Less'라고 나타낼 수 있다(Davis, 1995).

2. 네트워크 조직구조의 확산요인

네트워크 조직의 확산에는 앞서 지적하였듯이 환경적 요인으로는 새로운 경쟁 상황의 전개와 내부 요인으로 조직의 당면 과제가 있다.

1) 새로운 경쟁 상황

(1) 글로벌화

가치사슬에서 나타나는 공통적 현상은, 모든 단계에서 새로이 등장하는 강력한 기업이 존재한다는 것이다. 그런데 과거와 달리 정보통신의 발달에 따른 글로벌 경쟁 때문에 상품과 서비스의 생산은 대부분의 경제시스템 속에서 한계 수익점에 이르렀다. 이때, 규모가 작으면서 적응능력이 뛰어난 기업들로 인해 세계 경제는 더욱 경쟁력 있는 기업을 더욱 많이 보유할 수 있게 되었다. 따라서 정보통신의 발달과 아웃소싱이나 파트너 관계를 형성할 수 있는 유능한 후보 기업의 증가는 네트워크 관계 형성을 용이하게 해 준다.

(2) 기술 변화

짧은 제품 수명 주기는 기업에게 지속적인 혁신을 요구하고 있다. 또한 기술혁신이 하나의 산업 영역에서 다른 산업 영역으로 파급됨에 따라, 국가 간 경계를 넘어 빠른 속도로 확산되고 있다. 그 결과 모든 산업 영역에서 경쟁 진입장벽이 무너지게 되었다. 따라서 기업은 규모의 경제의 효과에 더하여 범위의 경제(economics of scope)의 효과를 동시에 추구해야 한다.

(3) 규제의 완화

규제 프로세스상 변화는 글로벌 경쟁을 심화시키고 있다. 본질적으로 규제 완화는 혁신, 창의성 등과 같은 기업가적 행동의 촉진제가 되고 있다. 특히 금융정책상 규제 완화, 공공 부문의 민영화 등은 기업의 마진폭을 줄이게 되었다. 따라서 기업은 모든 가용자원을 활용하여 이윤 극대화를 위해 노력해야 하는 상황에 당면하였다.

참고 11.5 범위의 경제

하나의 기업이 여러 종류의 제품을 함께 생산하는 경우가 개별 기업 여러 개가 한 가지의 같은 종류 제품을 생산하는 경우보다 생산 비용이 적게 드는 현상을 말한다. 이러한 범위의 경제의 이점은 동일한 생산요소를 사용하거나, 기업 운영이나 마케팅 활동을 함께하는 경우에 나타날 수 있다. 범위의 경제 효과는 생산품이 갖는 특성 때문에 나타날 수 있다. 예컨대, 승용차와 트럭을 함께 생산하는 기업의 경우, 부품이나 조립 라인 등의 시설을 공동으로 사용하는 경우에 범위의 경제 효과가 나타난다.

또한 하나의 기업이 여러 종류의 상품과 서비스를 생산하는 경우, 하나의 경영진만 있어도 된다면, 이는 추가 비용을 줄일 수 있는 효과가 있으므로 범위의 경제에 있다고 할 수 있다. 따라서 규모의 경제가 전통적으로 다각화 및 인수 합병의 이론적 근거가 된다면, 범위의 경제는 네트워크 조직의 근거가 된다. 규모의 경제를 소품종 대량생산을 위한 패러다임이라고 한다면, 범위의 경제는 다품종 대량생산, 다품종 맞춤생산을 위한 패러다임이라고 할 수 있다.

(4) 노동인력의 변화

글로벌화와 규제 완화는 필연적으로 글로벌 인적 자원의 유동성을 증가시키고 있다. 따라서 경쟁력을 갖춘 글로벌 인적 자원의 확보가 경쟁력의 중요한 원천이 되고 있다.

2) 조직의 당면 과제

(1) 상품과 서비스 측면

상품과 서비스는 다품종 대량생산 혹은 다품종 소량생산도 가능해야 한다. 따라서 이를 위해 차별화된 핵심 역량에 초점을 두어야 한다. 상품과 서비스를 생산하기 위한 비용의 절감과 혁신의 가속화를 동시에 추구해야 한다. 이를 위해 생산성 있는 자산만 보유해야 할 필요가 있다.

(2) 경영관리 측면

소수 정예의 상시 근무인력 확보가 필요하다. 동시에 시간제 근무, 재택근무, 임시직 근무 등 다양한 근무 형태의 개발 및 활용이 중요하다. 동시에 글로벌 차원에서 기술인력의 개발과 활용의 연계가 요구된다.

3. 네트워크 구조의 종류

네트워크 조직은 다음과 같은 세 가지로 운영되고 있으며, 각각의 특징과 효과에 대해 살펴보면 다음과 같다.

1) 내부형 네트워크 구조

내부형 네트워크(internal network structure)는 기업가적 기회, 시장기회를 통한 수익 증대를 추구함에 있어 과도한 아웃소싱 없이 수행할 때 사용하는 방법이다. 따라서 내부형 네트워크 구조는 특정 사업과 관련한 대부분의 자산을 기업 내부에 갖고 있다. 이때 자산통제의 책임을 맡은 경영자는 네트워크의 인적, 물적 자산을 시장에 투입하여, 시장에서 경쟁력을 확보할 수 있도록 해야 한다.

내부형 네트워크의 기본전제는 내부형 네트워크상 단위 부서 혹은 사업부(division)가 내부거래 가격이 아닌 '시장 가격'에 의해 운영된다면, 실제로 시장에서처럼 경쟁력을 확보해야 한다는 전제를 충족시키게 된다. 대표적인 경우가 미국의 GM이다. GM은 구조조정을 통해 부품생산 사업부를 15개(전자부품 사업부 7개, 기계부품 사업부 8개)에서 8개로 축소하였다. 이러한 8개의 사업부는 각각의 전문성에 의해 계열화한 것이다. 또한 전문성을 바탕으로 필요시 컨소시엄을 구성할 수 있도록 하였다. GM은 이전의 경직되고 비효율적인 부품생산 사업부를 조정기능 향상과 탄력성 있는 아웃소싱 관계로 발전시키기 위해 두 가지 조치를 취했다.

첫째, 개별 사업부의 성과를 명확하게 측정할 수 있는 척도를 만들었다. 이는 외부 공급업체와 객관적인 비교를 하기 위한 것이다. 즉, 하나의 사업부를 독립된 회사로 간주하여, 이들이 생산한 제품이 시장에서 독자적으로 경쟁력을 갖출 수 있도록 하기 위한 목적이다.

둘째, 개별 사업부가 자동차 조립이나 시스템상 특정 영역(예, 전자, 제어, 엔진)에서 특화할 수 있도록 하였다. 그리하여 개별 사업부가 자신이 공급하는 부품을 특화하고, 또한 필요한 경우에는 언제라도 다른 사업부와 컨소시엄을 구성할 수 있도록 하였다. 이를 통해 특정 부품의 특화와 필요시 부품의 모듈화 구성이 가능하게 되었다.

그림 11.1 내부형 네트워크

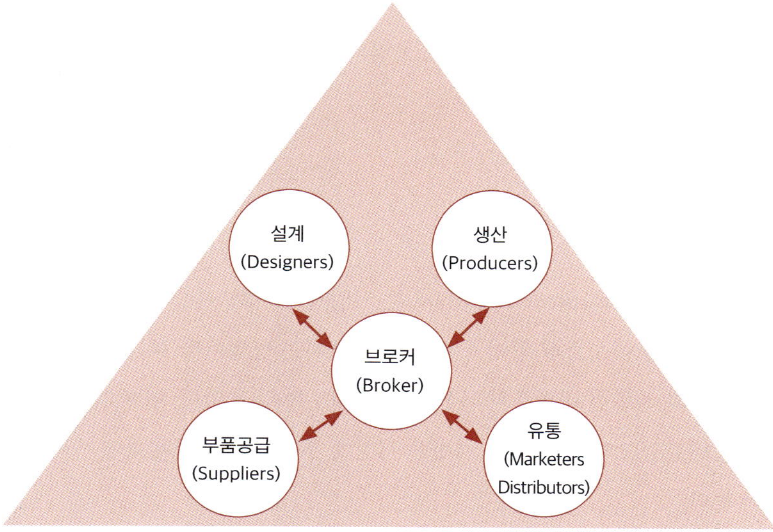

구체적으로 AC 델코 사업부(AC-Delco Div.)는 이전의 점화장치 사업부(AC Spark Plug Div.)와 전자부품 사업부(Delco Rochester Product Div.)를 결합한 것이다. 이를 통해 자동차의 흡배기, 연료, 냉각기 부문에서 전문화할 수 있게 되었다. 즉, 전문성에 의해 계열화한 것이다.

따라서 AC 델코 사업부는 컨소시엄을 형성하여, 모듈화된 제품을 GM에 공급할 뿐 아니라 가격, 품질 측면에서 경쟁력을 확보한 덕택에 일본의 미쓰비시, 한국의 쉐보레, 독일의 오펠, 영국의 복스홀 등 여러 업체에 부품을 공급할 수 있게 되었다.

GM의 목표는 이러한 전개를 통해 GM 전체로 확산시켜서 GM 본사는 결국 브로커(broker)의 역할을 하는 형태로 전환될 것이다. 즉, GM은 지주회사로서 특화(전문화)된 컨소시엄의 범위 설정 등과 같은 기능만을 담당하게 된다. 물론 이때 전제는 각 사업부가 세계 시장에서 지속적으로 경쟁력을 갖는 사업부라야 할 것이다. 또한 보조금, 세제혜택, 융자, 투자 등을 통해 네트워크 내부적으로 재무 건전성을 제고함으로써 지속적인 성장과 발전을 이룩할 수 있는 역할을 담당하게 된다. 자동차산업에서 GM이 선도한 내부형 네트워크 구조는 여러 기업에 확산되었다. 현재 가장 성공적인 모델은 다국적 자동차 회사인 스텔란티스 사이다.

참고 11.6 지주회사

지주회사(holding company)란 다른 회사의 주식 또는 지분을 소유함으로써 그 회사의 사업 활동 지배를 목적으로 하는 회사를 말한다.

일반적으로 지주회사는 서로 다른 여러 가지 사업 영역의 회사 주식을 소유하기 위한 목적으로 설립된다. 이를 순수 지주회사라고 한다. 그에 비해 고유의 사업을 운영하면, 부수적으로 주식의 소유를 통해 다른 회사를 지배하는 것을 목적으로 하는 경우는 사업 지주회사라고 한다.

이러한 내부형 네트워크의 장점은 잘 구성되는 경우에는 자원의 낭비, 즉 과잉 투자나 중복 투자를 줄이며, 시장 기회에 대응하는 시간을 절약할 수 있다. 그리하여 네트워크를 통해 전체 가용자원의 효율성을 높일 수 있게 된다. 한편 단점으로는 기업 내부의 정치적 관계로 인한 비용 발생 가능성이 있다. 즉, 상품이나 서비스가 시장가격을 통한 거래가 아니라 업적, 실적, 경영관리의 편의성 때문에 내부거래 가격으로 이동하는 경우는 효과를 기대할 수 없을 뿐 아니라, 조직에겐 치명적인 결과를 가져다 줄 수 있다.

2) 지속형 네트워크

지속형 네트워크(stable network structure)는 일부를 아웃소싱함으로써 전반적인 가치사슬에서 탄력성을 제고하는 목적으로 사용된다. 이러한 지속형 네트워크 관계에서는 자산이나 위험은 몇 개의 기업이 독립적으로 소유하면서 특정 사업을 지향한다.

아울러 일련의 제휴업체(suppliers)가 커다란 중심 기업을 둘러싸고, 상품과 서비스를 제공하거나 분배하는 역할을 하는 형태라고 할 수 있다.

BMW의 경우, 차량 생산에 필요한 어떠한 부품이라도 아웃소싱할 수 있도록 설계되어 있는데, 5시리즈는 실제로 70% 이상의 부품을 아웃소싱하고 있다. GM과 마찬가지로 BMW도 각각의 사업부(division)는 스스로의 핵심 역량을 시장 기준에 맞는 가격과 품질로 공급하도록 하는 내부 네트워크를 운영하고 있다. 이에 더하여 다양한 부품과 제조 기술의 향상을 위해 엔진을 비롯하여 변속기, 흡배기장치까지 미국, 독일, 중국, 인도의 아웃소싱 회사를 활용하고 있다.

그림 11.2 지속형 네트워크

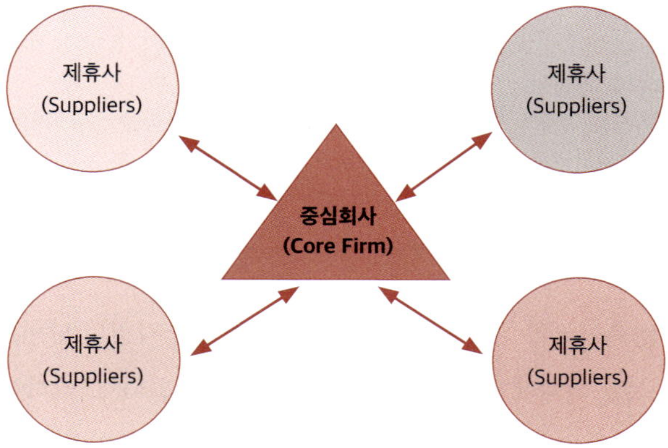

참고 11.7 가치사슬 파트너십

가치사슬은 기업 활동에서 부가가치가 생성되는 과정을 의미한다. 따라서 가치사슬 파트너십(value-chain partnership)은 이종 사업 간 서로 다르기는 하나, 상호 보완적 기술의 연계를 통해 최종 사용자를 위한 가치 창조능력을 창출하는 관계를 말한다.

이를 위해 BMW의 2개 계열사(BMW Motor Sport Group, Advanced Engineering Group)는 자동차 설계와 디자인 부분에서 특히 뛰어난 제휴사를 글로벌 시장에서 발굴하고, 그들의 기술을 평가하는 것을 목적으로 만들어진 회사이다. 또한 BMW는 자신의 벤처캐피탈을 다른 기업을 운영하는 데 활용하고 있는데, 이들은 자동차 신소재 개발, 생산을 위한 신기술, 전자부품, 기초 설계 분야 등의 사업과 연구를 수행하고 있다. 따라서 자동차 산업 안에서도 상이한 형태의 네트워크가 존재하고 있음을 알 수 있다. 즉 GM은 완전한 내부형 네트워크 형태이며, BMW는 아웃소싱과 합작투자의 형태가 그 특징이라고 하겠다.

지속형 네트워크의 장점은 자사의 소유권과 위험을 각기 독립적인 회사로 분산하는 것이다. 또한 어려운 시기에 중심회사는 협력업체(협력업체가 중심회사보다 언제나 규모가 작다고 할 수 없음)를 보호하고 지원할 수 있다. 그리하여 공급과 유통에 있어서 지속적이고 안정적 관계가 가능해진다. 또한 품질 측면, 스케줄링 등에서 긴밀한 협력체계가 가능하다.

하지만 네트워크 관계에서 그러한 상호 의존성의 증대는 오히려 그로 인한 탄력성의 상실 가능성이 있음에도 주목해야 한다.

3) 역동적 네트워크 구조

역동적 네트워크(dynamic network structure)는 극도의 네트워크 효과가 이루어진 형태로서 기업의 가치사슬을 불필요하게 하는 효과를 갖는다. 즉, 대부분의 기능을 아웃소싱하며 패션, 장난감, 출판, 영화 콘텐츠, 바이오기술 분야에서 흔히 발견할 수 있는 형태이다.

이때 브로커(broker 혹은 lead firm)는 각기 다른 개별 회사가 갖고 있는 인적, 물적 자원을 발굴하고 그것을 한데 묶는 역할을 한다. 그야말로 브로커의 역할만 담당하게 된다. 따라서 브로커 스스로가 갖고 있는 핵심 역량은 개발(애플), 디자인(IKEA), R&D(ms), 조립(Boeing) 등에 국한한다.

역동적 네트워크 관계의 경우로서 미국의 유아용품 및 장난감회사인 피셔 - 프라이스

그림 11.3 역동적 네트워크

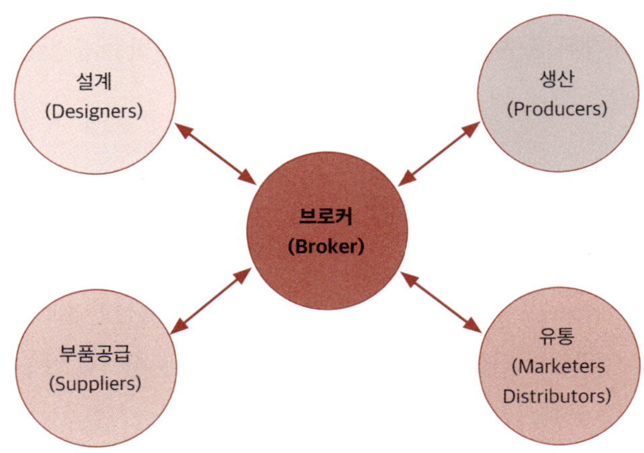

(Fisher-Price)를 들 수 있다. 미국 장난감 업계의 거인인 이 회사는 약 100명의 직원이 모든 운영을 담당하고 있다. 따라서 회사에서 만들어 내는 유아와 어린이용 제품을 위해서 상시로 인터넷 공모를 통해 전 세계의 독립적인 발명가 혹은 엔터테인먼트 회사, 캐릭터 회사로부터 아이디어를 제공받는다. 그다음엔 디자인과 설계를 샌프란시스코에 있는 전문 회사가 담당하고, 도안을 실물 제작하는 역할까지 해 준다. 제조와 포장을 위해서는 홍콩에 있는 10여 개 회사와 계약을 하는데, 실제로 대부분은 중국에서 제작된다. 미국에 도착하면 운송회사가 판매처별로 배달해 준다. 판매대금의 회수는 영국에 있는 팩터링 금융사가 담당하게 된다. 따라서 피셔-프라이스는 각기 독립된 전문 기업들의 브로커일 뿐이라고 할 수 있다.

이러한 역동적 네트워크의 장점은 전문화와 탄력성을 동시에 제공하는 것이다. 네트워크상 개별 회사는 그 분야의 최고 전문가이며, 브로커가 여러 가지 자원을 신속하게 연계한다면 대응능력, 즉 탄력성을 극대화할 수 있다.

하지만 그 효과만큼 역동적 네트워크는 위험 요소도 크다. 먼저 품질 유지 차원에서 문제 발생 가능성이 상존한다. 즉, 필요한 전문성을 갖고 있는 회사가 갑자기 혹은 일시적으로 공급하지 못할 경우가 실제로 빈번하게 발생한다. 또한 브로커 기업에 대한 아웃소싱 기업의 지적 소유권 침해 가능성이 큰데, 그 결과 기술의 모방을 통해 네트워크상 파트너 기업이 하루아침에 경쟁 기업으로 탈바꿈하기도 한다.

따라서 역동적 네트워크 구조는 서로 경쟁하면서, 전문성 측면에서 비교우위를 갖추고 있는 회사가 여럿 있을 때 적합하다. 또한 디자인이나 생산 사이클이 복제하지 못할 정도로 극히 짧은 경우라든가 특허, 소유권 등이 법적으로 적절하게 보호받는 환경에서 적합하다.

4. 네트워크 조직과 상황 요인

역동적 네트워크 구조는 적은 투자를 통해 새로운 제품을 생산할 수 있다. 따라서 성숙한 사업의 말기에, 특히 침체의 위험이 있을 때 사용할 수 있으며, 이러한 역동적 네트워크를 통해 새로운 활력을 불어넣을 수 있다. 또한 신제품 개발이나 전반적인 시장 수요를 정확히 예측하기 어려운 경우에 새로운 사업 영역에서도 활용할 수 있다. 그에 비해, 지속형 네트워크 구조는 성숙산업이나 안정된 산업에서 효율성 제고라는 목적으로 활용할 수 있다.

내부형 네트워크 구조는 기업이 새로운 공급자를 찾기 어려울 때 사용할 수 있는 것이다. 하지만 내부적으로 생산, 유통, 부품공급 등의 역할을 하는 사업단위를 보유함으로써 발생할 수 있는 비탄력성으로 인한 위험부담이 존재한다.

12장

권력

I 권력의 이해

1. 권력의 개념

베버는 권력(power)이란 사회적 관계 속에서 특정 개인이 특정 위치에서, 저항 요소에도 불구하고 자신의 의지를 관철시킬 수 있는 능력이라고 하였다(Weber, 1930).

조직행동 연구에서 권력에 대한 정의는 베버의 그와 같은 설명에서 벗어나지 않는다. 권력이란 개인이나 집단이 다른 개인이나 집단의 행동에 영향을 미쳐서, 어떤 특정 행동을 하도록 하는 힘이다.

이러한 권력에 관한 개념은 다음의 세 가지 속성을 포함하고 있다.

첫째, 상호성이다. 권력은 반드시 주체(행사자)와 객체(대상)가 있다. 객체(대상)가 없는 권력은 없다. 따라서 권력은 상호 의존적 관계를 설정한다.

둘째, 상대성이다. 권력은 어느 한쪽이 절대적이지 않으며, 상대적인 개념이다. 따라서 객체(대상)는 자신의 행위에 대해 어느 정도 판단의 자유가 있다고 할 수 있다.

셋째, 가변성이다. 행위의 결과(객체의 행위)가 반드시 효율적이지 않을 수도 있다. 이런 경우 권력의 원천이 이동하거나, 권력의 주체가 변화할 수 있다.

2. 권력, 권한, 영향력

앞서 동기부여에 관한 논의에서 권력동인을 '타인을 다루고 군림하고자 하는 욕구'라고 설명하였다. 따라서 권력을 가진 사람은 다른 사람을 다루거나, 무슨 일을 시킬 수 있는 능력을 갖고 있다고 할 수 있다.

그에 비해 권한(authority)은 '합법적인 권력'이다. 즉, 정당한 절차와 과정에 의해 주어진 권력이라고 할 수 있다. 이것을 통해 타인을 부리고 조종할 수 있게 된다. 따라서 이러한 관점에서 볼 때 권력은 반드시 합법적인 것이 아닌 경우도 있다.

앞서 조직구조 관한 논의에서 버나드(C. Barnard)는 권한을 권위주의적인 하향식 권한과 구성원들의 수용을 바탕으로 하는 상향식 권한으로 구분하였다. 특히 버나드는 권한이란 조직 구성원들(객체)과 대리인(봉사자, 주체)에 의해 공히 수용되고 인정받음으로써 공식조직 안에서 대리인의 통치 행위를 가능하게 해 주는 것이며, 권한을 커뮤니케이션의 특별한 형태 중 한 가지로 이해하였다(Barnard, 1938).

따라서 이러한 차이점에 근거해 볼 때, 권한과 권력은 분명히 구분된다. 권한은 합의에 의해 특정 목표를 추구하거나 지향하도록 한다. 그에 비해 권력은 복종에 의해서 개인적인 목표나 특정 목표를 추구하는 것이라고 하였다.

한편, 영향력(influence)은 권력보다 범위가 넓다는 특징을 갖는다. 영향력은 객체를 어떤 특정 부분이나 요소에 국한하지 않고, 어떤 방향으로 이끌고 변화시키는 능력이다. 예를 들어, 직무만족이나 직무수행 방식의 변화는 영향력을 통해 이루어진다. 따라서 영향력은 리더십과 관련성이 있다고 하겠다.(물론 영향력 행사 또한 권력 행사와 마찬가지로 리더십 과정을 통해 이루어진다.)

권한이 합법성과 수용성이라는 측면에서 권력과 구분된다면, 영향력은 그 범위가 넓다는 것이 특징이라고 하겠다.

II 권력의 원천(종류)

조직행동에서 권력은 다음의 다섯 가지 원천(source)에서 비롯된다고 전제하고 있으며, 이것이 권력의 종류를 구분하는 기반이 된다(French와 Raven, 1959).

(1) 보상 권력

보상 권력(reward power)은 타인에게 보상을 해 줄 수 있는 자원을 가진 사람에게 해당하는 권력이다. 이때 보상으로는 임금 인상, 승진, 유리한 업무배당, 보다 많은 권한과 책임의 부여, 새로운 장비, 칭찬, 피드백 등이 있다. 중요한 점은 보상이 그것을 받게 되는 사람에게 의미를 주는 것이어야 한다는 것이다. 즉, 조직 안에서 보상 권력이 잘 이루어지기 위해서는 보상을 받는 사람의 역할이 중요하다. 다시 말해서 보상을 받는 사람이 보상을 의미 있는 것으로 지각해야 한다. 예컨대, 관리자는 본인이 생각하기에 보다 많은 권한과 책임이 주어지는 중요한 자리로 이동 기회를 제공하였기 때문에 이것을 중요한 보상을 해 주었다고 여길 수 있다. 하지만 정작 당사자는 보다 많은 책임 소재로 인해서 불안하거나 불편하기 때문에 그러한 기회를 달가워하지 않을 수 있다. 따라서 이때 이 관리자는 실제로는 보상 권력을 갖고 있지 못한 것이 된다.

반면에 관리자가 생각하기에 보상이 아니라고 여기는 것이 부하 직원에게는 보상으로 인식되는 경우도 있다. 예컨대, 부하 직원들이 업무상 스트레스나 어려움에 대해 사적인 자리에서 불평과 불만을 토로하는 것을 마음을 열고 경청하는 관리자의 경우를 생각해 보자. 부하 직원들이 관리자의 그러한 태도를 감사하게 생각하고 그것을 보상으로 여긴다면 해당 관리자는 보상 권력을 갖게 된다.

한편, 어떤 관리자가 실제로 어떤 보상도 해 줄 수 없는 위치에 있는 상황이라고 할지라도 (예를 들어, 관리자가 부하 직원에게 승진할 수 있도록 사장님에게 힘써 줄 수 있다고 말하는 경우를 생각해 보자), 상대방이 그것을 믿는다면 실제로는 보상 권력을 갖게 된다.

(2) 강제 권력

강제 권력(coercive power)은 공포에 근거한 권력이다. 보상 권력과 반대로, 주체가 객체에 대해서 어떠한 형태의 처벌을 가할 수 있다는 가능성에 기반하는 것이다. 따라서 이것을 처벌 권력이라고도 한다.

그런데 강제 권력은 반드시 어떠한 폭력적인 위협에만 의존하는 것은 아니다. 즉, 완력을

표 12.1 다섯 가지 권력의 원천

원천	내용
보상 권력	대상에게 보상을 제공할 수 있는 능력에 기반을 둔 권력이다.
강제 권력	공포에 근거한 권력으로 처벌을 가할 수 있다는 가능성에 기반을 둔다.
합법적 권력	대리인이 보유하고 있는 지위와 역할에 기반을 둔 권력으로 권한과 같은 의미를 갖는다.
준거 권력	대리인의 개인적인 특성에 기반을 둔 권력이다.
전문가 권력	대리인이 갖고 있는 전문적인 기술과 지식에 기반을 둔 권력이다.

사용하는 경우뿐만 아니라 현란한 말솜씨(verbal facility)나 제공하던 정서적 지지를 철회하는 등의 방법을 사용할 수도 있다. 그렇게 함으로써 상대를 들볶거나 모멸감을 줌으로써 정신적, 심리적으로 제압하여 권력을 행사하는 경우가 있다.

조직 안에서 이러한 강제 권력의 보기에 해당하는 것은 매우 많다. 예컨대, 징계권(견책에서부터 해고), 전출권(전출과 전입), 특권 몰수나 사무실 이동에 대한 권한 등이 그러한 것이다. 따라서 조직행동 가운데 많은 부분들(제 시간에 출근하는 것, 회의에 늦지 않는 것, 사무실에서 바삐 움직이는 것, 내부고발을 회피하는 것)은 보상권력이 아니라 강제 권력에 의해 설명할 수 있다. 실제로 권력의 다섯 가지 종류 가운데 이 강제 권력이 가장 빈번하게 사용된다. 따라서 남을 해친다는 속성으로 인해 비난과 경계의 대상임에도 불구하고 통제가 어려운 권력의 원천이다.

(3) 합법적 권력

합법적 권력(legitimate power)의 원천은 개인의 내면화된 가치가 대리인으로 하여금 자신에게 영향력을 행사할 수 있는 합법적인 권리를 부여함으로써 형성된다. 따라서 사람들은 이러한 권력에 대해서는 반드시 수용해야 한다는 의무감을 갖게 된다.

이러한 합법적인 권력을 권한(authority)이라고 부른다. 합법적 권력을 가진 사람은 보상과

조직행동 읽을거리

미모의 힘

며칠 전 한 부부를 만났다. 오랜 인연의 그들이 연인 같은 분위기를 풍기는 것은, 최근 결혼했기 때문일 듯. 남편이 옆에서 일하는 동안 부인과 나는 우리가 같이 알고 지내는 한 사람에 대해 이야기를 나누었다. 그 사람을 오랫동안 지켜봤던 우리로서는 처음 입에 올린 화제였다. 이야기를 나누는 동안 나는 화제가 된 사람이 무척 미인이라는 말을 듣고 고개를 갸우뚱했다. (하략)

출처 : 조은, '길 위의 이야기: 미모의 힘', 한국일보. 2016.05.02.
https://www.hankookilbo.com/News/Read/201605021196747116

처벌을 동시에 할 수 있기 때문에 보상 권력 및 강제 권력과 관련성이 있다. 하지만 보상 권력과 강제 권력이 타인과 관계(즉, 보상해 줄 수 있는 관계와 처벌할 수 있는 관계)에 의존하고 있는 데 비해, 합법적 권력은 대리인의 지위와 역할에 근거한다는 점에서 차이가 있다. 다시 말해서 합법적 권력을 갖는다는 의미는 대리인의 어떤 지위와 역할(사장, 선장, 팀장, 선임자, 관리자) 때문인 것이지, 대리인의 개인적 특성(역량)이나 실제 영향력 행사 여부(관계)와 무관하다.

(4) 준거 권력

준거 권력(reference power)은 대리인의 특질에 기반한 권력으로, 대리인과 동일화 혹은 일부분이 되고 싶은 욕구에서 발생하는 권력이다. 일반적으로 사람들은 결과와 무관하게 힘이 있는 사람과 동일화하고 싶어 한다(실제로 결과는 중요하지 않은 경우가 더 많다). 이때 대리인이 외견상 매력적이거나 바람직한 인격의 소유자라면 준거 권력은 더욱 강화된다. 예컨대, 상업 광고에 등장하는 사람들을 생각해 보자. 광고에서는 이러한 형태의 권력을 이용하여 유명 인사를 등장시킨다. 영화배우를 비롯한 유명 연예인과 운동선수들이 그들이다(하지만 국내외를 막론하고 정치인은 광고에 잘 등장 하지 않는다).

따라서 구매 대중은 유명 인사들을 광고에서 발견하게 되고, 그들에게 무엇을 팔도록 말할 수 있는 권력을 부여한다. 연구에 따르면 미인이 등장해서 광고할 때, 특히 그 내용이 감정에 호소하는 것일 경우에 매우 효과적이라고 한다. 유명인 광고의 중요한 요소로서 시의적절성이 있다. 예컨대, 유명한 야구선수의 경우는 여름철에, 농구선수의 경우는 겨울철에 가장 광고 효과가 크다.

(5) 전문가 권력

일반적으로 사람들은 전문가를 특정 영역에서 지적 능력을 갖춘 사람으로 인식한다. 하지만 단지 많이 배우고, 많이 안다고 해서 전문가라고 할 수는 없다. 전문가 권력(expert power)을 갖추기 위해 대리인은 다음의 세 가지 요소를 설득 충족해야 한다.

① **신뢰성(credibility)** 전문가는 특정 영역에서 전문적인 지식, 이해력, 능력을 갖고 있

음을 객관적으로 입증할 수 있어야 한다. 예컨대, 채용 시 장교 출신자를 우대한다는 것은 근무 기간 동안 리더십을 적절하게 발휘했음을 객관적으로 나타내고 있기 때문이다. 대학원에서 받은 학위는 그 사람이 해당 분야에서 전문적인 지식을 쌓았음을 나타내는 것이다.

② **진실성(trustworthy)** 전문가는 정직하고 곧은 사람이라는 평판을 받고 있는 사람이다. 아무리 자신의 해당 분야에서 전문적인 지식을 쌓은 사람일지라도, 업무처리를 하는 과정에서 몰래 돈봉투를 받고 일한다면 그 사람을 결코 전문가로 인식할 수 없을 것이다.

③ **적절성(relevance)** 전문가는 해당 상황에서 적절함과 유용함을 갖추어야 한다. 예컨대, 조세정책의 목적 가운데 하나인 소득 재분배를 위해서는 탈세를 막고 조세의 형평성을 위한 입법 노력이 필요할 것이다. 하지만 국회의원의 다수를 차지하는 사람들의 직업이나 사업장을 생각한다면, 그것이 얼마나 어려운 일인지를 짐작할 수 있다. 따라서 자신의 이익과 관련된 법률 제정을 자신의 손으로 한다는 것은 적절하지 않으며, 그렇게 하는 사람을 우리는 전문가라고 부를 수 없다.

전문가 권력은 다른 권력에 비해 대상에 주는 영향력이 가장 미약하다고 할 수 있다. 하지만 현대 기업조직은 처한 경쟁 상황에 대응하기 위해, 각 부문별로 전문가 역할의 중요성이 커진다. 그리하여 CFO, CIO, CTO와 같은 전문가들은 조직 안에서 다른 종류의 권력을 갖지 못하므로, 상대적으로 준거 권력에 의존하는 경향이 커진다. 따라서 조직 내 실질적인 영향력의 크기와 별개로 더욱 관심과 연구가 이루어지는 영역이다.

III 권력의 상황적 접근

조직행동 연구의 다른 주제에서처럼 권력에 대해서도 상황적 접근이 이루어지고 있다. 예컨대, 구성원들의 전문가적 배경이 강할수록 준거 권력의 영향력이 상대적으로 커진다. 왜냐하면 속성상, 전문가들은 자신과 비슷한 수준의 전문가들을 자신보다 높여 보는 경우가 드물기 때문이다. 따라서 전문가들 사이에서 전문가 권력의 발생 가능성은 상대적으로 낮다. 한편 특정 과업과 관련하여 상사들의 관심과 노력의 정도가 덜할수록 해당 과업에서 부하 직원들이 상대적으로 권력을 얻게 된다(Treadway 등, 2007).

이처럼 권력에 관한 상황적 관점은 크게 세 가지로 나누어 볼 수 있다. 첫째, 권력관계에서 대상(객체)의 특징을 중심으로 이루어지는 것이 있고, 둘째, 의존성(개인 간, 부서 간, 조직 간)을 기반으로 이루어지는 것이 있다. 그 밖에 권력에 관한 일반적 상황 모델이 있다.

1. 대상의 특징에 의한 상황적 접근

(1) 성 격

개인의 성격과 권력 사이의 관계에 관한 연구는 매우 활발하게 이루어지고 있다. 연구 결과, 애매한 것이나 불확실한 것을 참아내지 못하는 성격과, 생각과 근심이 많은 사람들은 영향력이나 권력에 의해서 쉽게 움직인다. 또한 귀속욕구가 강한 사람은 집단의 영향력에 대해 민감하게 반응하는 것으로 나타났다. 그에 비해 존중의 욕구가 강한 사람은 권력이나 외부 영향력과 관계에서 일관된 결과를 보이지 않았다.

(2) 지 능

지적 능력 수준이 높은 사람은 상대방의 말을 귀담아 듣고 경청하는 경향이 높다. 동시에 자기존중의 욕구가 크기 때문에 권력이나 영향력에 의해서 행동하도록 하기 위한 제약이 크다.

(3) 성 별

전통적인 견해는 여성들이 남성들에 비해 성장 과정에서 권력이나 영향력에 대해 더욱 순응하는 것으로 분석했다. 하지만 연구 결과에서는 성별에 의한 영향력의 차이는 매우 적었다.

(4) 연 령

어린이들은 8~9세가 될 때까지 권력이나 영향력에 대한 반응 민감도가 계속해서 증가한다. 하지만 이후로는 감소하기 시작하며, 청소년기가 되면 더 이상 증가하지 않고, 이후 정지한다.

(5) 문 화

사회의 문화적 가치관은 권력이 대상의 행동에 영향을 미칠 때 중요한 상황 요인으로 작용한다. 연구 결과 개인주의적이며 다양성을 강조하는 서구문화에서는 문화적 요인이 대상에 대한 권력 작용을 약화시키는 요인으로 작용하였다. 그에 비해 집단주의, 획일성의 강도, 협동과 단결을 중요시하는 동양문화의 특성은 대상에 주는 영향력을 강화하는 기능을 하였다.

2. 의존성에 기반한 상황적 접근

대리인과 객체 사이의 관계에서 의존성이 클수록 대리인의 권력은 커진다. 예를 들어, 업무상 여러 구성원이 상호 의존해야 하는 경우가 많다. 회사에서 임원은 해당 부서장에 대해 합법적 권력을 갖고 있지만, 특정 업무의 완결성을 위해서는 해당 부서장에게 의존해야 하는 경우가 있을 것이다. 이때 그 부서장은 자신의 상사인 임원에게 권력을 갖게 된다. 연구 결과 상사와 그와 같은 상호 의존적 관계를 가진 부하일수록 승진이나 직무 배정, 임금 협상에서 유리한 결과를 얻는 것으로 나타났다.

한편, 의존성에 기반한 상황적 접근을 거시적 관점에서 논의한 것으로 자원의존이론이 있다. 자원의존이론(Resource Dependency Theory, RDT)은 사회적 행위자 간 비용과 편익의 교환관계를 설명하는 사회적 교환이론의 개념을 확장한 것이다. 사회적 교환이론에 따르면, A의 호의적 행동에 대해 B가 보상할 수 없다면 B는 A의 의지에 복종하게 된다. 이때 B에 대한 A의 권력은 A에 대한 B의 종속 정도에 의해 결정된다.

한편, 자원의존이론은 분석 수준의 단위가 개인이 아닌 조직 차원에서 이루어진다. 자원의존이론이란 어떤 조직이 희소자원을 통제할 능력이 있다면 다른 조직에 비해 더 큰 권력을 갖

참고 12.1 상황이론의 대안으로서 전략적 선택이론

상황이론이 갖는 중요한 특징 가운데 하나가 환경 결정론적 지향이다. 그러한 상황이론의 대안으로 제시되는 것이 전략적 선택 관점이다. 즉, 환경에 대한 임의적인 지향성을 강조하며, 의사결정자가 전략적 선택을 통해 상황의 제약 조건을 어느 정도 완화할 수 있다는 것이다.

조직구조와 관련한 상황이론은 환경 결정론적 인식임에 비해, 전략적 선택이론의 하나인 자원의존이론은 기술환경에 대한 조직의 단순하고 객관적인 적응이 아니라는 것이다. 즉, 의사결정자의 환경에 대한 선택적 인식에 대한 전략 선택을 강조한다.

게 되고, 이때 희소자원의 통제력이 다른 조직과 권력관계에서 종속성을 창조하는 가장 핵심적인 요소가 된다는 것이다(Singh, 2009).

이론에서 조직이 희소자원을 통제하고 다른 조직과 관계에서 독립적으로 존재할 수 있는 가능성은 다음의 네 가지 조건에 의해서 결정된다고 주장한다.

① 희소자원에 대한 접근성
② 대체자원의 존재 여부
③ 희소자원을 통제하는 타 조직에 대한 영향력
④ 해당 자원 없이도 조직을 유지할 수 있도록, 자원활용 우선권을 변경할 수 있는 가능성

따라서 이 네 가지 조건이 충족되지 않으면 해당 조직은 희소자원을 통제하는 타 조직에 종속된다.

3. 권력에 관한 일반적 상황모델

켈만은 권력화 과정은 여러 종류의 권력 원천이 결합하여 세 가지 권력화 과정(순응, 동일화, 내면화)을 구성하게 된다고 설명하였다. 따라서 그러한 과정을 가능하도록 하는 조직 내

상황을 제시하여 이를 권력에 대한 일반적 상황모델(general contin-gency theory)이라고 하였다(Kelman, 1958).

1) 세 가지 권력화 과정

(1) 순 응

대상(객체)은 대리인으로부터 유리한 보상을 얻고, 처벌을 회피하기 위해서 순응(compliance)하게 된다. 이는 조직에서 관리자들이 의존하는 권력화 과정 가운데 가장 빈번하게 발생하는 것이다. 순응이 이루어지기 위해서는 관리자들이 보상과 처벌을 할 수 있는 능력이 있어야 할 뿐 아니라, 상황 요인으로서 대상을 감시할 수 있는 감시자의 역할을 할 수 있어야 한다.

(2) 동일화

대상이 대리인과 동일화(identification)하는 것은 유리한 반응과 보상을 얻기 위한 것이 아니다. 스스로가 동일화를 통해 만족을 얻기 때문이다. 이때 동일화가 이루어지기 위해서는 대리인이 준거 권력을 갖고 있어야 한다. 즉, 사람을 끌 수 있는 매력이나 차별화할 수 있는 특성을 갖고 있어야 한다는 것이다. 앞서 제3장 지각에서 논의하였듯이 특히 청소년들은 뛰어난 운동선수나 매력적인 연예인의 말과 행동에 영향을 받는다. 따라서 그들을 광고에 활용하는 것은 그러한 이유라고 할 수 있다. 하지만 몇 개월 후 측정에서는 그렇지 않은 것으로 나타났다. 그 이유는 해당 운동선수가 참가하는 시즌이 끝났거나, 해당 연예인이 출연하는 드라마나 영화가 끝났기 때문인데, 독특한 존재감의 상실은 권력의 상실을 의미하며, 그들에 의한 광고효과도 줄어든 것이다.

(3) 내면화

이것은 대리인의 가치구조가 대상 스스로의 가치구조와 병존하기에, 대리인의 가치를 내면화(internalization)한다는 것이다. 이와 같은 내면화가 이루어지기 위해서는 대리인은 전문가 권력과 합법적 권력을 함께 갖추고 있어야 한다. 내면화는 특정 가치를 내재화하는 것으로, 세 가지 권력화 과정 가운데 가장 강력하고 효율적이다.

2) 권력에 관한 일반적 상황모델

켈만은 권력에 관한 여러 논의를 바탕으로 다음과 같은 상황모델을 구성하였다.

표 12.2 권력의 상황모델

권력의 원천	권력화 프로세스	대상에게 주는 영향	상황 요인
보상 권력 강제권력	순응	대리인으로부터 호의적 반응과 처벌의 회피	대리인은 대상을 감시, 감독해야 함
준거 권력	동일화	대리인과 자기충만적 관계 모색, 대리인과 관계 설정 및 유지	대리인은 확실한 특징을 갖고 있어야 하며, 그와 같은 특징은 대상의 주요 관심사의 범주에 속해야 함
전문가 권력 합법적 권력	내면화	내면적 가치가 일치하므로 대리인에 대해 찬성하고 행동함	대리인은 신뢰성, 적절성을 갖추고 있어야 함

3) 권력에 대한 종합적 이해

권력 원천과 여러 가지 상황적 관계를 종합하면 권력에 대한 다음과 같은 이해를 이끌어 낼 수 있다.

표 12.3 권력의 원천과 대상효과

권력의 원천	대상(객체, 구성원)에게 나타내는 효과		
	저항	순응	몰입
강제 권력	○	×	×
보상 권력	○	○	×
합법적 권력	○	○	○
전문가 권력	○	○	○
준거 권력	○	○	×

주 : ○는 효과가 있으며 지속적임, ×는 효과가 없거나 일시적임

IV 임파워먼트

1. 임파워먼트의 이해

권력에 관한 논의에서 중요한 것으로 임파워먼트가 있다. 임파워먼트란 구성원들에게 권력이 부여되어 각자의 직무에 대해서 소유감(ownership)과 통제권(control)을 경험함으로써 조직 유효성을 얻고자 하는 활동을 의미한다.

임파워먼트는 관리자들이 갖고 있는 권한을 실무자에게 이양함으로써 실무자들의 권한 확대와 업무수행능력을 높이는 것을 의미한다. 따라서 임파워먼트는 권한부여와 능력 향상이라는 두 가지 요소를 포함하고 있다.

실무자들의 권한과 책임 영역의 확대는 구성원들이 갖고 있는 잠재능력과 창의력을 최대한 발휘할 수 있게 하는 기반이 된다는 점에서, 권한부여와 능력 향상은 서로 관련이 있다. 또한 이러한 과정을 통해 동기부여를 통한 성과 창출이라는 선순환적인 관계를 개인과 조직이 함께 누릴 수 있다.

1) 임파워먼트의 필요성

임파워먼트 개념의 등장은 산업구조의 변화와 관련이 있다. 산업화 시대의 피라미드 조직구조는 그 효과와 효용성 측면에서 서비스 산업구조에서는 적절하지 않은 경우가 발생한다. 즉 정보는 아래에서 위로, 의사결정은 위에서 아래로 내려오는 형태의 구조는 그 과정에서 정보의 손실과 왜곡 현상이 발생한다. 직접 고객을 대하고, 다른 회사와 경쟁하는 일선 현장에서는 새롭고 정확한 정보를 일상적으로 접할 수 있다. 따라서 일선 현장에 권한을 이양하게 되면 가장 정확한 정보에 근거한 효율적인 의사결정의 효과를 얻을 수 있게 될 것이다.

2) 임파워먼트 모델

임파워먼트는 조직의 가치, 리더십 행위, 조직구조, 교육훈련 및 보상시스템 등의 요소가 적절하게 결합되어 이루어진다. 즉, 권한이 구성원들에게 이양되어 각자가 실질적으로 주인의식을 경험하게 될 때 임파워먼트가 이루어지게 된다.

그리하여 다음과 같은 효과가 발생한다.

첫째, 구성원들은 더욱 많은 책임감을 갖게 된다. **(권한과 책임의 증가)**

둘째, 책임감은 더욱 능력을 발휘하게 한다. **(주도성과 동기부여)**

셋째, 그 결과 양적 · 질적 성과 향상과 긍지와 자부심을 갖게 된다. **(조직 유효성 증대)**

3) 임파워먼트 활성을 위한 요인

임파워먼트 모델에서 보여 주듯, 임파워먼트가 활성화되기 위해서는 선행 요인들이 갖추어져야 한다(**그림 12.1** 참조). 이러한 요인의 충족은 조직 내 임파워먼트를 가능하게 하고 동시에 촉진한다.

임파워먼트 촉진을 위한 구체적인 요인은 다음과 같다.

첫째, 조직의 가치, 비전과 임파워먼트 간 연계이다. 우리 조직, 직무에서 임파워먼트의 필요성에 대해 구성원과 관리자, 경영진이 같은 방향을 추구해야 한다. 따라서 이를 위한 리더의 역할과 리더십 행동이 중요하다.

둘째, 조직문화의 중요성이다. 관료제 문화가 고착화되어 있는 조직에서 임파워먼트를 도입할 수는 없을 것이다. 권력과 권한을 일선에 위임하는 것을 수용할 수 있으며 긍정적인 조직문화가 중요하다. 실패에 대해서는 예외가 없는 관리시스템하에서는 수동적 인간을 양산할 수밖에 없다. 실패를 두려워하지 않고, 실패에 대한 용인범위가 넓은 긍정적 조직문화는 임파워먼트를 촉진하는 요인이 된다.

셋째, 경직된 관료제 구조하에서는 임파워먼트 효과를 기대하기 어렵다. 따라서 업무의 범위와 내용 차원에서 구성원들의 자율권이 많이 부여될 수 있는 조직구조는 임파워먼트를 활성화할 수 있다.

넷째, 구성원들에 대한 지속적인 교육훈련이 필요하다. 이는 앞서 언급한 조직구조와 관련이 있다. 구성원들이 교육훈련을 통해 업무 관련 지식, 경험, 기술이 확대되어 자격요건이 강

그림 12.1 임파워먼트 모델

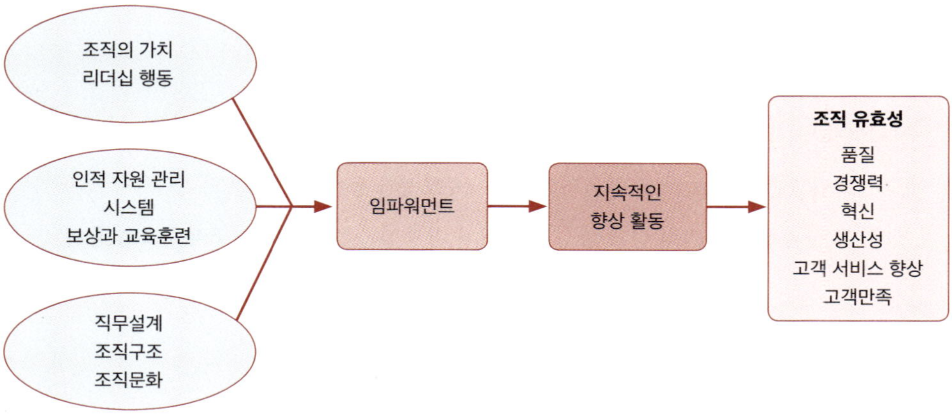

화되는 것은 조직의 중요한 자산이 늘어나는 것이 된다. 또한 내부 노동시장의 유동성이 커진다. 이는 조직구조 측면에서도 인력 활용이 탄력적이 된다는 것을 의미한다. 임파워먼트를 추구하려고 하는데 실무자들이 인지적, 행동적 측면에서 이를 받아들일 준비가 되어 있지 않은 경우를 상상해 보면 쉽게 이해할 수 있을 것이다.

다섯째, 공정한 보상체계 또한 중요한 요인이다. 권한과 책임감의 증가에 따른 보상은 직무만족과 몰입을 제고하는 요인이 되기 때문이다.

2. 임파워먼트의 활용을 위한 논의

지금까지 살펴본 임파워먼트의 개념과 필요성을 토대로 임파워먼트의 현장 적용성을 살펴보자. 이를 위한 임파워먼트의 적용 방법과 효과, 그리고 여러 가지 상황 요인에 대한 연구를 중심으로 논의를 전개한다.

1) 임파워먼트의 분류

임파워먼트 구성 요인의 실행 수준에 따라 다음과 같은 세 가지로 분류할 수 있다.

(1) 제한적 임파워먼트

생산라인 방식의 관리모델에서 부분적인 변화를 시도하는 형태이다. 즉, 구성원의 아이디어 도출을 위한 공식적인 프로그램이라든가, 업무수행과 관련하여 개선 방안의 제안이 허용되지만 실행권은 전통적인 관리모델처럼 관리자들에게 있다.

(2) 직무몰입 임파워먼트

직무내용에 대해 개방함으로써 직무 활동 영역의 결정권을 갖는다. 따라서 구성원은 동기부여와 직무만족의 효과를 얻게 되며, 조직은 높은 품질의 작업수행 효과를 얻는다. 전략적 차원의 결정권은 경영진이 보유한다.

(3) 고차원 임파워먼트

관리시스템 모델과 정반대에 위치하는 형태이다. 전체 조직의 성과 창출을 위해 일선 현장의 구성원들이 참여한다. 기업성과 정보의 공유와 이익 공유에 이르는 형태도 있다. 이를 실행을 위해서는 조직 차원에서 많은 시간과 노력, 비용이 필요하다.

2) 임파워먼트의 효과

생산라인 방식의 직무는 잘 설계되고 정리된 조직구조와 관리시스템을 통해 생산성과 효율을 달성한다는 장점이 있다. 그에 비해 임파워먼트 방식은 담당자들의 직무몰입과 조직몰입을 이끌어 낼 수 있다는 효과가 있다.

구체적으로 임파워먼트를 통해 얻을 수 있는 효과는 다음과 같은 것이 있다.

첫째, 고객의 필요와 요구에 신속하게 대응할 수 있다. 특히 호텔, 항공사, 레스토랑 등에서

그림 12.2 임파워먼트의 분류

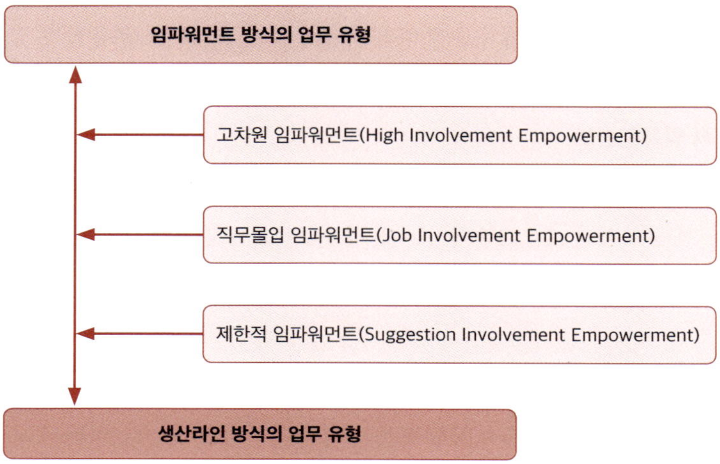

신속한 서비스를 제공하는 것으로 나타났다. 임파워먼트 효과는 특히 불만족 고객에게 서비스 회복 기간 동안에 신속하게 대응함으로써 고객이탈 가능성을 줄인다.

둘째, 종업원들이 자신의 직무와 스스로에 대해 보다 긍정적인 인식을 하게 된다. 주인의식을 갖는다는 것은 직무에 대한 책임감 강화와 직무만족을 제고하기 때문이다.

셋째, 종업원들이 더욱 열정적으로 고객과 상호작용을 한다. 기업이 종업원들을 신뢰하고 존중할 때, 종업원들은 고객이 미처 예기치 못한 솔루션 제공까지 하게 되어 고객만족의 진정한 목적을 달성하게 된다.

넷째, 임파워먼트된 종업원들은 아이디어 창출과 혁신을 위한 원천이 될 수 있다. 일선 실무자들에게 권한을 부여하는 것은 획기적인 서비스 개선 효과뿐 아니라 서비스 개선을 위한 아이디어 창출 기회가 된다.

다섯째, 지속가능한 성장을 위한 훌륭한 방안이 된다. 만족한 고객은 가장 효과적인 홍보수단이 되며, 이는 기업 성장의 중요한 자산이 되기 때문이다.

3) 임파워먼트의 부정적 측면

임파워먼트는 분명 긍정적인 효과를 가져다 주는 의미 있는 개념이다. 하지만 모든 직무에 적용 가능한 것은 아니며, 또한 모든 구성원을 임파워먼트할 수 있는 것도 아니다. 임파워먼트와 관련하여 다음과 같은 부정적 속성을 생각할 수 있다.

첫째, 서비스 제공의 일관성 문제이다. 임파워먼트를 통한 서비스 제공은 생산라인 방식의 서비스 제공에 비해 속도가 느린 경우가 많다. 하지만 그러한 양적 측면은 서비스의 질적 측면의 강화라는 이점으로 보상이 충분하다. 하지만 임파워먼트된 종업원이 제공하는 서비스에서 서비스 제공자의 기술 수준과 태도에 따라 서비스 수준, 즉 질적 측면에서 차이가 발생할 수 있다.

둘째, 페어플레이의 위반이라는 문제이다. 물론 차별화되고 질적으로 수준 높은 서비스를 원하는 것이 인지상정이다. 하지만 고객 서비스뿐 아니라, 고객불만의 서비스 회복 과정에서 절차에 따른 서비스를 선호하는 사람들 또한 많기 때문이다.

셋째, 과도한 선물 제공과 나쁜 의사결정 모델이 될 수 있다. 종업원들이 고객에게 과도한 선물을 제공하는 경우에, 고객들은 그것을 반드시 긍정적으로 받아들이지 않는다. 또한 규칙 파괴로 인해 발생한 문제점은 임파워먼트의 의미와 충돌하게 되며, 이에 대한 정리의 지연이나 회피는 나쁜 조직문화나 관행으로 고착화될 수 있다.

4) 임파워먼트에 관한 상황적 접근

임파워먼트와 관련해서 다음과 같은 상황 요인이 제시되고 있다.

① **기본 사업 전략** 회사의 경쟁우위 요소가 무엇인가 하는 것이다. 즉, 가격을 통한 양적 접근인지, 품질이나 기능을 통한 질적 접근인지는 임파워먼트 효과에 중요한 영향을 준다. 또한 목표 고객층이 누구인지도 중요한 범주에 해당한다.

② **고객과 관계** 고객과 기업 간 관계 유형과 관계 지속기간을 의미한다. 일회성인지, 빈번한지, 직접 대면인지 여부 등이 여기에 해당하는 요인이다.

③ **기술** 사용 기술의 확대는 구성원들을 서비스 과정에서 분리시키게 되므로, 임파워먼트를 위한 제약 요인이 된다.

④ **사업환경** 작업환경의 경우와 유사하게, 사업환경 또한 예측 불가능하고 가변적인 상황에서는 임파워먼트의 효과가 크다.

⑤ **종업원 특성** X이론적 특성을 가진 사람인지, Y이론적 특성을 가진 사람인지에 따라 임파워먼트의 효용은 달라진다. X이론적 특성은 지시와 통제가 효율적인 관리 수단으로 활용된다. Y이론적 특성은 구성원들의 목표와 조직목표의 통합을 추구하는 방향으로 이루어지는 관리가 효과적일 것이다.

표 12.4는 임파워먼트 상황을 측정하는 기준을 설명하고 있다.

미국의 포춘 1,000대 기업을 대상으로 실시한 조사에서, 오히려 제조기업이 임파워먼트뿐만 아니라 QC, 자율작업팀, 종업원 참여의 필요성과 중요성에 관해 서비스기업보다 더욱 중요하게 인식하고 있는 것으로 나타났다. 이는 제조기업의 경우 글로벌 경쟁 상황의 심화로 인한 기업 성장과 발전의 한계를 더욱 절실히 인식하기 때문일 수 있다. 따라서 임파워먼트의 중요성은 단지 서비스 직무뿐 아니라 모든 업무영역에서 관심이 커지는 연구 분야라고 하겠다(Thomas와 Velthouse, 2001).

표 12.4 임파워먼트 상황 측정기준

상황 요인	생산라인 방식	평가점수	임파워먼트 방식
① 기본사업 전략	저비용 고효율, 대량 서비스	1 2 3 4 5	차별화, 맞춤용 개인 서비스
② 고객과의 관계	거래지향, 단기적, 임시적	1 2 3 4 5	관계지향, 장기적, 지속적
③ 사용 기술	단순하고 일상적, 반복적	1 2 3 4 5	복합적, 비일상적
④ 사업환경	예측 가능, 돌발 상황 드묾	1 2 3 4 5	예측 불가능, 돌발 상황 빈번
⑤ 종업원 특성	X이론적 특성에 부합되는 관리자와 종업원, 낮은 성장욕구와 사회적 욕구, 낮은 인간관계기술 수준의 보유	1 2 3 4 5	Y이론적 특성에 부합한 관리자와 종업원, 높은 성장욕구와 사회적 욕구, 높은 인간관계기술 수준의 보유

* 주 : 생산라인 방식의 업무수행(합계점수 : 5~10점)
제한적 임파워먼트(합계점수 : 11~15점)
직무몰입 임파워먼트(합계점수 : 16~20점)
고차원 임파워먼트(합계점수 : 21~25점)

V 권력상실

권력에 관한 논의에서 권력상실 혹은 무력감(powerlessness)이라는 주제는 역설적이라고 할 수 있다. 하지만 제목과 달리 권력상실은 권력에 관한 논의이다. 칸터의 연구를 중심으로 권력에 대한 논의를 확대해 보자(Kanter, 1990).

1. 권력의 세 가지 원천

조직 안에는 세 가지 권력의 종류, 즉 보급능력(lines of supply), 정보능력(lines of information), 지원능력(lines of support)이 있다고 주장한다.

① **보급능력** 이러한 종류의 권력은 자신의 영역 안으로 여러 가지 자원(인적, 물적, 자본)을 끌어올 수 있는 능력과 그것을 보상으로 나눠 줄 수 있는 능력을 함께 갖추고 있을 때 발생한다. 앞서 논의한 프렌치의 권력 분류에서 보면 보상 권력과 유사한 개념이다.

② **정보능력** 정보와 관련하여 공식적 혹은 비공식으로 특기가 있을 때 권력을 갖게 된다. 전문가 권력과 유사한 개념이다.

③ **지원능력** 생산적인 권력은 조직 내 다른 부분과 연계하여 공식적, 비공식적으로 뒷받침과 지지를 얻을 때 가능하다. 합법적 권력과 유사한 개념이다.

특히 이러한 지원능력 권력을 위해 공식적인 차원에서 직무와 관련하여 다음의 세 가지를 지원받아야 한다.

① **일상으로부터 단절(discretion)** 자신의 직무가 일상적인 일을 맡아 보는 것이 아니라, 비일상적인 일을 담당할 수 있도록 허용될 때 권력을 갖는다. 즉, 일상으로부터의 분리와 단절을 의미한다. 따라서 혁신적인 일, 위험이 수반되는 일에 관해서 여러 계통의

승인이나 결재를 구하지 않고도 처리할수 있을 때 권력은 커진다. 개인적으로도 그러한 직무상 지원은 사고나 행동의 유연성뿐만 아니라 창의성을 자극할 수 있다.

② **인정(recognition)** 맡아 보고 있는 직무가 자타가 인정하는 중요한 일이거나, 성과가 확연히 드러나는 형태의 직무를 부여받게 되는 경우는 조직 안에서 권력을 갖게 된다.

③ **시의적절성(relevance)** 앞의 중요성 인정이 직무의 내용과 관련된 것이라면, 시의적절성은 맡아 보는 직무가 조직의 당면 과제 해결을 위해 얼마만큼 시의적절한 것인지와 관련되어 있다.

한편 비공식적인 차원에서 지원능력을 얻기 위해서는 다음과 같은 세 가지가 필요하다. 즉, 다른 사람들로부터 묵시적으로 지지와 뒷받침을 받고 있음을 자타가 인식하는 것이 필요하다.

① **후견인** 특히 이러한 후견인 역할을 해 주는 사람은 상사이거나 의사결정에 있어 재량권을 갖고 있는 사람을 의미한다. 이들과 상대적으로 가까운 관계일 때 지원능력을 갖게 된다.

② **동료 간 네트워크** 공식적인 커뮤니케이션보다 더욱 신속하고 정확하게 중요 정보를 전달해 주는 동료가 필요하다.

③ **충성심 있는 부하 직원** 자신의 업무부담을 덜어 주며, 필요할 때 자신의 견해를 대변할 수 있는 부하들과 가까운 관계 유지도 필요하다.

2. 권력상실 집단

권력상실에 관한 연구 결과 현대 조직에서 권력상실을 경험하고 있는 대표적인 집단은 중간관리자, 최고경영자, 여성 관리자 등으로 나타났다. 그 이유와 대안에 관해 세 가지 권력의 원천을 근거로 논의해 보자.

1) 중간관리자

조직에서 중간관리자들의 역할과 기능은 광범위하며 동시에 중요하다. 무엇보다 제품이나 서비스를 생산하기 위한 계통 구조에서 맡고 있는 역할 때문일 것이다. 한편, 직원들은 중간관리자에게 이야기하는 것을 곧 조직(회사)에게 이야기하는 것으로 인식하고 있는데, 이는 중간관리자들이 빈번하게, 그리고 장시간 직원들과 대면한다는 직무특성에서 기인한다고 할 수 있다. 따라서 중간관리자들의 행동은 조직 구성원들에게 만족이나 불만족의 원천이 된다는 점에서 중요하다. 하지만 연구 결과 중간 관리자들의 역할 수행이 제대로 이루어지고 있지 못하는 것으로 보인다.

첫째, 직원의 교육훈련과 멘토로서 역할과 기능에서 중간관리자들은 매우 부족한 것으로 나타났다. 생산공장을 대상으로 한 조사에서, '업무수행 방식을 배우는 원천이 어딘지'에 관한 질문에서 '일선관리자나 중간관리자로부터 배운다'는 대답은 최하위로 나타났다. 즉 조직이 공식적으로 부여한 직원들의 현장교육이나 비공식적인 멘토의 역할을 적절하게 수행하지 못하고 있다는 의미이다.

둘째, 변화와 관련하여 항상 악역이나 희생양의 역할을 담당하는 것도 중간관리자들이다. 혁신적인 직무재설계(자율작업팀, 임파워먼트, 직무충실화)와 운영, 조직구조 변화, 직무전환 등의 논의가 등장할 때 중간관리자들은 항상 걸림돌로 인식되고 있다. 또한 차별이나 성희롱과 같은 법적 문제가 발생할 때도 가장 빈번하게 거론되는 집단이 중간관리자들이다.

이처럼 중간관리자들이 관리자로서 효과적이지 못한 것에 대한 원인은 '사람'이 아니라 조직 안에서의 '위치' 때문이다.

첫째, 중간관리자들은 경력단계상 실질적으로 한계에 이른 경우가 대부분이기 때문이다. 구조조정, 감원, 일선 담당자의 임파워먼트, 팀제 등은 중간관리자의 위치를 아래와 위에서 위협하는 요인들이다. 따라서 현재 자신의 중간관리자들의 보급능력(보상 권력)의 부족에 대해서 부하 직원들은 중간관리자의 '개인적 문제'로 귀인하는 경향이 있다. 즉, 중간관리자가 정보능력이나 지원능력이 부족한 사람이기 때문에 보급능력을 얻으려고 하는 노력을 제대로 하지 못하기 때문이라고 생각한다는 것이다.

둘째, 중간관리자들은 이처럼 권력이 부족함에도 새로운 정책이나 규정을 실행하도록 조직으로부터 일방적인 요구를 받는다. 새로운 제도의 도입은 그것의 적용 과정에서 저항과 불만을 수반하는 경우가 많다. 예컨대, 새로 적용하게 되는 고과 방식은 평가자나 피평가자 모두 숙지하는 데 시간이 걸릴 것이다(실제로 고과 방식에 대한 사전 관리자 교육 프로그램을 실시하는 기업의 숫자는 매우 적다). 따라서 문제 발생의 가능성도 클 뿐 아니라, 불평과 저항은 중간관리자들의 능력과 자질에 대한 불평으로 이어지게 된다. 그리하여 특히 이는 지원능력을 떨어뜨리는 요인이 된다.

셋째, 중간관리자들은 잘못한 직원들에 대해 규칙과 규정의 적용을 통해 다루도록 되어 있으며, 교육과 같은 긍정적 강화를 통해서 실수와 잘못을 한 사람들을 다룰 수 있는 기회는 매우 제한적이다. 이는 같은 이유로 일을 잘한 직원들에 대해서도 보상해 줄 수 있는 능력을 갖고 있지 못한다는 말이 된다. 그리하여 부하 직원들은 보급능력(보상 권력)을 갖지 못한 중간관리자의 권력을 인정하지 않는다.

2) 최고경영자

최고경영자들이 권력상실을 겪게 되는 것은 외부환경의 원인 때문이다. 즉, 최고경영자들의 통제 범위 밖에서 이루어지는 정치적, 경제적 결정요인들을 들 수 있다.

경제 상황이 불황일 때 최고경영자들의 재량권 범위는 제한적이 된다. 위험부담이 크고, 투기적인 의사결정보다는 덜 위험하고 일상적인 투자를 하도록 요구받는다. 즉, 주주와 은행을 비롯하여 조직에 대해 이해관계를 갖고 있는 고객들을 만족시킬 수 있는 단기적인 이윤 추구에 집중하게 된다(그렇지 못할 경우, 재계약은 고사하고 배임으로 고소당하는 경우까지 각오해야 할 것이다). 따라서 장기적인 목표 추구를 위한 기회를 가질 수 없게 됨에 따라, 자원 이용에 관한 의사결정의 한계로 권력상실을 경험하게 된다.

최고경영자들에 대한 존경과 신뢰는 위험부담이 크고, 혁신적이며, 비일상적인 과업을 수행하는 능력에 기반한다. 따라서 최고경영자들이 일상적인 과업을 수행함으로써 야기되는 문제는 다음과 같다.

첫째, 누가 보더라도 일상적인 업무에서 발생하는 문제는 해결이 쉬워 보인다. 따라서 최고경영자가 그러한 일을 맡아 수행한다고 할 때, 권력(특히 합법적 권력)은 급격히 감소할 것이다.

둘째, 일상적인 일을 자주 수행함으로써 어렵고 도전적인 과업도 잘 수행할 것이라는 과잉기대를 낳을 수 있다. 하지만 비일상적인 일은 실패할 가능성이 크다. 따라서 기대가 큰 만큼 실패했을 때 상실하는 권력 또한 크다. 따라서 최고경영자들이 조직 안에서 권력을 증진시키고 행사할 수 있으려면, 일상적인 업무와 단절이 필요하다고 하겠다. 하지만 정보의 결핍이 발생할 수도 있으므로, 단절의 수준이 중요하다.

3) 여성 관리자

전통적으로 조직 내 여성 관리자들은 관리자로서 직무 수행은 일상적이며, 두드러지지 않는 영역에서 이루어지고 있다. 즉, 지원능력(합법적 권한)이 부족하다. 따라서 주로 중요한 일선 기능을 담당하기보다는 스태프의 기능을 수행하는 경우가 많다. 일선 기능을 담당하는 부서에서 일을 하는 경우에도 뛰어난 부하들을 데리고 위험 부담이 큰 관리자의 직무가 주어지는 경우는 드물다.

그리하여 조직 안에서 중요하고 핵심적인 중심 기능을 수행하는 직무에는 여성 관리자가 적다. 사람들은 자신과 다른 사람에게는 정보 제공을 꺼린다는 속성이 남성 관리자가 다수인 대부분의 조직에서, 여성 관리자는 정보능력(전문가 권력)의 상실을 겪게 된다. 여성 관리자들이 이처럼 권력상실을 경험하게 되는 이유는 크게 두 가지로 생각해 볼 수 있다.

첫째, 과보호이다. 즉, 여성 관리자들에게는 안전한 직무를 맡긴다는 것이다. 실패할 가능성이 적고 위험부담이 덜한 업무 영역에서 일하도록 하는 것은 일종의 배려처럼 여길 수 있다. 하지만 이러한 과보호는 여성 관리자들이 남성 관리자보다 실패할 가능성이 더 크다는 공포에서 기인한 결과이다.

둘째, 여성 관리자들에 대한 고정관념 때문이다. 연구에 의하면 이전에 여성 상사 밑에서 일하면서 긍정적인 결과를 얻었다고 평가하는 사람들이 보여 주는 고정관념으로 다음과 같은 것이 있다. 여성 관리자들은 작은 일에 간섭하고, 규정대로만 한다. 또한 편협하고 옹졸하다. 그래서 자신은 여성 관리자 밑에서 일하고 싶지 않았다는 것이다. 600명의 은행 관리직 사원들을 대상으로 실시한 인터뷰에서 여성 관리자들이 편협하고 옹졸한 특성으로 인해 일이 제대로 되지 못한 경우가 있었다고 응답하였다. 그에 비해 남성 관리자가 편협하고 옹졸한 특성을 보이게 되면, 그것은 개인의 성격상 특질로 인식하였다. 즉, 남성 관리자로서 적합성 여부와 연관 짓지 않았다.

VI 권력과 정치

1. 조직과 정치적 권력

합리적으로 구조화된 조직구조일지라도, 내부적으로는 정치적 권력(political power)의 집합체이다. 조직이 정치적 속성을 갖는 것은 다음과 같은 이유 때문이다.

첫째, 조직은 자원, 에너지, 영향력을 획득하기 위해 서로 경쟁하는 여러 연합체로 구성되어 있다. 따라서 이 과정에 권력경쟁(power game)의 형태를 띠게 된다.

둘째, 조직 내 다양한 연합체는 스스로의 이익을 위해, 세력 확보를 위해 노력한다.

셋째, 조직 내 불평등한 권력 배분은 자체로서 비인간화 효과를 나타낸다. 그리하여 점차 인간 중심적 사고로부터 멀어지게 된다.

넷째, 조직 내부의 권력 활동은 조직 외부의 정치, 경제, 사회, 문화 등의 사회구조 속 권력

참고 12.2 정치활동위원회(PAC)

미국에서는 기업이나 노조가 공적 후보자나 정당에 대해 직접 기부하는 것이 법으로 금지되어 있다. 따라서 기업이나 노조, 기타 이익 집단은 PAC를 설립해 이를 통해 후보자와 정당에 정치자금을 기부한다. 이때 형식상 모든 기부는 개인 기부로 되어 있다. 이렇게 본다면 기업이나 단체 기부의 금지조항은 유명무실하다고 할 수도 있지만, 기부내역의 투명성은 높다. 모든 PAC에서 200달러 이상 기부자의 이름, 금액, 기부 일시 등의 공개가 의무화되어 있고, 100달러 이상의 기부는 반드시 수표를 사용해야 한다. 모든 자료는 은행구좌를 통해 관리되며, 미국연방선거위원회(FEC)에 의해 감독을 받고 있다.

PAC를 통한 정치자금 동원을 '매표 행위'로 볼 것인지, 아니면 기업이나 이익 단체들의 '정치 활동의 참여'로 볼 것인지는 대립하는 견해이다.

활동에 중요한 영향을 준다.

따라서 정치적인 권력경쟁은 현대 조직의 현실이라고 할 수 있다. 특히 조직 내부의 권력 활동과 조직 외부의 권력 활동의 연계를 위해, 미국의 대기업들은 조직의 정치적 속성을 그대로 공식 기구화하는 정치활동위원회(Political Action Committee, PAC)를 구성한다.

그리하여 PAC를 통해 정부의 특정 입장에 대해서 지지하기 위해 활용한다. 예컨대, 미국 최대의 콘돔 회사인 트로잔(Trojan) 사는 낙태 반대 입장을 고수하고 있는 미국 공화당을 지지한다. 민주당을 지지하는 미국의 펩시 사는 쿠바 미사일 위기 이후, 당시 소련과 화해무드가 시작될 때 소련에 진출하였고 지금까지 러시아에서 가장 많이 팔리고 있다. 그에 비해 공화당을 지지하는 코카콜라 사는 닉슨 대통령과 함께 중국에 들어가서 현재까지 중국 시장에서 부동의 1위 자리를 지키고 있다.

2. 조직정치의 이해

1) 조직정치의 개념

조직정치란 개인이나 집단 간 갈등 발생 시 스스로의 이익을 강화하거나 방어하기 위한 의도적 행위를 의미한다. 스스로의 이익을 위해 정치적 행위를 수행하기 때문에 정치적 행위는 기회주의적 특성을 갖게 된다.

2) 조직정치의 상황 요인

조직정치에 관한 여러 연구에서, 조직이 이성적이거나 합리적이지 않으며, 정치적이라는 측면을 발견하게 된다. 조직정치의 중요한 상황 요인들은 다음과 같다.

- **자원** 정치적 행위와 조직 내 자원은 직접적인 상관관계가 있다. 특히 조직 내 새로운

인적, 물적 자원이 들어오는 경우 더욱 그러하다. 새로 유입된 자원의 사용자가 확정되지 않은 경우 정치 활동은 매우 활발하다.

- **의사결정** 애매하거나 명확하지 않은 의사결정, 합의점을 이끌어 내지 못한 의사결정, 장기적 전략적 의사결정 등은 일상적인 의사결정에 비해 정치적 결정 과정을 거치는 요인이 된다.
- **목표** 목표가 불분명하거나 여러 가지일 경우 정치적 행위가 빈번해지는 요인으로 작용한다.
- **기술과 외부환경** 일반적으로 조직 내부의 사용 기술이 복잡할수록 정치적 행위가 개입하게 된다. 또한 외부환경이 다변화할수록 정치적 행위가 증가한다.
- **조직변화** 외부의 힘이나 영향력으로 인한 조직구조 개편이나 조직개발, 인수합병의 경우 정치적 행위가 개입하게 된다.

이러한 여러 가지 상황 요인을 두고 볼 때, 특정 조직의 특정 하부구조나 단위부서가 다른 부서에 비해 더욱 정치적일 수 있다. 하지만 거의 모든 조직이 제한된 자원을 갖고 있으며, 불확실한 의사결정을 하고, 다양한 목표와 변화하는 환경 속에서 점차 복잡한 기술적 요구에 당면하고 있다. 따라서 현대 조직은 더욱 정치적이 되고, 권력경쟁의 중요성 또한 점차 커진다고 할 수 있다.

3) 권력 획득을 위한 정치적 전략

권력을 확보하기 위한 효과적인 방법에 관한 연구와 논의가 많이 이루어지고 있으며, 그것은 조직 내 개인 차원에서뿐만 아니라 인수 합병 시 활용할 수 있다.

- **조직 내 권력자와 동맹관계를 유지하라(alliance)** 권력 획득을 위해 권력자와 동맹관계를 유지하는 것은 중요하다. 이때 권력자는 단지 높은 지위에 있는 상사만 해당되는 것이 아니다. 중요 부서의 구성원, 사장의 비서, 스태프 부서 구성원일 수도 있다. 이러한 동맹관계는 조직의 경계를 넘어서서 이루어지기도 한다. 미국의 뉴욕 시 경찰국은

버스 운전자 노조와 동맹관계이다. 그리하여 아무리 눈이 많이 내리는 밤과 그 다음 날에도 성실하게 출근하는 버스기사들 덕분에, 출퇴근 시 어려움과 혼잡함을 평소 수준으로 유지할 수 있게 된다.

- **포용하거나 내치거나(embrace or demolish)** 이는 마키아벨리식 접근이라고 할 수 있다. 예컨대, 기업 인수합병의 경우, 피인수 기업의 중간관리자들에 대한 처우는 항상 어려운 문제이다. 그들을 진심으로 새로운 가족으로 환영하면서 받아들여 사기를 북돋아 주던가, 아니면 냉정하게 내보내야 한다는 것이다. 해고하게 되면 아예 권력 기반이 사라지게 되니 문제가 없다. 하지만 인수 후에 급여나 직위상 하락이 이루어진다거나 대우가 나빠진다면 그들끼리 계속 단합하여 세력을 규합하게 되고, 기회가 되면 배신하거나 역습을 할 수 있다.
- **군사전략(divide and rule)** 기본전제는 분열된 사람들은 제 발로 서로 모이려 않는다는 것이다. 조직에서 제한된 자원을 두고 부서 간 경쟁이 치열하게 이루어지는 경우, 경영자는 이들을 다루고 통제하기 쉽다. 조직 안에서 성과급을 위한 경쟁에서 최대 수혜자가 누구인지 생각해 보라.
- **정보의 통제(manipulate classified information)** 정보의 획득과 전달은 관리자의 중요한 역할 가운데 하나이다. 따라서 정치적으로 민감한 구성원이라면 권력 획득을 위해 적절하게 정보를 통제하는 데 능숙하다. 예컨대, 구매 부서 직원이 새로운 가격 정보를 중요한 회의 직전에 특정 제품 설계자에게만 제공하는 경우를 생각해 보자. 구매 부서 직원은 그 사람에게 큰 권력을 갖게 될 것이다.
- **단타효과(make a quick show)** 가시적 효과가 큰 단기 프로젝트를 즉시 수행함으로써 관심을 끌 수 있다. 그것이 성공하여 안팎에서 주목을 받게 되면, 더욱 어렵거나 장기적인 사업을 수행할 수 있다는 권력을 획득하게 된다.
- **영화 대부의 방식(collect and use IOUs)** 이는 영화 대부(Godfather)에서 사용하는 방식이다. 다른 사람에게 도움이나 호의를 베풀어 주고서, 빚을 지고 있다는 것을 명백히 일깨워 준다. 따라서 필요할 때 보답을 해야 한다고 의무감을 갖게 함으로써 권력을 취득하게 된다.
- **지진지퇴(avoid decision engagement)** 속전속결의 반대 전략이다. 특히 변화에

있어서 천천히, 느리고 점진적(fabianism)으로 추진함으로써 주위에 지지기반을 구축하고, 다른 사람들의 협력과 신뢰를 얻는다. 의사결정 과정에서도 먼저 의견제시를 하지 않고, 의견이 모두 나온 후에 이야기한다. 그렇게 함으로써 예봉을 피할 수도 있고, 동조를 얻게 된다.

- **위기를 활용하라(wait for crisis)** 이것은 무소식이 희소식이라는 경험을 거꾸로 활용하는 것이다. 즉, 나쁜 소식이 관심을 끌게 된다. 상황이 좋은 때보다 나쁠 때 기회가 찾아온다는 것이다. 예컨대, 최근 들어 언론사들이 경쟁적으로 실시하는 대학평가에서 뒤떨어진 순위에 오른 대학의 경우를 생각해 보자. 언론사에 로비를 해야 하는가? 타당성과 신뢰성 없는 평가 방식을 성토해야 하는가? 그러한 것과 무관하게 본질적으로 대학 경쟁력을 제고하는 것이 중요할 것이다. 이때 결코 먼저 나서지 않고 언론보도를 통해 동문회, 학부모, 교육부 등의 관련 당사자들이 저마다 목소리 높여 한마디씩 할 때까지 끈기 있게 기다렸다가, 학교 측에서 의견제시를 해야 한다. 그렇게 하는 것이 주목을 받게 되며, 위기 상황이라고 인식하게 되면 동문회, 학부모들의 관심과 지원을 통해 재정 확보 등을 통해 권력을 갖게 된다.

13장

갈등과 갈등관리

미국 내 기업과 비영리 조직의 관리들을 대상으로 한 설문에서 기업관리자들은 근무시간의 24%를 갈등관리에 사용한다고 응답하였다. 따라서 조직행동에서 갈등관리란 중요한 일상업무 영역이며, 갈등은 회피할 수 없고, 정상적인 일상이라고 할 수 있다.

I 갈등의 개념과 특징

조직 내 무엇이든지 일치(혹은 동의)가 이루어지지 않을 경우, 심리적으로 불쾌함(discomfort)이 생기며 이를 갈등이라고 한다. 갈등은 상대적인 현상이다. 즉, 그것이 존재한다고 믿을 때 비로소 현실이 된다. 어느 한쪽의 개인이나 집단은 주어진 상황을 갈등으로 인식하게 되나, 다른 쪽은 그것을 갈등으로 인식하지 않을 수도 있다.

1. 갈등에 관한 관점의 변화

갈등애 대한 전통적 견해는 갈등의 부정적 결과에 초점을 두고 있다. 하지만 조직행동에서는 갈등과 부정적 결과뿐만 아니라 갈등을 통한 긍정적 효과에 대해 강조한다.

표 13.1 갈등에 관한 전통적 관점과 현대적 관점의 비교

전통적 관점	현대적 관점
• 갈등은 제거되어야 한다. 그것은 집단(조직) 활동을 방해하고 실제로 성과 달성을 방해한다. • 좋은 조직에는 갈등이 없다. • 갈등은 피하는 것이 최선이다. • 갈등은 신뢰의 부족, 직무 정의의 불명확성 또는 의사소통의 문제 등 관리 활동의 잘못에서 발생한다. • 갈등은 높은 스트레스, 개인 간 적대행동 등에 이르므로 본질적으로 나쁜 것이다.	• 갈등은 실제로 조직 성과를 증대시킬 수 있다. 최선의 결과를 얻도록 관리해야 한다. 어떻게 관리하는가에 따라 그것은 조직 성과에 공헌할 수도 있고 그렇지 못할 수도 있다. • 좋은 조직은 적정 수준의 갈등이 있으며, 높은 성과를 위해 사람들을 자극하고 동기부여한다. • 갈등은 조직행동을 위한 하나의 통합적 요소이다. • 조직 내 갈등은 서로 다른 조직구조, 보상, 목표와 가치관에서 발생한다. 또한 인간 내부에 존재하는 자연적인 공격성에서 일어날 수 있다. • 갈등은 개인과 집단의 문제를 해결하도록 촉진하므로 필요한 것이다.

그림 13.1 갈등과 조직 성과 간 관계

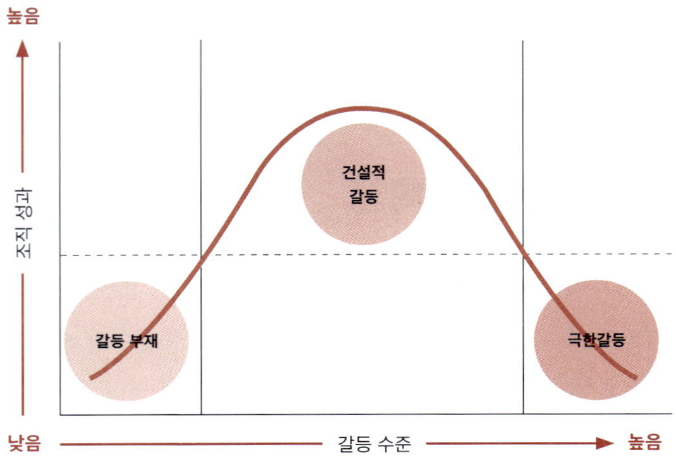

2. 갈등과 집단유효성

적정 수준의 갈등은 집단의 유효성에 도움이 될 수 있다. 톰 피터스(T. Peters)의 다음의 설명에 주목할 필요가 있다.

"두 사람이 항상 같은 의견을 갖고 있다면 그중 한 사람은 불필요한 사람이다. 상대방과 다른 의견 때문에 갈등하고 있는가? 그렇다면 당신은 지금 '필요한 일'을 하고 있는 것이다."(Peters, 1992)

II 갈등의 종류

갈등의 종류에는 개인갈등, 개인 간 갈등, 집단 간 갈등이 있다.

1. 개인갈등

개인갈등(intraindividual conflict)은 욕구 - 동인 - 목표라고 하는 동기부여 과정이 조직 내 개인의 역할에서 기대한 만큼 이루어지지 않을 때 발생한다. 이러한 개인갈등은 역할갈등, 좌절갈등, 목표갈등으로 구분할 수 있다(역할갈등은 제9장의 **참고 9.1** 참조).

개인의 욕구와 맡은 바 역할의 상충 때문에 발생 여러 가지 동인과 역할의 상충 때문에 발생	➡ 역할갈등(role conflict)
동인과 목표 사이에 발생하는 여러 가지 장애물 때문에 발생	➡ 좌절갈등(frustration)
목표와 관련된 부정적 혹은 긍정적 측면의 상충 때문에 발생 2개 이상의 상충하는 목표 때문에 발생	➡ 목표갈등(goal confrlict)

1) 좌절갈등

이것은 동인과 목표 사이의 장애물 때문에 발생하는 것이다. 즉, 개인이 원하는 목표에 도달하기 전에 장애물 때문에 목표 달성의 가능성의 낮아지면서 발생한다. 이때 장애물은 물질적(외재적)인 것과 사회적, 심리적(내재적) 요인이 모두 해당한다. 이러한 갈등은 욕구불만 모델(frustration model)을 통해 이해할 수 있다.

외국인 노동자들의 경우를 생각해 보자. 노동시장에서 이들이 불충분한 교육적 배경(언어, 문화, 사회적 요소)과 불리한 경제적 환경을 갖고 있는 현실에서, 자신의 능력을 발휘할 수 있는 직업을 구하려고 하는 상황을 가정하자. 이때 자신의 목표는 좋은 직업을 구하고자 하는 욕구의 충족을 통해 달성할 수 있다. 따라서 좋은 직장을 찾으려 노력하는 것이 된다. 하지만 노동시장에서 여러 장애물에 접하게 될 것이다(편견, 차별, 교육 수준으로 인한 자격 미달). 그리하여 욕구불만 모델에서는 좌절에 대한 반응으로 방어적 기능(defense mechanism)을 작동하게 된다. 이를 외국인 노동자의 경우에 예를 들어 적용해 보면 다음과 같다.

① **공격성(aggression)** 폭력, 폭동, 미움이나 증오를 드러내는 행동이나 태도를 보인다.
② **철회(withdrawal)** 무관심해진다. 즉, 구직에 관심을 끊고 실업 상태에서 포기하거나 실업수당에 의존한다.
③ **고착화(fixation)** 마치 장애물이 존재하지 않는 것처럼 계속해서 원하는 곳에 입사지원서를 제출한다.
④ **타협(compromising)** 좋은 직업의 평가를 주관적으로 해석한다. 예를 들면 보이스피싱, 폭력단체 가입 등을 통해 합리화한다.

이러한 욕구불만 모델은 인간 행동의 일반적인 측면이라는 점에서 조직행동의 직무상 특정 행동 분석에도 활용할 수 있다. 즉, 좌절의 결과로 조직 내 구성원 개인의 업무수행에서 부정적인 영향을 주는 것으로 나타났다.

미국의 50개 기업을 대상으로 실시한 연구에서, 직무상 좌절을 경험한 구성원들의 경우, 그 가운데 약 1/3에 해당하는 직원들이 회사의 비품(종이컵에서 컴퓨터까지)을 한 번 이상 훔친 경험이 있다고 답했다. 그리고 2/3 이상이 시간을 훨씬 넘긴 점심시간, 거짓 병가, 근무 중 음주와 약물복용을 해 본 것으로 응답하였다(Robbins와 Morrison, 2000).

물론 이러한 행동이 실제로 모두 좌절을 경험한 것의 결과라고 할 수는 없지만, 직무상 좌절에서 비롯된 행동전이(displacement)의 결과임에는 분명하다.

하지만 좌절이 개인의 업무수행과 목표 달성에 긍정적인 영향을 줄 수도 있다. 성취동기와 학습동기가 큰 사람의 경우, 직무상 좌절을 경험할 때 일반적인 형태의 반응인 자기방어적 기능을 작동하기도 하지만, 업무 향상을 경험한 경우가 더 많은 것으로 나타났다. 성취동기와 학습동기가 큰 사람일수록 자기인식이 강하고 일을 잘 할 수 있다는 확신이 강하기 때문이다. 따라서 좌절을 통해 더욱 열심히 노력하는 계기가 되거나, 장애를 극복하는 새로운 방향으로 목표를 수정하는 것이 더욱 조직목표에 부합할 가능성이 크다.

한편, 개인의 자기방어적 기능이 개인에게 본질적으로 나쁜 것은 아니다. 물론 이것이 지나친 경우에는 문제가 되지만, 자기방어적 기능은 조직 안에서 심리적 적응 과정의 중요한 역할을 하기 때문이다.

아울러 과거에 좌절을 경험했던 사람은 학습 과정을 통해 장애물을 극복하는 것이 가능하며, 대체적 목표발전에 있어서 좌절을 경험하지 못한 사람들보다 훨씬 유리하다.

그러나 조직행동 측면에서 구성원이 좌절하는 상황이나 잠재적 장애물을 발견하면 가능한 한 제거하는 것이 바람직할 것이다.

2) 목표갈등

개인이 추구하는 목표가 개인에게 갈등의 원인이 되기도 한다. 목표갈등은 목표의 긍정적인 측면 혹은 부정적인 측면 때문에 발생하기도 하고, 2개 이상의 상충하는 목표 때문에 발생하기도 한다.

이러한 목표 갈등에는 접근 - 접근 갈등, 접근 - 회피 갈등, 회피 - 회피 갈등이 있다.

(1) 접근-접근 갈등

접근 - 접근 갈등(approach-approach conflict)은 2개 이상의 긍정적이며 상호 배타적인 목표에 이르도록 동기부여되었을 때 발생하는 갈등이다. 조직행동에서 가장 영향력이 적은 갈등이라고 할 수 있다. 예컨대, 가고 싶었던 직장에 모두 합격하였을 때, 혹은 개인목표와 조직목표가 개인에게 모두 긍정적으로 인식되는 경우이다. 따라서 어느 것을 먼저 추구하기 위해 노력을 투입해야 하는지 등이 갈등이 된다. 이러한 경우에는 선택을 신속히 함으로써 갈등을 제거하는 것이 좋은 방법이다. 선택을 빨리 하게 되면 발생한 갈등이 오래가지 않기 때문이다. 일단 선택을 하게 되면, 인지부조화 이론에서 살펴본 것처럼 부조화 요인을 줄이거나 제거하기 위해 동기부여된다. 따라서 선택한 것에 대해서는 긍정적 강화가 계속되고, 선택하지 않은 것에 대해서는 부정적 강화가 발생하기 때문에 자신의 선택에 대해서 만족하게 된다.

(2) 접근-회피 갈등

접근 - 회피 갈등(approach-avoidance conflict)은 조직행동 분석에서 가장 빈번하게 발생하는 갈등 유형이다. 어떤 목표에 도달하기 위해 동기부여됨과 동시에, 그것을 회피하고자 동기부여될 때 발생하는 갈등이다. 이때 목표는 긍정적인 측면과 부정적인 측면을 동시에 갖게 된다. 조직행동에서 조직목표가 대부분 이러하다. 따라서 조직목표가 개인에게 다가서고 싶기도 하고, 물러서기도 하고 싶은 수준에서 같거나 유사하다면, 커다란 망설임과 갈등이 발생할 것이다.

예컨대, 중장기 수행계획을 수립한 관리자의 경우를 생각해 보자. 일반적으로 중장기 계획이란 미래에 관련된 것이기에 실천과 관련해서 낙관적으로 인식하는 경우가 많다. 그런데 실제로 자원을 배분하고 계획을 실천할 단계가 되면 상황은 달라진다. 부정적 결과나 혹은 부정적 프로세스와 관련된 측면이 계획수립 단계에 비해 더욱 부각되고 현실적으로 와 닿게 된다. 이럴 경우에, 해당 관리자는 접근 - 회피 수준에 이르게 되어 갈등과 스트레스가 증대할 것이다. 따라서 결정을 내리지 못하고 머뭇거리거나, 아예 실천하기 위한 시도조차 못할 수 있다. 왜냐하면 계획대로 실천하여 크게 성공하는 경우에는 조직에 공헌이 되며 자신의 경력에 도움이 될 것이다. 하지만 크게 실패하는 경우에는 조직에 손실이 발생하여, 자신의 경력과 직장안전에 위협이 되기 때문이다.

이러한 갈등은 변화하는 환경 속에서 끊임없이 의사결정을 내려야 하는 많은 관리자들이 당면하는 갈등상황이다. 즉, 조직의 목표는 성과 향상임에 비해, 개인의 목표는 생존 그 자체라고 할 수 있는 현대 조직에서 빈번하게 발생하는 갈등인 것이다.

접근 - 회피 갈등을 위한 해결책으로는 먼저 인지부조화 과정을 통한 신속한 선택을 생각해 볼 수 있다. 다음으로는 조직목표의 수준을 개인적 목표 수준으로 끌어내리는 방법이 있다. 이를 통해 부정적인지 긍정적인지를 명백하게 부각시키는 방법을 택하는 것이다. 하지만 그만큼 조직 차원의 의사결정에서 효율성은 하락할 것이다.

(3) 회피-회피 갈등

회피 - 회피 갈등(avoidance-avoidance conflict)은 2개 이상의 부정적이며 상호 배타적인 목표를 회피하고자 동기부여되었을 때 발생하는 갈등이다. 이것은 앞서 논의한 접근 - 회피 갈등에 비해 조직 차원에서는 영향이 덜할 것이다. 하지만 개인 측면에서는 가장 영향이 큰 갈등이다.

예컨대, 일과 삶의 균형(work-life balance), 일과 균형의 갈등, 일과 가정의 갈등(work-family conflict)을 들 수 있다. 일과 개인 생활은 둘 다 모두 중요하다. 어느 쪽이든 포기하는 것을 바라지 않기 때문에 회피 - 회피 갈등에 해당된다.

해결 방법으로, 2개의 부정적인 목표에 당면하는 사람이 그 상황을 떠나는 것을 들 수 있다. 하지만 조직행동에서 그러한 갈등 상황을 벗어나는 것은 쉽지 않다. 따라서 일과 개인 생활간 갈등의 원인에 초점을 두고 연구가 이루어진다. 직장 스트레스, 조직 지원 인식, ESG 경영 등은 이러한 갈등관리를 위한 미시적, 거시적 차원의 중요한 주제이다.

이러한 세 가지 목표갈등은 조직 차원에서 순기능적인 역할도 한다. 접근 - 접근 갈등은 개인을 적당히 곤란하게 만들어 주기는 하지만, 2개 이상의 선택 가능한 목표에 대해서 모두 대표성을 가질 수 있는 결정을 가능하게 해 준다. 조직의 목표 때문에 발생하는 접근 - 회피 갈등은 부정적 측면 혹은 긍정적 결과 때문에 목표를 신중하게 계획하고 설정하도록 하는 효과가 있으며, 결과 예측도 그렇게 해야 한다는 인식을 높여 준다. 회피 - 회피 갈등 또한 관련 당사자들에게 갈등관리를 위한 노력 과정이 문제 해결을 위한 자극제의 역할을 한다.

2. 개인 간 갈등

개인 간 갈등(interpersonal conflict)은 두 사람 이상의 개인 간에 발생하는 갈등을 말한다. 이러한 개인 간 갈등을 분석하는 대표적인 방법으로 교류분석과 조하리의 창이 있다.

1) 교류분석이론

교류분석이론(transaction analysis theory)은 일상적인 용어를 통해 개인 간 갈등 상황을 설명하고 있다. 교류분석은 3개의 자아상태(ego states)를 가정하고 있다. 어린이 자아상태, 성인 자아상태, 부모 자아상태가 바로 그것인데, 이는 프로이트의 이드, 자아, 초자아에 해당하는 개념이다.

참고 13.1 프로이트의 심리분석 모델

자아(ego)	스스로를 의식하는 개인. 그래서 자아라고 부른다. 현실을 대변하면서 충동적인 이드를 이성적으로 통제하며, 초자아를 적당한 수준에서 머무르도록 하는 기능을 한다.
이드(id)	본능적인 개인이자 충동의 원천. 시간관념, 도덕, 선악, 논리적 사고가 없으며 무의식적이다. 어린 아이의 정신은 이드로 이루어진다.
초자아(super ego)	상위적 자아. 자아를 평가하고 감시하려는 무의식적 자아. 자아를 이상과 비교하여 비판, 책망, 처벌의 고통스런 정서 형성과 칭찬과 보상을 통한 자존감을 제공한다.

(1) 교류분석이론의 자아상태

① 어린이 자아상태(child ego state)

이것은 개인이 마치 어린이와 같이 충동적으로 행동하는 상태를 말한다. 이 경우 어린이라고 하는 것은 감정에 따라 행동하며, 즐겁고, 반항적, 복종적, 유순한 등의 특성과 관련되어 있다. 미성숙한 행위의 주체라고 생각하면 될 것이다. 예컨대, 상사의 질책에 대해서 그 원인을 심각하게 생각하지 않고, 분노부터 표출하거나 울음을 터뜨리는 경우를 생각할 수 있다.

② 성인 자아상태(adult ego state)

개인이 성숙한 성인과 같이 행동하는 상태를 말한다. 이성적인 태도와 지성을 갖고 문제해결에 접근한다. 관련 정보를 통해 신중하게 분석하며, 대안을 만들어 내고 타당성 있는 선택을 한다. 사람을 다룰 때도 공정하고 직관적으로 한다. 예컨대, 출장비를 과다 청구한 부하직원에 대해서, "숙박비가 좀 높이 책정된 것 같은데, 그 이유가 무엇인지 같이 한 번 살펴봅시다."라고 말하는 것이다.

③ 부모 자아상태(parent ego state)

마치 부모처럼 행동하는 것을 말한다. 즉, 지나치게 보호와 애정을 나타내거나, 혹은 지나치게 엄격하거나 비판적이 되기도 한다. 이러한 상황에서는 타인을 어떤 기준이나 잣대를 통해 대한다. 따라서 다른 사람들을 얕잡아보고, 마치 어린이처럼 대하는 행동을 보인다. 예컨대, "이제 농담 그만들 하고 일을 시작합시다. 회사가 돈을 주는데, 받는 만큼 일해야 하지 않겠어요?"라고 말한다.

(2) 자아상태 간 교류 형태

사람들은 이러한 세 가지 형태의 자아상태를 모두 갖고 있다. 하지만 그 가운데 하나가 다른 것에 비해 두드러지는 경우 특별한 성격으로 표출된다. 따라서 교류 형태 가운데 성인 자아상태가 바람직하다고 할 수 있다. 교류분석에서는 인간의 건전한 성격 형성을 위해서 세 가지 모두 필요한 것이라고 한다.

한편, 상호작용에 있어 어떻게 특정 자아상태가 다른 자아상태와 적절하게 호응하느냐 혹은 갈등을 발생시키느냐 하는 것이 교류분석의 핵심이라고 할 수 있다.

① 보완적 교류(Complementary Transaction)

이것은 특정 자아상태에서 어떤 사람이 보낸 메시지나 행동에 대해 상대방이 기대한 자아상태 혹은 적절한 자아상태에서 반응을 보여 주는 것을 말한다.

조직 내 커뮤니케이션이나 상호 이해는 부모 자아상태나 어린이 자아상태의 보완적 관계에서도 이루어질 수 있다. 하지만 가장 효과적인 것은 성인 자아상태에서 이루어지는 보완적 교류이다.

② 엇갈리는 교류(Crossed Transaction)

특정 자아상태에서 보낸 메시지나 행동에 대해서 상대방이 기대하지 않았던 상태의 자아나 혹은 부적절한 자아를 통해 반응을 하는 경우이다. 예컨대, 부하 직원은 성인 자아상태에서 보고를 하였는데, 상사는 어린이 자아상태에서 커뮤니케이션을 시도하는 경우를 들 수 있다.

엇갈리는 교류는 조직 내 개인 간 갈등의 원인이 되며, 그 결과 감정을 상하게 하거나 좌절 갈등을 발생시킨다. 이러한 갈등 상황은 효과가 오래가며, 조직에게 역기능적인 결과로 나타난다.

③ **이면적 교류(Ulterior Transaction)**

이는 매우 복잡한 교류로서, 이면적 은폐적 형태를 말한다. 엇갈리는 교류와 마찬가지로 개인 간 갈등을 발생시키며, 부정적 효과는 더욱 크다. 예컨대, 성인 자아상태의 자아를 투영하여 커뮤니케이션을 하면서도, 실상은 부모 자아상태의 의미를 내포하는 경우를 생각해 보자. 이런 경우 당시 상황에서는 정확한 교류를 포착하지 못할 수 있다. 왜냐하면 이러한 형태는 알아차리는 것도 어렵고 교류분석도 쉽지 않기 때문이다. 하지만 포착되는 경우 상대방에 대한 부정적 효과는 매우 크다.

2) 조하리의 창(Johari's window)

개인 간 커뮤니케이션 형태를 통해 갈등분석에 활용하는 것이다. 이를 통해 개인 간 이해와 신뢰를 증대할 수 있는 인식의 틀을 제공한다.

그림 13.2 조하리의 창

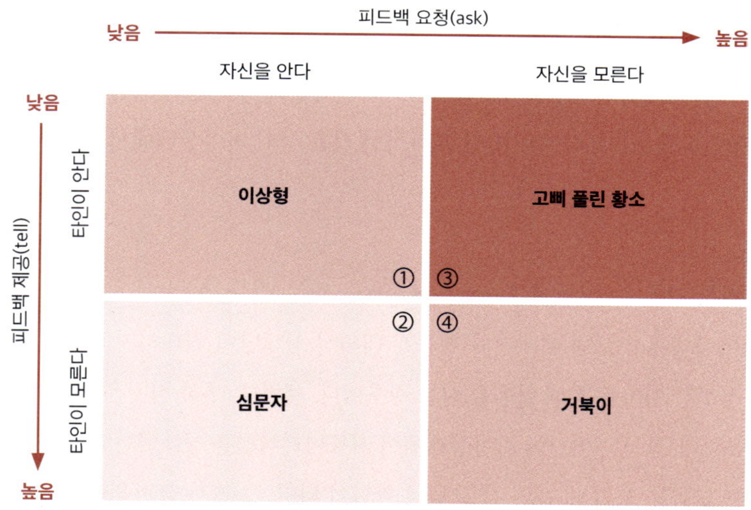

① 이상형(Open self, Ideal Window)

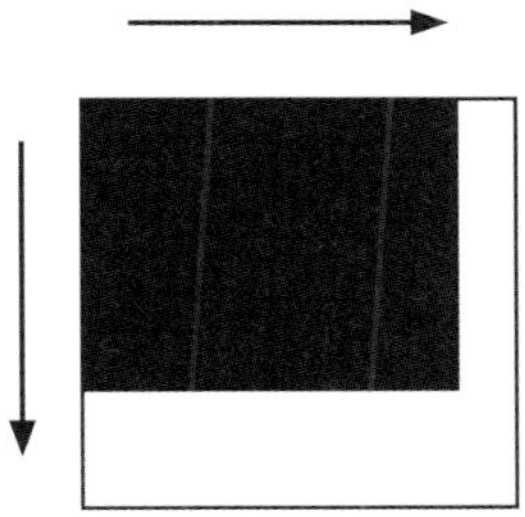

이러한 형태의 상호작용 혹은 커뮤니케이션은 자신에 관해서 상대방과 스스로가 잘 아는 경우이다. 개방적이고, 교류가 활발하며, 방어기제가 일어나지 않는 상황이다. 이러한 경우의 개인 간 관계는 갈등 발생이 적다.

따라서 피드백을 주고받는 수준이 증가함에 따라 본인과 상대방 간 신뢰가 증가한다. 이상형 창이 커질수록 개인의 행동에 대해서 상대방이 잘못 이해할 가능성이 줄어든다.

② 심문자(Hidden self, Interviewer)

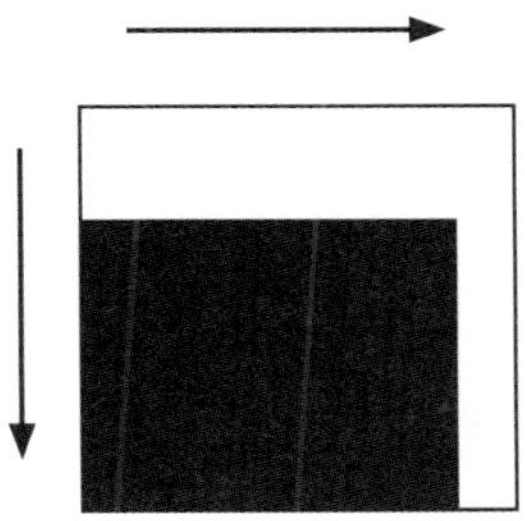

스스로는 자신에 대해서 잘 알고 있으나, 타인이 어떻게 반응할지에 대한 두려움으로 자신을 숨기며, 드러내지 않는 형태이다. 따라서 자신의 진짜 감정이나 태도를 드러내지 않고, 상대방에게만 계속해서 물어본다. 이러한 형태의 커뮤니케이션이과 행동은 상대방을 화나게 하며, 거부감을 주고, 불신을 야기한다. 개인 간 갈등의 가능성이 잠재되어 있다고 하겠다.

③ 고삐 풀린 황소(Blind spot, Bull-in-China-Shop)

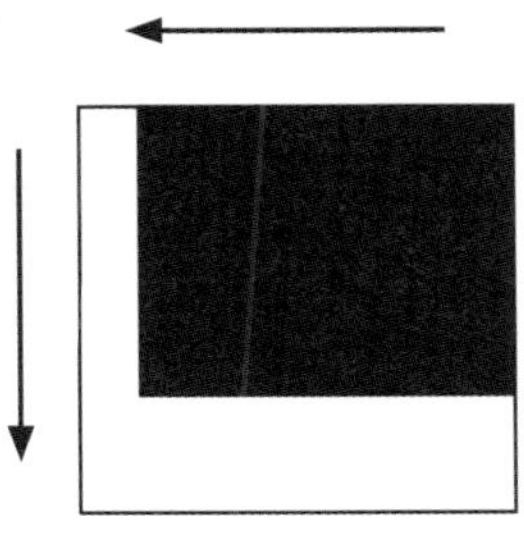

자신에 대하서는 잘 알지 못하나, 다른 사람은 자신에 대해서 잘 알고, 관찰하고 있는 경우이다. 타인이 자신에 대해서 이야기하면 두려움이 일어나며, 상처를 받는 경우가 종종 발생하기도 한다.

예컨대, 자신의 말과 행동 가운데 많은 부분에 대해서 둔감한 경우가 있다. 이때 다른 사람과 커뮤니케이션 과정에서 그 부분의 문제점을 지적당하면, 부끄럽거나 깜짝 놀라게 된다. 남의 행동과 커뮤니 케이션에 대해서는 피드백을 많이 제공하지만, 자신에 대한 피드백은 거의 취하지 않았기 때문에 발생한다. 개인 간 갈등의 가능성이 잠재되어 있다.

④ 거북이(Unknown, Turtle)

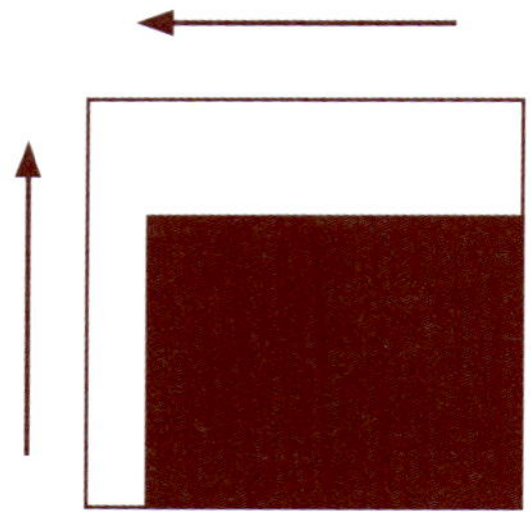

스스로에 대해서 자신과 타인이 모두 알 수 없는 경우이다. 다른 사람들은 그 사람이 어떤 위치에 있으며, 어떻게 대해 주어야 하는지를 알지 못한다. 자신의 주위에 장막을 치고 있는 유형이다. 따라서 자신의 장막 안으로 남이 들어오는 것이나, 자신이 장막 밖으로 나가는 것을 모두 주저한다.

예컨대, 사람들은 아주 어린 시절에 있었던 일들을 기억하지 못하는 경우가 많다. 프로이트의 관점에서 보아 무의식 세계에 해당하는 것이다. 그런 경우에도 피드백을 주고받음으로써 알게 되는 부분이 생기기도 한다. 하지만 그 과정에서 갈등 발생의 잠재성이 있다.

조하리의 창을 통해 갈등 상황에 대처하기 위해서는 다른 영역을 줄이고 이상형(open self) 영역을 늘여야 한다. 스스로를 더욱 잘 이해하고, 다른 사람들의 피드백을 좀 더 솔직하게 수용하는 것이다. 그 결과 스스로에 대한 정보를 본인과 다른 사람에게 제공하게 되어, 잠재적인 갈등 발생의 가능성이 줄어든다.

이처럼 조하리의 창은 개인 간 이해와 신뢰를 중대하는 유용한 틀을 제공한다.

3. 집단 간 갈등

집단 간 갈등(intergroup conflict)의 원인으로는 다음과 같은 것이 있다.

- **자원배분** 조직 내 제한된 자원을 차지하기 위해서 갈등이 발생한다. 예컨대 예산, 인력, 공간, 비품, 서비스 지원 등의 자원이 있다.
- **역할의존성** 조직 내 두 집단이 상호 의존적이거나 일방적으로 의존하는 경우는 상호 의존관계가 없을 때보다 갈등 발생 가능성이 크다. 또한 목표, 우선순위, 가용 인력의 분화 정도가 심화될수록 갈등 발생 가능성이 크다.
- **관할의 모호성** 이는 영역다툼 혹은 책임소재의 중복 때문에 발생하는 것이다. 예컨대,

팀제로 전환되는 경우를 들 수 있다.

- **지위경쟁** 특정 집단이 조직 내 지위를 향상시키기 위한 시도가 있는 경우에, 상대방은 그것이 조직의 위계에 위협이 된다고 생각할 것이다. 예컨대, 같은 위계에 있는 어떤 부서가 다른 부서들에 비해 보다 많은 보상(금전보상, 작업조건, 직무, 지위상승)을 얻고 있을 때 발생한다.

1) 집단 간 갈등의 특징

갈등관계에 있는 집단이 보여 주는 일반적인 특징으로는 다음과 같은 것이 있다.

① 내집단과 외집단의 분명한 구분이 있다.

② 다른 집단과 갈등관계에 있다고 인식하는 집단은 응집력이 커지고, 다른 집단을 물리치기 위해 감정적으로 강력한 연합체를 형성하게 된다.

③ 내적 집단의 긍정적 감정과 응집력은 외적 집단에까지 전달되지 않는다. 즉, 이는 외부에 대한 공격성으로 나타난다. 따라서 외적 집단 구성원을 중립적 대상으로 보지 않고, 적으로 인식한다.

④ 위협을 받는 집단은 스스로의 능력을 과대평가하고, 상대방 구성원들을 과소평가하는 경향이 있다.

⑤ 갈등관계에 있는 집단 간 커뮤니케이션의 양이 급격히 감소한다. 커뮤니케이션이 있는 경우에도 그것은 부정적 내용이거나 적대감의 표출이 대부분이다.

⑥ 특정 집단이 갈등 상황에서 불리해지는 상황이 전개되면, 구성원들의 응집력이 감소하고, 구성원 간 긴장이 높아진다. 따라서 실패의 책임을 전가할 희생양을 찾게 된다.

⑦ 집단 간 갈등과 그 결과 발생한 적대감은 구성원 개인의 정신적 측면이나, 감정에서 발생한 것보다는 집단 상호작용의 산물인 경우가 많다. 따라서 집단 간 갈등은 집단 구성원들이 정상적이며 적절하게 환경에 적응하는 경우에도 발생한다.

이러한 집단 간 갈등의 특징은 노사 간, 부서 간, 라인 - 스태프 간, 의사와 간호사 간의 갈등을 설명하고 이해하는 데 유용하다.

2) 집단 간 갈등의 상황 요인

갈등관리와 관련한 상황연구에서 집단의 특성과 직무구조화 수준이 조직 유효성에 주는 영향을 살펴보았다.

- **집단의 특성**(명령과 지시에 의해 형성된 집단과 자발적으로 형성된 집단)
- **직무구조화의 정도**(느슨한 집단과 명확한 집단)

이러한 특징을 가진 집단이 다른 집단과 갈등 상황에 처했을 때 나타난 연구 결과를 정리하면 다음과 같다.

먼저 명령 혹은 지시에 의해서 형성된 집단으로서, 직무구조화가 심화된 집단은 다른 집단과 갈등 상황에 처하게 되면 구성원들의 직무만족과 업무성과가 현저하게 저하되는 것으로 나타났다.

그에 비해 자발적으로 형성된 집단으로서, 직무구조화가 덜 이루어진 집단의 경우에는 갈등 상황에 처하게 되면 오히려 직무만족도나 생산성이 향상되는 것으로 나타났다.

따라서 집단 간 갈등의 영향은 집단의 특성과 직무구조화의 정도에 따라 차이를 나타냄을 알 수 있다.

3) 갈등 관리 방법

지금까지 조직 내 갈등의 발생원인과 갈등의 종류에 관해서 살펴보았다. 갈등 발생의 원인이 다양한 것처럼 갈등을 관리하기 위한 방법도 여러 가지가 존재한다. 따라서 어떻게 갈등을 관리하는지에 따라 결과가 달라질 것이다.

갈등관리 방법 가운데 대표적인 것으로서, 토머스 - 킬만의 갈등관리 기법, 피셔 - 유리의 갈등협상원칙, 갈등관리를 위한 커뮤니케이션 전략 등을 살펴보도록 하자.

(1) 토머스-킬만의 갈등관리 기법

토머스와 킬만은 관리격자모델(managerial grid)을 활용하여 갈등관리 기법을 개발하였다(Thomas와 Kilman, 1974). 토머스 - 킬만의 갈등관리 기법은 다섯 가지 방법을 제시하고 있다. 한편 토머스 - 킬만 모델은 '대립적(assertive)'과 '협조적(cooperative)'이라는 두 가지 차원을 통해 설명하고 있는데, 대립적이란 자신의 관심과 이익을 충족시키려는 태도를 의미하며, 협조적이란 타인의 이익과 관심을 만족시키려는 태도를 뜻한다. 따라서 다섯 가지 갈등관리 기법은 갈등 상황에서 어느 정도의 대립성과 협조성을 나타내는지에 따라 구분된다고 할 수 있다. **그림 13.3**은 토머스 - 킬만의 갈등관리 모델을 나타낸 것이다.

① 회피(avoidance) 기법

갈등이 표면화되는 것을 봉쇄하는 것이다. 따라서 갈등을 무시하거나, 갈등의 해결책을 규범적으로 적용하는 것이다. 따라서 이러한 기계적인 접근은 갈등의 수준이 미미하거나 갈등 발생이 초기진화, 신속한 조치가 요구될 때 사용할 수 있다. 이는 협조적이지도 않고, 대립적

그림 13.3 토머스-킬만의 갈등관리 모델

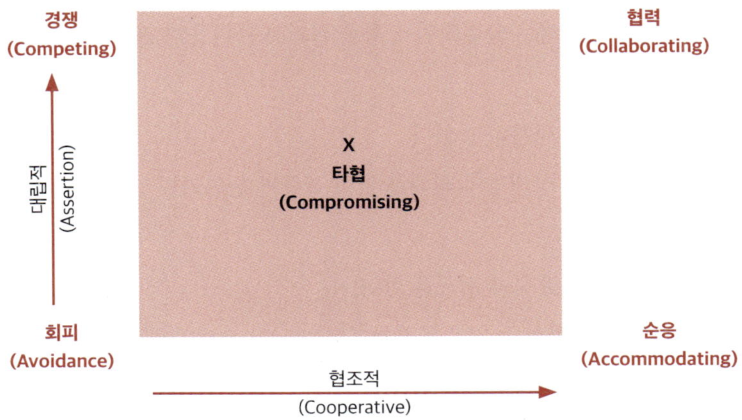

이지도 않은 방법이다.

이러한 회피 기법은 일반적으로 역효과를 낳는 경우가 많다. 왜냐하면 당사자 간 스트레스의 증가와 갈등의 심화 가능성이 있기 때문이다. 갈등을 회피함에 따라 사람들은 불만, 분노, 신경질 등의 감정을 억누를 수밖에 없는데, 이는 심리적 불안과 스트레스로 이어진다. 회피 기법은 문제 해결이나 갈등을 방지할 수 있는 변화나 발전을 위해 아무런 기능을 하지 못했다.

하지만 앞서 지적하였듯이, 갈등 수준이 미미한 사소한 경우라든지, 역으로 갈등의 표면화로 인해 예상되는 비용이 극히 클 경우에는 유용한 방법이다. 또한 회피 기법은 당사자들이 향후 갈등을 적절히 잘 해결할 수 있는 다른 수단과 방법을 생각할 수 있는 시간적 여유를 제공한다.

② 경쟁(competing) 기법

자신의 이익, 주장, 관심을 다른 집단의 비용을 통해 관철하는 방법이다. 이것은 권력에 근거한 갈등관리 기법이다. 따라서 경쟁에서 승리하기 위해 특정 종류의 권력, 예컨대 지위, 논쟁, 전문지식, 경제적 제재 등을 이용한다. 대립적이며 비협조적인 방법이다.

이는 윈-루즈(win-lose) 전략에 해당하며, 경쟁이 미덕인 사회, 문화적 환경에서 보편적으로 사용되는 방법이다. 따라서 각자가 이기기 위해 힘쓰게 되고 그 결과 한쪽은 모두 잃게 된다.

이러한 경쟁 기법을 사용하는 일반적인 상황을 살펴보면 다음과 같다.

- 양쪽은 피아를 명확히 구분하고 있다.
- 양쪽은 자신의 승리와 상대방의 패배를 위한 상황과 분위기를 만들기 위해 힘을 쏟아붓는다.
- 양쪽은 자신의 관점에서 문제 접근을 한다.
- 목표 달성, 가치관, 객관성 등을 추구하기보다는 당면 과제의 해결을 우선한다.
- 사안에 대해 단기적인 안목을 갖는다.

경쟁 기법은 다음과 같은 순기능적 측면이 있다. 신속하고 분명한 의사결정이 요구될 때 유용하다. 또한 갈등 상황에서 승리하기 위해 경쟁몰입의 동기를 활성화함으로써 개인이나 집단의 응집력과 단체의식, 창의성 등을 제고한다.

역기능적인 측면으로는, 무엇보다 협력이나 상호 이해를 통한 결과의 도출과 같은 다른 해결 방안을 무시한다는 것이다. 또한 내부적으로 조직에 순응하도록 압력을 가함으로써 의문 제기 자체를 억압하게 된다. 따라서 갈등관리를 위한 건전한 커뮤니케이션을 막는다. 아울러 경쟁 기법은 구조화된 권력의 상하관계를 신속히 형성한다.

③ 순응(accommodating) 기법

이것은 경쟁 기법의 반대이다. 순응한다는 의미는 자신의 이익에 개의치 않는다는 것으로서, 자기희생이 요구되는 방법이다. 대립적이지 않으며, 협조적인 방법이다. 따라서 상대방의 이익과 욕구를 위해 자신의 이익을 무시하거나 포기한다.

순응 기법은 갈등에서 발생하는 불쾌한 감정적 요소로부터 벗어날 수 있다. 이러한 기법은 갈등 상황이 당사자 가운데 상대방에게 매우 중요한 문제이거나 평화와 조화가 최고의 목표일 때 사용할 수 있다.

순응 기법이 다른 갈등관리 기법에 비해 갈등을 더욱 신속하게 해결할 수도 있다. 하지만 이 방법도 사실상 윈 – 루즈와 같은 것이다. 왜냐하면 평화와 조화를 유지하기 위해 순응하는 사람이나 집단은 스스로의 가치 혹은 더욱 훌륭한 의사결정의 가능성까지 포기하는 것이 되기 때문이다. 즉, 순응은 자신의 의견과 감정을 표출하지 못하고, 갈등 상황에서 보여 주는 순종과 허락이 충분히 보상받거나 평가받지 못하기 때문에 실질적으로는 패배(루즈)이다.

④ 타협(compromising) 기법

대립과 협동의 중간 형태로서, 집단 간 갈등 상황에서 임시방편, 편의주의적 효과 등의 목적에 사용하는 방법이다. 따라서 이를 통해 상호 간 수용할 수 있는 해결책이 제시되며, 쌍방이 부분적으로 만족하게 된다. 따라서 주고받기(give-and-take) 전략이라고 할 수 있다.

앞서 **그림 13.3**에서 알 수 있듯이, 타협 기법은 회피 기법과 협력 기법을 연결하는 대각선의 중간 지점에 위치하고 있다. 따라서 이러한 방법은 대립을 완전히 배제하는 것은 아니지만,

그와 동시에 갈등 상황의 문제 해결을 위해 최대한의 노력을 기울이지 않는다는 측면에서 양쪽 모두에게 손실이 발생하는 루즈 - 루즈(lose-lose) 전략에 해당한다. 이러한 타협 기법의 범주에는 뇌물공여, 외부의 간섭이나 중개자의 개입 등이 포함된다.

타협 기법은 자신과 상대방의 목표를 함께 고려해야 하므로 긍정적인 측면이 있다. 따라서 다른 갈등관리 기법이 실패했거나, 부적합할 경우에 사용할 수 있다.

하지만 앞서 지적한 타협 기법의 범주에 해당하는 것에서 알 수 있듯이 여러 가지 부정적인 측면도 있다. 무엇보다 타협 기법은 갈등을 충분히 해결할 수 없고, 현재 상황을 모면하기 위한 임시방편적 성격을 갖는다. 왜냐하면 타협 기법은 갈등관리를 위해 당사자들은 자신의 이익, 개인적 생각과 감정 등을 충분히 표출하지 않기 때문이다. 따라서 혁신적인 방안이 묻혀버리고, 평화를 위한 욕구가 갈등관리를 위한 최선의 방안을 모색하고자 하는 욕구를 대체하게 된다. 그 결과 어느 쪽도 완전히 만족하지 못하는 루즈 - 루즈 상황으로 귀결되는 것이다.

⑤ 협력(collaborating) 기법

대립과 협조를 동시에 추구하는 것이다. 따라서 회피 기법의 반대라고 할 수 있다. 쌍방을 모두 만족시킬 수 있는 해결책을 찾기 위해 노력하는 것이므로, 가장 바람직한 갈등관리 기법이라고 할 수 있다. 이를 위해서는 무엇보다 먼저 갈등 상황에 대한 직접적인 대응(confrontation)이 필요하다. 즉, 직접 대응을 통해서 만족스러운 해결책을 찾는 것이다. 집단 간 공통의 문제 해결이나 갈등 발생의 원인이 된 업무 영역이나 권한관계를 공식적으로 재설계하는 것 등이 여기에 해당한다.

따라서 이러한 협력 기법은 상호 신뢰가 높으며, 직무수행의 효율성을 위해 협력이 필요한 집단을 위해 사용되는 기법이고, 시간이 많이 소요된다. **참고 13.2**는 협력 기법을 사용하기 위한 유의사항을 설명하고 있다.

개인과 조직 측면에서 에너지와 창의력이 문제 해결에 초점을 맞추게 되므로, 가장 바람직한 형태라고 할 수 있다. 이는 윈 - 루즈 방법의 기능적인 측면을 취하고, 역기능적 측면은 제거하는 것이라 할 수 있다. 따라서 갈등 상황에서 양쪽은 결과에 대해 보상을 얻게 된다. 즉 보다 나은 의사결정, 긍정적인 조직경험, 긍정적 거래 결과를 얻을 수 있다. 어렵기는 하지만 긍정적인 갈등관리 목표가 바로 이것이라고 할 수 있다.

참고 13.2 협력 기법의 활용 시 유의사항

첫째, 직접적인 대응을 통한 문제 인식이다. 즉, 갈등 상황의 집단 간에 직접적인 커뮤니케이션과 대면을 해야 한다. 따라서 우회적으로 부정적 정보나 비방하는 정보를 유포해서는 안 된다. 중간에 메신저를 통한 접근은 오히려 갈등 상황을 증폭시킬 가능성이 있다.

둘째, 객관적인 사실을 통해 대응해야 한다. 집단 간 갈등에서 상대방의 특성이나 가치관이 대립요소가 되어서는 안 된다. 따라서 구체적인 관찰에 근거한 사실이 대립을 위한 요소가 되어야 한다.

셋째, 미래지향적으로 대응해야 한다. 과거의 문제에 집착하여 접근하는 것은 부정적인 귀결이 될 가능성이 크다. 따라서 갈등집단끼리 투쟁하는 것이 아니라 같은 방향을 향해, 문제를 바라보면서, 문제 해결을 위해 갈등관리를 하고자 하는 태도가 요구된다.

하지만 협력 기법은 가장 성공하기 어려운 갈등관리 기법이다. 이는 당사자들에게 많은 시간과 노력뿐만 아니라, 공동의 권한을 활용할 것까지 요구한다. 협력 기법을 통해 갈등 상황을 해결하기 위해서는 서로의 차이를 연구하고, 합의점이 무엇인지를 모색하고, 상호 만족하는 해결책을 선택할 수 있어야 하기 때문이다. 그리하여 당사자들은 긴 대화와 상호 관계를 통해 문제에 대한 새로운 대안을 발견하게 된다.

아파트 단지 입구에 있는 러브호텔이 문을 닫거나 떠나도록 할 수 있겠는가? 아파트가 건설되기 전부터 영업을 하고 있던 러브호텔 주인은 주민들의 요청을 거절할 것이다. 아파트 주민들은 긴 대화와 상호작용을 위해 많은 노력과 시간을 투입한 결과, 구청과 함께 러브호텔을 이전할 수 있는 대체장소를 찾아내고, 구청에서는 주인에게 이전에 대한 대가로 여러 가지 세제상 혜택을 제공한다.

(2) 피셔-유리의 갈등협상 원칙

피셔와 유리는 갈등관리를 위한 협상 원칙을 제시하였다. 이는 문제(issue) 자체의 중요성 인식을 통해 갈등 상황에서 문제에 대한 접근과 해결을 강조한다. 따라서 경쟁적인 흥정이나 과도한 수용이 아니라 원칙에 근거하여, 상호 존중과 신뢰에 기반하여 자신의 몫을 얻어낼 수 있는 방법으로 알려져 있다(Fisher와 Ury, 1981).

피셔 - 유리의 갈등협상 원칙은 **표 13.2**와 같은 네 가지 원칙으로 구성되어 있다.

표 13.2 갈등협상 원칙

원칙 1. 사람을 문제로부터 분리한다.
원칙 2. 상황이 아닌 이익에 초점을 맞춘다.
원칙 3. 상호 이익을 위한 대안을 개발한다.
원칙 4. 객관적 기준을 사용한다.

출처 : R. Fisher and W. L. Ury, *Getting to Yes : Negotlating Agreement without Giving In*, 2nd ed, NY, Penguin Books, 1991, pp. 63-66.

조직행동 읽을거리

협상을 통한 플러스섬

한국에서는 휠체어로 저상버스를 타려면 처음에는 용기가 필요하다. 돌발상황이 많아서다. 우선 저상버스 보급률이 낮다. 운전기사와 소통이 어렵다. 휠체어로는 눈높이도 낮은데 기사와 구두로 소통해야 한다. 정류장 환경이 열악하다. 휠체어로 타려면 버스 경사로가 바닥에 잘 밀착되어야 하는데 정류장 바닥이 너무 낮거나 높기도 하다. 정류장 주위에 장애물이 많아서 경사로 펴기가 어려울 때도 있다. 경사로가 고장 나거나, 버스기사가 거부하고 가버리는 상황도 휠체어 이용자를 긴장시킨다. (하략)

출처 : 홍윤희, '삶과 문화: 권리의 확장은 제로섬 게임이 아니다', 한국일보. 2023.07.25.
https://www.hankookilbo.com/News/Read/A2023072516150005460

이와 같은 네 가지 협상 원칙의 핵심 요소는 사람, 이익, 대안, 기준이라고 할 수 있다. 지금부터 피셔 - 유리 갈등협상 원칙을 살펴보도록 하자.

원칙 1. 사람을 문제로부터 분리한다

피셔와 유리는 모든 갈등은 문제요인과 사람요인으로 구성되어 있다고 주장한다. 이는 앞서 논의한 갈등의 내용 차원 및 관계 차원과 같은 맥락이다. 따라서 효과적인 갈등관리를 위해 문제요인과 사람요인이 모두 중요한데, 첫 단계로서 사람요인을 문제요인으로부터 분리해야 한다. 하지만 현실적으로는 두 가지 요인을 분리하는 것이 쉽지 않다. 왜냐하면 이러한 두 요소는 밀접하게 관련되어 있기 때문이다.

예컨대, 리더인 영업부장과 부하 직원 사이에 낮은 영업실적에 대한 책임공방으로 인한 갈등 상황을 가정해 보자. 이때 상호관계와 각자의 역할 등과 같은 사람요인에 대한 논의를 배제하기란 쉽지 않을 것이다. 아울러 개인의 성격, 신념, 가치관 또한 현재 처한 갈등과 밀접한 관련이 있다. 그렇기 때문에 원칙 1에서 제시하는 것처럼 사람과 문제를 분리한다는 것이 쉽지 않다.

하지만 사람요인을 문제요인으로부터 분리하기 위한 노력을 통해 원칙 1을 달성함으로써, 역설적으로 다른 사람을 더욱 잘 인식하게 된다. 즉, 세상을 바라보는 관점이 각자 다르기 때문에, 갈등 상황에서 서로 다른 감정적 반응을 겪게 된다. 따라서 갈등 상황에서 사람 측면의 인식은 상대방의 성격뿐만 아니라 욕구를 더욱 분명하게 이해하게 해 준다. 즉, 사람을 문제로부터 분리함으로써 갈등 상황에서 관계에 더욱 주의와 관심을 기울이게 한다는 것이다. 한편 갈등이란 상호관계를 압박하는 효과가 있다. 따라서 갈등 상황에서 일어나는 행동이 어떻게 상대방에게 영향을 주는지를 인식하는 것은 중요하다. 그렇기 때문에 서로를 비난하고 공격하는 대신에, 문제에 공동대처하는 것이 유리하다.

영업부장과 부하 직원의 경우, 사람을 문제로부터 분리하기 위해서는 상사와 부하 모두 개인적 속성 대신에 성과 기준과 직무 관련 행동에 초점을 두고 영업실적을 논의해야 한다. 따라서, 문제를 사람으로부터 분리하기 위한 원칙을 **표 13.3**과 같이 적용할 수 있을 것이다.

이를 통해 상사와 부하 관계를 유지하면서, 낮은 영업실적의 문제에 대해 정면으로 대처할 수 있게 된다. 이처럼 사람을 문제로부터 분리함으로써 관계를 파괴하는 대신, 오히려 관계를

표 13.3 원칙 1의 적용사례

사람과 문제의 미분리 상태	사람을 문제로부터 분리하기 위한 방법
당신은 맡은 일을 제대로 하지 못했습니다.	당신이 거래처를 방문한 횟수가 목표치에 이르지 못했군요. (부하가 어떻게 요구조건을 충족시키지 못했는지를 설명한다)
부장님께서 애초에 불가능한 목표치를 설정하지 않았습니까? (목표치가 비현실적이라고 느끼며, 상사의 탓이라고 생각한다)	올해 목표치를 정할 때, 최근의 어려운 경제상황이 고려되지 않았습니다. (목표치가 왜, 어느 정도 비현실적인지에 대한 사유와 자신의 의견을 명확히 한다)

강화할 수 있는 기회가 된다.

원칙 2. 상황이 아닌 이익에 초점을 맞춘다

두 번째 원칙은 갈등의 이해 당사자들이 각자의 상황이 아니라 각자의 이익에 초점을 맞추라는 것이다. 여기서 각자의 상황이란 특정 갈등에서 각자의 입장이나 관점을 의미한다. 쉽게 말해서 갈등에서 서로 반대편에 서게 되는 것을 의미한다. 그에 비해 이익은 상황의 뒤에 놓여 있는 것으로 각자가 추구하는 욕구나 가치를 말한다. 따라서 이익에 초점을 맞춤으로써 현재의 갈등 상황이 발생한 이유와 근거를 분석하도록 해 준다. 이는 갈등협상을 확장시키는 기능을 한다.

따라서 갈등 상황 뒤에 놓여 있는 이익이 무엇인지 알아내기 위해서는 상대방을 움직이게 하는 기본적인 관심과 욕구를 살펴보아야 한다. 즉, 경제적 욕구인지, 안전, 소속, 인정, 권한의 욕구 가운데 어떤 것인지 파악해야 할 것이다. 따라서 이러한 기본적 욕구에 주의를 기울여, 상대방(쌍방)이 이를 충족할 수 있도록 돕는 것이 갈등협상의 핵심이 된다.

예컨대, 리더십 강의시간에 교수와 학생 간 출석이라는 문제를 두고 벌어진 갈등을 생각해 보자. 담당 교수는 학기 중 두 번의 결석까지는 기말성적에서 감점이 없으나, 그 이상일 경우 기말성적은 결석 1회당 5점씩 감점할 것이라고 공지하였다. 김 군은 중간시험과 기말시험에서 최고점을 받았으며, 사례발표와 숙제도 높은 평가를 받았다. 하지만 학기 중에 김 군은 6번의 결석을 하였고, 평가 기준에 따라 기말성적은 A에서 C로 내려갈 처지에 놓이게 되었다.

이러한 갈등 상황에서, 김 군의 입장은 비록 결석은 많이 하였지만, 열심히 공부했고 좋은 평가를 받았기 때문에 나쁜 성적을 받아서는 안 된다는 것이다. 그에 비해 교수의 입장은 출석을 성적에 반영한다는 자신의 기준은 정당하며, 기말성적은 C를 부여해야 한다는 것이다.

이때, 각자가 고수하고자 하는 상황의 토대와 배경이 되는 몇 가지 이익(욕구)에 초점을 맞추어 분석하는 것이 중요하다. 김 군의 경우 이번 학기에 21학점을 수강하면서 2개의 아르바이트를 하고 있다(즉, 김 군의 욕구와 이익은 8학기 안에 우수한 성적으로 졸업해야 하며, 경제적으로 필요한 비용을 충당하는 것이다). 그리고 담당교수는 강의 우수상을 두 번이나 받았으며, 많은 연구논문이 있다(즉, 교수의 욕구는 학생들로부터 존경을 받고 싶고, 자신의 결정에 도전받는 것을 좋아하지 않는다는 것이다).

이처럼 두 사람의 이익과 욕구가 무엇인지 파악하게 된다면 수업시간의 결석을 두고 발생한 갈등의 배경은 실제 보이는 상황보다 복잡하다는 것을 알 수 있다. 따라서, 이때 표면적으로 드러난 상황만 가지고 갈등관리를 하고, 협상하고, 합의에 의해서 혹은 규정에 의해서 결정한다면 결과는 단순할 것이다. 즉, 김 군은 C학점을 받을 것이고, 교수는 협상과 논의 과정에서 불쾌한 경험을 하게 될 것이다. 다시 말해서 모두가 불만족하게 된다. 하지만 두 사람의 이익과 욕구에 관해 충분히 고려한다면 상호 만족하는 결과를 얻게 될 가능성은 커질 것이다.

담당교수는 김 군의 출석에 영향을 주며, 또한 김 군의 경제적 필요와 안전에 영향을 주는 중요한 의무가 있음을 인정하게 될 가능성이 커진다. 또한 김 군은 담당교수가 학생들의 출석과 참여를 통해 학생들에게 성실함을 가르쳐 주려는 훌륭한 스승임을 깨닫게 될 수 있다. 따라서 갈등 상황에서 두 사람은 자신의 이익에 초점을 맞추고, 이를 위해 서로 의사소통하고 갈등을 관리하기 위한 여러 가지 접근 방식을 전개하면서 마음을 열게 된다.

원칙 3. 상호 이익을 위한 대안을 개발한다

상호 이익을 위한 대안개발은 일면 어렵게 느껴진다. 왜냐하면 일반적으로 갈등 상황을 보는 시각은 이것 아니면 저것이라는 관점에서 문제에 접근하기 때문이다. 즉, 이기거나 지는 것, 얻거나 잃는 것, 성공하거나 실패하는 것으로 이해함으로써 그 밖의 가능한 선택과 대안을 보지 못한다.

하지만 원칙 2를 통해 상황이 아닌 이익에 초점을 맞추게 됨으로써 상호 이익을 위한 대안을 의외로 쉽게 발견하는 경우가 많다. 즉, 상호 이익(욕구)이 어떤 부분에서 서로 부합하고, 겹치게 되는지를 탐색함으로써 갈등 당사자 모두에게 이익이 되는 해결책을 발견할 수 있게 된다. 이때 서로의 이익을 충족시키는 과정이 반드시 적대적일 필요는 없음에 주목해야 한다. 서로의 이익에 대해 배려함으로써, 갈등 당사자들 모두의 이익을 충족하는 것이 오히려 더욱 쉬워질 수 있기 때문이다.

앞서 교수와 학생의 사례에서, 김 군은 담당교수가 가지고 있는 출석에 관한 일관성 있는 규칙 적용과 수업시간에 참여도가 떨어지는 학생에 대한 교수의 처벌규정의 중요성에 대해 충분히 이해한다는 것을 나타낼 필요가 있다. 또한 자신의 높은 시험점수와 숙제, 사례평가 결과가 담당교수로부터 얼마나 많이 배웠는지를 보여 주는 증거이며, 자신이 필히 수행해야

했던 다른 의무를 고려했을 때, 그러한 좋은 결과는 자신이 얼마나 열심히 노력했는지를 보여주는 증거라고 설득해야 할 것이다.

담당교수는 다른 학생들과 형평성 문제 때문에 김 군의 결석에 대해 아무런 조치를 하지 않는 것은 옳지 않다고 말할 것이다. 두 사람은 김 군의 성적을 C 대신에 B로 부여하는 데 합의할 수 있다. 어느 쪽도 완전히 승리하지는 못했으나, 갈등 당사자의 이익과 욕구를 생각한다면 최선의 협상이 이루어졌다고 할 수 있다.

원칙 4. 객관적 기준을 사용한다

효과적인 협상을 위해서는 각자의 이익과 욕구를 협의함에 있어서 객관적인 기준이 필요하다. 이는 협상의 목표는 원칙에 근거한 해결책에 이르는 것이기 때문에, 당사자들이 갈등 상황을 제대로 바라볼 수 있는 객관적 기준이 중요하다. 이때 객관적 기준은 여러 가지가 있을 수 있으며, 일반적으로 **표 13.4**에 소개되어 있는 것을 활용할 수 있을 것이다.

예컨대, 취업규칙의 변경 시 경영진과 노조 간 의견차이가 크다고 할 때, 비슷한 규모의 동종업계의 조직의 선례를 참고하여 윤리적 기준을 함께 고려할 수 있다. 기준을 효과적이고 공정하게 활용한다면 그 결과는 일반적으로 적절하고 공정한 것으로 인식되기 때문이다.

피셔 - 유리의 갈등협상원칙이 모든 갈등문제를 해결할 수 있다고 할 수는 없지만, 네 가지 원칙을 적절하게 활용함으로써 갈등 상황의 당사자 모두에게 유리한 방법으로 갈등관리를 할 수 있음을 입증하고 있다(Fisher와 Ertel, 1995).

표 13.4 갈등협상을 위한 여러 가지 기준

구분	설명
과거의 선례	일반적으로 어떻게 해결되었는가. 관행과 관습이 확립되어 있는가.
법원의 판례	과거의 선례보다 강력한 것으로서, 법률적 판단이 어떠했는가.
전문분야의 기준	갈등문제와 연관된 직무나 산업에서 이를 다루기 위해 제정된 규칙이나 기준이 무엇인가.
윤리적 기준	공리주의적, 정의적, 기본권적 관점에서 갈등문제에 접근한다.
과학적 판단	사실과 증거에 기반한 실험과 관찰의 결과가 어떠했는가.

(3) 갈등관리를 위한 커뮤니케이션 전략

우리는 앞서 갈등관리를 위한 두 가지 기법에 관해 살펴보았다. 이때 갈등 당사자 간 효과적인 커뮤니케이션의 중요성이 부각됨을 알 수 있다. 갈등관리 과정에서 중요한 역할을 하는 커뮤니케이션 접근 방법에 관해 살펴보도록 하자. 효과적인 커뮤니케이션은 갈등에서 비롯되는 스트레스와 불안을 줄여 주고, 갈등 당사자 간 관계를 악화시키지 않도록 해 주며, 갈등관리를 더욱 효율적으로 하는 데 도움이 된다.

① 갈등의 차별화

이는 갈등 당사자들이 갈등의 성격을 정의하고, 자신의 입장을 명확히 하는 것을 말한다. 차별화의 의미는 갈등 상황에서 서로의 유사점보다는 차이점을 명확히 한다는 것으로, 이를 통해 갈등의 성격과 관련 변수를 이해하는 데 도움이 된다. 이러한 차별화는 갈등관리를 위해 필수적인 과정인데, 이를 위한 커뮤니케이션은 쉽지 않다. 무엇보다 이 과정은 갈등을 누그러뜨리기보다는 갈등이 심화되는 형태를 갖기 때문이다. 또한 사람들은 이러한 차별화 과정을 통해 갈등관리가 성공적으로 이루어지지 않을 것이며, 갈등의 원인이 바로 자기 자신이라는 느낌과 감정을 일으키기 때문이다.

하지만 차별화의 가치는 갈등을 명확히 정의해 준다는 것이다. 앞서 지적하였듯이 당사자들이 갈등문제에 대해 얼마나, 혹은 어떠한 차이를 보여 주고 있는지를 상호 인식하게 해 주는 효과가 있다.

예컨대, 학기말 팀 프로젝트를 위한 상황을 생각해 보자. 팀 구성원 가운데 하나인 박 군은 프로젝트를 위한 모임에 매우 불성실하다. 모임에 거의 나타나지도 않을 뿐 아니라, 토의 참여나 역할을 전혀 하지 않고 있다. 박 군은 자신이 아르바이트 때문에 참석할 수 없는 시간에 항상 팀 모임을 갖는다고 불평한다. 그리고 자신을 배제하기 위해 일부러 그렇게 한다고 생각하고 있다. 담당교수는 팀 구성원들을 한곳에 모이게 하여, 각자에게 자신의 관점을 설명하도록 하였다. 팀 구성원들의 생각은 박 군은 팀 모임에 참여하기 위해, 아르바이트 근무시간을 조정하는 노력을 전혀 하지 않는데, 그것은 팀 프로젝트에서 좋은 평가를 얻고자 하는 생각이 없기 때문이라고 여기고 있었다. 그에 비해 박 군은 자신은 학교에 다니면서 생활비를 벌기 위해 아르바이트를 두 개나 해야 한다는 것을 다른 사람들이 전혀 배려해 주지 않는다는 생각이 들었고, 자신은 근무일정을 조정할 권한이 전혀 없다고 말하였다.

이렇게 팀 구성원들이 한자리에 모여서 문제를 분석하려 함으로써 차별화가 이루어지게 되었다. 팀 구성원들은 왜 그들이 갈등을 겪고 있는지를 여러 사람 앞에서 이야기해야 하기 때문에, 분명히 어려운 과정임에 틀림없다. 하지만 이를 통해 갈등 당사자들은 상대방의 관점을 이해하게 된다. 박 군과 팀 구성원들은 매주 팀 프로젝트를 위해 모일 수 있는 시간을 확정할 수 있었고, 박 군은 아르바이트하는 가게의 주인에게 그 시간에는 초과 근무를 할 수 없음을 분명하게 이야기하였다.

② 갈등의 세분화

이는 큰 갈등을 더욱 작고 다루기 쉬운 갈등으로 분해하는 것이다(Wilmot과 Hocker, 2011). 갈등을 세분화하는 것은 다음과 같은 측면에서 유용하다. 첫째, 세분화는 더욱 작고 덜 복합한 갈등으로 축소함으로써 갈등을 축소시켜 준다. 당면하고 있는 갈등이 거대하고 형체를 알아볼 수 없는 추상적인 것이 아니라 구체적이고 명확한 문제라는 것을 인식하는 것은 중요한 일이다. 둘째, 세분화는 갈등에 집중할 수 있게 해 준다. 큰 갈등을 줄이고 좁힘으로써 한꺼번에 많은 문제를 해결하기보다는 문제에 대한 명확한 인식과 효율적 접근을 하게 된다. 셋째, 갈등 상황이 감정적 부담을 줄이게 된다. 작은 갈등은 상대적으로 적은 감정적 부담을 줄 것이기 때문이다. 넷째, 세분화는 갈등 당사자 간 협력을 촉진하게 된다. 즉, 갈등의 축소판을 해결하기 위해 합의하는 경우, 더욱 크고 많은 갈등 상황을 해결하기 위한 첫 단추를 끼우는 것이 된다.

세분화의 사례로서 입학지원율이 저조하여 자립형 사립고에서 다시 일반고로 되돌아가야 할 처지에 놓인 100년 전통의 서울의 어떤 고등학교를 생각해 보자. 학교 이사회와 동문들은 교장의 리더십과 학교의 운영방침에 대해 못마땅하게 생각하고 있었고, 교장은 이사회와 동문회에 실망하고 있었다. 학교는 지난 3년 동안 적자예산으로 운영되고 있었으며, 서울시의 보조금은 인건비로 모두 지출되었고, 그동안 확보해둔 기부금도 거의 바닥이 난 상태였다. 이사회와 동문회는 학교의 여러 가지 문제점이 단지 더욱 많은 학생들이 입학하면 해결된다는 한 가지로 인식하고 있었다. 하지만 교장은 낮은 지원율의 바탕에는 학생유치 전략, 재학생 유지, 기금모금, 홍보 전략, 노후화된 학교시설, 학부모들의 불신 등 많은 문제점이 도사리고 있음을 알고 있었다.

교장은 이사회 임원들과 동문회 대표들을 강원도에 있는 학교 연수원에 초대하여, 그곳에서 학교가 당면한 많은 문제를 상세히 설명하였고, 그것을 공동해결과제 세 가지로 축소하였다. 즉 교장과 이사회, 동문회는 적극적인 학생유치 전략, 기금모금 노력, 학생유치를 위한 학부모 대상 홍보 전략이라고 하는 세 가지 문제를 함께 해결하기로 합의한 것이다.

그리하여 '학교를 위해 무엇을 해야 하는가'라는 큰 갈등이 교장과 이사회, 동문회가 다룰 수 있는 세 가지 구체적인 영역으로 축소되었다. 이렇게 갈등을 세분화함으로써 갈등 당사자들은 서로에 대한 부정적 감정을 누그러뜨리고 서로에 대한 이해의 깊이와 폭을 넓혔고, 보다 나은 협력관계를 통해 문제 해결을 위한 의지를 확인하고 다질 수 있었다.

③ 체면 세워 주기

이는 갈등 상황에서 필요한 효과적인 커뮤니케이션의 전 과정에 걸쳐 필요한 전략이라고 할 수 있다. 이는 갈등 당사자의 바람직한 자아이미지를 설정하고 유지함으로써 커뮤니케이션의 효율성을 높여 준다. 따라서 체면 세우기 메시지의 목적은 자아보호라고 할 수 있다.

갈등은 당사자들에게 흔히 위협으로 인식되기 때문에 불안을 유발하는 경우가 많다. 이때 사람들은 자신의 입장에 대해, 다른 사람들이 어떻게 보는지에 대해 걱정을 하며 신경을 쓰게 된다. 이러한 태도는 당연한 것일 수 있다. 하지만 이는 갈등관리를 위해서는 역효과를 낳을 수 있다. 왜냐하면 갈등의 초점이 실질적인 문제에서 개인적인 문제로 옮겨 가기 때문이다. 따라서 체면 세워 주기를 위한 메시지 전달은 갈등의 중심적인 관심사항에 맞서는 대신에 당사자들의 갈등과 관련된 자아이미지를 다루도록 하는 것이다.

실제로 갈등 상황에서 상대방의 자아이미지를 지켜주는 방법으로 커뮤니케이션을 한다면, 갈등 상황을 덜 위협적인 것으로 만들 수 있다. 체면 세우기를 통해 효과적인 갈등관리가 되기 위해서는 다음의 두 가지가 중요하다.

첫째, 갈등 당사자 간 커뮤니케이션에서 체면을 위협하는 문제로 옮겨 가는 것을 회피하려는 노력이 필요하다. 이것은 내용에 초점을 두고, 상대방의 자아이미지를 시험하려 하지 않는 상호작용을 통해 가능하다. 둘째, 갈등관리 과정의 중간 단계 이후로, 체면 세우기 메시지를 통해 당사자들이 갈등관리를 하면서 서로를 어떻게 이해했는지를 확인하고, 서로를 지지

해 주는 데 활용해야 한다. 이를 통해 갈등 당사자들뿐만 아니라 다른 사람들에게 갈등 상황 동안 적절하게 행동했으며, 당사자들의 관계가 아직 잘 유지되고 있음을 확인시켜 주기 때문이다.

다음의 어느 지방 대학의 사례를 통해 체면 세우기가 갈등관리에 어떤 영향을 주는지 확인할 수 있다. 지방 국립대학 부속병원에서, 200명의 간호사들이 단체협상 결렬 후에 파업을 시작하였다. 환자들뿐만 아니라 지역사회에 혼란과 우려의 목소리가 커졌다. 노사 간 갈등의 핵심은 급여 인상과 과도한 초과근무(인력 부족 부서에 대한 의무적 순환근무) 문제였다. 협상 과정에서 운영진과 간호사 간에 욕설과 몸싸움도 있었고 급기야 개인 비방과 폭로까지 난무하였다. 갈등 상황에서 각자의 행동이 정당하다는 대중적 이미지 확보를 위한 양측의 비방전으로 인해, 초기 협상안은 아무런 소용이 없게 되었다. 즉, 임금 인상과 초과근무라는 실질적인 문제가 아니라, 이런 태도와 저런 이미지가 옳고 그르다는 것이 문제의 중심에 서게 된 것이다. 서로 비방하고 깎아내리는 일을 하지 않았더라면 갈등으로 인한 당사자뿐 아니라 환자들과 지역사회에 주는 부정적 영향은 훨씬 줄었을 것이다.

체면 세우기 전략은 이러한 갈등 상황에서 긍정적 효과를 나타내었다. 협상 과정에서 병원 운영진은 지역신문에 파업과 관련한 광고를 통해 병원 측의 제안에 대한 설명과 함께 왜 이러한 제안이 잘못 이해되는지를 해명하였다. 그리고 해명 광고 글의 마지막 부분에 다음과 같이 썼다. '우리 대학병원은 간호사들의 파업할 권리를 존중한다. 파업은 병원 근무자들의 불만과 요구사항을 전달하는 평화적이며 효과적인 수단이다.'

이러한 메시지를 통해, 병원 운영진은 자신들의 입장을 안팎에 제대로 알렸으며, 동시에 간호사들의 파업이 불법적이거나 비도덕적인 것이 아니라는 것을 표명함으로써 간호사들의 체면을 세워 주었다. 협상이 타결된 후, 양측이 따로 지역방송 인터뷰를 통해 발표한 메시지에서 상대방의 자아이미지를 확인해 주는 모습을 발견할 수 있었다. 급여 인상안을 관철한 간호사들은 자신들이 이겼고, 병원이 협상에서 졌다는 표현을 전혀 사용하지 않았다. 마찬가지로 직원들을 선택하여, 초과근무에 투입할 결정권을 가진 병원 측 또한 자신들이 얻어낸 것을 강조하거나, 지역신문 보도에 나타났던 여론에 편승하여 간호사들의 태도가 의료인답지 않았다고 일절 언급하지도 않았다.

이러한 양측의 체면 세우기 전략은 스스로가 의료인으로서 이미지를 훼손시키지 않을 뿐 아니라, 업무관계를 발전시킬 수 있는 계기가 되었으며, 지역사회의 우려와 혼란을 덜게 된 결과로 나타났다.

14장

조직문화와 국가문화

I 조직문화의 이해

II 국가문화

I 조직문화의 이해

1. 조직문화의 개념

조직문화는 구성원들이 공유하고 있는 의미체계이다. 공유하는 의미체계란 조직이 중요하게 여기는 핵심가치의 집합체를 말한다.

조직문화에 관한 연구에서 조직의 중요한 핵심가치로서 다음과 같은 것을 찾을 수 있었다.

혁신과 위험감수 구성원들에게 혁신적이고 위험을 감수하도록 장려하는 특성을 의미한다.

세부 사항에 대한 관심(attention to detail) 업무상 구성원들에게 정확한 표현, 분석, 세부항목에 대한 집중을 요한다.

성과지향성(outcome orientation) 결과물을 얻기 위해 방법이나 과정보다는 결과와 산출물을 중요시한다.

사람지향(people orientation) 조직의 의사결정 결과가 구성원들에게 미치는 영향을 고려하여 의사결정을 한다.

팀 지향(team orientation) 작업 활동이 개인보다는 팀을 중심으로 조직화되는 정도가 두드러진다.

적극성(aggressiveness) 구성원들이 공격적이고 경쟁적인 특성이 높다.

안정성(stability) 조직 활동이 성장보다는 현상유지를 강조하는 특징을 갖는다.

출처 : H. M. Trice, and J. M. Beyer, *The Cultures of Work Organizations*, Prentice-Hall, 1993. pp. 358-362.

2. 조직문화에 대한 논의의 필요성

개인이 독특한 성격을 갖고 있는 것처럼, 개별 조직 또한 구별되는 특성을 갖고 있다. 조직행동 연구에서 성격의 이해를 통해 개인의 태도와 행동을 예측할 수 있다. 조직 또한 '친화적인, 합리적인, 딱딱한, 혁신적인, 엄격한, 보수적인, 절차 중심적인' 등으로 조직의 특징을 구분하고 설명할 수 있다. 이를 통해 조직 내 개인의 행동과 태도를 이해하고 예측하는 데 활용할 수 있다.

따라서 이러한 핵심가치의 집합체인 조직문화의 중요성 때문에 어떻게 조직문화가 형성되고, 유지, 발전, 활용되는지에 대한 논의가 중요하다.

3. 조직문화의 분류

조직문화에 대한 연구에서 다음과 같이 조직문화를 범주화하고 있다.

1) 지배적 문화와 하위문화

지배적 문화(dominant culture) 혹은 상위문화는 조직 구성원 다수가 공유하고 있는 핵심가치를 의미한다. 일반적으로 조직문화라고 할 때 이것을 의미한다. 이는 조직문화를 거시적 관점에서 조망하는 것으로, 조직의 독특한 성격을 규정해 주는 것이라고 할 수 있다.

그에 비해 하위문화(subculture)는 특정 구성원들이 직면하고 있는 공통의 문제나 상황, 경험을 반영하고 있는 것으로서 부서별 혹은 지리적 영역에 의해서 정의되는 경우가 많다. 예컨대, 영업부는 그들만이 독특하게 공유하고 있는 하위문화를 갖고 있을 것이다. 하지만 이는 지배적인 문화의 핵심가치에 영업부서의 독특한 가치를 반영한 형태로 구성되어 있을 것이다. 본사에서 지리적으로 멀리 있는 해외지사나 단위조직 또한 다른 특성을 가질 수 있을 것이다. 이들 역시 핵심가치는 기본적으로 공유하고 있지만, 멀리 떨어져 있다는 독특한 상황을 반영하여 핵심가치를 수정할 것이다.

만약 어떤 조직이 지배적 문화를 갖고 있지 않고 다수의 하위문화로만 구성되어 있다면, 이러한 조직이 갖는 조직문화의 가치는 낮을 것이다. 왜냐하면 조직 구성원들에게 무엇이 핵심가치이며, 적절한 행동인지에 대한 통일된 해석이 불가능하기 때문이다.

이처럼 공유하는 핵심가치라고 하는 조직문화가 갖는 특징은 구성원들에게 행동의 기준과 지침을 제공하는 강력한 수단으로 작용한다. 예컨대 적극성과 위험의 감수라고 하는 지배적 문화를 가지고 있는 구글(google)의 경우, 경영진과 구성원들의 행동이 어떠하다는 것을 조직 내외에서 분명히 지각(이해)할 수 있다.

2) 강한 문화와 약한 문화

강한 문화는 조직의 핵심가치를 강렬하게 또한 널리 공유하고 있는 것을 의미한다. 핵심가치를 수용하는 구성원들의 숫자가 많을수록, 구성원들의 핵심가치에 대한 몰입도가 커질수록 조직문화는 강해진다.

공유 정도가 높은 강한 문화는 행동을 강력하게 통제할 수 있는 내부 분위기를 만들기 때문에 구성원들의 행동에 많은 영향을 미친다. 예컨대, 미국의 고급 백화점인 노드스트롬(Nordstrom)은 소매산업에서 강력한 서비스 문화의 모델을 구축하였다. 종업원들은 백화점 건물 내부의 매장에서 화장실에 이르기까지 이해하지 못하는 용어란 없었고, 그러한 이해에 바탕을 둔 노드스트롬만의 고객서비스는 백화점 산업에서 전설을 가능하게 하였다.

노드스트롬의 서비스 문화에 관한 일화가 있다. 그곳 백화점에서는 당연히 자동차 타이어를 판매하지 않음에도, 고객센터 직원은 손님이 갖고 온 타이어를 반품 처리해 주었다는 것이다. 또한 뉴욕 시내에 있는 노드스트롬에서 세일기간 동안에 원하는 바지를 구매하지 못해 실망한 손님을 위해, 길 건너 메이시스(Macy's) 백화점에서 바지를 사서 세일가격으로 판매했다는 일화도 있다. 이것이 바로 강한 조직문화의 힘이라고 할 수 있다(Peters와 Waterman, 1992).

한편, 강한 조직문화의 또 다른 성과는 낮은 이직률이다. 강한 문화는 조직의 목표에 대한 구성원 간 높은 의견일치와 같은 의미이기 때문이다. 따라서 목표에 대한 의견 일치는 응집력, 충성심, 조직몰입을 가져오며, 이것이 이직의 감소로 귀결된다고 할 수 있겠다.

3) 딜과 케네디의 모델

딜과 케네디는 미국 10대 산업부문의 2,600개 기업을 대상으로 실시한 연구에서 두 가지 요인을 통해 조직문화의 특징을 밝혀내었다(Deal과 Kennedy, 1982).

① 관리자들이 예측하는 위험의 정도(높은가, 낮은가).

② 의사결정의 결과가 피드백되는 속도(빠른가, 느린가).

연구 결과 대부분의 조직은 지배적 문화와 하위문화에서 공통적으로 이러한 네 가지 프로파일을 혼합적으로 갖고 있는 것으로 나타났다.

① **거친 남성의 문화(tough guy)** 이는 높은 위험선호적 특성을 갖고 있는 문화로서, 행동의 결과 성공과 실패를 곧바로 알 수 있는 개인주의 문화이다. 건설, 화장품, 스포츠, 레저, 케이블 방송, 컨설팅 회사, 엔터테인먼트 업종의 기업이 많다.

② **열심히 일하고 열심히 놀자는 문화(work hard play hard)** 부동산, 백화점, IT, 보험, 방문판매처럼 판매노력이 곧바로 피드백되는 문화를 말한다. 이러한 업종은 팀워크가 중요시되므로 의식과 의례가 활성화되어 있다.

③ **사운을 거는 문화(bet your company)** 투기적 의사결정으로 위험부담이 크다. 또한 결과의 피드백은 오래 걸린다. 따라서 올바른 의사결정이 중요하므로 조직 전체적으로 신중함이 강조된다는 특징이 두드러지며, 의사결정은 하향식 형태이다. 광산, 유전, 우주항공 등의 업종이 있다.

④ **프로세스(process) 중심의 문화** 은행, 보험회사, 정부, NGO 등 구성원들은 현재 자신이 수행하고 있는 결과를 예측하는 것이 쉽지 않다. 따라서 현재 하고 있는 일의 절차나 과정에 초점을 두는 문화라고 할 수 있다. 관료제 문화로 대표될 수 있으며, 중심가치는 기술적 완벽성에 있다.

그림 14.1 딜과 케네디의 연구 결과

	Tough Guy (Macho)	Work Hard Play Hard	Bet Your Company	Process Oriented
Risk Assumed	High	Low	High	Low
Feedback	Fast	Fast	Slow	Slow

출처 : T. E. Deal and A. A. Kennedy 'Corporate Culture.' The Rites and Rituarls of Corporate Life, Penguin Books, 1982, pp. 33-34.

4. 조직문화의 기능

여러 연구에서 밝혀진 조직문화의 기능은 다음과 같다.

① 조직문화는 경계를 정의하는 기능을 한다. 즉, 조직과 조직이 아닌 것을 구분 짓는 역할을한다.

② 조직 구성원들에게 정체성을 지각하도록 하는 역할을 한다.

③ 개인적 이익보다 더 큰 가치에 몰입할 수 있도록 한다.

④ 사회시스템의 안정성을 높여 준다. 조직문화는 구성원들의 말과 행동에 대한 적절한 표준을 제공함으로써 조직을 하나로 묶어 사회적 공동체로 만들어 준다.

⑤ 조직문화는 구성원의 행동을 유발하고 태도를 변화하기 위한 원천이 되며, 또한 행동과 태도를 통제하는 메커니즘의 기능을 한다. 이것은 조직문화의 기능 가운데 특히 중요한 것으로서, 마치 게임을 위한 규칙이라고 할 수 있다. 예컨대, 모든 조직은 일상 업무를 수행할 때 어떤 사항에 대한 암묵적인 규칙을 갖고 있다(절차를 중요시해야 한다, 혁신적이어야 한다). 따라서 신입사원은 그러한 규칙을 배울 때까지 조직의 완전한 일원으로 인정받지 못한다. 경영진이든 일선 근로자든 이 같은 규칙을 위반할 때 강력한 비난과 제재가 따를 것이다. 반면 규칙을 잘 지키는 경우에는 보상을 얻게 된다.

5. 조직문화의 역기능

강한 조직문화가 조직에 미칠 수 있는 잠재적인 역기능 또한 생각해 볼 수 있다.

1) 변화에 대한 장벽

현재의 공유가치가 조직 성과를 위해 더 이상 유용하지 않을 경우가 있는데, 이때 조직문화는 부담으로 작용한다. 이러한 상황은 환경이 급격하게 변화하는 경우에 나타난다. 환경이 급격하게 변화하면 현재 갖고 있는 조직문화는 더 이상 성과 창출에 효과적으로 작용하지 못하기 때문이다.

조직문화의 순기능이라고 할 수 있는 구성원들의 일관성 있는 행동은 상대적으로 안정적 환경에 있는 조직에게는 가치 있는 자산일 수 있다. 그러나 변화하는 환경에서는 오히려 짐이 되고 대응능력을 떨어뜨리는 장애물이 된다. 미쓰비시, SONY, IBM, Kodak, 검찰이나 경찰 등의 조직을 생각해 보자. 그동안 잘 작동했던 이들의 강한 조직문화는 과거의 방식이 더 이상 효과적이지 않은 현재 상황에서 변화를 위한 장벽이 되고 있다.

2) 다양성에 대한 장벽

조직은 모집선발 과정에서 조직의 핵심가치, 즉 조직문화를 잘 수용할 수 있는 사람을 선발하기를 원할 것이다. 왜냐하면 그렇지 못할 경우, 조직에 적응하지 못하거나 인정받지 못하기 때문이다.

그러나 현대 기업조직은 학력, 성별, 나이, 장애 등과 같은 요소에서 다양성을 공개적으로 인식하고 차별을 시정하기 위해 노력하고 있다. 결국 이러한 두 가지 상반되는 요구로 인해 조직은 딜레마에 처하게 된다. 다양성이 조직에 가져올 수 있는 중요한 이점 때문에 다양한 사람을 채용하기를 원하지만, 이들이 조직에 들어올 경우 그러한 다양성의 이점은 강한 조직문화를 약화시킬 수 있는 요인이 되기 때문이다.

이러한 다양성의 딜레마의 상황에서는 관리자의 역할이 중요하다. 상충되는 두 가지 목표, 즉 구성원들로 하여금 조직의 지배적인 가치를 수용하게 하는 것과 다른 한편으로는 다양성을 확대하는 것의 균형을 유지하는 일이다. 수여의식을 지나치게 강조할 경우 종업원들이 조직에 적응하기 어렵고, 박탈의식을 너무 강조하면 다양한 배경을 통해 얻을 수 있는 이점을 폐기하는 결과가 된다.

3) M&A에 대한 장벽

전통적으로 M&A를 위한 의사결정의 핵심사항은 재무적 이익이나 제품상 시너지 효과 등이었다. 그러나 문화적 양립성에 대한 중요성이 커지고 있는 오늘날에는, 실제로 합병이 이루어지기 위해서는 조직 간 문화가 얼마만큼 조화되는지가 중요하다.

최근 10년간 미국과 유럽 기업 간 합병의 2/3 이상이 설정목표의 달성에 실패한 것으로 나타났는데, 실패의 중요한 이유가 다름 아닌 조직문화 간 상충으로 밝혀졌다. 실제로 미국 기업의 경우에는 실패로 끝난 합병의 가장 큰 이유로 사람과 관련된 문제를 꼽고 있다. 이는 잘 알려진 대규모 합병사례를 통해서도 알 수 있다. 일본 소니의 컬럼비아 영화사와 CBS 레코드사의 인수는 소니 몰락의 시초가 되었다.

AOL과 Time Warner 간 1,830억 달러 규모의 M&A도 실패로 끝났는데 합병 2년 만에 주식가격의 90%가 하락하였다. 문화 간 충돌을 그 원인으로 들고 있는데, 두 기업 간 합병을 십대와 중년 은행원 간 결혼에 비유하고 있다(Gale, 2003).

6. 조직문화의 창조

조직문화의 원천은 창업자라고 할 수 있다. 창업자는 조직의 미래 모습에 대한 비전을 갖고 있다. 신생조직의 일반적인 특징인 작은 규모는 창업자의 비전을 조직 구성원에게 내면화하는 것을 용이하게 해 준다.

따라서 창업자는 다음과 같은 방법을 통해 조직문화를 창조한다.

① 창업자는 자신과 같은 방식으로 생각하고, 느끼고, 행동하는 사람과 함께 일하기를 원할 것이다. 따라서 그러한 사람들과 창업하고, 그런 사람들을 선발한다.

② 창업자는 종업원들이 자신의 사고 방식과 행동 방식을 따르도록 가치를 전달하고 사회화한다. 따라서 이를 위한 모집선발, 교육훈련, 보상시스템을 구축한다.

③ 창업자는 자신의 신념, 가치, 규범 등을 구성원들이 이해하고 내면화할 수 있도록 역할모델이 된다. 이러한 과정은 성공적인 기업에서 나타나는 것으로, 새로운 구성원이 들어오거나 CEO가 교체되더라도 자연스럽게 연계되는 과정을 거친다. 조직의 성공을 위해 창업자의 비전은 중요한 전제요소이다. 조직이 성공에 이르게 되면 창업자의 특질이

조직문화로 구체화된다.

7. 조직문화의 유지, 발전

조직문화가 형성되면 조직문화를 유지하기 위한 노력이 이루어진다. 이를 위해, 조직 내 인사관리제도의 구성과 실행을 더욱 정교화하여 조직문화를 강화한다. 선발과 평가 기준, 보상체계, 교육 훈련과 경력개발, 승진절차 등이 조직문화의 유지와 발전을 위해 중요한 기능을 한다.

구체적으로 조직문화를 유지하고 발전하기 위한 요소를 살펴보도록 하자.

1) 선 발

선발의 목적은 직무를 성공적으로 수행할 수 있는 지식, 기술, 능력을 갖춘 사람을 선택하며 고용하는 것이다. 따라서 조직에 적합한 사람을 선발하려는 노력은 조직의 핵심가치와 일관성을 갖고 있거나, 핵심가치의 많은 부분을 공유하고 있는 사람을 선택하게 한다.

이때 모집 과정은 지원자들에 대해 조직에 관한 정보를 제공하는 기능을 한다. 모집 과정을 통해 자신의 가치와 조직의 가치가 다르다는 것은 발견한 사람은 지원하지 않을 것이기 때문이다.

고어텍스를 제조하는 미국의 고어(Gore) 사는 민주적 문화와 팀워크에 높은 가치를 두고 있다. 고어 사에는 직무명, 명령체계 같은 것이 없다. 모든 작업은 팀을 통해 이루어진다. 선발 과정은 종업원들로 이루어진 해당 팀의 집중 인터뷰를 통해 이루어지는데, 지원자들이 다음과 같은 조건을 충족하는지를 확인하여 선발한다 — 함께 일하기 위해 필요한 팀워크를 갖추고 있는가, 불확실성에 잘 대처하는가, 유연성을 충분히 갖추고 있는가. — 이는 마치 배우자를 선택하기 위한 과정과 흡사하며, 혁신적이고 창의적인 제품을 지속적으로 개발하고 있는 고어사의 이직률은 매우 낮다.

그림 14.2 사회화 과정

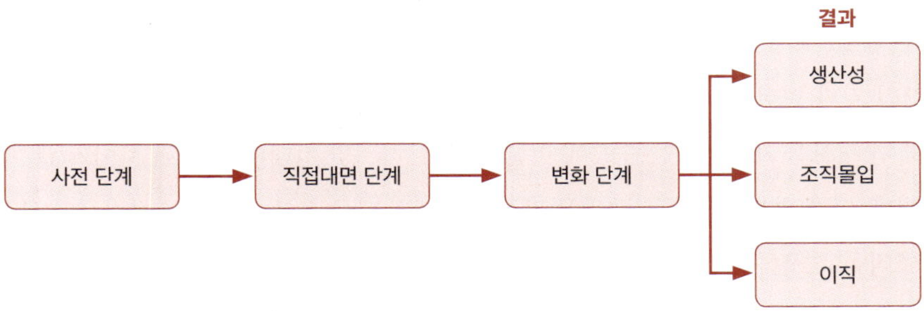

출처 : D. A. Major, "Effective Newcomer Socialization into High-performance Organizational Culture," *Handbook of Organizational Culture and Climate*, 2000, pp. 355-368.

2) 최고경영자

CEO의 행동은 조직문화에 영향을 주는 중요한 요소이다. 따라서 CEO의 말과 행동에 의해 구성원들의 행동과 태도에 관한 규범이 형성된다. 즉 어떻게 하는 것이 위험을 감수하는 것인가, 부하들에게 얼마만큼의 자율권을 주는가, 적절한 옷차림은 어떤 것을 요구하는가, 우리 조직을 위해 어떤 행동을 필요로 하는가 등이다.

3) 사회화

조직은 새로운 구성원들이 조직문화에 잘 적응할 수 있도록 도와줄 필요가 있다. 이를 위해 필요한 것이 사회화 과정이다.

사회화는 사전 단계, 직접대면 단계, 변화 단계로 나누어 볼 수 있다. 첫 번째 단계인 사전 단계는 개인이 조직에 들어가기 전에 일어나는 모든 학습을 포함한다. 따라서 개인이 조직에 들어가기 전에 발생하므로, 조직에 대해서 일련의 가치, 태도, 기대감 등을 갖고 있다. 따라서 이 과정에서는 직무뿐만 아니라 조직에 대한 모든 정보가 포함되어 있다. 취업설명회를 비롯한 여러 가지 대학생 공모행사, 인턴사원 등은 기업이 원하는 태도와 행동을 할 수 있도록 해 주는 중요한 사회화 과정이 된다.

두 번째 단계인 직접대면 단계는 조직에 들어옴으로써 이루어지는 사회화 과정이다. 개인은 직무, 동료, 상사, 조직에 대한 전반적인 기대와 현실을 구분해야 하는 상황을 접하게 된다. 기대했던 것과 현실 간 차이가 작다면, 이때 이루어지는 사회화는 이전 단계인 사전 단계에서 습득한 정보를 재확인하는 수준에 머물 것이다. 하지만 기대와 현실 간 차이가 클 때는 문제가 된다. 이를 위해 새로운 구성원은 자신의 기대와 다른 부분에 대해서 실질적인 사회화를 통해 조직이 요구하는 신념과 핵심가치, 즉 조직문화를 습득해야 한다. 이 과정에서 기대와 현실 간 차이가 너무 커 그 간격을 도저히 메우지 못할 경우에는 자신이 생각했던 직무에 대한 환상에서 벗어나게 되며 사직할 수도 있다. 적절한 사회화 과정의 중요성이 여기에 있다.

한편 신입사원은 동료나 상사와 갖게 되는 네트워크가 다양하고 넓을수록 조직문화와 직무학습에 몰입하게 된다. 이는 동료의식과 멘토링 중요성에 대한 이유가 된다.

세 번째 단계인 변화 단계에서 신입사원은 이전 단계에서 발견한 문제를 해결해야 한다. 이를 위해서는 스스로 변화하기 위한 노력이 선행되어야 한다. 그다음에 조직이 이를 위한 개인의 노력이 성공할 수 있도록 도와주어야 한다. **참고 14.1**은 사회화 과정의 변화 단계에서 조직이 사용할 수 있는 여러 가지 방법을 설명하고 있다.

한편 사회화 과정이 더욱 공식적, 집단적, 고정적, 연속적, 박탈적으로 이루어질수록 구성원들의 다양성은 사라지고, 표준화되고, 예측 가능한 행위를 습득하게 된다. 따라서 신입사원들의 사회화 과정의 선택방향에 따라 전통과 관습을 잘 따르는 조직인을 만들 수도 있고, 혹은 조직의 과거에 얽매이지 않는 혁신적이고 창의적인 개인주의자를 만들어 낼 수도 있다.

그림 14.3 조직문화의 형성과 유지 발전 모델

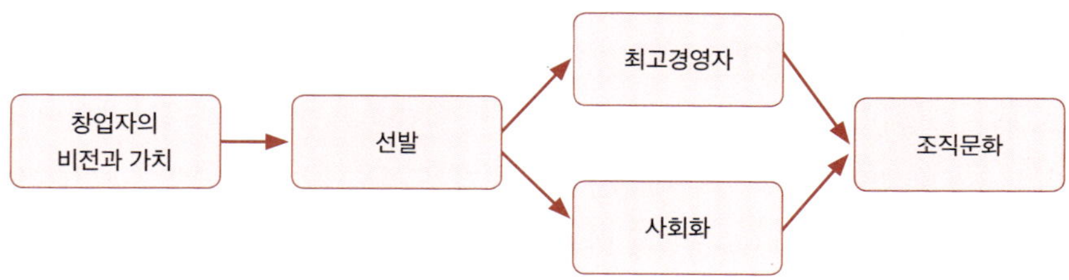

참고 14.1 변화 단계의 여러 가지 사회화

공식적 - 비공식적 사회화

작업현장에서 분리되어 있으며, 구성원으로서 역할을 잘 이해하지 못하는 사람이 많을수록 더욱 공식적인 사회화를 사용한다. 오리엔테이션이나 적응교육 프로그램이 해당된다. 비공식적 사회화는 신입사원을 바로 직무에 배치하며, 이에 대해 가시적으로 특별한 관심이나 주의를 두지 않는 방법이라고 하겠다.

개인적 - 집단적 사회화

신입사원을 개인별로 사회화하는 경우가 있다. 이는 특히 전문직의 경우에 많이 사용하는 방법이다. 그에 비해 모든 신입사원을 공통적으로 동일한 경험을 통해서 사회화할 수도 있다.

고정적 - 변동적 사회화

신입사원이 외부 사람에서 내부 사람으로 전환될 수 있도록 시간계획을 일정하게 고정시켜 두거나, 혹은 변동적으로 운영할 수 있다. 예를 들어, OJT에서 시간계획에 따라 순환교육을 한다거나, 입사 후 몇 년간은 여러 영업소에서 순환근무를 하도록 한다. 이를 통해 표준화된 전환 단계를 경험할 수 있다. 또한 대학에서 신임교수들에게 10년 내 정년보장 아니면 퇴직 등과 같이 일정 기간 동안의 수습시간도 여기에 포함된다. 변동적인 사회화는 전환에 대한 구체적인 시간계획을 사전에 알려 주지 않는 경우이다. 예를 들어, 이것은 일반적인 승진체계로 설명할 수 있는데, 당사자가 자격을 갖출 때까지 다음 단계로 승진시켜 주지 않는 것이다.

연속적 - 임의적 사회화

연속적 사회화는 신입사원을 교육훈련하고 동기부여할 수 있는 역할모델을 사용하는 것이다. 도제제도와 멘토링 프로그램이 대표적인 경우이다. 이에 비해 임의적인 사회화는 어떤 역할모델을 두지 않고 신입사원이 스스로 일을 처리하도록 내버려 두는 방법이라고 하겠다.

인증적 - 박탈적 사회화

인증적 사회화는 신입사원의 어떤 자격과 능력이 성공적인 직무수행에 필수적인 요소일 경우를 상정해 두는 경우이다. 연구소에는 연구원들의 선발을 위한 능력과 태도, 자격을 미리 정해 준다. 선발한 사람들은 각자의 능력과 자질에 따라 연구소의 뒷받침을 받게 될 것이다. 따라서 이들의 자격과 능력을 확인하고 지원해 주는 방식이다. 이에 비해 박탈적 사회화는 선발한 사람들에 대해 어떤 낙인이나 속성을 제거해 주는 방법이다. 예를 들어, 해병대에서는 혹독한 훈련과정을 통해 적절한 역할을 할 수 있도록 박탈적 사회화를 한다.

출처 : B. E. ashforth 등, "Socialization and Newcomer Adjustment: The Role of Organizational Context," *Human Relations,* July 1998, pp. 897-926.

지금까지의 논의를 요약하면 조직문화의 형성과 유지, 발전을 **그림 14.3**과 같은 모델로 나타낼 수 있다.

8. 조직문화의 학습

조직문화는 다양한 형태로 구성원들에게 전달되며, 구성원들은 학습을 통해 강화한다. 학습의 내용에는 다음과 같은 것이 있다.

1) 전설과 일화

나이키의 경영진은 기업 일화의 전달을 위해 많은 시간과 노력을 투입한다. 대학의 육상코치였던 창업자가 러닝슈즈를 개발하기 위해 부엌의 와플 만드는 틀에 고무를 쏟아부었다는 이야기를 극적으로 구성하여 나이키의 혁신정신을 이야기한다.

우정인재개발원에 있는 우편집배원 차선우의 추모비는 집배원들이 갖고 있는 우편물의 의미를 이야기해 준다.

"이 건물의 옥상에 걸려 있는 이름이 무엇인가?" 과거의 영광에만 안주하려는 오만한 경영진에게 헨리포드 2세가 해 주었다는 이야기이다. 이 이야기를 들은 경영진은 머리털이 쭈뼛하도록 학습을 했을 것이다.

이러한 일화나 전설은 많은 조직에서 회자되고 있다. 대부분이 창업자에 관한 일련의 사건에 대한 것인데, 이러한 일화나 전설은 과거와 현재를 연결해 주는 역할을 하며, 현재의 관행에 대한 정당성과 의미를 제공한다.

2) 의식과 의례

조직 안에서 의식(ritual)은 어떤 것이 중요한 목표이고, 어떤 사람이 중요한 인물이며, 어떤 행동과 사고가 그럴 만한 가치를 갖고 있는지를 일깨워 주고 강화하는 행동을 의미한다.

조직 안의 의례(rites) 또한 유사한 기능을 갖는다. 하지만 의례가 주기적으로 반복되는 특징이 있다면, 그에 비해 의식은 그렇지 않은 경우가 있다는 차이가 있다. 타파웨어(Tupperware)는 독특한 판매 전략을 갖고 있다. 바로 홈파티(home party)라는 것으로 호스트가 이웃, 친지들을 집으로 초청하여 카운슬러(판매자)가 제품에 대한 카운슬링을 통해 판매하는 방식이다. 모든 것을 온라인으로 살 수 있는 시대에도, 직접 홈파티에 가서 구입한 오래된 타파웨어 그릇은 많은 어머니들에게 '한때는 나의 보물이었다.'라고 하는 행복한 기억을 되살려 준다. 매주 목요일 저녁에 지역사무실에서 카운슬러의 행진의식이 있다. 이때 작은 상품(예컨대 코사지에서 10달러 현금까지)을 증정하는 그야말로 조촐한 행사이다. 이를 통해 회사의 성공을 위한 다짐과 카운슬러로서 자부심을 느끼게 해 주는 기회를 갖게 된다.

3) 상징물

구글 사의 사무실은 보통 회사의 모습과 다르다. 이곳은 개인사무실이나 임원사무실 없이 공용 공간과 회의실로만 구성되어 있다. 기업 본사가 이러한 형태라는 것은 열린 사고, 평등, 창의성, 유연성을 중요시하고 있음을 구성원들에게 전달해 준다.

반대로 어떤 회사는 임원들에게 따로 주차공간을 지정해 주고, 해외출장 시 전용기를 이용할 수 있도록 해 준다. 본사 내부의 배치, 지정주차공간, 전용항공기 소유 여부에 더하여, 사무실의 크기, 사무실 가구, 복리후생, 복장 등을 상징물의 범주에 넣을 수 있다.

이러한 물질적인 상징물은 구성원 가운데 누가 중요한 인물이고, CEO가 생각하는 평등주의 원칙이 어느 정도이며, 적절한 행동 유형(위험감수, 보수주의, 권위, 참여, 개인주의 등)이 무엇인가를 전달하는 역할을 한다.

4) 언어

조직과 부서는 지배적 문화와 하위문화를 파악할 수 있도록 하는 독특한 언어를 사용하고 있다. 구성원들은 이러한 언어를 습득함으로써 문화를 체득하고 내면화하게 된다. 이를 통해 지배적 문화나 하위문화를 유지 발전하는 데 도움이 된다.

시간이 지남에 따라 조직은 자신의 사업과 관련한 장비, 사무실, 핵심인력, 거래선, 고객, 제품 등을 묘사하는 독특한 용어(lingos)를 창조한다. 이러한 용어들은 일단 체득하면 특정 문화 혹은 하위문화의 구성원들을 결합시키는 공통 요소로서 역할을 한다. 예컨대, IBM에 새로 들어온 컨설턴트는 IBOLD(IBM on-line Date), CATIA(computer graphic-aided, three dimensional interactive application), MAIDS(manufacturing assembly and installation data system), POP(purchased outside production), SLO(service-level objectives) 등과 같은 독특한 약자를 어느새 익히고 사용하고 있는 스스로의 모습을 발견하게 된다.

9. 윤리적 조직문화의 중요성

조직문화의 내용과 강도는 조직의 윤리적 의식과 구성원들의 윤리적 행위에 영향을 준다. 즉, 조직문화는 높은 수준의 윤리적 기준을 만들어 주는 역할을 한다. 예컨대, 위험에 대한 인내심 및 적절한 수준의 적극성, 결과뿐 아니라 수단에도 초점을 두어야 하는 것을 들 수 있다.

이때 강한 문화는 구성원들에게 더 큰 영향을 준다. 즉, 조직문화가 강하고 높은 수준의 윤리적 기준을 지지한다면 구성원들의 행동에 긍정적인 영향을 크게 미칠 수 있다. 예컨대, 존슨앤드존슨(Johnson & Johnson)은 고객, 종업원, 지역사회, 투자자들 대한 회사의 책임을 중요시해 온 강한 조직문화를 갖고 있다.

이러한 문화로 인해 존슨앤드존슨의 대표 제품인 타이레놀의 독극물 사건이 일어났을 때, 미국 전역의 존슨앤드존슨 구성원들은 본사에서 어떤 발표가 나오기 전에 모든 매장에서 해당 약품을 전부 수거하였다.

어느 누구도 이들에게 올바른 행동이 무엇이라 요구하지 않았지만, 직원들은 사람들이 어떻게 하기를 바라는지를 이미 알고 있었던 것이다. 자칫 회사를 위기에 빠뜨릴 수 있었던 큰 사건이었음에도 불구하고, 타이레놀 신제품은 지금도 가장 많이 팔리고 있다.

하지만, 동시에 강한 문화는 비윤리적 행동을 형성하는 강력한 힘으로도 작용할 수 있다. 예를 들어, 엔론(Enron)의 적극적인 문화는 급속한 수익 증가를 요구하는 경영진의 압력으로 인해 윤리적 의지를 상실하였다. 그리하여 회사는 파산하고, CEO는 오랫 동안 감옥에서 지내게 되었다.

윤리적 조직문화 창출을 위한 경영자의 역할

- **가시적인 역할모델** 구성원들은 적절한 행동기준이 무엇인지 알기 위해 최고경영자의 행동을 항상 주시하고 있다. 따라서 CEO와 임원들이 높은 수준의 윤리적 행동을 하고 있다면 모든 구성원에게 긍정적 메시지를 전하게 된다.
- **윤리적 기대의 명문화** 윤리적 판단의 어려움으로 인한 문제는 조직의 윤리헌장을 만들어 배포함으로써 줄일 수 있다. 윤리헌장에는 조직의 일차적인 가치가 무엇이며, 구성원들이 지켜야 할 윤리적 규칙이 무엇인지를 포함해야 한다.
- **윤리교육의 실시** 다양한 형태의 교육 프로그램을 통해 윤리적 행동의 표준을 강화할 수 있다. 어떤 행동이 적절하고 어떤 행동은 인정받지 못하는지 명확히 함으로써 언제나 발생할 수 있는 윤리적 문제에 대처할 수 있다.
- **윤리적 행동의 공개적 보상과 비윤리적 행동의 처벌** 경영자의 성과평가에는 경영의사결정이 조직의 윤리헌장에 근거하여 제대로 이루어졌는지를 평가하는 항목이 포함되어 있어야 한다. 이러한 평가에는 수행목표뿐만 아니라, 그것을 실행하기 위한 수단까지 포함해야 한다. 아울러 윤리적 행동에 대한 보상과 비윤리적 행동에 대한 처벌이 지속적으로 이루어져야 한다.
- **보호 메커니즘의 확립** 조직은 종업원들이 윤리적 문제에 관해 토론할 수 있고, 비난받는 일 없이 비윤리적인 행동을 보고할 수 있는 공식적 메커니즘을 제공해야 한다. 윤리에 대한 상담제도, 윤리담당 감찰관, 윤리담당 임원 등은 조직의 실천의지를 보여 주는 중요한 증거이다.

II 국가문화

1. 문화에 대한 정의

네덜란드의 사회학자 홉스테드는 문화를 특정 환경 속에서 살고 있는 사람들에 대한 집단적인 정신 프로그램이라고 정의하였다. 즉, 문화란 유사한 교육 과정, 인생경험, 사회화 과정을 통해서 조건화(programming)된 어떤 무리(group)의 사람들이 공유하는 것이다. 그리하여 같은 자극이라고 하더라도 다른 문화권에서 조건화된 사람들은 '동일한 자극'에 대해서 달리 해석할 수 있다(Hofstede, 1980).

문화는 그것을 공유하고 있는 사람들의 마음속에 내재하고 있을 뿐 아니라, 그 사람들이 이룩한 모든 시스템, 즉 가족제도, 교육제도, 작업조직, 정부 형태 등의 내부 속에 구체적으로 자리하고 있다. 따라서 그 특성상 변화한다는 것이 쉽지 않고, 변화한다 할지라도 속도는 매우 느릴 것이다.

2. 국가문화의 분류

홉스테드는 사람의 성격을 분류하고 비교하기 위해 척도를 개발하여 활용하는 것처럼, 국가문화나 국민성을 나타내거나 비교하기 위해서도 척도가 필요하다는 전제 아래 연구를 시작하였다.

이를 위해 국가문화에 관한 프로젝트를 통해 처음 연구를 시작할 당시 IBM이 진출해 있던 세계 40개 국가의 지사에서 일하고 있는 직원을 대상으로 연구를 진행하였다. 미숙련 근로자, 관리자, 연구원(학위 소지자) 등 다양한 대상으로부터 얻은 11만 6,000개의 응답자료를 통해 4개의 독립적 척도(criteria)를 밝혀내었다. 이를 통해 여러 분야에서 국가문화를 비교하는 유용한 수단으로 활용하고 있다.

홉스테드는 최근 연구에서 국가문화를 분류하기 위한 4가지 척도를 이끌어 내었으며, 후속 연구를 통해 다음의 6가지 국가문화 척도를 제시하고 있다.

1) 권력거리

국가문화의 차원으로 처음 밝혀낸 것이다. 권력거리(power distance, PDI)란 사회 구성원들이 자신의 시스템이나 조직 속에서 권력이 불평등하게 배분되어 있음을 어느 정도까지 용인하고 있는지를 알려 주는 척도이다.

따라서 짧은 권력거리의 의미는 제도나 조직에서 권력이 평등하게 배분되어 있는 상태를 사람들이 선호하고 있음을 의미한다. 그에 비해 긴 권력거리의 의미는 사람들이 제도나 조직에 내재하고 있는 권력의 차이, 즉 불평등을 자연스러운 것으로 인정한다는 것이다. 연구 결과를 보면, 아시아 대부분의 국가와 동유럽은 상대적으로 권력거리가 긴 것으로 밝혀졌다. 그에 비해 북미는 비교적 권력거리가 짧다. 서유럽은 권력거리가 가장 짧은 것으로 나타났다.

그림 14.4 권력거리, 불확실성의 회피 척도

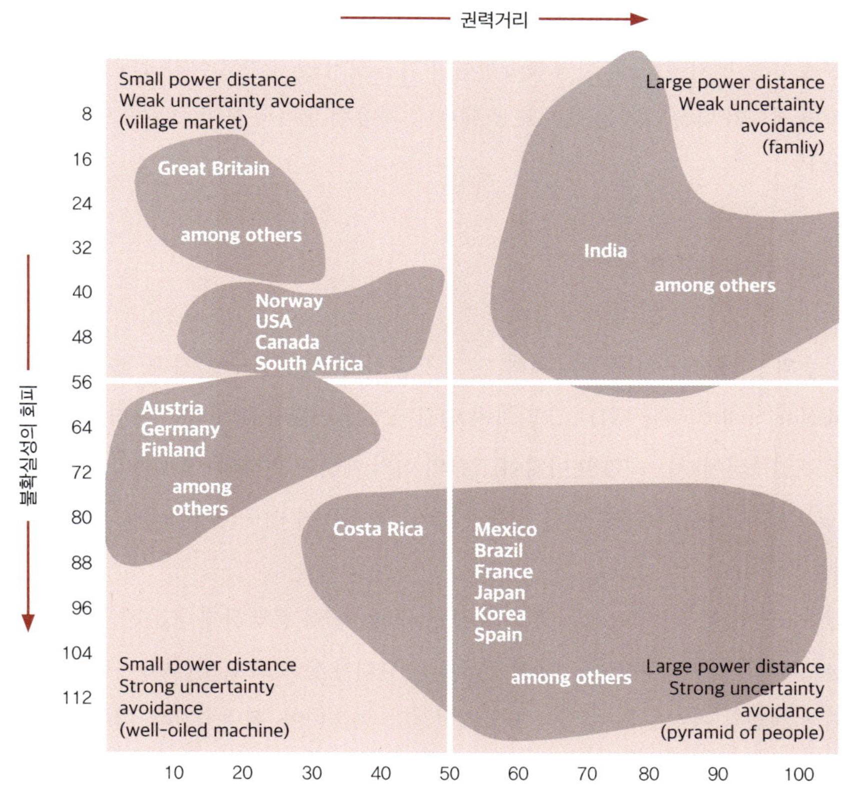

출처 : Hofstede, "The Cultural Relativity of Organizational Practices and Theories," *Journal of International Business Studies*, Fall 1983, p. 84.

2) 불확실성의 회피

불확실성의 회피(uncertainty avoidance, UAF)란 어떤 사회나 국가가 불확실하거나 애매한 상황에 두려움을 느껴서, 불확실성에서 오는 두려움을 회피하는 노력을 의미한다. 따라서 이를 위해 개인 차원에서는 더욱 확실한 경력(career)의 보장, 집단 차원에서는 더욱 공식적인 규칙(rules)의 제정, 사회적 차원에서는 일탈행위에 대한 강력한 제제조치, 불확실성을 확실성으로 해 주는 전문성을 강조하는 행위 등을 통해 안정을 확보하려고 한다.

불확실성의 회피 수준이 높은 사회에서는 사람들이 높은 불안감과 공격성을 나타내는 경향이 두드러진다. 그리하여 열심히 일하고자 하는 강한 동기를 갖게 될 것이다. 연구에서 그리스, 포르투갈, 벨기에, 일본 등이 불확실성 회피 정도가 큰 국가로 나타났다. 반면에 불확실성의 회피 정도가 낮은 나라는 덴마크, 스웨덴 등 북유럽 국가와 북미, 싱가포르, 홍콩 등으로 나타났다.

3) 개인주의-집단주의

개인주의는 자신과 가족만을 위하고, 그것을 최우선 관심사로 하는 특징을 나타낸다(individualism-collectivism, IVD). 그리하여 인간관계가 느슨하게 짜여진 사회구조적 특징을 보인다. 개인주의에서는 개인의 이익이 집단의 이익 때문에 희생되어서는 안 된다고 여긴다. 개인주의 정도가 높은 국가는 미국, 호주, 영국을 비롯하여 대부분의 서유럽 국가와 북유럽 국가가 있다.

집단주의는 내적 집단(ingroup)과 외적 집단(outgroup)을 분명하게 구분한다. 내 집단이 자신을 돌보아 줄 것을 기대하고 그 대신 집단에 충성해야 할 것으로 믿는다. 따라서 집단의 이익을 위해 개인의 이익은 희생 가능하다고 여긴다. 콜롬비아, 베네수엘라, 페루 등 대부분의 중남미 국가가 집단주의 정도가 높은 것으로 나타났다. 또한 파키스탄, 대만, 태국, 홍콩 등의 아시아 국가들도 집단주의가 높으며, 유럽에서는 포르투갈, 그리스, 유고슬라비아가 비교적 집단주의 속성이 두드러지게 나타났다. 당시의 연구에서는 일반적인 예측과 달리 일본과 인도가 비교적 집단주의 성향이 낮게 나타났는데, 연구대상 40개국 가운데 중간에 위치하였다.

4) 남성적임-여성적임

남성적이란 의미는 사회의 지배적 가치가 얼마나 남성다운가 하는 것을 말한다(masculinity-femininity, MAS). 즉, 남에 대한 배려와 애정, 삶의 질적인 측면보다는 공격성과 경쟁, 재화의 획득 등과 같은 화폐적 동기에 얼마나 많은 관심을 기울이는지에 관한 척도라고 하겠다.

연구에서 일본이 가장 남성적인 국가로 나타났다. 그 밖에 오스트리아, 베네수엘라, 멕시

그림 14.5 남성적임, 불확실성의 회피 척도

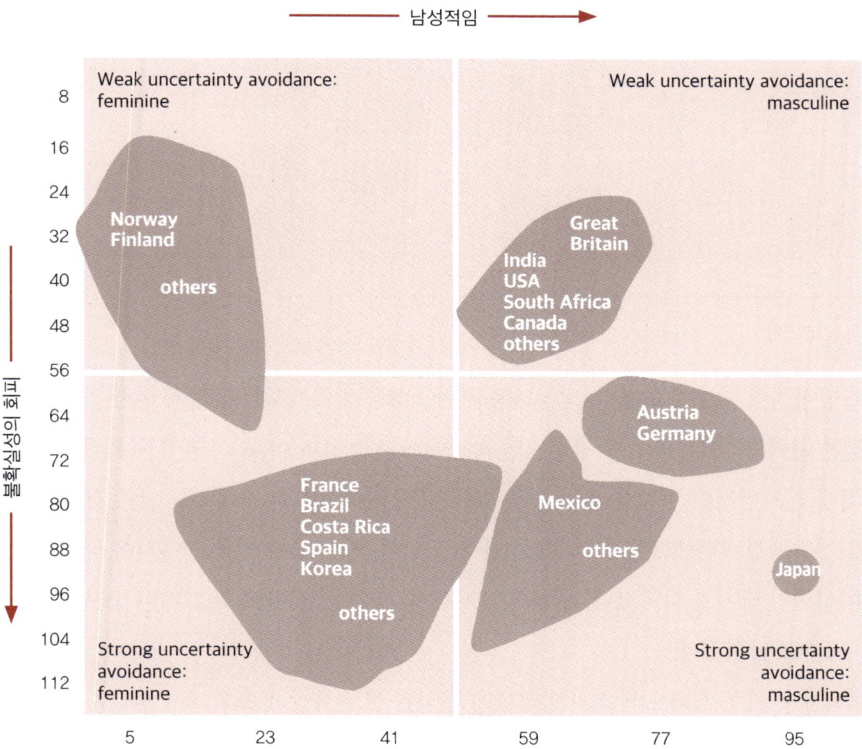

출처 : G. Hofstede, "The Cultural Relativity of Organizational Practices and Theories," *Journal of International Business Studies*, Fall 1983, p. 86.

그림 14.6 권력거리, 개인주의-집단주의 척도

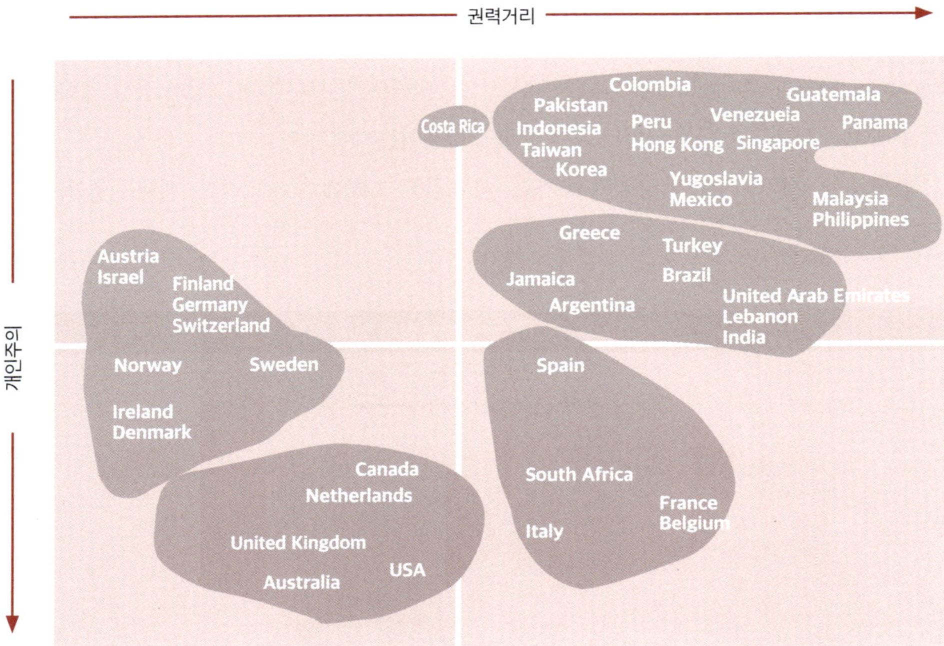

코 순으로 남성적임 척도가 높았다. 남성다움을 강조하는 국가에서는 남성과 여성 간 가치관에서 상당한 차이가 존재한다. 즉, 남성적인 국가에서는 남성과 여성 간 역할 구분이 명확하며, 적극적이고 모험적인 행동을 찬양한다. 그에 비해 여성적인 국가에서는 남녀 간 역할이 분명치 않으며 애정, 따뜻함, 환경의 중요성을 강조한다. 연구 결과 태국은 아시아 국가 가운데 가장 여성적인 국가로 나타났다. 전체적으로 볼 때 스웨덴, 덴마크, 노르웨이 순으로 가장 여성적인 국가로 밝혀졌다.

국가문화에 관한 홉스테드의 초기 연구에서 한국은 연구 대상에 포함되지 않았는데, 이후 후속연구에서 한국을 포함하여 70개국을 대상으로 연구 범위를 확대하였다. **표 14.1**은 후속연구 결과를 모형으로 나타내고 있다. 연구를 위해 홉스테드는 국가문화 차원을 개별 국가의 다른 문화적 요소인 지리적 근접성, 언어 공유, 역사적 배경, 신앙과 관습 공유, 철학적 영향, 정

표 14.1 IBM 종업원의 태도 조사 결과(세계 5개 지역 70개 국가의 일부)

지역	국가	권력거리	개인주의	남성적 성향	불확실성 회피
유럽	그리스	60(27)	35(30)	57(18)	112(1)
	네덜란드	38(40)	80(4)	14(51)	53(35)
	노르웨이	31(47)	69(13)	8(52)	50(38)
	덴마크	18(51)	74(9)	16(50)	23(51)
	서독	35(42)	67(15)	66(9)	65(29)
	스웨덴	31(47)	71(10)	5(52)	29(49)
	스위스	34(45)	68(14)	70(4)	58(33)
	스페인	57(31)	51(20)	42(37)	86(10)
	영국	35(42)	89(3)	66(9)	35(47)
	오스트리아	11(53)	55(18)	79(2)	70(24)
	유고슬라비아	76(12)	27(33)	21(48)	88(8)
	이탈리아	50(34)	76(7)	70(4)	75(23)
북미	미국	40(38)	91(1)	62(15)	46(43)
	캐나다	39(39)	80(4)	54(24)	48(41)
중남미	멕시코	81(5)	30(32)	69(6)	82(18)
	베네수엘라	81(5)	12(50)	73(3)	76(21)
	브라질	69(14)	38(26)	49(27)	76(21)
	콜롬비아	67(17)	13(49)	64(11)	80(20)
	페루	64(21)	16(45)	42(37)	87(9)
아시아	대만	58(29)	17(44)	45(32)	69(26)
	말레이시아	104(1)	26(36)	50(26)	36(46)
	싱가포르	74(13)	20(39)	48(28)	8(53)
	이스라엘	13(52)	54(19)	47(29)	81(19)
	인도	77(10)	48(21)	56(20)	40(45)
	인도네시아	78 (8)	14(47)	46(30)	48(41)
	일본	54(33)	46(22)	95(1)	92(7)
	태국	64(21)	20(39)	34(44)	64(30)
	필리핀	94(4)	32(31)	64(11)	44(44)
	한국	60(27)	18(43)	39(41)	85(16)
	홍콩	68(15)	25(37)	57(18)	29(49)
오세아니아	뉴질랜드	22(50)	79(6)	58(17)	49(39)
	호주	36(41)	90(2)	61(16)	51(37)

* 숫자는 해당 국가의 평가점수이며, 괄호 속의 숫자는 해당 국가의 순위를 나타냄.

출처 : G. Hofstede, "The Culture's Consequence: International Differences in Work Related Values," *Administration Science Quarterly*, vol. 28, no. 4, 1984, pp. 627.

치 시스템 등과 비교하였다. 연구에서 짧은 권력거리는 협의적 정치 관망 및 낮은 소득격차와 상관관계가 있었다. 그에 비해 긴 권력거리는 뇌물수수, 정치부패, 소득의 불균형 수준과 관련성이 높았다. 개인주의 문화는 사회계층 간 이동과 국내 총생산(GDP)과 관련성이 큰 것으로 나타났다. 부강한 국가일수록 국가에서는 불확실성의 회피 수준이 매우 높았고, 상대적으로 먼 권력거리, 낮은 개인주의, 보통의 남성다움 수준을 보여 주었다. 구체적으로 표에서 그리스는 미래의 불확실성에서 1위를 했는데 이는 그리스가 영국이나 홍콩, 스웨덴, 미국 등에 비해서 규정이나 규칙, 장래의 계획 등을 별로 중시하지 않는다는 것을 뜻한다. 개인주의 - 집단주의 차원에 있어서는 호주, 영국, 미국이 개인주의적인 문화이고 홍콩, 말레이시아, 베네주엘라는 집단주의적 문화이다. 이 연구에서 일본은 가장 성취지향적이고, 스웨덴이 개인 간의 조화를 가장 중시한다는 점은 주목할 만하다. 불확실성 회피 차원과 남성성 - 여성성 차원에 대한 결과는 이후의 연구 결과들과 일관성이 없었다. 홉스테드의 권력거리와 개인주의 - 집단주의 차원은 이후 리더십 분야와 경영학 관련 많은 연구에서 지속적으로 지지된다(Smith와 Bond, 1998).

5) 장기지향-단기지향

장기지향적 사회나 국가에서는 미래가 가져다 주는 과실(보상)에 많은 가치부여를 한다. 따라서 인내, 근검, 절약이 미덕이다(Long-tern orientation vs. Shart-tern orieutation, LTO). 또한 장기지향 문화에서는 여가활동은 덜 중요한 것이며, 개인에게 상황적응능력을 강조한다. 인간관계는 지위에 의해서 결정된다. 따라서 조직이나 사회의 위치가 관계 형성의 중요한 요인이 된다. 선악의 구분은 상황에 따라 달라진다. 우리나라와 일본, 중국, 홍콩, 대만 등 동아시아 국가에서 높은 차원이다.

그에 비해 단기지향적 사회는 현재와 과거의 가치를 중요하게 여긴다. 그리하여 전통과 관례를 존중하며, 개인 간 신뢰와 개인의 존엄성, 사회적 책임을 강조한다. 따라서 사회적 관계에서 지위는 덜 중요하다. 그에 비해 개인의 확고 부동한 의지, 일관성을 중요하게 여긴다. 단기지향 문화에서 여가활동은 매우 중요하다. 또한 바른 의사결정과 결과를 중요시한다. 선악의 구분은 절대적이다. 미국, 영국 등 앵글로색슨 국가, 이슬람 국가, 아프리카와 중남미의 국가에서 높은 차원이다. 하지만 아직까지 장기지향 – 단기지향 관련 연구는 많지 않다.

6) 방종-절제

방종 – 절제 차원(Indulgence vs. Restraint, IVR)은 사람들의 행복함과 관련이 있다. 방종한 사회나 국가에서는 개인의 욕구 충족을 중요한 가치로 인식하고 있음에 비해, 절제된 문화의 사회나 국가에서는 개인의 욕구나 쾌락 추구가 사회적 규범의 범주에서 벗어나지 않는 것을 매력으로 여긴다.

방종한 문화에서는 개인의 행복과 즐거움, 여가활동이 무엇보다 중요하며, 개인의 자유와 의지가 존중된다. 따라서 이러한 사회에서는 사람들의 행복감이 크며, 친구의 중요성이 크고, 윤리규범이 약하다. 성별 역할 중계가 모호하며, 일상적인 웃음과 미소가 나타나고, 표현의 자유를 강조한다. 남미와 아프리카 일부, 미국, 캐나다, 영국, 북유럽 국가가 여기에 해당한다. 방종 – 절제 차원은 가장 나중에 국가문화 분류 차원으로 연구가 이루어졌으므로 연구결과 자료가 적다.

그에 비해 절제된 문화의 사회나 국가에서는 상대적으로 행복감이 덜하다. 자신의 운명이나 일의 결과에 대해서는 외재론적이며, 친구의 중요성이 상대적으로 덜하다. 윤리규범에 대한 인식 수준이나 성별 역학 구분 정도는 높다. 그에 비해 잘 웃지 않으며, 표현의 자유에 대해서는 중요하게 생각하지 않는다. 동아시아 국가, 동유럽과 러시아, 이슬람 국가가 여기에 해당된다.

3. 조직행동의 시사점

조직행동 연구에서 홉스테드의 국가문화에 대한 연구와 논의는 다음과 같은 의미를 갖는다.

무엇보다 조직행동 연구의 핵심이론인 동기유발 이론, 리더십 이론, 조직구조 이론은 대부분이 미국에서 개발되어 세계 여러 나라의 경영학 분야에서 연구하고 있으며, 이를 기업에서

조직행동 읽을거리

비욘드(beyond) 홉스테드

'미투'가 꺾이나 싶더니 이젠 '갑질'이다. 둘의 공통점은 뭘까. 짧은 카타르시스, 긴 그림자다. 미투는 사태 초기 권명아 동아대 교수가 이미 예언(2월 22일자 한국일보 시론 '미투에 고발자 보호와 적폐 청산으로 응답하라')했다. "공론화 과정에서는 집단 대응이 가능하지만, 소송 단계는 사건별로 개별 대응이 되어 파편화되고 고립"될 것이라고. 갑질? 박창진 머리 뒤편의 '혹'이 모든 걸 웅변한다. 폭로는 요란하나, 사법처리는 희미하며, 악몽은 계속된다.

멋지게 분노하는데 숟가락 올릴 생각은 없다. 다만 미국 정치학자 로널드 잉글하트의 제안으로 만들어진 '세계문화지도'를 펼쳐 보이고 싶다. (하략)

출처 : 조태성, '36.5℃: 미투, 갑질… 분노에 이어 진득한 귀들', 한국일보. 2018.04.24.
https://www.hankookilbo.com/News/Read/201804240434701035

활용하고 있다. 하지만 그와 같은 이론을 적용하는 해당 국가의 국가문화와 무관하게 모든 나라에서 효과적으로 적용 가능한 보편성을 갖고 있는지는 의문을 가질 수 있다. 홉스테드는 그에 대해 명확한 답을 내린다. 미국의 이론은 미국문화의 산물이므로, 다른 문화적 특성을 갖고 있는 지역에서는 적용 가능성에 의문이 있을 수밖에 없다는 것이다.

그렇다면 조직행동 이론의 적용 과정에서 국가문화에 관한 논의가 필요한 근거를 살펴보도록 하자.

1) 동기부여이론

최근 동기부여이론의 주요 적용 분야인 직무설계에서 두드러진 특징은 인본주의, 즉 사람 중심의 직무설계이다. 그런데 이러한 흐름이 미국에서는 직무충실화의 형태로 나타나고, 스웨덴이나 노르웨이에서는 자율작업팀의 형태로 구체화된다.

그 이유는 미국 사회가 남성적인 문화, 즉 개인의 발전, 재화의 획득, 직장경력의 강조(경쟁 강조) 등을 수용하고 있는 데 비해서 스웨덴은 사람 사이의 사랑이나 교류를 강조하는 여성적 문화이기 때문이다.

2) 리더십이론

리더십 측면에서 미국에서는 참여적 경영을 강조하고 있다. 미국의 성공적 기업에서 실시하고 있는 제안제도, 이익분배, ESOP 등이 경영 참여를 실천하고 구현하기 위한 노력이라고 하겠다. 그런데 그 이유는 미국 사회가 짧은 권력거리를 갖는 국가문화이기 때문이다. 따라서 권력거리가 긴 프랑스에서는 참여적 경영이 별로 주목받지 못하는 연구주제이다. 특히 권력거리가 매우 짧은 독일, 덴마크, 스웨덴에서는 오히려 노동자들과 노조에 의해서 기업운영을 주도하며, 주요 사항이 결정되는 산업민주주의(industrial democracy)라고 하는 경영관리 형태를 수용하고 있음을 발견할 수 있다.

그리고 우리에게 익숙한 MBO는 기술적 요소가 미국 문화의 특징을 그대로 포함하고 있다. 즉, MBO는 미국 문화는 짧은 권력거리가 특징으로 작용한다. 따라서 부하직원은 상당한 수준에서 독자적으로 설정하는 자신의 목표를 갖고, 그것을 상사와 논의하여 확정한다. 또한 미국 국가문화의 특징은 불확실성의 회피 정도가 낮으므로 인해서 상사와 부하가 함께 상당한 수준으로 위험감수를 한다. 그렇기 때문에 MBO가 가능하다. 또한 남성다움을 강조하여 성과주의를 중시하며, 높은 개인주의적 특징, 즉 조직의 목표를 나누어서 개인의 목표로 전환시킨다는 측면은 MBO의 기술적 요인과 부합한다. 따라서 미국 문화와 특히 권력거리, 불확실성의 회피 등을 비롯하여 여러 측면에서 미국 문화와 대비되는 프랑스에서는 MBO가 제대로 활성화되지 못하고 있다.

3) 조직이론

매트릭스 구조는 불확실성의 회피 정도가 낮은 국가에서 잘 활용될 수 있다. 따라서 독일과 같이 상대적으로 확실성을 추구하는 문화를 가진 국가에서는 잘 활용되지 않을 것이다. 같은 서유럽 국가지만 독일과 영국, 프랑스는 여러 가지 측면에서 대비된다. 특히 조직을 보는 이들 국가의 시각을 다음과 같은 비유로 나타낼 수 있다(O. J. Stevens).

- 프랑스는 암묵적인 피라미드형 조직구조이다. 집권화와 공식화의 정도가 높다.
- 독일은 기름칠 잘된 기계이다. 공식화의 정도가 높으나 분권화의 정도 또한 높다.
- 영국은 시골장터이다. 공식화의 정도가 낮으며 분권화의 정도는 높다.

국가문화에 관한 연구를 통해 조직행동의 여러 이론을 문화결정론적 시각에서 분석할 수 있을 것이다. 따라서 국가별로 상이한 문화적 차이를 고려하지 않은 이론 적용은 효용성에서 제한적일 수밖에 없다. 이 같은 문제점을 최소화하기 위해서는 개발된 조직행동이론의 보편성을 맹목적으로 수용해서는 안 될 것이다. 조직의 효율성을 연구하는 연구자와 효율성을 추구하는 경영자들은 국가문화가 조직행동과 경영관리에 중요한 변수가 될 수 있음을 인식하고, 국가문화의 차이점 파악에 상시적으로 주목할 필요가 있다.

제2장 조직행동 연구의 틀

김태훈, **우리가 사랑한 빵집 성심당**, 남해의 봄날, 2016

임창희, **조직행동**, 비앤엠북스, 2013.

토마스 쿤 저, 김명자 역, **과학혁명의 구조**, 까치글방, 2008.

Barnard, C. I., *The Functions of the Executives*, Cambridge, MA, Harvard University Press, 1938.

Bertalanffy, L., *Modern Theories of Development: An Introduction to Theoretical Biology*, Oxford University Press, NY, Harper, 1933.

Boulding, K. E., *The Organizational Revolution*, Harper & Row, 1953, pp. 66–68.

Bruce, K., "Henry s. Dennison, Elton Mayo, and Human Relations Historiography," in Management and Organization History, Harper, 2006, pp. 177–199.

Burns, T. and Stalker, G. M., *The Management of Innovation*, London, Tavistock, 1961, pp. 71–91.

Cohen, M. D., March, J. G., & Olsen, J. P. (1972). "A garbage can model of organizational choice." *Administrative Science Quarterly*, 17(1) p. 3–11

Fayol, H., *General & Industrial Administration*, 1916, republished by Wren, Bedeian & Breeze, 2002.

Follett, M. P., *Dynamic Administration*(reprint 1942), NY, Harper & Brothers Publishers, 1927.

Follett, M. P., *Freedom and Coordination: Lectures in business organization*(reprint 1987), NY, Management Publications Trust Limited, 1949.

Gillespic, R., *Manufacturing Knowledge, A History of Hawthorne Experiments*, Cambridge University Press, 1991, pp. 50–162.

Hale, M., *Human Science and Social Order, Hugo M?nsterberg and the Origins of Applied Psychology*, Temple University Press, 1980, pp. 63–69.

Hoopes, J., "The Therapist: Elton Mayo," in False Prophets: *The Gurus who Created Modern Management*, Random House, 2003, pp. 129–159.

Kennedy, M. M., "Generalization from Single Case Studies," *Evaluation Quarterly*, November 1979, pp. 661–678.

Lawrence, P., "*Organization and Environment Perspective,*" *Perspectives on Organization Design and Behavior*, New York, John Wiley & Sons, 1981, pp. 311–337.

Mayo, G. E., *The Human Problems of an Industrial Civilization*, Mcmillan, 1933.

Mayo, G. E., *Hawthorne and Western Electric Company*, The Social Problems of an Industrial Civilization, Routledge & Kogan Paul, 1949.

Quinn, R. E. and O'Neill, R. M., "Applications of the Competing Values Framework," *Human Resource Management*, vol. 32, No. 1, 1993, pp. 1–7.

Ritzer, G., *The McDonaldization of Society*, SAGE Publications, Thousand Oaks, pp. 211–219, 2007.

Roethisberger, F. J. and Dickson, W. J., *Management and The Worker*, Cambridge Massachusetts: Harvard University Press, 1939.

Roethlisberger F. J. and Dickson, W. J., *Management and Workers*, Harvard University Press, 1939.

Roethlisberger, F. J., *Management and Morale*, Harvard University Press, 1941.

Scott, W. R., *Organizations: Rational, Natural, and Open Systems*, Englewood Cliffs, 5th ed., NY, Prentice–Hall, 2003, pp. 41–48.

Senge, P. *The Fifth Discipline: The Art & Practice of the Learning Organization*, Doubleday, Currency, 1990, pp. 16–34.

Simon, H. A., *Administrative Behavior: A Study of Decision Making Processes in Administrative Organization*, 2nd ed., John Wiley & Sons Inc., 1957, pp. 33–34.

Simon, H. A., *The New Science of Management Decision*, Prentice–Hall, 1977, pp. 124–134.

Smith, J. M., *The Three Faces of Elton Mayo*, NY, New Society, 1980, pp. 269–280.

Taylor, F. W., *The Principles of Scientific Management*, Harper, New York, 1911, p. 140.

Thompson, J. D., *Organization in Action*, McGraw Hill, 1967.

Tonn, J. C., Mary P. *Follett: Creating Democracy, Transforming Management*, New Haven, Yale University Press, 2003, p. 34–38.

Trist, E. L., "The Sociotechnical Perspectives: The Evolution of Sociotechnical Systems as a Conceptual Framework and as an Action Research Program," *Perspectives on Organization Design and Behavior*(ed), John Wiley & Sons, 1981.

Turner, C. E., "Test Room Studies in Employee Effectiveness," *American Journal of Public Health*, June 1933, p. 584.

Weber, M., *The Protestant Ethic and the Spirit of Capitalism*, (Translated in English by T. Parsons in 1946), Allen and Unwin, 1930, pp. 25–38.

Weber, M., *From Max Weber: Essays in Sociology*, Oxford University Press, 1946.

Woodward, J., *Industrial Organization: Theory and Practice*, Oxford University Press, 1965.

Wrege, C. D. and Perroni, C. G., "Taylor's Pig-Tale: A Historical Analysis of Frederick W. Taylor's Pig Iron Experiments," *Academy of Management Journal*, March 1974, pp. 6–27.

Yorks, L. and Whitsett, D., "Hawthorne, Topeka, and the Issue of Science versus Advocacy in Organizational Behavior," *Academy of Management Review*, January 1985, pp. 21–30.

제3장 지 각

알랭 드 보통 저, 정영목 역, **일의 기쁨과 슬픔**, 도서출판 이레, 2009, pp. 338–339.

Asch, S. E., "Forming Impressions of Personality," *Journal of Abnormal and Social Psychology*, July 1946, pp. 258–290.

Beyer, M., Chattopadhyay, P., George, E., Glick, W. H., Ogilvie, D. T., and Pugliese, D., "The Selective Perception of Managers Revisited," *Academy of Management Journal*, June 1997, pp. 716–737.

Bruner, J. S. and Postman, L., "Emotional Selectivity in Perception and Reaction," *Journal of Personality*, September 1947, pp. 69–77.

Cain, D. M. and Little, A. S., "Everyone's a Little Bit Biased," *JAMA: Journal of the American Medical Association* 299, no. 24 (2008), pp. 2893–2895.

Dearborn, D. C. and Simon, H. A., "Selective Perception: A Note on the Departmental Identification of Executives," Sociometry, June 1958, pp. 140–144.

Dennis, I., "Halo Effects in Grading Student Projects," *Journal of Applied Psychology* 92, no. 4 (2007), pp. 1169–1176.

Eden, D., "Self-fulfilling prophesy as a management tool: Harnessing Pygmalion," *Academy of Management Review*, vol. 8, No. 2, 1984, p. 70.

Eden, D. and Shani, A. B., "Pygmalion Goes to Boot Camp: Expectancy, Leadership, and Trainee Performance," *Journal of Applied Psychology*, April 1982, pp. 194–199.

Festinger, L., A *Theory of Cognitive Dissonance*, Stanford University Press, 1957.

Gioia, D. A. and Manz, C. C., "Linking Cognition and Behavior: A Script Processing Interpretation of Vicarious Learning," *Academy of Management Review*, July 1985, pp. 527–539.

Haire, M. and Grunes, W. F., "Perceptual Defences: Processes Protecting an Organized Perception of Another Personality," *Human Relations*, November 1950, pp. 403–412.

Heneman III, E. and Judge, T. A., *Staffing Organizations* (Middleton, WI: Mendota House, 2006).

Hilton, J. L. and Hippel, W. von, "Stereotypes," in J .T. Spence, J. M. Darley, and Foss, D. J. (eds.) *Annual Review of Psychology*, vol. 47 (Palo Alto, CA: Annual Reviews, 1996), pp. 237–271.

Hultman, K. E., "Behavior Modeling for Results," *Training and Development Journal*, December 1986, p. 60.

Jacobs, R. and Kozlowski, S. W. J., "A Closer Look at Halo Error in Performance Ratings," *Academy of Management Journal*, March 1985, pp. 201–212.

Kelley, H. H., "Attribution in Social Interaction," in E. Jones et al, (eds.), *Attribution: Perceiving the Causes of Behavior* (Morristown, NJ: General Learning Press, 1972).

Kelley, H. H. and Michela, J. L., "Attribution Theory and Research," *Annual Review of Psychology*, vol. 31, 1980, pp. 457–501.

Kruger, J. and Dunning, D., "Unskilled and Unaware of It: How Difficulties in Recognizing One's Own Incompetence Lead to Inflated Self-Assessments," *Journal of Personality and Social Psychology*, November 1999, pp. 1121–1134.

Mangels, J. A., Butterfield, B., Lamb, J., Good, C., and Dewek, C., "Why do belief about intelligence influence learning success?" *Social Cognitive and Affective Neuroscience*, vol. 1, 2006, pp. 75–86.

McGinnies, E., "Emotionality and Perceptual Defence," *Psychological Review*, September 1949, pp. 244–251.

McNatt, D. B., "Ancient Pygmalion Joins Contemporary Management: A Meta-analysis of the Result," *Journal of Applied Psychology*, April 2000, pp. 314–322.

Mills, V. A., *Control: A History of Behavioral Psychology*, NY, New York University Press, 2000.

Murphy, K. R., Jako, R. A., and Anhalt, R. L., "Nature and Consequences of Halo Error: A Critical Analysis," *Journal of Applied Psychology*, April 1993, pp. 218–225.

Rosenzweig, P., *The Halo Effect* (New York: The Free Press, 2007).

Ross, L., "The Intuitive Psychologist and His Short comings," in L. Berkowitz (ed.), *Advances in Experimental Social Psychology*, vol. 10 (Orlando, FL: Academic Press, 1977), pp. 174–220.

Sims, H. P. and Manz, C. C., "Modeling Influences on Employee Behavior," *Personnel Journal*, January 1982, pp. 58–65.

Skinner, B. F., *Contingencies of Reinforcement*, East Norwalk, CT, Appleton-Century Croft, 1971.

Tynan, O., Naquin, C. E., and Healy, J., "The Selective Perception and the Handicapped-Employees," *Journal of Vocational Psychology*, April 2003, pp. 332–340.

제4장 의사결정

대니얼 카너먼 저, 이진원 역, **생각에 관한 생각**, 김영사, 2013, pp. 249–251.

야마다 아키오 저, 김현희 역, **야마다 사장, 샐러리맨의 천국을 만들다**, 21세기북스, 2007.

테레사 에머빌, 스티븐 크레이머 저, 윤제원 역, **전진의 법칙**, 도서출판 정혜, 2011, pp. 79–109.

Amabile, T. M., "A Model of Creativity and Innovation in Organizations," in Staw, B. M. and Cummings, L. L. (eds.), *Research in Organizational Behavior*, vol. 10, Greenwich, CT: JAI Press, 1988.

Andersen, J. A., "Intuition in Managers: Are Intuitive Managers More Effective?" *Journal of Managerial Psychology* 15, no. 1–2 (2000).

Barnard, C. I., *The Functions of the Executive*, Harvard University Press, Cambridge, Mass., 1938, p. 14.

Bazerman, M. H., *Management Decision Making*, 2nd ed., Wiley, New York, 1990.

Brown, P. D., "Some Hunches About Intuition," *New York Times* (November 17, 2007) p. B5.

Burke, L. A. and Miller, M. K., "Taking the Mystery Out of Intuitive Decision Making," *Academy of Management Executive*, November 1999, pp. 91–99.

Dane, E. and Pratt, M. G., "Exploring Intuition and Its Role in Managerial Decision Making," *Academy of Management Review* 32, no. 1 (2007), pp. 33–54.

Gigerenzer, G., "Why Heuristics Work," *Perspectives on Psychological Science* 3, no. 1 (2008), pp. 20–29.

Gilovich, T., Griffin, D., and Kahneman, D., *Heuristics and Biases: The Psychology Intuitive Judgement* (New York: Cambridge University Press, 2002).

Green, T. B., "An Empirical Analysis of Nominal and Interacting Groups," *Academy of Management Journal*, March 1975, pp. 63–73.

Hardman, D. and Harries, C., "How Rational Are We?" *Psychologist*, February 2002, pp. 76–79.

Harrison, E. F., *The Managerial Decision-Making Process*, Houghton Mifflin, Boston, 1975, p. 69.

Harrison, E. F., *The Managerial Decision-Making Process*, 5th ed. (Boston: Houghton Mifflin, 1999), pp. 75–102.

Jonas, E., Schultz-Hardt, S., Frey, D., and Thelen, N., "Confirmation Bias in Sequential Information

Search After Preliminary Decisions," *Journal of Personality and Social Psychology*, April 2001, pp. 557–571.

Kahneman, D., "Maps of Bounded Rationality, Psychology for Behavioral Economics," *The American Economics Review*, vol. 93, no. 5, 2003, pp. 1149–1475.

Kahneman, D., "Maps of Bounded Rationality: Psychology for Behavioral Economics," *The American Economics Review* 93, no. 5 (2003), pp. 1449–1475.

Levine, D. L., "Participation, Productivity, and the Firm's Environment," *California Management Review*, Summer 1990, p. 86.

Macy, B. A., Peterson, M. F., and Norton, L. W., "A Test of Participation Theory in a Work Re-design Field Setting: Degree of Participation and Comparison Site Contrasts," *Human Relations*, vol. 42, 1989, p. 1110.

Mumford, M. D. and Gustafson, S. B., "Creativity Syndrome: Integration, Application, and Innovation," *Psychology Bulletin*, vol. 103, 1988, pp. 27–43.

Natanovich, G. and Eden, D., "Pygmalion Effects Among Outreach Supervisors and Tutors: Extending Sex Generalizability," *Journal of Applied Psychology* 93, no. 6 (2008), pp. 1382–1389.

Nickerson, R. S., "Confirmation Bias: A Ubiquitous Phenomenon in Many Guises," *Review of General Psychology*, June 1998, pp. 175–220.

Robbins, S. P., *Decide & Conquer: Making Winning Decisions and Taking Control of Your Life* (Upper Saddle River, NJ: Financial Times/Prentice Hall, 2004), p. 13.

Rohrbaugh, J., "Improving the Quility of Group Judgment: Social Judgment Analysis and the Nominal Group Technique," *Organizational Behavior and Human Performance*, October 1981, pp. 272–288.

Russo, J. E., Carlson, K. A., and Meloy, M. G., "Choosing an Inferior Alternative," *Psychological Science* 17, no. 10 (2006), pp. 899–904.

Sanders, P., *The Executive Decisionmaking Process Identifying Problems and Assessing Outcomes* (Westport, CT: Quorum, 1999).

Shah, A. K., and Oppenheimer, D. M., "Heuristics Made Easy: An Effort-Reduction Framework," *Psychological Bulletin* 134, no. 2 (2008), pp. 207–222.

Simon, H. A., "Rationality in Psychology and Economics," *Journal of Business*, October 1986, pp. 209–224.

Simon, H. A., *Administrative Behavior*, 2nd ed., Macmillan, New York, 1957, p. 64.

Simon, H. A., *The New Science of Management Decision*, Harper, New York, 1960, p. 2.

Sundstrom, E., DeMeuse, K. P., and Futrell, D., "Work Teams," American *Psychologist*, February 1990, pp. 120–133.

Tversky, A. and Kahneman, D., "Judgment Under Uncertainty: Heuristic and Biases," *Science*, vol. 185, 1974, pp. 1124–1131.

Tversky A., and Kahneman, D., "Availability: A Heuristic for Judging Frequency and Probability," in Kahneman, D., Slovic, P., and Tversky, A. (eds.), *Judgement Under Uncertainty: Heuristics and Biases* (Cambridge, UK: Cambridge University Press, 1982), pp. 163–178.

Ward, W. C., Kogan, N., and Pankove, E., "Incentive Effects in Children's Creativity," *Child Development*, vol. 43, 1972, pp. 669–676.

제5장 학습과 태도

Argyris, C. and Schon, D., *Organizational Learning: A Theory of Action Perspective*, Reading, Mass. Addison Wesley, 1978.

Argyris, C. and Schon, D., *Organizational Learning* II*: Theory, method and practice*, Reading, Mass. Addison Wesley, 1996.

Bandura, A., *Principles of Behavior Modification* (New York: Holt, Rinehart and Winston, 1969).

Babdura, A., "Social Learning Theory," in Spence, J. T., Carson, R. C., and Thibaut, J. W. (eds.), *Behavioral Approaches of Therapy*, General Learning, Morristown, N. J., 1976, p. 5.

Bandura, A., *Social Learning Theory* (Englewood Cliff, New Jersey: Prentice Hall, 1977.

Bandura. A., *Social Foundations of Thought and Action: A Social–Cognitive View*, Prentice–Hall, Englewood Cliffs, N. J., 1986.

Blau, G. J. and Boal, K. R., "Conceptualizing How Job Involvement and Organizational Commitment Affect Turnover and Absenteeism," *Academy of Management Review*, April 1987, p. 290.

Brief, A. P., Burke, M. J., George, J. M., Robinson, B., and Webster, J., "Should Negative Affectivity Remain an Unmeasured Variable in the Study of Job Stress?" *Journal of Applied Psychology*, vol. 73, 1988, pp. 193–198.

Brown, D. J., Kamin, A. M., and Lord, R. G., "Examining the Roles of Job Involvement and Work Centrality in Predicting Organizational Citizenship Behaviors and Job Performance," *Journal of Organizational Behavior*, February 2002, pp. 93–108.

Clegg, C. W., "Psychology of Employee Lateness, Absenteeism, and Turnover: A Methodological Critique and an Empirical Study," *Journal of Applied Psychology*, February 1983, pp. 88–101.

Diener, E. and Seligman, M. E. P., "Beyond Money: Toward an Economy of Well–Being," *Psychological Science in the Public Interest* 5, no. 1 (2004), pp. 1–31.

Durand, V. M., "Employee Absenteeism: A Selective Review of Antecedents and Consequences," *Journal of Organizational Behavior Management*, Spring/Summer 1985, p. 157.

Festinger, L., *A Theory of Cognitive Dissonance* (Stanford, CA: Stanford University Press, 1957).

Frankenhaeuser, M. and Gardell, B., "Underload and Overload in Working Life," *Journal of Human Stress*, vol. 2, 1976, pp. 35–46.

Freeman, R. B., "Job Satisfaction as an Economic Variable," *American Economic Review*, January 1978, pp. 135–141.

George, J. M., "Personality, Affect, and Behavior in Groups," *Journal of Applied Psychology*, vol. 75, no. 2, 1990, p. 108.

Gioia, D. A. and Sims Jr., H. P., "Cognition–Behavior Connections: Attribution and Verbal Behavior in Leader–Subordinate Interactions," *Organizational Behavior and Human Decision Precesses*, vol. 37, 1986, pp. 197–229.

Guthrie, E., *The Psychology of Learning*, New York: Harper and Row, Publishers, Inc. 1952.

Harrison, D. A., Newman, D. A., and Roth, P. L., "How Important Are Job Attitudes? Meta–Analytic Comparisons of Integrative Behavioral Outcomes and Time Sequences," *Academy of Management Journal* 49, no. 2 (2006), pp. 305–325.

Hoffman, B. J., Blair, C. A., Meriac, J. P., and Woehr, D. J.. "Expanding the Criterion Domain of the OCB Siterature," *Journal of Applied Psychology* 92, no. 2 (2007), pp. 555–556.

Hom, P. W. and Griffith, R. W., *Employee Turnover* (Cincinnati, OH: South–Western Publishing, 1995).

Ilies, R. and Judge, T. A., "On the Heritability of Job Satisfaction: The Mediating Role of Personality," *Journal of Applied Psychology* 88, no. 4 (2003), pp. 750–759.

Judge, T. A., Thoresen, C. J., Bono, J. E., and Patton, G. K., "The Job Satisfaction–Job Performance Relationship: A Qualitative and Quantitative Review," *Psychological Bulletin*, May 2001, pp. 376–407.

Kossek, E. E., "Why Many HR Programs Frail," *Personnel*, May 1990, p. 52.

Locke, E. A. and Latham, G. P., *A Theory of Goal Setting and Task Performance*, Prentice–Hall, Englewood Cliffs, N. J., 1990, pp. 249–250.

Lockwood, N. R., *Leveraging Employee Engagement for Competitive Advantage* (Alexandria, VA: Society for Human Resource Management, 2007).

Major, B. and Konar, E., "An Investigation of Sex Differences in Pay Expectations and Their Possible Causes," *Academy of Management Journal*, December 1984, pp. 777–792.

Miller, K. I. and Monge, P. R., "Participation, Satisfaction, and Productivity: A Meta-Analytic Review," *Academy of Management Journal*, December 1986, p. 748.

Mowday, R. T., Steers, R. M., and Porter, L. W., "The Measurement of Organizational Commitment," *Journal of Vocational Behavior*, vol. 14, 1979, pp. 224–247.

Mowday, R. T., Porter, L. W. and Steers, R. M., *Employee-Organization Linkages*, Academic Press, New York, 1982.

Moynihan, D. P. and Pandey, S. K., "Finding Workable Levers Over Work Motivation: Comparing Job Satisfaction, Job Involvement, and Organizational Commitment," *Administration* & *Society* 39, no. 7 (2007), pp. 803–832.

Nocera, J., "If It's Good for Philip Morris, Can It Also Be Good for Public Health?" *New York Times*, June 18, 2006.

Organ, D. W., *Organizational Citizenship Behavior: The Good Soldier Syndrome*, Lexington Books, Lexington, Mass., 1987.

Paton, J. J., et al., "The Primate Amygdala Represents the Positive and Negative Value of Visual Stimuli During Learning," *Nature*, vol. 439, 2006, pp. 865–870.

Pavlov, I., *Lectures on Conditioned Reflexes*, New York: International, 1927.

Podsaloff, P. M. and Williams, L. J., "The Relationship Between Job Performance and Job Satisfaction." In Locke, E. A. (ed.), *Generalizing from Laboratory to Field Settings*, Lexington Books, Lexington, Mass., 1986.

Riketta, M., "The Causal Relation Between Job Attitudes and Performance: A Meta-Analysis of Panel Studies," *Journal of Applied Psychology*, 93, no. 2, (2008), pp. 472–481.

Skinner, B. F., *Science and Human Behavior* (New York: The McMillan Company, 1953), pp. 30–35.

Skinner, B. F., *Schedules of Reinforcement*, Harvard University Press, 1957.

Spector, P. E., *Job Satisfaction: Application, Assessment, Causes, and Consequences* (Thousand Oaks, CA: Sage, 1997), p. 3.

Thorndike, E. L., *The Fundamentals of Learning*, AMS Press Inc, 1932.

Watson, J. B., *Behaviorism*, University of Chicago Press, 1930.

Wright, T. A. and Bonett, D. G., "The Moderating Effects of Employee Tenure on the Relation Between Organizational Commitment and Job Performance: A Meta-analysis," *Journal of Applied Psychology*, December 2002, pp. 1183–1190.

Yukl, G. A., Wexley, K. N., and Seymore, J. D., "Effectiveness of Pay Incentives under Variable Ratio and Continuous Schedules of Reinforcement," Organizational Behavior and Human Performance, October 1975, pp. 227–243.

제6장 성 격

야마다 아키오 저, 김현희 역, **야마다 사장, 샐러리맨의 천국을 만들다**, 21세기북스, 2007.

Abegglen, J. C., "Personality Factors in Social Mobility: A Study of Occupationally Mobile Businessmen," *Genetic Psychology Monographs*, August 1978, pp. 101–159.

Adkins, B. and Caldwell, D., "Firm or Subgroup Culture: Where Does Fitting in Matter Most?" *Journal of Organizational Behavior* 25, no. 8 (2004), pp. 969–978.

Ailon, G., "Mirror, Mirror on the Wall: Culture's Consequences in a Value Test of Its Own Design," *Academy of Management Review* 33, no. 4 (2008), pp. 885–904.

Allport, G. W., *Personality: A Psychological Interpretation* (New York: Holt, Rinehart & Winston, 1937), pp. 48.

Argyris, C., *Personality and Organization*, Harper, New York, 1957, pp. 51–53.

Bales, R., Cohen, S. and Williamson, S., *SYMLOG* Free Press, 1979.

Bales, R., Cohen, S., and Williamson, S., *SYMLOG*, Free Press, 1979. pp. 116–117.

Bandura, A. and Locke, E. A., Negative Self-efficacy and Goal Effects Revisited. *Journal of Applied Psychology*, vol. 8, 2003, pp. 87–99.

Bandura, A. and Locke, E., "Negative Self-efficacy and Good Effects Revisited." *Journal of Applied Psychology*, vol. 8, 2003, pp. 87–99.

Bandura, A., *Social Foundations of Thought and Action: A Social Cognitive Theory*, Englewood Cliffs, NJ: Prentice Hall, 1986.

Bartlett, K., "Twin Study: Influence of Genes Surprises Some," *Lincoln Journal and Star*, Oct. 4, 2001, pp. 3F.

Buss, A. H., "Personality as Traits," American Psychologist, November 1989, pp. 1378–1388;

McCrae, R. R., "Trait Psychology and the Revival of Personality and Culture Studies," *American Behavioral Scientist*, September 2000, pp. 10–31.

Christie, R. and Geis, F. L., *Studies in Machiavellianism* (New York: Academic Press, 1970), pp. 312.

Dahling, J. J., Whitaker, B. G., and Levy, P. E., "The Development and Validation of a New Machiavellianism Scale," *Journal of Management* 35, no. 2 (2009), pp. 219–257.

Day, D. V., Shleicher, D. J., Unckless, A. L., and Hiller, N. J., "Self–Monitoring Personality at Work: A Meta–analytic Investigation of Construct Validity," *Journal of Applied Psychology*, April 2002, pp. 390–401.

Digman, J. M., "Personality Structure: Emergence of the Five Factor Model," in Rosenzweig, M. R. and Porter, L. W. (eds.), *Annual Review of Psychology*, vol. 41 (Palo Alto, CA: Annual Reviews, 1990), pp. 417–440.

Dyne, L. V., Graham, J. & Dienesch, R., 1994. Organizational Citizenship Behavior, Construct Redefinition, Operationalization, and Validation, *Academy of Management Journal*, 38. pp. 765–802.

Erez, A. and Judge, T. A., "Relationship of Core Self–Evaluations to Goal Setting, Motivation, and Performance," *Journal of Applied Psychology* 86, no. 6 (2001), pp. 1270–1279.

Friedman, M. and Rosenman, R. H., *Type A Behavior and Your Heart* (New York: Alfred A. Knopf, 1974), pp. 84.

Hall, D., *Careers in Organization*, Goodyear, Santa Monica, CA., 1976, pp. 57.

Hall, D., *Careers in Organizations*, Goodyear, Santa Monica, CA. 1976, p. 57.

Hare, A. and Hare, S., SYMLOG Field Theory: Organizational Consultation, Value Differences, Personality and Social Perception, *Praeger*, 1996, pp. 318–343.

Hogan, J. and Holland, B., "Using Theory to Evaluate Personality and Job–Performance Relations: A Socioanalytic Perspective," *Journal of Applied Psychology*, February 2003, pp. 100–112.

Hogan, R. T. and Roberts, B. W., "*Introduction: Personality and Industrial and Organizational Psychology*," in Roberts, B. W. and Hogan, R. (eds.), Personality Psychology in the Workplace(Washington DC: American Psychological Association, 2001), pp. 11–12.

Holland, J. L., *Making Vocational Choices: A Theory of Vocational Personalities and Work Environments* (Odessa, FL: Psychological Assessment Resources, 1997).

House, R. J., Hanges, P. J., Javidan, M., and Dorfman, P. W. (eds.), Leadership, Culture, and Organizations: *The GLOBE Study of 62 Societies* (Thousand Oaks, CA: Sage, 2004).

Hunsley, J., Lee, C. M., Wood, J. M., "Controversial and Questionable Assessment Techniques." *Science and Pseudoscience in Clinical Psychology*, Lilienfeld, S. O., Lohr, J. M., Lynn, S. J. (eds.). Guilford, 2004.

Hurtz, G. M. and Donovan, J. J., "Personality and Job Performance: The Big Five Revisited," *Journal of Applied Psychology*, December 2000, pp. 869–879.

Javidan, M. and House, R. J., "Cultural Acumen for the Global Manager: Lessons from Project GLOBE," *Organizational Dynamics* 29, no. 4 (2001), pp. 289–305.

Jones, G. R., "Socialization Tactics, Self-Efficiency, and Newcomers' Adjustments to Organizations," *Academy of Management Journal*, June.

Judge, T. A. and Hurst, C., "How the Rich (and Happy) Get Richer (and Happier): Relationship of Core Self-Evaluations to Trajectories in Attaining Work Success," *Journal of Applied Psychology*, 93, no. 4 (2008), pp. 849–863.

Judge, T. A., Higgins, C. A., Thoresen, C. J., and Barrick, M. R., "The Big Five Personality Traits, General Mental Ability, and Career Success Across the Life Span," *Personnel Psychology* 52, no. 3 (1999), pp. 621–652.

Jung, C. G., *Types of Psychologies*, Harvard University Press, Cambridge, MA, 1968, p. 18

Jung, C. G., *Types Psychologies*, Harvard University Press, Cambridge, MA. 1968.

Kennedy, R. B. and Kennedy, D. A., "Using the Myers-Briggs Type Indicator in Career Counseling," *Journal of Employment Counseling*, March 2004, pp. 38–44.

Kluckhohn, C. and Murray, H. A., "Personality Formation: The Determinants," in Kluckhohn, C. and Murray, H. A. (eds.), *Personality*, Knopf, New York, 1948, pp. 35.

Kopelman, R. E. and Glass, M., "Test of Daniel Levinson's Theory of Adult Male Life States," *National Academy of Management Proceedings*, 1979, pp. 79–83.

Levinson, D. J., "A Conception of Adult Development," *American Psychologist*, vol. 41, 1986, pp. 3–13.

Levinson, D. J., *The Seasons of a Man's Life*, Knopf, New York, 1978, pp. 49.

Mangels, J. A., Butterfield, B., Lamb, J., Good, C., and Dewek, C., "Why do beliefs about intelligence influence learning success?" *Social Cognitive and Affective Neuroscience*, pp. 75–86, vol. 1, 2006.

McCartney, K., et al., "Growing Up and Growing Apart: A Developmental Meta-Analysis of Twin Studies," *Psychological Bulletin*, vol. 107, #2, 1990, pp. 226–237.

McCartney, K., Harris, M. J., and Bernieri, F., "Growing Up and Growing Apart: A Developmental Meta-Analysis of Twin Studies," *Psychological Bulletin*, vol. 107, no. 2, 1990, pp. 226–237.

McCrae, R. R. and Costa Jr., P. T., "Reinterpreting the Myers Briggs Type Indicator from the Perspective of the Five Factor Model of Personality," *Journal of Personality*, March 1989.

Myers, I. B., Introduction to Type: A Description of the Theory and Applications of the Myers-Briggs Type Indicator, *Consulting Psychologists Press*, Palo Alto Ca., 1962.

Ramanaiah, N. V., Byravan, A., and Detwiler, F. R. J., "Revised Neo Personality Inventory Profiles of Machiavellian and Non-Machiavellian People," *Psychological Reports*, October 1994, pp. 937–938.

Roccas, S., Sagiv, L., Schwartz, S. H., and Knafo, A., "The Big Five Personality Factors and Personal Values," *Personality and Social Psychology Bulletin* 28, no. 6 (2002), pp. 789–801.

Schein, E. H., "Organizational Socialization and the Profession of Management," in Kolb, D., Rubin, I., and McIntyre, J. (eds.), *Organizational Psychology: A Book of Readings*, Prentice-Hall, Englewood Cliffs, N.J., 1971, pp. 14–15.

Smith, B., Hanges, P. J., and Dickson, M. W., "Personnel Selection and the Five-Factor Model: Reexamining the Effects of Applicant's Frame of Reference," *Journal of Applied Psychology*, April 2001, pp. 304–315.

Snyder, M., *Public Appearances/Private Realities: The Psychology of Self-Monitoring* (New York: W. H. Freeman, 1987).

Taylor, R. N. and Dunnette, M. D., "Influence of Dogmatism, Risk-Taking Propensity, and Intelligence on Decision-Making Strategies for a Sample of Industrial Managers," *Journal of Applied Psychology*, August 1974, pp. 420–423.

Wilderom, T., and Peterson, M. F. (eds.), *Handbook of Organizational Culture and Climate* (Thousand Oaks, CA: Sage, 2000), pp. 401–416.

제7장 동기부여 이론, 제8장 동기부여와 직무설계

마이클 샌델 저, 안기순 역, **돈으로 살 수 없는 것들**, 와이즈베리, 2012, pp. 161–163.

알랭드 보통 저, 정영목 역, **불안**, 도서출판 이레, 2005, pp. 108–111.

알랭드 보통 저, 정영목 역, **일의 기쁨과 슬픔**, 도서출판 이레, 2009, pp. 84–85.

지그문트 프로이트 저, 이훈 역, **꿈의 해석**, 돋을새김, 2009, pp. 26–27.

피터게이 저, 정영목 역, **프로이트 I–정신의 지도를 그리다**, 열린책들, 2011, pp. 44–49.

Adams, J. S., "Inequity in Social Exchanges," in Berkowitz, L. (ed.), *Advances in Experimental Social Psychology* (New York: Academic Press, 1965), pp. 267–300.

Adler, A., *The Individual Psychology of Alfred Adler*, New York, Harper Torchbooks, 1956, pp. 216–220.

Alderfer, C. P., *Existence, Relatedness, and Growth: Human Needs in Organizational Settings*, New York: Free Press, 1972.

Bandura, A., *Social Learning Theory* (Upper Saddle River, NJ: Prentice Hall, 1977).

Bies, R. D., "Interactional gustice: Looking backward, looking forward," in Cropangano, R. S. and Ambrose, M. L.(eds.), *The Oxford Handbook of justice in the Workplace*, pp.89–107, Oxford university press, 2015.

Bandura, A., *Social Foundations of Thought and Action*, Prentice–Hall, Englewood Cliffs, N. J., 1986.

Bandura, A. and Cervone, D., "Differential Engagement in Self–Reactive Influences in Cognitively–Based Motivation," *Organizational Behavior and Human Decision Processes*, August 1986, pp. 92–113.

Colquitt, J. A., "Does the Justice of One Interact with the Justice of Many? Reactions to Procedural Justice in Team," *Journal of Applied Psychology* 89, no. 4 (2004), pp. 633–646.

Colquitt, J. A., Conlon, D. E., Wesson, M. J., Porter, C. O. L. H., and Ng, K. Y., "Justice at the Millennium: A Meta–analytic Review of the 25 Years of Organizational Justice Research," *Journal of Applied Psychology*, June 2001, pp. 425–445.

Cropanzano, R., Prehar, C. A., and Chen, P. Y., "Using Social Exchange Theory ro Distinguish Procedural from Interactional Justice," *Group & Organization Management* 27, no. 3 (2002), pp. 324–351.

Deci, E., Koestner, R., and Ryan, R. M., "A Meta–analytic Review of Experiments Examining the Effects of Extrinsic Rewards on Intrinsic Motivation," *Psychological Bulletin* 125, no. 6 (1999), pp. 627–668.

Deci, E. and Ryan, R. (eds.), *Handbook of self–determination research* (Rochester, NY: University of Rochester Press, 2002).

Drucker, P., *The Frontiers of Management: Where Tomorrow's Decisions are Being Shaped Today*, New York, Truman Talley Books, 1986.

Duchon, D. and Jago, A. G., "Equity and Performance of Major League Baseball Players: An Extension of Lord and Hohenfeld," *Journal of Applied Psychology*, December 1981, pp. 728–732.

Eerde, W. V. and Thierry, H., "Vroom's Expectancy Models and Work-Related Criteria: A Meta-analysis," *Journal of Applied Psychology*, October 1996, pp. 575–586.

Goerg, S. and Kube, S., "Goals at Work: Goals, Monetary Incen fives and Workers' Performance." Max Planck Institute: Rosearch on Collective Goods, Oct, 2012.

Goodman, P. S. and Friedman, A., "An Examination of Adams' Theory of Inequity," *Administrative Science Quarterly*, September 1971, pp. 271–288.

Griffin, R. W., "Work Redesign Effects on Employee Attitudes and Behaviors: A Long-Term Field Experiment," *Academy of Management Best Paper Proceedings*, 1989, pp. 216–217.

Griffith, R. W. and Gaertner, S., "A Role for Equity Theory in the Turnover Process: An Empirical Test," *Journal of Applied Psychology*, May 2001, pp. 1017–1037.

Hackman, J. R., "Work Design," in Hackman, J. R. and Suttle, J. L. (eds.), *Improving Life at Work*, Goodyear, Santa Monica, Calif., 1977, p. 129.

Hackman, J. R. and Oldham, G. R., "Motivation through the Design of Work: Test of a Theory," *Organizational Behavior and Human Performance*, vol. 16, 1976, pp. 250–256.

Hackman, J. R., Oldham, G. R., Janson, R., and Purdy, K., "A New Strategy for Job Enrichment," *California Management Review*, Summer 1975, pp. 55–71.

Herzberg, F., *The Motivation to Work*, Wiley, 1959.

Herzberg, F., "One more time: How do you motivate your employees?" *Harvard Business Review*, vol. 65, Issue 5, 1987, pp. 109–120.

Herzberg, F., Mausner, B., and Snyderman, B., *The Motivation to Work* (New York: Wiley, 1959).

Hofstede, G., "Motivation, Leadership and Organization: Do American Theories Apply Abroad?" *Organizational Dynamics*, 1980, p. 55.

Jönsson, B. and Lank, A. G., "Volvo: A Report on the Workshop on Production Technology and Quality of Working Life," *Human Resources Management*, Winter 1985, p. 463.

Lawler III, E. E. and Looyd, S. J., "Expectancy Theory and Job Behavior," *Organizational Behavior and Human Performance*, June 1973, pp. 483–502.

Lawler III, E. E. and Suttle, L., "A Causal Correlation Test of the Need Hierarchy Concept," *Organizational Behavior and Human Performance*, April 1972, pp. 265–287.

Locke, E. A., "The Ubiquity of the Technique of Goal Setting in Thoeries of and Approaches to Employee Motivation," *Academy of Management Review*, vol. 3, no. 3, 1978, p. 600.

Locke, E. A., "The Motivation to Work: What We Know," *Advances in Motivation and Achievement* 10 (1997), pp. 375–412.

Locke, E. A. and Latham, G. P., A Theory of Goal Setting and Task Performance, p. 244. Also See: Katzell, R. A. and Thomson, D. E., "Work Motivation: Theory and Practice," *American Psychologist*, vol. 50, no. 9, 1990, pp. 149–150.

Locke, E. A. and Latham, G. P., "Building a Practically Useful Theory of Goal Setting and Task Motivation," *American Psychologist*, September 2002, pp. 705–717.

Lord, R. G. and Hohenfeld, J. A., "Longitudinal Field Assessment of Equity Effects on the Performance of Major League Baseball Players," *Journal of Applied Psychology*, February 1979, pp. 19–26.

Maslow, A. H., "A Theory of Human Motivation," *Psychological Review*, July 1943, pp. 370–396.

Maslow, A., *Motivation and Personality* (New York: Harper & Row, 1954).

Maslow, A., *New Knowledge in Human Values*, Haper, 1959.

Maslow, A., *Eupsychian Management*, Irwin–Dorsey, 1965.

Maslow, A., *Toward a Psychology of Being*(2nd ed.), Van Nostrand Reinhold, 1968.

Maslow, A., *Motivation and Personality*, Harper & Row, 1970.

McClelland, D. C., Power, *The Inner Experience* (New York: Irvington, 1975).

McClelland, D. C., Power, McClelland, D. C., and Burnham, D. H., "Power Is the Great Motivator," *Harvard Business Review*, March–April 1976, pp. 100–110.

McClelland, D. C. and Winter, D. G., *Motivating Economic Achievement* (New York: The Free Press, 1969).

McGregor, D., *The Human Side of Enterprise*, McGregor–Hill, 1950.

McGregor, D., *The Human Side of Enterprise* (New York: McGraw–Hill, 1960).

McGregor, D., *Leadership and Motivation*, MIT Press, 1966.

McGregor, D., *The Professional Manager*, McGregor–Hill, 1967.

Mittelman, W., "Maslow's Study of Self–Actualization: A Reinterpretation," *Journal of Humanistic Psychology*, vol. 31, no. 1, 1991, pp. 114–135.

Morgan, W., "Origin and History of the Thematic Apperception Test," *Journal of Personality Assessment*, vol. 79, no. 3, 2002, pp. 422–445.

Mowday, R. T., "Equity Theory Predictions of Behavior in Organizations," in Steers, R., Porter, L. W., and Bigley, G. (eds.), *Motivation and Work Behavior*, 6th ed. (New York: McGraw–Hill, 1996), pp. 111–131.

Ostroff, C. and Atwater, L. E., "Does Whom You Work with Matter? Effects of Referent Group Gender and Age Composition on Managers' Compensation," *Journal of Applied Psychology* 88, no. 4 (2003), pp. 725–740.

Phillipchuk, J. and Whittaker, J., "An Inquiry into the Continuing Relevance of Herzberg's Motivation Theory," *Engineering Management Journal* 8 (1996), pp. 15–20.

Podsakoff, P. M. and Williams, L., "The Relationship between Job Performance and Job Satisfaction," in Locke, E. A. (ed.), *Generalizing from Laboratory to Field Settings*, Lexington Books, Lexington, Mass., 1986, p. 244.

Poister, T. H. and Streib, G., "MBO in Municipal Government: Variations on a Traditional Management Tool," *Public Administration Review*, January/February 1995, pp. 48–56; and Garvey, C., "Goalsharing Scores," HRManagement, April 2000, pp. 99–106.

Rauschenberger, J., Schmitt, N. and Hunter, J. E., "A Test of Need Hierarchy Concept by a Markov Model of Change in Need Strength," *Administrative Science Quarterly*, 1980, pp. 654–670.

Rodgers, R. and Hunter, J. E., "Impact of Management by Objectives on Organizational Productivity," *Journal of Applied Psychology*, April 1991, pp. 322–336.

Ryan, R. and Deci, E., "Self–determination Theory and the Facilitation of Intrinsic Motivation," *American Psychologist*, 55, no. 1 (2000), pp. 68–78.

Skinner, B. F., "The Design of Experimental Communities," *International Encyclopedia of the Social Science*, vol. 16, New York, Mcmillan, 1968, pp. 271–275.

Skinner, B. F., *Contingencies of Reinforcement* (East Norwalk, CT: Appleton–Century Crofts, 1971).

Sue–Chan, C. and Ong, M., "Goal Assignment and Performance: Assessing the Mediating Roles of Goal Commitment and Self–Efficacy and the Moderating Role of Power Distance," *Organizational Behavior and Human Decision Processes* 89, no. 2 (2002), pp. 1140–1161.

Tyler, T. R. and Bies, R. D. "Beyond Formal Proceluresi, The Interpersonal Context of Procedunal gustice. *Applied Social Psychology and Orgaigational Settings*. pp.77–98. Hillsdole, NJ. L.Erlbaum Assouates, 1990.

Vroom, V. H., *Work and Motivation* (New York: Wiley, 1964).

Watson Jr., T. and Petre, P., *Father, Son & Co.: My Life at IBM and Beyond*, New York, Bantam

Book, 1990, pp. 190–193.

제9장 집단과 집단역학

Aime, S. Humphrey, D. S. DeRue, and J. B. Paul, "The Riddle of Heterachy: Power Transitions in Cross–Functional Teams." *Academy of Management Journal* 57, no. 2 (2014): 327–52.

Ashforth, B. E. and Mael, F., "Social Identity Theory and the Organization," *Academy of Management Review* 14, no. 1 (1989), pp. 20–39.

Balkundi, P., and D. A. Harrison, "Ties, Leaders, and Time in Teams: Strong Inference about Network Structure's Effects on Team Viability and Performance." *Academy of Management Journal* 49, no. 1 (2006): 49–68.

Baltes, B. B., Dickson, M. W., Sherman, M. P., Bauer, C. C., and LaGanke, J., "Computer–Mediated Communication and Group Decision Making: A Meta–analysis," *Organizational Behavior and Human Decision Processes*, January 2002, pp. 156–179.

Barrick, M. R., Stewart, G. L., Neubert, M. J., and Mount, M. K., "Relating Member Ability and Personality to Work–Team Processes and Team Effectiveness," *Journal of Applied Psychology*, June 1998, pp. 377–391.

Beal, D. J., Cohen, R., Burke, M. J. and McLendon, C. L., "Cohesion and performance in groups: A Meta–analytic Clarification of Construct Relation," *Journal of Applied Psychology*, vol. 88, 2003, pp. 989–1004.

Bond Jr., C. F., and Titus, L. J., "A Social Facilitation: A Meta–Analysis of 241 Studies," *Psychological Bulletin*, vol. 94, no. 2, 1983, pp. 265–292.

Bradley, B., and K. G. Brown, "Reaping the Benefits of Task Conflict in Teams: The Critical Role of Team Psychological Safety Climate." *Journal of Applied Psychology*, 97, no. 1 (2012): 151–58.

Brown, C., and S. L. Robinson, "Psychological Ownership, Territorial Behavior, and Being Perceived as a Team Contributor: The Critical Role of Trust in the Work Environment." *Personnel Psychology* 67, no. 2 (2014): 463–85.

Campion, M. A., Medsker, G. J., and Higgs, C. A., "Relations Between Work Group Characteristics and Effectiveness: Implications for Designing Effective Work Groups," *Personnel Psychology*, Winter 1993, pp. 823–850.

Campion, M. A., Papper, E. M., and Medsker, G. J., "Relations Between Work Team Characteristics and Effectiveness: A Replication and Extension," *Personnel Psychology*, Summer 1996, pp. 429–452.

Civettini, N. H. W., "Similarity and Group Performance," *Social Psychology Quarterly*, American Sociological Association, vol. 70(3), 2007.

Colquitt, A., Hollenbeck, J. R., and Ilgen, D. R., "Computer–Assisted Communication and Team Decision–Making Performance: The Moderating Effect of Openness to Experience," *Journal of Applied Psychology* 87, no. 2 (April 2002), pp. 402–410.

Delbecq, A. L., Van deVen, A. H., and Gustafson, D. H., Group Techniques for Program Planning: *A Guide to Nominal and Delphi Precesses* (Glenview, IL: Scott Foresman, 1975).

Edwards, J. R., "Complementary and Supplementary Fit: A Theoretical and Empirical Integration," *Journal of Applied Psychology* 89, no. 5 (2004), pp. 822–834.

Ellis, A., Hollenbeck, J. R., and Ilgen, D. R., "Team Learning"; Porter, C. O. L. H., Hollenbeck, J. R., and Ilgen, D. R., "Backing Up Behaviors in Teams: The Role of Personality and Legitimacy of Need," *Journal of Applied Psychology* 88, no. 3 (June 2003), pp. 391–403.

Faure, C., *Beyond Brainstorming*, Random House, NY, 2004, pp. 13–34.

Ferraggi, K., "A New Soual Context for Teams", *Harvard Business Review*. Sep.–Oct. 2022.

Gonzalez–Roma, V., and A. Hernandez. "Climate Uniformity: Its Influence on Team Communication Quality, Task Conflict, and Team Performance." *Journal of Applied Psychology* 99, no. 6 (2014): 1042–58.

Guzzo, R. A and Shea, G. P., "Group Formation and Intergroup Relations in Organizations," in Dunnette, M. D. and Hough, L. M., eds., *Handbook of Industrial and Organizational Psychology*, 2nd ed., vol. 3, Palo Alto, CA: Consulting Psychologists Press, 1992, pp. 288–90.

Guzzo, R. A. and Shea, G. P., "Group Formation and Intergroup Relations in Organizations," *Handbook of Industrial and Organizational Psychology*, vol. 3, Palo Alto, CA, Consulting Psychologist Press, 1992, pp. 288–297.

Hirchfeld, R. R. and Bernerth, J. B., "Mental Efficacy and Physical Efficacy at the Team Level: Inputs and Outcomes Among Newly Formed Action Teams," *Journal of Applied Psychology* 93, no. 6 (2008), pp. 1429–1437.

Hogg, M. A. and Terry, D. J., "Social Identity and Self–Categorization Processes in Organizational Contexts."; Turner, J. C., et al., *Rediscovering the Social Group: A Self–Categorization Theory*

(Cambridge, MA: Basil Blackwell), 1987.

Hogg, M. A. and Terry, D. J., "Social Identity and Self-Categorization Processes in Organizational Contexts," *Academy of Management Review* 25, no. 1 (2000), pp. 121–140.

Humphrey, S. E., Hollenbeck, J. R., Meyer, C. J., and Ilgen, D. R., "Trait Configurations in Self-Managed Teams: A Conceptual Examination of the Use of Seeding for Maximizing and Minimizing Trait Variance in Teams" *Journal of Applied Psychology* 92, no. 3 (2007), pp. 885–892.

Hyatt, D. E. and Ruddy, T. M., "An Examination of the Relationship Between Work Group Characteristics and Performance: Once More into the Breech," *Personnel Psychology*, Autumn 1997, p. 555.

Janis, I. L., *Victims of Groupthink*, Boston, Houghton Mifflin, 1972, pp. 74–76.

Janis, I. L., "Groupthink," *Psychology Today*, vol. 5, no. 2, 1971, pp. 43–46.

Jehn, K. A., "A Qualitative Analysis of Conflict Types and Dimensions in Organizational Groups," *Administrative Science Quarterly*, September 1997, pp. 530–557.

Johnson, M. D., Hollenbeck, J. R., Humphrey, S. E., Ilgen, D. R., Jundt, D., and Meyer, C. J., "Cutthroat Cooperation: Asymmetrical Adaptation to Changes in Team Reward Structures," *Academy of Management Journal* 49, no. 1 (2006), pp. 103–119.

Joshi, A., "The Influence of Organizational Demography on the External Networking Behavior of Teams," *Academy of Management Review*, July 2006, pp. 583–595.

Joshi, A. and Roh, H., "The Role of Context in Work Team Diversity Research: A Meta-analytic Review," *Academy of Management Journal* 52, no. 3 (2009), pp. 599–627.

Karau, S. J. and Williams, K. D., "Social loafing: A meta-analytic review and theoretical integration," *Journal of Personality and Social Psychology*, vol. 65, 1993, pp. 681–706.

Katzenbach, J., "What Makes Teams Work?" Fast Company, November 2000, p. 110.

Kerr, N. L. and Tindale, R. S., "Group Performance and Decision-Making," *Annual Review of Psychology* 55 (2004), pp. 623–655.

Krantz, J., "Group Processes Under Conditions of Organizational Decline," *The Journal of Applied Behavioral Science*, vol. 21, 1985, pp. 1–17.

Langfred, C., "The Downside of Self-Management: A Longitudinal Study of the Effects of Conflict on Trust, Autonomy, and Task Interdependence in Self-Managing Teams," *Academy of Management Journal* 50, no. 4 (2007): 885–900.

Liden, R. C., Wayne, S. J., Jaworski, R. A., and Bennett, N., "Social loafing: A Field Investigation," *Journal of Management*, April 2004, pp. 285–304.

Littlepage, G. E., Whishler, G. W., and Frost, A. G., "An input–process–output analysis of influence and performance in groups," *Journal of Personality and Social Psychology*, vol. 69, no. 5, 1995, p. 875–884.

Litwak, E. and Meyer, H. J., "A Balance Theory of Coordination between Bureaucratic Organizations and Community Primary Groups," *Administrative Science Quarterly*, vol. 11, no. 1, 1966, pp. 31–58.

Mael, F. and Ashforth, B. E., "Alumni and Their Alma Mater: A Partial Test of the Reformulated Model of Organizational Identification," *Journal of Organizational Behavior* 13, no. 2 (1992), pp. 103–123.

Martins, L., and M. I. Maynard, "Virtual Teams: What Do We Know and Where Do We Go from Here?" *Journal of Management* 30, no. 6 (2004): 805–35.

Maynard, T., and L. Gilson, "Team Effectiveness 1997–2007: A Review of Recent Advancements and a Glimpse into Future," *Journal of Management* 34, no. 3 (2008): 410–76.

Mullen, B. and Cooper, C., "The Relation Between Group Cohesiveness and Performance: An Integration," *Psychological Bulletin*, March 1994, pp. 210–227.

Naquin, C. E. and Tynan, R. O., "The Team Halo Effect: Why Teams Are Not Blamed for Their Failures," *Journal of Applied Psychology*, April 2003, pp. 332–340.

Piercy, F. P. and Piercy, S. K., "Interpersonal Attraction as a function of propinquity in two sensitivity groups," *Psychology: A Journal of Human Behavior*, vol. 9, no. 1, 1972, pp. 27–30.

Poole, M., Henry, K. B., and Moreland, R., "The Temporal Perspectives on Groups," *Small Group Research*, vol. 35, no. 1, 2004, pp. 73–95.

Ringelmann, M., "Research on animate source of power: The Work of man," *National Agronomic*, 2nd Series, vol. 12, 1913, pp. 1–40.

Schachter, S., Ellertson, N., McBride, D., and Gregory, D., "An Experimental Study of Cohesiveness and Productivity," *Human Relations*, August 1951, pp. 229–239.

Sundstrom, E. and AHman, I., "Physical Environments and Work–Group Effectiveness," in Cummings, L. L. and Staw, B. M. (eds.), *Research in Organizational Behavior*, Greenwich, CT, JAI Press, 1989, pp. 175–179.

Sundstorm, E. and Altman, I., "Physical Environments and Work–Group Effectiveness," in Cummings, L. L. and Staw, B. M. (eds.), *Research in Organizational Behavior*, Greenwich, CT, JAI Press,

1989, pp. 175–209.

Stewart, S., and M. R. Barrick, "Peer-Based Control in Self-Managing Teams: Linking Rational and Normative Influence with Individual and Group Performance." *Journal of Applied Psychology* 97, no. 2 (2012): 435–47.

Tasa, K., Taggar, S., and Seijts, G. H., "The Development of Collective Efficacy in Teams: A Multilevel and Longitudinal Perspective," *Journal of Applied Psychology* 92, no. 1 (2007), pp. 17–27.

Thomas, E. J. and Fink, C. F., "Effects of Group Size," *Psychological Bulletin*, July 1963, pp. 371–384.

Trahair, R., *Elton Mayo: The Humanist Temper*, Transaction Publishers, NY, 2005, pp. 177–191.

Williams, K. Y. and O'Reilly III, C. A., "Demography and Diversity in Organizations: A Review of 40 Years of Research," in Staw, B. M. and Cummings, L. L. (eds.), *Research in Organizational Behavior*, vol. 20, pp. 77–140.

Zajonc, R. B., "Social Facilitation," *Science*, 1965, pp. 269–274.

제10장 리더십

김구 저, **백범일지**, 덕우출판사, 1994.

샤렌성 저, 강영매 역, **선월**, 범우사, 2000.

H. P. 심스 저, 한국능률협회 역, **영웅들의기업**, 1997, pp. 168–174.

R. K. 그린리프 저, 강주헌 역, **서번트리더십원전**, 참솔, 2006.

Agle, B. R., Nagarajan, N. J., Sonnenfeld, J. A., and Srinivasan, D., "Does CEO Charisma Matter?" *Academy of Management Journal* 49, no. 1 (2006), pp. 161–174.

Ames, D. R. and Flynn, F. J., "What Breaks a Leader: The Curvilinear Relation Between Assertiveness and Leadership," *Journal of Personality and Social Psychology* 92, no. 2 (2007), pp. 307–324.

Ayman, R., Chemers, M. M., and Fiedler, F., "The Contingency Model of Leadership Effectiveness: Its Levels of Analysis," *Leadership Quarterly*, Summer 1995, pp. 147–167.

Bass, B. M., "Leadership: Good, Better, Best," *Organizational Dynamics*, Winter 1985, pp. 26–40.

Bass, B. M., "From Transactional to Transformational Leadership: Learning to Share the Vision," *Organizational Dynamics*, Winter 1990, pp. 19–31.

Bass, B. M., "Cognitive, Social, and Emotional Intelligence of Transformational Leaders," in Riffio, R. E., Murphy, S. E., and Pirozzolo, F. J. (eds.), *Multiple Intelligences and Leadership* (Mahwah, NJ:

Lawrence Erlbaum, 2002), pp. 113–114.

Bennis, W., "The Challenges of Leadership in the Modern World," *American Psychologist*, January 2007, pp. 2–5.

Blake, R. and Mouton, J., *The Managerial Grid: The Key to Leadership Excellence*, Houston Gulf Publishing, 1964, pp. 169–184.

Blake, R. and Mouton, J., *The Managerial Grid III: The Key to Leadership Excellence*, Houston Gulf Publishing, 1985.

Burns, J. M., *Leadership* (New York: Harper & Row, 1978).

Caruso, D. R. and Wolfe, C. J., "Emotional Intelligence and Leadership Development," in David, D. and Zaccaro, S. J. (eds.), *Leader Development for Transforming Organizations: Growing Leaders for Tomorrow* (Mahwah, NJ: Lawrence Erlbaum, 2004), pp. 237–263.

Champy, J., "The Hidden Qualities of Great Leaders," *Fast Company* 76 (November 2003), p. 135.

Conger, J. A. and Kanungo, R. N., "Behavioral Dimensions of Charismatic Leadership," in Conger, J. A., Kanungo, R. N., and Associates (eds.), *Charismatic Leadership* (San Francisco: Jossey–Bass, 1988), p. 79.

Conger, J. A. and Kanungo, R. N., Charismatic Leadership in Organizations (Thousand Oaks, CA: Sage, 1998); and Awamleh, R. and Gardner, W. L., "Perceptions of Leader Charisma and Effectiveness: The Effects of Vision Content, Delivery, and Organizational Performance," *Leadership Quarterly*, Fall 1999, pp. 345–373.

Duchon, D., Green, S. G., and Taber, T. D., "Vertical Dyad Linkage: A Longitudinal Assessment of Antecedents, Measures, and Consequences," *Journal of Applied Psychology*, February 1986, pp. 56–60.

Dunegan, K., Duchon, D., and Uhl–Bien, M., "Examining the Link between Leader Member Exchange and Subordinate Performance: The Role of Task Analyzability and Variety as Moderators," *Journal of Management*, March 1992, vol. 18, pp. 59–76.

Dvir, T., Eden, D., and Avolio, B. J., "Impact of Transformational Leadership on Follower Development and Performance"; Avolio, B. J. and Bass, B. M., *Developing Potential Across a Full Range of Leadership: Cases on Transactional and Transformational Leadership* (Mahwah, NJ: Lawrence Erlbaum, 2002).

Ettling, J. T. and Jago, A. G., "Participation Under Conditions of Conflict: More on the Validity of the

Vroom–Yetton Model," *Journal of Management Studies*, January 1988, pp. 73–83.

Fiedler, F. E., A *Theory of Leadership Effectiveness*, New York: McGraw Hill, 1967.

Fiedler, F. E., "Situational Control and a Dynamic Theory of Leadership," in Grint, K. ed., 1997, *Leadership, Classical, Contemporary and Critical Approaches*, Oxford: Oxford University Press, 1997.

Fiedler, F. E., Chemers, M. M., and Mahar, L., *Improving Leadership Effectiveness: The Leader Match Concept* (New York: Wiley, 1977).

Fiedler, E. F. & Mahar, L., "The Effectiveness of Contingency Model Training: A Review of the Validation of Leader Match," *Personnel Psychology*, vol. 32 (1979), pp. 45–62.

Goleman, D., "What Makes a Leader?" Harvard Business Review, Nov.–Dec. 1998, pp. 93–102.

Graeff, C. L., "Evolution of Situational Leadership Theory: A Critical Review," *Leadership Quarterly* 8, no. 2 (1997), pp. 153–170.

Graen, G. B. and Cashman, J. F., "A role making model of leadership in formal organizations: A developmental approach," in Hunt, J. G. & Larson, L. L. (eds.), *Leadership Frontiers*, Kent, Ohio, Kent State University Press, 1975, pp. 143–165.

Graen, G. B. and Uhl–Bien, M., "Relationship–Based Approach to Leadership: Development of LMX Theory of Leadership over 25 Years," *Leadership Quarterly*, vol. 6, 1995, pp. 219–247.

Greenleaf, R. K., *The Servant as Leader*, IN: Indianapolis, 1970.

Greenleaf, R. K., *Servant Leadership*, Greenleaf Center, 1991.

Greenleaf, R. K., *On Becoming a Servant Leader*, Frick, D. M. and Spears, L. C. (Eds.), San Francisco, CA: Jossey–Bass Publishers Avolio, 1996.

Greenleaf, R. K., Zigarmi, P. and Zigarmi, D., Leadership and the One Minute Manager Updated Ed: Increasing Effectiveness Through Situational Leadership II, William Morrow, New York, 2013.

Hersey, P., Blanchard, K., Zigarmi, P., and Zigarmi, D., *Leadership and the One Minute Manager: Increasing Effectiveness Through Situational Leadership II*, William Morrow, New York, 2013. pp. 56–77.

House, R. J., "A 1976 Theory of Charismatic Leadership," in Hunt, J. G. and Larson, L. L. (eds.), *Leadership: The Cutting Edge* (Carbondale: Southern Illinois University Press, 1977), pp. 189–207.

House, R. J. and Evans, M., "A Path–Goal Theory of Leader Effectiveness", *Leadership Quarterly*, vol. 7, no. 3, 1971, pp. 321–338.

House, R. J. and Howell, J. M., "Personality and Charismatic Leadership," *Leadership Quarterly* 3

(1992), pp. 81–108.

House, R. d., "Path–Goal Theory of Leadership: Lessons, Legacy, and a Reformulated Theory," *Leadership Quarterly*, Fall 1996, pp. 323–352.

Jacobsen, C. and House, R. J., The Rise and Decline of Charismatic Leadership, *Leadership Quarterly*, vol. 3, no. 2, 1991, pp. 81–108.

Judge, T. A., Bono, J. E., Ilies, R., and Gerhardt, M. W., "Personality and Leadership: A Qualitative and Quantitative Review," *Journal of Applied Psychology*, August 2002, pp. 765–780.

Kabaoff, B., "A Critique of Leader Match and Its Implications for Leadership Research," *Personnel Psychology*, Winter 1981, pp. 749–764.

Keller, R. I., "A Longitudinal Assessment of Managerial Grid Seminar Training Program," *Group and Organizational Studies*, vol. 3, 1978, pp. 343–355.

Kerr, S. & Harlan, A., "Predicting the Effects of Leadership Training and Experience from the Contingency Model: Some Remaining Problems," *Journal of Applied Psychology*, vol. 57 (1973), pp. 114–117.

Kerr, S. and Jermier, J. M., "Substitutes for Leadership: Their Meaning and Measurement–Contextual Recollections and Current Observations," *Leadership Quarterly* 8, no. 2 (1997), pp. 95–101.

Kirkpatrick, S. A. and Locke, E. A., "Leadership: Do Traits Matter?" *Academy of Management Executive*, May 1991, pp. 48–60.

Kotter, J. P., A *force for Change: How Leadership Differs from Management* (New York: The Free Press, 1990).

Kotter, J. P., "What Leaders Really Do," *Harvard Business Review*, May–June 1990, pp. 103–111.

Lewin, K., Lippit, R. and White, R., "Patterns of Aggressive Behavior in Experimentally Created Social Climates," *Journal of Social Psychology*, vol. 10, no. 2, 1939, pp. 271–288.

Liden, R. C. and Deluga, R. J., "Leader member Exchange Quality and Effectiveness Ratings: The Role of Subordinate–Supervisor Conscientiousness Similarity," *Group and Organization Management*, vol. 23, 1998.

Liden, R. C., Wayne, S. J., and Stilwell, D., "A Longitudinal Study on the Early Development of Leader–member Exchanges"; Deluga, R. J. and Perry, J. T., "The Role of Subordinate Performance and Ingratiation in Leader–Member Exchanges," *Group* & *Organization Management*, March 1994, pp. 67–86.

Likert, R., "An Emerging Theory of Organization Leadership and Management," in Bass, L., P. B., ed., *Leadership and Interpersonal Behavior*, New York: Holt, Rinehart and Winston, 1961, pp. 290–309.

Likert, R., *The Human Organization*, New York: McGraw Hill, 1967.

Linder, R. and Graen, G. B., "Generalization of the Vertical Dyad Linkage Model of Leadership," *Academy of Management Journal*, vol. 23, no. 3, 1980, pp. 451–465.

Lord, R. G., DeVader, C. L., and Alliger, G. M., "A Meta-analysis of the Relation Between Personality Traits and Leadership Perceptions: An Application of Validity Generalization Procedures," *Journal of Applied Psychology*, August 1986, pp. 402–410.

Manz, C. C. and Sims, H. P., *Superleadership: Leading Others to Lead Themselves*, New York: Berkley Books, 1989.

Mayer, R. C., Davis, J. H., and Schoorman, F. D., "An Integrative Model of Organizational Trust," *Academy of Management Review*, July 1995, pp. 709–734.

Nanus, B., *The Leader's Edge: The Seven Keys to Leadership in a Turbulent World* (Chicago: Contemporary Books, 1989), p. 102.

Nanus, B., *Visionary Leadership*, Jossey-Bass InC, 1992, pp. 37–38.

Peters, L. H., Hartke, D. D., and Pohlmann, J. T., "Fiedler's Contingency Theory of Leadership: An Application of the Meta-analysis Procedures of Schmidt and Hunter," *Psychological Bulletin*, March 1985, pp. 274–285.

Phillips, A. S. and Bedian, A. G., "Leader-Follower Exchange Quality: The Role of Personal and Interpersonal Attributes," *Academy of Management Journal*, vol. 37, 1994, pp. 990–1001.

Sashkin, M., "The Visionary Leader," in Conger, J. A., Kanungo, R. N., et al. (eds.) *Charismatic Leadership* (San Francisco: Jossey-Bass, 1988), p. 150.

Schoorman, F. D., Mayer, R. C., and Davis, J. H., "An Integrative Model of Organizational Trust: Past, Present, and Future," *Academy of Management Review*, vol. 32, no. 2 (2007), pp. 344–354.

Schriesheim, C. A., Cogliser, C. C., and Neider, L. L., "Is It 'Trustworthy'? A Multiple-Level-of-Analysis Reexamination of an Ohio State Leadership Study, with Implications for Future Research," *Leadership Quarterly*, vol. 6, no. 2, 1995, pp. 111–145.

Shiflett, S., "Is There a Problem with the LPC Score in LEADER MATCH?" *Personnel Psychology*, Winter 1981, pp. 765–769.

Spears, L. C., Reflection on Leadership: How R. K. Greenleaf's Theory of Servant–Leadership influenced Today? *Top Management Thinkers*, New York: John Wiley and Sons, 1995.

Stogdill, R. M., "Definition of Leadership," *Handbook of Leadership*, New York: Free Press, 1974, p. 716.

Stogdill, R. M. and Coons, A. E. (eds.), *Leader Behavior: Its Description and Measurement*, Research Monograph no. 88 (Columbus: Ohio State University, Bureau of Business Research, 1951).

Uhl–Bien, M., "Relationship Development as a Key Ingredient for Leadership Development," in Murphy, S. E. and Riggio, R. E. (eds.), *Future of Leadership Development* (Mahwah, NJ: Lawrence Erlbaum, 2003), pp. 129–47.

Vroom, V. H. and Jago, A. G., "The Role of the Situation in Leadership," *American Psychologist*, January 2007, pp. 17–24.

Vroom, V. H. and Yetton, P. W., *Leadership and Decision–Making* (Pittsburgh: University of Pittsburgh Press, 1973).

Wang, C. S. and Law, K. S., "The Effects of Leader and Follwer Emotional Intelligence on Performance and Attitude: An Exploratory Study," *Leadership Quarterly*, June 2002, pp. 243–274.

Weber, M., *The Theory of Social and Economic Organization*, New York, The Free Press, 1947.

Weber, M., *The Theory of Social and Economic Organization*, Henderson, A. M. and Parsons, T. (trans.) (New York: The Free Press, 1947).

제11장 조직구조

Adner, R. and Levinthal, D. A., "Demand Geterogeneity and Technology Evolution: Implications for Ptoduct Process Innovations," *Management Science*, vol. 47(5), 2001, pp. 611–628.

Anand, N. and Daft, R. L., "What Is the Right Organization Design?," *Organizational Dynamics* 36, no. 4(2007), pp. 329–344.

Ashkenas, R., Ulrich, D., Jick, T., and Kerr, S., *The Boundaryless Organization: Breaking the Chains of Organizational Structure*, revised and updated (San Francisco: Jossey–Bass, 2002).

Barnard, C. I., *The Function of the Executive*, Cambridge, MA: Harvard University Press, 1938.

Blau, P. M. and Schoenherr, F., *The Structure of Organization*, Tosil, 1971.

Burns, L. R. and Wholey, D. R., "Adoption and Abandonment of Matrix Management Programs: Effects of Organizational Characteristics and Inter organizational Networks," Academy of Management Journal, February 1993, pp. 106–138.

Burns, T. & Stalker, G. M., The Management of Innovation, London: Tovistock Press, 1961.

Chandler Jr., A. D., Strategy and Structure: Chapters in the History of the Industrial Enterprise, Cambridge, MA: MIT Press, 1962.

Child, J., "Organization Structure: The Role of Strategic Choice," Sociology, vol. 6, 1972, pp. 1–22.

Child, J., Ganter, H. D. and Kieser, A., "The Rule of HRM Policies in the Implementation of Advanced Manufacturing Technologies: Findings from Chemical and Food & Drink Companies in the Netherlande and Great Britain," Academy of Management Journal, 1987, vol. 30, pp. 776–804.

Contractor, N. S., Wasserman, S., and Faust, K., "Testing Multitheoretical Multilevel Hypothesis About Organizational Networks: An Analytic Framework and Empirical Example," Academy of Management Review 31, no. 3 (2006), pp. 681–703.

Daft, R. L., *Organization Theory and Design*, 10th ed. (Cincinnati, OH: South–Western Publishing, 2010).

Davis, D. D., "Form, Function and Strategy in Boundaryless Organizations," in Howard, A. (ed.), *The Changing Nature of Work* (San Francisco: Jossey–Bass, 1995), pp. 112–138.

Davis, S. M. and Lawrence, P. R., "Problems of Matrix Organization," *Harvard Business Review*, May–June 1978, pp. 131–142.

Dempster, M., *Team Building Key for Virtual Workplace*, 2006.

DiMaggio, P. J. and Powell, W., "The iron cage revisited: institutional isomorphism and collective rationality in organizational field," *American Sociological Review*, vol. 48, no. 2, pp. 147–160.

Drucker, P., *The Practice of Management*, Pan, 1968.

Duncan, R., "What Is the Right Organization Structure?" *Organizational Dynamics*, Winter 1979, p. 63.

Emery, F. E. and Trist, E., "The Causal Texture of Organizational Environments," *Human Relations*, February 1965, pp. 21–32.

Evelyn, M. F. and Pettigrew, A. M., *The Innovating Organization*, Sage, United Kingdom, 2000.

Gallie, D., Felstead, A. and Green, F., "Employer Policies and Organizational Commitment in Britain and France, 1992–7," *Journal of Management Studies*, vol. 37, no. 6, pp. 1081–1101.

Gibson, C. B. and Gibbs, J. L., "Unpacking the Concept of Virtuality: The Effects of Geographic Dispersion, Electronic Dependence, Dynamic Structure, and National Diversity on Team Innovation," *Administrative Science Quarterly* 51, no. 3 (2006), pp. 451–495.

Hackman, J. R., "Sociotechnical Systems Theory: A Commentary" in Van de Van, A. H. and Joyce, W.

F. (eds.), *Perspectives on Organization Design and Behavior*, John Wiley & Sons, 1981.

Hickson, D. J., Pugh, D. S. and Pheysey, D. C., "Operations Technology and Organization Structure: An Empirical Reappraisal," *Administrative Science Quarterly*, 1974, pp. 22–44.

Hill, C. W. and Jones, G. R., *Strategic Management: An Integrated Approach*, 4th ed., Boston: Houghton Mifflin, 1998.

Hofstede, G., Hofstede, G. J. and Minkov, M. *Culture and Organization: Software of the Mind* 3rd ed., Mc Graw Hill, 2010.

Katz, D. and Kahn, R. L., *The Social Psychology of Organizations*, 1978.

Kotter, J. P. and Schlesinger, L. S., "Choosing Strategic for Change," *Harvard Business Review*, 1979, pp. 106–14.

Lawrence, P., "Organization and Environment Perspective" In Van de Van, A. & Joyce, W. F. (Eds.), *Perspectives on Organization Design and Behavior*, New York: John Wiley & Sons, 1981, pp. 311–337.

Lawrence, P. & Lorsch, J., *Organization and Environment*, Harvard University Press, 1967.

Lawrence, P. and Lorsch, J. W., *Organization and Environment: Managing Differentiation and Integration* (Boston: Harvard Business School, Division of Research, 1967).

Linoln, J. R., Hanada, M. and Olson, J., "Cultural Orientation and Individual Reaction to Organizations," *Administrative Science Quarterly*, March 1981, pp. 91–93.

Litterer, J. A., "Research Department within Large Organizations," *California Management Review*, vol. 12, 1970, pp. 77–84.

Locke, E. A., "The Ideas of Frederick W. Taylor: An Evaluation," *Academy of Management Review*, vol. 7, 1982, pp. 14–24.

McClelland, D. C., "The Two Faces of Power," *Journal of International Affairs*, vol. 24, 1970, p. 41.

Meyer, A. D., Tsui, A. S., and Hinings, C. R., "Configurational Approaches to Organizational Analysis," *Academy of Management Journal*, December 1993, pp. 1175–95.

Miles, R., *Macro Organizational Behavior*, Pacific Palisades, California: Goodyear Publishing, 1980.

Miles, R. E. and Snow, C. C., *Organizational Strategy, Structure, and Process* (New York: McGraw–Hill, 1978).

Miles, R. E. and Snow, C. C., "The New Network Firm: A Spherical Structure Built on Human Investment Philosophy," *Organizational Dynamics*, Spring 1995, pp. 5–18.

Mintzberg, H., *The Structuring of Organizations*, Englewood Cliffs, N.J.: Prentice Hall, 1979.

Minzberg, H., *Power in and around Organizations*, Prentice-Hall, 1983.

Mintzberg, H., *Structure in Fives: Designing Effective Organizations* (Upper Saddle River, NJ: Prentice Hall, 1983).

Mohr, L. B., "Organizational Technology and Organizational Structure," *Administrative Science Quarterly*, vol. 16, 1971, pp. 444-459.

Mohrman Jr., A. M., *Designing Team-Based Organizations*, San Francisco: Jossey-Bass, 1995.

Nadler, D. A., *Champions of Change: How CEOs and Their Companies are Mastering the Skills of Radical Change, San Francisco*, CA: Jossey Bass, 1998.

Parkinson, C. N., *Parkinson's Law: The Pursuit of Progress*, London, John Murray, 1958, pp. 69-103.

Perrow, C., *Complex Organizations: A Critical Essay*, 3rd ed., New York: Random House, 1986.

Peter, L. V. and Hull, R., *The Peter Principle: Why Things Always Go Wrong*, NY, William Morrow and Co, 1969, pp. 8-33.

Phillip, J. A., Pitirim, A., *Sorokin in Review*, Durham, N. C. Duke University Press, 1963, pp. 90.

Powell, A., *Virtual Teams—A Review of Current Literature and Directions for Future Research*, 2006.

Shawney, M. and Parikh, D., "Break Your Boundaries," *Business* 2001, June 20, pp. 198-207.

Shimigu, K. and Hitt, M., "What Constrains on facilitates Diversities of Formerly Acquired Firms? The Effect of Organizational Intertia." *Journal of Management*. Sage Publications. Jan, 2005.

Simon, H. A., *Administrative Behavior*, 2nd ed., The Macmillan Co., 1957.

Simon, H. A., *The Science of the Artificial*, The M.I.T. Press, 1969.

Simon, H. A., *The New Science of Management Decision*, rev. ed., Prentice-Hall, Inc., 1977.

Sorokin, P. A., *Social and Cultural Mobility*, Free Press, 1959, pp. 327-351.

Stone, K., The Origins of Job structure in the Steel Industry, *The Review of Radical Polirical Economics*, vol. 6, 1974, pp. 61-97.

Thompson, J. D., *Organizations in Action*, McGraw Hill Book Co., 1967.

Trist, E. L., "The Sociotechnical Perspective: the Evolution of Sociotechnical Systems as a Conceptual Framework and as an Action Research Program" in Van de Van, A. H. and Joyce, W. F. (eds.), *Perspectives on Organization Design and Behavior*, John Wiley & Sons, 1981.

Trist, E. L. and Bamforth, K. W., "Some Social and Psychological Consequences of the Longwall Method of Coal Getting," *Human Relations*, vol. 4, no. 1, 1951, pp. 3-38.

Weber, M., The Protestant Ethic and the Spirit of Capitalism, Allen and Unwin, 1930.

Wilensky, H. and Lebeaux, C. N., *Industrial Society and Social Welfare*, Collier–Macmillan, 1958, pp. 61–66.

Woodward, J., (ed.), *Industrial Organization: Behavior and Control*, Oxford University Press, 1970.

Woodward, J., *Industrial Organization: Theory and Practice*, Oxford University Press, 1965, 2nd ed., 1980.

Wood III, C. O., *A Poem about Responsibility*, 1991.

Zuckoff, M., *Ponzi's Scheme: The True Story of a Financial Legend*, New York, Random House, 2005, pp. 140–164.

제12장 권 력

Ashforth, B. E. and Lee, R. T., "Defensive Behavior in Orhanizations: A Preliminary Model," *Human Relations*, July 1990, pp. 621–648.

Barnard, C., *The Functions of the Executives*, Harvard University Press, 1938.

Blanchard, K. H., Carlos, J. P., and Randolph, A., *Empowerment Takes More than a Minute*, San Francisco, Berrett–Koehler, 1996.

Carson, P. P., Carson, K. D., and Roe, C. W., "Social Power Bases: A Meta–analytic Examination of Interrelationships and Outcomes," *Journal of Applied Psychology* 23, no. 14 (1993), pp. 1150–1169.

Drory, A., "Politics in Organization and Its Perception Within the Organization," *Organization Studies* 9, no. 2 (1988), pp. 165–179.

Falbe, C. M. and Yuki, G., "Consequences for Managers of Using Single Influence Tactics and Combinations of Tactics," *Academy of Management Journal*, July 1992, pp. 638–653.

Ferris, G. R. and Kacmar, K. M., "Perceptions of Organizational Politics," *Journal of Management*, March 1992, pp. 93–116.

Ferris, G. R., Russ, G. S., and Randt, P. M., "Politics in Organizations," in Giacalone, R. A. and Rosenfeld, P. (eds.), *Impression Management in the Organization* (Hillsdale, NJ: Lawrence Erlbaum, 1989), pp. 155–156.

Ferris, G. R., Treadway, D. C., Perrew?, P. L., Brouer, R. L., Douglas, C., and Lux, S., "Political Skill in Organizations," *Journal of Management*, June 2007, pp. 290–320.

French, J. and Raven, B., "The Bases of Social Power," *Studies in Social Power*, Michigan University Press, 1959, pp. 616–619.

French Jr., J. R. P., and Raven, B., "The Bases of Social Power," in Cartwright, D. (ed.), *Studies in Social Power* (Ann Arbor, MI: University of Michigan, Institute for Social Research, 1959), pp. 150–167.

Galinsky, A. D., Magee, J. C., Gruenfeld, D. H., Whitson, J. A., and Liljenquist, K. A., "Power Reduces the Press of the Situation: Implications for Creativity, Conformity, and Dissonance," *Journal of Personality and Social Psychology* 95, no. 6 (2008), pp. 1450–1466.

Hinkin, T. R. and Schriesheim, C. A., "Development and Application of New Scales to Measure the French and Raven (1959) Bases of Social Power," *Journal of Applied Psychology*, August 1989, pp. 561–567.

Hochwarter, W., "The Interactive Effects of Pro-Political Behavior and Politics Perceptions on Job Satisfaction and Affective Commitment," *Journal of Applied Psychology*, July 2003, pp. 1360–1378.

Kacmar, K. M., Bozeman, D. P., Carlson, D. S., and Anthony, W. P., "An Examination of the Perceptions of Organizational Politics Model: Replication and Extension," *Human Relations*, March 1999, pp. 383–416.

Kanter, R. M., Men and Women of the Corporation (New York: Basic Books, 1977).

Kanter, R. M., "Power Failure in Management Circuits," *Harvard Business Review*, July–August 1979, p. 65.

Kanter, R. M., *The Change Masters: Innovation for Productivity in the American Corporation* (New York: Simon and Schuster, 1984).

Kanter, R. M., *When Giants Learn to Dance*, A Touchstone Book, 1990.

Kelman, H. C., "Compliance, identification, and internalization: Three Process of attitude Change," *Journal of Conflict Resolution*, 1958.

Kolodinsky, R. W., Hochwarter, W. A., and Ferris, G. R., "Nonlinearity in the Relationship Between Political Skill and Work Outcomes: Convergent Evidence from Thee Studies," *Journal of Vocational Behavior*, October 2004, pp. 294–308.

Magee, J. C. and Langner, C. A., "How Personalized and Socialized Power Motivation Facilitate Anrisocial and Prosocial Decision-Making," *Journal of Research in Personality*, no. 6 (2008), pp. 1547–1559.

Minzberg, H., *Power in and around Organizations* (Upper Saddle River, NJ: Prentice Hall, 1983), p. 24.

Pfeffer, J., *Managing with Power: Politics and Influence in Organizations* (Boston: Harvard Business School Press, 1992).

Pfeffer, J., "Understanding Power in Organizations," *California Management Review*, Winter 1992, p. 35.

Podsaloff, P. M. and Schriesheim, C. A., "Field Studies of French and Raven's Bases of Power: Critique, Reanalysis, and Suggestions for Future Research," *Psychological Bulletin*, May 1985, pp. 387–411.

Rahim, M. A., "Relationships of Leader Power to Compliance and Satisfaction with Supervision: Evidence from a National Sample of Managers," *Journal of Management*, December 1989, pp. 545–556.

Raven, B. J., "The Bases of Power: Origins and Recent Developnents," *Journal of Social Issues*, Winter 1993, pp. 227–251.

Singh, A., "Organizational Power in Perspective." *Leadership and Management in Engineering*, vol. 9, issue 4, 2009.

Thomas, K. W. and Velthouse, B. A., "Cognitive Elements of Empowerment: An 'Interpretive' Model of Intrinsic Task Motivation," *Academy of Management Review*, vol. 15, no. 4, 2001, pp. 666–681.

Treadway, D. C., Ferris, G. R., Duke, A. B., Adams, G. L., and Tatcher, J. B., "The Moderating Role of Subordinate Political Skill on Supervisors' Impressions of Subordinate Interpersonal Facilitation," *Journal of Applied Psychology* 92, no. 3 (2007), pp. 848–855.

Ward, E. A., "Social Power Bases of Managers: Emergence of a New Factor," *Journal of Social Psychology*, February 2001, pp. 144–147.

Weber, M., *The Protestant Ethic and the Spirit of Capitalism*, 1930.

Wilkinson, A., "Empowerment: Theory and Practice," *Personnel Review*, vol. 27, no. 1, pp. 40–56.

Yukl, G., *Leadership in Organizations*, 5th ed. (Upper Saddle River, NJ: Prentice Hall, 2002), pp. 141–174.

Yukl, G., "Use Power Effectively," in Locke, E. A. (ed.), *Handbook of Principles of Organizational Behavior* (Malden, MA: Blackwell, 2004), pp. 242–247.

Yukl, G. and Tracey, J. B., "Consequences of Influence Tactics Used with Subordinates, Peers, and the Boss," *Journal of Applied Psychology*, August 1992, pp. 525–535.

제13장 갈등과 갈등관리

Adair, W. L., "Intergrative Sequences and Negotiation Outcome in Same–and Mixed–Culture

Negotiations," *International Journal of Conflict Management* 14, no. 3–4 (2003), pp. 1359–1392.

Afzalur, R. M., "A Strategy for Managing Conflict in Complex Organizations," *Human Relations*, 1985, p. 84.

Baron, R. A., "Personality and Organizational Conflict: Effects of the Type A Behavior Pattern and Self–monitoring," *Organizational Behavior and Human Decision Processes*, October 1989, pp. 281–296.

Berne, E., *Games People Play–The Basic Handbook of Transactional Analysis*, New York, Ballantine Books, 1964.

Cox, T. H., Lobel, S. A., and McLeod, P. L., "Effects of Ethnic Group Cultural Differences on Cooperative Behavior on a Group Task," *Academy of Management Journal*, December 1991, pp. 827–847.

De Dreu, C. and Van de Vliert, E. (eds.), *Using Conflict in Organizations* (London: Sage, 1997).

De Dreu, C. K. W., "The Virtue and Vice of Workplace Conflict: Food for (Pessimistic) Thought," *Journal of Organizational Behavior* 29, no. 1 (2008), pp. 5–18.

Fisher, R. and Ertel, D., *Getting Ready to Negotiate: The Getting to YES Workbook*, New York: Penguin Books, 1995.

Fisher, R. and Shapiro, D., *Beyond Reason: Using Emotions as You Negotiate*, Viking/ Penguin, 2005.

Fisher, R. and Ury, W. L., *Getting to Yes: Negotiating Agreement Without Giving In*., 2nd ed., NY, Penguin Books, 1991.

Giebels, E. and Taylor, P. J., "Interaction Patterns in Crisis Negotiations: Persuasive Arguments and Cultural Defferences," *Journal of Applied Psychology* 94, no. 1 (2009), pp. 5–19.

Glomb, T. M. and Liao, H., "Interpersonal Aggression in Work Groups: Social Influence, Reciprocal, and Individual Effects," *Academy of Management Journal* 46, no. 4 (2003), pp. 486–496.

Harris, T. A., *I'm OK, Wou're OK*, Harper & Row, 1967.

Jehn, A., "A Multimethod Examination of the Benefits and Detriments of Intragroup Conflict," *Administrative Science Quarterly*, June 1995, pp. 256–282.

Jehn, K. A., "Enhancing Effectiveness: An Investigation of Advantages and Disadvantages of Value–Based Intragroup Conflict," *International Journal of Conflict Management*, July 1994, pp. 223–238.

Jehn, K. A., Greer, L., Levine, S., and Szulanski, G., "The Effects of Conflict Types, Dimensions, and Emergent States on Group Outcomes," *Group Decision and Negotiation* 17, no. 6 (2008), pp.

465–495.

Lax, D. and Sebenius, J., "*3D Negotiation*," Harvard Business School Press, 2006.

Luff, J., *Of Human Interaction*, Palo Alto, CA, National Press, 1969, p. 177–184.

Luff, J. and Ingham, J., "The Johari window, a graphic model of interpersonal awareness," *Proceedings of the Western Training Laboratory in Group*, LA, UCLA, 1955.

Meyer, J. C., Davis, J. H., and Schoolman, F. D., "Integrative Model of Organizational Trust," *Academy of Management Review*, vol. 20, 1995, pp. 709–724.

Morgan, P. M. and Tindale, R. S., "Group vs. Individual Performance in Mixed–Motive Situations: Exploring an Inconsistency," *Organizational Behavior & Human Decision Processes*, January 2002, pp. 44–65.

Penny, L. M. and Spector, P. E., "Job Stress, Incivility, and Counterproductive Work Behavior: The Moderating Role of Negative Affectivity," *Journal of Organizational Behavior* 26, no. 7 (2005), pp. 777–796.

Peters, T., *Liberation Management*, Random House, 1992.

Peterson, R. S. and Behfar, K. J., "The Dynamic Relationship Between Performance Feedback, Trust, and Conflict in Groups: A Longitudinal Study," *Organizational Behavior and Human Decision Process* 92, no. 1–2 (2003), pp. 102–112.

Peterson, R. S. and Behfar, K. J., "The Dynamic Relationship Between Performance Feedback, Trust, and Conflict in Groups: A Longitudinal Study," *Organizational Behavior and Human Decision Processes*, September–November 2003, pp. 102–112.

Pitcher, P. and Smith, A. D., "Top Management Team Heterogeneity: Personality, Power, and Proxies," *Organizational Science*, January–February 2001, pp. 1–18.

Putnam, L. L. and Poole, M. S., "Conflict and Negotiation," in Jablin, F. M., Putnam, L. L., Roberts, K. H., and Porter, L. W. (eds.), *Handbook of Organizational Communication: An Interdisciplinary Perspective* (Newbury Park, CA: Sage, 1987), pp. 549–599.

Reck, R. R. and Long, *B. G., The Win–Win Negotiator: How to Negotiate Favorable Agreements That Last* (New York: Pocket Books, 1987.

Robbinson, S. L. and Morrison, E. W., "The Development of Psychological Contract Breach Violation: A Longitudinal Study," *Journal of Organizational Behavior*, vol. 21, 2000, pp. 525–541.

Shapiro, R. M. and Jankowski, M. A., *The Power of Nice: How to Negotiate So Everyone Wins–*

Especially You! John Wiley and Sons, Inc., 1998.

Tekleab, A. G., Quigley, N. R., and Tesluk, P. E., "A Longitudinal Study of Team Conflict, Conflict Management, Cohesion, and Team Effectiveness," *Group and Organization Management* 34, no. 2 (2009), pp. 170–205.

Thomas, K. W., "Toward Multidimensional Values in Teaching: The Example of Conflict Behaviors," *Academy of Management Review*, July 1977, p. 487.

Thomas, K. W., "Conflict and Negotiation Processes in Organizations," in Dunnette, M. D. and Hough, L. M. (eds.), Handbook of Industrial and Organizational Psychology, 2nd ed., vol. 3, (Palo Alto, CA: Consulting Psychologists Press, 1992), pp. 651–717.

Thomas, K. W. and Kilmann, R. H., *Thomas–Kilmann Conflict Mode Instrument*, Tuxedo, NY, Xicom, 1974.

Tjosvold, D., "Defining Conflict and Making Choices About Its Management: Lighting the Dark Side of Organizational Life," *International Journal of Conflict Management* 17, no. 2 (2006), pp. 87–95.

Van de Vliert, E., "Enhancing Performance by Conflict–Stimulating Intervention," in De Dreu, C. and Van de Vliert, E. (eds.), *Using Conflict in Organizations* (London: Sage, 1997), pp. 208–222.

Volkema, R. J. and Bergmann, T. J., "Conflict Styles as Indicators of Behavioral Patterns in Interpersonal Conflicts," *Journal of Social Psychology*, February 1995, pp. 5–15.

Wetlaufer, S., "Common Sense and Conflict," *Harvard Business Review*, January–February 2000, pp. 114–124.

White, M. and White, J., *Talking Transaction Analysis*, WPATA Publications, 1998.

Zellmer–Bruhn, M. E., Maloney, M. M., Bhappu, A. D., and Salvador, R., "When and How Do Differences Matter? An Exploration of Perceived Similarity in Teams," *Organizational Behavior and Human Decision Processes* 107, no. 1 (2008), pp. 41–59.

제14장 조직문화와 국가문화

Ardichvilli, A., Mitchell, J. A., and Jondle, D., "Characteristics of Ethical Business Cultures," *Journal of Business Ethics* 85, no. 4 (2009), pp. 445–451.

Ashforth, B. E., Saks, A. M., and Lee, R. T., "Socialization and Newcomer Adjustment: The Role of Organizational Context," *Human Relations*, July 1998, pp. 897–926.

Bauer, T. N., Bodner, T., Erdogan, B., Truxillo, D. M., and Tucker, J. S., "Newcomer Adjustment During Organizational Socialization: A Meta–analytic Review of Antecedents, Outcomes, and

Methods," *Journal of Applied Psychology* 92, no. 3 (2007), pp. 707–721.

Becker, H. S., "Culture: A Sociological View," *Yale Review*, Summer 1982, pp. 513–527.

Bock, W., "Mergers, Bubbles, and Steve Case," *Wally Bock's Monday Memo*, January 20, 2003, www.mondaymemo.net/030120feature.htm.

Boje, D. M., "The Storytelling Organization: A Study of Story Performance in an Office–Supply Firm," *Administrative Science Quarterly*, March 1991, pp. 106–126.

Cable, D. M. and Judge, T. A., "Interviewers' Perceptions of Person–Organization Fit and Organizational Selection Decisions," *Journal of Applied Psychology*, August 1997, pp. 546–561.

Cartwright, S. and Cooper, C. L., "The Role of Culture Compatibility in Successful Organizational Marriages," *Academy of Management Executive*, May 1993, pp. 57–70.

Chatman, J. A. and Jehn, K. A., "Assessing the Relationship Between Industry Characteristics and Organizational Culture: How Different Can You Be?" *Academy of Management Journal*, June 1994, pp. 522–553.

Chen, G. and Klimoski, R. J., "The Impact of Expectations on Newcomer Performance in Teams as Mediated by Work Characteristics, Social Exchanges, and Empowerment," *Academy of Management Journal* 46 (2003), pp. 591–607.

Cox Jr., T., *Cultural Diversity in Organizations: Theory, Research & Practice* (San Francisco: Berrett–Koehler, 1993), pp. 162–170.

Deal, T. E. and Kennedy, A. A., *'Corporate Cultures' The Rites and Rituals of Corporate Life*, Harmondsworth, Penguin Books, 1982.

Deal, T. E. and Kennedy, A. A., "Culture: A New Look Through Old Lenses," *Journal of Applied Behavioral Sciences*, November 1983, p. 501.

Denison, D., "What Is the difference Between Organizational Culture and Organizational Climate? A Native's Point of View on a Decade of Paradigm Wars," *Academy of Management Review* 21 (1996) pp. 519–654.

Deutsch, C. H., "The Parables of Corporate Culture," *New York Times* (October 13, 1991), p. 25.

Fineman, S., "On Being Positive: Concerns and Counterpoints," *Academy of Management Review* 31, no. 2 (2006), pp. 270–291.

Gale, S. E., "Memo to AOL Time Warner: Why Mergers Fail–Case Studies," *Workforce Management*, February 2003, www.workforce.com.

Gleibs, I. H., Mummendey, A., and Noack, P., "Predictors of Change in Postmerger Identification During a Merger Process: A Longitudinal Study," *Journal of Personality and Social Psychology* 95, no. 5 (2008), pp. 1095–1112.

Gordon, G. G. and DiTomaso, N., "Predicting Corporate Performance from Organizational Culture," *Journal of Management Studies*, November 1992, pp. 793–798.

Hambrick, D. C. and Mason, P. A., "Upper Echelons: The Organization as a Reflection of Its Top Manager," *Academy of Management Review*, April 1984, pp. 193–206.

Harrison, J. R. and Carroll, G. R., "Keeping the Faith: A Model of Cultural Transmission in Formal Organizations," *Administrative Science Quarterly*, December 1991, pp. 552–582.

Higgins, J. M. and McAllaster, C., "Want Innovation? Then Use Cultural Artifacts That Support It," *Organizational Dynamics*, August 2002, pp. 74–84.

Hofstede, G., "Culture's Consequences: International Differences in Work Related Values," *Administrative Science Quarterly*, vol. 28, no. 4, 1984, pp. 643–629.

Hofstede, G., Bond, M. H. and Luk, C., "Individual Perceptions of Organizational Cultures: A Methodological Treatise on Levels of Analysis," *Organization Studies*, vol. 14(4), 1993, pp. 483–503.

House, R. J., Hagnes, P. J. and Dorfman, P. W., *Culture, Leadership and Organizations: The GLOBE Study of 62 Societies*, Sang Publications, Inc., 2004.

Kamoche, K., "Rhetoric, Ritualism, and Totemism in Human Resource Management," *Human Relations*, April 1995, pp. 367–385.

Lambert, T. A., Eby, L. T., and Reeves, M. P., "Predictors of Networking Intensity and Network Quality Among White-Collar Job Seekers," *Journal of Career Development*, June 2006, pp. 351–365.

Major, D. A., "Effective Newcomer Socialization into High-Performance Organizational Cultures," in Ashkanasy, N. M., Wilderom, C. P. M., and Peterson, M. F. (eds.) *Handbook of Organizational Culture & Climate*, 2000, pp. 355–368.

Morrison, E. W., "Newcomers Relationships: The Role of Social Network Ties During Socialization," Academy of Management Journal 45 (2002), pp. 1149–1160.

Mulki, J. P., Jaramillo, J. F., and Locander, W. B., "Critical Role of Leadership on Ethical Climate and Salesperson Behaviors," *Journal of Business Ethics* 86, no. 2 (2009), pp.125–141.

Peters, T. J. and Waterman, R. H., *In Search of Excellence: Lessons from America's Best Run*

Companies, New York: Harper & Row, 1982.

Rafaeli, A. and Pratt, M. G., "Tailored Meanings: On the Meaning and Impact of Organizational Dress," *Academy of Management Review*, January 1993, pp. 32–55.

Ricketts, M. and Seiling, J. G., "Languages, Metaphors, and Stories: Catalysts for Meaning Making in Organizations," *Organization Development Journal*, Winter 2003, pp. 33–43.

Robison, J., "Great Leadership Under Fire," *Gallup Leadership Journal*, March 8, 2007, pp. 1–3.

Rosenthal, J. and Masarech, M. A., "High-Performance Cultures: How Values Can Drive Business Results," *Journal of Organizational Excellence*, Spring 2003, pp. 3–18.

Schein, E. H., *Organizational Culture and Leadership* (San Francisco: Jossey-Bass, 1985), p. 168.

Schein, E. H., "Leadership and Organizational Culture," in Hesselbein, F., Goldsmith, M., and Beckhard, R. (eds.), *The Leader of the Future* (San Francisco: Jossey-Bass, 1996), pp. 61–62.

Smircich, L., "Concepts of Culture and Organizational Analysis," *Administrative Science Quarterly*, vol. 28, 1983, pp. 339–358.

Thompson, J. A., "Proactive Personality and Job Performance: A Social Capital Perspective," *Journal of Applied Psychology*, September 2005, pp. 1011–1017.

Trice, H. M. and Beyer, J. M., "Cultural Leadership in Organizations," *Organization Science*, May 1991, pp. 149–169.

Trice, H. M. and Beyer, J. M., *The Cultures of Work Organizations* (Englewood Cliff, NJ: Prentice-Hall, 1993), pp. 358–62.

Verquer, M. L., Beehr, T. A., and Wagner, S. H., "A Meta-analysis of Relations Between Person-Organization Fit and Work Attitudes," *Journal of Vocational Behavior*, December 2003, pp. 473–489.

Victor, B. and Cullen, J. B., "The Organizational Bases of Ethical Work Climates," *Administrative Science Quarterly*, March 1988, pp. 101–125.

Weber, R. A. and Camerer, C. F., "Cultural Conflict and Merger Failure: An Experimental Approach," *Management Science*, April 2003, pp. 400–412.

Wiener, Y., "Forms of Value Systems: A Focus on Organizational Effectiveness and Cultural Change and Maintenance," *Academy of Management Review*, October 1988, p. 536.